中国社会科学院
老年科研基金资助

中国社会科学院老学者文库

中国贡献

——中国复兴的国际境界

刘国平◎著

中国社会科学出版社

图书在版编目（CIP）数据

中国贡献：中国复兴的国际境界／刘国平著 . —北京：中国社会科学
出版社，2017.1
（中国社会科学院老学者文库）
ISBN 978 - 7 - 5161 - 9449 - 2

Ⅰ. ①中… Ⅱ. ①刘… Ⅲ. ①中外关系—研究 Ⅳ. ①D822

中国版本图书馆 CIP 数据核字（2016）第 294800 号

出 版 人	赵剑英
责任编辑	喻 苗
责任校对	季 静
责任印制	戴 宽

出 版	中国社会科学出版社
社 址	北京鼓楼西大街甲 158 号
邮 编	100720
网 址	http://www.csspw.cn
发 行 部	010 - 84083685
门 市 部	010 - 84029450
经 销	新华书店及其他书店

印 刷	北京君升印刷有限公司
装 订	廊坊市广阳区广增装订厂
版 次	2017 年 1 月第 1 版
印 次	2017 年 1 月第 1 次印刷

开 本	710×1000 1/16
印 张	39.5
插 页	2
字 数	503 千字
定 价	142.00 元

序　言

　　中华民族，历来是重义、讲诚、以贡献为乐的民族。自古至今，中国人用辛勤劳动所创造的中华文明，在世界光辉灿烂，令人赞叹。中国发展对人类的贡献，享誉国际，洒满人间，受到世界人民的点赞。然而，自进入 21 世纪之后，随着中国的日益强大，西方炒作的中国威胁论，却甚嚣尘上。显而易见，炒作中国威胁论，是为了孤立中国，遏制中国的发展和强大。看到这种别有用心的炒作，心里感到别扭和愤慨。于是在 2006 年，也就是我的《美国民主制度输出》一书出版之后，就开始搜集资料，计划以"中国贡献"为题，写一本新书，从理论与实践的结合中，论述中国的思想，中国的制度，中国的成就，中国的主张。以事实说明，中国的发展和强大，是世界的福音，而不是威胁，以让世界了解、认识真实的中国。但由于接受了一项急切的研究任务，不得不暂时把这一计划搁下了。

　　2010 年，随着中国成为世界第二大经济体，美国又提出了重返亚太战略，或亚洲再平衡战略。这一战略的核心，就是以炒作中国威胁，孤立中国，遏制中国的发展，遏制中国成为世界强国。2011 年，习近平提出了"中国梦"的新思想，具体阐述了中国复兴道路、前景和具体举措。而此时，我的其他研究任务也已基本完成，所以得空把这个计划重新作起来。经过四年多的资料搜集、研究和思考，终于完成了此书的写作。现把此书给大家参阅，以抛砖引玉。

讲一个国家对世界的贡献，至少应包含三个方面含义：一是任何国家都是世界的一个成员，其本身在物质文明和精神文明发展中所取得的任何成就和进步，都是世界物质文明和精神文明发展进步的一部分，也就是说，凡是民族作为民族所做的事情，都是他们为人类社会而做的事情，都是对世界文明发展进步的贡献；二是一个国家无论是在物质文明还是在精神文明中所取得的发展和成就，特别是科学技术发展和成就，通过国际交流，直接被其他国家所借鉴或利用，从而促进其他国家物质文明和精神文明的发展和进步，当然也都是对世界的贡献；三是在劳动全球化时代，一个国家所取得的发展和进步，通过国际市场、国际贸易、国际投资和全球互联网络，使其他国家共享，这更是对世界的贡献。本书就按照这样的思维和逻辑，从理论和事实的结合中，阐述中国文明、中国发展对世界的贡献；阐述中国复兴的国际境界和给世界带来的福祉。

当今，复兴中华的伟大事业，正在复杂的国际环境中坚定、自信、稳步、扎实地前进。中国已经深度融入了世界，中国的发展离不开世界，世界的发展也离不开中国。和世界共发展，与世界同分享，为世界做出更多、更大贡献，与世界人民携手奔向人类文明发展更高阶段，这就是中国复兴的国际境界。

中国复兴梦中所追求、所坚持的和平发展、互利共赢、合作共享、共同富裕、人民幸福、和谐世界等，既是中国的梦想，也是世界的梦想。融入世界后，中国以这些理念为指导，积极参与世界的治理，促进世界的发展，始终致力于对世界治理的建设性作用，始终尽其所能，做世界发展和人类文明进步的推动者和贡献者。现在，中国正以命运共同体和利益共同体建设为核心，以共同富裕和人民幸福为基点，为构建和谐世界而努力着。中国的复兴，是世界的福音，而绝不是威胁；中国的复兴，是为了造福中国和造福世界，而绝不是为了统治世界。

有国外学者用无与伦比来形容中国文明，我认为这对于中国文明来说，是名副其实、当之无愧的。含蓄、谦逊的中国人，总是喜欢夸赞别人，而不愿多讲自己的功劳和贡献。也许正是这种独特或自誉为高尚的性格，致使中国文明中的许多瑰宝，中国文明对世界的卓越贡献，或被收藏，或没有被世人所真正了解和认知。当然，善于看到别人的优点，并予以称赞和学习，这的确是高尚的。但不讲自己优点和贡献，不利于相互了解和借鉴，这不仅不是高尚，而且有点虚伪了。所以面对花样不断翻新的中国威胁论，本书就是要实事求是地讲中国文明，讲中国贡献。特别是通过新中国的实践，实事求是地讲中国思想、中国道路、中国理论、中国制度、中国理念的先进性和国际境界；实事求是地讲中国的故事、中国的成功、中国成功对世界的意义和对世界的影响和贡献，从而激发中国人爱国热忱和自豪感，坚定走中国道路的信心和决心。

在讲中国文明、中国创新、中国贡献的时候，应清醒的认识到，世界各种文明，都有自己的优势，都有自己好的、可以学习与借鉴的地方。不能说中国的一切都好，也不能说外国的一切都好，这要具体分析。只看到别人的好，看不到自己的好，总是在仰望着别人，甚至把别人的不好也看成好，那不仅不是一种实事求是的态度，而且还会丧失赶超的意识和勇气。

尽管当今中国还存在着诸多问题，还有不那么文明的地方，但比较而言，在追求新的文明的道路上，中国正在努力走在前面。而且这本书主要是讲中国的贡献，不是讲中国的问题。为什么想写这本书？用一句简单的话来说，就是为了让世界从深层次上、客观且实事求是地了解和认识中国，让中国从深层次上了解和认识自己，从而激发爱国热情。本书的宗旨，是实事求是论述中国文明的先进性和对世界的贡献，让读者对中国文明，特别是对中国复兴中的理论创新、道路创新、实践创新的伟大意义，有更深层的认识；对这些创新所取得的伟大成功，这种成功对世界的重要贡献，有更深层的认识。从而激发对祖国无限热爱之情，坚定中国复兴的决心、信心、骨气和底气。

中国文明博大精深，源远流长。而且聪慧的中国人，总是以创新的精神继承、发扬、创新着这些文明，使这些文明一直能保持鲜活的生命力，并在自身的创新中，对日新月异的世界做出越来越大的贡献。本书采取历史逻辑与理论逻辑相结合的方法，从中国古文明对世界的贡献切入，重点是新中国成立后，中国在复兴进程中对世界的贡献。并以大量事实说明，中国是勇于为人类文明进步做贡献、讲诚信、讲公道的负责任的大国，中国的复兴不仅是为了造福中国，而且也是为了造福世界。有意炒作中国威胁论，炒作中国要统治世界，处心积虑干扰中国复兴事业的，完全是极少数抱着霸权不放的霸权主义国家的别有用心。

在中国文明的长河中，处处都浸透着中国人的勤劳、中国人的善良、中国人的智慧、中国人的创造和中国人的贡献。从搜集资料开始，本书的写作过程，就犹如在实践中上一堂生动的爱国主义教育课，随着研究的展开和思考的深入，对祖国的热爱也日益浸透肺腑。我相信，读者阅读了这本书，都会对中国文明特别是对当代中国文明，有更深刻认识，对中国文明对人类文明发展进步巨大贡献，有更深刻认识。并在此基础上，增强和加深对祖国的无限热爱，增强和加深对当今中国思想、中国道路、中国理论、中国制度、中国国策、中国理念、中国原则等的正确认识和热爱，从而增强复兴的信心、决心和自豪感。

本书第一章，集中论述中国古代文明对世界的贡献。中国的古代文明，在古代世界是出类拔萃的。可由于种种原因，在西方人们的眼中，却只看到了希腊，看到了罗马帝国，这似乎有些不公平。其实，中国的代古文明，无论是物质文明还是精神文明，在世界上都是独特的、无与伦比的。都可以与古埃及、古希腊、古罗马相媲美。无论是在思想、理念，科学技术发明，还是在社会制度的开创和不断发展，各种辉煌创立和财富的积累，各种文学艺术的创作和发展，等等，都走在了世界的前头，给人类留下了难得的瑰宝。中国不惜代价开通的丝绸之路，把中国的这些文明，坦诚无私地传到世界各地，特别是传到了西方，刺激和推动了西方的文艺复兴和工业革命，为世界发展和进步，做出了巨大的贡献。这种巨大贡献，在世界尤其是在欧洲哲学、经济学、文学艺术等名家的著作中，都会找到对它的赞叹和描述，只是过去没有被人们重视而已。

本书第二章，集中论述中国的沦落和帝国主义列强对中国的掠夺，论述被它们掠夺的巨额中国财富，对加速其工业革命的作用。稍微有点世界历史知识的人都知道，西方帝国主义列强的工业革命所需大量资金，靠的就是殖民掠夺，而中国则是其掠夺的重要对象。我们知道，从林则徐开眼看世界、编译西方有关历史和现状、研究西方资本主义开始，到维新思潮结束，这半个多世纪，先后发生了1840年英国入侵的中英鸦片战争、1856年英法联合入侵的第二次鸦片战争、1883年的法国再次入侵的中法战争、1894年日本入侵的中日甲午战争，中国人真可以说是陷入了连年战争的刀枪火海之中。而且每次战争，都是以中国的惨败而告终。割地赔款，花样翻新的不平等条约，中国的灾难一个接着一个。在中国的大地上，到处是帝国主义的领地，中国成为帝国主义列强食肉、吸血的乐园。中国广大劳动人民的血汗铸成的黄金白银，就通过这花样翻新的不平等条约，通过肆意掠夺，而大量流入帝国主义列强国家的口袋，成为这些国家工业革命的重要资金来源，加快了这些国家工业革命的步伐。

本书第三章，集中论述中国思想，也就是马克思主义基本原理与中国革命的具体实践相结合的思想，对世界的启迪和贡献。

中国人创立的这一伟大思想，是中国革命和建设最基本的指导思想，也是决定中国命运的伟大思想，是至今中国革命和建设事业能够从胜利走向更大胜利的法宝和根本保证。尽管很多人对这一伟大思想深远意义还没有细细琢磨，它在实践中的作用却已经用事实证明了它的意义。历史和现实的实践都已经证明，马克思主义理论与中国具体实践相结合思想，体现着不同文明互鉴的客观规律。学习和借鉴国外任何先进东西，无论是思想的、理论的，还是社会制度的，都必须与本国的具体实践相结合，才能取得成功，否则就会出乱子。我们都不会忘记，20 世纪 90 年代初，强大的苏联大厦，却在令人惊讶的剧变中轰然倒塌。帝国主义者为"不战而胜"欢呼，真是得意忘形。一时间马克思主义陷入低潮，人们都在担心社会主义的命运、马克思主义的命运。在那山雨欲来风满楼的时刻，中国高举马克思主义大旗，高举社会主义大旗，却岿然不动。这就使人们不得不在对比中深思：这是为什么？其实问题也很简单，苏联解体的原因有千万条，而最根本的一条就是，苏联建国后，从未想过把马克思主义基本原理与苏联的具体实践相结合，而是一直把马克思主义当成神圣的教条，一直没有解决社会主义市场经济问题，一直没有坚持以人为本，没有解决好民生问题。而中国恰恰相反，中国在革命一开始，就提出并坚持马克思主义基本原理与中国的具体实践相结合的思想，正是在这一思想的指导下，中国不仅取得了新民主主义革命和社会主义革命的胜利，而且使马克思主义中国化，使马克思主义与时俱进，解决了社会主义市场经济问题、中国特色社会主义道路问题，解决了民生问题。更重要的是，在把马克思主义基本原理与中国具体实践相结合的过程中，创立了许多新的理念，诸如和平发展理念、合作共赢理念、以人为本理念、共同富裕理念、和谐社会理念、和谐世界理念、命运共同体理念，等等，这些新理念和实践，都把社会主义发展、马克思主义发展，推向了一个崭新的阶段。

本书第四章，集中论述中国道路，也就是中国特色社会主义道路的本质和对世界的贡献，也有人把中国道路称为中国模式。当今世界，没有一个国家不考虑自己要往哪里去，要走什么道路的问题。中国特色社会主义道路，就是中国人选择的道路。这条道路的基本目标，就是不仅要造福全中国人民，而且要造福全世界人民，造福全人类。中国特色社会主义道路是个综合性的概念，包含着非常宽泛的内容，诸如经济、政治、思想、理论、文化教育、军事、社会制度等各领域，都涵盖其内。在中国道路的内涵中，不仅包括立足基本国情，以经济建设为中心，坚持改革开放，解放和发展社会生产力的内容；还包括建设社会主义市场经济，社会主义民主政治，社会主义先进文化，社会主义和谐社会，社会主义生态文明，以及促进人的全面发展，逐步实现全体人民共同富裕，建设富强民主文明和谐的社会主义现代化国家等内容。本书之后几章：中国理论、中国基本国策、中国理念、中国原则，也都是中国道路的重要内涵。现今，中国已经深深融入了世界，已经是国际社会的重要一员，中国离不开世界，世界也离不开中国。中国走什么样的路，自然影响着整个世界，必然引起世界的关注和思考。中国的历史实践，实践中所取得的令世人震撼的奇迹，都已经证明，而且还会越来越明确地证明，中国思想、中国道路、中国理论、中国理念、中国社会制度，都不仅完全适合中国的国情，而且对世界也有非常好的借鉴意义。它们融入世界之后，已经显示出了巨大的影响力，已经给世界人民增添了更多的选择，给越来越多国家的改革开放提供了参考。中国道路正在促进世界变革，而且是向着更加美好未来的变革。关注中国，研究中国，借鉴和学习中国，已经成为世界一股不小的潮流。有学者说：中国的崛起和中国发展模式的出现，对于世界而言，是能与18 世纪英国工业革命、1789 年法国大革命、1917 年俄国十月革命、19 世纪美国崛起相提并论的石破天惊的历史剧变，这话似乎不无道理。

本书第五章，集中论述中国理论，也就是社会主义市场经济理论的世界意义和对世界的贡献。研究世界经济发展史的人都知道，资本主义社会产生后，在自由市场经济作用下，始终受到社会不公平和财富不平等问题的困扰，这种困扰日益威胁着资本主义生存，成为至今资本主义难以解决的大难题，甚至痼疾。年龄稍微大点的人都知道，自 1917 年社会主义在世界上产生之后，长期困扰着经济发展的一个重要理论大难题，是排斥商品经济问题，这致使资源不能合理有效配置，经济效益低下。中国人都不会忘记，不搞商品经济，一切都靠凭票供应那个年代的苦闷。对于这个难题，世界第一个社会主义国家苏联，虽然进行了不懈的探讨，想要破解这个难题，但就是因为把马克思主义当成不能变的教条，直到其最后解体，也未能得到突破。而中国把马克思主义的有关理论与中国的具体国情相结合，在艰苦的探索中，逐渐形成一个伟大理论，就是社会主义市场经济理论。这一理论核心，是把市场经济与社会主义制度科学巧妙地结合起来，实现了向市场经济要效益，向社会主义要公平，从而一举破解了上述两个大难题。我们都不难意识到，这两个难题破解的意义有多么重大，它不仅是中国人的智慧和在社会主义经济建设理论中的一大创举，也展现了人类社会发展壮丽的景观，不仅是对世界发展的重要贡献，也是对人类文明发展和进步的贡献。

本书第六章，集中论述中国基本国策，也就是对外开放的基本国策，对世界的影响和贡献。人们都知道，中国的对外开放，是决定中国命运的一项伟大的创举。正是这项伟大创举，使中国人带着自己的独特个性、独特制度、独特理念、独特优势，走进了国际社会，融入了世界。这项基本国策的实施，既改变了中国，也改变了世界，它不仅给中国带来了巨大的发展和变化，而且也给世界带来了巨大的发展和变化，其在中国取得的奇迹之耀眼，对世界贡献之巨大，对世界人们惠及之丰厚，都令人惊叹。中国改革开放 30 多年来，一直坚持与世界各国真诚合作，共赢共荣理念，并获得了令人惊异的伟大奇迹，这是人们都看得见，感觉得到的。这一章着力阐述了中国奇迹的获得，完全靠调动全中国人民的积极性，靠全中国人民的辛勤劳动，而不像过去大国崛起那样，靠对别人掠夺。这正是中国复兴的伟大之处，独特之处，值得赞叹之处。而关于中国发展对世界的贡献，却并不是世界所有人，包括共享着中国的发展成就的许多人都了解的，也许都还没有来得及深思，没有来得及感受。改革开放以来，有多少外国人来到中国，又有多少中国人走出国门，他们或做生意，或进行投资，或进行劳动，都本着互利合作，共赢共享的精神，勤奋劳动、相互帮助、共同受益，共享着中国的发展和中国的成就。

本书第七章，集中论述中国创新理念，也就是和平发展理念、互利共赢理念、以人为本和共同富裕理念、和谐社会与和谐世界理念的世界意义和对世界的贡献。书中特别强调，这些新理念不仅体现着人类文明发展的方向，而且体现着人类文明发展的新起点。在国际社会中，中国不仅是个大国，而且是个负责任的大国。中国有 13 亿人口，靠谁都不行，搭谁的便车也不行，只有靠自己的艰苦奋斗。所以中国融入世界后，主要是通过广大劳动者的辛勤劳动，以自己的理念和对这些理念的实践，创造奇迹，影响世界，既造福自己，也造福世界，贡献于世界。中国在理论创新中创立的新理念非常丰富，这里当然不可能全都涉及，主要对和平与发展理念、平等合作与互利共赢理念、以人为本和共同富裕理念、和谐社会与和谐世界理念的本质和世界意义，做些概括的论述。这些创新理念既是中国思想创新，也是中国的主张，中国的原则，中国的不懈追求。中国的这些理念和追求，不仅要致力于让拥有人类五分之一人口的中国，彻底摆脱贫困，走上富裕的道路，过上富裕的生活；同时也致力于让世界走上和平发展、共同繁荣和和谐的道路，让全世界人民过上富裕的生活，从而为世界做出更大的贡献。中国的这些理念，是与帝国主义理念、霸权主义理念根本不同的全新的理念，它的作用当然不止在物质文明方面，而且也在精神文明方面。它在世界的传播，必将引起世界旧理念的变革，使许多长期得不到解决的难题，得到破解，从而使世界变得更加繁荣和美丽，使人类文明发展到一个崭新的阶段。更重要的是，中国提出的这新理念，还为中国特色国际政治经济学的研究和创立，提供了崭新的思路。

本书第八章，集中论述中国原则，也就是和平共处五项原则，对维护世界和平的贡献。人们都知道，中国是个爱好和平的国家。坚持和平发展，和平复兴，坚决维护世界和平，是新中国成国伊始就选择的道路。和平共处五项原则，是中国建国初期就提出的对外关系的基本原则，也是中国对外关系的基本政策，它体现着人类新的文明。在之后对这一原则的实践中，中国还创造性地提出了维护世界和平，维护世界和平发展的许多新的原则，并为国际社会所赞誉和所接受。更重要的是，和平共处五项原则，已经进入了有关国际法中。和平共处五项原则，既是中国自己决心要实践、决心要做到的，也是中国对世界的庄严地承诺和对维护世界和平的重要责任。和平共处五项原则的提出已日益被国际社会所接受，被越来越多的国家所接受，这也就意味着其在维护世界和平及发展中的作用和贡献，是无法估量的。

本书第九章，也是最后一章，集中论述中国新倡议，即一带一路倡议对世界的影响和贡献。我们都知道，习近平同志在2013年提出的共建丝绸之路经济带和2014年提出的共建21世纪海上丝绸之路的倡议，简称"一带一路"倡议。这一倡议是一项伟大的世纪工程和世界工程，是世界进行合作共享的新平台，是探索全球治理的新平台，是进行不同文明互鉴的新平台。它的最大的特点，就是共商、共建、共治和共享。一带一路沿线涵盖的国家之多，人口之多，经济总量之大，都是人们可想而知的。一带一路作为中国首倡而且是由高层推动的国家倡议，不仅对中国现代化建设和屹立于世界地位具有深远的战略意义，而且对世界的和平与发展，对世界文明的发展和进步，也具有巨大的战略意义。这一倡议，实际上是为世界的和平发展，为世界人们谋福祉，搭建了一个新的、巨大的平台。新的丝路精神，构建利益共同体、命运共同体的理念，体现的是和平、发展、交流、理解、包容、合作、共建、共治、共赢的精神，不仅契合沿线国家的共同需求，而且为沿线国家优势互补、开放发展，开启了新的机遇之窗和国际合作的新平台。完全可以预见，一带一路倡议的实施，必然给沿线国家带来和平、安宁、发展和进步；给沿线地区带来合作，共赢、和谐和新的文明。当然，这些都是新倡议的理想状态，其实，由于沿路各国文明和利益的差别，新倡议实际实施的难度是非常大的。新倡议的成功，不仅需要中国的智慧和努力，而且需要沿路各国的智慧和努力。

新中国成立后，中国复兴的国际境界和对世界所做出的贡献，都是有目共睹的。中国之所以能为世界做出巨大贡献，是因为自古至今的中国人，都有着大公、大同、大爱的包容精神，有着胸如大海的宽阔胸怀。讲仁爱、讲共富、重民本、守诚信、崇正义、尚和合、求大同，以及和所有的人共同发展、共享发展成果，这些都已经成为中华民族的价值追求和文化传统。这也是中国人选定社会主义的根源。我们完全可以悟到，中国思想，中国道路、中国理论、中国国策、中国原则、中国理念中，都包含着社会主义属性。比如，中国复兴的最高国际境界，主要集中和表现在两个字——"共同"上：共同商量、共同发展、共同分享发展成果，最后建成和谐、幸福的利益共同体和命运共同体。在这种共同体内，共同发展是基础。我发展也让你发展，我发展为你发展创造条件，你发展也为我发展创造条件，这体现的无疑是社会主义的本质。

中国是世界上最大的发展中国家，也是联合国安理会常任理事国中唯一的发展中国家，中国执着追求和平、发展、合作、共商、共建、共治、共赢、共享的理念，在重大问题上始终同发展中国家站在一起，把中国人民的利益同世界各国人民的利益结合起来，伸张正义，主持公道，坚定维护发展中国家的切身利益，坚定维护人类社会的共同利益，在整个国际社会中树立起负责任大国形象。中国坚持自己的理念发展，打破了"国强必霸"的大国崛起传统模式，在世界舞台上大展中国理念的光彩和魅力。"共同"和"携手"，作为中国领导人在世界舞台上使用频率极高的词汇，呼应了时代的大趋势。

在本书中，对和谐世界理念，给予了较多的论述。因为和谐世界理念，不仅大大拓展了既有的国际关系理论视野，诸如政治上相互尊重、平等协商，共同推进国际关系民主化；经济上相互合作、优势互补，共同推动经济全球化朝着均衡、普惠、共赢的方向发展；文化上相互借鉴、求同存异，尊重世界多样性，共同促进人类文明繁荣进步；安全上相互信任、加强合作，坚持用和平方式而不是战争手段解决国际争端，共同维护世界和平稳定；环保上相互帮助、协力推进，共同呵护人类赖以生存的地球家园；更重要的是这一理念基于人类根本的道德准则，有助于推动发展中国家增加话语权，对当今时代国际关系的发展演变具有重大现实指导意义。

总之，实现同一个世界，同一个梦想，构建利益共同体和命运共同体，实现人人都享有自由、享有平等、享有劳动权、发展权和享受权，这是中国贡献的真谛。面向未来，中国将坚定不移地做世界和平的坚定维护者，做合作共赢、共同发展的积极推动者，做全球治理的积极参与者，做人类文明的贡献者。中国的实践向世界表明，一个改革开放的中国，一个繁荣发展的中国，一个和谐稳定的中国，必将为人类做出新的更大贡献。中国贡献，必将无可争议地汇入人类文明进步的灿烂星河。

作者

于 2015 年 6 月于北京

第 一 章

中国古代文明和对
人类的贡献

记得在上中学的时候，历史课本上就讲到了，中国是个文明古国，中国有四大发明，中国历史非常悠久。不过，随着学习和工作的繁忙，中国文明和中国文明对世界的贡献，在脑海中似乎也逐渐淡薄了。诚然，在数千年的历史中，勤劳智慧的中国人，创造出了世界无与伦比的中国文明，为人类文明发展进步，做出了卓越的贡献。然而，人们都不会忘记，在那被帝国主义入侵的100多年里，中国竟成了半封建半殖民地国家，受尽了帝国主义列强肆意蹂躏和被帝国主义列强争抢吸血、割肉的苦难。这场历史空前的大劫难，对中国人造成的创伤，特别是对中国人精神、志气造成的创伤太深了。是中国共产党领导中国人民找到了复兴之路，并开始了伟大复兴的壮举。值得注意的是，帝国主义列强不甘心丢掉这块东方肥肉，就竭尽所能，军事的、政治的、经济的、文化的，只要是能用的手段都用上了，目的就是要遏制中国的发展，破坏中国的复兴，从而成为中国发展和复兴的最大威胁。炒作中国威胁论者，却颠倒黑白，说中国的发展和复兴，是对世界的威胁，这当然是别有用心的谬论。实际上，中国的复兴，不仅是中国文明的前进和发展，也是人类文明的前进和发展，其深邃的含义博大精深，值得下功夫研究。

一　中国古代文明的独特性和在世界的地位

人老了，可读书的欲望却丝毫未减。已到耄耋之年，少有人打扰，是读书思考的绝好时机。而且奇怪的是，特别爱读历史书籍。有关中国的历史、世界的历史、一些大国的历史，包括通史、哲学史、经济史、政治思想史、国际关系史等书籍，占去了书房里书柜的很大一部分。尤其是中国史，你书读得越多，理解得越深，就越会感到，中国的古代文明，无论是物质文明还是精神文明，在世界上都的确是独特的、无与伦比的。语言文字的发明，生产技术的创造，科学技术的发明，政治社会制度的开创和不断发展，劳动生产力的进步和提高，各种辉煌创立和财富的积累，各种光辉思想的创立和发展，各种文学艺术的创作和发展等，都走在了世界的前列，给人类留下了难得的瑰宝。中国不惜代价开通的丝绸之路，把中国先进的科学技术、先进的生产力、先进的思想和先进文学艺术，坦诚无私地传到世界各地，为人类文明的发展和进步做出了巨大贡献。这种巨大贡献，在世界尤其是在欧洲哲学、经济学、文学艺术等名家的著作中，都会找到对它的赞叹和描述，可不知道为什么，过去对这些中国贡献却没有引起足够的重视，没有进行深入的挖掘。

中国文明的神秘和个性

一提起中国古文明，无论是中国人还是外国人，都会被它的神秘和取得的不可思议的奇迹所倾倒。了解人类古代历史的人都知道，在世界上，中国和埃及，都是文明古国，都有很古老、很悠久的历史。不过，中国有文字记载的历史要比埃及早，证明古文明的考古发现，也比埃及要丰富。在人类的产生和进化中，虽然各国都有很多传说，但唯有中国的传说似乎更贴近实际。原始社会时代虽然没有文字记载，但中国三皇五帝的传说，却生动体现了这一时期人类进化的过程和自然逻辑。三皇五帝虽然只是传说中的帝王，但他们作为原始社会后期、人类心目中为人类做出卓越贡献的创造者，却在中国人的心中世代相传。而且新考古发现，在龙山文化遗址中，有大量遗址与这种传说中的内容相对应，证明三皇五帝时期似乎确实存在。

我们中国人，都有崇拜祖先的观念。每逢回忆起我们的历史和祖先，骄傲和自豪都会从每个人的内心深处油然而生。中国古文明给世界留下的宝藏，其数量和价值，在世界的确是绝无仅有和无与伦比的，实在太丰厚、太耀眼了。我们只要回头望，立马就会感到骄傲与自豪。在外国人眼里，中国的古文明，似乎有着探索不尽的神秘。可仔细想来，中国古文明的神秘，在于它的独特性和唯一性。独特的历史传说，独特的发展进程、独特的制度和文化，独特的信仰和人生价值取向、独特的辉煌等，这些都不仅吸引着历史上的外国人，而且影响着当今的外国人。这也是我们有资格讲复兴的本钱、资格和基础。

这里说的文明，当然是指勤劳的劳动人民劳动成果的总称。它既包含物质文明，也包含精神文明，尤其包含科学技术文明。文明作为人们创新奋斗成果的结晶，其每项内容中都包含鲜为人知的艰辛的创新过程。中国历来有众多勤劳、智慧和善于创新的人民，无论何种文明、何种辉煌，都是人民创造的。而且同期相比，中国人祖先所创造的文明，无论是物质的、精神的或科学技术的，无论是在科学技术水平还是在劳动生产率发展水平、思想文化教育水平、文学艺术水平上，似乎都先于欧洲、高于欧洲。凡是到过中国或研究过中国古代史的外国人，都会为中国人的勤劳、繁华、富足而感到惊愕或瞠目。

这里想特别提醒的是，中国人的个性似乎向来都很独特。中国人不同于西方人特别是不同于美国人。美国人生来爱投机，崇拜投机和掠夺，崇拜海盗精神；而中国人却崇拜踏踏实实的劳动。在创造人类文明中，我们祖先最值得崇拜的就是那种勤劳和创新精神。正是有了这种精神，才创造出了巨大的财富，才能不仅走在世界的前头，而且在自己取得辉煌的成就的同时，也对世界做出巨大的贡献。的确可以说是所来之径，苍苍翠微，一路勤劳、一路创新，一路贡献。如美国著名历史学家保罗·肯尼迪所说："在近代以前时期的所有文明中，没有一个国家的文明比中国文明更发达，更先进"。这些文明不仅传到了伊斯兰世界，而且通过伊斯兰世界传到了欧洲，促进了欧洲的发展，并成为欧洲文艺复兴和资本主义勃发的助力。

研究中国历史的人都知晓，与世界相比，中国文明的独特，深蕴于它的思维创新的独特和劳动创造的独特。这种独特，也给中国人的历史自豪感带来了独特，带来了别人享受不到的滋味。如果在与西方文明的比较中享受这种自豪感，就更会感到一种特殊的愉悦和畅快。正如西方人说的，中华文明源远流长，虽欲穷其渊源而不可得。比如中国人的产生、中国人的价值观、中国的社会制度演变，都不像西方国家那样，深受宗教力量的影响。中国的历史、中国的人的世界观、价值观，完全是由中国人自己创造的。至于这种世界观、人生观、价值观最初是如何形成的，当然还有许多奥秘等待探索。因为在有文字记载之前的很长时期，则都蕴含在大量的地下文物和美丽的传说中。那些精美、惊世的文物、典籍，至今仍在源源不断地被发掘和研究中。

考古学家们的职业，真是令人羡慕。他们用自己的辛苦劳动，用大量地下发掘和考古向我们证明，埃及和中国，是世界上最古老的国家。早在 800 万年前，中华大地上的古猿，已经开始了向人类的转化。自此之后，无论在人类进入原始社会、奴隶社会或封建社会，中国都一直走在前面。公元前 6000 年至公元前 4000 年，遍布黄河流域的新石器文化，特别是像伏羲、神农、燧人、女娲、轩辕、黄帝等诸多美丽的传说，都是中国古文化的独特神话象征。

而中国的古代历史，虽然也有很长时期没有文字记载，需要考古发现，却有很多传说，相比埃及要生动得多。考古发现，在100多万年前，猿人在长期的生活竞争中逐步学会了制造简单的工具和进行劳动。从会制造工具和进行劳动那天起，就标志着猿人已开始脱离动物界，跨入了人类的门槛。四五十万年前生活在北京的北京人，同生活在坦桑尼亚的舍利人、阿尔及利亚和摩洛哥的阿特拉斯人，都是跨入人类门槛的先驱。在中华大地上，公元前170万年前的元谋人、公元前80万年前的蓝田人、公元前50万年前的北京人、公元前19世纪至公元前10世纪的北京山顶洞人等，都证明了中国人在人类进化中的先进地位。而且，中国古代的许多宏伟建筑，考古发现的资料也都比较完整。

人类文明的发展，当然首先取决于人类自身体质和智力的发展。中国山西丁村人和广东马坝人、湖北长阳人等的发现，说明中华祖先在二三十万年前也已同发现于德国的尼安德特人、非洲南部的罗德西亚人、巴勒斯坦的卡麦尔人一样，进入了人类发展的早期智人阶段。而北京周口店的山顶洞人和法国的克罗马农人，则标志着这些地方在大约5万年前已进入晚期智人阶段。虽然远古的历史没有确切的文字记述，只能靠科学的考证，但炎黄祖先在这段历史文明发展中的先驱地位，是不会有人怀疑的。

跨入人类的门槛之后，正是新的生存竞争的推动，迫使其从三个方面进行相应的新的进化和发展：人类自身的发展、人类社会性的发展和生产力的发展。在这三个方面的发展中，黄河流域同尼罗河、底格里斯河、幼发拉底河和印度河流域一样，堪称世界古代文明的摇篮。人类自身的进化和发展，主要表现为四肢更加灵活和能适应范围更广的劳动，智力更加发达。中国考古发现证明，在1万年前的新石器时期，无论从四肢的发达程度或智力的发达程度，黄河人都不亚于尼罗河人和两河流域人。

在进入阶级社会之后，无论是奴隶制社会或封建社会，无论是物质文明或精神文明，中国都一直走在世界的前面，成为人类文明进步的推动者。源远流长的中华文明，积淀着中华民族最深层的精神追求。这种追求代表着中华民族独特的精神标识，为中华民族生生不息、发展壮大提供了滋养。中华文明中的许多理念，特别是中国人的传统美德，都是中华文明的精髓，蕴含着丰富的思想道德资源。

中国人从先人传承下来的价值理念和道德规范，对当今的中国和世界，都仍有巨大的影响力。深刻认识中华优秀传统文化的历史渊源、发展脉络、基本走向，认清中华文化的独特创造、价值理念、鲜明特色，这不仅对加强中国人的文化自信和价值观自信，都非常重要；而且对世界了解中国，特别是了解中国文明的独特性和继承性，同样非常重要。

最早的历史和最早的人类创举

从远古传说看，埃及文明也许是世界上发源最早的。但由于埃及人的祖先是东北非的土著人，其远古的历史缺乏更多的文字记载，所以人们了解的较少。不过史学家一般认为，早在国家产生前的旧石器时代，非洲北部就已有居民。那时北非的气候温和湿润，雨水充沛，遍布草丛和森林，各种动物隐没其间。当时的居民以渔猎和采集为生。大约在 1 万年前，最后一次冰河退去，北非的气候逐渐转为干旱，雨量减少，茂盛的植物由稀疏而消失，出现了浩瀚无垠的沙漠，于是许多居民便陆续迁徙到尼罗河两岸。后来他们在这里过渡到新石器时代的农耕生活，并进而创造了铜石并用的文化，尼罗河流域的文明由此开端。

在史学家们的眼里，埃及古代的历史，基本上是一部考古学的历史。考古发现，人类的出现和发展是和水、河流密不可分的。

人类进化和发展最早的是黄河、尼罗河、底格里斯河、幼发拉底河及印度河流域。古埃及人的具体进化过程，虽然还没有更多考古发现，但就已发现的早在公元前4500年至公元前3000年所修建的金字塔，就足以证明埃及古文明的辉煌和伟大。建立王朝前的埃及铜石并用文化，都由发现的地点而命名。比如与金字塔同时的巴达里文化、捏伽达文化等，也都是人类文明中的宝贵遗产。

历史学家们认为，人类最初的社会组织氏族公社，在新石器时期已经全面繁荣。而黄河流域的仰韶文化、马家窑文化都证明，早在六七千年前，中国大地上已散布着大大小小的氏族部落。历史学家们还认为，新石器时期，标志着远古生产工具发展到了一个新的水平。不仅有各种新石器出现，而且有了陶器的发明和使用。正如马克思所论述的，弓箭是蒙昧时代决定性的武器，而制陶术则标志着野蛮时代的开始。而制陶术作为新的有特色的手工业，则是中国仰韶文化和马家窑文化的著名特点之一。

畜牧业和农业的发明，是新石器时期社会生产力革命性的变革，是远古最初文明的主要表现。氏族部落不仅集体狩猎，而且集体耕作。而且中国的考古证明，在六七千年前，黄河流域的居民就以原始农业为主。这同在伊拉克北部所发现的早期农业村落，大致属于同一时期，即"刀耕火种"的人类最初的农业时期。这些地区不仅种植多种农作物，而且已经发明了简单的谷物加工工具，可以对谷物进行简单的脱壳和磨碎。与生产力发展相适应，人类相互交流的语言文化和手工艺术也发展了起来。黄河人所建造的房屋、形成的村落，以及在陶器上描绘彩画、花纹、图案和各种鸟兽等，足以说明当时人类智慧和文明的发展程度。

公元前3200年，埃及就建立了第一个王朝，即提尼斯王朝。而在约公元前2070年，中国也建立了自己的第一个王朝——夏朝。而且在此后的发展中，中国人似乎跑得更快，所取得的辉煌更多。也就是说，无论是在史前时期的人类进化中，还是在私有制和国家产生后的社会发展中，虽然中国人同埃及人、印度人、希腊人一样，走在了人类文明发展的前列，但中国人似乎表现得更为出色。中华民族是勤劳智慧的民族，这一点早在人类的进化中就已经显现出来。勤劳和制造工具的智慧，是人类进化中关键性的一步。因为在激烈的生存竞争中，谁掌握了工具，谁就不仅在同类生物群的竞争中占据了自身以外的优势，而且在自身进化中也占据了优势。

公元前2000多年，中国开始修建的万里长城，虽然比埃及金字塔修建的时间较晚，但它作为人类文明史上最伟大的建筑工程，其工程之浩繁，气势之雄伟，都堪称世界奇迹。看埃及金字塔，可以领略埃及人的创造力和非凡的智慧；看中国的长城，更能领略中国人的创造力和非凡的智慧。埃及的金字塔和中国的万里长城，不仅是埃及人和中国人勤劳智慧的不朽丰碑，是埃及人和中国人的骄傲；而且是人类文明中的宝贵遗产，是全人类的骄傲。除了修建长城之外，中国秦汉时期的宏伟巨大的建筑工程，更为世界所惊叹和望尘莫及。如秦朝所修建的驰道和阿房宫，汉朝在峭岩陡壁上修建的栈道，隋朝开凿的南北大运河，都无愧为世界之冠。

进入奴隶社会后，埃及和中国的文明发展，似乎有些相似。比如，在农业方面，种植品种都有所增多，都开始修建水利灌溉工程；在手工业方面，如石材、木材、金属、皮革、纸草等的加工，都达到了较高水平。而且开始了纺织和造船业。随着农业和手工业的发展，商业也开始发展起来。中华文明的摇篮黄河，同埃及尼罗河一样，中国的万里长城，同埃及的金字塔一样，当人们一提起它就不禁产生一种对古文明的惊叹和自豪感。

更值得注意的是，中国的古代文明不仅可以同埃及古文明、希腊古文明和美索不达米亚古文明相媲美，而且还具有悠久性和连续性的特征。同中东、地中海和西欧国家相比，既没有出现过大的中断，也没有出现过大的分裂。相同的语言和文化、相同的信仰和意识，使中华民族有着很强的凝聚力。每当民族危亡的关头，炎黄子孙只有在回首古老文明史时，才能深刻意识到中华民族在世界上的真正地位和价值。大量的史料充分证明，在世界东方升起的文明曙光，以其独特的姿态和魅力，照亮了世界。

独特的国家和独特的奴隶文明

国家的出现，是人类文明发展中的重要飞跃。如果把国家的出现作为进入奴隶制标记的话，那么埃及是世界最早进入奴隶制社会的。如上面提到的，其在公元前 3100 年就有了国家。而中国是在公元前 2070 年有了国家。埃及从公元前 3100 年算起，中国从公元前 2070 年算起，都要比公元前 8 世纪希腊人建立城邦奴隶制国家、比罗马人公元前 753 年开始建国都早得多。然而，一提起希腊和罗马帝国，人们都不禁会想起欧洲的哲学和艺术辉煌，想起欧洲的文艺复兴。人们一般都认为，在世界历史上，奴隶制社会对后人影响最大的，莫过于希腊文化和罗马帝国。从希腊到罗马帝国，在从罗马帝国到英大帝国，这便是西方中心论的逻辑定式。其实，这或者是对东方文明的不了解，特别是对中国文明的不了解；或者是妄自尊大，根本不愿正视东方文明，而产生的误解。如果了解了中国的春秋文明，这种误解也许能够消除。

这里要特别强调的是，中国的独特性，也表现在国家起源上。中国国家的起源，是独特的，既不同于西方的，也不同于世界其他地方。中国的史学家们认为，中国国家形成的道路或方式，既不是氏族组织在商品经济作用下导致阶级分化而形成国家，就像雅典国家那样；也不是由部落征服而进入国家，就像日耳曼人的国家那样；而是由家长制家庭直接进入国家的。有懂外文的学者披露，被翻译成中文"国家"的西语中，实际上都没有家的含义。所以在人类发展奴隶制社会的这个大时代里，中国的奴隶制也有着自身的独特之处。比如，除了实行君主制之外，还实行土地公有制，并保留了氏族部落的某些特征。土地公有，由个体家庭单独耕种这种制度，就像西周实行的井田制，这不仅在中国有深远影响，而且在世界上也是很独特的。

人们需要记住的是，希腊文化和罗马帝国这两座大厦，都是在奴隶群体劳动的基础上建立起来的，都是奴隶创新劳动的结果。中国的奴隶社会的奇迹，虽然也同希腊和罗马一样，都是奴隶劳动的结果，但中国奴隶劳动不仅创造出了巨大的物质财富，而且创造出了巨大的精神财富。当时中国、希腊和罗马帝国在哲学、戏剧、文学、诗歌、绘画、雕塑、建筑等许多领域，都取得了惊人的奇迹，令后人赞叹不已，以至于后来在欧洲发生了一场轰轰烈烈文艺复兴运动。这里要强调说的是，我们在回忆这段历史时，有两个千万不能忘记：一个是千万不能忘记那些勤劳的奴隶，另一个是千万不能忘记中国古文明对希腊和罗马帝国的影响。这里还要强调的是，奴隶的含义、奴隶的地位、奴隶劳动的组织形式和管理形式，中国与希腊和罗马帝国也有很多不同。

罗马帝国时期的奴隶劳动，虽然也大批地、广泛地运用于农业，但在农业发展的基础上，各种手工业、工矿业等各个领域的奴隶劳动也大大发展起来，而且这些部门的发展，往往与商业相联系，多被大商人所控制，所以带有明显的商品生产的性质。如马克思说的：家长制的、以生产直接生活资料为目的的奴隶制度，转化为以生产剩余价值为目的的奴隶制度，这是奴隶制进入发达时期的一个主要特征。正是这种奴隶劳动，铸就了罗马帝国的辉煌。罗马统一意大利后，就利用奴隶劳动的优势和由这种优势铸就的经济和军事上的优势，经过长期的对外战争，比如三次布匿战争，到公元前27年，已经形成了强大的罗马帝国，其在欧洲称霸了400多年，也在人类历史上辉煌了400多年。

强大的经济实力，强大的军队，始终是罗马帝国的两大支柱。

而这两大支柱都是建立在奴隶创造性劳动即先进科学技术、先进生产工具的应用，并在此基础上劳动生产力发展提高上的。诸如：在农业方面不仅有带轮犁、割谷机的应用，而且在农艺、耕作方面也有进展；工业方面水磨在磨粉和在矿业中的推广，复滑车和起重装置在建筑工程，排水器械运用于矿山等；手工业制品方面如青铜器和金属加工、玻璃吹制、陶器制作、珠宝加工等，不仅产品种类繁多，而且技术分工细密。当时其不仅在劳动的工艺技术上都优于其他国家，而且在劳动的规模和组织上，也是其他国家所不能比的。比如当时罗马帝国就有使用上百奴隶的制陶作坊。

而中国的奴隶辉煌，一点也不逊于罗马帝国。如前所述，在氏族社会向奴隶制社会的转变中，中国同埃及走在了世界前面。私有制产生的具体历史年代，尚没有具体的考古证据，但历史学界一般认为在新石器时代末期。在此时期，由于出现了金属工具，出现了第一次社会大分工，社会生产力大大向前发展了。这不仅使母系氏族逐步被父系氏族所代替，出现了家庭，而且出现了剩余产品。于是，氏族或部落首领或上层人物，就凭借自己的特殊地位和权势，把这些剩余产品，包括战俘据为私有，这使人类历史第一次出现了占有者和被占有者。正如恩格斯所说，第一次社会大分工，造成了第一次社会大分裂，即分裂为两个阶级：主人和奴隶、剥削者和被剥削者。

奴隶制的出现，是当时生产力发展的产物。生产力的提高，剩余产品的产生，就使氏族内部一部分人利用特权占有"公共"财产并奴役另一部分人，氏族之间的攻伐掠夺财富和奴隶必然出现。但这必然使其摆脱氏族的狭隘局部利益而在氏族间迅速交流新的技术、方法和原材料，因此，奴隶制时代虽然是充满血与火的野蛮时代，但人类更高的文明正是在这种血与火的野蛮中发展起来的。

而古希腊和古印度的奴隶制国家出现，则是在公元前 8 世纪到公元前 6 世纪。比埃及和中国要晚得多。公元前 2033 年中国夏朝的建立，被视为中国进入奴隶制社会的标志。这要比欧洲希腊进入奴隶社会早 1000 多年。更值得注意的是，这古老的历史，都尚没有文字记载。而最早有文字记载的历史，是从中国的商王朝开始的。商王朝是从公元前 1562 年开始，至公元前 1066 年结束。而以希腊为先的欧洲陆续进入奴隶制，则是在公元前 10 世纪至公元前 6 世纪，罗马帝国的形成则更晚，是在公元前 1 世纪之后。

中国奴隶文明鼎盛的春秋时代，也要比欧洲的罗马帝国要早 700 多年。如果说只就时间这一点，还不足以使中国人骄傲的话，那么深不可测的春秋文明，足以使中国人自豪了。在有文字记载的史料中，私有制和国家，作为人类创造的新生事物，把人类的生产生活都带到了一个崭新的境地——奴隶制社会。自此之后，人类的历史就不仅是与大自然搏斗的历史，也是人类自身生存竞争的历史。在人类生存斗争的历史中，大国在地球上的地位犹如自然万物，都在不断发展变化着。兴衰有道，弱肉强食，在社会主义制度产生之前，这似乎是没有人能抗拒的。

也许是自然条件太相似的缘故，公元前 16 世纪至公元前 221 年，黄河流域的发展与尼罗河有着惊人的相似。约在公元前 1066 年至公元前 771 年，继商王朝之后的西周，经过东征，成为强大的奴隶王朝。被分封的各诸侯国都以周天子为最高统治者，之后也出现了诸侯列国争雄的局面。

在奴隶制时代，奇迹正是在血与火的厮杀中出现的。在文化、科学、建筑方面，在奴隶社会期间，与埃及金字塔、阿蒙神庙、天文历法、几何学圆周率等奇迹出现的同时，中国也出现了自己的文字和历法。中国的甲骨文和阴阳合历，完全可以与埃及最早的图形文字和太阳历相媲美，它们都不逊色于之后古希腊所出现的太阳中心说的意义。

现今人们都赞叹古埃及和古希腊在建筑艺术上成就和辉煌，

但如学者所说，如果比较古埃及和古希腊两地的古迹，可以清楚地看出古希腊文明的埃及渊源。一个明显的例子就是希腊雅典娜神庙的大理石柱廊是仿效古埃及神庙建的，只是规模小了很多。如果把修建雅典娜神庙与中国修建万里长城和大运河相比，中国人似乎比希腊人更聪明。雅典城邦在公元前 5 世纪，花了 17 年时间修建了壮观的雅典娜神庙，但当时的雅典城邦只有 20 几万人，按照中国人口的规模，雅典修建娜神庙所耗费的人力、财力、物力大概要百倍于中国。而且雅典娜只是雅典人寄托战胜敌人愿望的神，建设神庙的目的是鼓舞自己，阻吓敌人，但后来证明这一切都是徒劳无益的，雅典先后被斯巴达、马其顿、罗马打败和吞并。相比之下，中国的祖先要务实得多，修筑长城和开挖大运河虽然也付出了巨大代价，但它们确实为维护国家的统一和文明的延续发挥了重要的作用。

中国不仅同埃及、西亚和印度一起率先进入奴隶制社会，而且在生产力的发展方面也处于领先地位。黄河流域和尼罗河流域为当时农业发展的最先进地区。在商代，不仅开始广泛使用青铜器工具，而且开始使用铁制农具；不仅能种植多种农作物，而且还经营桑麻，能酿造不同种类的酒。特别是青铜器的冶铸，已成为工艺水平相当高的手工业部门。作为商代晚期青铜器冶铸技术水平代表的著名的司母戊大方鼎，通耳高 133 厘米，横长 110 厘米，宽 78 厘米，重达 832 公斤。它不仅外形雄伟，还有华丽的花纹。在当时条件下能有此宏伟之作，充分显示了中华祖先的智慧，值得炎黄子孙们骄傲和自豪。

总之，从公元前 770 年至公元前 221 年的 500 多年间，中国、埃及、希腊、印度，一直是世界文明的中心。无论是在经济、政治、军事、思想文化还是在科学技术的发展中，它们都遥遥领先。它们都在不同的领域、以不同的方式，为人类的发展做着自己的贡献。至于罗马帝国辉煌，无论从哪个视觉看，都无法同前者相比。比如罗马帝国辉煌的那近 500 年，也就是从公元前 27 年至公元 455 年，中国正处于汉朝和南北朝时期，之前中国已经经历了夏朝、商朝、周朝和秦朝，这些朝代所创造的文明，所创造的辉煌，无论是物质文明或精神文明，都远非罗马帝国所能相比。更重要的是，中国的古代文明通过古丝绸之路，还影响了罗马帝国，这在后面几节中，我们还要详加阐述。

二　中国春秋文明和希腊的哲学文明

中国和希腊相隔万里，但在思想文明发展中，却有着惊人的相似。在公元前 700 多年前中国发生的百家争鸣，在公元前 600 多年前希腊发生的智人运动，都是人类文明发展中的奇迹，都为人类文明宝库中留下了许多价值永恒的瑰宝。在中国文明史上，最了不起、最令世人惊叹的是，中国在公元前 700 多年前的春秋战国时期，思想领域就曾发生了诸子百家争鸣的繁荣景象。在这场争鸣中，出现了许多思想学派，出现了包括哲学、政治思想、军事思想、文学、伦理道德等许多流传至今而且影响到整个世界的理念。这些理念的产生，既昭显了中国人的聪明智慧，更昭显了中国文明本质和源远流长。其中，儒家思想和孙子军事思想，都在世界上得到广泛传播，受到很高的赞誉，并与当地的治国、理政、社会发展理念相融合，促进了该国经济、政治和社会的发展，为世界做出了不朽的贡献。

百家争鸣和智者运动

古希腊的哲学文明，不仅是希腊的瑰宝，也是世界的瑰宝，是希腊能得到世界尊崇的原因。人们都知道，自公元前 6 世纪开始，希腊的确出现过思想争鸣和耀眼的哲学文明。在这场争鸣中涌现出了诸如苏格拉底、柏拉图、亚里士多德等许多伟大的哲学家，他们的哲学思想影响至今，为人类的文明发展做出了巨大贡献。而中国春秋文明中涌现的那些哲学家、思想家，他们的思想丝毫不亚于希腊哲学，他们同样对世界做出了巨大贡献。更重要的是，他们思想的产生要比希腊哲学早100多年，在希腊哲学文明中，不乏中国春秋文明的影子。

学过西方哲学史的人都知道，公元前5世纪中叶，希腊曾兴起了智者运动。智者，当然是指有知识、有智慧的人。围绕人和社会关系的问题而进行的这场运动，也被称为西方最早的启蒙运动。在这场运动中，希腊各派政治力量都在哲学上顽强地表现自己，各种哲学思想空前活跃，哲学史家一般把这一时期的西方哲学称作"前苏格拉底时期"哲学。而在此之后，苏格拉底、柏拉图和亚里士多德三代师生把希腊哲学发展到了巅峰。不过，史学家们都有这样的共识：古希腊的这些思想家们，都自觉或不自觉地受到了东方民族思想的影响。毋庸置疑，这些东方民族除了古埃及、古巴比伦之外，最主要的就是古中国了。

值得中国人骄傲的是，在中国春秋百家争鸣中涌现的诸子百家，诸如孔子、老子、墨子、庄子、韩非子等许多伟大的哲学家和思想家，他们的思想也都影响至今。而且同希腊哲学相比，他们的思想不仅时间早，还有着自己的独特优势。中国的这场争鸣，发生在公元前7世纪，要比希腊智者运动早100多年。中国春秋文明中的先驱孔子（公元前551年—前479年），比希腊文明的先驱苏格拉底（公元前469年—前399年）也早100多年。这些思想家通过总结反思中国远古以来，特别是夏、商、周三代的文明成就与哲学智慧，并在此基础上进行新的创造，从而奠定了中国古代哲学的基本格局，开启了中国哲学的新时代。

更重要的是，中国春秋文明所涉猎的内容，远比希腊智者运动要更为广泛、丰富和生动。它不仅涉及人和自然、人和社会关系问题，更涉及人和人的关系问题。它不仅涉及哲学、政治学、社会学，更涉及文学和人生等诸多方面。其所取得的巨大进步和累累成果，不仅影响至今，而且都为世人所惊叹。无论从广度或深度上，中国的春秋文明与希腊哲学文明相比，都毫不逊色。遗憾的是，由于中国长期闭关的局限，这种争鸣和这些思想没能在世界上得到广泛传播，没有让世界共享。

中国人是善于独立思考和独立创新的，中国人创造的一切文明都有其独创性和独特性。人们都知道，在春秋文明的那场诸子百家争鸣中，影响最大的有儒家、道家、法家、墨家、名家、农家、杂家、阴阳家等，其中儒家、道家、法家、墨家这四家最为突出，尤以儒家、道家为最显赫。诸子百家的思想，广泛而深刻，至今人们也不能穷其义。因为它不仅涉及哲学、经济学、政治学、社会学、法学、伦理学、文学，而且还涉及很多自然科学。反映这种百家争鸣的著作非常之多，如今仍保留比较完整的，诸如《诗》《书》《礼》《乐》《易》《春秋》《论语》《孟子》《老子》《荀子》《墨子》《韩非子》等。

史学家们都认为，孔子和老子的思想，是中国政治思想史上最早成体系的学说，标志着中国传统政治思想进入了哲理化阶段。他们的哲学思想、政治思想和人文思想发展进程，构成古代中国思想的主干，产生了广泛而深远的影响。汉魏以后中国传统政治思想哲理化的过程，实际上就是儒、道、法、墨这四种思想传统逐渐合流的过程。

哲学是时代精神的精华。仔细研究就会发现，希腊智人运动中产生的哲学思想，与中国春秋文明中所产生的哲学思想，很多似乎都有着相似之处。希腊哲学文明作为希腊人的智慧，体现了当时希腊的时代性和时代精神，而春秋文明中产生的中国哲学，作为中国文明的智慧展现，同样体现了当时中国时代的主题和时代精神。中国哲学和希腊哲学在其发展过程中，不仅丰富了人类文明的智慧宝库，而且塑造了各自的特色和精神传统。

比如，在希腊哲学有关对自然界和对人和自然关系的认识中，就可以看到中国文明中儒家、道家"天人合一"整体自然观的影子。无论是儒家、道家还是佛家，都认为天地万物本质上是一个整体，有着共同的本原或本性。认为人是天地自然的一部分，人的身体是天地演化、阴阳二气运行的产物，人的精神是天地之德的显现。因而，人应该尊重自然，泛爱万物，效法天地之道。孟子的尽心、知性、知天思想，就体现了"天人合一"的整体自然观。中国古代哲学的这一自然观体现了人与自然的和谐与统一，这无疑具有积极的意义。

又比如，在希腊哲学关于事物对立统一的思想中，同样可以看到中国文明阴阳相生的辩证法思想的影子。史学家们都认为，变化发展的思想是中国古代哲学的重要内容。比如《易经》中关于阴阳关系，无疑是对宇宙间事物对立统一关系认识的经典表述。《易传·系辞》中说的"变而通之以尽利，天地变化，圣人效之"，显然是对事物发展变化的认识。如有学者说的，《易经》中八卦经不同组合而成的六十四卦，其实就是对事物内部和事物之间相互对立、变化和转化的认识。譬如，乾与坤、泰与否、益与损、既济与未济等，既互相对立又互相统一。乾可以转化为坤，坤也可以转化为乾；泰可以转化为否，否也可以转化为泰；益可以转化为损，损也可以转化为益；既济可以转化为未济，未济也可以转化为既济。还比如"苟日新，日日新，又日新"，比如"穷则变，变则通，通则久"这些关于变化发展的思想，也都很经典。而且认为这种变化发展原因，是阴阳之道，即"一阴一阳之谓道"。这种阴阳相生的辩证法思想，对于人们正确认识世界无疑具有十分重要的价值。

更值得骄傲的是，中国的春秋文明比希腊哲学文明，比希腊的智人运动，有更加丰富的内容。比如，丰富多彩的军事思想就是突出一例。孙子著的《孙子兵法》一书，不仅是中国最早的兵书，而且也是世界最早的兵书。它之所以吸引人，不仅在于它的古老，更在于它的博大精深。这本书吸取了当时春秋文明中的哲学思想，对用兵之道，作了言简意赅的论述，文字不多，但内容博大精深。《孙子兵法》是中国古代军事文化遗产中的瑰宝，而且被称为"兵学经典"，至今还在世界上广泛传播着、研究着和运用着。

以人为本和通晓人事

看过西方哲学史的人都知道，希腊在智者运动中繁荣起来的哲学，多偏重于自然哲学，即对大自然现象和规律的认识。不过，唯有普罗塔哥拉和苏格拉底例外。比如人们都知道的，普罗塔哥拉曾提出了"人是万物的尺度"这一著名的命题。而苏格拉底更是认为，哲学不能老在天上，主张把哲学从天上拉回人间，因此，他也被称为把哲学从天上拉回人间的第一人。苏格拉底把公众的利益作为哲学的目标，认为，哲学不能单纯研究自然，而不知道有用处的人事问题，诸如虔诚、适宜、正义、明智、勇敢等德性的定义、治国的道理、统治者的品质等。他说，不研究这些人事问题而猜测天上的事物是不务正业，不通晓人事的人连奴隶都不如。

而中国春秋争鸣中的智者，其哲学思辨压根就贯穿着人本精神，或者说是直接产生于人事间的关系。一开始，它就是在直接研究公众利益，研究人与人之间的关系中产生的。在他们哲学思辨的关键词中，有很多诸如"天道""人道""仁政""德政""无为而治""天道自然""中庸""和谐""兼相爱，交相利"等，都体现的是人事问题，不仅体现着治国的道理、统治者的品质，更体现着重民、保民的思想。也就是说，苏格拉底的思想，在其100多年前的中国春秋文明中，已经被中国的智者在思考了。

在中国的春秋文明中，其人道观念，就涵盖有信人不信神，人为神之主的思想。儒家思想最重要的就是仁的思想，有孔子贵仁之说。在《左传》《礼记》《论语》中，对孔子仁的思想都做了很多论述。在孔子的解释中，仁和人是可以同义的，即仁者人也。孔子还把仁的本质诠释为爱人。与这一思想联系的是君王必须以民为本，必须听于民、信于民、利于民。国将兴，听于民；将亡，听于神。因为天地之经纬也，民之所以生也，民之利是君之利，民之利高于君之利，所以君主的使命就是利民、养民，只要于民有利，即便不符合君主的利益，君主也要积极地参与和推动。天意"爱民"，天为民而立君。君的职责就是使民保持"天地之性"，实现天心和民心的统一。

在希腊哲学中，关于德性的感念和本质，也是通晓人事中的重要内容。比如苏格拉底就说过，内在于心灵的原则，是德性。这里的"德性"是指过好生活或做善事的原则。他认为，一个人对他自己的认识，就是德性；同时也是判断外部世界和社会行为的原则。他说明了这样一个道理：如果一个人自称知道一件事是善，但又不去实现，这恰恰说明，他实际上并未真正知道这件事的善，他并没有关于这件事的知识。相反，一个人知道什么是善，必然会行善；知道善而又不实行善是自相矛盾的，因而是不可能的。苏格拉底相信，一切恶行都是在不知道善的情况之下做出的，"无人有意作恶"；"如果人们不相信一件事是最好的事，他们就不会去做这件事；如果他们这样做了，那只是出于无知。"①

在希腊哲学的幸福观中，就充分显露出道德的重要地位。比如亚里士多德认为，幸福是生命的自然目的，也是最高的善。每一个人都有追求幸福的自然倾向，幸福以自身为目的，同时又是其他一切目的之目的。亚里士多德认为幸福的人就是"那些按照完全的德性活动，在一生可不只是一个短暂时期有充足的外来好

---

① 见《西方哲学史》，高等教育出版社 2011 年版，第 48 页。

处供给的人。"① 有德性的活动是幸福的充分条件，而长期的、充足的外在好处是幸福的必要条件。亚里士多德强调，财富、名誉、门第、闲暇等外在好处不是幸福的充分条件，正如音乐家使用好乐器只是他成功演奏的必要条件，但不是充分条件一样。外在好处只是实现幸福的一种手段，而不是全部手段，更不是幸福本身。亚里士多德明确表达了幸福主义的道德目标：善人为他的朋友和国家尽其所能，在必要时甚至献出生命。他抛弃财富、名誉和人们普遍争夺利益，保持着自身的高尚。他宁可要短暂的强烈的快乐，也不要长期的平和的快乐，宁可高尚地生活一年，也不愿庸庸碌碌生活多年。

　　在中国春秋文明的民本思想中，崇尚的就是道德成为人生、社会的最高价值。比如春秋时期较流行的"三事"之说，即正德、利用、厚生，崇尚的就是道德。在三事说中，正德为三事之首，兼及社会生活的其他方面。诸如：夫德义，生民之本也；能悖笃者，不忘百姓也；太上以德抚民，其次亲亲以相及也。这些名言说明，在春秋时期，崇尚道德与民本思想以及重视宗族或家庭伦理是统一的。在孔子关于"礼"的思想中，也包含着人的道德观念、行为规范和典章制度等含义。这种道德观念既具有时代性的特点，但也体现着中国文明中的社会正常秩序。就"礼"具有道德观念和行为规范的意义而言，它与"德"相当。在"礼"与"德"之下，春秋时期又提出了忠、信、仁、义、孝、智等具体德目。

　　深受中国《周易》中卦象启发的德国哲学家莱布尼茨认为，中国有着令人赞叹的道德，还有自然神论的哲学学说。他认为中国的极富权威的哲学体系，创立于3000年前，远在希腊人的哲学很久很久以前。在他看来，中国在实践哲学方面占优势，而欧洲

---

① 亚里士多德：《尼各马可伦理学》。

在思辨哲学方面领先，中国与欧洲可以相互补充，组成一种世界文化。伏尔泰也非常推崇中国的传统哲学，他曾说过，中国是举世最优美、最古老、最广大、人口最多而治理最好的国家。他还非常尊崇孔子的学说，认为：自从开天辟地以来，还有什么道德准则比它更美？我们必须承认，对于人类来说，没有比孔子更有价值的立法了。

我们都知道，孔子的思想，始终贯穿着"仁政"和"仁爱"精神。有学者认为，"仁学"是孔子哲学的核心思想。孔子关于道德的思想，其所倡导的仁政、德治等理念，都体现了以人为本的价值取向，值得我们进一步弘扬。孔子提出的道义、忠恕原则与仁、义、礼、智、信等价值，以及"天下一家"的社会文化理想，仍然有着积极的意义。的确，"仁学"又是一种成德之教，其基本理想是要通过孝悌忠信、诗书礼乐的教化来培养有德之君子，并通过君子的治理，使国家、社会逐渐恢复和谐的秩序，不断走向文明。

前面已论述过，中国在国家形成伊始，实行的是君主制和分封制，王权至上和王权在天，是当时的主体思想意识。因为天望众民，所以与王权至上相适应，也产生了敬天保民的思想。这种天、王、民和民与民之间的相互关系，具体说就是忠、孝、义、利、法、刑等人事问题，构成了这一时期争鸣的主要内容。其中最为宝贵、影响很大的是有关爱民、重民、利民、养民思想的提出。更值中国人得骄傲的是，在这春秋争鸣中，无神论和民本的思想得到了弘扬。把民视为"神之主"，把为民、利民视为君之道。国将兴，听于民；将亡，听于神的理念，似乎被君王们所接受。

中国的史学家认为，用符合"道"的方式实现符合"道"的社会理想，是老子"无为而治"政治主张的基本精神。老子对终极原因或者世界本原的追问，表明春秋时期的思想家，已经具有了在更抽象的水平上理解社会政治生活的能力。老子用逻辑的方式论证"道"的真实意义，就是要说明人类社会在本来的意义上应该是什么样的社会。这里我们要说的是，老子关于道的哲学，也没有脱离人事，脱离人们之间的关系。

比如，老子关于道的哲学中，包含丰富的辩证观念。也许是受《易经》中辩证思想的影响，老子对事物对立面之间相互依存、相互转化的关系有着深刻的认识。老子的这种辩证思维，同样与人事是紧密联系的。比如其祸福相倚、难易相成、成败相因、柔弱胜刚强等的认识，都使哲学经典进入了人们的日用常行之中，成为深入人心的生命智慧。老子哲学倡导自然无为，追求质朴本真，尊重客观规律，反对人为造作等，对人生也有积极意义。

总之，在百家争鸣中，围绕天、王、民或君、臣、民互相之间复杂的关系展开，各有各的思想，各有各的理想社会、各有各的政治主张，形成了波澜壮阔又精英秀丽的画面。诸如孔子提出的"为政以德、有道之世"，老子提出的"无为而治、小国寡民"，墨子提出的"兼相爱、交相利"，庄子提出的"至德之世"等，其中所迸发的许多宝贵的东西，不仅一直在中国人的心目中流传着，而且一直在影响着世界。

和谐中庸和和谐中道

在人类的发展中，无论是人体和大脑的发展、智力和思想的发展，也许都有着相同的规律，只不过至今人们对这一规律还不曾认识。人们都知道，希腊政治哲学中，有关和谐和中道的思想，也占有重要地位。这里我们要强调的是，从这些思想当中，我们似乎也能看到中国春秋哲学的影子。希腊的毕达哥拉斯是第一个使用"哲学"这个概念的人。在他看来，哲学就是爱的智慧。他说，和谐首先是数目的和谐，但数目的和谐可以感染和净化灵魂，使灵魂处于同样的和谐状态，而灵魂达到和谐的途径，就是音乐和哲学。音乐通过和谐音调感染净化灵魂，哲学通过数目的和谐思考净化灵魂，所以和谐是最美好的。柏拉图政治哲学的核心是正义。什么是正义，在他看来，身心和谐的生活就是正义。他认为正义有三个层次，第一个层次是正义的灵魂，第二个层次是正义的德性，第三个层次是正义的城邦。柏拉图认为在人的生活中，灵魂的各部分与不同的德性相适应，理性的生活是智慧，顺从理性的激情生活是勇敢，合理的欲望生活是节制，身心和谐的生活是正义。

在希腊哲学中，德性与和谐、与中道是相通的。比如亚里士多德给德性就下了这样一个定义："德性是一种选择的习惯，它是相当于我们而言的中道，被实践智慧的理性所规定。"亚里士多德把"中道"作为德性的标准，他说："德性牵涉选择时的一种性格状况，一种适中，一种相对于我们而言的适中，它为一种合理原则所规定，这就是那些具有实践智慧的人用来规定德性的原则。"①

从希腊哲学中的德性思想、和谐思想、中道思想中，我们同样不难看到中国春秋文明的影子。比如在孔子的哲学思想里，道德、中庸、和谐，就占有非常重要的地位。在四书五经中，专有阐述中庸的《中庸》一书。当然，如史学家们说的，孔子提出的中庸、和谐之道，并不是折中主义，而是一种辩证的智慧，其不仅在中国哲学史上，而且在政治和社会学史上，都影响深远。在四书《中庸》一开头，就对中庸、和谐的本质和意义做了这样的阐发："喜怒哀乐之未发，谓之中；发而皆中节，谓之和。中也者，天下之大本也；和也者，天下之达道也。致中和，天地位焉，万物育焉"中国文明中的中庸和谐思想，博大精深，在思想史上占有重要地位。

---

① 　见《西方哲学史》，高等教育出版社 2011 年版，第 89 页。

从思想方式上说，中庸之道是倡导行事要顺其自然和规律，反对偏执、片面、极端，主张诸要素的兼济、统一与平衡。而且这种兼济、统一与平衡，表现为一个动态的过程。中庸之道是一种哲学思想，一种处世的理念与艺术，而不是不讲原则，不是四处讨好、迎合所有人的"乡愿"。孔子把中庸称为最高的德，而把这种"乡愿"，称为德之贼。在孔子看来，"中庸"作为处世的普遍方法，是指做什么事都有顺其自然，都要适中、中和，都要坚持不偏不倚、无过无不及的标准。孔子提倡做事应"执其两端，用其中于民"，即在两个极端之间找到动态统一平衡的契机，并用之于民。也就是说，中庸的方法论包含灵活处置、动态协调、辩证综合的意义，而要正确把握中庸的意义，也应用具体问题具体分析和辩证思维的方法。

孔子的中庸之道，还包含一个重要目的，就是实现社会和谐。在孔子那里，和谐不是要求相同，而是执中庸的和而不同。史学家们都特别强调，孔子主张治国要顺天应人、执守中道、和而不同，在此基础上做到君臣协力，选用贤能，爱民、富民、教民，以建立和谐稳定的人伦政治秩序。孔子的政治思想凸显了人在政治活动中的主体地位，强调人性修养是影响政治活动的根本因素，这是应该肯定的。

系统读读孔子的书，就会知道，实现和谐社会，是孔子的美好理想。越来越多的史学家们认为，孔子的仁德、诚信意识，包括非常广泛的内容。但其最核心的部分是道德和诚信，具体说就是忠、孝、悌、礼，其目的就是通过这些实现和谐的社会秩序。具体说，就是以忠来维护帝王统治，以孝来维护封建家族中纵的关系，以悌来维护封建家族中横的关系，以礼来规范人们的行为。这种意识形态反映到对内，即绝对的忠于皇帝，孝顺父母，尊敬兄长。视他们的话为"天理"，视他们的行为为"天义"，只能唯其命是从，不得犯上作乱。反映到对外，即反对任何战争，把对外扩张和谋求霸业的战争，视为"天下无道"，而提倡"天下有道"。这也许就是我中华民族历来"热爱和平，反对侵略战争"的思想根源。中国的"天下有道"同西方国家对外好战和以掠夺为荣理念，形成了鲜明的对照。孔子施仁政、讲人道，反暴政、反霸道，讲道德、讲诚信、讲以德治国的思想和主张，对后人的影响最大，在之后经过不断发扬光大，成为整个中国封建意识形态的核心和道德规范，而且至今仍然显示出很高的价值。

在哲学意义上，诸子百家讲的和谐思想，不只是人和人的和谐，还有人和社会的和谐，人和自然的和谐。比如在儒家思想里，中庸之道的基础，就是"天人合一"。《中庸》中说的"致中和，天地位焉，万物育焉"，就是要告诉我们，只有致中和，才能达到人和自然的和谐。而且认为通过至诚、至善而达到的"天人合一"，是人和自然都能得到和谐发展，从而能造福人类的美好自然境界。儒家"天人合一"的思想，包含人们应当善待自然，尊重自然规律的内容。比如荀子在《荀子·天论》中就强调："天行有常，不为尧存，不为桀亡。应之以治则吉，应之以乱则凶。强本而节用，则天不能贫；养备而动时，则天不能病；修道而不贰，则天不能祸。"这句经典的话，我们至今都会感到很亲切。

诸子百家对人的本质的认识，对人们社会关系、社会秩序的认识，对美好社会的探索和追寻，在这场争鸣中都展露无遗。更可宝贵的是，在这场争鸣中关于通过施仁政达到和谐社会的理想，显出了其很高的境界。当然，这种和谐社会是建立在等级制度或维护等级秩序基础上的。不过，应当提醒的是，后世封建统治者利用孔子的顺天、尊君、礼治、教化等思想，逐渐形成了以"三纲五常"为核心的礼教制度，这成为维护和巩固封建专制统治的工具，这和孔子的政治思想的原本已有了很大的不同，应当加以区别。

总之，希腊哲学中的和谐中道，中国哲学中的中庸和谐，其思想脉络是相通的，其倡导的都是以人为本、以德为本治天下。这种思想不仅被继承至今，今后还会进一步发扬光大。比如用道德的观点理解社会政治，把道义原则作为政治评价的标准，主张重义轻利，强调统治者应该以"德"治国的思想；比如主张施仁道，反对霸道，认为仁政是治国的基本原则，以仁义道德治国统一天下，是统治者所能达到的最高境界；而"怀利""忘义逐利"，则是亡国之道等，这些思想所包含的价值，是永远不会消失的。

三　中国封建文明和对世界的贡献

无论从哪个方面看，中国的封建社会，都是世界独一无二的。从公元前221年到1848年，中国封建社会整整延续了2000多年。同西方封建社会相比，中国的封建社会不仅时间长，而且科学技术和生产力的发展水平高，无论其所创造的物质文明或精神文明，都要高于欧洲的中世纪。最重要的是，中国的先进技术、先进思想、科学发明，以及先进生产技术生产的先进产品，都通过古丝绸之路逐渐传到西方，大大刺激了西方的发展。一般认为，自公元476年罗马帝国灭亡开始，欧洲就进入了中世纪，也就是封建文明时代。到1640年英国资产阶级革命为止，欧洲的封建文明一共经历了1100多年的历史。而公元476年，中国正是汉朝之后的南北朝时期，就是说，中国进入封建社会已经过了近700年。从公元476年至14世纪初期开始的欧洲文艺复兴这800多年，由于基督教神学的统治，其对人性压抑和扼杀，并采取绝对排外的理念，社会和经济都停滞不前，被称为欧洲的"黑暗时代"。与欧洲的连年宗教战争，生产力发展缓慢，其他文明也无大的惊人的辉煌相比，中国的封建统治者实行儒家的"包容并序"的理念，使社会、经济、文化艺术，都取得了很大的发展，出现了隋唐盛世和宋元辉煌。中国在科学技术特别是建筑艺术、浮雕艺术、绘画艺术、丝绸和瓷器的生产技术和工艺，农业生产技术和工艺等，都取得了欧洲中世纪无法相比的进步和辉煌。

中国封建文明和欧洲中世纪

同奴隶制相比，封建制度无疑是一种新的文明制度，是一种更先进的生产关系。中国的封建生产关系，早在东周末年已经开始萌芽和发展。中国封建社会究竟从何时开端，史学界有所争论，不过一般认为，至公元前 221 年，秦统一了六国，结束了列国争雄的局面，建立了中国第一个统一的封建帝国，这也是世界上最早的封建帝国。当中国进入封建汉朝盛世的时候，欧洲尚处于奴隶制的罗马帝国时期。欧洲进入中世纪即封建社会，则是在公元 5 世纪之后了。不过，由于罗马奴隶制帝国征服和统治了整个地中海，因此当时欧洲被称为"大地的中心"；而大汉帝国却没有被欧洲人所了解、所重视。不过，且不说中国封建社会所取得的惊世辉煌，就中国封建社会能生存 2000 多年的历史这一点，也足以说明它的独特性和唯一性了。

我们知道，"中世纪"一词，最早出现于欧洲文艺复兴时代，是文艺复兴者的语言。文艺复兴者，尤其是意大利的文艺复兴者，都是希腊、罗马古典文化的崇拜者，他们认为在西罗马帝国灭亡和自己所处时代之间的这一段漫长时期，也就是他们所谓的"中世纪"，是文化衰落和"野蛮"的时期，也有人称之为黑暗时期。自 18 世纪开始，"中世纪"这一概念被西方学者沿用了下来。马克思和恩格斯虽然也援用了"中世纪"这个专门概念，但赋予它新的科学内容，他们把"中世纪"视作封建生产方式在世界范围占统治地位的时期。

简言之，欧洲的中世纪就是欧洲的封建社会时期。史学家们一般把公元 5 世纪下半叶西罗马帝国灭亡，也就是中国南北朝时期，作为古代史结束和中世纪史的开端，而 17 世纪英国资产阶级革命的爆发，被看作中世纪的结束，前后总共经历了大约不到 12 个世纪，即 1100 多年的时间。与中国相比，且不说欧洲中世纪是否衰落、野蛮或黑暗时代，就实际而论，欧洲中世纪文明与中国封建文明的确无法相比。

生产关系的变革，是生产力发展的必然结果。先进生产关系的确立意味着生产力发展的飞跃。公元前 221 年，中国就率先进入封建社会，表明中国生产力在当时世界所处的先进地位。铁制工具的普遍运用，手工业的迅速繁荣，商业的发展特别是奇物异宝的交换，都大大刺激了奴隶主的消费欲望，使其不再满足于占有固定的奴隶和剩余产品，而更愿意通过对农奴和商人的榨取追求更多的活的财富。这些因素既是先进生产力的表现，也是由奴隶主经济转变为地主经济的重要动因。

先进的生产关系和政治制度，自然会促进生产力的更大发展。自公元前 221 年秦统一至唐朝的公元 755 年，中国生产力发展非常迅速。由于生产力的迅速发展，经济社会空前繁荣。与此相适应，军事力量也不断强大。中国的汉朝和唐朝，都是当时世界上最强大和最繁荣的国家。中国的汉武大帝，虽然其名字对于西方来说是生疏的，但他在历史上的帝国地位，却可以与亚历山大大帝、尤利乌斯、恺撒以及查理大帝相提并论。当然，与后来的盛唐相比，汉朝只能是小巫见大巫了。到唐朝时，由于经济的繁荣和军事力量的强大，中国的疆域已扩大到东至渤海、黄海、东海，西达咸海，东北至外兴安岭和库页岛，南至南海，成为世界幅员辽阔、最强大的中华大帝国。

在中国封建制度经历的 2000 多年间，儒家和法家的基本思想和主张，始终被统治阶级所使用。以自耕农为主体的中国封建制度，加之这种思想的束缚，使中国的封建社会与西方封建社会相

比，有着许多不同之处。这使中国封建社会有许多很特殊、很奇
妙、很荒诞的现象。这些现象虽然很令人费解，仔细想来却似乎
合乎规律，至今都值得人们去深入思考和研究。也许正是这种独
特、奇妙和荒唐，才使中国的封建社会能延续 2000 多年。

　　比如，与欧洲相比，中国的封建制度是以自耕农为主的、社
会结构比较松散的制度，不像欧洲封建农奴制度。中国整个封建
时代，虽然战乱频仍，但中国人有着惊人的凝聚力。发展、战乱、
破坏、分裂、平定、统一、再发展，如此不断循环，周而复始。
中国的封建制度，既是以大量自耕农为主的、社会结构比较松散
社会，又是有渗透到每个人血液里的三纲无常的封建意识紧密、
牢固熔铸在一起的，再加上那种自耕农的五亩良田一头牛，老婆
孩子热炕头的生活追求，太过于自在，所以人们很容易得到满足，
形成了长期的自我封闭甚至孤独的意识。其两眼只盯着自己的土
地，从不关心和过问外界的事物，甚至一点都不知道国外的世界。
那些统治者更是躺在妄自尊大的"天朝""世界中心""文明化
身""举世无双"等闲塌上，自我陶醉。甚至到 1863 年，中国皇
帝还致函美国总统林肯说：朕承天命，抚有四海，视中国和异邦
为一家，彼此无异也。

　　比如，与欧洲相比，中国人虽然勇敢善战，却从来没有向外
侵略和发动战争的历史，而总是被外族所欺负。这也许有三个原
因：一是自耕农这种生产方式，比那种农奴制方式，能更好地调
动农民的生产积极性，生产的财富能够自给自足；二是勤劳的自
耕农，天生就有土地为本的意识，天生就视自己的小块土地为命，
认为只要在那小块土地上，辛勤劳动，就能致富，就能传宗接代；
三是中国农民心里，都渗透着儒家思想，都把道德、和谐、诚信
视为天经地义，而把对外掠夺视为无道。世界已经公认，在封建
时代，中国不仅是世界人口和疆域最大的国家，而且也是世界最
富饶、人民生活比较富裕的国家。据国外学者提供的数据，直到

1820 年之前，中国在世界国内生产总值中的比重，都大于 30%。中国农民总抱着那种五亩良田一头牛，老婆孩子热炕头的念头，自在、安稳地生活。而且把这种生活获得，完全寄托在自己辛勤耕作劳动和好皇帝身上。一旦地主阶级剥削太重，使其不能得到这样的生活，在日子过不下去的时候，就揭竿而起，进行暴动或农民革命。当统治阶级妥协，使自己的生活恢复原样时，一切都又平静了下来。这也就是在封建时代中国虽然内部战乱频仍，却从不向外侵略和发动战争的原因。

比如，与欧洲相比，中国官僚统治者，更重视选用知识人才。中国很早就实行科举制度，利用统一考试选拔人才，这也许在世界上是绝无仅有的。而且考试的科目，选择录用的标准，都基本上是儒家思想，这不仅保证了官方意识的儒学性，保证儒家治国思想中的德、礼、信、诚等理念，成为维护社会秩序的正统；而且使中国的封建官僚行政管理制度比世界任何国家都更为成熟、严密和系统。这样建立起来的庞大的官僚行政机构，不仅始终都能成为皇帝的驯服工具，而且成为使中国保持大一统国家的主要力量。中国没有像西方那样的律师和诉讼，这些官僚作为皇帝的工具，对人民有独裁的权力。这也是这种体制比西方那种体制效率高、成本低的原因。

比如，与欧洲相比，中国选才方式更为科学。中国封建社会一直坚持科举制度，使儒家思想成为正统，所以中国封建官僚行政文明，与欧洲的中世纪的制度相比，就有自己的独特优势。有西方学者说，因为中国的封建官僚机构集中了最优秀的人才，并赋予他们特权，所以中国的封建官僚政治是一种开明的专制，比欧洲的基督教统治更为理性，比欧洲的军事贵族政治也更有利于科技知识的进步，这不无道理。而且儒家思想的灌输，也使广大劳动者更加崇尚勤劳致富，崇尚吃苦耐劳，为了劳动致富，似乎能吃尽天下所有的苦难，而很少想其他邪门歪道。更可贵的是，中国人在劳动致富中非常讲究义气，非常乐于救助穷人，为了救助穷人，特别是救助那些濒临饥饿而死的穷人，不吝惜自己用勤劳创造的财富。在吃苦耐劳中，妇女表现得尤为出色。吃苦耐劳，乐于助人，这都是中国人的美德，也是中国人的骄傲。

比如，与欧洲相比，中国的封建官僚更依赖农业生存。中国的封建官僚都是典型的寻租者，他们主要靠农业税收或强制性摊派，维持国家的运行和自己不劳而获的优裕生活。因此，他们所实行的政策，大多都是有利于农业发展的，比如重视兴修水利，重视推广农业技术，重视良种开发等。为了确保国家的粮食供应，还建立了一套公共粮仓制度。广大农民靠开垦荒地，靠精耕细作、运用先进生产技术等提供产量的办法，维持自己和不断增长的人口的生存。当然，这既是中国封建官僚制度的优点，也是中国封建制度的致命弱点。由于官僚们基本上是靠农业税和在农业上的特权生存，他们的特权地位，他们的思想意识，他们的生活方式和生活态度，使他们对工商业特别是对商业获利，始终存有偏见。这种偏见拟制着、阻碍着中国工商业，使其未能像欧洲那样在城市发展起来，而工商业的发展，恰恰是新的科学技术，新的阶级和新的社会制度产生的基础。中国在新一轮科学技术革命中、社会制度更替中落后的原因，正在于这种偏见。

比如，与欧洲相比，中国对皇权有更深的崇拜。封建王权的统治，是很残酷的中央集权，但被统治的中国百姓，对皇帝崇拜至深，从来没有彻底推翻这种王权的意识。而且自己的诉求很简单，就是有一个好皇帝。皇帝一言九鼎，皇帝说好就是好，甚至皇帝的一种个人喜好，或者一句话，都因崇拜而变成社会运动或行为标准。对皇帝的盲目崇拜，会造成多么奇特、多么荒诞和滑稽的事情，也许人们是想象不到的。比如，由于听说有皇帝喜欢小脚女人，因而有那么一个历史时期，就产生了一种很奇特、很滑稽、很荒诞的事，就是妇女裹脚。"小脚"竟成了女性貌美、德美的象征，女性的一切美，都集中体现在了那双小脚上。而且脚小的程度，竟成了美的尺度。脚越小就越美，就越不愁嫁。那年代，中国的妇女，就是靠着这"三寸金莲"支撑着半边天的。

由于"三寸金莲"实在太荒唐，所以这里想多说几句。那年代，在无形或有形的压力下，脚的大小，也成为女人性格、意志和刚毅程度的体现。我的奶奶，是标准的"三寸金莲"。我的母亲和两个姑姑，也都是小脚，不过没有奶奶的"三寸金莲"标准。母亲和姑姑曾都对我说过，裹脚很疼，是件很痛苦的事。为裹脚，不知挨了长辈多少打，流了多少泪。可长辈一定要她们都成为标准的小脚女人，为的是她们能嫁个好男人。裹脚究竟是从哪个朝代开始的，传说不一。有的说是始于隋朝，有的说是始于唐朝，还有的说是始于五代，而且各都有一段离奇的传说，不过都不足以为据，真正有文字记载的，还是始于宋朝，兴盛于明朝。据说清统治者入关后，一度下过禁止女子裹脚令，可谁能想到呢，这禁止女子裹脚令，却遭到了汉人的反对，汉人竟认为这是向清廷屈服的象征。世界上的事情就是这么荒唐和这么不可思议。由此可见，在中国，皇帝在百姓中的威望，是多么难以想象。

农业技术的传播和贡献

农业是人类生存的基础，更是封建社会的基础。无论哪个国家，开天辟地都离不开农业。农业是封建社会最基本、最主要的经济部门。刚进入封建社会伊始的秦朝，就非常重视农业的发展。自秦朝之后中国各朝各代，也都十分重视农业的发展。不仅农业生产工具不断改进，农业生产技术不断提高，而且重视兴修规模宏大的水利灌溉工程，不断扩大灌溉面积，不断提高耕作技术和精细程度，从而使粮食产量不断提高。农业的不断发展，才使中国得以养活不断增长的众多人口。就这一点，足以说明中国对人类发展的贡献。中国是个邻国非常多的国家。中国超前农业技术，首先在邻国传播，诸如印度、朝鲜半岛、日本、越南以及东南亚和西亚邻国。有些生产技术以后又借助丝绸之路，传播到欧洲。

公元前219年，秦始皇就陆续采取措施，大力发展农业生产。比如推行奖励农垦的政策，用免除徭役等方法，把几十万人迁到边疆和劳动力不足的地区去开垦荒地，从事农业生产；比如把以前的"重农抑末"政策改为"上农除末"，对投机商人进行残酷打击；比如以法律形式承认土地私有制，命令占有土地的人向政府自报占有土地的份额，按亩纳税等；这些做法就为秦王朝和之后中国农业的发展，打下了良好基础。

农业有靠天吃饭的特点，所以水利建设对农业发展有重要作用。早在春秋时期，中国就开凿了安丰塘水利工程，并开始开凿京杭大运河。公元前256年修建的都江堰水利工程，以无坝引水灌溉为特征的、设计精巧的水利工程，堪称世界水利文化鼻祖，而且至今还在发挥作用。到了汉朝，由于水排、浑天仪等水力机械的运用，为农业的发展提供了更多的条件，使农业生产不断提高。隋朝开通的京杭大运河，是世界上里程最长、工程最大、最古老的运河。它不仅在灌溉农田方面，而且在航运方面，作用都非常突出。

水稻种植技术、小麦种植技术、养蚕缫丝技术、茶叶种植技术、大豆种植技术，在中国都历史悠久，有人还把它们称为中国农业技术的五大发明，而且其至今在世界还都处于领先地位。考古发现，我国最早的水稻和小麦的栽培，可以追索到1万年以前。我国湖南道县玉蟾岩遗址，就发现了1万年以前的水稻谷壳实物。据有农业专家的研究，中国的水稻栽培技术，早在距今4000多年前，就传到了印度、菲律宾、泰国等东南亚国家，早在距今2000多年前，就传到朝鲜半岛、日本和印度尼西亚。同水稻一样，小麦也是人类重要粮食作物。考古发现，早在新时期时期，中国的黄河流域就有小麦种植，到秦汉时期小麦种植技术已经颇为成熟。

并由黄河流域向朝鲜半、日本等邻国传播，自 15 世纪，开始向欧洲传播，之后又逐步传播到美洲和澳洲。

养蚕和缫丝技术，据说早在 5000 年以前，中国的原始居民，就掌握了养蚕和缫丝技术。中国很长时期，一直有男耕女织的称谓。丝绸业不仅一直都是中国古代农业的重要组成部分，而且如世人都承认的，它还是中国带给世界的瑰宝。丝织业是中国古代名牌产业。到了汉朝，农业的发展既促进了棉纺织业的发展，也促进了丝织业的发展。尤其是丝绸之路开通后，大量丝帛锦绣西运，促使具有高水平的汉代纺织品大量流行。由于绘画艺术和印染技术的提高，当时中国纺织品，特别是丝织品的花色品种非常多，很受丝绸之路沿途国家人们的喜欢。

到了北宋时期，中国的纺织业技术已经相当发达。不仅有大批官营和私营的作坊从事纺织，而且连广大农村的劳动妇女也无不纺织布帛。不过，北宋纺织业仍以丝织业占主要地位，尤以京城、两浙、川蜀地区的丝织业最为发达。比如当时都城开封所设立的绫锦院，就有织机 400 张，规模宏大，为皇室贵族织造高级织品。丝织品的种类繁多，只绢和绫的品种，就有近 80 种。

从唐朝开始的印染技术，到北宋有新的发展和提高。刻工雕造花板，供给染工印染"斑缬"之用。很多高级丝绸品，从唐初由经锦发展到纬锦，织纹从平纹花的经线双面组织变为经斜纹地上起纬斜纹花。而后通过改进，发展到缎纹。以缎纹构成的织物，表面平整，富光泽，手感软，缎纹与提花结合起来，便可产生新织品种，因而适应性强，是极其富丽华美的高级丝织品种。

据史料记载，早在 2000 多年前，中国的养蚕和缫丝技术，就传到了邻国朝鲜半岛和日本，在 1000 多年前，又传到了越南、缅甸、泰国。五六世纪传到了波斯，七世纪传到了阿拉伯和埃及，八世纪传到了西班牙。由于当时中国丝绸在世界享有很高声誉，所以在汉初就远销罗马帝国各地，极受罗马人的珍视。当时的希腊人和罗马人，都称中国是"赛勒斯"，即丝绸之国。当时中国和罗马之间繁荣的丝绸贸易，中国史书上有许多具体的记载。

不少人都知道美国历史学家海斯·穆恩·韦兰曾讲的这样一个故事：罗马人对中国丝绸极为喜爱，但由于两国相距遥远，所以罗马人很早就热切地想知道中国制造丝绸的秘密，然而都未能如愿。直到查士尼帝在位时，派遣了两个修士专门到中国索取制造丝绸的秘密。约在公元551年，这两个修士带回了一根装着一些蚕卵的空心手杖，才最终得到。罗马人认为，这些蚕卵比等重的黄金更有价值，因为这就意味着丝绸业在小亚细亚和欧洲的开始。所以这位学者也称这是"一个有价值的秘密"。直到明朝，西方的纺织技术同中国的差距尚有几百年。

茶，被称为中国的国饮，是风靡世界的饮料之一。早在公元200多年前，中国就开始利用大茶树。在中国历史上，一度还把茶放在了与粮食同等重要的地位。茶很早就成为中国商品交换的重要产品。茶的种植和加工技术，通过丝绸之路传播到中亚、西亚、阿拉伯和欧洲。特别是1517年葡萄牙海员从中国带回茶叶之后，饮茶开始成为欧洲王公贵族的奢侈品。之后随着贸易数量的增加和价格的降低，逐步成为大众的饮品。尤其是英国，大多数人都养成了饮茶的习惯。

大豆的故乡，也在中国。我国黑龙江考古发现，早在3000多年前，中国就有种植大豆的历史。战国时期，大豆就同粟并列为人们的主粮。大豆富含蛋白，大豆蛋白可与鱼肉媲美。中国的大豆种植技术，很早就名闻四海，传播四方。在2000多年前就传播到朝鲜半岛、日本和东南亚国家，1739年传入法国，之后又传入欧洲诸国，1765年传入美国，1898年传入俄国。中国的大豆制品豆腐，也是中国的一项技术发明。豆腐的发明不仅是大豆利用中的一次革命，也是中国对世界食品发展中的贡献。中国豆腐的生产技术虽然对外传播较晚，大约从唐朝开始对外传播，在20世初才传到了欧美，但它很快就成为世界性人们都喜爱的食品。

正是这些技术发明，使中国封建农业的发展，一直走在世界的前列。隋唐时期，农作物的品种已发展到80多种，兴修重要的大型水利工程达200多处。比如当时的同州开渠自龙门引水，可灌良田600多顷。而且比较广泛地采取了精耕细作、轮作、间作、混作等先进的耕作方法。对农田的这种精耕细作，使土地产出量达到了很高的水平。据有些史学家提供的资料：战国至西汉时期，即公元前475年至公元8年，中国黄河下游的小麦亩产已达到100—125公斤。而公元1世纪的意大利粮食亩产只有35公斤；中世纪后期，即1400—1449年，英国大麦、燕麦亩产也只有55公斤。两宋时期，即960—1279年，水稻平均亩产达150公斤；明清时期，即17—18世纪，最高达225公斤，而19世纪末日本水稻亩产才有200公斤。印度、孟加拉国、泰国和菲律宾在20世纪70年代，水稻亩产才只有125公斤左右。中国封建社会农业生产的先进性，由此可见。

陶瓷和火药技术的传播和贡献

在农业发展的同时，中国的手工业也迅速发展起来。诸如煮盐、冶铁、纺织、烧瓷等，在秦汉时期，就成为最主要和最发达的手工业。在西汉中期，即在公元前，中国已能冶炼出质量比白口铁更优的灰口铸铁。秦汉冶铁技术大发展的标志，是炼钢技术的发明和百炼钢工艺的日益成熟。东汉时期，即公元25年之后，全部的兵器就逐步由钢铁制品取代了青铜制品。而在罗马帝国统治的欧洲，似乎远没有达到这样的水平。由于生产和战争的需要，中国的冶铁业也发展迅速，到11世纪，中国北部已有一个非常可观的冶铁业，每年能生产大约12.5万吨铁。这比700年之后英国工业革命早期的全部铁产量还要多！为日本1890年生铁产量2万吨的6.25倍，为意大利1890年生铁产量1万吨的12.5倍。但就对外影响来看，还是丝绸、瓷器、造纸、印刷和造船业最为突出。当时，这些行业的发展和技术水平，都是世界无与伦比的。

陶瓷的生产，也是中国独创的一项发明。考古发现，早在1万年前，中国就有了陶器的生产，而且工艺很先进，它是新时期时期的重要标志之一。大约在商代前，中国就创造出了有釉的原始瓷器。在商周时期，就已经出现了原始的青瓷。中国许多考古所发现的大量制作精美的彩陶，都令人叹为观止。三国两晋时期，中国的制瓷业已进入了成熟阶段。各种瓷器不仅形象生动逼真，而且涂有各种色彩，既是瓷具，又成为精美的艺术品。到了汉唐，瓷器的生产工艺和技术精湛，已为世界所惊叹。唐朝的"唐三彩"，至今都仍风靡全球。

宋元时代，瓷器更成为中国献给世界的珍品。特别是宋代的名窑名瓷，更是让西方人羡慕不已。宋代瓷器，不仅集以前各代瓷器工艺美学之大成，而且有自己全新的创造和表现。其主要特征是釉质丰腴莹润，腻如堆脂。釉色大多以单彩但又不乏绚丽的窑变色彩和满布冰裂断纹的有意制作的瑕疵之美，总体上呈现出一种沉静素雅、凝重高贵的风格。这种工艺和美学境界，不但超越了前人，而且后人仿制也极难与之匹敌，的确达到了中国和世界瓷器史上一个卓绝古今的艺术巅峰。

两宋时期，瓷窑林立。各地窑场，如雨后春笋，似百花齐放，遍布全国各地。据20世纪50年代以来中国陶瓷考古调查结果表明，中国19个省、市、自治区的170个县中，保存宋代窑址的就有130个县，占总数的75%，足见宋代瓷业的规模和繁荣程度。比如宋代五大名窑：汝窑、官窑、哥窑、均窑和定窑，均闻名世界，其精美的产品，一直被后世所盛赞。明清是中国瓷器发展的鼎盛时期，景德镇既是中国瓷业中心，也是世界瓷业中心。

中国的烧瓷技术和精美的瓷器产品，很早就传到了日本、越南、泰国等邻国和东南亚国家；之后又随着丝绸之路传到了波斯、埃及、西班牙、叙利亚、土耳其、意大利、荷兰、法国、英国、德国等几乎所有西方国家。世界各国都通过瓷器的交流，了解了中国、认识了中国，把中国称为"瓷国"，把英文的瓷器作为中国的代名词。由于陶瓷技术和陶瓷产品的广泛应用，中国陶瓷技术的传入，不仅促进了这些国家陶瓷业的发展，而且改变了这些国家人民的生活方式和生活习惯。

火药的发明，是中国四大发明之一。火药的发明和火器的制造，也是影响人类文明发展的重要因素。它不仅影响着战争的规模和性质，而且影响着人们的日常生活和征服大自然的能力。确凿的史料证明，火药是中国首先发明和使用的。把火药作为武器，中国在五代时期，即公元907—922年就已经开始。马克思曾把火药、指南针、印刷术视为预告资产阶级社会到来的三大发明。说火药把骑士阶级炸得粉碎，指南针打开了世界市场并建立了殖民地，而印刷术则变成了新教的工具。总的来说，这些发明变成了科学复兴的手段，变成对精神发展创造必要前提的最强大的杠杆。马克思的这些话，道破了中国四大发明对世界的贡献，对西方文艺复兴、资产阶级革命的贡献。

到了宋代，随着采矿、冶金等部门手工业的发展和抗击外敌战争的频繁，火药、火器的发展与应用到了一个新的阶段。北宋政府在都城开封即设有专门制作火药和火器的官营手工业作坊。这些作坊已经能够利用火药制造燃烧性的火器，随后逐步制造爆炸性的火器。北宋末年所制的"霹雳炮"，在战场上已成了威力强大的武器。到了南宋，更发明了管状火器，创造出了火枪，把火药装在竹筒内点火喷射，这是射击管状火器的鼻祖。

公元9世纪，中国制造火药的原料硝石，传入阿拉伯。阿拉伯人称之为"中国雪"，波斯人称为"中国盐"。从12世纪开始，中国火药武器的制造技术，随着蒙古西征，从陆路传入波斯、阿拉伯等地。阿拉伯在与欧洲的长期战争中，就使用了火药兵器。

而直到 13 世纪末，制造火药和火药武器的方法，才由阿拉伯传入欧洲。意大利是获得中国火药制作和应用最早的国家。1379 年至 1380 年意大利威尼斯和热那亚战争中使用的火器，是欧洲人制造和使用火器最早的记录。之后，中国人最早发明的火药和最早制造的火器，在欧洲人手里得到了革命性的发展，以致成为欧洲人征服世界的利器。

火药兵器的使用，特别是火炮和火枪的出现和使用，不仅大大增加了武器的杀伤力，而且改变了战争的方式。以前攻不破的石墙，抵不住被火药制成的大炮；长矛、利剑刺不透的盔甲，抵不住用火药制成的枪弹。中国火药技术在欧洲的传播，加上欧洲发达的手工业制造技术，就使火药的使用发生了新的革命，使欧洲资产阶级能利用这种革命，利用火药制成的威力巨大的火炮、火枪，开启了世界性的殖民掠夺和殖民统治。而那段历史，也证明了中国火药的传播，的确推进了世界历史的进程。

造纸和印刷技术的传播和贡献

造纸和印刷技术也是中国发明，是在中国最早使用和发展起来的。中国的造纸术发明，始于西汉时期。不过，西汉仍属造纸工艺的探索时期。到了东汉，蔡伦总结前人的造纸经验，广泛采用树皮、麻头、破布、旧渔网等作为原料，制成了质地较好的纸。而且造纸工艺也有突破，在纸浆的化学处理和漂白等关键工艺上有了重大进步。蔡伦的发明和造纸技术的普遍推广，使纸成为书写不可或缺的用品。纸张迅速代替了过去的竹简、木牍和缣帛，大大便利了科学文化的发展、传播和推广，对人类文明的记载、传承和发展，特别是对科学和技术革命的传播、继承和发展，都有极其重要的作用和意义。

考古发现，印刷术作为我国四大发明之一，在公元前 1000 多年前商周时代，就有了雕版印刷术的先驱和木版印刷图画的出现。

至晚唐，雕版印刷已开始发展，到宋朝雕版印刷技术已经成熟。在宋代，不但雕版印刷达到了鼎盛时期，而且还发明了铜版印刷。这种印刷主要用以铜铸成的铜活字进行排版印刷，其工序同泥活字印刷基本相同，只是由于铜活字比泥活字造价高，未能如泥活字那样广为流传。在宋代的铜版印刷，主要印刷一些商品广告、纸币等。如史学家们所说的，铜版印刷的发明，从一个侧面反映了宋代印刷技术的发展，也是我国印刷术走在世界前列的一个实证。

之后，也就是在 1041—1048 年，布衣毕昇又发明了活字印刷术。这种印刷术是用一块薄而平整的胶泥刻字，使字画凸出，每字单独一印，用火烧硬，制成一个个的活字；另设一块板，板上均匀敷以松脂、蜡、纸灰等合制而成的粘胶物品。排版时，根据要印的文稿逐一捡出每一个字，放在铁板上，紧密依序排列。印刷时，把铁制的框子放在铁板上，再用火烤版，使粘胶物品溶化，然后再用另一平板在上面压，以使每个字平整为度，等到凉冷坚固后即可付印，从而大大提高了印刷的速度。活字印刷术的发明，充分显示了中国人的智慧。

中国造纸和印刷术的发明，对世界贡献之大，是令人想象不到的。据史学家们提供的资料，早在公元 8 世纪，这些技术就开始传入朝鲜半岛、日本、越南、印度等邻国。公元 14 世纪由波斯传入埃及，而后大约在公元 15 世纪又传入欧洲。也就是说，欧洲掌握和运用由中国传入的印刷术，与中国相差上千年。即使按西方史学界一些学者提出的，欧洲人在公元 1450 年开始使用活字印刷的说法，也与中国相差 500 多年。正如法国启蒙思想家伏尔泰所感叹的：当我们还不知道如何认字、书写的时候，中国已经到处都是书籍了。

世界史学界都承认，造纸和印刷术的发明，是人类最伟大的成就之一，它对人类文明的进步和发展，有着非常深远的影响。

甚至可以说，它比任何其他因素，都更大地决定了近代文明的特征和性质。中国封建文明的发展之所以能维持数千年，不能说同印刷术的发明和发展无关。谁都不能否认，繁荣的中国封建文化，欧洲文艺复兴时期的科学和文化，都是在有了纸张和印刷术之后，才得以广泛发展和流传的。

中世纪欧洲各国的书籍，长期是抄录在羊皮纸上的，难以快速、广泛流传。12世纪以后，中国的造纸术和印刷术西传后，改变了这种状况，使欧洲各国科技和文化的传播和发展起了很大变化。从14世纪起，欧洲普遍采用了人造纸张；15世纪初，西欧开始采用雕版印刷；德国古登堡活字印刷术的采用和1440年古登堡对于印刷机可以在纸张两面印字技术的改革；这都很有利于书籍的出版和文化传播，更有利于文艺复兴运动的开展。15世纪中叶以后，文艺复兴很快便在意大利和靠近意大利的德国、法国、瑞士，以及英国、西班牙和尼德兰王国等地展开。一些著名的文艺复兴代表人物和作品，正是在这些国家首先涌现了出来。

造船和航海技术的传播和贡献

中国有漫长的海岸线，有丰富的江河湖泊，这为中国发展海上和内河运输，提供了绝好的条件，也为造船工业的发展提出了需要。中国的造船业发展很早，秦汉时期，我国造船业的发展出现了第一个高峰，造船技术达到了很高的水平。比如，秦始皇在统一中国南方的战争中，就曾组织过一支能运输50万石粮食的大船队。据古书记载，秦始皇曾派大将率领用楼船组成的舰队攻打楚国。统一中国后，他又几次大规模巡行，乘船在内河游弋或到海上航行。

到了汉朝，以楼船为主力的水师已经十分强大。打一次战役，汉朝中央政府就能出动楼船2000多艘，水军20万人，船队中还配备有各种作战船只。当然，楼船是最重要的船舰，是水师的主力。楼船是汉朝有名的船型，它的建造和发展也是中国造船技术高超的标志。秦汉造船业的发展，为后世造船技术的进步，奠定了坚实的基础。三国时期江东是造船业最为发达的地方，其造的战船最大的上下五层，可载3000名战士。以造船业见长的吴国在灭亡时，被晋朝俘获的官船就有5000多艘，可见其造船业之盛。到南朝时，江南已发展到能建造1000吨的大船。

隋唐，中国造船业又有新的发展。无论造船技术和数量，都有新的提高。比如隋朝建造的大龙舟，不仅船体大，而且制造工艺也极其复杂。而到唐朝，所造船长20余丈，载人六七百者已屡见不鲜。有的船上居然能开圃种花、种菜，仅水手就达数百人之多，战船之大可以想见。而且唐朝造船，已采用了先进的钉接榫合的联接工艺，这使船的强度大大提高。

到了宋朝，造船修船已经开始使用船坞，这比欧洲早了500年。宋代工匠还能根据船的性能和用途的不同要求，先制造出船的模型，进而依据画出来的船图，再进行施工。而欧洲在16世纪才出现简单的船图，落后于中国三四百年。宋朝不仅继承了而且还发展了南朝的车船制造工艺和技术。车船是一种战船，船体两侧装有木叶轮，一轮叫作一车，人力踏动，船行如飞。据说南宋杨幺起义军使用的车船，高两三层，可载千余人，最大的有32车。在与官军作战时，杨幺起义军的车船大显了威风。

中国发明的指南针，对世界的贡献，也是有口皆碑的。中国在战国时期，就发明了指示方向的"司南"。到宋朝又发明了"指南鱼"。之后又由"指南鱼"发展为罗盘指南针。中国的罗盘指南针技术，在12世纪末传入阿拉伯，后又由阿拉伯人传到欧洲。到14世纪，指南针技术已在欧洲普遍使用。指南针的使用，为欧洲造船和航海事业的迅速发展，增添了强劲动力，为欧洲开辟新航路，为欧洲资产阶级开辟世界市场，进行原始资本积累和殖民扩张，都提供了极为有利条件，为人类社会的发展进化，做出了不可磨灭的贡献。

不过奇怪的是，中国的航海事业虽然很早，但大约11世纪末，才把指南针技术应用到了航海事业。指南针的发明和应用，不仅克服了远航时不易辨别方向的困难，而且大多推动了世界航海事业的发展和文化交流。由于战争关系，宋朝时期的陆路丝绸之路交通时断时续，所以对外经济文化交流主要靠东南海路。加上当时造船业的进步，指南针的使用，海上交通的便利，因此，宋朝的海外贸易很是繁荣。那时与中国通商的国家和地区，就有50多个。由海路进出口的货物，达数百种之多。广州、泉州、明州等处，都是当时世界有名的大商港。宋朝政府还在各大港口设立市舶司，专门管理对外贸易。

在元朝和明朝，我国造船业的发展，又得到了一次大的跃进。这两个朝代继承和发展了唐宋的先进造船工艺和技术，大量建造了各类船只，其数量与质量都远远超过前代。据史料记载，元朝初期仅水师战船就已有17900艘。元军往往为了一场战役，就能一举建造几千艘战船。当时在南洋、印度洋一带航行的几乎都是中国的四桅远洋海船。当时中国不仅在航海船舶方面居于世界首位，而且船舶质量和性能，也远远优越于阿拉伯船。元朝造船业的大发展，为明代建造五桅战船、六桅座船、七桅粮船、八桅马船、九桅宝船，创造了十分有利的条件，迎来了我国造船业的新高潮。15—16世纪，被称为欧洲的航海时代。而直到哥伦布发现新大陆所使用的圣玛利亚号船，与800年前郑和下西洋用的郑和宝船相比，无论是规模、技术和设施上，都无法相提并论。

据一些考古的新发现和古书上的记载，明朝时期造船的工场分布之广、规模之大、配套之全，是历史上空前的，达到了我国古代造船史上也许是古代世界造船史上的最高水平。主要的造船场有南京龙江船场、淮南清江船场、山东北清河船场等，它们规模都很大。明朝造船工场有与之配套的手工业工场，加工帆篷、绳索、铁钉等零部件，还有木材、桐漆、麻类等的堆放仓库。当时造船材料的验收，以及船只的修造和交付等，也都有一套严格的管理制度。正是有了这样雄厚的造船业基础，才会有明朝的郑和七次下西洋的远航壮举。

可以说，在经过秦汉时期和唐宋时期两个发展高峰以后，明朝的造船技术和工艺登上了我国古代造船史的顶峰，也登上了当时世界造船业的顶峰。明朝造船业的伟大成就，久为世界各国所称道，也是我国各族人民对世界文明的巨大贡献。只是到欧洲资本主义兴起和现代机动轮船出现以后，我国在造船业上享有的长久优势，才逐渐失去。

总之，如果说在奴隶社会之前的发展中，中国的发展同古埃及、古印度、古希腊、古罗马并驾齐驱的话，那么在这之后的发展中，中国却异军突起，冲在了最前面。如果说在奴隶制时代世界文明和奇迹主要集中在尼罗河流域，奴隶制时代是中国、埃及和罗马世纪的话，那么自公元前221年至公元18世纪末的封建制时代，世界的文明和奇迹，则主要集中在黄河流域。这一漫长的历史时期，应当说是中国世纪。在这一漫长的时期中，在经济、政治、科学、文化、艺术等许多方面，中国都远远地走在了前面，成为世界向往的地方。

从中国经济发展的总的水平看，直到19世纪前，仍在世界上处于绝对的领先地位。据美国保罗·肯尼迪在其《大国的兴衰》一书中提供的数据，1750年中国制造业产量在世界制造业产量中所占的份额为32.8%，超过整个欧洲40%多，超过印度、巴基斯坦34%，为日本的8.6倍，为英国的17.2倍，为美国的328倍。而当时的美国只占0.1%，日本只占3.8%。1800年，中国制造业产量占世界的33.3%，超过整个欧洲18.5%，超过印度、巴基斯坦69%，为日本的9.5倍，为英国的7.7倍，为美国的41.6倍。到1830年，中国制造业产量仍占世界的29.8%，仍为世界之首，为整个欧洲的 87.1%，为英国的 3.1 倍多，为日本的 10.6 倍，为美国的 12.4 倍。直到 1860 年，中国制造业产量仍占世界的 19.7%，仅次于英国，为整个欧洲的 37%，为日本的 7.5 倍，为美国的 2.7 倍。

按照人均工业化水平看，直到 18 世纪，中国的人均工业水平也处在世界前列。1750 年，中国人均水平与整个欧洲平均水平，比如与德国、意大利的水平相当，仅落后于英国和法国，并列世界第 3 位；1800 年为世界第 8 位，落在了美国和日本之后。经济的发展和繁荣，必然带来人口自然增长率的提高。在 19 世纪之前，中国尽管由于长期大规模的战争人口大量减少，但人口的增长率仍不低于欧洲国家。总之，在进入封建社会至 16 世纪之前，无论在经济、政治、军事或科学技术和文化上，中国都走在世界的前列，都是世界最强大的国家。作为这一历史时代世界文明的中心，它是当之无愧的。

四　中国思想文化艺术的传播和欧洲文艺复兴

中国古文明对世界的贡献是巨大的，这种贡献不仅表现在物质文明方面，也表现在精神文明方面。中国在把自己的先进科学技术、先进生产方式和工艺技术，传到世界，为世界物质文明的发展进步做出贡献的同时；也把自己的精神文明、先进思想、先进文化、先进艺术，传到了世界，为世界精神文明的发展和进步，同样做出了贡献。在哲学和政治思想方面，在世界上传播最广，影响最大的，是以儒家和道家为代表的哲学和政治思想，以孙子为代表的军事思想；在文学艺术方面，在世界上传播最广和影响最大的，是唐宋的诗词和绘画艺术。中国在世界上最早有影响的两本书，一本是《论语》，另一本是《孙子兵法》。《论语》把儒家的伦理道德思想，把德政、礼治，把民贵、君轻等理念传到世界，受到人们的热烈称颂。特别是当欧洲处于封建君主专政和宗教神学统治时期，一些有识之士和思想家从儒家学说中看到了曙光，希望借用儒家思想和理念来解决时政的弊端，推行自己的主张和理想。儒家思想的传入客观上适应了当时欧洲社会反对封建世袭特权、倡导民众的自由和权力，呼唤资产阶级民主和理性的需要，并为启蒙运动的到来和开展提供了重要的精神动力。《孙子兵法》把中国人的智慧，中国人的聪明，都浓缩在5000多字的文章里，这本身就是人间奇迹。而且其在世界上的传播势头，至今不减。

诸子百家思想的传播和影响

中国的诸子百家，虽然都各有各的深奥和优势，但都体现着中国人的智慧，体现着中国文明的高深莫测。我们都知道，诸子百家中，对中国和世界影响最大的，有四大家，即儒家、道家、墨家和法家。同儒家相比，道家似乎更加神秘莫测，所以有春秋大哲，孔老并称之说。国内外都公认，老子的《道德经》是一部奇书。这本书虽然只有5000多字，但它的博大精深思想，它对中国和世界的影响，却不是5000部书所能阐述清楚的。据有学者在20世纪60年代提供的资料，国人研究、注解这部书的著作，就有600多部。也就是说，这本书平均每七个字，就有人为它写一本书。尽管如此，至今也还没有人能把它博大精深的含义悟透。

儒家思想对中国人影响之广、之深，中国人都有亲身感受。对其在世界上的影响，却不那么了解。到封建社会，儒家思想逐步发展成为封建社会统治的工具，不仅在中国深入人心，而且在世界也有广泛地传播和影响。我们都知道，早在春秋时期，儒家就开创了私人办学之风，让国民自小就接受儒家思想的教育，并把这种私人办的学堂叫私塾。这种私塾之风，一直时兴于整个封建社会。比如，我家在偏偏的山村，我父亲是河南山村的农民，可他对孔子却佩服得五体投地。1944年我7岁开始上学时，他送我去读的就是私塾。无论何种形式和何种规模的私塾，《三字经》《论语》《孟子》《中庸》《大学》，都是必读的书。这些书我都读过。我开读的第一本书，就是《三字经》。

《三字经》书虽小，但分量重，影响深。全书虽然总共只有378句、1145个字，可其内容非常丰富。它不仅涉及中国的封建礼教、伦理道德，而且涉及天文、地理、历史、人情等许多方面。而且句句押韵，读起来朗朗上口，是幼童们不可多得的好教材，实在是每个中国人都值得一读的好书。特别是其中那许多尊长、爱幼、孝敬父母、教子成器、自幼立志、苦读成材的生动典故，有着强大的感染力，值得教育部门高度重视，不仅应当把它作为现在小学生必修的课本，而且应当把它作为对全民进行思想道德教育和子女教育的普及读物。

《三字经》的蒙学价值，一个时期曾被人们遗忘了，这很是可惜。现在人们似乎有所醒悟，试图把它找回来，这又是一个好的开端。可喜的是，1990年，联合国教科文组织已经把它编入《儿童道德丛书》，向全世界推荐，这体现出它的蒙学价值和受用无穷的普遍意义。《三字经》是教人识字、明理的启蒙和入门，也是通经习史的启蒙和入门。《三字经》不仅语言形象、生动、有趣，富有浓厚的哲理性，而且富含许多动人的历史和人物典故。它不仅要教人知道儒家思想的核心，诸如三纲五常、仁义智信等，还教人知道天文地理知识，教人知道如何进行德性修养、如何做人、如何奋斗。

书中那些激励幼年苦读的典故，如"头悬梁，锥刺骨，彼不教，自勤苦"；如"如囊萤，如映雪，家虽贫，学不辍"；如"如负薪，如挂角，身虽劳，犹苦卓"；如"子不学，非所宜，幼不学，老何为"；如"玉不琢，不成器，人不学，不知义"；如"若梁灏，八十二，对大廷，魁多士"；如"彼既成，众称异，尔小生，宜立志"；如"莹八岁，能咏诗，泌七岁，能赋棋"，如"彼颖悟，人称奇，尔幼学，当效之"；如"幼而学，壮而行，上致君，下泽民"；如"养不教，父之过，教不严，师之惰"；等等，读后都使人振奋。

当然，儒家思想的精髓，主要是集中在《论语》一书中。儒家思想在世界上流传广泛，影响深远的，就是这本书。儒家思想是一种世界观、一种社会伦理、一种政治意识形态、一种学术传统，以及一种生活方式。早在秦汉时代，它便越出国界，传播到东亚、东南亚，特别是朝鲜、日本、越南，对于促进这些国家政治、经济、文化的发展起到积极的作用，甚至成为这些国家传统思想最重要的组成部分。世界上许多史学家把中国和亚洲一些国家视为孔子文化圈，这不是没有道理的。

历史上朝鲜半岛，是中国以外儒家思想传入时间最早、传播领域最广、受儒家思想影响最深的。据史料记载，自秦汉时期儒家思想开始传入朝鲜半岛，并逐渐成为朝鲜半岛封建社会的正统思想，成为其治理国家和维护伦理礼仪的规范。儒家思想、儒家价值观已经融入了朝鲜半岛每个人的心中。即使是今天，韩国人仍然保留着儒家学说的风俗、习惯以及思维方式。韩国对儒学的研究，特别是儒学中的人性、道德和和谐的研究，非常深刻。在现今亚洲儒学文化圈里，韩国不仅完整地保存和继承着儒家传统，而且还保留着每年祭奠儒家圣贤的习俗。现在，孔子在韩国也被尊为"大成至圣文宣王"，韩国不仅拥有儒教学会、儒教文化研究所等机构，而且在 20 多所大学里还设有专门研究儒家思想的学科。通过对儒家思想的深入研究，韩国挖掘儒家思想的精髓，把儒家的传统文化，巧妙融入现代生活之中。

儒家思想在大和时代进入日本。在今天，儒家思想已经融入日本人的思维方式、行为情感及生活方式之中，成为日本民族性的重要组成部分。据日本古书记载，在公元 285 年，记录儒家思想的最重要的《论语》，传到日本，并成为重要的教材。无论是中央或地方学校，《论语》等儒家经典，都成为重要课程。儒学成为日本国民知识教养和衣食荣禄之源。德川幕府统治时期，曾大兴儒术、广建学校。幕府还把在江户所建学校弘文馆，改称为官学。学校除教授定额学生外，还在每天午前公开讲授四书，任人旁听，称为"御高门日讲"。在德川幕府统治的 260 余年当中，儒学长盛不衰。作为儒家重要经典的《论语》，在日本社会上影响尤为突出。据丰田穰所编《日本人研究论语著作目录》统计，德川时期的《论语》研究著作近 90 种。明治维新以后，随着教育的逐渐普及，《论语》的重要地位仍然不减。上到天皇进讲、下到中学汉文教材，论语都是必选，同时还出版了大量的《论语》通俗化著作。

据有关史书记载，16 世纪下半叶，儒家思想跟随着欧洲基督教传教士，传到了西方。由于丝绸之路的开凿，西方传教士，主要是欧洲基督教耶稣会的成员，纷纷沿着"海上丝绸之路"来中国传教。他们不仅将西方宗教、科学知识介绍到中国，也将中国文化传播到西方。比如在 1593 年，著名传教士利玛窦、汤若望等，就把四书译为拉丁文寄回意大利。他们在翻译经书的同时，也写下了不少介绍孔子生平、思想的介绍性著作，如《中国之哲人孔子》《中国人孔子之道德》等。儒家思想传入西方后，对其社会文化的产生和发展，产生了重大影响。受影响最大的是意大利、德国和法国。比如德国哲学家莱布尼茨，法国启蒙思想家伏尔泰，就是学者们喜欢引用的例子。

德国唯心主义哲学家莱布尼茨，是较早接触儒家思想的一位西方学者。早在 1676 年，他就已经读过儒家书籍。莱布尼茨认为，在政治、伦理方面，中国远胜于欧洲。德国哲学家对儒学中的理性主义因素深表推崇，认为只有理性才是真正的道德原则，主张用理性取代宗教信仰。在近代史上，德国人卫礼贤跟随军队到中国学习儒家文化。学成回国后，担任法兰克福大学教授。在教授学生时，他流传法国的名言是这样说的：所谓经济学说、社会学说，皆不如孔教。西方哲学家兴推倒前人学说而代之，中国则以孔教通贯数千年。在他看来，儒家思想比西方哲学思想好处更多，所以能统治中国几千年。

儒家思想对 18—19 世纪的法国影响同样很大。比如法国启蒙思想家伏尔泰认为，孔子在《论语》中提出"己所不欲，勿施于人"的思想，是超过基督教义的最纯粹的道德。伏尔泰说：欧洲的王族同商人发现东方，只晓得求财富，而哲学家则在那里发现了一个新的精神与物质的世界。被马克思称为"现代政治经济学始祖"的重农学派领袖魁奈，对孔子的思想、人格都十分崇拜，自命为孔子的继承人，后人称他为"欧洲孔子"。儒家思想对欧洲哲学、政治思想等所产生的广泛、巨大的影响，特别是对欧洲的启蒙运动，曾做出过重要贡献，是有口皆碑的。直到现在，还有不少西方思想家力图在孔子学说中，寻求解决社会伦理道德问题的启示。可以说，儒家思想已经成为人类精神财富的最重要的组成部分。

据学者们研究，公元 772 年，英国出版了世界历史名人录，孔子名列榜首。从此，英国人在各地建起了许多孔子研究机构，对孔子思想深入研究。英国传教士庄士敦还做起了清朝皇帝的洋文"太傅"，他在教授清帝时悟出了儒家思想的价值，他说：四书五经之于中国，犹如希腊拉丁文之于英国的教育，须臾不可离。后来，在《新大不列颠百科全书》中，有关"孔子"的词条，多达 400 余则。

因为儒家思想反映了人的本质，所以也反映了人文理想和时代精神。不仅反映了中国人的理想和精神，同时也反映了西方的人文理想和时代精神。如我们在第二节阐述过的，儒家思想所倡导的伦理道德、以人为本、中庸和谐等，都与古希腊哲学中的伦理思想、和谐中道思想等，有共通之处。无论是苏格拉底的"美德即知识"，还是亚里士多德的"行善即幸福"，都反映了古希腊哲学对道德伦理的重视。苏格拉底的哲学集中表现在"认识你自己"，主张建立人的哲学，发挥人的理智能力和道德本性，认为人的幸福与否，取决于灵魂的好坏。由于苏格拉底的伦理思想和孔子的思想学说相似，所以孔子被尊称为"中国的苏格拉底"。

我们都知道，古希腊的伦理道德思想，在西方文化中得到了很好的继承和发扬，追求和拥有真正的伦理道德，成为许多人的理想。这种对伦理道德的重视，同样体现在基督教文化中。而读读儒家的书就明白，体现在基督教中的、对言行举止进行规范的道德标准，就蕴含着儒家思想。比如中国人作为口头禅的"夫仁者，己欲立而立人，己欲达而达人"，"己所不欲，勿施于人"等警句，都表明儒家的道德标准，推崇强烈的自律意识，即自己希望实现的目标也要帮助别人实现，而自己不想要的东西不要强加给别人。基督教特别是新教，同样重视对言行准则的规范。

美国人对儒家学说的认识，大约是从19世纪开始的。美国传教士来到中国后，先读儒学著述，后办教会学校。在两种思想结合过程中，儒家思想不胫而走，传到了美国。1844年，美国学者爱默生说：孔子是中华文化教育的中心，是哲学上的华盛顿。这句话点燃了美国人对孔子的热望，从此，美国各地相继成立了各种形式的研究机构，开始致力于孔子思想与东方哲学的挖掘。1974年，美国成立孔子文教基金会，其成员皆为各国政要，开始推动世界尊孔运动。后来，他们还在各国成立孔子学院、孔子博物馆等，对孔子思想进行世界范围"布道"。在美国的华人华侨，也继承古人的优良传统，吃苦耐劳、聪明能干、勇于创造，科技人才辈出，出现了许多名人巨匠。华人华侨的卓越表现，又反过来印证了孔子儒家思想的教育价值，使儒家思想愈发魅力四射，大放异彩。

儒家思想之所以在世界传播如此广泛，影响如此巨大、深远，除了它展示了它是不同于基督教、佛教、伊斯兰教等文化的另一种文化，给西方思想家们以启迪外；更重要的是它符合人性，符合人的理想和愿望，符合人类的发展规律。如研究儒家思想的外国专家所说，人们坚信儒家思想，是因为儒家思想能促进世界和平，能提升全人类道德素质，能与世界多元文化共存共荣，能促进中国统一。如史学家们所说，如果人们思索一下孔子思想对当今世界的意义，人们很快便会发现，人类社会的基本需要，在过去的 2500 多年里，其变化之小，是令人惊奇的。不管我们取得进步也好，或是缺少进步也好，当今一个昌盛、成功的社会，在很大程度上，仍立足于孔子所确立和阐述过的很多价值观念。这些价值观念是超越国界、超越时代的，属于中国，也属于世界；属于过去，也会鉴照今天和未来。

人们现在都有这样的认识：中国爱好和平体现在儒家思想，主要有两个方面：一方面是包容性，另一方面是和而不同。儒学是中国传统文化的一部分，但儒学不是教条性的学说，而是一个发展性的、开放性的学说。不但自身要有创造和发展，而且把大同作为一个目标，也要吸收外来的东西，承认别的文化的价值，尊重别的文化的不同。从这个意义上说，儒学既是昨天的文化，是今天的文化，也是明天发展性的文化。所以我们应该积极推动儒学的国际化，让和平的儒家思想，对世界文化的发展做出更大的贡献。

1988 年，世界部分诺贝尔奖获得者，在巴黎集会发表宣言称：如果人类要在 21 世纪生存下去，必须回首 2540 年，去汲取孔子的智慧。与会者都有这样的认识：儒家思想的很多内容，对人类文明思想宝库，是有很大的贡献的。儒家提出了很多基本观念，有些是和世界其他国家思想一致的，不约而同的，有些则是独自的贡献。诸如其在四书五经中倡导的"己所不欲，勿施于人""学而时习之，不亦乐乎""吾日三省吾身""礼之用，和为贵"

"为政以德""学而不思则罔，思而不学则殆""见贤思齐焉，见不贤而内自省焉""德不孤必有邻""温故而知新""敏而好学，不耻下问""三人行必有我师焉，择其善者而从之，其不善者而改之""言必信、行必果"等，这些都是儒家思想中的独特的、有着普遍价值的理念。

军事思想的传播和影响

中国古代的军事思想，应当说是人类文明宝库中一颗璀璨明珠。它不仅产生早，而且博大精深，至今威力不减。在诸子的思想中，对军事问题都有精彩的见解和论述。当然，对世界的影响和贡献最大的，能与儒家思想并驾齐驱的，还是孙子的军事思想。孙子兵法，奥秘无穷，威力无穷，它把战争的诸多规律浓缩于5000多字之中，的确堪称世界军事思想的经典。诸子的军事思想，各有所长，它们共同汇成了中国军事思想星河。

比如，儒家孟子就提出，"师克在和，多难兴邦"的思想。这一思想特别强调天时、地利、人和对战争的作用。孟子认为，天时很重要，但天时不如地利，地利不如人和。人和决定着战争的胜负。孟子说：域民不以封疆之界，固国不以山谷之险，威天下不以兵革之利，得道者多助，失道者寡助，寡助之至，亲戚畔之，多助之至，天下顺之。以天下之所顺，攻亲戚之所畔，故君子有不战，战必胜矣。

比如，道家提出慈能生勇的思想。老子这样说：我有三宝，持而有之。一是慈，二是俭，三是让，即不敢为天下先，慈故能勇，俭故能广，不敢为天下先，故能成器长。今舍慈且勇，舍俭且广，舍后且先，死矣。夫慈，以战则胜，以守则固，天下救之，以慈卫之。这里说的慈，一般史学家都这么理解：慈就是爱，就是爱自己的国家，爱自己的民族，愿为国家民族而战死。老子主张以正治国，以奇用兵，主张用兵必须讲究战略战术，以胜利为第一。可见，所谓兵事不外奇正二字，将才不外智勇二字，有正无奇，遇险而覆，有奇无正，事极即阻。智多勇少，实力难言，勇多智少，大事难成。故奇正二字似包含了兵士作战的全部原则。老子还特别重视战争中的心理因素，或心理战。认为战争中的精神力量大于物质力量。

比如，管仲提出的尊王攘夷，富国强兵的思想，主张修内先于攘外，安定重于用兵。在管子的战略原则中，崇尚至善不战，兵民合一，主张用经济战、政治战，而实现不战而屈人之兵。不战而屈人之兵，这是管子战略的最高原则。管子认为，国富则兵强。在对战争胜利因素的分析中，管子认为是七分政治，三分军事。管子说：德义胜之，智谋胜之，兵战胜之。众胜寡，疾胜徐，勇胜怯，智胜愚，善胜恶，有义胜无义，有天道胜无天道。中国从古文明开始，就热爱和平，反对战争。如管子说的，兵者，都是不得已而用之。在分析战争的危害时，管子说：夫兵事者，危物也，不时而胜，不以而得，未为福也。失谋而败，国之危也。

比如，被称为中国兵法太宗师、中国军事哲学渊源的姜太公姜尚，因为被封在吕地，从其封姓，故也称吕尚，其六韬的军事思想，人们都给予了很高的评价。姜太公言：立国有三策，即敬天、敬民、敬贤。姜太公还说：天下者非一人之天下，乃天下人之天下。战攻守御之具，尽在于人事。姜太公认为，仁者无敌，大明发而万物皆照，大义发而万物皆利，大兵发而万物皆服。姜太公的兵法思想，最重要的是谋略战，即道在不可见，事在不可闻，胜在不可知。在姜太公看来，战争是一种艺术，一种创造，兵不厌诈，用兵贵在变化。用兵之害，犹豫最大，三军之灾，莫过狐疑。姜太公特别强调信息、情报的重要性，认为以天下之目视，则无不见也，以天下之耳聪，则无不闻也，以天下之心虑，则无不知也。必见其阳，又见其阴，乃知其心；必见其外，又见其内，乃知其意；必见其疏，又见其亲，乃知其情。姜太公非常重视将才在战争中的作用，说道：得贤将者，兵强国昌，不得贤将者，兵弱国亡。姜太公的六韬思想，阐述了对战争应有的态度，取得战争胜利的根本，以及战争的准备等治国、治军的方方面面，也都是兵法中的瑰宝。

同上述这些思想相比，孙子的军事思想似乎更高一筹。所以《孙子兵法》与儒家的《论语》，都是走遍天下、赞誉不绝的宝贝。大约产生于我国春秋末期《孙子兵法》，汲取了当时"道""仁""阴阳""保民""相生相克"等的理念，又经之后的修改补充，使其成为世界最早、最系统、最全面、水平最高的军事著作。《孙子兵法》虽在篇幅上只有短短5000多字，但内容包罗万象、博大精深，涉及战争规律、谋略、政治、经济、外交、天文、地理以及气象等多方面内容，对古代军事理论的各个方面几乎都有所论述，是一部难得的古代兵学理论的宝典。这些内容不仅对战争有指导意义，对其他许多带有竞争、博弈性的社会经济、政治活动，也都有启迪与教益作用。

《孙子兵法》不仅在国内广泛传播，而且流传于整个世界，在军事、哲学等领域对世界做出了突出贡献。《孙子兵法》作为我国古代流传下来的最早、最完整、最著名的军事著作，在中国军事史上占有举足轻重的地位，其军事思想对中国历代军事家、政治家、思想家产生了非常深远的影响，其已被译成日、英、法、德、俄等十几种文字，在世界各地广为流传，享有"兵学圣典"的美誉。作为华夏文明乃至世界文明中璀璨的瑰宝，《孙子兵法》不仅仅是一部兵书，不仅是中华文化中的重要遗产，更是华夏智慧与思想科学性的象征。

一般认为，公元6世纪，《孙子兵法》最早传入日本，然后是朝鲜半岛。公元716年，日本学者吉备真备首次来到中国，在攻读经史诸学19年后，带了《孙子兵法》等古籍归国，成为朝廷的秘藏。时隔300年后，日本学者和武人兴起研读中国兵书之风，尤其对《孙子兵法》最为崇拜，认为它是中国古代兵法的"不朽之作"，把孙武称为"东方兵圣"。

　　史料记载，《孙子兵法》传入西方以法国为最早。公元1772年，法国神父约瑟夫·丁·阿米欧，在巴黎翻译出版的《中国军事艺术》丛书，其中就有《孙子十三篇》。当时一家理论刊物说：如果统率法国军队的将领能读到像《孙子兵法》这样优秀的著作，那是法兰西王国之福。拿破仑失败后被放逐到圣赫勒拿岛上，在读到《孙子兵法》后感叹地说：倘若早日能读到这部兵法，我是不会失败的。1889年，俄国就翻译出版了《孙子兵法》。1905年，《孙子兵法》被英国翻译出版后，成为在西方世界中影响最大的版本。德国也相继出版《孙子兵法》，并将其易名为《中国古典兵家论战争的书》。1955年，苏联国防部军事出版社的《军事艺术史》说：《孙子兵法》是世界上最早的军事理论著作。如今，《孙子兵法》在海外流传甚广，据《传世藏书》记载，《孙子兵法》在世界上已有20多种文字的译本。全世界有数千种关于《孙子兵法》的刊印本，孙子军事思想对世界的影响和贡献，由此可想而知。

文学艺术的传播和影响

　　中国的文学艺术，早在春秋战国时代，就显露了它的博大精深。诸如《诗经》《离骚》等不朽的作品，都以博大的情怀和意境、奇伟的构思和浓烈的浪漫主义色彩，怀着对劳动者的热爱和眷恋，精工雕刻出了中国文学史上璀璨夺目的明珠。史书告诉我们，在中国的封建社会，特别是隋唐宋元时期，经济繁荣也带来了文化的繁荣和各种文学艺术的繁荣。这些朝代的文学艺术，包括诗歌、戏剧、小说、音乐、绘画、雕塑等，都在总结、继承其前代的成就基础上，进一步创新，形成内容、形式、风格都各不相同的派别和作品。这些作品，使在春秋时代就博大精深中国文学艺术，又加上了各朝代的创新发展，因而其变得不仅博大精深，而且具有强烈的时代气息。

南北朝时期，中国的文学艺术得到了突飞猛进的发展。不仅创造了灿烂的文化，而且涌现了诸如祖冲之，陶渊明、沈约、贾思勰等永载史册的科学家、文学家，留下了莫高窟、龙门石窟、云岗石窟这样的精品奇观。隋代在佛雕艺术发展中，不仅有量的积累，而且有质的提高。各地的龛窟造像至精至美，充分展示出这一时代佛雕艺术水平的高超。隋代的绘画艺术继承了南北朝的传统，在山水人物、宫室器物、花卉翎毛等题材方面，都较前代有了很大进步，并开了唐代绘画盛况之先河。

人们都公认，在中国历史进程中，唐朝是一个云蒸霞蔚、异彩纷呈的朝代。由于它实行兼收并蓄、海纳百川的政策，唐代文化气象万千，流光溢彩。文禁松弛，风气开放的政策，贯穿唐代始终，显示着盛唐特有的大国气势。这种文化现象既表明唐代博大兼容的社会氛围，也反映了中外文化交流的活跃势态。京师长安，随着丝绸之路的畅通，不仅成为中外交通枢纽，也成为东西方文化交流的中心。四方的乐工、画师、艺人、方士云集于此，各国的贵族、商贾、使者、留学生荟萃一处，人文智慧尽情挥洒。

在中国封建社会文学的发展中，最为耀眼的、成就最大的，要算是诗歌了。唐朝、宋朝、元朝，都是诗歌乐园。这三个朝代，都是诗人云集、诗歌遍地。那些朗朗上口的诗歌，在中国大地到处散发着芳香。不过各朝代诗歌的形式有所不同。唐朝主要是律诗，以李白、杜甫、白居易为代表；宋朝主要是诗词，以苏轼、陆游、辛弃疾为代表；元朝主要是戏曲，以关汉卿、王实甫、马致远为代表。这些代表人物，都是名震国内外的伟大诗人。无论是唐朝的绝句和律诗、宋朝的诗词，还是元朝的戏曲，它们都造就了中国古典诗歌的黄金时代，留下了许多不朽的千古绝唱。很多中国人，在幼童时期，就开始背诵他们的诗。人们怀着对祖国、对祖国优美壮丽河山的热爱，对权贵们的鄙夷，对劳动者的炽热感情，利用其在诗律上的深厚造诣，写出了大量体现人生真谛的、百姓们爱不释手的诗篇，这对国内外文学艺术的发展，产生深远的影响。其中不少诗篇，很早就以各种途径，流传到国外。

在中国封建社会文学艺术的发展中，小说虽然起步较晚，但有西方小说所没有的独到之处。比如深受国内外读者喜爱的四大名著，就都各有自己的特色和神秘。《三国演义》《水浒传》《西游记》《红楼梦》，不仅都是构思巧妙、结构宏大、气势磅礴、情节曲折的文艺珍品，而且其对社会不同阶层人物的反映，都不仅具有鲜活、独特的性格，而且许多人物都活在读者心目中，甚至成为大家交谈的话材。这些长盛不衰小说，不仅对读者的思想意识、情操修养，起到了潜移默化的作用；而且确立了中国小说在世界文学领域中的独特地位，成为世界文学中的瑰宝，受到外国人的喜欢，并被译成多种文字在国外流传。

在中国封建时代艺术发展中，成就斐然的要算是绘画艺术了。我们都知道，中国的绘画艺术历史非常悠久。绘画是劳动的产物，是劳动者的智慧。中国最初的绘画，是画在陶器或墙壁上的，进而发展到绢和纸上。就中国封建时代看，中国无数知名画家的不断探索、创新努力，使中国的绘画艺术有着鲜明的民族风格和气魄，在东方独树一帜。无论从数量上或水平上，都是世界上少有的，是世界文化艺术中的奇宝。

汉代，锦画和壁画，特别是石窟壁画和墓室壁画，已经普遍。其内容、技巧、场面，都有很大的发展和很高的水平。比如，从秦朝就开始开凿的甘肃敦煌莫高窟壁画，到汉代也有了新的进展。而到之后隋唐，更是出现了绘画艺术的高潮。特别是唐朝的绘画，不仅规模宏大，技巧精湛，而且反映的内容广泛，名画家辈出，名画累累，是中国绘画史上最光辉灿烂的一页。比如唐朝名画家吴道子，被誉为"画圣"，他的壁画不仅技巧娴熟，构思奇异，而且造型别致，图像生动鲜明。吴道子的真迹虽然今已无存，但从莫高窟的壁画中，或许能够找到他的真迹的线索。

唐代的壁画可谓气象万千。据史书记载，无论是宫殿壁画、寺观壁画、石窟壁画或墓室壁画，都超过以往时代。这些画作不仅是中国绘画艺术中的珍品，也是世界绘画艺术中的珍品。唐朝的山水画也有新的发展。山水画家李思训，就继承了展子虔以来的青绿山水画法，其金碧辉煌、灿烂夺目、技巧精湛、笔法细腻、色泽逼真的画作，为世人所推崇。到了宋朝，绘画特别是山水画，已经达到非常高的水平。北宋时期，被称为山水画巨匠的郭熙和王选，都留下了大量山水画珍品。诸如郭熙的《早春图》《关山春雪图》《秋景烟岚》《春雨晴霁》《冬阴雪密》《树色平远图》《山村图》《幽谷图》等；王选的《烟江叠嶂图卷》《渔村小雪图卷》等；范宽的《溪山行旅图》等。

宋朝绘画艺术中最耀眼的珍品，要算是风俗画家张择端画的《清明上河图》了。《清明上河图》画宽 25.2 厘米，长 525.7 厘米，绢本设色，并采用散点透视的构图方法，生动记录了中国 12 世纪北宋都城城市面貌和社会各阶层人民的生活状况。它作为中国封建社会城市经济发展和人民生活状况的真实写照，同敦煌莫高窟一样，不仅在中国，而且在世界上，都是绝无仅有的。

如史书描述的，《清明上河图》全画结构共分三段：首段写市郊风景，寂静的原野，略显寒意，渐而有村落田畴，嫩柳初放，有上坟回城的轿、马和人群，点出了清明时节特定的时间和风俗。中段描写汴河，汴河是当时中国的南北交通干线要道，同时也是北宋王朝的漕运枢纽，画面上巨大的漕船，或往来于河上，或停泊于码头。横跨汴河有一座规模宽敞的拱桥，其桥无柱，以巨木虚架而成，结构精巧，形制优美，宛如飞虹。桥的两端连着街市，人们往来熙熙攘攘，车水马龙，与桥下繁忙的水运相呼应，是全国的第一个闹市所在。后段描写市区街景，以高大的城楼为中心，街道纵横交错，各种店铺鳞次栉比，有茶坊、酒肆、脚店、寺观、公廨等。有沉檀栋香、罗锦匹帛、香火纸马，有医药门诊、大车修理、看相算命、修面整容，还有许多沿街叫卖的小商小贩。街上行人摩肩接踵，络绎不绝，男女老幼、士农工商，无所不备。清明上河图采用了传统的手卷形状，从鸟瞰的角度，以不断推移视点的办法来摄取景物，段落节奏分明，结构严密紧凑。至于笔墨技巧，无论人物、车船、木房屋，都线条劲道老辣，兼工带写，设色清淡典雅，不同于一般的界画。

欧洲文艺复兴和中国文明因素

欧洲文艺复兴，之所以使欧洲人引以为骄傲，是因为它对人类文明发展的转折，的确起到了非常重要的作用。事实使我们确信，欧洲中世纪与中国封建社会相比，无论从生产发展、科学技术、文化艺术、总体经济规模等各方面，都无法相提并论。不过，其城市发展和以城市为中心的商业发展，比中国要快。当然，中世纪西欧作为工商业中心的城市，并不是从古代历史中现成地继承下来的，而是由逃亡农奴组成的。也就是说，中世纪的农奴转变为城关市民。值得注意的是，正是这种城市的发展，不仅带动了手工业的发展，而且带动了资产阶级的萌生和逐渐壮大。而资产阶级走上思想和政治舞台的第一步，就是发起了文艺复兴运动。如果仔细研究这场运动的内容和过程，即可发现，其中国文明的影响有多么大。

创新、变革，永远是人类社会发展前进的动力。14世纪至17世纪，虽然从经济和综合国力上，还没有一个国家可以与中国相匹敌，中国世纪的地位没有任何国家可以撼动。但由于中国原来创新、变革的进步思想发生了变异，人们的思想和意识，发生了停滞甚至凝固，所以正当中国躺在"天国"的温床上自慰酣睡的时候，欧洲却发生了扭转历史的文艺复兴。

人们都知道，欧洲文艺复兴，实际上是欧洲新兴资产阶级的思想运动。它在文学、艺术、哲学、自然科学以及政治学、法学、历史学、教育学等领域内开展的一场新思想、新文化革命运动。文艺复兴的产生，是以资本主义经济的萌芽为前提，以反封建、反教会的斗争为主要内容的。恩格斯评价说："这是人类以往从来没有经历过的一次最伟大的、进步的变革"。文艺复兴标志着欧洲由中世纪文化向近代文化转变的开始。这里我们要强调的是，这场运动含有中国古文明的影响。

中国文明对欧洲文艺复兴的影响有多大，也许能从威尼斯商人马可·波罗写的《寰宇记》一书中看出点端倪。公元1275年，马可·波罗经由丝绸之路来到中国，在24年的游历、观察中，对神奇的中国，对中国与外界的交流，有了比较全面的认识，并把自己的所见、所闻、所想，写成了《寰宇记》一书，在世界尤其是在欧洲广泛流传，影响很大。

在前面已经述及，与中国相比，欧洲中世纪文明中的一大优势是城市的发展。具有重大意义的是，这种城市的发展，带动了手工业的发展。而且，手工业成为具有专门熟练技巧的部门，非一般农家所能兼营，于是，庄园内手工业者所生产的剩余产品可供交换，商品比重开始增长，乃逐渐发生了个体小商品生产的手工业与农业分离的漫长过程。农业和手工业生产力的提高，反过来，又促进了城市更多兴起。可见，欧洲城市的产生和发展，也是农奴和其他依附农民与封建领主进行阶级对抗的结果。

比如，我们从史书上可以看到，当时专业化的手工业农奴，为了摆脱封建领主的压迫和剥削，便逃离庄园，到便于销售自己产品的地方，如封建城堡、主教驻地、寺院附近和交通方便的渡口、港口、要道、关隘等地。这些手工业者聚集的地方，人口逐渐增加，来往商人和交换增多，渐次成为工商业集中的城市。这些工商业城市越积越多，规模越来越大，而且很多都在海岸，这就为工商业者对新航路的开辟、资产阶级的形成和资产阶级通过海外掠夺进行资本原始积累，提供了条件。

其实，当时西欧人常说的"城市的空气使人自由"，也体现了这些手工业农奴渴望摆脱封建领主压迫和剥削的心情。而且当时的统治者，特别是城市的统治者，也支持农奴向城市逃亡。比如，有的城市规定，农奴入城后，领主不得追捕；比如英王亨利三世，还颁特许证，明文规定，农奴在城市住一年零一天便成为自由人。因此，城市对于农奴和其他依附农民具有极大吸引力，他们纷纷逃往城市，这就大大刺激了城市的发展，也刺激了城市反对封建领主的斗争。

城市的大发展，商业的大发展，必然带来手工业的大发展，而手工业大发展的必然要求，是生产技术的不断革命。从 13 世纪开始，欧洲手工业已经开始向大规模的工场手工业转变。而新兴的资产阶级，正是在工场手工业发展的基础上产生和发展起来的。14 世纪，西欧各国主要的手工业部门都大大地改善了手工业操作，以纺织业和采矿业生产力的发展最为显著。在纺织业中，手摇纺车技术已广泛流行，代替了原始的手捻的纺锤。15 世纪末，用了自动纺车，使纺线和卷线的过程合而为一。与此同时，新改进的卧式织布机普遍推广，代替了立式织布机。当时的文艺复兴运动，正是这些工场手工业主，或者说是新兴资产阶级的必然愿望和要求。

欧洲文艺复兴为什么最早从意大利开始？过去人们只从意大利是当时工商业最发达的视角分析，而忽视了中国文明的影响。诚然，由于从工商业中产生的新兴资产阶级，为了维护其经济、政治利益和扩大自己的财富，不仅力图树立新的法权和法权观点，而且也要求在意识形态上打破教会的精神统治和陈腐的神学世界观，主张改变维护封建制的各种传统观念。新兴资产阶级为了攫取更多的利润，不仅关心生产，注意改进技术，而且也重视发展科学，诸如天文学、物理学、化学、航海学等。他们还努力建立符合自己需要的思想、文学和艺术，以为自己同封建势力进行斗争制造舆论。当时意大利是欧洲与中国接触最多、受中国影响最大的国家。而无论在科学技术、生产技术的创新、革命中，或在思想、文学和艺术的构建中，我们都能看到中国古文明的影响。

人们都知道，欧洲文艺复兴，是新兴资产阶级革命中的一些先进分子，借助研究古希腊和古罗马的哲学、人文和艺术，宣扬资产阶级思想的运动。而从前几节的论述中我们已经知道，古希腊和古罗马在生产技术、人文思想、文学艺术等方面，都受到中国春秋文化和封建文化的影响。只要深入研究欧洲文艺复兴的起因和进程，就不难发现，中国先进思想和先进技术的影响，是多方面的、潜移默化的。如西方学者所说的：中国的发明曾经为欧洲文艺复兴铺平了道路。比如，从生产技术看，正是由于中国丝绸纺织技术的传入，促进了意大利、法国、西班牙和德国丝织业发展和进步。欧洲在采矿、冶金业方面进步，同样受到了中国的影响。

更重要的是，的确如马克思所说的，火药、指南针、印刷术的传入和应用，预示着资产阶级和资本主义制度的产生和发展。中国的火药、指南针和印刷术等重大发明，在欧洲广泛传播，不仅对欧洲文艺复兴起到了推动作用，而且直接对资产阶级的产生和发展，对资产阶级开辟新航路、发现新大陆、进行殖民掠夺和资本原始积累，起到了重要作用。比如，火药技术传入欧洲后，不仅应用于火器枪，而且用于大炮的发射。16世纪初，欧洲各种火器已普遍流行。比如，从15世纪下半叶起，造纸和印刷技术在欧洲得到广泛应用。纸张印刷的书籍迅速代替了羊皮纸的手写稿，这为科学技术的迅速传播，提供了极大的便利。比如，中国指南针的发明和应用技术，中国的造船技术的传入，也使欧洲的造船和航海术迅速发展起来。13—14世纪，欧洲人已开始在海上使用罗盘。15 世纪时已编制了精确的天文表，出现了千吨的快速帆船。科学发明和技术进步，不仅推动了经济发展和新的生产部门的出现。例如，火器的广泛流行，迅速扩大了对生铁、铜和钢的需要，促进了冶金业的发展，加速了铸造技术的改进和新式机床的出现。更重要的是，促进了航海事业的大发展，以及新航路和新大路的发现，开辟了资产阶级殖民掠夺和原始积累的新时代。

这里，特别值得一提的是，整个封建时代，中国的造船技术和航海技术，向西方的传播，也为西方资产阶级进行海外殖民掠夺，进行原始资本积累，提供了条件。造船事业的发展和指南针的发明，本来为中国发展海上事业，从海上发展对外经济和文化交流，提供了无与伦比的优势和得天独厚的有利条件。然而，中国却没有充分利用和发挥这种优势。有西方学者说，没有利用和发挥这种优势的原因，是中国统治者的政策和中国人的习惯，使中国人不大乐于从事海上事业，更不愿意进行海上掠夺。其实，不愿意进行海上掠夺，这是由中国文明中的价值观决定的。所以即使郑和统率最庞大、技术上最先进的船队七次下西洋，进行了历史上最最壮观的航行，即使到了爪哇、印度、非洲之角和霍尔木兹海峡，可一路进行的是沟通、交流和平等交换，带去的是茶叶和瓷器，带回来的是珠宝和贡品。反而在这些技术传到西方之后，在西方资产阶级手中，大显神威。可以说，它在西方的广泛运用，引起了在航海、发现、探险、殖民和商业中的一场新的革命，这场革命开启了资产阶级的时代。

当然，对西方文艺复兴产生影响的，不仅有先进的科学技术，还有思想和文化。比如，从哲学、文学、艺术领域看，文艺复兴运动中的中国影响更加明显。毋庸置疑，中国造纸和印刷技术的传入和广泛应用，中国春秋文明中的宝贵思想成果，中国在文学艺术方面所取得的辉煌成就，特别是被称为世界瑰宝的绘画艺术和建筑艺术，对这场复兴运动的兴起和发展，都起到了不能小觑的推动作用。从这场运动中所提出的提倡以人为中心，反对以神为中心，提倡人道，反对神道等的哲学思想中；从在绘画、雕刻、壁画、建筑等领域所取得惊世成果中；从在诗歌、小说、音乐、舞蹈等方面所取得的骄人的成就中，都能看到中国春秋文明和封建文明中那些以人为本、那些绘画中的奇珍异宝的影子。

五　古丝绸之路的开凿和沿路国家的共享

中国古丝绸之路，是中国的骄傲，它体现的是与西方殖民掠夺完全不同中国文明。丝绸之路一开始，就实行着平等交流、相互学习、相互借鉴、合作共赢的理念。这些理念的实施，就使丝绸之路成为沿路国共赢之路、共享之路。人们都知道，早在公元前2世纪至公元5世纪，就有一条横贯中亚、联系欧亚两洲的大通道，那就是中国开凿的丝绸之路。关于丝绸之路的来历，想必人们都已经知晓。这条大通道对沿路国家之间的政治、经济和文化交流，特别是对大量的中国丝和丝织品由此道西运，起到了重大作用。如史学家们所描述的，丝绸之路所经之地，有白雪皑皑的崇山峻岭，有一望无垠的大漠荒碛和盐碱沼泽。在生产力和交通工具尚不发达的条件下，古代各国劳动人民、商旅、使者和僧侣等，冒着流沙、风暴、冰雪袭击的危险，披荆斩棘开通商路，对于加强东西方的经济文化交流，增进东西方各国人民之间的友谊，做出了重大贡献。

古丝绸之路的开凿和作用

据有关学者提供的史料，早在公元前4世纪，希腊人就称中国为"塞勒斯"即丝国，这说明中国的丝织品早就是重要的出口商品。据史料记载，公元前138年至公元前126年，张骞奉汉武帝之命，两次出使西域，第一次打通了通向西域各国的、前人未曾开通的道路。在之后的发展中，丝绸之路已经不是一条简单的路，而是由各分道、岔道形成丝路网。从公元前2世纪以后，丝绸之路已有南北两道。南道，从我国玉门和阳关今敦煌西，经鄯善即今新疆若羌一带沿阿尔金山、昆仑山以北循着河流西行，在新疆莎车县以西越葱岭，至大月氏、安息。在大月氏有多条岔道：向北越妫水即阿姆河，通向康居、奄蔡即咸海至里海间；向南通向印度；向西南通向克什米尔一带；向西则至木鹿、赫卡铜皮洛斯、爱克巴坦那、泰西封直抵叙利亚的安条克，渡海到达希腊、罗马，或南下经大马士革、推罗进入埃及的亚历山大里亚。北道，自新疆吐鲁蕃西，沿天山以南，循塔里木河西行，至新疆喀什市，西出大宛、康居、奄蔡，经里海、黑海以北草原与欧洲相通。

史料记载，张骞第一次出使，其从匈奴脱身后，经大宛、康居、大月氏而至大夏，所走的就是北道，返回时，所走的是南道。此南北两道都在天山以南。此外，汉代还有第三条未具体记载的天山以北的西行商道。这条通道就是取天山以北准噶尔盆地至乌孙、大宛的道路。张骞第二次出使，从内地直至乌孙，走的就是天山以北的通道。他从乌孙分派副使去大宛、康居、月氏、大夏。东汉派班超经营西域。公元97年，派甘英出使大秦即罗马，到达安息西界的波斯湾，准备渡海，遭安息船人劝阻，未能实现。这是汉代中国使者在丝绸之路上所达到的最西点。

总的看，在公元3世纪以前，天山以南两道，以南道较为繁荣。公元3世纪至5世纪，两晋南北朝时期，以天山以北的通道最为昌盛。据史料记载，汉代还有一条通往西方的海上丝绸之路：即从广东徐闻出发，经广西合浦，可至越南、泰国、缅甸、印度、斯里兰卡。这是西汉时期，中国航海家所达到的最远点。中国丝绸进入印度后，先转运到布罗奇港和卡拉奇附近。从这两个港口向北与中亚陆上丝绸之路相通；向西经阿拉伯海、波斯湾、幼发拉底河，与叙利亚、巴勒斯坦商路相通，再经地中海至罗马。从印度还可以绕过阿拉伯半岛，经红海进入埃及亚历山大里亚港，再经地中海到罗马。当陆上丝绸之路受阻时，这条海上丝绸之路，就更显出其重要性。

中国海上古丝绸之路发展很快。到明朝永乐三年，即 1405 年开始，郑和曾率水手和官兵 27800 余人，船只 60 多艘，远航西洋。在之后的 28 年间，又六次远航，途经 30 余国，最远曾达非洲东岸。郑和七次西洋航行，不仅开辟了中国到达红海及东非沿岸的航道，扩大了国际贸易，增进了中国同亚非国家人民的友谊。他每次出海，都满载着金银、绸缎、瓷器、铁器和茶叶等，与亚途经国家进行交换。归来时，则满载着象牙、香料、宝石、硫黄和珍禽异兽等各国的土特产品。郑和七次下"西洋"，绘制的《郑和航海图》是中国地理学史上最早酌海洋地图。随着郑和下"西洋"的成功，中国通过陆上和海上两条丝绸之路，把大量商品输往南洋、中亚、西亚和非洲、欧洲国家。在很长的历史时期，这两条丝绸之路在中国对外经济、技术、宗教、思想的交流中都起着非常重要的作用。

古丝绸之路，是惠及沿线各国之路。它不仅是一条横贯亚欧的商业要道，而且也是一条东西各国政治、经济、思想、文化交流的大通道。不过以经济交流及国际贸易最为突出。丝绸之路的商品，以中国丝绸为主。中国是世界上最早养蚕、缫丝、织绸的国家。早在殷周之时，劳动人民就已能织出华美的暗花绸和多彩的刺绣。中国丝绸外销，从战国时期已经开始。公元前 4 世纪，希腊人称中国为丝国，就说明亚洲商人已将丝绸运往欧洲。自西汉至南北朝，中国丝绸大量运往西方。汉代为了保证经济上的交流，还采取了政治上的必要措施，比如遣使、设驿站等，以保持商路畅通。

中国的丝绸在古代的中亚、西亚以至非洲、欧洲，都被视为珍品。汉通西域以后，不仅中亚及西亚各地时兴衣着丝绸，各地庙宇也大量使用丝绸装饰。罗马帝国时期的欧洲，中国丝绸用途更广。在西罗马的中心罗马城和东罗马的中心君士坦丁堡，从皇帝、元老院元老以至权贵之家，都以能穿上中国丝绸为荣。基督教会的法衣、祭服、挂幕、祭坛装饰，也概用丝绸。国家官吏穿着特殊形式的丝袍，世俗富人则普遍穿着普通的丝袍。公元 3 世纪的一位罗马作家说：丝国人制造宝贵的花绸，它的色彩像野花一样美，它的质料像蛛丝一样纤细。

　　事实证明，古丝绸之路的确是合作之路、共赢之路、共享之路。中国商人无论到哪个国家，都只讲友好，只进行平等交易，从不进行掠夺。这同资本主义原始积累时期的殖民掠夺，形成了鲜明的对照。更值得注意的是，中国不仅把自己的优势劳动产品丝绸、茶叶、瓷器、铁器、贵重金属、铜器、漆器、杏桃和甘蔗、皮毛等，输送沿路各国，把中国的发明和先进生产技术、先进思想和文化，传播到沿路国家，促进沿路国的发展；而且在出口的同时，也把沿路国家优势劳动产品，先进的科学技术和思想带回到国内，促进国内经济的发展。中国从沿路国家进口许多产品，不仅有毛织品、玻璃、宝石、玛瑙、香料和化妆品，还有汗血马、葡萄、苜蓿、蚕豆、石榴、番红花、芝麻、胡萝卜和黄瓜等动植物。在当时的丝绸之路上，不仅商人云集，商品云集，商品数量巨大，而且所有这些商品都非常畅销，由此而来的利润也非常丰厚。丝绸之路给沿路各国带来的财富之多，带来的发展之大，人们可想而知。

　　古丝绸之路的开拓和通过丝绸之路的交流与贸易，不仅促进了中国经济、技术和文化的发展，而且促进了沿路各国的发展。无数新奇的商品、新技术与新思想，通过这条路，源源不断地穿行于欧亚非三洲的各个国家。而且无论是陆上或海上，各国之间的贸易和沟通，都是那么地循规和有序、那么地和平、友善和文明。中国商人所到之处，当地百姓都以宾客相待，积极交易。后来，有史学家把沟通中西方的这条丝绸之路，称为通商之路、和平之路、友谊之路。它从先秦开始，后经汉、唐、宋、元、明、清六个朝代，上下跨越历史 2000 多年。

　　在古丝绸之路上川流不息的那些商品，诸如丝绸、茶叶、瓷器等，都成为中国强盛和文明的象征。丝绸不仅是丝路上重要的奢侈消费品，也是历代中国王朝的一种有效的政治工具。中国的友好使节出使西域乃至更远的国家时，往往将丝绸作为表示两国友好的有效手段。并且丝绸的西传也改变了西方各国对中国的看法和印象。由于西传的丝绸和瓷器价格奇高，令相当多的人认为中国乃至东亚是一个物产丰盈的富裕地区。各国元首及贵族一度以穿着染着各种颜色的中国丝绸、家中使用着中国瓷器为富有荣耀的象征。与此同时，沿路各国种植的中国稀有的如葡萄、核桃、胡萝卜、胡椒、胡豆、菠菜、黄瓜、石榴等，稀有动物、皮货、药材、香料、珠宝首饰等，也传入中国。为中国的日常饮食和消费，增添了更多的选择。

　　当然，在古丝绸之路上进行交流的，并非只有商品，还有与商品交流同等重要的是文化交流。在丝绸之路上，不同职业、不同文化背景的人，既交流了商品，也交流了语言、风俗、知识、信仰、技术等。商人、学者、僧人、文艺人等，都云集在丝绸之路上，云集在中国的城市，这对中国人和各国人的相互了解、相互学习、相互借鉴、共同提高的益处，自然是不言而喻的。中国的文明和欧洲的文明，正是通过这条丝绸之路，开始相互借鉴和交融的。中国的佛教和欧洲的基督教，也通过这条丝绸之路开始相互接触和交流。

　　不言而喻，正是古丝绸之路，使中国成为许多欧洲人向往的一片繁荣富裕的文明国度。欧洲许多国家都竞相开展与中国的贸易与交流。当时的西班牙、葡萄牙等国，还企图绕过被意大利和土耳其控制的地中海航线，经由海路直接与中国通商，并希望能从中获得比丝路贸易更大的利润。有些国家还企图通过丝绸之路将该国所信仰的宗教传至东方。有人认为，1492年，哥伦布远航中的一个目标，就是最终能到达中国，开创一条通往中国的新的比丝路更好的贸易要道。

虽然古丝绸之路已经成为历史，但其在世界历史上是中西方交流的光辉一页，其对东西方文明的沟通和交流，有着不可磨灭的贡献。在这种沟通和交流中，不仅充分显示了中华民族的聪明、智慧和文明；也充分显示了中华民族热爱和平、睦邻友好和共同发展的高尚品德。在丝绸之路上，到处洒满了中国文明，洒满了平等相待、互通有无、相互启发、相互学习、互相帮助、共同发展的明珠。这些同欧洲国家在资本原始积累时期对外残酷殖民掠夺，形成了鲜明的对照。人们从这种鲜明对照中，肯定会更深刻认识中国的过去、现在和未来。

古丝绸之路和亚洲各国的共享

古丝绸之路精神，体现着中国文明的核心价值观。古丝绸之路，不仅是和平之路、友谊之路、合作之路、共赢之路，而且也是共享之路。丝绸之路开通之后，中国与沿路国家的友好往来绵亘不绝，日益密切。在这种往来中，中国不仅把自己的文明传到沿路国家，促进了沿路国家的发展；而且也把沿路各国先进的东西引入中国，促进了中国的发展，实现了贸易中的双赢和发展中的共享。

据史书记载，张骞第二次出使西域时，曾率300人使团到乌孙，又从乌孙分派副使赴大宛、康居、大月氏和大夏等国访问。汉使到安息，安息国王派大将率2万骑兵到东部边境迎接。汉使回国时，安息还赠送大鸟卵、罗马杂技艺人给汉武帝。当然，其他国家也都派遣使节往来而相互交流；中外友好关系随着使节、商旅和人民往来而肇始展开。比如公元前1世纪末，大月氏人把印度佛教经丝绸之路传入中国。公元148年，安息高僧安清来中国传布佛教。公元148年至171年，他在洛阳翻译佛经，先后译出佛经35部41卷。他不但对佛教文化的传播而且对我国翻译文学的发展，都起了十分重要的作用。此后，使节和民间来往更加密切，各种交流越来越频繁。

中国作为世界上历史悠久的国家，在中世纪时期，中国和世界各国有着长期的经济来往和文化交流。中国开展对外关系，一开始就不是为了殖民、为了掠夺，而只是为了和平，为了友谊，为了互利交换，为了共同发展。隋唐时期，由于中国经济的大发展和繁荣，对外经济文化交流也大大发展。这种交流，不仅包括如纺织品、瓷器、造纸等产品的经济贸易，以及相关的生产工艺和技术，而且包括行政制度、文化教育、宗教信仰、舞蹈和建筑艺术等。中国已经成为名副其实的东方经济文化中心。中国交流的范围，除了周围邻国和东南亚国家之外，已经扩展到中亚、西亚、欧洲以及非洲。这些地区和国家的使节、商人大量涌入中国，使相互交流非常繁荣昌盛。

当然，中国通过丝绸之路实现对外交流和对外影响，使沿路国家得到惠及的，首先是从周边国家开始的。比如，史学家们认为，远在文献记载之前，中国大陆居民与朝鲜半岛的居民就有了交往。之后，随着中国海上丝绸之路的开通，中国的先进文化最先传入朝鲜半岛，使朝鲜半岛的经济社会得到迅速发展。朝鲜半岛在大同江流域、黄海道，直到庆尚道等许多地方，都发现了汉朝时代的铁器、铜器、漆器与丝织品等大量文物。中国古代的农业生产技术，特别是稻谷种植和蚕丝技术，也都很早就传到朝鲜半岛和日本。

到了隋唐时期，中国和朝鲜半岛的交流日益频繁。唐朝出口到朝鲜的商品主要有丝绸、药材、工艺品、书籍等；朝鲜半岛向唐朝输出的商品主要有人参及药材、毛皮等。宋朝时期，由于海上交通的便利，中朝之间的贸易和人文交流，有了更大的发展。古代朝鲜半岛没有自己的文字，使用的是汉字。直到 15 世纪，其才在研究汉字的基础上，创造出了自己的文字。中国发明的火药和应用技术，在 14 世纪传入朝鲜半岛，这在朝鲜半岛的历史上也有明确记载。中国和朝鲜半岛人民不但在长期的友好往来中交流了经济、文化的成果，建立了友好关系，而且在共同反对倭寇的斗争中结下了战斗的友谊。在明朝初年倭寇十分猖獗的时期，朝鲜半岛人民经常护送被倭寇掳掠的中国居民回国，表明中朝友谊源远流长。

除了朝鲜半岛之外，日本也是丝绸之路的惠及者和共享者。中国和日本的交流也发生较早。据日本的考古资料证实，从秦汉时期起，中国的稻种、水稻耕作方法，还有铁器、青铜器及其冶炼铸造技术，中国的造船和航海技术，就陆续传到日本。据史料记载，从西汉开始，中国与日本的交往日益密切。到三国特别是南北朝时期，两国已频繁派使臣互访，中国也有移民到日本。中国移民带去多种先进的手工技艺，尤其是养蚕、织绢、制陶、制鞍、绘画技艺等最受欢迎。日本大和朝廷还派人专程到中国聘请不少纺织工匠和女裁缝到日本传授技艺。中国移民中有汉文素养、长于文笔的人还在大和朝廷任职，掌管记录，起草外交文件，并常常出使海外。

隋唐时期，两国的经济文化交流达到高潮。处于从奴隶制向封建制转变、封建国家形成时期的日本，新兴封建统治阶级，亟欲全面移植中国高度发展的封建政治经济制度、思想、科学技术与文化，以为己用，遂不避海路艰险，不断地向中国派遣大型使团和留学生。日本留学生在学习中国的政治、经济、科学技术时都很努力，都想学成回国能发挥大的作用。他们还带回各种书籍、典章文物、科学仪器等，以加深对中国的研究。

比如，史料记载，公元 8 世纪，日本就有留学唐朝的知识人士，他们不仅精通唐代各种学艺，回国后还借鉴唐朝的制度，删定日本的律令，在大学传授自己在中国的所学，传授唐代佛教各宗，从而促进了中日文明的交流和互鉴。比如公元9世纪，传回真言宗的空海，在中国文学方面造诣颇深，回国后写成《文镜秘符论》六卷，专论汉诗文的修辞法，还编纂了日本第一部汉字字典《篆隶万象名义》，推动了日本汉文的发展。当然，唐代也有一些中国人东渡日本，去学习日本先进的东西。比如人们都知道的，影响最大的是名僧鉴真，他是应日僧之请赴日的。鉴真不仅传去了律宗和各种佛经，而且还广泛地介绍了中国医药学。他和他的弟子们还长于建筑、雕刻，在他的主持和指导下，完成了一组著名的仿唐建筑——唐招提寺。今天它仍然屹立于奈良的该寺金堂大殿，被日本人誉为国宝。

中日文化交流中影响最大的，是文字和语言。同朝鲜半岛一样，公元7世纪之前，日本也没有自己的文字，所使用的是3世纪传入的汉字。7世纪日本人也是在研究汉字的基础上，创制出了以汉字的音和训来表达日本语音的方法，这种汉字便成为日本最初的"假名文字"，即所谓"万叶假名"。9世纪以后，日本人又利用一些楷体汉字的偏旁和一些表示一个音节的草体汉字，分别制成"片假名"与"平假名"，从而形成了日本今天的文字。

当然，中日两国交流中的重要领域，还是经济和贸易。宋朝时期，中日两国经济文化交流十分活跃。中国输往日本的商品主要有丝织品、瓷器、香料、药品、文具、绘画以及各方面的书籍。日本输往中国的商品主要是沙金、水银、硫黄、木材以及扇和刀等工艺品。中国书籍大量输出到日本，使后来不少中国遗失的典籍在日本得到保存。中日科技文化交流也很有成就。宋朝时期，中国的建筑技术、陶瓷技术、雕版印刷术和医学，在日本已很有影响。

中国海上古丝绸之路，也惠及东南亚、南亚诸国。诸如越南、老挝、柬埔寨、缅甸、泰国、印度尼西亚、印度、巴基斯坦、斯里兰卡等国，都是古丝绸之路的惠及者和共享者。据中国史书记载，早在公元3世纪初，中国同这些国家间就有着比较密切的经济来往和文化联系。在这种交流中，中国在生产技术，特别是建筑技术、武器制造技术和医学等各方面，对这些国家都有很大的帮助。中国的铁制农具和牛耕技术、养蚕织锦技术、造纸印刷技术、陶瓷生产技术，先后传入这些国家，对这些国家社会生产力的发展，起到了很重要的作用。

在东南亚，中国与泰国、印度尼西亚、菲律宾的交流早有发展。自唐宋至元明，泰国和中国的来往十分密切。马来半岛和印度尼西亚，都处在中国古丝绸之路的要冲。早在汉朝时期，随着南部海上航行的发展，中国便和东南亚各国及印度发生了贸易和人文交流。至唐宋，马来半岛上各国都和中国交往已经很密切。中国出口的货物主要是丝织品、瓷器和铁器。从马来半岛各地进口的货物主要是宝石、象牙、犀角、香料等。在新加坡博物馆里，现仍保存有中国明朝的遗物如瓷盘、古钱等。

中国的重要发明和生产技术，诸如陶瓷生产技术，在汉代就开始传到了印度尼西亚等国，养蚕织丝技术在唐代也传至印度尼西亚。印度尼西亚的考古学家在印度尼西亚各主要岛屿，都曾发掘出许多汉代陶瓷的残片。自宋朝开始，由于移民东南亚的华侨逐渐增多，中国同南洋诸国不仅贸易有了进一步的发展，而且由于南洋华侨大都从事农业、手工业和采矿业，他把中国在这些方面先进技术传到当地，对南洋国家的开发很有贡献。而且中国移民同南洋各国人民友好相处，在生产中和反抗欧洲殖民者的斗争中，建立了深厚的友谊。

缅甸也是海上丝绸之路的重要一站，是古丝绸之路的受惠者。中缅两国之间的贸易往来，可上溯到西汉，唐代以后有了更大的发展。缅甸的术棉、玻璃翠、绿宝石是出口中国的主要商品，中国出口到缅甸的货物，则以丝绸为主。13 世纪时，中缅之间的玉石贸易已经发展到可观的规模。缅甸从中国聘去大批开采玉石的工人开矿，大量缅甸玉石运入云南加工后，制成精致的装饰品再在中国销售。当时云南的珠宝、玉石商人，在缅甸开设店铺的不断增加。当时中国商人把钢锣、铁锅、剪刀等日用品运入缅甸，成为畅销品。明朝时期，缅甸的八莫城，是中缅贸易的中心。长期密切的经济来往，促进了中缅文化的交流，两国在音乐、舞蹈、戏曲、象牙雕刻、漆器以及佛教美术方面都有许多相似之处。

中国和印度半岛各国的交往也由来已久。据史书记载，早在中国东晋时，中国高僧法显，就于 377 年与同学慧景等五人自长安出发，经西域前往印度取经。他们游历印度半岛北部各地，到过今天的巴基斯坦和孟加拉国，最后携带梵文戒律从海路回国。法显自 399 年至 413 年游历印度前后合计 15 年。他回国后所写的《佛国记》又称《法显传》，描写了印度的典章文物及旅途所见，对研究印度史有重要参考价值。

自南北朝至唐宋，中国僧人去天竺求法取经者，除法显外，最著名的还有 6 世纪的惠生和宋云，7 世纪的玄奘和义净等。其中玄奘，在中国几乎是家喻户晓。玄奘游历印度半岛，是中印关系史上的大事。玄奘于唐太宗贞观元年，即公元 627 年从长安出发，经过西域前往印度。他在当时印度佛教的最高学府那烂陀寺，从师著名的戒贤法师学习 5 年。此后他游历印度半岛各地，到过今天的孟加拉国、巴基斯坦等国。玄奘 645 年回国后，完成了著名的《大唐西域记》的撰述工作。在这部著作里，玄奘追述了他亲身游历的 110 个和得之传闻的 28 个城邦、地区或国家的情况，内容极为丰富。它不仅是中国人民和印度半岛各国人民友好往来的见证，而且是研究中亚、西亚和南亚历史和地理的珍贵资料。从唐代至北宋还有许多使节和不少僧侣前往印度。据《册府元龟》记载，唐代前期和中期，天竺各国也不断派遣使臣来中国。

　　至宋元时期，中印交往更为频繁。随着佛教在中国的广泛传播，以及双方的僧侣、商人和使节的频繁来往，在中国文明传入印度和对印度影响的同时，天竺的文化也对中国产生了很大的影响。比如在文学方面，唐代的传奇小说也受到印度故事的影响。其他如音乐、舞蹈、杂技、天文历算等，都莫不受到天竺的影响。中国文化对印度影响最大的，是造纸术的传播。据研究，约在7世纪，中国的造纸技术传到了印度。随后，中国的天文历算也影响到印度。其他诸如中国在手工业方面的制伞工艺，农艺方面，如桃、梨、橘、花生等，也传到了印度，并深受印度人民的喜爱。

　　西亚国家，是当时陆上丝绸之路通过的重要国家，也是获得惠及比较多的国家。比如土库曼斯坦共和国、乌兹别克斯坦共和国、吉尔吉斯斯坦共和国、塔吉克斯坦共和国四国的全部和哈萨克斯坦共和国南部，都是丝绸之路的惠及者。西亚也叫西南亚，它位于里海、黑海、地中海、红海、阿拉伯海之间，有"五海之地"的称号。西亚各国东起阿富汗，西至土耳其，南迄阿拉伯半岛各国，除以色列、塞浦路斯外，大部分是伊斯兰教国家。自张骞出使西域以后，中西交通联系便大规模发展起来。两汉时期，这条大通道的西边，已经到达地中海东岸。大量中国丝绢从长安运至地中海沿岸，行销于欧洲、西亚和北非。此时期，中国的铸铁技术、蔡伦发明的造纸技术以及农业生产中的灌溉技术等，都先后传到这些国家，促进了这些国家经济的发展。

　　据史料记载，在丝绸之路上，中亚和西亚各国的商人、使者、僧侣来往不绝，中国的丝织物、瓷器、纸张和麝香运销中亚和西亚各地，西域的珍珠、宝石、象牙等贵重物品远道前来中国。宋初的《太平广记》所收唐人的笔记小说，有不少关于西域胡商的故事，阿拉伯人的《一千零一夜》也反映了西亚和中国的经济来往和文化交流。在这种交流中，大约公元751年，中国的造纸技术传到了阿拉伯，1150年，阿拉伯人又把它传到西班牙。到了元代，由于海上丝绸之路的发达，中国的泉州成为中国海外交通的最大港口，摩洛哥旅行家拔图塔认为它是世界上最大的港口。侨居泉州的外国人数以万计，西亚的阿拉伯人、伊朗人尤为众多。正是在这种交流中，中国唐代的雕版印刷术传到了伊朗，而后传到欧洲。中国古代发明的指南针、火药的应用技术，也是首先传到西亚，再由阿拉伯人传到了欧洲。可见，中亚、西亚国家在古丝绸之路的作用，是何等的重要。

古丝绸之路和其他沿路国家的共享

毫无疑问，欧洲也是中国古丝绸之路的惠及者和共享者。中国和欧洲的关系虽然由来已久，但丝绸之路最早通向欧洲的国家，或许是罗马帝国。中国史书中记载的大秦，指的就是罗马帝国。公元 97 年，东汉西域都护班超派遣甘英出使大秦，虽然在路途中被劝阻未能如愿，但说明中国发展同欧洲国家关系，已经被提上日程。史料记载，166 年罗马以皇帝的名义派代表团来到中国，这也许表明罗马帝国和汉帝国直接联系的开始。

中国与罗马贸易的主要产品是丝绸。到 6 世纪，中国至欧洲的商路共有三条，其中北道经里海北部至黑海，但路远而不安全；中道与南道即传统的丝绸之路，在波斯汇合后通往拜占廷，这算是第二条陆路。第三条是海路，即途经斯里兰卡至红海。当时中国丝绢的主要顾客为罗马人和伊朗人。罗马帝国时期的欧洲，中国丝绸用途很广。如前文说的，在西罗马的中心罗马城和东罗马的中心君士坦丁堡，从皇帝、元老院元老以至权贵之家，都以能穿上中国丝绸为荣。基督教会的法衣、祭服、挂幕、祭坛装饰概用丝绸。国家官吏穿着特殊形式的丝袍，世俗富人普遍穿着丝袍。公元 3 世纪的一位罗马作家说：丝国人制造宝贵的花绸，它的色彩像野花一样美，它的质料像蛛丝一样纤细。

在罗马帝国的经济中，最重要的是农业。罗马帝国粮食作物主要是小麦，小麦在帝国各地都有种植。罗马帝国的经济作物主要有橄榄和葡萄，地中海地区是葡萄和橄榄的主要种植地。由于农业生产技术不高，又主要是大规模的庄园，使用奴隶和隶农劳动，所以农业生产的效率并不高。在帝国后期，这些庄园严重影响了国家的税收。所以通过同东方的贸易，罗马不仅每年都要从中国输入大量的丝绸、茶叶、瓷器，还输入大量的粮食、酒和食用油，与中国的贸易，也是罗马税收的重要来源。当时中国的丝绸，不仅成为罗马人狂热追求的对象，而且成为沿路各国喜爱的产品。

其实，欧洲的罗马人从公元前，就迷恋上中国的丝绸，就加入了中国人开辟的丝绸之路这个商道。罗马帝国一开始只和周边的一些小国进行贸易，范围小，更谈不上与中国的贸易了。是丝绸之路开通了中国和罗马帝国的贸易，并通过这种贸易使东方和西方紧密的在一起。中国用丝织品，茶叶，瓷器来换取安息、希腊、罗马、大食和马其顿的宝石、香料、药材和玻璃器具等。除了经常进行访问、贸易外，还彼此输送自己的物产和技术、思想和文化，从而推动了东西方物质文明和精神文明的交流，使东西方的人民都受益匪浅。

大约是在 12 世纪中叶，中国的丝绸生产技术传入意大利，以后逐渐传至西欧。13 世纪至 14 世纪，罗马教廷屡遣教士来华，在中国南北各地建教堂布教，罗马教廷还希望在中国推广天主教。13 世纪，也就是元朝时期，罗马教廷曾几次派使者请求中国加入夹攻占领基督教圣地耶路撒冷的伊斯兰教势力的联盟，但都未获结果。元朝在 1288 年和 1336 年，曾派遣专使通好于罗马教廷。作为中国与欧洲的文化往来，16 世纪末至 17 世纪初，天主教耶稣会士曾东来传教，此时来华的耶稣会士有利玛窦、艾儒略、邓玉函、熊三拔、汤若望等人。他们把西欧的天文、历法、算学、地理等介绍给中国，也把中国的四书、《本草纲目》等翻译后介绍到西欧。17 世纪，中国的针灸术，也由传教士传到法国。

美洲也是中国古丝绸之路的惠及者和共享者。中国和美洲之间，有着悠久的交往历史。许多科学家都通过自己的研究，肯定了古代美洲文化和亚洲文化特别是和中国文化的联系。比如考古学家证明，在墨西哥古代文化中心特奥蒂瓦坎城内著名的太阳金字塔附近，所发掘的一块有文字的雕刻，其文字与中国象形文字相似，可以清楚地认出"日""月""市"的字样。在秘鲁境内，也曾发现刻有"太岁"字样的古碑。在厄瓜多尔，有人发掘出汉朝王莽时代的货币。各种事实证明，古代中国和美洲联系是毋庸置疑的事实。如果说以上文物的发现尚缺少经过科学鉴定的考古年代，那么更为世界瞩目的是中国浙江吴兴钱山漾、江西修水跑马岭遗址，所发现的花生种子，经测定，其年代都在 4000 年以上。众所周知，我国没有发现过花生野生种，也没有花生起源于中国的考证，而发现这 4000 年前的花生，应当是源起于南美玻利维亚的花生栽培种。这作为我国与美洲早期交往的重要物证，似乎具有相当的说服力。

菲律宾，在中国古海上丝绸之路中，占有非常重要的位置。根据我国文献的记载，中国与美洲的贸易关系始于我国明朝。而我国明朝时期，东南沿海各省商业、手工业日趋繁荣，同菲律宾和其他东南亚国家的贸易也日益兴盛。中国与美洲国家的交流，特别是与美洲的商品交换，开始主要是经菲律宾的马尼拉运送的。中国运销的商品种类极多，主要有：钢器、铁器、瓷器、陶器、丝绸、珠宝、水银、火药、胡椒、丁香、雄黄、糖、蜡、铁、锡、铜、纹丝、丝织品、面粉、米粉，以及各种干鲜果品乃至牲畜、禽鸟等。其中尤以丝绸最为名贵。中国的丝绸，花色种类繁多，有精致的罗纱、绉纱、绣花丝绸、天鹅绒、线缎、花缎、丝毛交织品以及用金银线织出奇巧图案的浮花锦缎等，都为美洲所喜欢。

据史学家们的研究，16 世纪，中国的丝绸生产技术也通过海上丝绸之路传到了美洲。16 世纪末，只墨西哥从事丝绸制造的，就有上万人。其所用原料，大多来自中国漳州和广州。中国的瓷器和棉织品，也深受美洲人民欢迎。瓷器主要作为家庭装饰品和互相赠送的珍贵礼品。中国的各种商品，大大丰富了美洲人民的生活。随着贸易的发展，许多中国商人和水手乘大帆船到墨西哥，与当地妇女结婚，并使用西班牙姓名。16 世纪时，墨西哥城已有了"唐人街"。中国居民中，有的从事织工、船工、木匠、银匠、铁匠，有的从事裁缝、医生、理发等。频繁的贸易往来，加深了中国和美洲人民之间的相互了解，为以后中国和美洲之间友好关系的进一步发展奠定了基础。

中国通过丝绸之路和非洲交流最早的国家，当然是埃及。或者说，埃及是中国古丝绸之路最早的惠及者和共享者。因为 640 年以前，埃及属于罗马帝国和拜占庭帝国，因而中国和大秦的海上贸易就包含了中国和埃及的贸易。唐朝时中国大海船可远航到波斯湾和巴格达，中国货物可以在波斯湾换船运至埃及，再转运到西非。中国的瓷器和丝绸，深为埃及人所喜爱。从法提玛王朝时起，埃及手艺人就开始仿造宋瓷。埃及考古学家，在开罗古城富斯塔特的废墟中发现大批中国瓷器，其中也包含埃及人仿制的。

中国和东非人的直接交往，是从唐代开始发展起来的。唐代中国的大船已可直航波斯湾。而到了宋代，中国的航海技术又有了进一步的发展。宋代中国船或许能直接到达东非。值得注意的是，东非桑给巴尔的一个使节，分别在 1017 年和 1083 年，两次访问了中国。明朝时，非洲国家到中国访问更加频繁。更值得注意的是，郑和的船队不仅到达非洲东岸，而且他的航海图，也第一次绘入了非洲的海图。

在与非洲国家的交流中，中国运往东非的货物主要是瓷器和丝绸，而非洲运到中国的则是香料和象牙。唐宋时代，中国所需的香料和象牙主要来自东非，唐宋的中国钱币也不断流入东非。

在现今索马里首都摩加迪沙、布腊瓦、坦桑尼亚的桑给巴尔岛、马菲亚岛等地，都不断发现中国钱币和瓷器。其中最大的发现是1945年在桑给巴尔发现的176枚中国钱币。其中除8枚时间不能断定外，其余全是唐宋钱币。此外，从亚丁湾到桑给巴尔的整个东非海岸，都有中国陶瓷的碎片，甚至罗得西亚的德兰士瓦，也有这样的碎片。据研究，南非的这些陶瓷碎片，都是宋代或明代的。不管这些瓷器与钱币是通过什么途径运去的，这些实物的发现充分证明，中国和东非与南非有着历史悠久的经济联系，非洲也是中国古丝绸之路的惠及者和共享者。

第 二 章

中国财富和对西方工业革命的助推

　　讲中国财富对西方工业革命的助推，也许人们会感到陌生，但它是不争的事实。人们都知道，西方帝国主义列强国家工业革命所需大量资金，主要来源于殖民掠夺。而中国作为它们掠夺的重要对象，其掠夺的大量中国财富，对其工业革命作用和意义之大，自然是不言而喻的。中国人都不会忘记，从 1838 年至 1903 年，也就是从林则徐开眼看世界、编译西方有关历史和现状、研究西方资本主义开始，到维新思潮结束，这半个多世纪，先后发生了 1840 年英国入侵的中英鸦片战争、1856 年英法联合入侵的第二次鸦片战争、1883 年的法国再次入侵的中法战争、1894 年日本入侵的中日甲午战争，真可谓连年战争不断。而且每次战争，都是以中国的惨败而告终。割地赔款，花样翻新的不平等条约，中国的灾难一个接着一个。中国的黄金白银，即广大劳动人民的血汗，就通过这花样翻新的不平等条约，大量流入帝国主义列强国家的口袋，成为这些国家工业革命的重要资金来源。帝国主义列强究竟从中国掠夺了多少财富，这些财富对其工业革命究竟有多重要，可能谁也无法说清楚。在那些年代，随着西方工业革命浪潮，中国财富也滚滚流向西方资产者的腰包，他们自然是喜笑颜开。而在中国大地上，到处是帝国主义的领地。中国已经成为典型的半封建和半殖民地国家，成为帝国主义列强割肉、吸血、肆意掠夺的乐园。封建统治者、官僚资产者，成为帝国主义掠夺中国的工具。在那水深火热的煎熬中，屈辱、眼泪、饥饿折磨着每个中国人。

一　西方大变革和中国的沦落

人们都不会忘记 17 世纪。因为从这个世纪中期开始，世界进入了由封建社会到资本主义社会的大变革时期。18 世纪，英国不仅完成了资产阶级推翻封建制度的政治革命，而且开始了对人类文明进步具有重大意义的工业革命。19 世纪，英国工业革命已经完成。其他列强国家，诸如法国、意大利、德国、美国、日本、俄国等，也在这个世纪后期，完成了资产阶级革命和工业革命，世界进入了资本主义繁荣的时代。工业革命，也许是西方资产阶级的骄傲。可他们心知肚明的是，从 14 世纪也就是中国的明朝开始，正是中国文明的传入，特别是造纸、印刷、火药、指南针技术的传入和广泛采用，大大促进了其科学技术和机器工业的发展，使其城邦手工业很快发展为工场手工业，随之资产阶级开始产生和发展。他们还心知肚明的是，在他们进行工业革命的花费中，有数不清的是从中国掠夺来的。正是由于他们的侵略战争和残酷掠夺，由于中国在封建统治者的腐败无能，在天不变道也不变思想的桎梏下，中国沦落了。与西方国家资产阶级大革命的滚滚浪潮相比，中国着实显得太腐败、太落后了。那些封建官吏也许做梦也没有想到，当西方列强用武力轰开中国王朝大门时，自称天朝的自己是那么软弱无力，不堪一击。有着 3000 多年古老和先进文明的中华大地，竟成为列强肆意争抢的一块肥肉。

西方社会制度变革和中国文明的作用

这里首先要说的是，过去我们在研究世界先进国家资本主义发展史的时候，特别是在研究欧洲先进国家资本主义发展史的时候，似乎忽视了两个重要的事实或因素，那就是中国文明的作用和中国财富的作用。其实，在人类发展的很长一段历史时期，无论在物质文明方面或精神文明方面，中国都走在前面。中国的先进思想、先进文化，特别是中国的发明，诸如造纸、印刷、火药、指南针发明的传入和普遍采用，对欧洲社会经济的发展、欧洲启蒙运动、欧洲文艺复兴运动等，一句话，对欧洲资产阶级的产生和发展所起的作用，是功不可没的；帝国主义列强利用鸦片贸易、利用侵略战争，在中国掠夺的巨额财富，对其工业革命的推动作用，也是不能否认的。关于中国文明对欧洲变革的作用，在第一章中我们已经作了一些阐述。这种作用主要表现在如下两个方面。

一个方面是，中国文明和科学技术的传入和普遍采用，促进了欧洲科学技术和手工业的大发展，特别是促进了采矿、冶炼和机器制造业的大发展，促进了工业生产力的大提高。更具有重要意义的是，它促进了一般手工业向规模大、人数多、生产率高的工场手工业的转变，从而推动了资产阶级和无产阶级萌生和发展。如西方学者所说，中国的先进思想和科学技术，中国的发明，为欧洲文艺复兴，为欧洲资产阶级的产生，铺平了道路。

另一个方面是中国火药、指南针和印刷术的传入和应用技术，中国先进的造船和航海技术的传入和普遍应用，刺激了欧洲对新航路探险的热潮；而新航路和新大陆的发现，又进而引发了资产阶级海外殖民掠夺的热潮。如在第一章中我们引用马克思的话所说的，火药、指南针、印刷术，这是预告资产阶级社会到来的三大发明。火药把骑士阶级炸得粉碎，指南针打开了世界市场并建立了殖民地，而印刷术则变成了新教的工具，总的来说变成了科学复兴的手段，变成对精神发展创造必要前提的最强大的杠杆。

社会制度的变革，是人类文明发展的引擎。人类开天辟地至今，世界任何一个民族的历史都是变革的历史，都是在变革中充满曲折的历史，是一部由欢乐、眼泪、血与火组成的交响诗。兴衰不仅总是与变革成败、变革快慢相伴，而且是不以人主观意志为转移的。乍看起来，历史的发展似乎总是使人迷惑不解，在世界范围内的生存斗争中，各国的机遇似乎也总是神秘莫测。其实，一切秘密都隐藏在变与不变之中。具有讽刺意义的是，中国的先进思想、先进文化和重要发明，却没有推动中国科学技术的大发展，没有刺激中国社会制度的变革，反而刺激了欧洲国家的变革潮。中国和西方正是在这变和不变中，改变了强弱的位置，并拉开了强弱的差距。

我们知道，14世纪到18世纪这段时间，是欧洲资产阶级由产生、发展到强大，并进行推翻封建制度的大革命的时代。14世纪，欧洲产生了旨在宣传新兴资产阶级思想的文艺复兴运动；15—16世纪，欧洲手工业普遍发展到工场手工业，社会生产力得到了迅速发展。与此同时，西班牙、葡萄牙等国的航海家们，借助中国郑和七次下西洋的航海技术和取得的成就，开通了欧洲至亚洲、非洲和美洲的航路。新航路的开通，引起了欧洲商业上的革命和全球性的殖民掠夺，这是欧洲资本主义原始积累的重要时期；17—18世纪，欧洲国家进行了资产阶级革命，确立了资本主义制度，开始了全球资产阶级的时代。

如马克思所说："美洲的发现、绕过非洲的航行，给新兴的资产阶级开辟了新天地。东印度和中国的市场、美洲的殖民化，对殖民地的贸易、交换手段和一般商品的增加，使商业、航海业和工业空前高涨，因而使正在崩溃的封建社会内部的革命因素迅速发展。"① 马克思还说："在16世纪和17世纪，由于地理上的发现而在商业上发生的并迅速促进了商人资本发展的大革命，是促使封建生产方式向资本主义生产方式过渡的一个主要因素。"② "美洲金银产地的发现，土著居民的被剿灭、被奴役和被埋葬于矿井，对东印度开始进行征服和掠夺，非洲变成商业性的猎获黑人的场

---

① 《马克思恩格斯选集》第1卷，第2版，第273页。
② 《马克思恩格斯全集》第25卷，第371—372页。

所——这一切标志资本主义生产时代的曙光。"①

资产阶级向来是只讲利益，而不讲情义的。在西方资产阶级革命成功，资本主义制度确立之后，并没有因为曾得到中国文明的好处，就对中国高抬贵手。相反，用残酷的鸦片贸易、侵略战争等方式，掠夺中国显得更加疯狂。在中国受屈辱的年代，马克思写了不少文章，专门揭露帝国主义列强的鸦片贸易对中国的掠夺。马克思说："英国用大炮强迫中国输入名叫鸦片的麻醉剂。满族王朝的声威一遇到英国的枪炮就扫地以尽，天朝帝国万世长存的迷信破了产，野蛮的、闭关自守的、与文明世界隔绝的状态被打破，开始同外界发生联系，这种联系从那时起就在加利福尼亚和澳大利亚黄金的吸引之下迅速地发展起来。同时，这个帝国的银币——它的血液——也开始流向英属东印度。"② 马克思还说："在1830年以前，中国人在对外贸易上经常是出超，白银不断地从印度、英国和美国向中国输出。可是从1833年，特别是1840年以来，由中国向印度输出的白银，几乎使天朝帝国的银源有枯竭的危险。"③ 而这些几乎使中国银源枯竭的大量白银，对那些列强工业革命的推动作用，自然是不言而喻、不能小视的。

天不变、道不变和中国的沦落

变则进，不变则退，这似乎是事物发展的客观规律。14世纪至18世纪，正直欧洲资产阶级产生、发展和强大的时候，中国的封建社会却已经僵老、腐朽。虽然由于有大量勤劳的人民，有勤劳人民创造的大量财富，所以其在世界上的地位，还没有谁能动摇。然而，资本主义生产关系，毕竟是一种新的、比封建生产关系更先进的生产关系，封建制度终究要被资本主义制度所代替，

---

① 《马克思恩格斯全集》第44卷，第2版，第860页。
② 《马克思恩格斯选集》第1卷，人民出版社1995年版，第690页。
③ 同上书，第691页。

这是不以人们意志为转移的客观规律。只是中国的封建统治者，还没有感受到已经产生和正在以强劲势头发展的新的生产方式的威胁，仍在天朝的床榻上，懒睡昏昏。实际上，中国在人类文明的发展中，无论是在从思想意识上还是在理念进步上，特别是在科学技术发展上，都已经开始落后于欧洲了。

中华民族，作为一个勤劳智慧的伟大民族，一个具有 960 多万平方公里国土和丰富资源，以及封建生产力相当发展的文明古国，一个曾威震四海的世界封建巨人，并没有像西方国家那样在进入封建社会之后，马上就靠自身的力量，开始创造新的巨大的资本主义生产力，创造和开拓新的资本主义文明。中国的封建社会不是倒在了由自己所创造的资本主义文明之下，而是令人难以置信地被西方远征者的几艘炮舰所征服，并任其践踏和宰割。这究竟是为什么？造成文明古国如此衰败，如此惨痛的历史悲剧，其根源究竟在哪里？这的确值得每个中国人不断深思。

中国封建时期，依靠广大劳动者辛勤劳动，勤俭持家，所创造和积累的财富数量的确是巨大的。直到 19 世纪初期，中国的国内生产总值，一直都占世界国内生产总值总量的 30% 以上。然而，从生产力发展水平上看，其长期处于停滞的状态，实在让人吃惊。我们都知道，早在两千多年以前，中国传统农业生产力发展就已经达到了相当高的水平，不论是组织形态还是生产技术都取得了重大的成就。但是，直到 1840 年前后，生产力的发展并没有产生大的发展，其发展程度基本上还是停留在两千年前的水平上，或者大同小异，或者提高有限。据有关学者统计，中国古代农业劳动生产率是：1120 年即宋代，一个农业人口可以养活 10548 人；1506 年即明代，为 10065 人；1650 年即清代为 10006 人。这说明，农业劳动生产率不仅没有提高，反而是逐步下降的。

为了中华民族的复兴，中国不少人也曾苦心寻找中国沦落的根源，想从中得到启示，不过至今对此却莫衷一是。有的把它归为过度成熟的封建制度，有的把它归为中华民族生来软弱的劣根性，有的把它归为中国人对"龙"过分崇拜。当然，不能说这些不是造成中国衰败的因素，但现在看来应当从这些因素背后的更深层根源上去寻找。这种更深层的根源就是过度衰老的特殊意识。中国这头雄狮之所以被一群猎犬撕食，就是因为它的特殊的封建意识实在太衰老了。

西方封建社会也都有自己的衰老期，但其在衰老的同时，由自身成长起了具有更强大生命力的资本主义文明。然而中国的封建制度虽然比西方早几百年就过度衰老，却并没有在衰老的过程中产生强大的资本主义文明，原因究竟在哪里？认真分析一下我们能够看出，其中似乎有两条值得特别思考：一是封建制度过分成熟，一整套封建规范，实在太完美了，遵循习惯的社会运行秩序，接受"天不变，道亦不变"理念，实在是根深蒂固；二是民族意识过分衰老，不仅太过保守，而且太过自大，自称天朝，世界中心的意识，实在太根深蒂固了。这两个"过分"也许就是根源。直到中国沦落之前，这种意识并没有发生根本性的动摇和变化。中国所发生的一切历史悲剧，似乎都同这种悲惨的意识紧密相连。

其实，中国自商周王朝开始，为了维持自己的统治，就向百姓灌输天命思想，灌输王权天授、王命在天的意识。中国的封建意识有千条万条，而最为根本和核心的一条是"天命"和与此相联系的"天理"。一个人的来世，不是自然现象而是天意，因此，从他一落地开始，就命运在"天"，一切都得听从"天"的安排和主宰。"天命难违"，"天理昭昭"，这就是长期以来许多中国人的意识规范，并深深地铭刻在许多中国人的心灵深处。当然，这个"天"有虚幻的"天"和实在的"天"之分。虚幻的"天"存在于每个人的心灵深处，实在的"天"则存在于社会的各个层次。整个国家的"天"是皇帝，一个州府的"天"是知府，一个县的"天"是县衙，一个家庭的"天"就是父亲。妇女还另加一层"天"，即丈夫。

　　长期以来，中国人一生下来，就得接受这层层"天"的意识的灌输，最后用这种意识塑造成形，把"天"视为自己生存的依赖和保证，有了"天"就有了生活主心骨，没有"天"就失去了生存的勇气和动力，就感到空虚和无措。一切听从"天"的安排，一切听天由命，这正是中国人的致命弱点，也是中国人能极大忍受各种天灾人祸折磨而安于现状不求变革的重要原因，也是中国封建制度得以长期维持的主要的根源。

　　在天不变、道也不变的束缚下，长期以来，不仅社会制度不变，而且生产力的发展也不变。黄河流域是世界农业发展最早的地区。在中国封建社会初期，黄河流域的农业就已经达到了惊人的水平。然而直到清朝末年的1000多年过去了，地却还是那样的黄土地，犁还是那样的牛拉犁，种还是那样的种，收还是那样的收，产量也基本上是那样的产量，一切都照旧，一切都维持原样。更有甚者，有的土地产量还不如以前。也许正是中国农业早熟的缘故，同西方相比，中国人对土地有着更加深厚的感情，产生了国以民为本，民以食为天，食则来自土地的这种以土为命，以地为天的古老特殊的民族意识。"天"不变，"道"亦不变，"行"也不变，一切的一切都不变，任何变革或超越封建文明的行为，都被视为是违背天意的，都是天理难容，大逆不道，妖人作怪，这就是一切悲剧的最终根源。

　　当然，中国封建历史上，也有许多可歌可泣的农民起义和暴动，但这种起义和暴动，也受到了天命意识的制约。起义和暴动者，总将自己视作受天命而为，因而无论这种起义和暴动是胜利了还是失败了，其结果都是一样，总是回到原点。虽在血与火中改朝换代，但仍是"天"不变，"道"亦不变，都周而复始，一切照旧。从经济上看，也总是在破坏、恢复，再破坏、再恢复的几乎是同一水平上循环。而在我们的历史书中，常把这种恢复叫作发展。而且正由于天命难违，历代的统治者虽然都可以对外厚施仁政，而对这种反"贼"，则都是竭尽各种残暴。凶狠残暴的镇压和屠杀，同中国的封建文明紧随相伴，贯穿中国整个封建的历史。除此之外，历代封建统治者都只重于权势，只为争权夺势而互相残杀，而不顾人民的死活和生产力的发展。甚者，这种每次大的争夺权势的厮杀，常使人民的生命财产涂炭，使生产力遭到极严重的破坏。

与欧洲的大变革相应，即与欧洲资产阶级产生、壮大和进行大革命的时代相应，中国经历了从元朝到清朝的乾隆年间。此年间，中国封建社会，仍然像地球围绕太阳转一样，靠着那套浸透每个中国人心灵的封建制度和封建意识，维持着。虽然不断改朝换代，却周而复始。在过度成熟、过度完备的封建制度和特殊的意识形态束缚下，中国人只依靠自己的辛勤耕耘，而维持生命和传宗接代。只要能丰衣足食，能一代传一代，不断香火，似乎就是最大的满足。

不可否认，因为中国有广大勤劳的人民，所以直到沦落，按经济实力和经济总量，仍然为世界第一。如前面提过的，1750年，中国制造业产量仍占世界总量的32.8%，直到1830年，中国制造业产量仍占世界总产量的29.8%。只是到了1860年，英国制造业产量，才勉强超过中国。然而，中国的封建制度毕竟是老朽了，与西方快速发展相比，显得落后了。这种落后，当然意味着封建社会向资本主义社会转变的必然性。比如，作为生产力发展的必然趋势，中国在明朝中叶，资本主义经济已开始萌芽和发展。但在严酷的封建制度遏制下，这种发展是非常缓慢的。它同西方在地理大发现和殖民地大掠夺推动下的飞速发展形成了鲜明的对照。在这一新的生存竞争中，中国根本不是西方的对手，远远地被西方抛在了后面。

政治上的腐败，必然带来对外屈辱的悲惨命运。中国在强盛时期，按中国特殊的封建道德观念，对外厚施仁政。而在欧洲强盛后，却按照西方资本主义的道德观念，对中国实施暴力掠夺。中国的施仁，并未换得仁报，有道反被无道欺。作为新崛起的西方强国葡萄牙，第一次按照西方的价值观和行为准则，在1553年就盘踞我国的澳门。之后，英国对中国发动了鸦片战争，用武力打破了中国运转数千年的封建统治秩序，使中国陷入了水深火热之中。

鸦片战争之后，世界帝国主义列强，都紧随英国之后，向中国伸出了劫夺之魔爪。它们正是通过各种不平等的条约，不仅从中国取得了巨大的政治和经济利益，而且直接控制了中国的内政和外交。这种特殊形态的半封建和半殖民的社会，作为世界特殊历史时代的产物，一开始就意味着，它给中国社会和中国人民带来的将是非同一般的深重灾难。中国的领土、各种资源和财富，都遭到了空前野蛮的浩劫。中国的经济，遭到了全面的摧残和破坏；中国人民的生活，陷入了水深火热之中。中华大地成了西方列强肆意掠夺的乐园。帝国主义列强在中国获得各种政治特权的同时，帝国主义的资本也涌入中国，扼杀了中国民族工业的正常发展。

自鸦片战争之后，在政治、经济、军事等各方面，中国在世界中的大国地位已经荡然无存。一个人口众多而且充满着智慧和勤劳精神的文明古国，正是在过度成熟的封建制度和过度的封建文明的长期束缚下，在天不变道也不变的束缚下，一下沦为帝国主义列强烧、杀、抢、掠，任意掠夺和蹂躏的对象，沦为连主权都丢失的半封建半殖民地国家，实在可叹！帝国主义列强侵入中国之后，中国的经济命脉也基本上被外国资本把持。中国的采矿业、纺织业基本上都被外国资本控制。沦落、屈辱的悲惨，蕴含着复兴的怒涛，呼喊着复兴的到来。

中国的沦落和儒家思想的变异

儒家思想对中国人的影响，对世界的影响，无疑都是巨大的。在意识形态领域，中国的儒家思想，的确是很伟大的。但它在封建统治者手中，逐步发生了变异，变成了他们愚弄、统治百姓，束缚百姓创造精神的工具。我们在研究儒家思想的时候，应当把儒家思想和儒家思想在统治者手中的变异，区分开来，这一点非常重要。比如儒家施仁政、反暴政，讲道德、讲诚信、讲以民为本的思想和主张，封建统治者从来都没有真正地遵从。其实，在殷周奴隶制时期，中国就产生了维护皇权和家族统治的尊"天子"和行"德""礼""孝"的观念。进入封建社会一开始，作为维护奴隶主贵族利益的儒家的"仁"的思想，就受到不寻常的重视。之后经过不断发扬光大，成为整个中国封建意识形态的核心和道德规范。

孔子的"仁"，包含非常广泛的内容。但最核心的部分是道德和诚信，具体说就是忠、孝、悌、礼。以忠来维护帝王统治，以孝来维护封建家族中纵的关系，以悌来维护封建家族中横的关系，以礼来规范人们的行为。这种意识形态反映到对内，即绝对的忠于皇帝，孝顺父母，尊敬兄长。视他们的话为"天理"，他们的行为为"天义"，只能唯其命是从，不得犯上作乱。显然，这些就纯粹成为维护封建统治思想武器。反映到对外，即反对任何战争，把对外扩张和谋求霸业的战争，视为"天下无道"，而提倡"天下有道"。这也许就是我中华民族历来热爱和平，反对侵略战争的思想根源。中国的"天下有道"同西方国家对外好战和以掠夺为荣形成了鲜明的对照。

在孔子的思想中，重农轻视工商的意识，是中国致命弱点。而这种意识却被专靠寻租为生的封建统治者所喜欢。在这种意识的束缚下，中国人几千年来都只视土地为命根子，只视土地为真正的财富。几千年来中国人都面朝黄土、背靠青天，土里刨食，风调雨顺则饱，天降灾害则饿，长年累月，日出而作，日落而归，不断地重复着，直到自己的汗流尽，气耗完，最后化为黄土为止。对于广大农民来说，这就是天意，这就是命运，这就是天定的人生的全部意义。

既然以土取食为天命，那么中国人就只能在黄土地上显示自己的智慧和才能。而工商业也只能在开发农业的范围内发展。如果超出这个范围，按自身的规律独立发展，那就违背了天意，就是在追求不义之财，不义之富。在这种所谓"天理"束缚下，几千年的中国工业，也只能局限在以主要制造简单的农业生产工具和满足国民穿衣等狭窄范围内的手工业；早就显得繁荣的商业，也只能局限在以满足封建统治者对金银珠宝等有形财富追求的官办或半官办商业。这正是有人所说的，对于中国人来说，无论是经商者或不经商者，都不具备真正的商品观的原因。与此相联系，中国科学技术的发展，也有着"天命"的制约。

中国虽有四大发明，然而在一切都听天由命的意识下，它们都未能像在西方那样，给中国带来发展和强大。有人说，中国的文明是更多的书本文明，而西方则是用自然科学创造出一个新世界，事实似乎的确如此。在此种情况下，如果不首先在全民意识上发生根本的变革，不首先彻底破除人命在天、黄土为命的听天由命的古老意识，那么在中国早有发展的、作为资本主义生产关系萌芽的工商业，很难靠其自身的发展而成长为强大的资本主义文明。

正是由于这种意识形态的束缚，中国虽然很早就有发达的冶铁业和火药的制造和使用，有先进的造船工业，各种铁制武器、大炮、战船，很早就处于领先地位，但从来不用其进行对外侵略和扩张。据记载，1420年明朝的海军就拥有1350艘战船，其中包括400个大型浮动堡垒和250艘设计用于远洋航行的战船。在11

世纪中国就有百万以上的军队。这个数字不要说同当时各国相比，就是同直到第二次世界大战之前的各国相比，也是十分可观的，直到 1880 年，英国的部队才只有 36.7 万人，其最多的 1900 年，也只有 62.4 万人。除了俄国之外，在第一次世界大战之前，世界上没有一个国家的军队达到 100 万以上。足以可见，当时的中国军事力量是非常强大的。然而中国从来不凭借强大的军事力量向外扩张和侵略。这种强大的军事力量，只用以对内镇压农民起义和对外抵御入侵。中国历来视侵占别国领土为无道。和平相处，公平交易，这正是中文明最光辉的内容。

然而可悲的是，在孔子"仁"的思想中，也包含对经商的憎恶，认为经商是追求不义之财，是不安本分，是妄肆求富，是违背天命。受这种思想意识的影响，轻商、不谋外财，便成为中国封建文明的主要特征。在整个封建社会，中国经济的发展水平同其对外经济的发展远不相适应。虽然也有张骞出使西域和郑和下西洋的光辉历史，但那与中国强大的发展水平是远不相称的。而且到了明朝，基于国防安全，封建统治者还下令禁止出海贸易。据国有专家估计，从郑和船队的规模、实力和适应性来看，他们或许可以在航海家亨利向直布罗陀海峡探险前好几十年，就可以绕过非洲并发现葡萄牙。但郑和的船队最远只到达非洲东海岸和红海岸。

我们已经知道，无论是张骞出使西域还是郑和下西洋，都没有军事扩张的意图，都从不进行抢劫和杀戮，而只是为经商。这与之后欧洲人的海外扩张形成了鲜明的对照。1405 年至 1433 年，郑和带领由数只大船组成的船队 7 次下西洋，其中最大的船长 44 丈，宽 18 丈，是当时世界最大的由上万人组成的船队。船队所带的主要是金银、丝绸、瓷器、铁器和布匹，用这些东西从各国换回宝石、珍珠、珊瑚、香料等，因而其所到之处，都受到热烈的欢迎。从这一点可以看出，中华民族历来就是一个爱好和平反对侵略的民族，这也是中国人优根性的具体表现。

但是，正在中国海外贸易有大展宏图势头的时刻，由于封建统治者内部钩心斗角的矛盾，由于统治者的腐败，以及镇压人民的需要，皇帝却下令禁止制造海船，禁止海上航行。足见这种轻商、保守、忠君和内向意识，则是中国封建统治的劣根性。正是这种劣根性，中国生产力虽早有较高的发展，科学技术也早发展，然而与这种生产力和科学技术发展相适应的商品经济却没有相应地发展起来，没有在奔向更新、更高的文明中，走在世界前列，使封建制度延续了 2000 多年，比欧洲封建社会的历史长 1000 多年。

同欧洲封建社会不同，中国封建社会本身就制约着商业资本的发展。欧洲封建社会中城市经济占有重要地位，而中国封建社会则是以自耕农为主体的小规模农业生产，以及附着在这种小农生产身上的家庭手工业。小农业和小手工业相结合的这种小规模经济体，其内部结构就非常坚固。因为中国的封建统治者，都是靠农业生存的，所以寄生在封建统治者身上高利贷和商业者，能依靠剥削农民和家庭手工业者而生存，而不肯破坏旧的生产方式。特别是小规模的经济体，人们的生活必需品都靠自己生产得到满足，如经济学家说的，在自给自足的自然经济条件下，对外贸易对中国社会的影响可以忽略不计。显然，这些都阻碍了市场的发展和统一，使大规模工场手工业的生产很难发展，以致商业资本始终只能依附于交换流通的领域维持生存。

西方人虽然经历过封建文明，但也许是航海和地理大发现的缘故，他们的眼界要比中国人开阔得多。他们并不只把土地作为唯一的财富，也不把自己拴在一小块黄土地上。只要对他们有用的或能够换来金钱的一切东西，包括能出卖的奴隶，他们都视为财富，因而他们取得财富的手段要比中国人多得多。在他们看来，财富不只可以从土地中获得，而且可以从买卖中获得；不仅可以利用犁耙锄头获得，而且可以利用火炮获得。而且通过买卖或火炮获得可能还来得更为容易。西方的历史证明，正是这种意识，使西方人能比东方人更早地超越封建文明，率先跨入资本主义文明。

还有一个问题值得人们深思，那就是在对外关系上，如何才能把"己所不欲，勿施于人"变成所有人的共识和行为。仁德如何对付不仁无德，光靠自己仁德的教化、感化，能不能对付为富不仁者，对付外部的掠夺者和入侵者，儒家思想中似乎缺少这些内容。重仁德，重德治，轻法制，这也许是儒家思想中的一大弱点。也许这也是当既无仁也无德的西方帝国主义列强，用船坚炮利轰开中国大门，对中国进行肆意杀戮和掠夺的时候，中国人似乎除了惊愕、愤怒之外，想不出别的有效的驱敌之策的原因。

历史实践已经告诉中国人，中国要复兴，要振兴中华，首先必须通过大力发展教育，从根本上改变全民族的落后意识，改变天不变，道亦不变的旧观念，使每个中国人都懂得人生的自我价值，都树立自我生存的意识，树立变革创新意识。只有消除层层"天"的意识，消除对层层"天"的依赖，消除没有"天"的空虚感，使"不靠神仙皇帝，一切全靠我们自己"的理念，真正变为全民族意识和全民族的行动，中国的复兴才有希望。中国重新跨入世界强国之林，实现自己的梦想才有希望。

二　欧洲工业革命和对中国的掠夺

如前一节所阐述的，在欧洲国家进行资产阶级革命和工业革命的时候，中国还在封建贵族统治下傲慢、自大地沉睡。变革是神奇的，变革中隐藏着无尽神奇的力量。然而，要进行这种神奇变革，也是艰难的，也是需要足够的胆识和智慧的，甚至付出巨大代价的。变则进，不变则退，这也许是一句俗不可耐的话，可它确包含着无法抗拒的真理，包含着事物发展的客观规律。不变则落后，落后则挨打，这已是历史事实。在中国落后挨打期间，也就是自 1787 年到新中国诞生这 160 多年间，西方国家究竟从中国掠夺了多少财富，这些财富对西方国家的工业革命究竟起到了多大的作用，这或许是无人能算得清楚、说清楚的。

世界大变革和中国的沉睡

变革、创新，是人类文明发展的动力。在由封建主义到资本主义的转变中，由于中国还在坚持天不变、道也不变，所以资本主义产生和对封建主义的革命，自然不是首先发生在中国，而是发生在善于变革的欧洲国家。在欧洲国家发生这种变革的时候，中国还酣睡在封建社会床榻上。对于中国来说，这是为什么，前一节我们已作了回答。在欧洲国家中，虽然在抢占殖民地的对外掠夺中，葡萄牙、西班牙走在前面，但从工业发展和由这种发展所必然引起的社会革命看，最了不起的还是英国。人们都知道，英国的特殊历史条件，才使其在欧洲的资产阶级革命和工业革命中，成为先驱。

应当承认，英国的封建社会与世界其他国家的封建社会，特别是同中国的封建社会，是有很大区别的。这种区别，自然就带来了资产阶级革命时间和道路的区别。英国封建社会同其他国家封建社会的区别，最突出的表现，是英国封建社会就有国会存在。这种国会虽然不是完全民主的，但它的存在是对王权的一种限制。在国会的作用下，国王不能像中国的皇帝那样，可以指鹿为马，独裁专权。比如国王没有直接的征税权，没有经常的、固定的财政收入，平时国王及宫廷只能靠国王领地的地租及骑士捐赠维持生活。如有特殊的金钱需要，或者一旦发生战争，国王便不得不召集国会，要求国会同意他向臣民征收临时捐税。国会的这种职能，也许就是它能够从中世纪以来，在英国继续存在的原因。

就资本主义发展来看，正是由于封建统治体制比较宽松，早在 15 世纪末，也就是中国明朝明武宗时期，英国就发生了圈地运动热潮。轰轰烈烈的圈地运动，产生了有利于资产阶级发展的巨大的后果。

比如，它实现了农业的直接生产者农民与生产手段土地的分离，使英国成为资本原始积累的典型国家。而当时中国的明武宗，正在下令修建供其享乐的豹宫。修建豹宫共花费白银 24 万两，致使国乏民困。豹宫建好后，明武宗在宫里日夜纵情淫乐。之后虽然也进行了一些减轻赋税的改革，但终究解决不了皇权的荒淫无道和老百姓的民不聊生。16 世纪中期后，欧洲殖民者已经开始把触角伸向中国，1553 年，葡萄牙就军事占领了澳门。当时英国脱离土地的农民，一方面为工业资本主义提供了劳动力，另一方面也为工业创造了市场。

又比如，圈地运动使英国农村中出现了资本主义经济，出现了农业资本家。地主对于农民的封建剥削，逐步过渡到农业资本家对农业工人的资本主义剥削。圈地之后，地主往往把土地出租给农业资本家，有的则自己经营资本主义农场，一变而为农业资本家，他们在大规模的农场上采用雇佣劳动进行农业生产。总之，圈地运动为资产阶级革命和资本主义发展，创造了很好的条件。即使如此，英国资产阶级从 17 世纪 40 年代革命开始，到 18 世纪末君主立宪制，或资产阶级国会制度的完全确立，也经过将近一个世纪的革命和嬗变过程。

在这种革命和嬗变过程中，工业革命占有很重要的地位。这个从 18 世纪 60 年代至 19 世纪 40 年代的，以发展科学技术、采用机器生产的革命，把英国带到了资本主义发展的巅峰。世界其他国家资产阶级革命和工业革命，以及在这种革命中的勃起，则都是发生在 19 世纪。比如美国和德国在 19 世纪 70 年代前后，完成了资产阶级革命和工业革命。俄国于 19 世纪 60 年代至 90 年代，完成了资产阶级革命和工业革命。

这里我们要提醒的是，西方列强在资本主义发展进程中，有个关键词，值得我们永远牢记和深思。这个关键词就是"掠夺"。从资本原始积累、工业革命，到成为世界工厂，靠的都是对世界的掠夺。没有对世界残酷、大量的掠夺，就不会有资本主义的现代发展和居民高生活水平的维持。读过世界历史的人都会知道，他们从非洲、亚洲、拉丁美洲殖民地、半殖民地国家，掠夺的资源、财富数量有多大、有多惊人，这只有上帝才知晓。别的地方我们先不说，只就他们侵入中国后，从中国掠夺走了多少资源和财富，这些资源和财富，对其工业化、对其财富积累、对其国民生活水平有多大的作用，有多少贡献，也是只有上帝才知晓的。

符合人类社会发展规律的变革，当然应当是对劳动者有好处的，应当是对人类发展的贡献。从历史的发展看，资产阶级工业革命，资本主义代替封建主义，不仅有利于资产阶级，对劳动者来说，也有一定程度的解放，应当说是资产阶级对人类发展做出贡献。英国工业革命开始于 18 世纪 60 年代，是世界工业革命最早的国家，完成于 19 世纪 40 年代，前后经历了近百年。资本主义的工业革命，不仅是技术革命，是用机器代替人力，而且是深刻的社会变革。它不仅促进了英国生产力的迅速发展，而且促进了英国社会以至整个人类社会的发展和深刻变革。

这场革命所引起的社会生产力的发展是惊人的。据历史学家们的统计，从 1770 年到 1840 年，英国每个工人的日生产率平均提高 20 倍。原棉消耗量从 1800 年的 5200 万磅，增加到 1840 年 4.59 亿磅。生铁产量 1720 年为 2.5 万吨，1840 年增至 139.64 万吨。煤炭产量 1700 年为 260 万吨，1836 年增至 3000 万吨。工业革命期间，英国建成了纺织、钢铁、煤炭、机器制造和交通运输五大工业部门，到工业革命完成时，在英国工厂制度在工业生产中确立了自己的统治地位的同时，也确立了其在世界工业和世界贸易中的垄断地位。

这场既变革生产力又变革生产关系的革命，在开拓人类新的文明中、全部近代史上没有任何一件事能与它的意义相提并论的。工业革命的核心，是采用先进生产技术，以机器替代手工生产。这场革命，不仅使英国在科学技术进步的发展、经济管理以及政治制度等方面，都走在了世界前列，而且由于工业技术的提高，大大提高和加强了其军队和军事力量。机器的使用给英国生产带来的巨大增长是惊人的：1785年英国纺织品产量为4000万码，1850年增至20亿码；1800年其煤炭产量为1000万吨，1830年就增至1500万吨，1850年达4900万吨；铁的产量1800年为25万吨，1830年增至68万吨，1850年多达225万吨；1760—1830年，英国工业产量占工业产量的2/3；其在世界制造业中的份额由1.9%提高到9.5%，1886年又上升为19.9%；1860年前后，它的钢铁生产占世界的53%，煤炭生产占50%，它的商业占世界商业的1/5，它的制成品贸易占世界的2/5，它的商船占世界的1/3。1840年其人均国民生产总值达到了394亿美元（按1960年美元和价格计算），1890年达到785美元，为意大利的2.5倍，为法国的1.5倍，为德国的1.46倍，为俄国的4.3倍[①]。

19世纪中期之后，由于其他资本主义国家的竞争，此时期的英国在世界总量中所占比重虽然有所下降，但由于它已经进入了垄断资本主义阶段，资本输出成为其突出特点。由于英国是历史悠久的资本主义国家，其在长期垄断世界工业和长期剥削国内工人和掠夺殖民地人民的基础上，资产阶级积累了巨量过剩资本，这就使他们有可能把过剩资本输出国外。加上英国有广阔的殖民地，而殖民地是资本输出的最好的对象，因为殖民地人民生活水平低下，劳动力便宜，原料价格低廉，所以工业利润大。

---

　　① 见［美］保罗、肯尼迪《大国的兴衰》，1988年版，第185、208页；北京大学历史系编：《简明世界史》（近代部分），人民出版社1974年版，第39页。

不言而喻，欧洲国家工业革命需要的资金是巨大的。这些资金哪里来？人们似乎都能回答，来自殖民掠夺。英帝国主义的工业革命和经济繁荣，是建立在对殖民地的榨取上的。英国是当时最大的殖民帝国，拥有的殖民地比任何列强都要多。1876 年英国殖民地领土总面积为 2250 万平方公里，人口为 2.52 亿；到 1914 年，殖民地人口已达 4 亿了。1876 年英国本国的面积只有 24.4 万平方公里，为殖民地面积的 1/92。同年本国人口为 2970 万，为殖民地人口的 1/8。英国的殖民地遍及全世界，有"日不落国"之称。拥有这样广阔的殖民地，统治了这样多的殖民地人民，英国资本输出才达到最大的规模，才形成英帝国主义的繁荣。正如列宁所说，英帝国主义是殖民帝国主义。

正是由于工业革命带来的经济的快速发展，特别是蒸汽轮船的发展，英国在对外殖民扩张中也能后来居上。它首先用自己生产的廉价商品打入葡、西殖民地，在进行和平剥削的同时，排挤葡、西的势力。经过多年的争夺，到 1815 年，英国已控制了欧洲绝大部分的海外殖民地，控制了海上通路和利润丰厚的转口贸易，无论在经济或军事上，都成为世界新的霸主。

自 16 世纪中期开始后的 300 多年间，英国在不断变革和霸权争夺中，逐渐形成了一个"日不落"的庞大殖民帝国。在世界工业生产、制海权、世界贸易和金融等各方面，它都占着绝对的优势或垄断的地位。至 1800 年以英国为主的欧洲人占领和控制了世界 35% 的土地面积；1878 年，又上升为 67%。1850 年英国所生产的钢铁、煤炭，所加工的棉花，都占世界总量的半数以上。1880 年，英国制造业产量已占世界 22.9%，成为名副其实的"世界工厂"。

应当说，19 世纪对于英国来说，既是引以自豪的世纪，也是引以为耻的世纪。引以自豪，是因为它最早完成了资产阶级革命和工业革命，把科学技术、生产力的发展，都推到了一个新的高度；引以为耻，是因为它进行了残酷的殖民掠夺，特别是用战争形式的掠夺，就像对中国掠夺那样，给其他国家，给整个世界造成了巨大的灾难。

而对于中国人来说，19世纪，却是一个令人不堪回首的屈辱世纪。在这个世纪中，西方帝国主义列强一个接着一个，或单个或联合，用武力侵入中国，烧杀抢劫，无恶不作，使中国像当时的圆明园一样，在火海中倒塌，陷入深渊。列强们在中国大地上肆意烧杀抢掠不算，还通过花样翻新的不平等条约，强迫中国割地赔款，使中国大量的白银，劳动人民的血汗，流到列强国家和列强者的口袋。欧洲列强国家的工业革命和经济的快速发展，也许会很令人羡慕，可在它背后隐藏着多少掠夺的秘密，它从殖民地国家、半殖民地国家或落后国家掠夺了多少财富，也许人们还没有认真想过。据不完全统计，从1840年鸦片战争至1900年庚子之变，以英国为首的帝国主义列强，只就以战争赔款方式从中国掠夺的白银，就高达7.245亿两。

这里我们想多说一句的是，事情总是阴阳相济的。与资本主义大繁荣相适应，这个世纪还有一个令全世界劳动者振奋的伟大事件，那就是由资产阶级工业革命运动所必然引发的工人革命运动，以及这两种革命运动在理论上的反映——马克思主义的诞生。无论过去和现在，无论是信仰马克思主义的人，或不信仰马克思主义的人，甚至反对马克思主义的人，只要回想起那段历史，都会感到马克思主义"幽灵"在当时所产生的巨大震撼。其实，这种震撼现在还在继续，证明马克思主义真理性的历史，现在也在继续。纵观世界资本主义发展，至今它都仍然是遵循马克思主义的理论、马克思所揭示的道路在发展着。

鸦片贸易掠夺和资本主义文明本质

对外掠夺，是资本主义特性。西方列强掠夺中国，主要采取两种方式：一种是鸦片贸易，另一种是侵略战争。鸦片贸易是其在中国获得财富的最初方式，也是一种杀人不见血的阴毒方式。鸦片贸易这种掠夺方式，淋漓尽致地暴露了资本主义文明的本质。英国是对中国进行鸦片贸易掠夺最早的国家，但对中国进行鸦片贸易掠夺的不是只有英国，几乎所有列强国家，都参与了对中国鸦片贸易，其中以英国和美国为最突出。英国以印度为基地向中国输入鸦片，美国以土耳其为基地向中国输入鸦片。

我们都知道，英国是用鸦片贸易和侵略战争这两种方式，残害中国、掠夺中国最典型的国家。其实，这两种方式，都是残害中国人的方式，只是残害的方式不同。通过向中国输入鸦片，不仅用鸦片杀害中国人，还能获得暴利。其仰仗其船坚炮利，向中国发动侵略战争，更是直接对中国进行抢劫和杀戮。英国凭借其由蒸汽推动的炮舰，早在1637年，就在虎门向衰老的中华封建帝国开炮，开始了屠杀、残害和掠夺中国人民的罪恶历史。英国利用这两种方式从中国掠夺的大量财富，在推动其完成工业革命，推动其成为世界霸主的作用，是可想而知的；其如何使中国陷入人类历史罕见的苦难之中，也是可想而知的。

现在人们都知道，吸鸦片对一个人、对一个国家，意味着什么。而英国正是用这种毒品鸦片，让中国人在麻醉中死亡的办法，赚取大量财富的。资本主义的本质，资本主义文明的本质，在这种鸦片贸易中，暴露无遗。世人都知道，早在1773年，英国东印度公司就开始通过走私贸易，向中国输入鸦片。鸦片商人通过向中国缉私官吏行贿等手段，使这种贸易发展很快。自1787年开始，英国向中国输入鸦片的数量迅速增加，使中国大量白银流入英国。在鸦片输入之前，中国每年白银外流数百万两，而1823—1831年，每年白银外流1700万—1800万两；1831—1833年，每年外流 2000 万两，仅 1834 年一年，就外流 3000 万两①。这迫使清政府不得不进行禁烟，从而导致了改变中国社会性质的 1840 年和 1856 年两次中英鸦片战争。

从 1773 年英国向中国输入鸦片开始，到 1949 年中华人民共和国建立这一个多世纪里，帝国主义列强在中国掠夺的财富数量，可能是个天文数字。在西方国家的工业革命中，在日本的工业革命中，有谁敢说没有中国劳动人民的白银和血汗呢！鸦片大量输入，不仅使几百万中国人民感染恶劣的嗜好，在身体和精神上受到严重的毒害，而且使中国的社会经济和国家财政遭受重大的破坏和损失。英国通过向中国输入鸦片，害死了多少中国人，赚取了中国多少白银，也许只有上帝知道。

对中国的鸦片贸易，最彻底不过地暴露了资产阶级残酷贪婪的本性。对于资产阶级来说，只要能赚钱，他们是不顾别人死活的。它既毒害了中国人，又赚了大钱，这对于一心想把中国变为自己殖民地的列强来说，是何乐而不为的事情。鸦片贸易不仅毒害了吸毒者，而且鸦片贸易的扩大，造成了中国严重的白银外流，使中国国内发生严重银荒，造成银贵钱贱，严重影响了财政收入，大大加重了劳动人民的负担。

据史学家们提供的资料，在鸦片战争前的中英贸易中，中国长期处于大量出超的地位，英国则必须以现银抵补巨大的贸易逆差。英国为了改变对华贸易的不利地位，于 1773 年确定了向中国大量输入鸦片的政策，并给予东印度公司以专卖权。最初每年输入不过 200 箱左右，每箱 120 斤。进入 19 世纪以后，输入中国鸦片的数量迅速增加。据马克思在《鸦片贸易史》一文中提供的资料，1816 年英国对中国的鸦片贸易额，已达到 250 万美元。1820 年英国输入中国的鸦片已增加到 5147 箱，1821 年增加为 7000 箱，

---

① 见孔经纬《中国近百年经济史纲》，吉林人民出版社 1980 年版，第 21 页。

1824 年增加为 12639 箱。到鸦片战争爆发前，竟达到 3.5 万箱。鸦片贸易，给英国资产阶级带来了巨额利润，使其对华贸易由入超变为出超，不仅从中国运走大批茶叶、生丝等土特产品，还掠走大量白银。美国、俄国也参与了对中国鸦片贸易这项罪恶的贸易活动。1856 年列强输入中国鸦片的总值约为 3500 万美元，其中英国获得 2500 万美元，正好是其财政总收入的六分之一。

鸦片贸易给英国资产阶级带来的巨额利润，从数字上，似乎还没有人能准确说清楚。不过据史学家提供的资料，1817 年一箱印度鸦片的成本仅二三百卢比，在印度的拍卖价格为 1785 卢比，而在中国的卖价却高达 2618 卢比。正是在这种贸易中获得的巨大的利润，使英国改变了对华贸易的入超地位，单靠鸦片一项，就接近抵消从中国进口的全部货值。1829 年英国的鸦片税收超过 100 万英镑。英国商人以走私鸦片所得资金，从中国向英国本土输入茶叶，使英国政府每年增加数百万镑茶叶税收。英国资产阶级一面强迫印度农民种植鸦片，而后输往中国；一面又向印度大量倾销棉纺织品，利用印度农民种植鸦片的收入，为英国的工业品找到了出路。

鸦片的大量入口，改变了中国在国际收支中的地位，中国从出超变成了入超，每年须以大量白银支付贸易上的差额。19 世纪 20 年代中期以后，白银外流成了经常现象，而且数量越来越大。1826—1827 年白银外流估计为 350 万两白银，1830 年后，平均每年流出白银达五六百万两。银贵钱贱的现象，也日趋严重。由于中国农民出卖农产品得来的是铜钱，但缴纳赋税必须用银，这样，银贵钱贱就不仅大大加重了广大农民的负担；而且刺激了物价上涨，也加剧了清政府的财政危机。鸦片大量流入中国，吸食者日众，使广大人民的身心受到严重摧残。由于把大量金钱消耗在鸦片上，人民日益贫困，社会购买力萎缩。足见，鸦片贸易掠夺这种方式，是一种要灭绝中国人的贸易方式。

关于英国用鸦片残害中国人，用大炮强迫中国接受鸦片贸易而赚取巨大利润的情景，马克思曾经用犀利的语言进行了揭露。马克思指出："英国用大炮强迫中国输入名叫鸦片的麻醉剂。满族王朝的声威一遇到英国的枪炮就扫地以尽，天朝帝国万世长存的迷信破了产，野蛮的、闭关自守的、与文明世界隔绝的状态被打破，开始同外界发生联系，这种联系从那时起就在加利福尼亚和澳大利亚黄金的吸引之下迅速地发展起来。同时，这个帝国的银币——它的血液——也开始流向英国东印度。"①

从马克思著作中我们看到，在1830年以前，中国人在对外贸易上经常是出超的，白银不断地从印度、英国和美国向中国输出。可是从1833年，特别是1840年以来，由中国向印度输出的白银，几乎使天朝帝国的银源有枯竭的危险。因此皇帝下诏严禁鸦片贸易，结果引起了比他的诏书更有力的反抗。除了这些直接的经济后果之外，和私贩鸦片有关的行贿受贿完全腐蚀了中国南方各省的国家官吏。马克思很幽默地说道："历史好像是首先要麻醉这个国家的人民，然后才能把他们从世代相传的愚昧状态中唤醒似的。"②

马克思在《鸦片贸易史》一文中，还以铁的历史事实，深刻披露了英国向中国输入鸦片的触目惊心和在人类历史上的绝无仅有性。马克思写道："在分析鸦片贸易对合法贸易的有害影响以前，我们先来简单地回顾一下这种触目惊心的贸易的产生和发展。这种贸易，无论是就可以说是构成其轴心的那些悲惨冲突而言，还是就其对东西方之间一切关系所发生的影响而言，在人类历史记录上都是绝无仅有的。在1767年以前，由印度输出的鸦片数量不超过200箱，每箱重约133磅。中国法律许可鸦片作为药品输入，每箱鸦片抽税3美元左右；当时从土耳其贩运鸦片的葡萄牙

---

① 《马克思恩格斯选集》第1卷，第2版，第690—692页。
② 同上书，第692页。

人几乎是唯一给天朝帝国输入鸦片的商人。1773 年，堪与埃芒蒂耶之流、帕尔默之流以及其他世界闻名的毒品贩子并驾齐驱的沃森上校和惠勒副董事长，建议东印度公司同中国进行鸦片贸易。于是在澳门西南的一个海湾里下碇的船只上，建立起了鸦片堆栈。但是这种投机买卖最后失败了。1781 年，孟加拉省政府派了一艘满载鸦片的武装商船驶往中国；1794 年，东印度公司就派了一艘运载鸦片的大船停在黄埔——广州港的停泊处。看来，做堆栈黄埔比澳门更便利，因为黄埔被选定做堆栈以后才过两年，中国政府就觉得有必要颁布法令，用杖责和枷号示众来震慑中国的鸦片走私者了。大约在 1798 年，东印度公司不再是鸦片的直接出口商，而成了鸦片的生产者。在印度，实行了鸦片垄断，同时东印度公司伪善地禁止自己的船只经营这种毒品的买卖，而该公司发给同中国做买卖的私人船只的执照中却附有条件，规定这些船只如载运非东印度公司生产的鸦片要受处罚。1800 年，输入中国的鸦片已经达到 2000 箱。"①

　　马克思还揭露了摆着一副基督教伪善面孔、标榜文明的英国政府的伪善性。指出在帝国主义贪婪、野蛮面前，中国的道德、道义原则是无用的。在马克思看来，18 世纪，东印度公司与天朝帝国之间的斗争，具有外国商人与一国海关之间的一切争执都具有的共同点，而从 19 世纪初起，这个斗争就具有了非常突出的独有的特征。中国皇帝为了制止自己臣民的自杀行为，下令同时禁止外国人输入和本国人吸食这种毒品，而东印度公司却迅速地把在印度种植鸦片和向中国私卖鸦片变成自己财政系统的不可分割的部分。半野蛮人坚持道德原则，而文明人却以自私自利的原则与之对抗。一个人口几乎占人类三分之一的大帝国，不顾时势，安于现状，人为地隔绝于世并因此竭力以天朝尽善尽美的幻想自

---

① 《马克思恩格斯选集》第 1 卷，第 2 版，第 715 页。

欺。这样一个帝国注定最后要在一场殊死的决斗中被打垮：在这场决斗中，陈腐世界的代表是激于道义，而最现代的社会的代表却是为了获得贱买贵卖的特权——这真是任何诗人想也不敢想的一种奇异的对联式悲歌。①

马克思还论述了，在当时以小农经济和家庭手工业为核心的中国社会经济结构中，虽然根本谈不上与列强国家的大宗进出口贸易，但只要取消鸦片贸易，中国是可以多进口一些别的有用的商品的。比如，尽管发生了太平天国农民革命，1851—1852 年外国对中国的出口，还是随着全面的贸易增长而相对地增长了，而且鸦片贸易在整个革命时期不但没有缩减，反而迅速达到了巨大的规模。然而无论如何，应该承认的是：由于最近这次海盗式的战争和统治王朝遭到的许多新屈辱，外国进口所遇到的产生于帝国内部动乱状态的一切障碍，只会增加不会减少。马克思仔细考察了中国贸易的历史以后感觉到，一般说来，人们过高地估计了中国人的消费能力和支付能力。在以小农经济和家庭手工业为核心的当前中国社会经济结构中，根本谈不上大宗进口外国货。马克思认为，虽然如此，只要取消鸦片贸易，中国还可以逐渐地再多吸收一些英美商品，数额可达 800 万英镑——粗略算来这也就是中国对英美贸易总顺差的数目。这个结论是从分析下面这个简单事实而自然得出的：尽管有着贸易顺差，中国的时政和货币流通却由于总额约达 700 万英镑的鸦片进口而陷于严重的混乱。②

列强在中国的残暴罪行，对其国内都是讳莫如深，不敢公开的。当时的马克思很深刻地揭露了这一点。他说："英国报纸对于旅居中国的外国人在英国庇护下每天所干的破坏条约的可恶行为真是讳莫如深！非法的鸦片贸易年年靠摧残人命和败坏道德来填满英国国库的事情，我们一点也听不到。外国人经常贿赂下级官

---

① 《马克思恩格斯选集》第 1 卷，第 2 版，第 716 页。
② 同上书，第 725—726 页。

吏而使中国政府失去在商品进出口方面的合法收入的事情，我们一点也听不到。对那些被卖到秘鲁沿岸去当不如牛马的奴隶、被卖到古巴去当契约奴隶的受骗契约华工横施暴行'以至杀害'的情形，我们一点也听不到。外国人常常欺凌性情柔弱的中国人以及这些外国人带到各通商口岸去的伤风败俗的弊病，我们一点也听不到。我们之所以听不到这一切以及更多得多的情况，首先是因为在中国以外的大多数人很少关心这个国家的社会和道德状况；其次是因为按照精明和谨慎的原则不宜讨论那些不能带来钱财的问题。因此，坐在家里而眼光不超出自己买茶叶的杂货店的英国人，完全可以把政府和报纸塞给公众的一切胡说吞咽下去。"[①]

战争掠夺和帝国主义人权的虚伪

战争，对于广大人民来说，是祸害、是灾难。而对于帝国主义者来说，却是掠夺财富最简明的方式。诸列强用战争方式对中国的掠夺，就是一种最血腥、最残酷、最野蛮的杀戮方式。由于鸦片对中国人造成的残害，对中国经济造成的影响日甚一日。清政府于 1815 年不得不颁布严厉禁烟令。史料记载，嘉庆帝谕称：鸦片烟一项，流毒甚炽，多由夷船夹带而来。嗣后西洋货船至澳门时，自应按船查验，杜绝来源。1829 年，道光帝谕军机大臣：洋银鸦片为害日甚，着严行查禁。谕称："朕闻外夷洋钱，有大髻、小髻、蓬头、蝙蝠、双柱、马剑诸名，在内地行使，不以买货，专以买银，暗中消耗。每一文抵内地纹银，计折耗二三分。自福建、广东、江西、浙江、江苏，渐至黄河以南。各省洋钱盛行，凡完纳钱粮及商贾交易，无一不用洋钱。番舶以贩货为名，专载洋钱，至各省海口收买纹银，致内地银两日少，洋钱日多。近年银价日昂，未必不由于此。又鸦片流行内地，吸者日众，鬻

---

① 《马克思恩格斯文集》第 2 卷，人民出版社 2009 年版，第 621 页。

者愈多，几于火烟相等，耗财伤人，日甚一日。皆由番船装鸦片，驶至澳门、厦门等处附近关津停泊，或勾通书差，暗中抽税，包庇进关；或巡哨兵役，游役往来，私为洋人夹带，代为发贩；或得贿容隐，任听洋人分销各省商船，载往各处售卖。行销之路既多，来者日众，该兵丁等且借以帛分吸用，贱价留买，南北各省情形，如出一辙，较洋钱之害为尤其。"着究明弊源，严行查禁。看来，清朝统治者禁烟的决心，是蛮大的。

　　1832 年，广东还制定了查禁鸦片章程。1838 年，湖广总督林则徐厉行禁烟，卓有成效。他在武昌、汉口、长沙等地设禁烟局收缴烟具，制戒烟药丸、药方，施药断瘾，成效显著。在道光帝要各省督抚讨论黄爵滋的禁烟奏折时，林则徐还写了著名的《钱票无甚关碍宜重禁吃烟以杜弊源片》的奏折。在这个奏折中，林则徐一针见血地揭露了鸦片输入对中国社会经济的严重破坏，认为如不推行严禁政策，采取有效办法，若犹泄泄视之，是使数十年后，中原几无可以御敌之兵，且无可以充饷之银。他的透彻分析、恳切陈词促动道光皇帝决定采取禁烟措施，由此引发了一场轰轰烈烈的禁烟运动。

　　林则徐受命禁烟，其决心之大，令所有中国人钦佩。林则徐宣称：若鸦片一日未绝，本大臣一日不回，誓与此事相始终，断无中止之理。林则徐伟大的爱国之志，令人心震撼。由于道光全力支持，林则徐的禁烟比较顺利，共收缴了鸦片 19127 箱，并奉旨将收缴的鸦片在虎门海滩当众销毁。销烟时，远近人民都来观看，无不称快。林则徐也成为人们心中禁烟大英雄。

　　由于清政府的严厉禁烟运动，打击了英国人的利益，于是在1840 年，英国人就仰仗自己的船坚炮利，向中国发动了侵略战争——鸦片战争。无能、腐败的清政府，被英国的船坚炮利吓倒，竟下令将禁烟英雄林则徐撤职查办，向英军乞和，双方订立《广州和约》，规定向英军缴付"赎城费"600 万元。对于中国人来说，这只是奇耻大辱的开始。清政府的软弱无能，大大增长了英国的嚣张气焰，英军攻陷厦门后，接着又先后攻占了浙江的定海、镇海、宁波三城，并攻占吴淞炮口，英军舰一直开到南京下关江面，英军在南京登陆。清政府在英军炮口的威逼下，于1842年，被迫签署了耻辱的城下之盟《南京条约》。

依照《南京条约》，清政府割让了香港，赔款2100万元。并开放广州、厦门、福州、宁波、上海五处为通商口岸。英国有权在上述口岸派驻领事，英国货物进出口关税须经两国协商，取消清政府的公行制度，两国商人实行自由贸易。1843年，《中英五口通商章程》和所附海关税则，在香港公布施行。清政府还承认英国享有领事裁判权，商定海关税率相当于值百抽五。同年，中英《虎门条约》签订。作为《南京条约》的补充条款，主要内容为：准许英人在五口租地建房，永久居住；英国取得最惠国待遇，中国给予其他国家任何权利，英国都可以"一体均沾"。

英国利用侵略战争的方式，取得了大肆掠夺中国需要的一切条件。鸦片战争后，所签订的不平等条约，给鸦片走私非法活动以法律保护。英国以香港为走私基地，以长江以南沿海各个口岸为据点，明目张胆地进行鸦片走私活动。鸦片走私活动规模更大，活动也更猖獗。据史学家提供的资料，1842—1849年，中国平均每年进口鸦片33000余箱，1850—1854年增加到每年50400余箱，1855—1859年又增加到每年64200余箱。仅在鸦片战争后10年中，中国白银外流量竟达1.5亿两以上。

除了英国之外，其他列强在掠夺中国中，也是各显其能，使尽各种手段和伎俩。比如，1844年法国就强迫清政府与其签订了《中法五口贸易章程》，即《黄埔条约》。这是法国侵略中国的第一个不平等条约。条约共36款，还附有《海关税则》，使法国获得了英、美两国在中国夺取到的全部权利。自1884年开始，法国不断挑起对中国的战争，并于1885年强迫清政府与其签订了丧权辱国的《中法新约》。其主要内容有：清政府承认越南为法国的"保护国"；在云南、广西两省的中越边界，指定两处开埠通商；中法两国会同勘定中国和北圻的边界；日后中国在广西、云南修筑铁路，应与法国商办。这些无疑都是强迫清政府承认法国在中国的特权，承认其在中国进行掠夺的合法性。1897 年德国在俄国支持下，就出兵强占了中国的胶州湾。翌年，又强迫清政府与其签订《胶澳租界条约》，强租胶州湾 99 年，并得到了修筑胶济铁路和沿线 30 里内地区采矿的特权，把山东划为它的势力范围。

为了加强对中国的控制，扩大在中国的权益，1856—1860 年，英、法两国在俄、美等国的支持下，又联合发动侵华战争。这次战争的目的是扩大鸦片战争中所攫取的权益，实际是鸦片战争的继续，所以被称为"第二次鸦片战争"。1860 年，英法联军攻占天津，打进北京。入京后，他们资产阶级本性大爆发，对北京进行了最野蛮的、最骇人听闻的洗劫。他们对北京的古文明、古建筑，对古建筑中的奇珍异宝，特别是对被誉为"万园之园"的圆明园，不仅进行了恣意抢劫和破坏，而且还纵火焚毁。

彻底焚毁圆明园的命令，是英使额尔金下的。执行这一命令的，是中将米启尔。米启尔的一个师和骑兵的大半部分共 3500 余人，狂奔入园，四处抢劫、纵火，烟青云黑，遮天蔽日，大火整整烧了两天两夜。圆明园这座有 100 多年历史、聚集古今珍品、综合中外建筑艺术的辉煌宫殿和壮丽园林，就这样被侵略者毁之一炬，留下的仅仅是一堆堆瓦砾、一处处灰烬。帝国主义列强在北京肆意烧杀、掠夺、抢劫、杀戮的行为，令人发指。他们所犯下滔天大罪，永远被钉在耻辱柱上。这无疑是资产阶级自由、民主、平等、人权本质的赤裸裸的大暴露。

在第二次鸦片战争期间，清政府于 1858 年被迫与英、法、美签订《通商章程善后条约》，准许外商在通商口岸销售鸦片，并以"寓禁于征"为名，同意以"洋药"的名目缴税，每百斤纳税银

30 两，从此鸦片竟成为合法的输入中国商品。鸦片输入量随之剧增，1863—1864 年为 69800 担，到 1879 年就增至 104900 多担，其货值等于当年外货进口总值的半数。在《通商章程善后条约》中，规定鸦片以"洋药"名义进口，从此鸦片一直作为合法进口商品，在中国行销近 60 年。这 60 年中，帝国主义列强利用鸦片贸易残害了多少中国人，掠走了中国多少财富，人们都不难想象。

最温顺的绵羊，在最凶狠的野兽面前，也只能屈辱求和，任人宰割。清政府被迫与英、法签订了《中英天津条约》和《中法天津条约》。这两个条约的内容有：英法公使驻北京，用平等礼节；开放牛庄、登州、台湾、淡水、潮州、琼州、汉口、九江、南京、镇江为通商口岸。中国人不堪忍辱，曾组织义和团起来反抗帝国主义的掠夺，于是遭到了八国联军，即英、美、日、俄、法、德、意、奥联军的联合进攻。在这场战争中，八国联军的铁蹄遍踏南至正定，北至张家口，东至山海关，西至娘子关的整个华北大地。每到一处，他们都肆意烧杀抢劫，血流成河。比如，八国联军数万人占领北京后，下令特许军队公开抢劫三日。一时间，皇宫、官衙、王府、商店、当铺、民宅，皆被洗劫一空。腐败透顶的清政府，只能投降签约。1901 年，英、俄、美、日、德、法、意、奥、比、西、荷 11 国，以公使照会形式将他们议定好的"议和大纲" 12 条，交给了清廷议和代表。清政府被迫无奈，只能与其签订了《辛丑条约》。

按照《辛丑条约》，中国赔款海关银四亿五千万两，分 39 年还清，年息四厘，本息共计九亿八千多万两，并以海关税、常关税和盐税作抵押；将北京东交民巷划为外国使馆界，由各国驻兵管理，中国人民，概不准在界内居住；拆毁大沽炮台及北京到渤海口的所有炮台，而外国有权在北京至山海关的 12 个据点驻扎军队；永远禁止中国人民成立或加入任何反帝组织，违者处死，清政府各级官吏对人民的反帝斗争，"必须立时弹压惩办"，否则革职永不续用；责成清政府须惩办义和团因开罪外国侵略者的官员100多人；改总理各国事务衙门为外务部，班列六部之首；清政府分派大臣赴德、日两国"谢罪"，在德国公使克林德被杀地点建立牌坊，对被杀之日本使馆书记生杉山彬，"须用优荣之典"等。丧权辱国、奇耻大辱到达极致的《辛丑条约》，中国人永远不能忘记。

海关是一个国家主权的重要体现。软弱无能的清政府竟把海关的控制权拱手让给了英国人。1861年，英国人李泰国正式被清廷总理衙门任命为中国海关总税务司。1863年，李泰国被革退，由赫德继任为总税务司。赫德把持总税务司一职近半个世纪。赫德制定并推行的，是由外国人管理的半殖民地海关制度。至1864年，已开放广州、上海、宁波、福州、厦门、天津、烟台、牛庄、镇江、九江、汉口、潮州、淡水、台湾（台南）14个通商口岸，这些地方都设立了由外国人统一管理的海关。各口税务司全都由外国人担任，而且只对总税务司个人负责。总税务司名义上由总理衙门领导，实际掌握海关行政和用人大权；不仅在经济上掌握清政府命脉，使中国的财富源源不断地流向英国，而且在政治上产生了越来越大的影响。

总之，帝国主义列强用船坚炮利，用残酷的侵略战争，轰开了中国的大门，把中国变成了半封建和半殖民地性质的国家，把中国人民置于了水深火热之中，任他们肆意凌辱。他们在中国大肆烧杀抢劫，无恶不作，犯下了滔天大罪。他们在中国极尽烧杀抢劫之能事的那段历史，赤裸裸暴露了资产阶级人权的本质，暴露了资本主义社会的本质。而中国人在被掠夺、被杀戮、被蹂躏、被践踏的奇耻大辱中，也开始挣扎、开始觉醒。

三　其他列强国家工业革命和对中国的掠夺

在那任人宰割的年代，在那诸列强抢食中国大比拼的年代，世界上所有帝国主义列强，都把刀子伸向了中国，掀起了瓜分中国、掠夺中国、分食中国的一个接一个的狂潮。不过这里只说说有代表性的美国、日本和沙皇俄国。美国、日本和俄国和其他列强一样，也都是通过变革才强大起来的，才走上对外侵略和掠夺的道路的。他们和英法一样，也是掠夺中国的主要国家。他们的工业革命虽然比英国要晚，但他们在中国掠夺的巨额财富，在推动其工业革命中的作用，同样是巨大的。尤其是日本，其掠夺中国财富数量之巨大，这些财富对其工业革命作用之巨大，令人惊骇。

美国工业革命和对中国的掠夺

美国是在 19 世纪的大变革中勃发的。人们都知道，美国没有经历封建社会，它作为英国的殖民地，是通过两次资产阶级革命战争，即 1775 年至 1783 年的独立战争和 1861 年至 1865 年的南北战争，彻底改变了自己的命运，走上了独立发展资本主义的道路。1878 年制定的联邦宪法，确立了美国资本主义的民主制度，保证了美国资本主义经济的大发展。在美国的勃发过程中，始终伴随着对外掠夺。按照美国人的说法，对外掠夺是美国永恒的主题。在帝国主义列强对中国的掠夺中，自然也不甘落后。其对中国的掠夺，其从中国获得的财富，对其工业革命的完成，同样起着不可忽视的作用。

美国工业革命发展最快的年代，正是帝国主义列强在中国进行掠夺最起劲的年代。当然，美国的勃发，有其内部的条件，比如，美国南北战争之后，废除了奴隶制度，解放了奴隶，解放了生产力，促使美国经济的高速发展；比如，由于美国不仅有丰富的自然资源，煤、铁、石油的蕴藏量极多，还有一望无际的森林；比如，晚起的美国资产阶级既能够利用欧洲国家的投资、欧洲移民，不愁没有资本和劳动力来源等；但这些都不能否认其对外掠夺的作用。在 19 世纪晚期到 20 世纪初期，美国工业发展的速度，是当时资本主义世界少有的。1870 年美国生铁产量为 190 万吨，到 1890 年增至 1030 万吨；钢产量 1880 年为 120 万吨；到 1900 年为 1020 万吨，煤产量在 1870 年为 3310 万吨，1900 年为 26970 万吨；棉花消费量在 1880 年为 157 万万包，到 1898 年为 346.5 万包。

在运用最新科学技术成就的基础上，美国工业方面又出现许多新生产部门，诸如机床制造业、食品工业、化学工业、橡胶工业、电气工业和汽车工业。随着内燃机的应用，对石油的需要量大增，这就有力地刺激了石油的生产。1870 年石油开采量为 2 亿加仑，1900 年增至 27 亿加仑。整个说来，1890 年，美国的工业生产较之 1860 年增长了 6 倍，这一年美国工业产值达 94.98 亿美元，而同年英国工业产值为 42.63 亿美元，德国为 33.57 亿美元，法国为 29 亿美元。如果说在 1860 年美国工业生产在世界上居第四位的话，那么到 1894 年已跃居世界第一位。

随着经济的大发展，美国资产阶级向外侵略和扩张的呼声甚嚣尘上，其鼓吹侵略扩张的"理论"应运而生。比如，自建国那天起，美国就把自己的民主制度视为世界的"灯塔"，把自己的国度视为"新的耶路撒冷"，做着使自己的民主制度普世化，使整个世界臣服于自己的梦。把自己的民主制度美化为由上帝赋予的，是世界民主制度的典范和楷模，世界上的所有国家都应当接受这种制度，这是美国人从来就有的根深蒂固的意识。美国对外进行扩张的实质和根本目的，是使世界在经济、政治、文化、价值观、意识形态、生活方式都"美国化"的基础上，使美国的统治者成为整个世界的统治者，把世界变成美国的一统天下。

美国的扩张不是走欧洲帝国主义的老路，去占领殖民地，而是要被扩张地区的人们"以美国为榜样，接受美国的阳光的沐浴"，"他们将使用一种语言，受制于相同的体制和类似的法律"。

在美国人的意识里，自己才是上帝的宠儿，是耶稣的化身。所以在世界事务中，也总是自以为是，总想凌驾于他国之上，总是喜欢扮演调停者、裁判者、救世主和世界警察的角色；总是把侵略和掠夺别的国家，颠覆别国政权，视为是自己的特权；总是梦想用自己的民主制度、人权标准、价值观念塑造整个世界，使世界成为美国的一统天下；其深刻的民族文化和历史根源，主要就在于其生来就具有的对"信仰优越""制度优越""种族优越""天定命运"和"使命观"的崇拜。

浸透着基督教扩张精神的美利坚民族，不仅有着强烈的自我意识和优越感，不仅把对外扩张，掠夺世界财富，谋求世界霸权，视为自己的天命，视为美国人的"天赋特权"和"天定命运"，视为美国对外政策的永恒的主题；而且在美国人的意识里，权势是文明的同意语，而"权势就意味着对远方土地的控制"。美国人的逻辑是：因为只有美国人才是最具有权势和最文明的，其他人似乎都陷于被动、虚弱和混乱之中，除非有美国人的拯救，否则他们将面临灭绝的危险，而拯救就是去管理他们、给他们提供法律和秩序、医疗和教育，一句话，就是去开化他们。这种种族等级观念，不仅渗透于美国人的思想意识里，而且渗透于美国的内政外交和一切社会制度中。

美国是参加瓜分世界宴席的迟到者，当它走进争夺殖民地的角逐场的时候，地球上尚未被瓜分的土地已经所剩无几了。要想取得地盘，就不能不和其他帝国主义列强一决雌雄。依据自身的地缘条件，美国要进行全球性扩张，就必须建立强大的海军。马汉的"海上实力论"便反映了这个要求。马汉被美国资产阶级称为"现代海军之父"，是一个疯狂的扩张主义者。他以反动的社会达尔文主义为理论基础，认为生存竞争不仅是生物发展的法则，而且是社会发展的规律。在他看来，弱肉强食，优胜劣汰，是合乎规律的现象。他在其主要著作《海权对历史的影响》中，大肆鼓吹建立海上霸权的重要性，并且为美帝国主义制定了一幅依靠海上力量夺取制海权、重新瓜分殖民地、争夺世界霸权的蓝图。另一个扩张主义者洛奇更是厚颜无耻地宣布："为了美国人民的幸福，首先必须扩张。"这些"理论"是美国国内外各种矛盾发展的产物，它反映了垄断资产阶级的利益和要求。

实际上，早在19世纪初期，美国就锐意建设海军。凭借自己的海军力量，美国不但想把邻近的拉丁美洲诸国划为自己的势力范围，而且想插足于亚洲东部地区，企图把太平洋变为美国的内海。美国侵略扩张的特点是以"援助"落后国家为幌子，把财政奴役和武装侵略结合起来，用收买统治者和挑拨离间作为补充。这一侵略政策的始作俑者和执行者有麦金莱、西奥多·罗斯福、塔夫脱和威尔逊等帝国主义者。美国侵略者早就垂涎亚洲和太平洋地区。从1866年起，美国曾三次入侵朝鲜，但在朝鲜人民英勇抗击下均遭失败。最后又派战舰驶入济物浦港，胁迫朝鲜在1882年签订不平等条约。与此同时，美国又染指夏威夷群岛。1875年，强迫签订商业条约；1893年，策动政变，成立"临时政府"；1898年，正式吞并夏威夷群岛，把它变为美国的海军基地。对拉丁美洲，美国打着"泛美主义"的旗号，组织"泛美同盟"，声称"美洲国家利益一致"，力图排挤其他帝国主义国家。

1898年，美国发动了旨在夺取西班牙殖民地——古巴和菲律宾的美西战争。这是进入帝国主义时期，列强重新分割殖民地的第一次帝国主义战争。美国吞并夏威夷后，就积极策划夺取西班牙的殖民地古巴和菲律宾。1895年，古巴爆发反对西班牙的起义，1896年菲律宾也发生革命。美国决定利用这一时机夺取西班牙殖民地。1898年，美国以停泊于古巴哈瓦那港口的"缅因"号爆炸为借口，向西班牙宣战。战争以西班牙失败而告终。1898年年底，美西订立《巴黎和约》，美国从西班牙手中夺得了古巴和菲律宾，并且把它们分别变为自己的保护国和殖民地。

美国在帝国主义列强中，虽然是后来者，但其参与对中国的掠夺丝毫不落后、不逊色。如果从 1784 年美国商船"中国皇后"号抵达中国广州黄埔港算起，中美关系已经有 200 多年的历史了。从 1840 年到 1899 年的 60 年间，美国追随英国加入了对中国的鸦片贸易，开始对中国进行鸦片掠夺。据史学家对各国商人历年运入中国的鸦片数量估计，当时对中国的鸦片贸易中，英国商人贩运的为最多，其次就是美国商人。美国从 1805 年开始向中国输入鸦片，1805 年至 1837 年，美国向中国输入的鸦片有 14169 箱。美国商人主要是贩运产自土耳其、波斯的鸦片。在 1806 年至 1834 年，根据缩小了的报关数字，美国商人只从土耳其运到广州的鸦片共有 8901 箱。鸦片战争失败后，中国还依据《南京条约》给美国烟商赔款 25 万银圆。

据史料记载，1844 年，美国专使顾盛强迫清两广总督、钦差大臣耆英在澳门附近望厦村签订《中美五口通商章程》，即《望厦条约》，1845 年，中美在广州互换《望厦条约》。该条约为美国侵略中国的第一个不平等条约。条约共 34 款，附有《海关税则》。美国依据利益均沾原则，除取得中英条约里五日通商、协定关税、领事裁判权、片面最惠国待遇等特权外，还进一步破坏中国的独立和主权。按照条约规定，美国船可以到中国各港口"巡查贸易"；"倘中国日后欲将税则更变，须与美国领事等官议允；准许美国人在五口自行建设礼拜堂"。

1858 年，美国驻华公使列卫廉，诱骗清政府签订了《中美和好条约》，又称《中美天津条约》。共 30 款。规定清政府给其他国家的特权，美国得"一体均沾"。其所得几乎与英法相等。1859 年，美公使与清政府代表在北塘互换《中美天津条约》批准书。依据美国强迫中国签订的《庚子赔款》条约，中国不仅向美国赔款 2500 万美元，而且利用美国的金融机构，对中国进行掠夺。

1899 年，正值欧洲列强掀起掠夺高潮的时候，美国分别向驻英、俄、德三国大使致送"门户开放"照会。照会称，英美两国商业界均"急切要求"在中国维持"门户开放"政策。美国承认列强侵略中国所获得的"势力范围"，但要求在一切"势力范围"内都分享列强在中国的特权，实行"利益均沾"。在列强复照表示基本接受后，1900年，美国宣布门户开放政策，已得各国圆满答复，从而正式取得了与其他列强在华的同等特权，以美国的方式，对中国财富进行掠夺。其掠夺的这些财富，对其正在进行的工业革命，无疑是雪中送炭。

从美国对中国的掠夺中，人们似乎都不难看出，美国作为瓜分世界的后来者，表现出更为精明、更为实用、更善于投机取巧的特点。比如"门户开放""利益均沾"这些手段，就使美国在极少付出的情况下，获得到与其他列强同等的利益和特权。而以后的事实证明，美国同样是贪得无厌的。应当特别注意的是，美国不仅重视物质财富的掠夺，更重视利益基督教的优势，进行政治和文化渗透，美国的目标更远大、更长久。

日本工业革命和对中国的掠夺

日本是在19世纪末到20世纪初的大变革中勃发的。当中国遭受西方列强屠杀、掠夺和蹂躏的时候，日本发生了改变自己命运的变革。历史的事实充分告诉人们，一个国家的发展和强大，不仅取决于各种自然和经济资源，而且取决于政治制度和民族自强变革的意识和意志。日本自1868年实行明治维新到1930年，仅用半个多世纪的时间，就由一个世界弱小国家，一跃成为世界列强。长期视中国为巨人、国土面积约为中国1/25的小小岛国，曾几何时，就悍然向中国发动了大规模的侵略战争，并妄图一举消灭中国，把这个具有几千年文明史的古老大国，变为日本的殖民地。这对于中华民族来说，真是历史的讥讽和嘲笑。

1868年至1930年，中国的封疆大吏也有不少变革的思想和行动。其中最重要的是李鸿章的洋务运动和戊戌维新运动。这种救亡运动虽然都想通过发展工商业，通过借鉴西方国家立宪的政治制度，来兴平等和民权，以富民强国。但基于其自身思想和主张矛盾性、不彻底性和软弱性，面对顽固的封建专制统治者和帝国主义列强的残酷镇压，最终都失败了。这种失败告诉人们，受几千年封建思想束缚的中国，企图通过封建统治者进行自上而下的改良，而实现封建社会到资本主义社会的过渡，是根本不可能的。

　　而日本的情况则不同。最主要的不同是，日本人受封建思想约束不像中国那样严重，而且因手工业的发展，其对外联系也比中国要多，因而其所接受的西方资产阶级的影响也多。日本变革的关键，是发生于 1868 年的革命。在此之前，日本虽然也是由德川幕府统治的封建社会。而且在 1853 年被美国用大炮相威胁而打开国门后，似乎经历了同中国相同的苦难。1854 年美国与日本签订了《日美亲善条约》，并取得了治外法权。之后不久，英、法、俄等国也与日本订立了类似的条约，取得了在日本的特权，对日本进行掠夺，这激起了日本人民的激烈反抗。日本的反抗同样遭到了帝国主义列强的残酷的报复。1864 年美、英、法、荷联合舰队登陆日本后，对日本人民进行了肆意烧杀和抢劫，最后引发了 1868 的革命。

　　这里要说明的是，日本人民的革命斗争，深受中国思想的影响。1868 年革命前，日本也曾发生过尊王攘夷的改良运动，这一运动的参与者，就深受已经流传到日本的中国魏源《海国图志》与《武圣记》中的思想，特别是关于"师夷长技以制夷"思想的影响。比如他们提出的"东洋道德西洋艺""器械艺术取于彼，仁义忠孝存于我"等的方案，就是证明。正是这些崇尚尊王攘夷运动的人，最后转为了革命派，才使这次革命取得了胜利。

　　日本 1868 年的革命，应当说是不彻底的资产阶级革命，但它意味着日本工业革命的开始。革命胜利后所建立的明治政府，虽然是资产阶级化了的武士控制的政府，或者是保存有许多封建残余的资产阶级政府，或者说是在保留皇权下的实行中央集权制的政府，而不是像西方国家那样的实行立宪的资产阶级民主制度的政府，但它是日本资产阶级基于日本的国情，而进行的一种创造。而恰恰是这种创造，为全国统一市场的形成，为资本主义的大发展，特别是为垄断资本主义的大发展，打下了基础和提供了条件；也为在国家力量支持下政府与垄断相结合，国家垄断资本和特权财阀资本的大发展，为日本发展成为军事封建法西斯帝国，打下基础和提供了条件。

明治政府为了刺激资本主义工业的大发展，在进行了废除封建制度的改革同时，还实行了"殖产兴业""文明开化""富国强兵"三大基本政策。其"殖产兴业"政策的大力推行，使日本的资本主义、日本的工业，特别是私人工业有了长足的发展。从1881 年到 1893 年，日本的工厂数目由 1100 家增加到 3340 家。此时期，日本四大财阀三井、三菱、住友和安田，已在国民经济中日益占有举足轻重的地位。值得注意的是，在日本的改革和资本主义发展中，1894 年到 1895 年中日战争起了很大的作用。

日本在工业革命发展过程中，生产和资本都迅速集中。根据1899 年的工业调查，在 6551 个工业企业中，雇用工人 500 人以上的大企业有 104 个，占工业总数的 1.6%。但这些大企业共雇用工人 12.7 万人，约占工人总数的 1/3。随着生产和资本的迅速集中，垄断组织也形成了。日本的垄断组织早在 19 世纪 80 年代，在纺织、造纸、制麻等轻工业部门中就已出现了。19 世纪末 20 世纪初，垄断组织逐渐统治了各个工业部门。如在纺织工业中，纺织联合会在 20 世纪初已取得垄断地位。在纺织联合会里，属于三井财阀的钟渊，属于三菱财阀的富士等八大公司，所拥有的机械设备占联合会所拥有的机械设备总数的 51.6%。在造纸业中，由王子制纸和富士制纸等联合组成的辛迪加，在 1900 年垄断了全国造纸生产总额的64%。此外，在制麻、面粉、火柴、烟草等其他轻工业部门中，也都出现了垄断组织卡特尔。重工业和交通运输部门，则从一开始就被控制在国家和少数财阀手中。

"财阀"是日本垄断资本所具有的一种特殊形式，因为它一开始就与银行紧密联系，所以也一开始就具有金融寡头性质。比如，到20世纪初，三井财阀就通过银行取得了对钟渊（纺织）、王子（造纸）、芝浦（电机）、北炭（矿业）等企业的支配权；三菱财阀也掌握了造船、铜矿、海运、造纸等许多大企业。三井、三菱、住友、安田都拥有银行，投资于各种主要企业，并向国外输出资本。

也就是说，由于日本大企业一开始就是以垄断企业形式出现的，并在国民经济生活中占有统治地位；加上工业资本与银行资本相融合，并开始输出资本，所以日本一进入资本主义，就具有了帝国主义性质。而且，日本帝国主义因其自身的历史和经济条件，一生下来就是一种具有很强侵略性的军事封建性的帝国主义。日本的垄断资本主义，始终受到国家的强力支持。日本的大财阀，很多都是原来的封建大地主，它们几乎都是由日本政府直接扶植起来的，其本身也具有浓厚的封建性。

人所共知，垄断资产阶级为了追求最大限度的利润，都很热衷于对外侵略和掠夺。而在日本，由于大量封建残余的保留，劳动人民生活极端贫困，购买力低下，不仅国内市场十分狭小，而且日本是晚起的军事封建帝国主义，不仅经济技术水平比其他资本主义国家落后，加上国内资源不足，农业落后，所以经济上处于劣势，这就使日本的对外侵略性和掠夺性，显得更为疯狂。如列宁曾论述过的：日本帝国主义是依靠军事力量的垄断，是依靠掠夺异族，主要是靠掠夺中国为条件的垄断。而这种垄断，部分地填补了、部分地代替了现代最新金融资本的垄断。

然而，即使当时日本资产阶级革命不彻底，整个国家的实力还不是很强，但由于中国处于西方列强的瓜分当中，所以1894年，日军还是敢于对中国不宣而战，从而揭开了侵略中国的甲午战争的序幕。由于清政府对日本入侵无力抵抗，只得求和，于1895年，被迫与日本签订了屈辱的《马关条约》。按照条约的规定，中国把辽东半岛割让给日本。但俄国认为，此项规定对其独霸东北的计划构成直接威胁，在条约签字当日，俄国联合法、德两国劝告日本退还辽东半岛。日本政府不应允，最后中国只能牺牲中国的利益，以增加赔款3000万两"赎回"辽东半岛。中国偿清上述款项三个月内，日军撤出辽东半岛。

中日《马关条约》，是《南京条约》之后最严重的卖国条约。《马关条约》的基本内容是：承认日本对朝鲜的控制；割让辽东半岛、台湾；赔偿日本军费白银2亿两；开放沙市、重庆、苏州、杭州为商埠；允许日本在中国通商口岸设立工厂，产品运销内地时，只纳进口税，并享有设栈寄存等优待条件。还应指出，以上数目尚未将日本通过此次战争从清朝掠夺的财物计算在内。据史学家们统计，日本通过甲午战争所得的赔款及财物，总计约合库银3.6亿两，折合当时日币5.1亿元。这笔巨大的财富，是日本实际军费支出的3.4倍，是日本当时全国年度财政总收入的6.4倍，相当于日本当时7年的财政收入。其对日本工业革命的作用和意义，可想而知。

获得这笔巨额财富后，日本朝野欢欣鼓舞，当时日本外相陆奥宗光高兴地说：在这笔赔款之前，根本没有料到会有几亿，本国全部收入只有8千万日元，一想到现在会有五亿一千万滚滚而来，无论政府和日本国民都觉得无比的富裕！甲午战争后，日本的经济和军事实力飞速扩张，为其在20世纪30年代发动全面侵华战争埋下了伏笔。当时日本共有工业资本7000万日元，银行资本9000万日元，年进口额1.7亿日元，年出口额9000万日元，年财政收入8000万日元。

甲午战争赔款,对日本工业革命的作用究竟有多大呢?据日本官方档案记载,赔款中 10% 被用于皇室日常支出,赔款中 80% 投入了工业建设和购置军备,日本的大财阀无不受益。之后日俄战争时日本的战列舰,全是在甲午战争后生产和购置的。用在教育上的仅有 10%,也就是 2 千两白银。日本正是靠着掠夺邻帮财富和资源,获得发展的。不仅如此,日本还通过《马关条约》,从中国攫取了大片肥美土地,还通过迫使清政府签订的《通商行船条约》,攫取了领事裁判权和最惠国待遇。显然,这在大大加深了中国的半殖民地化和民族危机同时,日本的工业化和经济近代化的进程,则大大加快。

我们都知道,正因为有从中国掠夺的大量财富,日本工业革命的进展非常之快,它完成这场革命所花费的时间,还不到英国的一半,堪称世界奇迹。毋庸置疑,日本之所以能取得这样的奇迹,无论是从资本原始积累的角度看,还是从工业革命需要大量的资本投入看,从中国掠夺的那巨额财富,都意义重大。而且不仅掠夺了巨额财富,更重要的是取得了掠夺中国资源、在中国倾销日本商品和开设工厂的特权,这从资金和市场两个方面,为日本资本主义工业革命和工业的大发展,提供了条件和保障。

比如,甲午战争之后,日本立即出现了一个兴办企业的热潮。1894 年,日本各种公司合计不到 2900 家,1898 年则激增至 7000 多家。有重要军事意义的铁路得到了更大的发展。1894 年,日本通车的铁路线为 3402 公里,到 1904 年时增为 7539 公里。重工业的发展也很显著,1897 创立了日本的第一个大型冶金工业企业——官办的八幡钢铁厂,它的部分经费就是来自中国的赔款,它所使用的铁矿石,是强制中国大冶铁矿供给的。“八幡”创办后,开始投产的第一年度,其生产的钢铁占国内钢铁产量的 53%,钢材占 82%。它的创立,为近代日本工业奠定了基础。1896 年,日本铣铁产量仅 2.6 万吨,钢 1200 吨;1906 年,铣铁增为 14.5

万吨，钢增至 6.9 万吨；1913 年，铣铁增至 24.3 万吨，钢增至 25.5 万吨。

据有学者提供的资料，到《马关条约》签订后的 1903 年，日本各工业发展的主要指标都有大幅度的提高。日本大公司总数，由甲午战前 1893 年的 2844 家增至 8895 家，增长了 2.31 倍；投资金额由 2.45 亿日元增至 9.31 亿日元，增长了 2.8 倍；雇用 10 人以上工厂总数由 3740 家增至 8274 家，增长了 1.19 倍；使用原动力工厂数由 675 家增至 3741 家，增长了 4.54 倍；日均开动纱锭数由 38.2 万锭增至 129 万锭，增长了 2.38 倍；铁路营业里程数由 2039 英里增至 4495 英里，增长了 1.2 倍；轮船总吨数由 110250 吨增至 656745 吨，增长了 4.96 倍；出口贸易金额由 8971 万日元增至 28950 万日元，增长了 2.23 倍。工业革命的核心，是用机器生产代替手工生产。日本在 1903 年使用机器生产的工厂，比甲午战争前一年增长了 5 倍到 6 倍。这些工厂在日本全部工厂数中所占比率，也由 18% 激增到 45%。

还特别值得注意的是，日本从中国掠夺的这巨额财富，还大大促进了日本金融业的稳定和发展。日本正是利用这巨大财富的支持，解决了黄金储备的难题，实现了金本位制，使日本在金融领域也能和西方资本主义国家并驾齐驱了。《马关条约》签订后数年间，日本金融界同产业界在结合中迅猛扩张。到 1900 年后已有银行 2000 余家，而且像三菱、住友等原未插足金融业的财团也有了自家银行，成了在金融和所有主要产业部门势力巨大的财阀。

从上述可以看出，日本掠夺中国财富之巨大，中国财富对日本工业革命作用之巨大，都是令人惊异的。而且不仅如此，日本对中国的掠夺不仅最野蛮、最残酷，而且野心也最大。之后的事实证明，日本是想要独吞中国，是要把中国变成自己的殖民地。日本的这种野心，在之后的第二次世界大战中，有淋漓尽致的表现。

俄国工业革命和对中国的掠夺

从 19 世纪开始，俄国农奴制趋于衰落。农奴制衰落的过程，也是俄国资本主义发生、发展的过程。19 世纪 30—50 年代，俄国也开始了工业革命，工业企业的数量迅速增多。史料显示，1804 年俄国手工工场为 1200 家，1828 年为 1800 家，1850 年为 2800 家。自由雇佣工人在全部工人中的比数也迅速增加，1804 年为 48%，1825 年为 54%，1860 年为 87%。在个别工业部门中雇佣劳动所占的比数更大，比如，1825 年在棉织工业中有 94.7% 的工人是雇佣工人。1858 年只是在莫斯科一省，就有 158 台蒸汽机。不过总的来看，俄国资本主义工业发展的速度，比西欧诸国缓慢得多，俄国资本主义工业发展水平大大低于西欧诸国。

俄国资本主义发展缓慢的主要原因，是农奴制阻碍着自由劳动力的供应。经过 1861 年废除农奴制革命，俄国完成了由封建社会向资本主义社会转变，资本主义开始得到了迅速的发展。19 世纪 80 年代，俄国工业革命基本完成。在主要工业部门中，机器生产已逐渐排挤手工劳动而占统治地位，基本上完成了从手工工场向工厂的过渡。比如，只俄欧地区，其工厂就从 1866 年的 2500 个，增加到 1903 年的 9000 个左右。从 1860 年到 1890 年，棉纺织业的生产由 5000 万卢布增加到 2 亿卢布，增加了 3 倍。铁产量由 2050 万普特增至 5200 万普特，增长了一倍多，钢产量由 1250 亿普特增长到 5200 普特，增长了 3 倍，煤炭产量有 1800 万普特增至 3.67 亿普特，增长了 19 倍。石油开采量在 60 年代中叶以前不到 100 万普特，增到 1890 年的 2.43 亿普特。铁路线长度从 1860 年的 1500 公里增至 1900 年的 5.3 万公里。1860—1900 年，俄国的工业产量增长了 6 倍。资本主义工业的发展，使俄国的经济面貌大为改观，综合国力迅速加强。

俄国工业生产之所以能获得迅速的发展，当然有其独特的资金和技术条件的原因。其中之一，就是对中国的掠夺和利用先进国家的技术和资金。俄国资本主义虽然发展很快，而且具有高度垄断的特点，但因为它起步较晚，而且有大量廉价原料和劳动力，所以成为先进国家如英、法、德、美等国投资的理想场所，从而吸引了大量的外资。据史学家提供的资料，1900年在俄的外国资本，竟达到全俄股份公司额的50%。这些外国资本直接或间接控制了俄国的冶金、煤炭、石油及机器制造业，每年从俄国榨取的利润，高达900多万卢布。

在吸引外资的同时，俄国俄国往往充当外国资本的代理人的角色，也对其他落后国家进行投资，比如对波斯、土耳其及中国的资本输出就是例子。正是由于俄国在经济上处于对西方帝国主义的依附地位，在政治军事上也不能不依附于它们，所以其在重新瓜分世界的斗争中，扮演了法、英两国后备军的角色，并且在第一次世界大战中为它们提供炮火。正如史学家们分析的，这种特殊的国际环境和国际地位，就使沙皇俄国成为各种压迫表现得最野蛮的国家；沙皇是西方帝国主义榨取东方广大人民的代理人，是西方帝国主义的重要支柱。

鸦片战争后，沙皇俄国更是利用地理环境方面的优越条件，在瓜分中国中侵吞了中国东北大片领土，掠夺了大量资源。这些领土上丰富的物产、大量的资源，对俄国工业革命的推动作用，当然是毋庸置疑的。1858年俄国利用英法对中国发动第二次鸦片战争之机，以战争相威胁，迫使清政府与其签订了《瑷珲条约》，割去了中国黑龙江以北、外兴安岭以南中国领土60多万平方公里，并把乌苏里江以东约40万平方公里的中国领土，作为中俄两国的"共管之地"。

1858年俄国还以战争相威胁，逼迫清政府与其签订了《中俄天津条约》。条约共12款，主要内容是：俄国得以在上海、宁波、福州、厦门、广州、台湾（台南）、琼州七处口岸通商，若他国再有在沿海增开口岸，准俄国一律照办；俄国得在中国各通商口岸设立领事馆，并派兵船在这些口岸停泊；俄国东正教教士得入内地自由传教；日后中国若给予其他国家以通商等特权，俄国得一律享受；第九款还规定中俄派大员查勘"从前未经定明边界"，企图借"勘界"割占中国领土。

1860 年，俄国利用英法打进北京的时机，又强迫清政府与其签订了中俄《北京条约》，1864 年又签订了《中俄勘分西北界约记》，割占了巴尔喀什湖以东、以南 44 万平方公里的中国领土。1871 年，俄国出兵侵占了中国的伊犁地区。1881 年清政府在沙俄胁迫下，与俄国签订了《中俄伊犁条约》。俄国通过此约和 1882 年至 1884 年的勘界议定书，不仅从中国割占了 7 万多平方公里的领土，而且索取了 500 万两白银赔款及其他特权。通过这些不平等条约，俄国割占中国的领土达 144 多万平方公里之多。

1896 年，俄国又采取威逼、利诱、贿赂等手段，迫使清政府与其签订《中俄密约》，亦称《御敌互相援助条约》《防御同盟条约》。1900 年，俄国军队在武装侵占东三省地区时，到处杀戮中国平民，制造了一系列历史上罕见的惨绝人寰的惨案。通过 1896 年强迫清政府签订《中俄密约》，俄国获得了黑龙江、吉林修筑东清铁路及驻军护路、采矿垦荒的特权；1898 年又强租旅顺、大连，并取得了从哈尔滨到大连的东清铁路支线的修筑权和管辖权，从而把整个东北地区划为它的势力范围。中国割让给俄国的这些领土，俄国在中国的这些势力范围，都有丰富的物产和矿产资源，对这些物产和资源的掠夺，对俄国工业革命的完成，都有重要意义和作用。

有一点值得我们特别注意，就是在列强对中国的掠夺中，俄国地位是非常奇特的。因为帝国主义列强是从海上轰开中国大门的，所以中国对从海上来的敌人有更多的仇恨。而俄罗斯没有参与海上对中国的进攻，所以中国对俄罗斯不那么仇恨，而且似乎还有那么一点好感。俄罗斯就利用其在这方面的优势，不仅几乎独享了内地对中国贸易的好处，而且还趁机掠夺了中国大量土地和资源。可见，帝国主义列强在掠夺中国方面，其残忍、贪婪都是一样的。

四　中国对工业的渴望和改革者的鲜血

人类在发展进程中，世界各国的文明，是相互影响和相互借鉴的。1840 年之后，面对西方列强的先进和强大，面对他们的肆意掠夺和凌辱，中国的封建统治者，似乎已经感到工业的力量。可面对统治权日益丧失，面对摇摇欲坠的封建王朝，中国的封建统治者不甘心，他们似乎下决心要进行垂死挣扎。垂死挣扎的办法，就是要学习西方，进行社会改良；就是想借鉴西方资产阶级的文明，即工业文明，把自己变得强大。实际上，在鸦片战争之前，就有些有识之士在研究对腐败封建制度的改良问题了。1894年到 1911 年，中国曾出现过学习西方资本主义民主，学习西方科学技术和工业的热潮。这些改良运动虽然都失败了，但对唤醒中国还是有积极作用的。

开眼看世界和对天不变、道不变的突破

在世界资产阶级革命大潮势不可当，特别是在封建国门被打破的时候，中国封建统治者中的有识之士，也开始考虑中国的改革问题。在经历数千年的中国封建王朝时代，倡导改革是不容易的，实践改革更为艰难，甚至是要付出血的代价的。在这些改良派的思考中，研究、借鉴西方资本主义文明，始终都是一项重要内容。与日本和世界大多数后起的国家相比，中国的变革思考和运动，并不算晚，只是由于受封建制度桎梏太过深重，加之帝国主义入侵，特别是 1840 年的中英鸦片战争和 1894 年的中日甲午

战争的打击，中国封建统治者的改良运动，显得苍白和无力。当然，事情都是辩证的，就广大人民来说，正是受这两次战争失败的刺激，中国人变革的意志才坚定，中国变革的浪潮才势不可当。

毋庸置疑，在中国要突破天不变、道不变的意识和观念，其难度之大，是不言而喻的。由当时中国的社会性质和国内外形势所决定，中国变革面临的任务，应该是推翻封建制度的革命，而不是简单的由封建统治者进行的改良。所以至辛亥革命之前的变革，都因为没有解决变革的领导者和参加者的问题而宣告失败了。值得注意的是，这些改良或探索，虽然也算是变革，也形成了一些改良性的变革行动，但始终是想以不从根本上改变封建社会制度为限度的。这些改良性的变革，只是想要通过学习西方先进技术特别先进军事技术，实现工业化，实现强国、富国梦想。这当然是不切合实际、不可能取得成功的。

我们都知道，作为社会制度的变革，都是神圣的，都是要付出代价的。历史上许多变革者，都是要用鲜血、用生命换取美好的。其实，早在鸦片战争之前，中国的智者就已经发出了变革的声音，并开始研究和借鉴西方资本主义文明了。像龚自珍、林则徐等，就针对封建统治的弊病，发出了变革的呼喊，并在对封建制度进行批判的基础上，提出了一些改革思想和措施。如龚自珍针对君主专制的弊病，提出君主不能独断专行，应当分权于大臣，实现君臣共掌政权；针对经济中严重的土地兼并和贫富悬殊，提出"田相齐"的主张。很明显，虽然在不从根本上触及封建制度的情况下，这些触及皮毛的改革终究不能解决问题，但它毕竟是对天不变、道不变意识的突破。

英国向中国大量输入鸦片，是其掠夺中国财富、残害中国人的重要手段，也是鸦片战争前中国面对的最大威胁。坚决禁止鸦片，是国之所需、民之所愿。人们崇拜的禁烟英雄林则徐，至今都家喻户晓。鲜为人知的是，林则徐在禁烟斗争中，似乎在冥冥中已经感觉到中国的落后和西方的强大原因，并开始探究西方。正如史学家们说的，他组织翻译外国书报，编译介绍世界历史、地理和政情的书籍，不仅流露出渴求洞悉外情和探求资产阶级走向工业社会的新知的强烈愿望，而且实际上也获得了关于外部世界许多新的认识，并运用这些新知识，批驳了当时流传甚广的一些错误观念和主张。

人们都崇拜林则徐是禁烟英雄，岂不知更应该崇拜他的是，他是中国敢于睁眼看世界的第一人。从史学家们提供的资料看，他对封关禁烟派的批判，对"天朝若闭关绝市，则能制敌于死命"说法的批判，显出了他敢于睁眼看世界的气魄。他大声疾呼：大海茫茫，四通八达，鸦片断与不断，皆不在乎关封不封。封关禁海只会自缚手脚，大大有害于国计民生，沿海人民靠海吃海，若一概不准其出洋，其势即不可以终日。他认为，解决的办法在于把正当贸易与鸦片贸易区别开来，孤立、打击鸦片走私，提倡、保护正当贸易，执行"奉法者来之，拒法者去之"的原则。

林则徐承认，英国的"船坚炮利"，的确比我们厉害。他说："彼之大炮，远及十里内外，若我炮不能及彼，彼炮先以及我，是器不良也。彼之放炮，如内地之放排枪，连声不断，我放一炮后，须辗转移时，再放一炮，是技不熟也。"船炮是防海必需之物，他建议以粤海关税为经费，制炮造船以制夷，从此制炮必求极利，造船必求极坚，似经费可以酌筹，其裨益实非浅鲜矣。他还认识到，洋面水战，系英人长技，因此应另制坚厚战船，以资制胜，此系海疆长久之计，似宜及早筹办。

颇有胆识和远见的是，林则徐通过他主持的编译工作，向中国输入了西方民主制度的知识。比如《四洲志》就介绍了英国官吏的考试录用制度，并着重对其议会制度作了介绍，对美国的政治制度更是赞赏有加。他用国政操之舆论，所言必施行，有害必上闻，事简政速，令行禁止，与贤辟所治无异，来评价美国的政治制度。当然，束于时代的局限，林则徐对西方的认识自然很肤浅，甚至有荒谬之处。特别是他没有认识到西方国家富强的根源，没有看到西方资产阶级革命特别是工业革命的伟大之处，所以学也属皮毛。但可贵之处在于他没有被成见蒙蔽，而是以一种求真务实的态度去了解西方、了解世界，不愧为中国近代史上睁眼看世界的第一人。然而，面对强大的封建势力，林则徐只落得个被革职查办，流放到新疆的结局。

人们都知道，林则徐的追随者魏源，受林则徐的委托，在《四洲志》基础上扩编的《海国图志》，不仅介绍了世界许多国家的地理分布和历史政情，总结了鸦片战争失败的教训，探讨了强国御侮之道，而且提出了"师夷长技术以制夷"的思想。特别值得注意的是，在那样的时代，魏源能提出"兴利除弊"的改革思想，以及关于社会改革必然性的思想，使人不得不敬佩。

魏源的变革思想和主张，的确是令人钦佩的。他认为，各个朝代的制度、方针、措施经常变化，自三代之末至于元二千年，所谓世事理乱、爱恶、利害、情伪、吉凶、成败之变，如弈变局，纵横反复，至百千万局。任何法律制度都会在实施过程中出现流弊，天下无数百年不弊之法，无穷极不变之法，无不除弊而能兴利之法，无不易简而能变通之法。他的结论就是必须及时变革，他说："小变则小革，大变则大革；小革则小治，大革则大治。"即使是祖宗、圣人也不能阻挡这种变革。只有顺应规律，实施变革，才能利民便民，稳定自己的统治。

在魏源看来，要使变革能够顺利进行，必须把握好变革的时机，如同采摘果实一样，摘果于未熟，视已熟不可同年而语。对变法时机的把握，直接影响着改革成果的实现。如历史学家所说的，尽管魏源并没有主张对封建制度进行根本性变革，但其变革思想本身，在当时万马齐喑的年代，确实起了振聋发聩的作用。它突破了"祖宗之法不可变"的保守观念，解放了人们的思想，为此后资产阶级维新派的变法做了思想上的铺垫。

魏源在宣传他的"师夷长技以制夷"的思想时，打破中国是世界中心的观念，用事实为人们认识外部世界，提供了新知识、新思维和新观念。在《海国图志》中，魏源向国人介绍了有关世界的地理细识，专门收集各种地图 64 幅，详细介绍了东、西半球各主要国家的位置、地理、人情、风俗、物产、历史沿革等，图文并茂地向国人展示了一个广阔的、立体的世界，使人们对世界的认识日益清晰。魏源还提出迁"重本"而不"抑末"的思想，主张与西方开展正常的对外贸易，还主张将发展工商业置于重要地位，不仅将西方近代工业制造引入军事工业生产，而且要引入民用工业的生产。这也许是中国最早的工业革命的思想。这种"师夷长技以制夷"的思想，被史学界视为在近代思想史上起了"创榛辟莽，前驱先路"的开拓之功，具有进步性与积极意义。

更值得注意的是，史学家们都认为，魏源的思想不仅对晚清的中国产生重要影响，而且对亚洲邻国的开放革新发挥了重要作用。比如 19 世纪 50 年代，《海国图志》传到日本，出现了 20 多种翻刻本，对日本明治维新起了积极的作用。然而，尽管魏源的变革思想很有价值，但由于他没有意识到西方强大背后的制度革命，没有意识到封建制度必然要被资本主义制度所取代，不敢在改革封建制度上下功夫，所以难以解决中国所面临的民族危机。

农民革命运动的时代性和旧怪圈依旧

正值中国遭受西方列强屠杀和蹂躏的时候，中国农民也愤怒了，发动了一次大的农民革命运动，就是 1851 年洪秀全领导的太平天国革命运动。无可否认，与过去的农民革命运动相比，由于时代和国际环境的变化，特别是受西方基督教文化和资产阶级思想的影响，这次农民运动有许多新的特点和超越。比如在其占领南京后，所颁布的《天朝田亩制度》和《资政新篇》，以及洪秀全著的《原道救世歌》《百正歌》《原道醒世训》等中，都提出一些超越过去农民起义的思想。比如其提出的小天堂思想，以及为实现这一思想所制定的《天朝田亩制度》，尽管带有很大的空想色彩，但它毕竟反映了广大农民的实际要求。不过农民就是农民，农民造反的目标是改朝换代，是谋取皇位。这次太平天国运动，也未能冲破中国历次农民革命运动的这种怪圈。

比如，在《天朝田亩制度》中，这样写道："凡天下田天下人同耕，此处不足则迁彼处，彼处不足则迁此处。凡天下田丰荒相通，此处荒，则移彼丰处赈此荒处，彼处荒，则移此丰处赈彼荒处。务使天下共享天父上主皇上帝大福，有田同耕，有饭同食，有衣同穿，有钱同使，无处不均匀，无人不饱暖也。"这些无疑都反映了千百年来农民要求土地的强烈愿望，对于发动和鼓舞广大农民起来参加反封建斗争起到了积极作用。然而，当这些原来的乡村塾师、贫苦农民、烧炭工人等，跃登天王、诸王和高级将领之位后，却尽享人间荣华富贵，过上锦衣玉食的生活。对于他们来说，无异于进入了"人间天堂"。

比如，《资政新篇》是受资产阶级思想影响的洪仁玕提出的，具有一定资产阶级民主性质的方案。尽管迫于当时的形势，特别是太平天国内部斗争的形势，这一方案根本没有机会和条件实施。但其对扩展中国人的视野，重视发展工商业却有积极作用。其对后来的改革者，诸如洋务运动、戊戌变法等，也有很大的激励作用。而且它的出现说明，当时的资产阶级思想在农民中也开始传播，说明西方的工业文明，不仅开始向中国的城市、向中国的知识界传播，而且开始向中国的农村，向中国的农民渗透。

这次农民革命运动的时代性，首先表现在它接受了资产阶级一些思想的影响。这次农民革命运动与以往的农民革命运动不同，它不仅接受了一些西方资产阶级思想的影响，而且向往西方工业社会，有以近代工商业为社会经济基础的思想，以及人人平等的思想。所以无论从组织程度、思想主张或社会影响等方面，它都达到了中国农民革命运动的最高峰，可最终它还是失败了。这次革命运动为什么没有像美国两次国内革命战争那样，引起社会制度的根本变革呢？原因还得从参加这次革命运动的阶级性上去寻找。领导这次革命运动的，毕竟还是农民，他们最终还是摆脱不了自己要当皇帝的封建社会的桎梏，摆脱不了中国农民起义的怪圈。历史实践告诉人们，如果没有正确的阶级和政党的领导，农民是不能从根本上推翻封建制度，实现资本主义文明的。

　　这次农民革命运动的时代性，还表现在它是在特殊的国际环境中发生的。数千年来，中国封建社会的改朝换代，都与农民斗争和农民起义有关。而洪秀全领导的太平天国起义，与过去历史上的农民起义最大的不同，是时代和国际环境的变化。当中国深陷西方帝国主义列强侵略、掠夺、蹂躏泥潭，清政府又软弱无能，除了割地赔款、丧权辱国，就是对内则层层盘剥、残酷镇压、腐败专制，致使各种矛盾不断激化。太平天国起义面对的敌人，不仅有国内的封建反动势力，还面对着国外帝国主义和新兴的官僚资本主义势力。

　　这次农民革命运动的时代性，还表现在其打破了以我为中心和向西方学习的意识。由于意识到中国的落后和西方国家的进步，这次起义打破了中国以我为中心、傲慢自大、闭关自守的传统，提出要学习西方先进东西，要建立新的、人人平等的社会的理念，这是对历代农民起义的突破，在当时来说是很了不起的。更值得注意的是，洪仁玕呈献给洪秀全的《资政新篇》，还提出了要学习西方科学技术，大力兴邦交通运输业、银行业和制造业等带有资本主义工业革命性质的改革方案，这不仅反映了一部分先进的中国人迫切要求改变中国落后面貌的希望，而且被史学界认为是近代中国第一个比较完整的学习西方、变革现实的方案。

　　在洪仁玕的改革方案中，有些是基于对西方强大根源的认识。

他认为，英国、美国、法国都是当时西方发达富裕的国家，他们富裕的共同原因，主要是两条：一是"立法善而施法广"，二是"技艺精巧"。很显然，"立法善而施法广"，是政治制度问题，而"技艺精巧"，是科学技术问题，或者工业革命问题。这里洪仁玕似乎窥测到了资本主义的本质和中国改革应有的方向。况且，洪仁玕的有些主张，从提出的时间上看，远在洋务派之前，有些直到戊戌时又被维新派再次提出。

当然，尽管如此，由于农民起义固有的弱点，太平天国起义最终还是失败了。在太平天国起义领导人的骨子里，还是封建意识和皇权思想。洪秀全的"奉天诛妖"也好，"斩邪留正"也好，实质上都是反清不反封。洪秀全一到天京，便做起了天子，太平天国的其他领袖们，也被纷纷封王、封侯，完全背离了最初起来革命的那些理想。这使中国的农民起义，最终没有摆脱以反抗旧王朝的起义开始，又以建立一个新王朝为止的循环往复怪圈。

太平天国运动的失败，也许会使人们认识到，在面对封建主义、帝国主义和官僚资本主义相互勾结统治的中国，单靠农民起义，是完不成复兴大业的。在封建意识的束缚下，农民对中国的社会，对中国落后的原因，对资本主义的经济制度、政治制度等，都不可能有深刻的认识；对自己要建立一个什么样的社会，如何摆脱皇权统治的旧思维定式，也不可能有深刻的思考和构建，更提不出正确路径和战略决策。这些都既是中国历代农民起义失败的根本原因，也是太平天国起义失败的原因。太平天国起义的失败证明，在半殖民地半封建的中国，农民虽然具有很大的革命潜力，但由于它自身固有的弱点，它不能担负起领导反帝反封建斗争取得胜利的重任，单纯的农民战争不可能完成争取民族独立和人民解放的历史任务。

洋务运动和工业革命的火花

封建社会是农业社会，主要是靠在土地进行农业生产的社会。

而自 1861 年开始，在"师夷长技以制夷""中学为体，西学为用"等思潮影响下，中国却发生一场洋务运动。这场运动是清朝统治者为了维护自己摇摇欲坠的封建专制统治，而进行的一场改良运动，既没有统一的纲领，也没有明确的指导思想。人们都知道，其代表人物主要有曾国藩、李鸿章、左宗棠、张之洞、郭嵩焘等，他们都是重权在握的封疆大吏。洋务运动的宝贵之处，是想从学习洋人技术中变法自强。诸如想以学习洋人编练新式海陆军、办兵工厂、制造枪炮舰船、兴办近代化的工矿企业和交通运输业、设立洋学堂，特别是要派遣留学生到西方先进国家去学习求强、求富之道，以挽救摇摇欲坠的大清王朝。

这里要强调的是，身处世界工业革命大潮中的洋务运动代表人物，其思想中也不乏制度革命和工业革命的火花。比如，在洋务运动重要代表李鸿章看来，中国要图强，必须在两个方面有所作为：一是制器造船。李鸿章认为，洋人大炮之精纯，子药之细巧，器械之鲜明，队伍之雄整，实非中国所能及。不过，他坚信，中国但有开花大炮、轮船两样，西人即可敛手。在他看来，洋人所能、所恃就是枪炮子弹、轮船装备。而中国要自强就须发展工商业，学好制造坚船利炮的技术，中国欲自强，则莫如学习外国利器，欲学外国利器，则莫如觅制器之器。所以说机器制造为自强之本。二是振兴商务。李鸿章悟到了，强以富为本，必须先富才能后强。而国家富裕之途是振兴商务。即"夫欲自强必先裕饷，裕浚饷源莫如振兴商务"。所以，李鸿章主张积极发展民族工业，建立近代工业商业体系。这些想办工业的思想和实践，无疑都体现着对工业社会的向往，就当时来说，都是很有创新性的。

在洋务运动的代表人物中，郭嵩焘有着过人之处。这种过人之处在于，他已经认识到西方资本主义文明的整体性，认为在这种整体中重要的是制度文明，中国贫弱也在于制度落后。他认为，西洋之享国长久，君民兼主国政故也。英国政治就是这种君民共治的制度，行政务求便民，而因取民之有余以济国用。故其所设各官，皆以为民治事也，而委屈繁密；所以利国者，即寓于便民之中，此西洋之所以日致富强也。英国议会民主制度扩大了社会的政治基础，使君民关系形成良性互动，维护了社会政治稳定，促进了各项事业的发展。这似乎意识到了，要办工业必须像西方国家那样，先变革制度。

郭嵩焘认为，中国的现状则恰恰相反，中土圣人辨上下以定民志。君民之间等级森严，因此造成君民不能相通。中国官民之势，悬隔太甚，又益相掩蔽朝廷耳目，以便其私，是以民气常郁结而不得上达。在他看来，相比之下，西方的政治制度是法治，而中国的政治制度是德治。他通过实地考察提出，法治显然优于德治，因为圣人之治民以德。德有盛衰，天下随之以治乱。西洋治民以法，法者，人已兼治也，故其法以绳之诸国。他的这些关于中国落后的根源在于政治制度的思想，在当时来说，无疑是超前的、难能可贵的。

在郭嵩焘看来，因为中国的变革是整体性的，所以对西方的学习也要全面。从对西方社会的亲身经历中，郭嵩焘逐渐认识到，西方不是在某个方面，而是在制度、科技、文化、军事等所有方面即总体上超越了中国。也就是说，其富强背后有西方资本主义文明作为支撑。中国若没有全面新型的"政教"为母体，仅仅引进轮船、铁路、机器生产，是不可能成功的。单纯学习军事技术只能落个"殚千金以学屠龙，技成无所用之"的可悲境地。郭嵩焘对洋务官员学习西方时急功近利的做法，十分不满，希望通过改革弊政，扫除洋务自强活动的制度性障碍，创造有利于变革的社会政治氛围，从而为求富求强铺平道路，这正是他的过人之处。

在洋务运动的代表人物中，张之洞的英明之处，在于他已经认识到资本主义工业革命的力量，并提出了以工为本的富国论，主张以实业救国。他认为西洋工商业的繁荣发达不是官办、官督商办或官商合办的结果，而是商人自办的结果。因此，中国要想迅速发展工商业，就必抵御外侮。在张之洞看来，工业是国家发展的根本，农业和商业的发展也离不开工业。从 19 世纪 80 年代中叶起，张之洞先后兴办了湖北织布局、湖北纺纱局、湖北制麻局、汉阳铁厂、大冶铁厂等一大批近代化企业。同时，张之洞也很重视农业、商业。农业方面，他主张引进先进农具、改良农业生产方式。商业方面，他提倡效仿西方，革新商政。张之洞的实业富国思想，虽然主观上是维护清王朝的专制统治，但客观上推动了中国近代工商业的发展。

　　总之，洋务运动的这些代表人物，在"变革求富""变革求强"思想的指导下，的确向西方先进国家学到了一些先进思想、科学技术。而且如史学家们说的，从开始时间上看，中国的洋务运动并不比欧洲后工业化国家晚，但都没有坚持下去，其前后不过持续了 30 多年，就宣告失败了。究其原因，最重要的是，洋务派那些代表人物的骨子里还没有摆脱封建主义桎梏，思想深处还没有推翻封建制度的意识，所以虽然引进了一些西方先进思想和机器，但并没有从根本上触动封建专制制度，所以就无法实现"富国强国"的目的。实践告诉人们，中国的复兴靠农民的革命运动不行，靠封建统治者的改良运动也是不行的。不过在这 30 多年中，在中国的工业发展的同时，中国的民族资产阶级也开始产生和发展起来了。在评价洋务运动的进步意义时，这一条也许是很重要的。

维新变革和变革者的鲜血

　　中国在中日甲午战争中的失败，宣告了洋务运动的破产。洋务运动虽然破产了，但它在办洋务、办实业的过程中，带动了中国民族工商业的发展。就大型企业而言，除了官办企业之外，还有商办企业，或官商合办企业，当然还有一部分是由过去的手工业工厂趁机发展而成的。尽管成分复杂，但它毕竟是中国最初的民族资本。同样，我们也可以把它看成中国工业革命的开始。而且，在"实业救国"和开办实业过程中，中国民族资产阶级的力量的确逐渐壮大起来。特别是商办企业的发展，催生了中国早期民族资产阶级产生和发展。尽管如此，中国民族资产阶级由于受封建主义和帝国主义的双重压制，没有自己充分的发展空间，只能在夹缝中求生存，更没有能力作为一种独立的政治力量，走上中国反帝、反封的政治舞台。官僚资本的政府力量，外国资本的雄厚实力，都是民族资本无法抵御的。

我们看到，正是基于这样的社会现实，以康有为、梁启超、谭嗣同、严复等为代表的维新思想家，通过继承和反思洋务运动的经验教训，提出了新的救国方案——维新变法。毋庸置疑，这些维新思想家，代表的是士大夫阶层，其提出要变革维新，是出于爱国激情。但基于当时的社会环境，不能否认，这种维新变法在某种程度上代表或体现了民族资产阶级的呼声。正因为如此，这种变革维新虽然在很短的时间就失败了，但它在全国的传播和影响却异乎寻常。

这里我们要特别指出的是，这些维新思想，继承了中国文明的优良传统，不仅超越了封建统治阶级思想，而且超越了资产阶级思想，包含诸如人民当权、实行大同、屈私为公的社会主义思想。从这里我们也完全能悟出，中国人民在选择复兴道路时，要选择社会主义的深层次原因。因此，这里我们对这些闪光的思想，也有意要多说几句。

可想而知，维新思想家在封建统治者领导下，想要用西方资产阶级思想、西方资本主义制度改造中国，这当然是异想天开。不过，他们的那些必须向西方国家学习，学习西方的思想、政治制度、科学技术、发展工业等的思想，能得以传播，已经是相当大的成就了。比如，康有为比较明确提出，变革维新的方向是资本主义。康有为从儒家经学汲取营养，通过重新诠释"公羊三世"论证人类社会是不断发展变化的。他认为，封建君主专制为"据乱世"，而资本主义君主立宪为"升平世"，资本主义共和制为"太平世"，以此说明人类历史是从低级走向高级的发展过程。显然这里面包含资本主义是比封建制度更高的社会制度。

他的关于国家的思想，他提出的自由、平等的民权理论，他提出的设立议院，实行三权分立的主张，无疑都直接体现着资产阶级思想和资本主义制度。比如，在他看来，人与人之间应当是平等的。人人独立，人人平等，人人自主，人人不相侵犯，人人互相亲爱，此为人类之公理。他认为，国家是由自由平等的个人组成的，君主只是民众指定的为他们管理国家的代理人。国家不是君主的私产，不能听其专断。既然如此，国家权力理所应当地归于人民。他还认为，仁爱以平等为前提，平等程度越高，仁爱体现得便愈加强烈，人类也就更为高尚。他的这些思想无疑都是在宣扬资产阶级自由、平等的民权观念，意在以此否定封建等级制度。

更值得注意的是，康有为还提出了实行财产共有和人民自治的思想。比如在其很有影响的《大同书》中，就阐述了这样的思想：人类未来社会不仅应当是物质丰富、人人平等的理想社会，而且首先应当是经济上实现财产公有的社会。他认为，今欲致大同，必去人之私产而后可；凡农工商之业，必归之公。这种公有的思想和主张，显然是对资产阶级的超越。不仅如此，在政治上也应当实现人人平等。在他看来，既无帝王、君长，又无官爵、科第，人皆平等，亦不以爵位为荣，所奖励者唯智与仁而已。整个社会只奖励尊重有智慧和有德性的人，没有君与民之分。

在阐述社会实行人民自治思想时，康有为认为，大同之世，全地皆为自治，全地一切大政皆人民公议。的确如史学家们所说的，康有为维新思想的核心是革新政治制度，其基本要点是：以日本明治维新为榜样，通过自上而下的变法维新，让资产阶级及其代表参政、执政，逐步实行君主立宪，改革中国封建主义的国家制度和政治制度，发展资本主义。

在这场变革维新运动中，梁启超的重要贡献，是其对以变革维新救中国的不遗余力的宣传。他在思想上的重要贡献，是提出了兴民思想或民本的思想。在他看来，民为政之世，并把"新民"当作改变国家现状的根本途径。他与严复等一起，开创了中国近代政治思想发展上视国民素质为决定国家政治好坏的决定性因素的新传统。不少学者认为，梁启超是这一时代潮流的引领者，他影响了一代青年。陈独秀的"新青年"思想、李大钊的"民彝"思想，都不同程度地受到他的影响。

梁启超还提出了人民为国家的基础，兴学、新民为强国之本的思想。在他看来，民德、民智、民力，实为政治、学术、技艺之大源，国民之文明程度高者，虽偶有暴君污吏，虐刘一时，而其民力自能补救之而整顿之。也就是说，由于人民是国家的基础，人民的素质决定了政治的好坏，因此，政治变革必须从解放思想、更新观念开始。此后，梁启超大倡"新民"说，并把这视为实现民族独立和社会进步的"根柢源泉"。

梁启超特别重视新民教育，而且主张在新民教育中，要重视培育民众的国民观和国家意识。他认为，国民者，以国为人民公产之称也。国者，积民而成，舍民之外则无有国。以一国之民，治一国之事，定一国之法，谋一国之利，捍一国之患，其民不可得而侮，其国不可得而亡。在他看来，国民是组成国家的主体，拥有管理国家的权力。几千年来，中国人没有国家意识，只有朝廷观念。朝也者，一家之私产也；国也者，人民之公产也。在他眼里，国民是国家的主人，因此也就应该掌握国家主权，君主和官员不过是国民的公奴仆。兴民权的首要任务在于抛弃奴隶观念，培育人民的国民观和国家意识。

关于人民自治问题，梁启超也有自己的见解。梁启超认为，政府与人民的权力界限不是永恒固定的，它应随着文明进步而不断发生变化。他认为，当人民幼稚时代，其民之力未能自营，政府必须承担更多的管理责任，但及其由拨乱而进升平也，民既能自营矣，政府便要放松对人民的管制。随着历史的发展，人民自营能力增强，人民的权利意识越发达，人民越能够自治，便越要求政府放松对人民的管制。政府的权力仅限于维持法律和社会秩序，保障人民的自由权利，凡人民之行事，有侵他人之自由权者，则政府干涉之。苟非尔者，则一任人民之自由，政府宜勿过问也。

变革维新派的代表人物严复，接受了达尔文、赫伯特·斯宾塞以及赫胥黎的思想，认为"物竞天择""适者生存"这一自然界的普遍法则，同样适用于人类社会；国家社会的强弱好坏取决于其每个成员体质的强弱、素质的高低；政治社会制度的进化与国民素质有着密切的关联，政治变革必须因时因地制宜，不能超越发展进化的历史阶段。严复把这些思想运用到维新变革中，他在维新变革的宣传中告诫国人：面对"物竞天择"的世界，中国只有发奋图强才不会被淘汰，不会受西方强国的奴役；中国要由弱变强、由贫变富，必须鼓民力、开民智、新民德。

在严复看来，西方国家的进化程度，在整体上比中国高出一个阶段，西方国家之所以富强，不光因为它们有坚船利炮等物质文明，更重要的是，它们在思想文化方面已经进化到这样一种高度：于学术则黜伪而崇真，于刑政则屈私以为公。因此，向西方学习，不但要学习其先进的科学技术，更应该学习西方文明的内在精神，即科学精神和民主精神。贯穿科学精神和民主精神之间的是自由，科学精神和民主精神都是自由的体现。

同其他维新代表人物一样，严复也反对封建专制，提倡民主、法制，强调自由、平等，他认为，中国之所以被动挨打，正是因为没有自由、民主。他从资产阶级的社会契约论出发，阐明主权在民、立君为民、君为仆民为主等观念。在严复看来，专制制度之所以不好，是因为君主不受任何限制而民众却无任何权利可言。严复特别强调了法制的作用，认为法律是管理国家的工具，专制与民主的区别在于法律面前是否人人平等，统治者与被统治者是否都同受法律的约束。在他看来，国家是全体人民的国家而非君主一人的国家，君主和官员不是国家的主人，而是为民服务的公仆。也就是说，君主的权力来自人民，人民才是国家的真正主人。

严复是中国近代重要的启蒙思想家，他坚信，学习西方不能停留在表面上，西方国家之所以先进，他认为主要有两个原因：一是在学术文化上，黜伪而崇真的科学精神；二是在政治制度上，屈私以为公的民主精神，中国必须在这两方面向西方学习。他的这种认识，影响了几代知识分子。在他生命的最后几年，一批先进青年竖起科学与民主的旗帜，发起新文化运动，中国政治思想的发展即将进入一个新的阶段。

维新思想和运动的历程表明，新生的近代中国资产阶级力量弱小，政治方面远未成熟，因而不可能作为强大的力量，走上政治舞台。上述维新派作为这一阶级中上层理论代表，由于两个方面的原因，失败的命运不可避免：一是对西方资本主义的东西了解不多、研究不透；二是对中国的实际国情，了解局限，研究不透，认识不深，所以他们虽然苦苦探索，但并不能找到一条解决中国问题的正确道路。尽管如此，如史学家们所说的，这种维新变法思想在一定程度上影响了中国近代社会的发展进程，其变法思想和大同理想，在中国近代政治思想史中有着重要的地位。像毛泽东说的，资产阶级的共和国，外国有过的，中国不能有，因为中国是受帝国主义压迫的国家。唯一的出路是经过工人阶级领导的人民共和国。

在封建主义向更高社会形态资本主义转化的时代，无论在思想、政治、社会哪方面，凡倡导改革，倡导向资本主义学习，倡导用资本主义代替封建主义的，应该说都具有进步作用。维新派的历史进步作用正在于此。

比如，他们系统地宣传了西方资产阶级的民权的思想，他们利用西方的社会契约论、古典自由论、社会发展阶段论等，深刻揭示了国家权力来源于人民，人民是国家的主人，统治者是人民的公仆等道理，彻底否定了君权神授、王权至上、国家为君主所私有等封建思想。

比如，他们提出了用资产阶级政治制度，来改造中国君主专制制度的主张。他们关于开议院、兴民权、立宪法等主张，虽然没有能够完全付诸实施，但已经触及封建专制统治的根本。他们提出的社会平等的思想，提出的经济、文化、教育、社会等方面的一系列改革措施，代表了新兴民族资产阶级的利益，适应了发展资本主义的客观要求。

比如，他们较为系统地宣传了资产阶级的国家学说，提出通过培养"新民"来建设新国家、新政治；他们认为，近代国家的强弱和政治的好坏，不是取决于统治者，而是取决于每一个国民。中国要富强，就必须全面提高国民的德、智力、美等方面的素质。必须鼓民力、开民智、新民德，培养新国民，建设新国家。这大大解放了人们的思想，成为中国近代史上一次重要的思想启蒙。

维新思潮虽然是资产阶级性质的政治改良思潮，但它超越了资产阶级思想。他们对资产阶级的超越，主要体现在他们的大同思想中。比如康有为提出的人类未来社会不仅应当是物质丰富、人人平等的理想社会，而且首先应当是经济上实现财产公有的社会。他认为，今欲致大同，必去人之私产而后可；凡农工商之业，必归之公。显然，这些思想与马克思社会主义有共通之处，是资产阶级文明所不具备的。

总之，维新思想是真正涉及制度变革，它与顽固的封建统治，可谓短兵相接。但由于领导维新运动的不是民族资产阶级，没有强大的阶级作为后盾，所以基于实力悬殊，运动虽然由皇帝下诏，但在顽固派发动政变中，显得不堪一击而失败了。康有为、梁启超被等人被迫流亡国外，谭嗣同则同其他五位维新成员被捕就义，成为"戊戌六君子"。维新变革运动，以鲜血而告终。而这鲜血却染红了许多后来的革命者。

第 三 章

中国思想和对世界的启迪

　　中国是幸运的。因为在中国复兴探索和变革伊始，就找到了一个制胜法宝：马克思主义基本原理与中国具体实际相结合的思想。这就是本章讲的决定中国命运的中国思想。人们都知道，世界文明是多样化的，世界文明的相互借鉴，是人类文明发展进步的动力。而中国的实践证明，这种借鉴必须与本国的具体国情相结合，才能取得成功。任何国家借鉴任何先进文明，都不能照搬，都必须依据本国实际国情进行选择，这就是中国思想给世界的启迪。与本国具体情况相结合，所体现的是创新、是变革。应该说，中国在复兴的过程中，在借鉴国外先进东西的时候，始终都坚持与本国的具体国情相结合，始终贯穿着创新和变革，因而不断取得了成功。最为突出的，是在坚持马克思主义的过程中，始终坚持把马克思主义基本原理与中国的具体实践相结合。马克思主义基本原理与中国具体实践相结合的思想，不仅是中国革命和建设最基本的指导思想，也是决定中国命运的伟大思想。正是在这一思想指导下，中国人才有了许多创新和变革，中国的复兴才能从胜利走向新的胜利，才能取得令世人惊叹的奇迹。

一　复兴的探索和对国情的思考

　　中国对西方工业革命以及这一革命带来的富强，无疑是令人羡慕的。面对那些工业革命的胜利者，面对西方列强的野蛮入侵和掠夺，腐败的清政府起初是希望通过"洋务运功"和一些不触及封建制度根本的"改良"，以自强自保。"改良"失败后，逐渐失去原来就不坚定的自强之心，甘愿屈从于列强。1901 年，清政府与俄、英、美、日、德等十一国签订丧权辱国的《辛丑条约》，接受了一系列屈辱的条款，在对外政策上奉行"量中华之物力，结与国之欢心"，成了名副其实的"洋人的朝廷"。然而中国的人民是不屈不挠的，中国有识之士复兴中华的探索，不仅没有停止，而且开始真正走上了舞台。在维新变革失败后，走在这种探索前列的，是以孙中山为代表的辛亥革命者。孙中山的伟大之处，在于他学习西方，但不迷信西方，他是站在中国的土地上，在充分考虑中国具体国情的基础上，批判性地借鉴西方、超越西方。

辛亥革命的探索和对国情的认识

这里首先要说的是，中国复兴的探索和变革者，在学习西方的时候，都特别重视对具体国情的考虑。这一点是非常宝贵的。比如，辛亥革命者都是受西方民主革命影响，其革命思想和行动，无疑都借鉴了西方的经验。但最宝贵的是，他们都没有不顾本国具体国情地去照抄照搬西方的那一套，而是依据中国的具体国情，提出了三民主义的思想和纲领，这体现了中国人的聪明。三民主义的提出，不仅体现了中国民主革命的特色，而且体现了辛亥革命者对西方民主革命的超越。不可否认，三民主义是西方思想和中国国情结合的产物。1901 年《辛丑条约》的签订，标志着中国完全沦为半殖民地半封建社会，意味着中国的民主革命，已经失去了像西方国家那样的革命环境和条件，这就决定了中国的民主革命，已经根本不可能走西方走过的那条路，这就迫使中国的革命者，必须批判性的借鉴，必须把借鉴西方的东西与中国的具体国情结合起来。

从 1838 年至 1898 年，中国封建统治阶级所进行的自救改革运动，特别是洋务运动，虽然不能挽救封建王朝，却刺激了中国工商业的发展和民族资产阶级的发展，刺激了中国工人阶级的壮大。在那民不聊生、民怨沸腾的年代，推翻封建统治的革命的呼声和运动，自然风起云涌。在这场革命运动中，以孙中山为代表的资产阶级革命派，提出了建立民主共和的理论和方案，并发动辛亥革命，推翻了封建帝制，建立了中华民国。虽然由于中国的国情与西方国家不同，所以清廷的被推翻，民国的建立，既未实现民族独立、人民民主，更没有实现国家富强、人民幸福，但孙中山的思想，孙中山的革命精神，已经超越了西方的民主革命者，是很值得我们钦佩的。

毋庸置疑，日本变革的成功和君主立宪制度的实施，对中国产生了极大的影响。20世纪初，大量有识之士留学日本，他们通过翻译日文书籍，出版各种刊物，使各种新思想如火如荼输入中国，各种社会思潮在中国的勃兴，各派政治势力的角逐加强。在这种角逐中，最引人注目的是君主立宪派和革命党人的争论。在第二章中我们已经述及，中国的封建统治者在最后岌岌可危的时候，也曾下诏进行君主立宪改革，以梁启超为代表的君主立宪派曾与孙中山为首的共和革命派，进行过激烈的争论。

我们都知道，1905年，清政府派五大臣出国考察宪政，次年宣布"预备立宪"，为立宪思潮的出现提供了空间。就清政府内部而言，慈禧太后等主张实行预备立宪，以讨好西方，并抵制革命运动，而部分顽固派官僚则反对学习西方实行预备立宪。就立宪派内部而言，部分激进人士发起国会请愿运动，要求速开国会，而稳健派人士则认为，应该按照清政府的要求，进行适当的筹备之后，再行成立国会，实行宪政。就革命派内部而言，思想观点和政治倾向也不尽相同。对于孙中山主张的三民主义，章太炎、陶成章、徐锡麟等均有不同意见，关于"平均地权"的分歧尤大。晚于同盟会成立的共进会，甚至公开将"平均地权"改为"平均人权"。特别是围绕是保留光绪皇帝实行君主立宪，还是以暴力推翻清王朝，建立民主共和国这一根本问题，立宪派和革命派之间进行了激烈的论战。最后，终因立宪派的思想和主张脱离中国的国情，而成为闹剧。

辛亥革命者的可贵之处，在于他们都认识到了中国生产力和生产关系极度落后的现实，无论在革命方式和革命内容上，都主张既学习西方，又不能照搬西方的做法。在辛亥革命者中，最值得赞叹的，当然是孙中山的革命思想和革命行动。因为他的基于对中国国情认识基础上思想和行动，不仅是对传统资产阶级民主革命思想的超越，还为后来的中国共产党人，提供了弥足珍贵的思想财富。诚然，孙中山的思想，也有个产生、发展和成熟过程，其中最为弥足珍贵的是他后期的、比较成熟的思想。人们都知道，早在 1894 年，他就提出驱除鞑虏，恢复中国，创立合众政府的口号。1905 年他在发起成立资产阶级革命政党"中国同盟会"时，正式将"驱除鞑虏，恢复中华，建立民国，平均地权"定为同盟会的宗旨，并把这十六字纲领概括、发展为"民族""民权""民生"三大主义，即三民主义。这在当时来说，是非常难能可贵的。人们都不难悟到，孙中山的三民主义，特别是在人本、民生、民权等方面的主张，与共产党的主张，都是相通的。

孙中山新三民主义思想的核心，当然是以民为本的思想。他的新三民主义，是在俄国革命的影响下，在中国共产党的直接帮助下形成和完善的。尽管它有不少理论上的缺陷，但它毕竟是孙中山思想精华，对于中国的变革来说，有着很高的价值。在其新三民主义中，赶走帝国主义、推翻封建主义成为革命基本任务。孙中山明确指出，推翻清朝并不标志着民族革命任务的完成，顶多只可算作一半的成功，只有赶走帝国主义，废除我们的卖身契，不做各国人的奴隶，那才算民族主义完全成功。也就是说，完全的民族主义必须具有两方面的意义：一则中国民族自求解放；二则中国境内各民族一律平等。

我们都知道，孙中山民权主义思想，主要源自西方资产阶级的民主思想，不过他加进了新的内容。按照他的解释，所谓"民权"即西方国家人民所行使的诸种权力，例如，民有选举官吏之权，民有罢免官吏之权，民有创制法案之权，民有复决法案之权，此谓之四大民权也。这四权，只有进行政治革命，推翻持续数千年封建专制统治的君主政体，建立民主立宪政体，才能实现。

很宝贵的是，在对民权思想的思考中，孙中山还看出了资产阶级民主的实质，看出了西方资产阶级民主的狭隘性和虚伪性。孙中山认为，西方资产阶级宣称人民主权，却实行代议政体。这种政体使权力往往为资产阶级所专有，成为压迫平民的工具。如果说人民还拥有权力的话，那也只能称为间接民权。孙中山主张，权力一定要为一般平民所共有，不能为少数人所垄断并被他们据为己有。必须使人民能够直接管理政府，因此一定要"于间接民权之外，复行直接民权"。所谓的"行直接民权"，就是人民不仅要有选举权，而且还要有创制、复决、罢免等权力。

为了实现"直接民权"，孙中山提出了颇具特色的"权""能"分开理论。他认为"权""能"分开，是由于每个人"天赋的聪明才力"有分别。有的人绝顶聪明，是"先知先觉"，他们是世界上的创造者，是人类中的发明家；有的人是"后知后觉"，不能够创造发明，只能够跟随模仿别人，是宣传家；还有的人是"不知不觉"，做事的时候即使有人指导，他也不能"知"，只能去行，是实行家。既然"权"与"能"是可以分开的，那么到底由谁来掌握"权"，又由谁来发挥"能"呢？孙中山认为，一个国家的政治要正常运行，根本上说要人民有"权"，政府有"能"，管理政府之事交给那些有"能"的专家即官员。他还把人民掌握的"权"称之为"政权"，官员管理政府的"权"称之为"治权"。"政权"和"治权"属于政治的两个力量：一个是管理政府的力量，另一个是政府自身的力量。从"权"与"能"分开的理论来说，人民拥有的"政权"是"权"，官员行使的"治权"是"能"。如果人民有了很充分的政权，管理政府的方法又很完善，便不怕政府的力量太大而不能够管理，人民自然也就不怕政府成为"万能"了。

人们都知道，作为孙中山指导社会革命经济纲领的民生主义，其思想渊源不仅是西方资产阶级的经济思想，还来自中国先进思想家的民本思想和他们提出的民本纲领，而且受到马克思社会主义思想的影响。比如，孙中山认为，所谓"民生"就是指"人民的生活"，包括"社会的生存、国民的生计、群众的生命"。在孙中山看来，民生问题西方近百十年来所发生的最大的社会问题，所以民生主义就是社会主义。这里我们看到了，社会主义在孙中山思想中的地位。孙中山认为，民生问题之所以发生，是因为近代各国的物质文明虽然进步很快，工商业很发达，人类的生产力增长很快，但由于没有人民当权，社会贫富不均，随着工业革命的发生，许多人一时失了业，没有工做，没有饭吃，尤其是工人受很大的痛苦。

所以，在孙中山看来，解决贫富不均问题是民生中的重要问题。他认为，整个社会贫富不均，富者敌国，贫者无立锥之地，一言以蔽之，要实行民生主义，缘于贫富不均。孙中山认为，虽然中国面临的问题是贫穷而不是贫富悬殊，但是，也应该吸取欧美国家的教训，未雨绸缪，赶紧设法，免得再蹈覆辙。为预防中国社会出现贫富不均的问题，孙中山提出了许多举措，诸如平均地权、节制资本、耕者有其田等。

从上可见，孙中山的三民主义思想，内涵丰富，其不仅是他推翻封建制度，建立资产阶级共和国的根本指导思想，也体现了他希望建立一个"民有""民治""民享"的共和国的美好理想。为了将三民主义的理论贯彻到革命和建国实践中，孙中山创造性

地制定了五权宪法，以及革命建国的程序和方略。孙中山根据
"权"与"能"分开的理论提出，人民应当有四项权力，即选举
权、罢免权、创制权和复决权。人民有了这些权力，便可以直接
管理国家的政治。那些有"能"的官员要使政府充分发挥作用，
前提应是政府有很完全的机关。在他看来，只有"用五权宪法所
组织的政府，才是完全政府，才是完全的政府机关"。所谓"五
权"是指行政权、立法权、司法权、考试权、监察权。

　　从孙中山这些思想主张中，人民都不难觉察到，孙中山的思
想和主张，不仅是对西方资产阶级的超越，也是对中国古文明传
统的继承。在孙中山看来，西方实行立法权、司法权和已有一百
多年，但存在着缺点。如果中国还是实行那种三权分立，自然也
会产生很大的流弊。因此，我们现在应当集合中外的精华，防止
一切的流弊。具体讲，就是在其"三权分立"基础上，应当再加
入中国古代的考试权和监察权，建立一个五权分立的政府。这样
的政府，才是世界上最完全、最良善的政府。只有这样的纯良政
府，才可以做到民有、民治、民享。

　　孙中山认为，为了保证五权分立的政府是一个纯良政府，必
须用人民的四项权利去监督管理五项权力。只有这样，才能使人
民和政府的力量彼此平衡，民权问题才算是真解决，政治才算是
有轨道，政府才能为人民谋幸福行政，中国才可以破天荒地在地
球上造成一个新世界。可见，孙中山的五权宪法是在借鉴中国古
代的考试和监察制度的基础上，对西方三权分立学说的超越。尽
管最后它没有得到实现，但它作为思想的创造，已经成为人类文
明发展中的财富，影响着中国后代，发挥着它应有的作用。

马克思主义的传入和孙中山的新三民主义

　　马克思主义最早究竟何时传入中国，史学界有所争论。不过
多数史学家们认为，1899 年由英国传教士李提摩太译和中国人蔡

尔康共同撰写的《今世景象》一文中，首次将马克思的名字介绍给了中国。不过，作为马克思主义的系统理论，其传入日本似乎比传入中国早。据史学家提供的资料，1904 年日本信仰社会主义的学者就翻译发表了马克思的《共产党宣言》。中国早期接触马克思主义的人，也就是到日本留学的先进青年。据史学家们提供的资料，1902 年上海广智书局就翻译出版了由日本社会主义研究会会长村井知至写的《社会主义》一书，比较系统地介绍了马克思的社会主义学说。此期间到过日本主张变革的改良派和革命派，诸如梁启超、朱执信等，也都开始接触、研究和介绍马克思主义。1905 年由孙中山领导的同盟会的机关报《民报》第 2 号上，就介绍了马克思的生平和学说，高度评价了马克思的《共产党宣言》。但马克思主义在中国的广泛传播，还是在 1917 年俄国十月革命之后。

不管怎么说，从辛亥革命开始，中国的革命、中国的复兴，究竟应当走什么样的道路，采取什么样的方式，建立一个什么样的社会制度，思想理论界就发生了激烈的争论。在马克思主义传入之后，这种变革道路之争，就蕴含了马克思主义的因素。尤其是在辛亥革命失败后的新文化运动中，这一因素的分量越来越重，影响越来越大。从以李大钊、陈独秀等为代表的先进分子转向马克思主义开始，马克思主义在这场争论中，逐步占居了主导地位。

中国人的智慧，中国人的创新精神，令人惊异。就在 19 世纪西方资本主义以不可一世的态势，似乎要横扫世界的时候，中国人就看出了资本主义的弊病，对资本主义进行了批判，提出中国革命不能走资本主义道路。比如章太炎在目睹西方社会的各种弊病后，就对资本主义提出了怀疑。在他看来，资本主义社会生产力虽然高度发达，但人民大众仍然贫困；人与人之间竞争残酷，弱肉强食；战争动辄"伏尸百万，喋血千里"，比古代更加惨烈。由此他认为，如果沿着西方的道路走，人类的前途毫无希望，西方并不一定比中国先进，中国没有必要走西方的道路。

基于对西方资本主义的认识，章太炎反对在中国实行西方的代议制。他列出的主要原因，一是中国人口众多，地区差距、贫富悬殊，简单照搬西方选举产生的代议组织，极可能沦为豪强势力或发达地区控制国家权力的工具，如"以纳税定选权者"，"所选必在豪右"；二是议员代表不了人民，议院无法反映民意。章太炎在日本期间，发现日本国会议员名为人民代表，其实他们不在意民众利益，而更在乎各自集团的利益；三是代议制的作用更多的是抑制人民。在章太炎看来，代议制不符合中国的政治传统，因为传统中国虽然有等级制度，但在现实生活中，人民并不会受到太多限制，处于"放任"的状态。强行代议制，其结果将是"政府诚多一牵掣者，齐民亦多一抑制者"。章太炎认为，中国不能机械照搬欧美政治制度，应该走符合自身实际的道路。章太炎提出了"四权分立"说，即行政、司法、立法、教育四权相互独立。这"四权分立"构想，就是试图打破西方民主的传统模式。

章太炎在对西方代议制进行批判的同时，还对西方社会经济文化进行了批判。章太炎认为，西方资本主义社会一方面是人类的进步，另一方面却衍生出新的矛盾、新的罪恶，这是社会本身无法解决的问题。西方资本主义的社会现实，使章太炎认识到，西方资本主义有其文明进步的一面，也有其野蛮不道德的一面，比如西方资本主义虽然科学发达，但帝国主义侵略扩张，导致生灵涂炭深恶痛绝。所以，他主张中国应寻找适合自己历史文化特点的革命和发展道路，不可以照搬西方的道路和制度。章太炎的思想虽然有很多缺陷，它却为后人继续思考中国问题开启了更大空间。

从1905年到1921年这段时间，是中国如何才能复兴，怎样才能是救中国大论战的又一次高潮。其具有伟大时代意义的是，马克思主义，也就是社会主义能不能救中国，成为其中一个重要部分。虽然当时只有少数人信仰马克思主义，关于社会主义的流派、社会主义的意义，也纷乱不清，但它毕竟是马克思主义同反马克思主义思潮之间规模最大的一场论战，是一次关于社会主义学说的深入讨论。通过论战，提高了马克思主义者的理论水平，扩大了马克思主义者的队伍。正是在这次论战中，中国共产党成立了。

在此期间发生的五四运动，对这种论战，特别是对马克思主义在这种论战中的发展和传播，起到了非常重要的作用。在这次运动中，中国工人阶级第一次登上了政治舞台，并在运动中起来非常重要的作用。史学家们都称，五四运动是中国历史上第一次彻底反帝、反封的革命运动，也是中国历史上第一次马克思主义的思想运动，具有划时代的意义。五四运动前后，宣传马克思主义的刊物大量涌现。新文化运动中产生的《新青年》，经过五四运动，逐渐变成了宣传马克思主义的主要阵地。它不仅宣传马克思主义，而且还宣传俄国的十月革命。

这场论争，对孙中山也有极大影响。孙中山从自己革命的亲身经历中，似乎已经有所醒悟，似乎已经意识到，在帝国主义与封建买办相互勾结统治下的中国，民族资产阶级是难以领导革命取得成功的。正是在这场论争的影响下，也就是在十月革命和五四运动的影响下，孙中山的思想发生重大转变，对马克思主义，对共产党有了新的认识，这使其晚年确定并实行了"联俄""联共""扶助农工"三大政策，并重新解释其三民主义，将之发展为新三民主义，这是其很值得钦佩的了不起的进步。

孙中山在对民族主义重新解释中，明确提出反对帝国主义的任务。在对民权主义的重新解释中，强调国家政权的人民性、群众性，认为国家政权应当为一般平民所共有，凡真正反对帝国主义之个人及团体，均得享有一切自由及权利。这样就将资产阶级民权政治与反对帝国主义的斗争结合了起来，是一种巨大的进步和飞跃。在对民生主义的重新解释中，明确提出反对封建剥削，提出农民之缺乏土地沦为佃户者，国家当给予土地，资其耕作，使耕者有其田。在工业方面提出要节制资本，凡本国人及外国人之企业或有独占的实质，或规模过大，为私人之力所不能办者，如银行、铁路、航路之属，由国家经营管理之，使私有资本制度不能操纵国民之生计，工人之失业者，国家当为之谋救济之道，尤当为之制定劳工法，以改良工人生活。这样就把扶助农工政策与民生主义紧密地结合起来，从而推动了国民大革命。

由于新三民主义有了明确的反帝反封建内容，并且同联俄联共扶助农工三大政策结合起来，所以尽管它在指导思想、革命最终目标上与无产阶级还有不同，与共产党民主革命纲领还有着本质区别，但毕竟其在民主革命纲领和各种具体原则上，有着一致的地方，因而成为国共合作的基础和大革命时期的旗帜。孙中山虽然没有弄清马克思社会主义思想的真髓，简单地把他的民生主义视为社会主义，但他毕竟成为社会主义的积极宣传者。

在五四运动后的论战中，马克思主义能否救中国，社会主义能否救中国，始终是核心话题。正是在这次大论战过程中，产生了诸如陈独秀、李大钊等一大批先进分子，他们以救国救民、改造社会为己任，重新考虑中国的前途，探求改造中国社会的新方案，并使社会主义学说开始成为新思潮的主流。在这些论争中，中国一批先进分子开始认识到这样的道理：要解决中国的问题，必须有正确的信仰、正确的主义作指导；要求得中国问题的根本解决，必须走社会主义道路；只有马克思主义的科学社会主义，才能救中国，才能指引中国实现民族独立、人民解放和国家富强。

比如陈独秀，在新文化运动初期，他对西方资本主义民主制度十分向往。但是，随着在争论中认识的深入，特别是受到五四运动的洗礼以及俄国十月革命的影响，他逐渐接受社会主义思想，成为马克思主义者。在宣传马克思主义的使用价值理论时，陈独秀指出，在资本主义社会，剩余价值是在生产过程中产生的，而剩余价值的分配，是在流通过程中实现的。分配的不平等，造成了"市场缩小经济恐慌"和"工人失业"，最后将促使无产阶级"团结起来，夺取国家政权，用政权没收一切生产工具为国有"。他还指出，资产阶级民主就是资产阶级专政，劳动人民应当用暴力革命推翻它，建立"劳工专政"。只有通过"劳工专政"即无产阶级专政才能彻底战胜资产阶级。

又比如李大钊，受俄国十月革命胜利的影响，他的思想发生了根本性转变，他开始热情讴歌十月革命和传播马克思主义，成为向中国人民系统介绍马克思主义理论的第一人。李大钊认为，社会组织即社会关系，随生产力的变动而变动。社会组织最初助长生产力的展，当生产力发展到原有社会组织不能适应的程度时，社会组织就会束缚、妨碍生产力的发展。生产力发展的力量愈大，与社会组织间的冲突愈大，直至旧的社会组织崩溃，新的社会组织形成。

李大钊创造性地把马克思主义分为三个部分：关于过去的理论，就是它的历史论，又称为社会组织进化论；关于现在的理论，就是它的经济论，又称为资本主义的经济论；关于将来的理论，就是它的政策论，又称为社会主义运动论。李大钊根据唯物史观的理论，认为经济基础决定上层建筑，决定社会组织的进化。由于资本主义社会因为生产资料私有制，而存在不可克服的资产阶级与无产阶级的矛盾，它将推动资本主义社会组织发生革命性的变革，最终进化为劳工阶级自己掌握政权、享有自己劳动创造的物质财富的社会主义社会。因此，李大钊相信社会主义制度必然胜利，资本主义制度必然灭亡。

李大钊还第一次比较系统地把马克思主义理论中的三个主要组成部分即唯物史观、剩余价值学说和阶级斗争理论介绍到中国，成为中国人民考察国家命运，探索国家和民族出路的理论工具。

虽然他对马克思主义的了解还不是那么全面和准确，但他结合中国实践的宣传，使中国的先进分子认识到，帝国主义和封建主义是造成中国近代贫穷落后的主要原因，中国要发展就必须反帝反封建，建立适合生产力发展要求的社会主义新体制。

李大钊还从理论和实践的结合中阐明了马克思的社会主义理论，阐述了马克思社会主义的科学性。他认为，马克思主义的唯物史观则把"物的势力"作为历史发展的出发点，首先从物质的变动、社会生产力的发展即社会的经济条件变化中发现历史的必然的系统法则。依照此法则，社会主义社会必然到来。在他看来，社会主义既是理想的社会政治制度，又是达到这种理想制度的政治运动，突出表现为社会主义革命。只有社会主义，才能实现真正的大多数人的平等、民主、自由。而社会主义革命的主体，是劳动阶级。把劳动阶级视为革命的主题，并认为劳动阶级要进行的是整个的革命，而不仅是政治的或经济的革命，这是李大钊的独到之处。

在如何运用马克思科学社会主义解救中国时，李大钊提出了许多很有价值、很了不起的思想。李大钊认为，社会主义是马克思等思想家在特定的历史环境下、针对特定的问题所阐发的理论，运用到中国时，必须要考虑中国的实际情况。在他看来：一个学说的成立，与时代环境，有莫大的关系。因此，马克思的学说，实在是一个时代的产物，我们不可拿这一个时代一种环境造成的学说，去解释一切历史，或者就那样整个拿来，应用于我们生存的社会。社会主义的理想，因各地、各时之情形不同，务求其适合者行之。这里我们似乎看到了马克思主义基本原理与中国的具体国情相结合伟大思想的萌芽。这宝贵的思想，无疑是李大钊等留给后人重要的思想遗产和启示。

如学者们所感叹的，中国人真的是了不起，其了不起之处在于，虽身处半封建半殖民地社会，而思想却惊人地超越了资产阶级，而跃升到比资本主义文明更高的社会主义。而对马克思主义、科学社会主义的认识，对如何用社会主义解救中国的探索，又是那么深邃和富于创建新性。可见，这场论争和论争中产生的思想，不仅扩大了马克思主义的影响，而且使大批进步青年认识到只有社会主义才能救中国，以及如何才能救中国，从而迅速投入宣传马克思主义、组织劳工运动之中。这些理论和实践活动，促进了马克思主义与中国工人运动的结合，推动了中国共产党的创立。

辛亥革命的失败和原因

在中国的民主革命中，孙中山的功绩是巨大的。孙中山不仅是中国资产阶级民主革命伟大的思想家，而且是伟大的实践家。早在辛亥革命前的 1907 年开始，孙中山高举革命大旗，亲临前线，领导革命党人对封建统治者进行了不屈不挠的革命斗争。推翻封建制度的辛亥革命，不仅是资产阶级的意愿，而且是广大劳动人民的心愿。回望历史，在所有推翻旧制度和建立新制度的革命中，民心向背都是决定性的。在中国进行的民主革命进程中，虽然出现过野心家，出现过革命的倒退甚至复辟，但由于民心的定力，野心家们都不过是过眼云烟，很快就被革命者所唾弃。这是中国革命的一条宝贵经验，也是对世界的重要启迪。

孙中山领导的辛亥革命，虽然屡遭失败，但他从不气馁。比如 1907 年至 1908 年他亲自领导指挥的云南和两广地区多次武装起义失败后，他这样说道：历观前事，足以气壮，吾党经一次失败，即多一次进步；然则失败者，进步之原因也。人们都不会忘记辛亥革命者在广州起义中的英勇表现。1911 年 4 月，孙中山、黄兴等发动了震惊中外的广州起义。由于寡不敌众，起义失败。起义者英勇牺牲和被捕就义者近百人。事后，广州人民收殓烈士遗骸 72 具，合葬于城郊黄花岗，故又称这次起义为"黄花岗起义"。这次起义虽然事先做了周密部署，但因内奸告密，被迫仓促上阵，革命党人都表现出了大无畏的革命精神。起义军与大队清军激烈巷战，奋战一昼夜，终因伤亡重大，寡不敌众，被清军水师提督李准击败。黄兴伤右手，断两指，仍坚持指挥，直到剩下一个人才改装逃往香港。不少革命党人受伤被俘后，大义凛然，从容就义。

国民党人都不会忘记 10 月 10 日这个日子，因为正是在 1911 年 10 月 10 日晚，武昌新军起义，辛亥革命爆发。起义士兵经过一夜血战，占领总督衙门，湖广总督逃跑，武昌起义胜利。次日，武昌中华民国军政府成立，后改为中华民国军政府，并宣布中国为中华民国。之后，全国数十省宣告独立，辛亥革命已成燎原之势。孙中山受到全国国民党人的拥戴，1911 年 12 月 17 日省代表在南京进行的临时大总统选举中，孙中山以 16 票的绝对多数当选，于 1912 年 1 月正式宣誓就职，并发表了《临时大总统宣言书》。随后还制定和颁布了包括发展民主政治、实业经济和文化教育等方面社会改革的法令和措施。这些法令和措施无疑也体现了更大的劳动人民的利益，受到劳动人民的拥护。

历史是残酷的。革命者的善良和野心家的丑恶，似乎总是形影不离。正当革命浪潮滚滚向前，封建统治者将被淹没的时候，大野心家袁世凯投机"逼宫"得逞，并代表清廷与南京临时政府谈判清廷退位的条件。1912 年 2 月 3 日清廷同意退位条件后，同意接受共和政体，决定退位。孙中山也信守诺言，于 1912 年 2 月 13 日向南京参议院提出辞职。并在辞职咨文中写出这样的话：现在清帝退位，专制已除，南北一心，更无变乱，民国为各国承认且夕可期。本总统当践誓诺言辞职引退。1912 年 3 月 10 日，袁世凯宣誓就任临时大总统，篡夺理论辛亥革命果实，南京临时政府夭折。

孙中山是伟大的革命者，他领导的辛亥革命推翻了清王朝统治，结束了统治中国几千年的君主专制。虽然由于辛亥革命成果被以袁世凯为代表的封建买办官僚阶级窃取，孙中山等人所提出的资产阶级共和国的各种方案没有得到实行，民主革命的任务并没有完成，中国半殖民地半封建的社会性质没有改变，中国人民的悲惨境遇没有改变，但他的伟大的革命精神、伟大思想和主张，深刻地影响和推动了中华民族的思想解放，打开了中国进步潮流的闸门，开启了中国社会新的变革和民主革命的脚步。孙中山和他领导的辛亥革命，永远是中华民族伟大复兴征程上一座巍然屹立的里程碑！

辛亥革命虽然失败了，但孙中山没有停止革命的步伐，经过辛亥革命洗礼的中国人民及其先进分子，没有停止变革的步伐，他们继续探索救国救民的真理，并付出新的艰辛努力，作出新的巨大牺牲，终于找到了社会主义这条实现中华民族伟大复兴的正确道路。作为孙中山开创的革命事业最坚定的支持者、最亲密的合作者、最忠实的继承者，中国共产党人不断实现和发展了孙中山和辛亥革命先驱的伟大抱负。

就在袁世凯紧锣密鼓筹措实现其皇帝梦的时候，幡然悔悟的孙中山又积极投入了倒袁的斗争中。1912 年，同盟会等革命组织代表在北京开会，协商成立了国民党。1913 年 9 月，孙中山发起组建了中华革命党，并亲手拟定了中华革命党入党誓约。1917 年，孙中山在上海举起"护法"大旗，号召拥护宪法，恢复国会，并组织了第一次护法运动。在这次护法运动失败后的 1919 年，孙中山又把中华革命党组织改组为中国国民党，并公布了《中国国民党规约》，把巩固共和、实行三民主义定为中国国民党的宗旨。

我们只有在回忆革命艰难的时候，才能更体会到革命者的伟大。1921 年，孙中山为"贯彻护法主张"提请非常国会通过北伐案，在桂林设立北伐大本营，准备次年春取道湖南北伐。1922 年春，孙中山利用军阀之间的矛盾，联合皖、奉二系，共同反对直系。然而，谁能料到呢，陈炯明却勾结吴佩孚，联合湖南督军赵恒惕，阻止北伐军假道湖南北进，其本人控制广东政府，不仅不接济北伐军粮饷军械，还暗杀支持孙中山的粤军参谋长邓铿，破坏北伐大业。孙中山被迫决定入桂各军退粤，而且不得不免去陈炯明粤军总司令、广东省省长和内务部部长的职务，仍然保留其陆军总长职务，期其悔悟。然而在北伐军以李烈钧为总司令，许崇智为总指挥，分兵 3 路进攻江西，正当北伐军节节胜利之际，陈炯明却在广州阴谋发动叛乱，使北伐军处于腹背受敌，给养供应不支的境地，被迫向湘赣边界撤退，孙中山的第二次护法战争又告失败。

1917 年俄国十月革命的胜利，对孙中山影响很大。由于马克思主义在中国的广泛传播，加之俄国十月革命的影响，孙中山对中国革命本质和道路，又有了新的认识。1923 年，孙中山还让蒋介石率代表团赴苏俄考察。这是国民党第一个访俄代表团。代表团受到苏俄热烈欢迎。谈判中蒋介石提出：希望苏联革命军事委员会派人到华南，仿照红军编练军队，派去的人愈多愈好；希望与苏联革命军事委员会共同商讨中国新的北伐作战方案。苏联革命军事委员会同意中国派遣同志到俄国军事院校学习。代表团还出席共产国际执委会议，蒋介石在会上还作了报告。

正是受苏联的影响，孙中山提出了革命统一战线的思想和道路。1924 年，中国国民党第一次全国代表大会在广州举行。这次大会除通过了《中国国民党章程》《组织国民政府之必要案》《中国国民党第一次全国代表大会宣言》等文件之外，最为有意义的是，大会接受了中共反帝反封建的政治主张，确定了联俄、联共、扶助农工的三大政策，奠定了国共合作的政治基础。大会坚持联共方针，决定共产党员、青年团员以个人身份加入国民党和努力在工农中发展党员，并根据这一精神，整顿各级组织，从而把国民党改组成为工人、农民、城市小资产阶级和民族资产阶级的民主革命联盟，使之成为国共合作的革命统一战线的组织形式。这次大会标志着以国共合作为基础的革命统一战线的正式形成，第一次国共合作正式得以实现。

这次国共合作统一战线的建立，大大推动了工农革命运动的恢复和发展。比如在工人运动方面，1924年7月，广州沙面数千工人举行总罢工，成为全国工人运动重新走向高潮的起点。1925年2月，全国铁路工会第二次代表大会在郑州召开，恢复了被吴佩孚封闭的京汉铁路总工会。会后，胶济铁路工人罢工，成立了胶济铁路总工会。接着，上海、青岛的日本纱厂工人也相继罢工。又比如在农民运动方面，1924年7月，为了培养农民运动干部，在共产党人的推动下，国民党中央农民部主办的第一届农民运动讲习所在广州开学。共产党人彭湃、罗绮园、阮啸仙、谭植、毛泽东等先后主持了历届讲习所。一部分学员被委任为国民党中央农民部特派员，分赴广东各县指导农民运动，大部分返回原籍开展农村工作。广东的农民运动有了迅速发展，成为全国农民运动的先导和中心。在毛泽东、韦拔群等人的领导下，湖南韶山一带、广西右江地区的农民运动也有了较快发展。

正当中国工农革命运动蓬勃发展时候，孙中山不幸去世了。孙中山去世后，又一个野心家蒋介石，利用各种卑劣投机的手段，窃取并垄断了革命队伍的党政军大权，利用特务组织，实行独裁、恐怖统治。蒋介石背叛了孙中山的新三民主义，背叛了孙中山联苏、联共、扶助农工的三大政策，破坏了国共合作和统一战线，并于1927年公然发动了"4·12"政变，对共产党进行残酷镇压和屠杀。蒋介石公开投入大官僚买办资产阶级的怀抱，背叛了劳苦大众。尽管蒋介石利用其窃取的权力，处心积虑地妄图消灭共产党，但民心不可违，尽管他一时飞扬跋扈，仍然逃不脱过眼烟云的结果。

二　中国共产党的探索和一个伟大思想的产生

这里不得不提醒的是，虽然中国共产党建立伊始，就开始思考、摸索如何运用马克思主义的基本原理，解决中国革命的实际问题。并在这种思考和摸索中，逐步形成了一个伟大思想，马克思主义的基本原理与中国革命的具体实践相结合的思想。但至今人们对这一伟大思想价值和意义的认识，似乎仍不是那么透彻，而且还有遗忘之险。回顾90多年中国革命走过的路，所取得的一个接一个的伟大胜利，都是坚定的坚持这一伟大思想、实践这一伟大思想的结果。中国特色社会主义理论的产生，中国特色社会主义道路的开辟，中国所取得的令世人刮目的奇迹，都是在坚持和实践这一伟大思想基础上获得的。实践是不断发展的，理论和实践的结合也是在发展的。发展、理论创新、更高的结合，这个过程，既是对马克思主义理论的创新过程，使马克思主义理论在中国与时俱进的过程，也是中国在各方面持续发展的过程，取得辉煌的过程，更是在马克思主义理论，社会主义革命实践以及自己所积累的宝贵经验等方面，对人类、对世界提供了深刻启迪和做出了重要贡献。

信念的选定和中国文明传统

有些西方人至今不能理解，在开始探索复兴之路时，中国人为什么会最终选定共产党，选定马克思的科学社会主义。这当然是有深刻缘由的。最重要的缘由，是马克思科学社会主义的公有性、人本性和共享性，与中国传统文明中的人本思想、大同思想、公天下思想，都有着相通性。马克思主义科学社会主义，之所以能在中国找到知音，不仅在于它所具有的强大魅力，更在于中国传统文化的魅力，在于在中国传统文化熏陶下中国人的品质。

人们都知道，19 世纪，是人类社会发展大变动、大转折的世纪。在这个世纪中，最令人振奋的伟大事件，莫过于资产阶级工业革命运动和由这一革命运动所必然引发的工人革命运动，以及这两种革命运动在理论上的反映——马克思主义的诞生。马克思主义是工人阶级的圣经，所以它的诞生，既令广大工人阶级欢天喜地，也令资产阶级寝食难安。无论过去和现在，无论是信马克思主义的人，或不信马克思主义的人，甚至反对马克思主义的人，只要回想起那段历史，都会感到马克思主义"幽灵"在当时所产生的巨大震撼。至今，这个"幽灵"仍然游荡在世界的上空，它的震撼在继续。马克思给人类留下的《德意志意识形态》《资本论》《共产党宣言》等大量著作，至今仍然闪着耀眼的光芒，仍然是人类思想宝库中璀璨的星斗。人类的实践证明，它的这种震撼性，不仅来自它不可动摇的科学性，而且来自它在指导实践中所取得的成功。

中国人之所以能够那么快接受马克思主义，接受社会主义，并把它作为自己的坚定信念，还有中国人的文明传统、文明基因的作用。认真研究就能发现，马克思社会主义思想与中国古文明中的思想，有许多相通之处。在第一章中我们已经阐述过，自古以来中国人就爱劳动，恶不劳而获的传统。把靠勤劳为生，勤劳致富，视为美德；把剥削他人、无偿占有他人劳动的不劳而获，视为大义不道。自古以来，中国人还有一个传统，那就是重义气，重诚信，爱平等，讲究取之有道，恶不均，恶奸盗，恶不义之事，恶不义之财。而马克思社会主义思想的核心，正是反对剥削，反对不劳而获，使劳动者得到解放，让劳动者当家做主，过上没有压迫、没有剥削、自由、平等幸福的生活。这与中国人的文明传统，与中国人渴望、理想的社会，都有些相通之处，所以中国人才容易接受。

关于马克思主义与中国文明传统的相通性，中国早期的马克思主义者或社会主义者，都有很好的探讨，可以说他们很多最初都是以中国传统文明的思维，来认识和理解马克思主义的。说也奇怪，中国古文明中的理想社会，确有很多思想与马克思社会主义的公有性、人本性和共享性相通。

比如，儒家经典《礼记·礼运》中，就这样描述想象中的远古社会：大道之行也，天下为公，选贤与能，讲信修睦。故人不独亲其亲，不独子其子；使老有所终，壮有所用，幼有所长，矜、寡、孤、独、废疾者皆有所养；男有分，女有归。货恶其弃于地也，不必藏于己；力恶其不出于身也，不必为己；是故谋闭而不兴，盗窃乱贼而不作，故外户而不闭，是谓大同。如有学者所说的，这里描绘的这幅美丽的图景，虽然到现在也没有真正显现，但这一学说为秦汉以后的许多进步思想家所继承和阐发，世代知识分子对它的精神追求一如既往。

比如，康有为在《大同书》中就认为，人类未来社会应当是物质丰富、人人平等的理想社会。这样的社会，在经济上实行财产公有，即康有为说的，今欲致大同，必去人之私产而后可；凡农工商之业，必归之公；在政治上实现人人平等，即康有为说的，既无帝王、君长，又无官爵、科第，人皆平等，亦不以爵位为荣，所奖励者唯智与仁而已，整个社会只奖励尊重有智慧和有德性的人；在整个社会上，实行以平等为基础的仁爱和人民自治，即康有为说的，大同之世，至仁之世也，全地皆为自治，全地一切大政皆人民公议。如果说，康有为的《大同书》还没有自觉地引入社会主义思想的范畴的话，那么新文化运动时期的知识分子则已经将"大同"等同于社会主义了

马克思主义历史学家郭沫若，也曾把社会主义思想与大同学说进行过比较。明治维新派代表人物康有为的大同书、辛亥革命领导人孙中山的民生主义，也都是从中国传统文明思想中，寻找社会主义合理性的。梁启超也这样说过，国人对于生计问题之见

地，自先秦诸大哲，其理想皆近于今世所谓社会主义。今此问题为全世界人类之公共问题，而我国学者对于此问题，实有最大之发言权；且尤当自觉悟其对此问题应负最大之任务。可见，中国社会主义思想的产生，与经济上的生产、交换、分配，社会生活中的民生，政治上的"民本"思想紧密相连。

人们都知道，自马克思主义产生之后，就一直是人们研究、实践、争论的关乎人类生存和发展的大课题。马克思主义传入中国后，这种研究、争论也从未停止。在当时的争论中，中国广大的知识分子和工农劳动者，为什么选定马克思主义作为自己的信仰，选定社会主义作为自己的追求，选定跟随中国共产党闹革命的道路呢？这是值得我们深思的问题。回顾一下当时的历史，人们比较容易明白的原因是，马克思主义在中国的广泛传播、俄国十月革命的胜利，使中国的知识分子和广大劳动者对马克思主义、对社会主义，都有了比较深刻的认识。马克思主义的人生观、价值观和道德观，马克思科学社会主义和共产主义思想，已经深入人心。人们相信，只有社会主义能够救中国、救自己。

正因为马克思社会主义与中国传统文明相通性，所以中国人才比较容易相信，在批判继承古典哲学、古典政治经济学和空想社会主义基础上产生的马克思主义，不仅是一种引导劳动者求解放的创新理论，是一门揭示人类社会发展客观规律，揭示资本主义产生、发展和必然灭亡的规律，指导工人阶级革命，并通过这种革命，实现人类理想社会即共产主义社会的科学；而且还是教人如何做人、如何做事、如何奋斗、如何追求真理、追求信仰、追求人生价值的大学问、大道理。无论什么人，无论其主观意愿如何，都不能生活在马克思所揭示的人类发展规律之外。人们相信，只有懂得马克思主义，能自觉地、主动地按马克思主义所提倡的去追求有尊严、有良知、有道德的生活，努力既为自己也为他人，特别是为广大劳动者、为全人类的解放的生活，才有意义。

　　正因为马克思社会主义与中国文明传统的相通性，中国人才能从内心感受到，马克思主义人生观和价值观，也就是共产党的人生观和价值观，特别是劳动者本性的高尚的人生观和价值观是最符合人的本性的。这种人生观和价值观的高尚之处，首先在于它最符合人类的本质和最有利于人类的发展。马克思主义的人生观、道德观和价值观与资产阶级的人生观、价值观和道德观不同，资产阶级人生观、道德观和价值观，表现为物的属性，是金钱确定人的价值。它的核心，是人不为己，天诛地灭，是贪婪地追求金钱和私人财富，这是中国文明传统所不齿的；而马克思主义的人生观、道德观和价值观，表现为人的本质，它的核心，不是私人财富，也不是追求金钱，而是劳动者的解放，广大劳动者都能过上自由、幸福的生活。在这种道德和价值观里，人们之间是相互依存、相互帮助，人人为我、我为人人的关系。每个人的生存，都是在为社会的发展、为他人更好地生存创造条件。人生不只是为了自己，同时也为了社会，为了人类。只为自己而活，而死，轻如鸿毛；而为了社会、为了人类而活，而死，则重于泰山。这种人生观和道德观，似乎在中国文明传统中就根深蒂固。

　　正因为马克思社会主义与中国文明传统相通性，人们才认定，马克思的科学社会主义社会，是以劳动者为本的人类最理想、最美好的社会。因为社会主义会是消灭私有制，实行公有制，消灭剥削，实现劳动人民当家做主的民主、平等的社会，所以中国人才向往。在中国人看来，马克思所描述的社会主义社会，比如生产资料社会占有、生产力高度发展、社会财富极大丰富、人人都能自由平等的劳动，自由平等支配劳动成果，自由平等的创造自己生存条件社会，是最符合人性的。每个人都不仅为自己劳动，也为别人劳动，每个人都能在自由劳动中，得到全面的自由发展，而且每个人的自由发展也在为一切人的自由发展创造条件，所有这些，都是有着中国文明传统基因的每个中国人所向往的。

中国人认定，因为社会主义社会将给所有的人提供健康而有益的工作，给所有的人提供充裕的物质生活和闲暇时间，给所有的人提供真正的充分的自由，所以它必定会实现。祖辈都崇尚劳动，都靠勤劳维持生计的中国人，对于靠劳动致富，不劳动者不得食，并实行按劳分配，保证人们经济上的平等，避免了剥削的产生的社会主义社会，自然会向往。而且人们还认定，社会主义不仅是物质文明高度发展的社会，还是精神文明高度发展的社会。比如不分民族的世界性交往的普遍化，人人都受到应有的良好教育，德、智、体都能得到全面发展，共产主义道德和精神境界都能达到很高的水平，等等。

中国人认定，社会主义通过社会生产，不仅可能保证一切社会成员有富足的和一天比一天充裕的物质生活，而且还可能保证他们的体力和智力获得充分的自由的发展和运用，特别是在社会主义高级阶段上，由于社会生产力的高度发展，在迫使人们奴隶般地服从分工的情形已经消失，从而脑力劳动和体力劳动的对立也随之消失，在劳动不仅仅是谋生的手段，而且其本身成了生活的第一需要之后，在随着个人的全面发展生产力也增长起来，而集体财富的一切源泉都涌流。社会主义就是既保证社会生产力极高度发展的同时，又保证每个生产者个人全面发展的一种社会形态。

当然，我们还应当看到，之后中国共产党实践中榜样的力量，也对中国人树立对马克思主义和社会主义信仰起到了重要作用。我们都知道，中国共产党始终是按人民当家做主的原则，建党、建军和进行根据地假设的。早在井冈山红军初创时期，毛泽东、朱德所领导的红四军，就建立了官兵平等的民主制度。正如毛泽东所说的："红军的物质生活如此菲薄，战斗如此频繁，仍能维持不敝，除党的作用外，就是靠实行军队内的民主主义。官长不打士兵，官兵待遇平等，士兵有开会说话的自由，废除烦琐的礼节，经济公开。这些办法，士兵很满意。尤其是新来的俘虏兵，他们感觉国民党军队和我们军队是两个世界。他们虽然感觉红军的物质生活不如白军，但是精神得到了解放。同样一个兵，昨天在敌军不勇敢，今天在红军很勇敢，就是民主主义的影响。红军像一个火炉，俘虏兵过来马上就熔化了。中国不但人民需要民主主义，军队也需要民主主义。军队内的民主主义制度，将是破坏封建雇佣军队的一个重要的武器。"① 正是有了这种民主制度，红军才粉碎了蒋介石数十万大军的围剿。

在延安时期，中国共产党也把抗日与民主建设结合起来。当时毛泽东强调：没有民主，抗日是要失败的。没有民主，抗日就抗不下去。有了民主，则抗他十年八年，我们也一定会胜利。1945 年，民主人士黄炎培在延安的窑洞里向毛泽东提出，中共能否找到一条新路，避免陷入"其兴也淳焉"，"其亡也忽焉"的历史周期律。毛泽东坚定地回答说：我们已经找到新路，我们能跳出这个周期率。这条新路，就是人民民主。只有让人民来监督政府，政府才不敢松懈。只有人人起来负责，才不会人亡政息。在建立民主制度中，干部以身作则，吃苦在前、享受在后的精神和行动，都使广大工农劳动者感动。

人们从共产党人对待劳动者的态度中，共产党人一心一意为劳动者的解放事业中，共产党人的所作所为中，感受到了马克思主义理论就是自己求解放的理论。马克思关于劳动者才是真正值得尊敬的人，劳动者的劳动，是生产的主要要素，是财富的源泉，劳动创造了人类、人类历史和人间的一切财富、一切奇迹的理论，深得民心。而且俄国十月革命的胜利、中国共产党的榜样，都使当时的人们不仅坚信社会主义社会是自己能够得到解放的最理想、最美好的社会，还使人们坚信社会主义革命一定会取得胜利。所

---

① 《毛泽东选集》第 2 版，第 1 卷，第 65 页。

以中国广大工农劳动者，都不仅把马克思主义作为自己的坚定信念，而且把自己的解放、自己对美好生活的愿望，都寄望于社会主义的实现上。

得民心者得天下，这是一句再普通不过的语言了，但它所蕴含的真谛，却是人们永远也吃不透、识不尽的。1917 年俄国十月革命的胜利，震动了中国的先进分子，更震动了中国广大劳苦大众。从此后，马克思主义、社会主义，迅速成为越来越多人的信仰。信仰是人生观和人生价值的体现，是战无不胜的力量。从1921 年中国共产党建立，到1949 年中华人民共和国成立的这段革命过程中，曾出现了许多令人惊异、震撼和难以理解奇迹，蒋介石装备精良的百万雄师，总是战不过数量相差数倍的、小米加步枪的泥腿子，蒋介石总是因此而气急败坏、暴跳如雷，其不知，这都是由民心决定的，民意不可违。

伟大思想的形成和中国共产党的成熟

人们都不会忘记毛泽东曾说过的话：十月革命一声炮响，给我们送来了马克思列宁主义。十月革命帮助了全世界，也帮助了中国的先进分子，用无产阶级的宇宙观作为观察国家命运的工具，重新考虑自己的问题。走俄国人的路——这就是结论。1917 年俄国十月革命的胜利，给苦难中的中国人照亮了前进的道路，使先进的中国人，特别是中国人中先进分子，在激烈的争辩中，从众多思潮中选择了马克思主义，选择了俄国道路。从此后，中国革命和中国历史，跨入了一个崭新时代。其实中国的实践证明，走俄国道路的意思是走社会主义革命的道路，并不是要照搬俄国的道路。

俄国十月革命胜利的影响，使马克思主义在中国得到了更广泛、更深入的传播。在这种传播中，最具有历史意义的是，越来越多工农大众特别是青年人开始追求和信仰马克思主义。原来积极参加辛亥革命的民主主义者，也逐渐失去了对西方资本主义的幻想，开始倾向社会主义，成为共产党的拥护者。更为重要的是，在马克思主义和俄国十月革命的双重影响下，中国工人阶级的力量迅速壮大。据史学家们提供的资料，到五四运动前夕，中国产业工人已经达到 260 多万人，工人运动高涨。有记载的产业工人罢工，1916 年为 17 次，1917 年为 21 次，到 1918 年增至 30 次。罢工规模亦不断扩大，仅 1918 年就有 8 次 1000 人以上的大罢工。工人阶级队伍的壮大和工人运动的高涨，反过来，又为马克思主义的广泛传播，提供了更大的推动力。

辛亥革命的失败，既证明了中国民主革命的复杂性，也证明民族资产阶级的软弱性。为什么结果会是"无量头颅无量血，可怜购得假共和"呢？人都不得不重新思索。当时很多人都认为，之所以会出现这种情况，是因为中国人缺乏民主和科学意识，思想上还没有觉醒，需要以西方的资产阶级民主主义来启中国人之蒙，来一次思想解放。正如当时的毛泽东所阐述的，由于多次奋斗，包括辛亥革命那样全国规模的运动，都失败了。国家的情况一天一天坏，环境迫使人们活不下去。怀疑产生了，增长了，发展了。看来，来一次思想解放是必须的，但不是用西方的资产阶级思想，而应当用马克思主义的社会主义思想。

当时在世界上最震撼的，是俄国十月革命的成功。俄国人民在列宁和布尔什维克党的领导下，推翻了资产阶级在俄国的统治，取得了十月革命的伟大胜利，建立了世界上第一个社会主义国家，使社会主义从科学理论变为生动的现实。十月革命的胜利，开辟了人类历史的新纪元，极大地鼓舞了各国人民斗争的勇气。我们都知道，在十月革命前，先进的中国人本来以西方资本主义国家为榜样。可辛亥革命的失败，第一次世界大战的爆发，俄国十月革命的胜利，所有这些，都使很多中国人的信仰开始转变，即由信仰西方资产阶级文明，向信仰马克思主义和社会主义转变。比如，当时有些信仰西方资产阶级文明的人，也在欢呼俄国十月革命的胜利，欢呼它是"布尔什维主义的胜利"，是"庶民的胜利"，这无疑也是在欢呼马克思主义的胜利，社会主义的胜利。

在俄国十月革命的影响下，马克思主义的广泛传播和中国工农运动的高涨，就促成了中国历史上最伟大事件的发生，那就是1921年中国共产党成立了。中国共产党产生后，首要的任务就是研究中国的国情，确定革命的目标、性质和任务。在上海举行的中国共产党第一次全国代表大会所通过的党的第一个纲领，就旗帜鲜明地把实现社会主义和共产主义作为自己奋斗的目标，并且决定用革命的手段来实现这个目标。中国不是资本主义国家，而是个半封建半殖民地的国家，在这样的国家能否实现这个目标和如何实现这伟大目标，能否进行社会主义革命，一时很多革命者陷入迷茫，党内陷入了争论。要弄清这个问题，当然首先要对中国当时的国情有深刻的认识。

人们都知道，就在中国共产党成立后不久，美、日、法、意等九国，就在华盛顿举行会议并签署了"九国公约"，重申了美国提出的"各国在华机会均等"和中国"门户开放"的原则，使中国更深地陷入帝国主义列强的共同控制之下。他们都各自支持和操纵代表自己利益的中国的军阀，造成中国一切重要的政治经济，无不受帝国主义的操纵和支配。使中外民族矛盾日益剧烈，中国各派军阀之间的争夺更加频仍，中国政局陷于极度混乱的状态之中。与此同时，在帝国主义80多年的蹂躏和掠夺下，中国在经济上尚停留在落后的家庭农业和手工业的基础上，民族工业和民族资产阶级都在受着帝国主义和军阀的拟制，工人阶级的力量从总体上说，还很薄弱。

其实，在中国共产党成立前的1920年，列宁就为共产国际第二次代表大会草拟了《民族和殖民地问题提纲初稿》的文件，具体阐明了殖民地和半殖民地国家革命的性质和力量，也许是受这一文件的影响，智慧的中国共产党，依据中国的这种具体国情，在其第二次代表大会上就得出了这样的结论：中国是一个殖民地和封建军阀统治的国家；现阶段革命的性质是资产阶级民主主义革命；革命的对象是帝国主义和封建军阀；革命的动力是工人、农民、小资产阶级，民族资产阶级也是革命的力量；革命的形式是组成各革命阶级的民主联合战线；革命的直接目标是建立统一的真正的民主共和国；革命的前途是向社会主义转变，实现无产阶级与贫苦农民联合的无产阶级专政。

　　当时中国的具体国情是个什么样子呢？在帝国主义残酷掠夺下，中国的生产力非常落后。中国自己大工业很少，而且即使很少的大工业也都由洋买办所控制。人们常用的工业品，都带着洋字，诸如洋布、洋自行车、洋火、洋油、洋铁皮、洋枪、洋炮等等。那时城市规模很小，人们主要集中在农村，农民占总人口的90%。那时普通农民用的劳动工具，主要是耕地用的一把铁铧木犁、运输用的一个手推车、挑粪用的一对箩筐、挑水用的一对木桶、做衣服用的纺棉花车和土织布机，还有几把铁锹、锄头和镰刀。就是这些简单的工具，也不是每家都样样齐全，很多是相互转借着差开使用。那时的劳动方式，主要是依靠人力和畜力，各户单干。单干力所不及的，也有合作劳动。比如受经济条件所限，一般的户只能养活的起一头牲口，或驴，或骡，或牛。用铁铧木犁耕地，一般都需用两头牲口拉，两家搭帮合作，完成两家的耕种。少数养不起牲口的特困户，靠人拉犁的，更需要合作。其他的劳动，如积肥、运肥、吃水、收割庄稼、纺花织布等，主要靠肩挑、肩扛、手拉、手推。农民们没日没夜地面朝黄土背朝天的拉啊，挑啊，推啊，把几亩薄薄的一层黄土翻了一遍又一遍，腰弯了，背驼了，人抽了，还是难以改变糠菜半年粮的穷苦日子。

　　由中国这样的具体国情所决定，中国不可能通过城市暴动，直接进行社会主义革命，必须先进行资产阶级民主革命。但对这场民主革命的许多具体问题，诸如由谁来领导这场革命，这场革命的前途如何，这场革命胜利后是否必须经过资产阶级民主制度等等，是在数年后逐步被认识清楚的。

1926 年毛泽东在《国民党右派分离的原因及其对革命前途的影响》一文中，对这个问题作出了比较明确的回答。在这篇文章中，毛泽东在与西方资产阶级民主革命的对比中，阐明了中国民主革命的特点。毛泽东认为，18 世纪末 19 世纪初的欧美、日本的资产阶级革命，与中国的国民革命性质不同；辛亥革命前的资产阶级革命，与现在革命性质也不相同。前代英、法、德、美、日各国资产阶级的革命，乃是资产阶级一个阶级的革命，其对象是国内的封建贵族；其目的是建设国家主义的国家，即资产阶级一个阶级统治的国家。而"现代殖民地半殖民地的革命，乃小资产阶级、半无产阶级、无产阶级这三个阶级合作的革命，大资产阶级是附属于帝国主义成了反革命势力，中产阶级是介于革命与反革命之间动摇不定，实际革命的乃小资产、半无产、无产这三个阶级成立的一个革命的联合。其对象是国际帝国主义；其目的是建设一个革命民众合作统治的国家"。

明确革命性质容易，而在中国这样复杂的国情下，进行这场革命，并不容易。而恰恰在这个大难题面前，中国共产党人表现出了高超的创造能力，他们结合中国的具体国情，提出了新民主主义革命的理论。新民主主义革命理论的提出，是当时对中国革命认识上的飞跃。正是在这一理论的指导下，各地党组织都按照党纲中关于组织工人阶级、领导工人运动的有关规定，积极投身工人运动之中，并大胆与国民党建立革命统一战线，发动如火如荼的新民主主义革命运动，国共两党共同组织和进行了轰轰烈烈的北伐战争，掀起了新民主主义革命的第一次高潮。这场气势磅礴的大革命运动，一方面使中国共产党人投入前所未有的革命斗争实践中，积累了许多新鲜而生动的革命斗争经验；另一方面，错综复杂的革命斗争，又把许多缺乏现成答案的新问题置于中国共产党人的面前，要求他们从理论上给予回答。

而正是在回答这些问题中，一个具有普遍意义的伟大思想——马克思主义基本原理与中国革命具体实践相结合的思想——产生了。中国共产党的那些先驱们，诸如李大钊、毛泽东、蔡和森、瞿秋白等，就先后萌发了这一思想。比如，李大钊提出了马克思主义是时代产物，不可以拿着一个时代一种环境造成的学说，去解释一切历史，或者就那样整个拿来，应用于我们生存的社会。比如，1926 年，蔡和森在《中国共产党史的发展（提纲）》中，就这样说过：马克思主义、列宁主义是世界各国共产党共同的信仰，但最重要的是应用到实际上去才行。要在自己实际的争斗中，以马克思主义、列宁主义的精神来定出适合客观情形的策略和组织才行。比如，1927 年，瞿秋白在其论文集自序中也曾经强调：应用马克思主义于中国国情的工作，断不可一日或缓。他认为，无产阶级之革命思想的指导，当然是集体的工作，即中国共产党要形成自己的理论，需要依靠集体的智慧；而集体的革命思想之形成，亦正在于其各个个体之间的切磋。应当说，这些都是很精彩的思想。在党成立不久就提出这样一些思想，尤属难能可贵。

当然，马克思主义必须与中国实际相结合这个思想原则，还是毛泽东作了最深刻论述的。早在中国共产党建立之前的 1920 年，毛泽东就指出，吾人如果要在现今的世界稍微尽一点力，当然脱不开中国这个地盘。关于这个地盘的情形，似不可不加以调查及研究。之后，毛泽东在《关于纠正党内的错误思想》《反对本本主义》《关于调查工作》等文章中，都强调了马克思主义理论必须用于中国革命实践的重要性。

毛泽东在《新民主主义论》一书中，就指出："必须将马克思主义的普遍真理和中国革命的具体实践完全地恰当地统一起来，就是说，和民族的特点相结合，经过一定的民族形式，才有用处，决不能主观地公式地应用它。公式的马克思主义者，只是对于马克思主义和中国革命开玩笑，在中国革命队伍中是没有他们的位置的。中国文化应有自己的形式，这就是民族形式。民族的形式，新民主主义的内容——这就是我们今天的文化。"①

在1938年党的六届六中全会上，毛泽东还明确地提出了马克思主义中国化的问题，他认为，马克思主义中国化就是马克思主义普遍真理跟中国革命具体实践的统一。马克思主义中国化的任务，就是马克思主义必须和我国的具体特点相结合，并通过一定的民族形式才能实现。因此，应当使马克思主义在中国具体化，使之在其每一表现中带着必须有的中国的特性，使之具有新鲜活泼的、为中国老百姓所喜闻乐见的中国作风和中国气派。

毛泽东还倡导把革命理论、历史知识和对具体国情深刻了解这三者有机结合起来思想。他认为，指导一个伟大的革命运动的政党，如果没有革命理论，没有历史知识，没有对实际运动的深刻的了解，要取得胜利是不可能的。1939年，毛泽东在《"共产党人"发刊词》中总结中国共产党成立18年来的斗争经验时，正式提出了将马克思列宁主义的理论和中国革命的实践相结合这一思想原则。并且指出，党的事业的前进与后退、成功与失败，都是同党能否把两者正确地结合起来直接关联的，而从不善于实行这种结合到获得对于这两者的完全统一的理解，正是党从幼稚到成熟的标志。

马克思主义普遍原理与中国具体实际相结合思想，体现了中国领导人的集体智慧。但其中贡献最大的是毛泽东。在这一思想指导所产生的新民主主义革命的理论和实践，农村包围城市的理论和实践，都取得了伟大的胜利。这种胜利不仅证明了这一伟大思想的正确性，而且显示了毛泽东的伟大功绩，更重要的是全党

① 《毛泽东选集》第2卷，人民出版社1991年版，第706页。

都接受了这一伟大思想，都看到了毛泽东在实现马克思列宁主义普遍原理与中国实际相结合过程中所作出的突出理论贡献，因此产生了以毛泽东的名字来命名这思想的要求。正是在这个背景下，先后有了党的理论工作者提出了毛泽东思想的理念。如张如心的"毛泽东的思想"的提法，王稼祥的"毛泽东思想"的概念等。

又经过一个时期的酝酿和讨论，"毛泽东思想"这一概念，逐步成为全党的共识。在1945年中国共产党第七次全国代表大会上，刘少奇在关于修改党章的报告中，对"毛泽东思想"作了完整的概括："毛泽东思想，就是马克思列宁主义的理论与中国革命的实践之统一的思想，就是中国的共产主义，中国的马克思主义。"在七大通过的党章中，也明确规定，中国共产党，以毛泽东思想为自己一切工作的指针。从此，马克思列宁主义的理论与中国革命的实践之统一的思想，成为全党的指导思想。这也标志着中国共产党的成熟。

伟大思想的精髓和对世界的启迪

摆在人们面前的两个铁的事实：帝国主义不顾国情强行向别的国家推行西方民主制度，给别的国家造成严重灾难的事实；中国坚持马克思主义普遍原理与本国具体实践相结合，取得伟大成功的事实；都给世界这样一个启迪，或告诉世界这样一个道理：由于每个国家国情是千差万别的，国情不可能有完全一样的，所以学习和借鉴任何外国先进东西，包括理论上的、制度上的和实践上的，都不能不顾本国国情盲目照搬照抄。学习和运用马克思主义更是如此。如毛泽东所说的："各国应根据自己国家的特点决定方针、政策，把马克思主义同本国特点结合起来。中国的经验，有好的也有不好的，有成功的也有失败的。即使是好的经验，也不一定同别的国家的具体情况相适合。照抄是很危险的，成功的经验，在这个国家是成功的，但在另一个国家如果不同本国的情况相结合而一模一样地照搬就会导致失败。照抄别国的经验是要吃亏的，照抄是一定会上当的。这是一条重要的国际经验。"①

　　马克思主义普遍原理与本国具体实践相结合的思想，之所以伟大，就在于其体现了马克思主义科学的世界观和方法论，体现了由实践到理论，再由理论到实践的科学认识论。毛泽东把这一思想精髓概括为"实事求是"四个字。毛泽东说，"我们党有实事求是的传统，就是把马克思列宁主义的普遍真理同中国的实际相结合"。也就是说，马克思列宁主义的普遍真理同中国的实际相结合，其所体现的就是实事求是的精神。共产党人对待革命、建设和一切事物的态度，始终应当坚持实事求是的科学态度。只有这种态度，才能取得革命和发展的胜利。

　　毛泽东早在1941年就很精彩地这样说道："'实事'就是客观存在着的一切事物，'是'就是客观事物的内部联系，即规律性，'求'就是我们去研究。我们要从国内外、省内外、县内外、区内外的实际情况出发，从其中引出其固有的而不是臆造的规律性，即找出周围事变的内部联系，作为我们行动的向导。而要这样做，就须不凭主观想象，不凭一时的热情，不凭死的书本，而凭客观存在的事实，详细地占有材料，在马克思列宁主义一般原理的指导下，从这些材料中引出正确的结论。这种结论，不是甲、乙、丙、丁的现象罗列，也不是夸夸其谈的滥调文章，而是科学的结论。这种态度，有实事求是之意，无哗众取宠之心。这种态度，就是党性的表现，就是理论和实际统一的马克思列宁主义的作风。这是一个共产党员起码应该具备的态度"②。

　　中国领导人一直都有这样的认识：共产党员是国际主义的马克思主义者，但是马克思主义必须和本国的具体特点相结合，并通过一定的民族形式才能实现。马克思主义的伟大力

————————————

①　《毛泽东文集》第7卷，第64页。
②　《毛泽东选集》第2版，第3卷，第801页。

量，就在于它是和各个国家具体的革命实践相联系的。对于任何国家的共产党来说，就是要学会把马克思主义的理论应用于本国的具体的环境，使其成为本民族的一部分。而和这个民族血肉相连的共产党员，离开本民族的特点来谈马克思主义，只是抽象的空洞的马克思主义。因此，使马克思主义在本国具体化，使之在其每一表现中都带有本国的特性，即按照本国的特点去应用它，使其具有本国的风格和本国的气派，这是各国共产党必须解决的难题。

当前，面对动荡的世界，面对世界诸多难题，一个新的学习马克思主义的大潮，似乎正在兴起。人们都想从马克思主义的理论中，找到解决难题的钥匙。可如何有效学习？这就需要坚持实事求是，一切从实际情况出发，理论联系实际。如何才能做到这一点呢？毛泽东告诉我们，应当要有目的地去研究马克思主义的理论，做到有的放矢。要使马克思主义的理论和本国革命的实际运动结合起来，是为了解决本国的问题而去马克思主义中找立场，找观点，找方法。就是用马克思主义这个"矢"，射本国革命问题这个"的"，这种态度，就是有的放矢的态度，就是实事求是的态度。

毛泽东这样说道："马克思列宁主义理论和中国革命实际，怎样互相联系呢？拿一句通俗的话来讲，就是'有的放矢'。'矢'就是箭，'的'就是靶，放箭要对准靶。马克思列宁主义和中国革命的关系，就是箭和靶的关系。有些同志却在那里'无的放矢'，乱放一通，这样的人就容易把革命弄坏。有些同志则仅仅把箭拿在手里搓来搓去，连声赞日：'好箭！好箭！'却老是不愿意放出去。这样的人就是古董鉴赏家，几乎和革命不发生关系。马克思列宁主义之箭，必须用了去射中国革命之的。这个问题不讲明白，我们党的理论水平永远不会提高，中国革命也永远不会胜利。"①

　　要使马克思主义普遍真理与本国的具体实践结合得好，关键是做到两个吃透和八个字。两个吃透是：吃透马克思主义，吃透本国国情；八个字是：调查研究，实事求是。能不能坚持实事求是，能不能通过调查研究，吃透本国的国情，这决定着这种结合的成败。当然，要做到这八个字，还必须解放思想，破除迷信，善于独立思考，既勇于坚持真理，又敢于进行理论创新。如毛泽东说的："如果不是自己能够思索、能够自己动脑筋，经过认真的调查研究工作，深知本国各阶级的准确动向，善于应用马列主义的普遍真理同本国革命的具体实践结合起来，而只是人云亦云，不加分析地照抄外国经验，跟着外国人的指挥棒团团打转，那就是修正主义和教条主义样样都有，成为一个大杂烩，而单单没有马列主义原则性的党，这样的党，那就绝不可能进行革命斗争，绝不可能取得革命的胜利，绝不可能实现无产阶级的伟大历史使命。"②

　　马克思主义基本原理与中国革命的具体实际相结合，是一个思想解放过程，理论创新过程，实践它不仅需要智慧，更需要胆识。邓小平也曾说过，一个党，一个国家，一个民族，如果一切从本本出发，思想僵化，迷信盛行，那它就不能前进，它的生机就停止了，就要亡党亡国。可见，我们只有紧紧把握住解放思想、实事求是这个精髓，才能在马克思主义基本原理与本国具体实践相结合中，不断取得新的突破，使革命和建设事业取得新的更大的成就。

---

　　① 《毛泽东选集》第 2 版，第 3 卷，第 819—820 页。
　　② 《建国以来毛泽东文稿》第 10 册，第 280—281 页。

三　伟大思想的成功和对世界的意义

创新，是人类文明发展的永恒动力。伟大思想的成功，就在于它包含的创新。马克思主义基本原理与中国革命具体实践相结合的结果，就是符合中国国情的创新理论、创新实践的产生。总的来看，带有决定中国革命命运的、伟大创新理论和创新实践，主要有四个方面：一是关于民主革命创新和实践，二是关于夺权政权道路的创新和实践，三是社会主义革命创新和实践，四是社会主义道路的创新和实践。这里只分析前三个方面，后一个方面在之后几章分头论述。如毛泽东所说的："马克思列宁主义的普遍真理一经和中国革命的具体实践相结合，就使中国革命的面目为之一新，产生了新民主主义的整个过程。"① 正是在这两个理论的指引下，中国不仅取得了民主革命的伟大胜利，而且为社会主义革命的胜利，奠定了基础和创造了条件。这些创新和实践，实践的进程和胜利，都是中国独有的。它对世界有这样的启示：无论是学习和实践马克思主义，或是学习和借鉴外国的文明，包括思想、理论、制度等，都必须考虑自己的具体国情，都必须使其与本国的具体国情结合起来，才能取得成效。这启示既活生生，又很深刻，任何想在人类文明发展中有所前进的国家，都是不能不切记的。

民主革命创新和意义

许多事情都是说着容易，做起来难。在马克思主义基本原理与中国革命的具体实践相结合中，探索中国民主革命的道路，就是一个非常艰难的过程。它不仅需要认清中国的社会性质、中国

---

① 《毛泽东选集》第 2 版，第 3 卷，第 820 页。

的历史和国际环境、中国的各种矛盾关系，而且需要思想理论上的大胆创新精神。首先是对中国农民的认识，因为中国还处于农业社会，农民占人口的绝大多数。人们都知道，中国历代的农民，都在封建地主、贵族、官吏和皇帝的残酷经济剥削与政治压迫之下，过着贫穷困苦的奴隶式的生活。农民被束缚于封建制度之下，没有人身的自由，没有任何政治权利。地主阶级这样残酷的剥削和压迫所造成的农民的极端的穷苦和落后，就是中国社会几千年在经济上和社会生活上停滞不前的基本原因。而帝国主义入侵后，在帝国主义肆意浩劫下，中国农民的境况更加凄惨。

人们都不会忘记，自鸦片战争之后中国农民所遭受的深重灾难。特别是 1931 年日本发动大举侵华战争，在中国到处烧杀抢掠，使中国遭到历史上空前惨重甚至是毁灭性的破坏。抗日战争开始以后，中国的社会性质有了新的变化。按照毛泽东所说的，中国已经成为殖民地半殖民地和半封建的国家。当时，以蒋介石为代表的国民党顽固派又投靠帝国主义怀抱，积极反共、消极抗日。在此种情况下，中国革命的性质、前途和命运的问题，就成为人们争论的焦点。中国共产党人在总结过去革命斗争经验和教训的基础上，成功地把马克思主义理论与中国革命的具体实践结合起来，创立了新民主主义的理论。这一理论集中体现在毛泽东的《新民主主义论》一书中。

不言而喻，马克思主义理论与中国具体实践相结合，涉及思想解放和理论创新，是思想解放和理论创新的综合过程。我们怎样才能把马克思主义与中国实际正确地结合起来，实现马克思主义中国化，并在马克思主义与中国革命具体实践相结合中产生出新的理论呢？在毛泽东看来，主要就是在两个方面狠下功夫：一是要联系中国实际，认真学习马克思主义的理论，吃透马克思主义的本质；二是认真做好调查研究，吃透中国的具体国情。

就当时的情况看，联系中国实际，认真学习马克思主义的理论，吃透马克思主义的本质，是尤为重要的。学习马克思主义理论，不仅要认真阅读马克思主义的经典著作，而且要在联系实际吃透马克思主义的本质。因为只有吃透马克思主义的本质，才能结合中国的具体国情，深入浅出地进行宣传，使之成为新鲜活泼的、真正体现马克思主义核心的、为中国百姓喜闻乐见的理论，才能真正把它应用于中国革命的实践中。

吃透国情，主要是吃透中国的社会性质和这种性质所决定的各种矛盾。如毛泽东说过的：什么是中国的国情呢？中国的国情就是半殖民地半封建社会。在论及认清社会性质的重要性时，毛泽东这样说道："我们已经知道中国现时的社会，是一个殖民地半殖民地半封建性质的社会。只有认清中国社会的性质，才能认清中国革命的对象、中国革命的任务、中国革命的动力、中国革命的性质、中国革命的前途和转变。所以，认清中国社会的性质，就是说，认清中国的国情，乃是认清一切革命问题的基本的根据。"①

这里特别要提醒的是，吃透国情，不仅包括中国的现实情况，而且包括中国的历史情况。要联系实际地学习，为解决中国的实际问题学习，最基本的还是要学习中国的历史。因为它对于吃透国情非常重要。如毛泽东所说过的，不了解中国历史，就不了解中国，不懂得中国历史就不懂中国。因为中国是个历史悠久的文明古国，中国的古文明还深深地影响着现实。所以，毛泽东在阐述吃透国情时，就特别强调吃透中国历史的重要性。他指出："讲到学习运动。古人讲过：'人不通古今，马牛而襟裾'，就是说：人不知道古今，等于牛马穿了衣裳一样。什么叫'古'？'古'就是'历史'，过去的都叫'古'，自盘古开天地，一直到如今，这个中间过程就叫'古'。'今'就是现在。我们单通现在是不够

---

① 《毛泽东选集》第 2 版，第 2 卷，第 633 页。

的，还须通过去。延安的人要通古今，全国的人要通古今，全世界的人也要通古今，尤其是我们共产党员，要知道更多的古今。通古今就要学习，不但我们要学习，后人也要学习，所以学习运动也有它的普遍性和永久性。"①

毛泽东认为，学习我们的历史遗产，用马克思主义的方法给予批判的总结，是我们学习的另一任务。他说：我们这个民族有数千年的历史，有它的特点，有它的许多珍贵品。对于这些，我们还是小学生。我们是马克思主义的历史主义者，我们不应当割断历史。从孔夫子到孙中山，我们应当给予总结，承继这一份珍贵的遗产。这对于指导当前的伟大的运动，是有重要的帮助的。毛泽东对那种忘记自己的祖宗，对自己的历史一概不懂，或懂得甚少，不以为耻、反以为荣和言必称希腊的现象，严加斥责。

这里还要特别提醒的是，由于中国是个半殖民地半封建国家，所以吃透国情，不仅包括吃透中国国内的情况，而且包括中国的国际环境。毛泽东就是这样做的。早在1938年，毛泽东就阐述了这样的思想：中国已紧密地与世界联成一体了。中国无论何时也应以自力更生为基本立脚点。但中国不是孤立也不能孤立，中国与世界紧密联系的事实，也是我们的立脚点，而且必须成为我们的立脚点。所以，要认识和把握中国的国情，不能不考虑中国所处的时代条件，不能不考虑它在整个国际格局中所处的地位，不能不考虑它与世界上各种力量，包括资本主义国家、社会主义国家和社会主义运动、民族解放运动和新兴民族独立国家的关系，等等。

在民主革命时期，经过胜利、失败，再胜利、再失败反复比较，中国共产党才认识了中国这个客观世界。我们都知道，在抗日战争前夜和抗日战争时期，毛泽东写了一些论文，例如《中国

_____

① 《毛泽东文集》第 2 卷，第 177 页。

革命战争的战略问题》《论持久战》《新民主主义论》等，还替中央起草过一些关于政策、策略的文件，都是革命经验的总结。当然，那些论文和文件，只有在那个时候才能产生，因为在那以前没有经过大风大浪，没有充分的经验，还不能充分认识中国革命的规律。如毛泽东说的，在抗日时期，我们才制定了合乎情况的党的总路线和一整套具体政策。这时候，中国民主革命这个必然王国才被我们认识，我们才有了自由。

新民主主义革命理论，是毛泽东把马克思主义理论与中国实践相结合的第一个典范，是毛泽东对马克思主义的发展和创新。为了能正确认识这个问题，毛泽东首先深入分析了中国的社会性质和各种矛盾。毛泽东认为，中国本来是一个历史悠久而又富有革命传统和优秀遗产的国家。可是从 1840 年以后，中国落后了，开始沦为半殖民地和半封建社会，产生了一系列新的矛盾。而在这些矛盾中，帝国主义和中华民族的矛盾、封建主义和人民大众的矛盾，是近代中国社会的主要的矛盾。这种状况，体现了中国半封建半殖民地的特征。

毛泽东在论及这种特征时，曾这样说道："帝国主义和国内买办豪绅阶级支持着的各派新旧军阀，从民国元年以来，相互间进行着继续不断的战争，这是半殖民地中国的特征之一。不但全世界帝国主义国家没有一国有这种现象，就是帝国主义直接统治的殖民地也没有一处有这种现象，仅仅帝国主义间接统治的中国这样的国家才有这种现象。这种现象产生的原因有两种，即地方的农业经济（不是统一的资本主义经济）和帝国主义划分势力范围的分裂剥削政策。"[1]

当然还有别的矛盾，例如资产阶级和无产阶级的矛盾，反动统治阶级内部的矛盾。而帝国主义和中华民族的矛盾，乃是各种

---

[1]　《毛泽东选集》第 2 版，第 1 卷，第 49 页。

矛盾中的最主要的矛盾。这些矛盾的斗争及其尖锐化，就不能不造成日益发展的革命运动。伟大的近代和现代的中国革命，是在这些基本矛盾的基础之上发生和发展起来的。正是在分析这些矛盾的基础上，指出了中国民主革命领导力量、依靠力量和团结的力量。

　　毛泽东一直认为，在半封建半殖民地的境遇下，中国的国情不是孤立的，而是与整个世界形势密切联系的。所以，分析中国的国情，认识中国的民主革命，必须在世界形势的变化中，在世界革命的广阔背景中去考察中国革命。在毛泽东看来，因为第一次帝国主义世界大战和第一次胜利的社会主义十月革命，改变了整个世界历史的方向，改变了整个世界历史的时代。在新的时代，任何殖民地半殖民地国家，如果发生了反对帝国主义，即反对国际资产阶级、反对国际资本主义的革命，它就不再是属于旧的世界资产阶级民主主义革命的范畴，而属于新的范畴了；它就不再是旧的资产阶级和资本主义的世界革命的一部分，而是新的世界革命的一部分，即无产阶级社会主义世界革命的一部分了。这种革命的殖民地半殖民地，已经不能当作世界资本主义反革命战线的同盟军，而改变为世界社会主义革命战线的同盟军了。

　　通过对中国国情和世界形势的深刻分析，毛泽东得出这样的结论：现时中国的资产阶级民主主义的革命，已不是旧式的一般的资产阶级民主主义的革命，这种革命已经过时了，而是新式的特殊的资产阶级民主主义的革命。这种革命正在中国和一切殖民地半殖民地国家发展起来，我们称这种革命为新民主主义的革命。毛泽东强调，所谓新民主主义的革命，就是在无产阶级领导之下的人民大众的反帝反封建的革命。

　　人们都知道，革命的重要问题，是领导权问题。世界上所有资产阶级民主革命，都是有资产阶级领导的。而新民主主义革命的新，首先就新在其不是由资产阶级领导，而是由无产阶级领导

的。由无产阶级领导不只是因为中国的民族资产阶级自身的软弱
性、妥协性使之不能成为革命的领导力量；更重要的是，进行新
民主主义革命，建立新民主主义社会，只是党的最低纲领，党的
最高纲领是进行社会主义革命，实现共产主义社会，而只有坚持
无产阶级领导，才能顺利实现民主革命到社会主义革命的转变。
领导中国民主主义革命和中国社会主义革命这样两个伟大的革命
彻底地完成，除了中国共产党之外，是没有任何一个别的政党能
够担负的。

新民主主义革命的新，还新在其发展前途不是建立资产阶级
专政的资本主义社会，而是建立人民民主专政的新民主主义社会，
并经过变革，由新民主主义社会再转变为社会主义。如毛泽东所
阐述过的，当时所要建立的中华民主共和国，只能是在无产阶级
领导下的一切反帝反封建的人们联合专政的民主共和国，是民主
主义的共和国，也就是真正革命的三大政策的新三民主义共和国。
这种新民主主义共和国，一方面和旧形式的、欧美式的、资产阶
级专政的、资本主义的共和国相区别，那种旧民主主义的共和国
已经过时了；另一方面，也和苏联式的、无产阶级专政的、社会
主义的共和国相区别。一切殖民地半殖民地国家的革命，在一定
历史时期中所采取的国家形式，只能是第三种形式，这就是所谓
新民主主义共和国。这是一定历史时期的形式，因而是过渡的形
式，却是不可跳过的必要的形式。

关于新民主主义社会是个什么样的社会，毛泽东从政治、经
济、文化等各方面，都做了很全面的阐述。这也是很多老一辈所
亲身经历过的，这里似乎不必再赘述。不过还想提醒的是，毛泽
东关于新民主主义革命理论，关于新民主主义社会理论，作为马
克思主义与中国革命实践相结合的产物，作为理论创新，不仅是
人类文明发展中特别是马克思主义发展中的宝贵遗产，而且对当
今世界也有很重要的启示。除了思想理论上的意义外，中国新民

主主义革命的胜利，使中国人民又站起来了，东方的雄狮苏醒了。如马克思说的，这头东方雄狮将对世界产生巨大影响，也许是人们想象不到的。

夺取政权道路创新和意义

创新的能量，在于它的革命性。无论是理论创新或实践创新，特别是对马克思主义的创新，那是需要有足够胆识的。我们都知道，在马克思主义理论中，关于无产阶级夺权政权的方式，的确是强调城市武装暴动的。苏维埃俄国的无产阶级，正是通过这样的方式取得政权的。可中国共产党人基于中国国情的独特性，认识到这种方式在中国是行不通的。于是中国共产党人用自己的智慧，把马克思主义的基本原理与中国的具体国情相结合，提出了在农村建立革命根据地，走农村包围城市的道路。人们都不难悟到，这在当时存在共产国际和社会主义阵营的形势下，是多么不容易。人们如果想想当时南斯拉夫的遭遇，就更会体会到当时提出这样的道路是需要多么大的勇气和魄力啊。

好在中国共产党人，不仅有足够的胆识，而且有足够的智慧，虽然经历了激烈、尖锐、复杂的斗争，最终还是坚持了这条道路，并在实践中取得了胜利，证明实行马克思主义基本原理与中国革命的具体实践相结合，走农村包围城市道路的正确性。然而，回顾历史，正确认识的得到，正确道路的坚持，都不是一帆风顺、唾手可得的，而是经过很艰苦摸索的。

中国共产党在探索中国革命道路之初，就强调中国的独特性。正因为这种独特性，才产生了马克思主义理论与中国革命实践相结合的思想。前文已经述及，中国共产党创始人之一李大钊，就有这样的思想：因各地、各时之情形不同，务求其适合者行之，遂发生共性与特性结合的一种新制度，故中国将来发生之时，必与英、德、俄有所不同。从 1921 年共产党成立到 1940 年毛泽东

《新民主主义论》一书出版这一时期，中国共产党在把马克思主义理论与中国革命实践相结合的摸索中，形成了比较完整的新民主主义革命理论。毛泽东在《新民主主义论》中，对新民主主义革命的性质和它与西方资产阶级民主革命的区别、革命的基本力量和革命的对象、革命的方式、革命的目的和未来等，都做了全面的阐述。

与此同时，中国共产党还把马克思主义关于通过举行武装起义，发动革命战争，摧毁资产阶级政权，建立无产阶级专政的理论，同中国是个落后的农业国、工业不发达、工人阶级的力量薄弱的具体国情相结合，形成了建立工农红军、在农村建立红色根据地、以农村包围城市的武装斗争理论和道路。在 1929 年发表的毛泽东写的《关于纠正党内的错误思想》一文和在 1930 年发表的毛泽东写的《星星之火，可以燎原》一文，都对这条道路做了很精辟论述。毛泽东认为，建立工农红军，在农村建立红色根据地，实行农村包围城市，这是半殖民地中国在无产阶级领导之下斗争的最高形式，它必将促进全国革命高潮的到来。

毛泽东不仅明确提出了"农村包围城市，武装夺取政权"的科学概念，而且深刻地论证了中国革命必须走这条道路的必然性。毛泽东从中国的国情出发，明确指出："中国的特点是：不是一个独立的民主的国家，而是一个半殖民地的半封建的国家；在内部没有民主制度，而受封建制度压迫；在外部没有民族独立，而受帝国主义压迫。因此，无议会可以利用，无组织工人举行罢工的合法权利。在这里，共产党的任务，基本地不是经过长期合法斗争以进入起义和战争，也不是先占城市后取乡村，而是走相反的道路。"①

毛泽东不仅分析了中国武装斗争走农村包围城市的必然性，

---

① 《毛泽东选集》第 2 版，第 2 卷，第 542 页。

还具体分析了其能够取得成功的条件。毛泽东认为，当时中国的城市乡村问题，与欧美国家的城市乡村问题有性质上的区别。在欧美国家，城市在实质上形式上都统制了乡村，城市之头一断，乡村之四肢就不能生存。不能设想，在英、美、法、德、日、意等国，能够支持长期反城市的乡村农民战争。半殖民地小国也不可能这样。而半殖民地大国如中国，却产生了这种可能。这主要是由如下三个三位一体的条件所决定的。

第一是半殖民地条件。在半殖民地，城市虽带有领导性质，但不能完全统治乡村，因为城市太小，乡村太大，广大的人力、物力在乡村不在城市。第二是大国的条件。失去一部，还有一部。敌以少兵临大国，加以我之坚强抵抗，就迫使敌人发生了兵力不足与兵力分散的困难，这样就不但给了我们一个大后方，也给了我们广大游击活动的地盘。第三是今日的条件。如果在数十年前中国被一个强大帝国主义国家武装侵占，例如英国占印度那样，那是难免亡国的。今天则不同，今天主要的是中国进步了，有了新的政党、军队与人民，这是胜敌的基本力量。总之，在今天的半殖民地大国如中国，存在着许多优良条件，利于我们组织坚持的长期的广大的战争，去反对占领城市的敌人，用犬牙交错的战争，将城市包围起来，孤立城市，从长期战争中逐渐生长自己力量，变化敌我形势，再配合之以世界的变动，就能把敌人驱除出去而恢复城市。毛泽东的这种分析，既符合马克思主义基本原理，又符合中国的基本国情。对这些问题的科学认识，不仅奠定了中国革命走农村包围城市、武装夺取政权革命道路的理论基础，而且开创了中国走农村包围城市、武装夺取政权的革命道路。

在半殖民地半封建的中国，在帝国主义势力、封建官僚和买办势力积聚在城市的情况下，对于如何进行反帝、反封、反官僚资本的革命斗争，毛泽东指出了一条光明大道，这就是坚决把城市工人阶级的力量和广大农村农民的力量联合起来，既坚持工人阶级领导又依靠农民阶级和广大乡村，做到依靠广大农村，建立农村革命根据地，组织力量，积蓄力量，发动武装斗争，以乡村包围城市，一块一块地夺取敌人的阵地，最后彻底解放城市，并回过来，再以城市领导乡村，恢复和发展生产，进行建设。这条道路的开创，无疑是毛泽东运用马克思主义解决我国革命问题的又一个最成功的范例，是毛泽东对中国革命的重大贡献，也是对世界革命的重大贡献。

这里有一个重要的理论问题：农村革命根据地为什么能够存在？毛泽东对这个问题作了很深刻的分析。毛泽东说："一国之内，在四围白色政权的包围中间，产生一小块或若干小块的红色政权区域，在目前的世界上只有中国有这种事。我们分析它发生的原因之一，在于中国有买办豪绅阶级间的不断的分裂和战争。只要买办豪绅阶级间的分裂和战争是继续的，则工农武装割据的存在和发展也将是能够继续的。此外，工农武装割据的存在和发展，还需要具备下列的条件：（1）有很好的群众；（2）有很好的党；（3）有相当力量的红军；（4）有便利于作战的地势；（5）有足够给养的经济力。"[①] 毛泽东还对这种小块红色政权能够存在的条件，进行了具体的分析。毛泽东认为，这种奇事的发生，有其独特的原因。而其存在和发展，亦必有相当的条件。这些条件主要有以下几个方面。

第一，它的发生不能在任何帝国主义的国家，也不能在任何帝国主义直接统治的殖民地，必然是在帝国主义间接统治的经济落后的半殖民地的中国。因为这种奇怪现象必定伴着另外一件奇怪现象，那就是白色政权之间的战争。帝国主义和国内买办豪绅阶级支持的各派新旧军阀，从民国元年以来，相互间进行着继续不断的战争，这是半殖民地中国的特征之一。不但全世界帝国主

---

① 《毛泽东选集》第 2 版，第 1 卷，第 57 页。

义国家没有一国有这种现象，就是帝国主义直接统治的殖民地也没有一处有这种现象，仅仅帝国主义间接统治的中国这样的国家才有这种现象。这种现象产生的原因有两种，即分散的农业经济和帝国主义划分势力范围的分裂剥削政策。因为有了白色政权间的长期的分裂和战争，便给了一种条件，使一小块或若干小块的共产党领导的红色区域，能够在四面白色政权包围的中间产生和坚持下来。

第二，中国红色政权首先发生和长期存在的地方，不是那种并未经过民主革命影响的地方，而是受过民主革命影响和有过对反对封建斗争的地方。

第三，小地方民众政权之能否长期地存在，则取决于全国革命形势是否向前发展这一个条件。全国革命形势是向前发展的，则小块红色区域的长期存在，不但没有疑义，而且必然地要作为取得全国政权的许多力量中间的一个力量。全国革命形势若不是继续地向前发展，而有一个比较长期的停顿，则小块红色区域的长期存在是不可能的。现在中国革命形势是跟着国内买办豪绅阶级和国际资产阶级的继续的分裂和战争，而继续向前发展的。

第四，相当力量的正式红军的存在，是红色政权存在的必要条件。若只有地方性质的赤卫队而没有正式的红军，则只能对付挨户团，而不能对付正式的白色军队。所以虽有很好的工农群众，若没有相当力量的正式武装，便决然不能造成割据局面，更不能造成长期的和日益发展的割据局面。所以"工农武装割据"的思想，是共产党和割据地方的工农群众必须充分具备的一个重要的思想。

第五，红色政权的长期的存在并且发展，除了上述条件之外，还须有一个要紧的条件，就是共产党组织的力量和它的政策的正确。

1949 年中华人民共和国的成立，也是中国新民主主义社会的建立，意味着中国新民主主义革命的胜利，当然也意味着马克思主义理论与中国革命具体实践相结合思想的胜利，意味着在这一思想指导下创立新民主主义革命理论和农村包围城市理论的胜利。如毛泽东说的，1949 年中华人民共和国的成立，标志着中国在工人阶级领导之下的以工农联盟为基础的反对帝国主义、封建主义和官僚资本主义的资产阶级民主革命的彻底胜利。这个革命，从中国共产党成立之日算起，经过了 28 年，终于在第二次世界大战结束以后，由于世界形势的改变，国内形势的改变，中国共产党领导的正确，以苏联为首的国际革命力量的支援，而取得了胜利。中国革命的胜利，改变了东方世界的形势。

中华人民共和国的成立，意味着占人类总数四分之一的中国人从此站起来了。中华民族将从此列入爱好和平自由的世界各民族的大家庭，以勇敢而勤劳的姿态工作着，创造自己的文明和幸福，同时也促进世界的和平和自由。中华民族将再也不是一个被人侮辱的民族了。中国的革命已经获得全世界广大人民的同情、支持和欢呼，我们的朋友遍及全世界，我们民族的前途将无限光明。在新民主主义革命时期，在武装夺取政权的斗争中，中国都得到世界人民的广泛支持，中国革命胜利后，不会忘记世界人民，还要努力造福于世界人民。

从新中国成立那天起，毛泽东就向全世界宣告，新中国的发展不仅要造福于全中国人民，而且要造福于全人类。毛泽东说：中国革命的胜利，冲破了帝国主义的东方战线，具有伟大的国际意义。自由解放的新中国在东亚的出现，将成为未来光明世界中一个极重要的组成部分。这样的一个中国，不但将造福于四万万五千万中国人，而且将造福于全人类。"中国人民将会看见，中国的命运一经操在人民自己的手里，中国就将如太阳升起在东方那样，以自己的辉煌的光焰普照大地，迅速地荡涤反动政府留下来的污泥浊水，治好战争的创伤，建设起一个崭新的强盛的名副其实的人民共和国。"①

社会主义革命创新和意义

中华人民共和国的成立，标志着中国新民主主义革命阶段的基本结束，社会主义革命阶段的开始。或者说，由资产阶级民主革命阶段转变到社会主义革命阶段的开始，即进入由资本主义到社会主义的过渡时期的开始。因为在无产阶级领导下的新民主主义革命胜利基础上所建立的新民主主义社会，是无产阶级领导的、以工人联盟为基础的、人民民主专政的社会，所以它不同于由资产阶级专政的资本主义社会。新民主主义社会，不仅包含诸多社会主义因素，而且领导权和军队都掌握在无产阶级手中，所以由新民主主义社会到社会主义社会的转变，不再需要暴力革命，而只需要和平改造，或和平过渡。

当然，过渡也是一种变革，是一种和平变革，不过当时把这种变革称为社会主义改造。进行这种过渡或改造，也需要贯彻马克思主义理论与中国的实践相结合这一伟大思想，也需要理论创新。比如毛泽东在中共七届二中全会上的报告和《论人民民主专政》一文，就是马克思主义理论与中国革命实践结合的又一典范。在《论人民民主专政》这篇著名的文章中，毛泽东把马克思主义理论与中国革命实践相结合，用简短的语言概括说：总结我们的经验，集中到一点，就是工人阶级领导的以工农联盟为基础的人民民主专政。这个专政必须和国际革命力量团结一致。这就是我们的公式，这就是我们的主要经验，这就是我们的主要纲领。毛泽东关于人民民主专政的重要思想，为后来制定《中国人民政治协商会议共同纲领》奠定了理论和政策基础。

在1949年通过的《中国人民政治协商会议共同纲领》，成为

---

① 《毛泽东选集》第2版，第4卷，第1467页。

新中国的基本的政治制度。《共同纲领》明确规定：中华人民共和国为新民主主义即人民民主主义的国家，实行工人阶级领导的、以工农联盟为基础的、团结各民主阶级和国内各民族的人民民主专政，反对帝国主义、封建主义和官僚资本主义，为中国的独立、民主、和平、统一和富强而奋斗。中华人民共和国的国家政权属于人民。人民行使国家政权的机关为各级人民代表大会和各级人民政府。各级人民代表大会由人民用普选方法产生。人民有思想、言论、出版、集会、结社、通信、人身、居住、迁徙、宗教信仰及示威游行的自由权。这就是说，新中国既不同于西方的资产阶级议会共和国，也不同于苏联的社会主义共和国，而是无产阶级领导的人民民主主义国家，建立的是人民民主统一战线的联合政权。

从那年代走过的人都知道，在建立共产党领导的人民民主专政的同时，中国还做了一件非常重要的事情，就是没收官僚资本为国家所有。没收官僚资本，是新民主主义经济的原则。当时全国没收了占全国工业、运输业固定资产80%的官僚资本，转为全民所有，这当然是属于社会主义性质的社会主义成分了。之后，又用了三年的时间，完成了全国性的土地改革，解决了农民的土地问题。这样，不仅解决了地主阶级和官僚资产阶级的压迫和剥削问题，而且为社会主义的改造，打下了良好的基础。

在政权得到巩固之后的1952年，毛泽东就提出了向社会主义过渡的问题。1953年毛泽东在中共中央政治局会议上，正式提出了过渡时期的总路线。这就是：党在过渡时期的总路线和总任务，是要在十年到十五年或者更多一些时间内，基本上完成国家工业化和对农业、手工业、资本主义工商业的社会主义改造。这条总路线当时被称为照耀我们各项工作的灯塔。正是在这些思想的指引下，对农业和手工业实行了合作化或集体化，提前完成了对农业、手工业、资本主义工商业的社会主义改造。现在看来，实现国家工业化，肯定是正确无疑的，而对农业和手工业一律实现合作化和集体化的改造，似乎值得研究。

应当特别强调的是，当时毛泽东已经明确提出，社会主义革命的目的，是解放生产力。当时认为，要解放生产力、发展生产力，就必须消灭私有制，建立社会主义公有制。而过渡时期的实质，就是使生产资料的社会主义所有制成为国家和社会的经济基础。毛泽东指出："我们所以必须这样做，是因为只有完成了由生产资料的私人所有制到社会主义所有制的过渡，才有利于社会生产力的迅速向前发展，才有利于在技术上起一个革命，把在我国绝大部分社会经济中使用简单的落后的工具、农具去工作的情况，改变为使用各类机器直至最先进的机器去工作的情况，借以达到大规模地出产各种工业和农业产品，满足人民日益增长着的需要，提高人民的生活水平，确有把握地增强国防力量，反对帝国主义的侵略，以及最后巩固人民政权，防止反革命复辟这些目的。"[1]

还应当强调的是，毛泽东特别强调了中国在新民主主义革命完成后，通过改造的方式完成社会主义革命的国际意义。他说："我国的社会主义改造，包括工商业的社会主义改造，不仅有全国的意义，还有国际的意义。整个世界都是要走社会主义道路的，在私营工商业的社会主义改造方面，我们在世界上是走在前面的，中国的资本家将来是先进者，我这个支票也是可以开的。中国人是要走在前面的。当然，我不是讲一切国家都会走我们的方向，而是讲比较落后的国家会跟我们学的。"[2]

新民主主义革命胜利后，得到解放的中国人，劳动生产的积极性空前高涨。经过三年的经济恢复，又经过社会主义改造，中国开始走上和平发展的道路。从第一个经济发展五年计划年开始，中国进入了快速的社会主义建设时期，或者说快速的复兴时期。

---

① 《毛泽东文集》第 6 卷，第 316—317 页。

② 同上书，第 502 页。

如毛泽东当时曾这样说过的：中国经济建设的速度将不是很慢而可能是相当地快的，中国的兴盛是可以计日成功的。对于中国复兴的悲观论点，没有任何的根据。下面我们不妨多用一些具体数字，来说明这种复兴的强大势头。

中华人民共和国成立后，生产力很快得到恢复和发展。1952年，中国工农业主要产品产量均已达到或超过历史上的最高水平。1952年的钢产量已达134.9万吨，比1949年增长7.54倍，比历史最高水平增长46.2%；生铁产量达192.9万吨，比1949年增长6.66倍，比历史最高水平增长7.1%；原煤产量达6649万吨，比1949年增长105%，比历史最高水平增长7.4%；发电量达72.6亿度，比1949年增长68.1%，比历史最高水平增长21.9%；棉纱产量达362万米，比1949年增长1倍，比历史最高水平增长47.8%；棉布产量达38.3亿米，比1949年增长1.03倍，比历史最高水平增长37.4%；粮食产量达16392万吨，比1949年增长36%，比历史最高水平增长9.3%；棉花产量达130.4万吨，比1949年增长1.93倍，比历史最高水平增长53%；大牲畜头数达7646万头，比1949年增长27%，比历史最高水平增长6.9%；生猪存栏数达8977万头，比1949年增长55.2%，比历史最高水平增长14.3%。

在工农业产品产量提高的同时，中国工农业的装备水平和技术水平也有明显提高。在工业方面，1952年同1949年相比，固定资产增加了23%，煤炭机械采煤率提高了77.6%，机械运煤率提高了69.6%，发电设备利用率提高了63%，炼铁设备利用率提高了168%，炼钢设备利用率提高了135%；在农业方面，由于改进耕作技术，推广优良品种，粮食平均亩产提高了15%，棉花平均亩产提高了41%。

随着工农业生产的恢复和发展，中国工农业产值和国民收入也有很大增长。1952年工农业总产值达810亿元，比1949年增长了 73.8%；国民收入达 589 亿元，比 1949 年增长了 57.7%。无论从工农业总产值或国民收入看，其增长速度在世界上都是少有的。1952 年同 1949 年相比，中国工业总产值增长了 149.2%，比世界平均增长指数（18.5%）高 7 倍多；年平均增长率为 35.6%，比世界平均指数（5.8%）高 5 倍多。其中重工业为 49.7%。同期，整个国民收入总额增长了 64.5%，年平均增长率为 18%。其中工业国民收入增长了 133%，年平均增长率为 32.6%。

总之，1953—1956 年，是中国生产关系的伟大变革时期，尽管在变革的方式和进度上，一开始就包含冒进的风险，有违背科学和错误之处，但就这种伟大的历史性变革的总体理论和实践看，则基本上是正确的。这些理论和实践既冲击着古老中国大地的一切旧制度、旧观念和旧的习惯势力，但同时又带有这一切旧东西的痕迹，带有母体的染色体和遗传基因。这种生产关系变革的伟大胜利，充分显示了政府战略决策和政策的正确性。

第一个五年计划期间，中国就同日本、西德一样，也出现了惊人的奇迹。对中国工业化具有重要意义的第一个五年计划，最基本的任务是集中主要力量，进行以 156 个建设单位为中心的、由限额以上的 694 个建设单位组成的工业建设，以建立中国工业化的初步基础。按照此基本任务，"一五"期间中国进行了规模巨大的基本建设。至 1957 年年底，基本建设总投资（包括建筑业和地质资源勘探）达 588.47 亿元人民币，比计划总投资增加了 30% 多。在这些投资额中，工业占 42.5%，运输邮电占 15.3%，科学研究、文教卫生和社会福利占 7.6%，农村水利和气象占 7.1%，建筑业和地质勘探占 6.1%，商业占 3.6%，城市公用事业占 2.5%，其他占 15.3%。

"一五"期间，虽然也有急于求成和贪大求快的现象，但总的说，一方面由于广大劳动者有着巨大的社会主义劳动热情，其积极性和创造性得到了充分发挥，另一方面党的领导和人民政府在人民群众中享有极高的威信，在对计划的具体实施、指导和管理中，能尊重客观规律，注意实事求是，因而基本建设的效益是好的。5 年间新增加的固定资产达 492.18 亿元人民币，其中新增加的工业固定资产达 200.64 亿元人民币，比近百年来旧中国积累起来的工业固定资产（约 128 亿元人民币）还多 57%。

在基本建设施工的 921 个大、中型项目中，1957 年全部建成投产的有 595 个，新增加了一大批生产能力，其中主要有：炼铁能力 338.6 万吨，炼钢能力 281.6 万吨，煤炭开采能力 6376 万吨，发电机组容量 246.9 万千瓦，石油开采能力 131.2 万吨，水泥生产能力 261.3 万吨，纱锭 201 万锭，合成氨生产能力 13.7 万吨。新建并交付运营的铁路 4162 公里、公路 83403 公里。应该说，这的确是非常了不起的成就。而且建成了一批技术水平较高的、旧中国所不曾有的新型企业，诸如汽车、飞机和大型发电设备制造业，大型冶金和矿山设备制造业，重型和精密机器制造业，有色金属冶炼和高级合金钢加工业等，这些对于建立完整的中国工业体系，加速中国的工业化进程，都有着极为重要的意义和作用。

"一五"计划的顺利实现，给中国经济的发展带来了高速度，证明了毛泽东的论断。1957 年同 1952 年相比，中国社会总产值的年平均增长率为 11.3%，工业总产值的年均增长为 18%。各项重要工业品的产量，也都超计划完成，其发展速度是世界任何国家都无法相比的。这充分显示了社会主义制度的优越性。由于发展速度快，有些重要工矿业产量在世界所占的比重和位次有所提高。作为农业大国，1957 年粮食总产量已达 1950.5 亿公斤，居世界第 1 位；粮食每亩产量在 1957 年也达到了 97.5 公斤，高于苏联和印度。这些骄人成绩的取得，昭示着中国社会主义革命理论创新和实践创新的成功。

总之，中国新民主主义革命和社会主义革命的成功，以事实告诉世界，马克思主义理论与本国具体国情相结合的这一伟大思想，不仅对世界上的社会主义国家，或愿意走向社会主义的国家，有巨大的借鉴意义；而且对于那些正在寻求民主、寻求建立民主制度的国家，借鉴其他文明中的有益的东西，同样有借鉴意义。这里还有特别强调的是，这一伟大思想，体现着不同文明相互借鉴取得成功的客观规律。历史和现实实践都已经证明，一个国家不仅学习运用马克思主义是这样，而且学习和运用国外的任何先进的东西，包括先进思想、先进理论和先进社会制度，都应当是这样，都应当从本国的具体国情出发，把它与本国的国情结合起来，才能取得成功，否则就会搞出大乱子。

伟大思想的深化和马克思主义的与时俱进

借鉴先进文明，必须与本国具体国情相结合，不仅具有普遍意义，而且永远在途中。我们知道，马克思主义作为揭示整个人类社会发展客观规律的科学，它的视角、对象和目的，都不是某一个或几个国家，而是整个人类、整个世界。马克思在研究国别问题时，其目标并不局限于一个国家，而只是为从一个国家的具体问题入手，来研究整个人类社会发展的规律。所以，马克思主义在视角、思路和最终目的上，都具有国际性和世界性。而且马克思主义理论作为人类历史发展特定时代的产物，它既是对人类智慧和科学理论结晶的继承，又是其依据所处时代实践进行的革命性的创新和发展。这种创新和发展，把人类社会科学的发展，人类社会革命性变革的实践，都推到了一个崭新的阶段。

而世界各国的具体国情，又是千差万别的，马克思、恩格斯能力再大，也不可能考虑到各国的具体情况。所以任何国家都不可能照搬马克思主义，不能把马克思主义当成死的教条，都必须把马克思主义的基本原理与本国的具体实践相结合。而马克思主义基本原理与本国具体实践相结合，是随实践的不断发展、情况的不断变化，而不断变化、不断发展和不断深化的，是一个永无止境的发展过程。实践是检验真理的标准，而实践又是无限的。在马克思主义基本原理与中国具体实践的结合中，人们的认识，也总是在实践—认识—再实践—再认识的无限循环中得到不断发展和深化的。

马克思主义的社会主义基本原理，是马克思、恩格斯运用唯物史观分析人类社会发展，特别是分析资本主义社会发展的历史实践基础上而产生的。按照马克思的说法，这些理论都不仅是唯物史观的应用、阐释，还为唯物史观提供了科学的证明。这些理论虽然也都是揭露事物本质和发展规律的理论，也具有真理性和相对的稳定性，但它毕竟是具体到资本主义和社会主义具体事物的理论，它们都必然具有历史性和时代性，它们不仅都只在一定历史条件下起作用，而且必然随着历史时代的发展变化而发展变化，并在历史实践中得到修正和发展。

真理都是具体的。我们既不能否认一般原则，又不能不顾客观的具体条件，在实践中犯教条主义的错误。如恩格斯说过，把马克思认为只在一定条件下起作用的一些原理解释成绝对的原理，忽视了那些条件，那些原本正确的原理本身就成为不正确的了。把只有在一定的条件下和一定的范围内才是正确的马克思的个别论点绝对化当然也是错误的。现实问题的解决，主要靠千百万人在具体实践中提出办法。正如列宁所说过的，我们并不苛求马克思或马克思主义者知道走向社会主义的道路上的一切具体情况。这是痴想。我们只知道这条道路的方向，我们只知道引导走这条道路的是什么样的阶级力量；至于在实践中具体如何走，那只能以千百万人的经验来表明。

马克思主义基本原理与本国具体实践结合的思想，和任何思想、理论一样，也是历史实践的产物，也受到历史实践的局限，有着浓厚的时代的印记。它不仅在实践中产生，而且在实践中不断发展、不断完善、不断提高、不断经受考验和检验。这个不断发展、不断完善、不断提高的过程，同时就意味着马克思主义在实践中不断发展、不断完善、不断提高，意味着马克思主义在实践中的与时俱进。马克思说过：人类不仅始终只能提出自己能够解决的任务，而且任务本身，只有在解决它的物质条件已经存在或者至少是在生成过程的时候，才能产生。马克思特别强调，其理论的出发点，是从事实际活动的人，他说：在思辨终止的地方，在现实生活面前，正是描述人们实践活动和实践发展的过程的真正的实证科学开始的地方。这就是毛泽东所说的实践是人类认识的起点，人的认识来源于实践，人的正确思想只能从实践中来。

马克思和马克思之后所发生的人类活动的实践，不仅检验着马克思主义的理论，而且发展、完善和创新着这些理论。在马克思看来，人的思维是否具有客观真理性，这不是一个理论问题，而是一个实践问题。人应该在实践中证明自己思维的真理性，即自己思维的现实性和力量，自己思维的彼岸性。人们的观念、观点和概念，一句话，人们的意识，随着人们的生活条件、人们的社会关系、人们的社会存在的改变而改变。恩格斯也认为，正确的理论必须结合具体情况并根据现存条件加以阐明和发挥。原则不是研究的出发点，而是它的最终结果；这些原则不是被应用于自然和人类历史，而是从它们中抽象出来的；不是自然界和人类去适应原则，而是原则只有在符合自然界和历史的情况下才是正确的。恩格斯强调，随着实践的发展，那些被实践证明是过时的理论必须修正。恩格斯不仅是这样说的，而且也是这样做的。

在总结 1848 年革命的教训时，恩格斯明确承认：事实证明在 1848 年要以一次简单的突然袭击来实现社会改造，是多么不可能的事情，历史表明我们也曾经错了，暴露我们当时的看法只是一个幻想。历史走得更远：它不仅打破了我们当时的错误看法，而且完全改变了无产阶级借以进行斗争的条件。1848 年的斗争方法，今天在一切方面都已经过时了，这一点值得我们比较仔细、深入地加以探讨。

马克思在论述理论的实践性时，还特别强调了它在实践中的批判性和革命性。"在批判旧世界中发现新世界"这是马克思的一句名言。正是因为理论要为实践服务，所以理论在服务实践的过程中，始终贯穿着一种彻底的批判精神，始终贯穿着"在批判旧世界中发现新世界"这一宗旨。一切正确的认识或理论，都是在彻底地、毫不妥协地批判各种错误的、虚伪的、丑恶的、荒谬的理论观念中产生和发展的。在实践基础上的科学性与革命性的有机统一，这的确是马克思主义最重要的特征。

马克思主义基本原理与中国具体实践相结合思想，永远是个开放性的思想，永远不拒绝吸纳人类发展中所出现的一切先进思想和理论，永远不拒绝创新和发展。创新和发展是马克思主义的生命所在，而发展性与思想解放和创新性是紧密相连的，没有创新就不会有发展。这一思想产生和发展的历史，就是自身在实践中不断完善、发展、与时俱进的历史，它始终与思想解放和理论创新相适应。从毛泽东之后的中国领导人的思想看，都不仅是依据新的历史发展的实践，对这一伟大思想创造性的继承、发展和创新，而且在许多重大理论方面的发展和创新，是带有根本性的，是具有本质意义上的发展和创新，这种发展和创新，都体现着这一伟大思想的发展进程和发展的阶段性。

这种阶段性，主要体现在重大理论、理念、政策的提出和实践。诸如在之后几章论述的中国特色社会主义道路的提出和实践，社会主义市场经济理论的提出和实践，改革开放基本国策的提出和实践，和平与发展理念的提出和实践，平等合作、互利共赢理念的提出和实践，以人为本、共同富裕理念的提出和实践，和谐社会、和谐世界理念的提出和实践等，都是马克思主义与中国具体实践相结合中的思想和理论创新，都体现着马克思主义基本原理与中国具体实践相结合发展中的飞跃，体现着马克思主义的与时俱进。

在论及这一思想的世界意义时，我们也许会想到，马克思主义作为工人阶级求解放的"圣经"，自它一产生，就被资产阶级视为"幽灵"。这个"幽灵"一直震撼着他们，使他们寝食难安。特别是2007年资本主义发生世界性金融大危机之后，即使顽固坚持资本主义立场的人，也不得不对资本主义进行再认识。马克思是解剖资本主义的理论大师，为了弄清资本主义，人们都不得不从马克思著作中去找钥匙。马克思的《共产党宣言》《资本论》等著作，又开始畅销，世界性学习马克思主义的新潮，似乎正在兴起。理论的价值不仅是解释世界，更重要的是改造世界，是为了把它应用于实践，解决实践中的问题。如何把马克思主义的一般原理应用到千差万别的各国实践中去，并取得成效，这可是个需要智慧的大难题。中国思想，也许会给这个难题的解决，提供一些思路或启示。

总之，中华民族，是不屈不挠的民族。自帝国主义侵入中国那天起，中国人就开始了长期的不屈不挠的反帝斗争，开始了复兴中华的艰苦探索。值得自豪的是，中国的探索始终坚持站在中国具体国情的基础上：学习西方，但不照搬西方；学习国外一切先进的东西，但坚持与中国的具体国情相结合。这种探索虽然艰苦曲折，但可喜的是，在这种探索中，智慧和具有非凡创造力的中国人，终于创造出了这个伟大的思想，并在这个伟大思想指导下，取得了新民主主义革命和社会主义革命的胜利，创造出了中国特色社会主义的光辉道路和实践。包括社会主义市场经济理论和实践、改革开放理论和实践、对外关系的原则和实践，以及诸多创新理念和实践，都是在这一伟大思想指导和实践中取得的。中国在复兴的征途上，能够从胜利走向更大的胜利，从奇迹走向更辉煌的奇迹，不断实现了超越，都显示出这一伟大思想的巨大威力。

第 四 章

中国道路和造福世界

　　当今世界上，资本主义的两大支柱：金钱民主和自由市场经济，似乎都已经是穷途末路。曾几何时，被鼓吹为神话的这两大支柱，已经成为世界动荡和威胁资本主义生存的梗刺。因此，现在没有一个国家不考虑自己要往哪里去，要走什么道路的问题。这里说的中国道路，即中国特色社会主义道路，这是中国人选择的道路。新中国成立伊始，中国领导人就告诉世界：中国道路的基本目标，就是既造福于全中国人民，也造福于全世界人民。既造福于全中国人民，也造福于全世界人民，这也是毛泽东在建国伊始，就向世界做出的庄严承诺。世界文明总是不断相互交流和相互借鉴的。中国道路在其形成过程中，无疑借鉴了世界许多国家的经验和教训，而它形成后，又以自己独有的特点和优势，影响着世界，贡献于世界，造福于世界。正因为中国道路是人类文明发展中的创举，所以尽管它还存在这样或那样的不足和缺陷，还有许多问题有待于在改革中解决，但既造福中国人民，也造福世界人民这个基本目标，是永远不会变的。

一　中国道路和世界的福音

　　事实越来越证明，中国特色社会主义道路，不仅是中国的创举，也是中国对人类文明做出的最有价值的事业。现今，中国已经深深融入了世界，已经是国际社会的重要一员，中国离不开世界，世界也离不开中国。中国走什么样的路，自然影响着整个世界，必然引起世界的关注和思考。中国的历史实践，实践中所取得的令世人震撼的奇迹，都已经证明，而且还会越来越证明，中国道路、中国思想、中国理论、中国社会制度，都是完全适合中国国情的，非常正确的。它们融入世界之后，必然给世界人民增添更多的思考、更多的选择，促进世界的发展和变革，对世界秩序的变革起非常重要的建设作用，使世界在变革中走向更加美好未来。

中国道路的目标和中国人的自信

顾名思义，中国特色社会主义道路，是社会主义道路。社会主义道路的实质，就是劳动者当权，劳动者追求发展、追求幸福的道路。人们都能悟到，之所以要加上中国特色，是因为它是中国人依据具体国情所决定的、是马克思主义与中国具体国情结合的产物。回顾中国革命历史，我们不难得出这样的结论：中国革命的历史，就是马克思主义理论与中国革命实践相结合的历史，就是在这种结合中进行理论创新的历史；中国革命的胜利，就是马克思主义理论与中国革命实践相结合的胜利。无论从中国道路的内涵看，或中国道路对世界的贡献看，和平发展、合作共赢，都具有核心意义，所以也可以把中国道路称为和平发展的道路。

中国道路上所取得的成就，中国发展所取得的奇迹，已经证明，中国的发展，对于世界劳动者来说，不仅不是威胁，而是实实在在的福音。中国的发展既要造福中国人民，也要造福世界人民，这是中国人的追求和决心。中国领导人，从毛泽东到习近平，不仅是这么说的，也是这么做的。如习近平同志说的："必须坚持中国特色社会主义道路，我们将始终不渝走和平发展道路，始终不渝奉行互利共赢的开放战略，不仅致力于中国自身发展，也强调对世界的责任和贡献；不仅造福中国人民，而且造福世界人民。

实现中国梦给世界带来的是和平，不是动荡；是机遇，不是威胁。"① 中国在这条道路上的具体实践中，已经取得了令世人刮目的巨大成就。中国道路的成功，正在震撼着世界，引起世界广泛的关注、思考和向往。

如上面所强调的，中国道路作为社会主义道路，其基本目标，当然就是在新中国成立时毛泽东就向世界承诺的：既造福于全中国人民，也造福于全世界人民。也就是既让全中国人民共同富裕，也让全世界人民共同富裕。从 1949 年至今，中国的一切事业，都没有偏离这个基本目标，今后也绝不会偏离这个基本目标。特别是实行对外开放之后，中国的所有改革，所有的理论创新和理念创新，所有的发展，所有的国际合作，都是为了这个基本目标。而且随着中国的迅速发展，随着中国奇迹的出现，中国坚持这条道路的决心，为中国人民和世界人民造福的决心，都越来越坚定，越来越自信。

中国特色社会主义道路是个综合性的概念，包含非常宽泛的内容，如经济、政治、思想、理论、文化教育、军事、社会制度等各领域，都涵盖在内。按照十八大的概括，中国特色社会主义道路就是：在中国共产党领导下，立足基本国情，以经济建设为中心，坚持四项基本原则，坚持改革开放，解放和发展社会生产力，建设社会主义市场经济、社会主义民主政治、社会主义先进文化、社会主义和谐社会、社会主义生态文明，促进人的全面发展，逐步实现全体人民共同富裕，建设富强、民主、文明、和谐的社会主义现代化国家。

造福人民，这是中国道路的宗旨，也是马克思主义的核心。马克思主义并不神秘。用一句通俗的话说，马克思主义理论，是专为人民造福的理论；马克思社会主义社会，是专为人民造福的

---

① 《习近平谈治国理政》，人民出版社 2014 年版，第 57 页。

社会。所以坚持马克思主义，坚持社会主义，就是要坚持发展生产力，坚持造福人民，这是中国从胜利走向新的胜利的根本，也是始终不偏离这个基本目标的保证。如前一章分析过的，坚持马克思主义，必须把马克思主义理论与中国革命具体实践相结合，而且这种结合是个永无止境的历史过程，它每向前发展一步，都会有创新，都会有新理论、新思想产生。这些新思想、新理论，都极大地丰富了马克思主义理论宝库。

中国道路，是在中国共产党人长期、艰苦探索中形成的。回顾历史，从中国共产党成立到1949年，领导中国人民进行新民主主义革命；从1949年开始，又领导中国人民进行社会主义革命；从1978年开始，又领导中国人民进行改革开放。所有这一切，都是为了发展生产力，为了造福中国人民和世界人民。在探索这一道路中，把马克思主义社会主义建设理论与中国的具体实践相结合，提出了社会主义初级阶段理论和实践、社会主义市场经济理论和实践、社会主义改革开放理论和实践、社会主义政治制度的理论和实践等，从而形成了完整中国特色社会主义体系和道路。正如中共十八大报告所论述的，中国特色社会主义包含三个方面的内容：即中国特色社会主义道路、中国特色社会主义理论体系和中国特色社会主义制度，人们把所有这些统称为中国道路。

马克思主义理论与中国革命的具体实践相结合这一伟大思想，体现着事物发展的客观规律，虽然它产生于民主革命时期，但它的伟大意义，绝不只限于那个时期。毋庸置疑，从新民主主义革命开始，直到共产主义实现，这整个过程都将是马克思主义理论与中国的具体实践相结合的过程，或者说是创造性运用马克思主义理论，解决发展和造福人民实际问题的过程。在这种结合中，智慧的中国人，已经充分发挥自己的聪明才智，不断提出新思想、新理论和新实践。我们现在所说的中国道路，就是这些新思想、新理论和新实践的产物，是马克思主义与中国革命具体实践相结合这一伟大思想的产物。

中国道路的形成，经历了长期、艰苦的过程。生产力发展水平低，还处于社会主义初级阶段，这是中国最基本的国情。依据中国的具体国情，通过社会主义改造，来实现由新民主主义社会到社会主义社会的转变，这无疑是个伟大的创举，是把马克思主义与中国革命具体实践相结合的创举。我们回顾这一过程，会更加体会到中国人的聪明和智慧。

1956年毛泽东再次强调，我们应该把马列主义的基本原理同中国社会主义革命和建设的具体实际结合起来，探索在我们国家里建设社会主义的道路。他认为，中国最重要的经验教训是独立自主，调查研究，摸清本国国情，把马克思列宁主义的基本原理同我国革命和建设的具体实际结合起来，制定我们的路线、方针、政策。民主革命时期，我们走过一段弯路，吃了大亏之后才成功地实现了这种结合，取得了革命的胜利。现在是社会主义革命和建设时期，我们要进行第二次结合，找出在中国进行社会主义革命和建设的正确道路。

社会主义革命一开始，毛泽东就强调，中国的社会主义，是有自己许多特点的社会主义。在他看来，中国是一个东方国家，又是一个大国。因此，中国不但在民主革命的过程中有许多自己的特点，在社会主义改造和社会主义建设的过程中，也必然带有许多自己的特点，而且在将来建成社会主义社会以后还会继续存在许多自己的特点。毛泽东还说：我们应当更加强调从中国的国情出发，强调开动脑筋，强调创造性，在结合上下功夫，努力找出在中国这块大地上建设社会主义的具体道路。在毛泽东看来，具有中国特点的社会主义建设道路，从根本上说，就是要解决如何把马克思列宁主义的基本原理同中国社会主义建设的实际全面地、正确地结合起来的问题。可见，毛泽东的这些思想，实际上是探索中国特色社会主义的初步号召和尝试。这种尝试无疑为后来中国特色社会主义的开创和发展，提供了宝贵的经验和理论准备。

从 1978 年党的十一届三中全会开始，中国实行改革开放。应当说，这应当是马克思主义与中国革命具体实践的第三次结合。从 1956 年至今，马克思主义理论与中国建设实践相结合中，最主要、最集中的理论创新成果，是形成了具有中国特色的社会主义道路。中国特色社会主义是中国的创新，是对科学社会主义理论宝库的丰富和贡献。凡是从 1956 年过来的人，都会从自己亲身经历中感受到，形成这一伟大成果的过程，是非常曲折和艰难的。西方那些别有用心的人，那些死抱着资产阶级意识形态不变的人，总是讥讽嘲笑中国的这条道路，总希望中国崩溃。然而，那些唱衰中国的预言，除了破产还是破产。中国人通过实践，通过在实践中所取得的令他们眩晕、惊叹的伟大成就，告诉他们，中国特色社会主义这条路，是一条金光大道，是一条平等、富足、幸福的大道。在这条大道上，中国人越走越坚定，越走信心越足。

1982 年，邓小平在中共十二大的开幕词中，首次提出"建设有中国特色的社会主义"的概念。邓小平向全党发出响亮号召：把马克思主义的普遍真理同我国的具体实际结合起来，走自己的道路，建设有中国特色的社会主义。从那时起，在改革开放中建设中国特色社会主义，开创中国特色社会主义道路，成为我们党新时期全部理论和实践的主题。中国特色社会主义道路的成功开创，打开了我国社会主义现代化建设的新局面。

随着实践的发展、认识的深化、时代的变迁，中国特色社会主义的概念、内涵也经历了一个演变、拓展与升华的过程。邓小平在中共十三大报告中，不仅用了"有中国特色的社会主义"的概念，而且在这一主体概念的基础上，衍生了系列相关提法，如"有中国特色的社会主义道路""有中国特色的社会主义理论""有中国特色的社会主义的实践""有中国特色的社会主义的基本路线""有中国特色的社会主义民主政治""有中国特色的社会主义的宏伟事业""有中国特色的社会主义的伟大旗帜"等。不仅如此,报告还对"有中国特色的社会主义"的概念,进行了初步说明。报告指出:"有中国特色的社会主义,是马克思主义基本原理同中国现代化建设相结合的产物,是扎根于当代中国的科学社会主义。它是全党同志和全国人民统一认识、增强团结的思想基础,是指引我们事业前进的伟大旗帜。"这就总结了过去对中国特色社会主义的认识,从哲学、政治经济学、科学社会主义等方面,勾勒了"有中国特色的社会主义"的基本轮廓。

中共十四大报告,又强调了"中国特色社会主义理论"的历史性和独创性,强调邓小平对这一理论形成中的贡献。报告指出:"邓小平同志是我国社会主义改革开放和现代化建设的总设计师。他尊重实践,尊重群众,时刻关注最广大人民的利益和愿望,善于概括群众的经验和创造,敏锐地把握时代发展的脉搏和契机,既继承前人又突破陈规,表现出了开辟社会主义建设新道路的巨大政治勇气和开拓马克思主义新境界的巨大理论勇气,对建设有中国特色社会主义理论的创立做出了历史性的重大贡献。"中共十四大修改后的《中国共产党章程》总纲中,第一次明确指出:"建设有中国特色社会主义的理论,阐明了在中国建设社会主义、巩固和发展社会主义的基本问题,继承和发展了马克思主义,是引导我国社会主义事业不断前进的指针。"这实质上是肯定了有中国特色社会主义理论在中国改革开放和社会主义建设中的指导地位。

随着实践发展和海外对"中国模式"关注的升温,中国共产党开始对中国特色社会主义进行总结和更深入的研究,中国特色社会主义的内涵、本质、作用、意义和地位,都更加明确。中共十七大报告指出:"改革开放以来我们取得一切成绩和进步的根本原因,归结起来就是:开辟了中国特色社会主义道路,形成了中国特色社会主义理论体系。高举中国特色社会主义伟大旗帜，最根本的就是要坚持这条道路和这个理论体系。"胡锦涛同志在庆祝中国共产党成立90周年大会上讲话，把开辟"中国特色社会主义道路"、形成"中国特色社会主义理论体系"和确立"中国特色社会主义制度"，概括为中国共产党90年奋斗、创造、积累的根本成就。

中共十八大报告的一条主线，就是坚持和发展中国特色社会主义。报告不仅重申中国特色社会主义包含"中国特色社会主义道路""中国特色社会主义理论体系""中国特色社会主义制度"三个方面，还具体阐明了三者之间的关系：中国特色社会主义道路是实现途径，中国特色社会主义理论体系是行动指南，中国特色社会主义制度是根本保障，三者统一于中国特色社会主义伟大实践。与此同时，中共十八大报告还从实践特色、理论特色、民族特色、时代特色四个方面，回答了中国特色社会主义的"特色"所在，从而深化了对中国特色社会主义内涵的认识。

这里我们要特别说的是，中国道路作为马克思主义理论与中国具体实践结合的产物，马克思主义科学社会主义基本理论和基本原则，应当是中国道路形成的理论依据，是中国道路的思想源头和认识的起点；在中国道路这个命题中，不仅包含马克思主义科学社会主义基本理论和基本原则，这是其本质的规定灵魂；而且包含这些基本理论和基本原则与中国具体实践相结合所产生的、具有中国特色的思想创新、理论创新和实践创新，它体现着科学社会主义基本理论和基本原则在中国具体运用和实践中的创新和发展。

习近平同志说："党的十八大精神，说一千道一万，归结为一点，就是坚持和发展中国特色社会主义。邓小平开创的中国特色社会主义，第一次系统地回答了在中国这样经济文化比较落后的国家如何建设社会主义、如何巩固和发展社会主义的一系列基本问题，用新的思想观点，继承和发展了马克思主义，开拓了马克思主义新境界，把对社会主义的认识提高到新的科学水平。中国特色社会主义是社会主义而不是其他什么主义，科学社会主义基本原则不能丢，丢了就不是社会主义。一个国家实行什么样的主义，关键要看这个主义能否解决这个国家面临的历史性课题。历史和现实都告诉我们，只有社会主义才能救中国，只有中国特色社会主义才能发展中国，这是历史的结论、人民的选择。随着中国特色社会主义不断发展，我们的制度必将越来越成熟，我国社会主义制度的优越性必将进一步显现，我们的道路必将越走越宽广。我们就是要有这样的道路自信、理论自信、制度自信，真正做到'千磨万击还坚劲，任尔东西南北风'"①。

实践证明，中国特色社会主义道路，是伟大正确的道路。它的伟大正确性，蕴含在它坚持不仅造福于全中国人，而且造福于全人类的这个基本目标中。1840年之后，帝国主义的烧杀、抢劫，肆意蹂躏和残酷掠夺，使中国变得极度落后和贫困。而自1949年新中国成立后，特别是1978年实行改革开放之后，中国人发挥自己的高度智慧，在马克思主义基本理论与中国的具体实践相结合的不断探索中，终于找到了中国特色社会主义道路和实践，终于走上了复兴的金光大道。在从1978年至2014年的36年中，使中国发生了一次又一次翻天覆地的变化，取得了令世人震撼的、世界绝无仅有的巨大成就。这些巨大成就，不仅提高了全中国人民的生活水平，而且带动了整个世界的和平发展，特别是带动了世界就业扩大，带动了全世界的脱贫和人民生活的提高。

总之，中国道路是在长期、艰苦探索中产生的，是来之不易的。正如习近平在第十二届全国人民代表大会第一次会议上的讲话中所说的："实现中国梦必须走中国道路，这就是中国特色社会

---

① 习近平：《治国理政》，外文出版社2015年版，第22页。

主义道路。这条道路来之不易，它是在改革开放 30 多年的伟大实践中走出来的，是在中华人民共和国成立 60 多年的持续探索中走出来的，是在对近代史以来 170 多年中华民族发展历程的深刻总结中走出来的，是在对中华民族 5000 多年悠久文明的传承中走出来的，具有深厚的历史渊源和广泛的现实基础。"中国道路对于每个中国人来说，都是弥足珍贵的，都应当倍加爱护这条道路，坚定走这条道路的决心和信心。

中国道路本质和中国人的追求

中国道路是个综合概念。如前所述，中国道路内涵丰富，不仅包含理论体系、制度体系、政策体系，而且包含实现的方式。比如和平发展，就是中国选定的方式。所谓和平发展，就是要努力营造和平的发展环境，以在和平环境下寻求发展，实现中华民族的伟大复兴。也就是说，中国特色社会主义道路，是坚决摈弃战争掠夺、战争扩张的方式，坚决摈弃强权政治和霸权主义，依靠广大人民辛勤劳动发展的道路。

如果用一句话概括中国道路的本质，那就是在独立自主基础上，通过和平劳动、和平发展，造福中国人民和世界人民，并同世界人民一道，奔向未来新的文明的道路。中国道路的最终目标，当然是建立美好的共产主义社会。不过，在当今阶段，主要任务是通过和平发展，也就是在维护世界和平的基础上，要充分利用世界和平的大好时机，既努力发展和壮大自己，也带动世界的发展，实现中国和世界的合作共赢，共同发展。

中国的和平发展，其基点主要依靠的是自己的力量，即主要坚持独立自主，自力更生，艰苦奋斗的方针；主要坚持依靠广阔的国内市场、充足的劳动力资源和雄厚的资金储备，以及改革带来的机制创新。中国坚持和平发展，不仅是一项伟大的事业，而且是一项伟大的创举。中国的和平发展不会妨碍任何人，也不威胁任何人，更不会牺牲任何人。中国一再对世界庄严承诺：中国追求的是和平发展，共同发展，共同富裕，中国现在不称霸，将来强大了也永远不称霸。我们确信，中华民族是具有非凡创造力的民族，我们创造了伟大的中华文明，我们也能够创造出中国道路的辉煌。

诚然，当今中国正处于社会主义发展的初级阶段。依据这一阶段的具体国情，中国道路的根本任务，就是解放和发展生产力。中国道路的基本目标或总目标，虽然是既造福于中国人民，也造福于世界人民，但有近期目标、长期目标和最终目标之分。其近期目标，即到中国共产党建党 100 周年时，全面建成小康社会；在新中国成立 100 周年时，建成富强、民主、文明、和谐的社会主义现代化国家；中国道路的长远目标，或最终目标，当然是人类文明发展的巅峰——人类最美好、最理想的共产主义社会。现在中国实行的以公有制为主体的经济制度，建设以人为本、共同富裕的、和谐社会的方针，正是在为奔向这个最终目标创造条件。在这不同时期，中国造福世界，或者说中国对世界文明的发展和人民生活水平提高的贡献，也不相同，总的趋势肯定是越来越多、越来越大。

关于什么是共产主义，马克思、恩格斯在《共产党宣言》中对此作了细致的描述。概而言之，可以这样说，共产主义社会就是生产资料劳动者占有、生产力高度发展、社会财富极大丰富的自由人的联合体。用今天的话说，就是全体劳动者共同占有生产资料、共同劳动、共同富裕、共同享受劳动成果的和谐社会。在这个联合体中，劳动者占有生产资料，劳动者自己创造着自己生存条件，每个劳动者都能得到全面的自由发展，而且每个劳动者的自由发展是一切劳动者的自由发展的条件。

也就是说，共产主义就是资本属于社会全体成员公共财产，没有阶级统治、阶级压迫和阶级剥削，人人都能自由平等地进行劳动、自由平等地支配劳动成果、自由平等地享受生活的社会。马克思、恩格斯还从多方面论述了共产主义的内涵和特点，论述了社会主义社会不仅是物质文明高度发展的社会，而且是精神文明高度发展的社会。比如不分民族的世界性交往的普遍化、人人都受到应有的教育、德智体能得到全面发展、共产主义道德和精神境界都达到很高的水平，等等。而要真正进入这样一个联合体，路还很长、很艰辛，不仅要经过社会生产力的大发展，更要经过生产关系和一切社会关系的许多变革。

在理解共产主义本质时，我们始终应当把握五句话：第一句是生产资料归联合起来的全体劳动者占有，从而使劳动者得到彻底解放；第二句是生产力高度发展，物质极大丰富；第三句是旧的奴隶般屈从分工的情形被消除；第四句是一个人的自由发展成为其他人自由发展的条件；第五句是人的文明程度极大提高。而按照马克思思想，这五句话都与消灭私有制相关。这里想多说几句的是，关于消灭私有制的问题，人们似乎还没有真正把马克思思想理解透。

诚然，马克思在《共产党宣言》中说过：共产党人可以用一句话把自己的理论概括出来：消灭私有制。但马克思在分析消灭私有制时特别指出，消灭私有制绝不是要消灭个人挣得的、自己劳动得来的财产。因为这种财产不会造成对别人劳动的支配和无偿占有，它作为财富积累，只会是扩大、丰富和提高劳动者生活的一种手段。共产主义并不剥夺任何人占有社会产品的权利，只是要剥夺利用这种占有去奴役他人劳动的权力。可见，消灭私有制，实际的意义是消灭财产被少数人所占有、所垄断，而大多数人没有财产这种不平等、不公平的状况，消灭财产私有所造成的不劳而获和劳者不获的那种不平等关系。

仔细研究就会发现，在马克思那里，消灭私有制，并不是要消灭劳动者的个人所有，而恰恰相反，最终是要建立社会联合劳动基础上的个人所有制。关于建立个人所有制问题，马克思和恩格斯都有许多论述。比如马克思说过：由资本主义生产方式生出的资本主义占有方式，资本主义私有制，是个人的以本人劳动为基础的所有制的第一个否定。但资本主义生产又以一种自然过程的必然性，生出了它自身的否定。这是否定的否定。这并不是重建私有制，而是在资本主义时代已经获得的成就——协作，土地及各种劳动本身生出的生产资料的共有——的基础上，建立个人所有制。

综观马克思关于建立个人所有制的论述，我们可以觉察出，其核心是联合起来的劳动者对生产资料、劳动条件的占有和支配，实现劳动者与劳动资料的直接结合。诸如马克思和恩格斯在许多著作中都提到的：联合起来的个人对全部生产力总和的占有，消灭私有制；把资本变为属于社会全体成员的公共财产，把全部生产集中在联合起来的个人的手里，使其成为联合起来的社会个人的所有制；把主要用作奴役和剥削劳动者的生产资料、土地和资本变成自由集体劳动的工具以实现个人所有制；劳动条件属于联合起来的劳动者，劳动条件归于劳动者所有；等等。马克思这里说的"公共所有""社会所有""集体所有"，实际上都是个人所有的一种间接的形式、劳动者与生产资料结合的不同形式。

实现联合劳动者个人所有制，是劳动者发展的基础。它不仅是一场大革命，而且必须具有客观的经济条件。马克思具体分析了这些条件：条件之一，是大工业的高度发达。他说，在大工业中，生产工具和私有制之间的矛盾，才第一次作为大工业产生的结果表现出来；这种矛盾只有在大工业高度发达的情况下才会产生。因此，只有在大工业的条件下才有可能消灭私有制。条件之二，是劳动者个人的全面发展。他说，因为现存的交往形式和生产力是全面的，只有全面发展的个人才可能占有它们，使它们变成自己的自由的生活活动。所以私有制只有在个人得到全面发展的条件下才能消灭。条件之三，是劳动者的联合。他说，共产主义和所有过去的运动不同的地方在于：它推翻了一切旧的生产和交往的基础，并且破天荒第一次自觉地把一切自发产生的前提看作先前世世代代的创造，消除这些前提的自发性，使它受联合起来的个人支配。因此，建立共产主义实质上具有经济的性质，就是为这种联合创造各种物质条件，把现存的条件变成联合的条件。而且，只有在这种联合体中，劳动者个人才能得到全面发展。

马克思还告诉我们，实现共产主义目标，是一个长期艰巨的历史过程。所以他在《哥达纲领批判》中依据由资本主义过渡到共产主义的复杂性和艰巨性，又提出了"共产主义第一阶段"和"共产主义高级阶段"理论，认为在共产主义社会第一阶段，在它经过长久的阵痛刚刚从资本主义社会里产生出来的形态中，还不能马上实现共产主义的那些原则，还不可避免地存在一些诸如在平等问题上的资产阶级法权。而只有经过发展才能达到的"共产主义高级阶段"，由于社会生产力的高度发展，在迫使人们奴隶般地服从分工的情形已经消失，从而脑力劳动和体力劳动的对立也随之消失之后；在劳动不仅仅是谋生的手段，而且本身成了生活的第一需要之后；在随着个人的全面发展生产力也增长起来，而集体财富的一切源泉都充分涌流之后——只有到那个时候，才能完全超出资产阶级法权的狭隘界限，社会才能在自己的旗帜上写：各尽所能，按需分配。

马克思认为，这种共产主义作为完成了的自然主义，等于人本主义，而作为完成了的人本主义，等于自然主义，它是人和自然界之间、人和人之间的矛盾的真正解决，是存在和本质、对象化和自我确立、自由和必然、个体和类之间的抗争真正解决。它是历史之谜的解答，而且它知道它就是这种解答。马克思描述的这种局面，即由阶级、压迫和剥削造成的一切矛盾和抗争都得到真正解决的这种局面，就是真正家庭和谐、社会和谐、世界和谐的局面。

中国的基础是生产力非常落后。即使生产力得到相当发展的现在，距离共产主义高级阶段的要求，还相差甚远。可贵的是，中国现在所做的一切，都是在为实现这一目标，在创造条件。从中国特色社会主义道路中，从中国许多创新理念中，从中国对外关系中，从中国倡导的联合劳动共同体、利益共同体、命运共同体的建设中，似乎都能听到奔向这一宏伟目标的脚步声。比如，中国人把马克思主义的这些理论与中国具体国情相结合所产生的中国特色社会主义理论中，把还处于社会主义初级阶的社会主义性质，归结为发展生产力和实现共同富裕；比如，为了有利于生产力的发展，在实行公有制为主的基础上，也激励集体所有制、个体所有制和混合所有制的发展；比如，通过多种所有制形式和股份制的发展，向着联合劳动的方向前进等；这些当然都是非常准确的，都是在通过快速发展生产力，为过渡到成熟的社会主义，最后过渡到共产主义创造物质基础和条件。

解放生产力和发展生产力，是中国道路的根本任务。读读邓小平的著作，就会感悟到，在这根本任务中包含革命。不仅有生产力方面的革命、生产关系方面的革命，还有上层建筑领域的革命。如邓小平说的：革命是解放生产力，改革也是解放生产力。社会主义基本制度确立以后，还要从根本上改变束缚生产力发展的经济体制，建立起充满生机和活力的社会主义经济体制，促进生产力的发展，这是改革，所以改革也是解放生产力。过去，只讲在社会主义条件下发展生产力，没有讲还要通过改革解放生产力，不完全。应该把解放生产力和发展生产力两个讲全了。

当然，资本主义社会也在不断搞生产关系变革，也在通过这种变革发展生产力，不过两者的性质和目的是根本不同的。资本主义变革生产关系发展生产力的目的，是使少数资产者攫取更多的利润，聚敛更多的财富，所以其生产力越发展，财富的分配就越不公平、不合理，社会贫富差距越大。资本主义的实践已经证明了这一点。而社会主义改革和发展生产力的目的，是要不断提高广大人民的物质文化生活水平。如邓小平说的，社会主义制度优越性的根本表现，就是能够允许社会生产力以旧社会所没有的速度迅速发展，使人民不断增长的物质文化生活需要能够逐步得到满足。按照历史唯物主义的观点来讲，正确的政治领导的成果，归根到底要表现在社会生产力的发展上，人民物质文化生活的改善上。

因为生产力是否能更快发展，人民物质文化生活能否得到改善，关系到社会主义的生死存亡，所以邓小平把它提到了衡量社会主义建设道路和政策对错标准的高度。他说：根据我们自己的经验，社会主义阶段的最根本任务就是发展生产力，讲社会主义，首先就要使生产力发展，这是主要的。只有这样，才能表明社会主义的优越性。否则，社会主义怎能战胜资本主义？社会主义经济政策对不对，归根到底要看生产力是否发展，人民收入是否增加。这是压倒一切的标准。空讲社会主义不行，人民不相信。

在邓小平看来，能表明社会主义建设性质的，还有很重要的一条，那就是实现共同富裕。他说：社会主义的本质，是解放生产力，发展生产力，消灭剥削，消除两极分化，最终达到共同富裕。就是要对大家讲这个道理。我们利用外国的技术，利用外资，是为了搞好社会主义建设，而不能离开社会主义道路。我们要发展社会生产力，发展社会主义公有制，增加全民所得。我们允许一些地区、一些人先富起来，是为了最终达到共同富裕，所以要防止两极分化。这就叫社会主义。如果离开了这一条，离开了共同富裕，发生了贫富两极分化，就是生产力发展了，也不能叫社会主义。

世界的实践已经证明，共产主义是全人类的事业，一个国家建不成共产主义。所以中国道路要完成它的使命，就必须积极开展对外关系，必须实行对外开放，必须和世界人们一道，通过发展生产力，通过改革生产关系，通过合作共赢，为迈向共产主义创造条件。中国的改革开放，中国在改革开放中提出的新思想、新理念、新举措等，都是在为这一目标实现而努力，而奋斗。只要读读习近平的著作，就不难悟到，这些新思想、新理念、新举措，和马克思关于共产主义的那些思想是相通的。比如看到诸如我发展了也让你发展，也为你发展创造条件的思想；我富了也让你富，在合作共赢中实现共富的思想；我离不开你，你也离不开我，相互依赖的命运共同体思想。似乎就会想象到马克思的自由人联合体思想的真实含义。

这里特别要强调的是，世界的实践还证明，马克思所揭示的人类发展的规律，特别是资本主义社会发展的规律，是科学正确的。至今的资本主义社会，一直都是遵循马克思所揭示的规律在发展着。与马克思时代相比，资本主义离共产主义不是越来越远了，而是越来越近了。资本主义内部社会主义因素越来越多，越来越强大。资本主义制度，越来越多地被这些社会主义因素所扬弃。马克思不仅看到了这种扬弃，而且对这种扬弃是充分肯定的。也许资本主义的灭亡不通过暴力革命，而通过漫长的和平自我扬弃而真的能实现。

现今的事实是，资本主义社会有社会主义的因素，社会主义社会有资本主义的因素，而且发展趋势是，资本主义社会的社会主义因素在成长壮大，社会主义社会的资本主义因素在萎缩。从长远看，无论是当今的资本主义社会或社会主义社会，最终的结局，都是共产主义社会，是殊途同归。面对大动荡、大变革、思想理论百家争鸣的当今世界，看清这一点，深刻认识这一点，是非常重要、非常有意义的。

中国道路的人本性和中国人的本色

读读中国通史就知道，从古至今，中国文明中始终贯穿着的一个核心理念，就是以人为本。以人为本，既是社会主义本质，也是中国文明传统。中国特色社会主义道路称谓本身，已经告诉人们，中国已经是社会主义国家。中国特色社会主义道路包含的所有内容，包括思想理论体系、经济制度、政治制度、文化教育等，都具有社会主义属性。这里我们要强调的是，中国道路作为马克思主义理论与中国的具体国情相结合的理论创新，其核心就是以民生为本，或以人为本。这个以人为本的人，当然不是只指中国人，而是包括世界上所有的人。中国的对外政策，所执行的就是人本理念。不过应当强调的是，在中国，人本理念不是现在才有的，而是自古以来中国的文明传统，是中国人的本色。

如果仔细读读马克思著作，我们也可以体会到，共产主义在本质上就是人本主义。它和资本主义的根本区别是，人民当家做主，一切制度、发展，都是依靠广大人民，为了广大人民。发展中的一切成就，都由广大人民所共享。广大人民的幸福，就是共产主义的追求。社会主义要消灭的是资本主义社会那种资本支配人，物支配人、过去支配现在的生产力发展的桎梏；所要实现的是人支配资本，人支配物，现在支配过去的人的解放。只有坚持以人为本，才能把生产资料从桎梏下解放出来，使生产力不断地得到加速发展。这种发展不仅可能保证一切社会成员有富足的和一天比一天充裕的物质生活，而且还可能保证他们的体力和智力获得充分的自由的发展和运用。

马克思主义者始终认为，在整个社会消除阶级剥削、阶级压迫和阶级对立的前提下，在新的社会发展基础上，实现社会与人的彻底解放，促进人的自由全面发展，不仅是科学社会主义的核心思想，也是科学社会主义的出发点和落脚点。从这个意义上说，社会主义必然是一个以民生为本即以人为本的社会，它的一切事业必然要着眼于满足人需要，为人的自由全面发展创造条件。在中国特色社会主义道路形成和发展过程中，就是以人为本、以民生为本这一理念逐渐成为核心和人们共识的过程。

比如，中国共产党始终把坚持全心全意为人民服务，坚持立党为公、执政为民，作为自己的宗旨执政的基本理念，这实际上就是把以人为本作为党的根本宗旨。中国共产党始终认为，自己的根基在人民、血脉在人民、力量在人民，党在治国理政过程中，必然要充分体现和代表人民的意愿。以人为本的社会主义社会，就是人民成为国家和社会主人的社会。而且明确指出，以人为本的人，就是指以工人、农民、知识分子等劳动者为主体，包括社会各阶层在内的最广大人民群众。

坚持以人为本的中国特色社会主义，作为马克思主义的发展和创新，人们似乎有了这样的共识：即使在社会主义初级阶段，社会主义社会的人，不能再以阶级来定性；社会主义的群体也不宜再以阶级划分来界定亲疏远近。社会的每一个社会成员，都是中国特色社会主义的劳动者，每一个群体都是中国特色社会主义的建设者。不同群体、不同阶层的利益矛盾，要用制度和机制去调节；各种社会矛盾和问题，要用民主法治的方式去解决。把人从阶级的视野中剥离出来，把矛盾从斗争的思维中提升出来，这是以人为本的深刻意义所在。

坚持以人为本，本质上说，就是要以广大人民群众的根本利益为出发点、落脚点，坚持发展为了人民、发展依靠人民、发展成果由人民共享。比如，在过去 30 多年，中国的发展始终把民生问题，把脱贫问题，把养老保险、社会保险问题，放在突出位置。国外媒体称赞中国的扶贫、中国的棚户区改造、中国的社会保险的发展，是世界奇迹。联合国有关专家，也称中国的经验值得世界各国借鉴。英国剑桥大学教授马丁·雅克在 2015 年 10 月 22 日的英国《卫报》上说："中国使 6 亿人摆脱贫困，这可以说是过去30 年在全球范围内对人权做出的最大贡献。"

也就是说，坚持以人为本，其实质就是要把实现好、维护好、发展好最广大人民的根本利益作为一切方针政策和各项工作的根本出发点。诸如要尊重人民群众的主体地位，充分发挥人民群众的积极性、主动性、创造性，要让经济社会发展的成果惠及全体人民等。当然，就社会而言，人民群众既是一个整体，也是个体的联合；既有共同利益，也有不同的群体利益，还有个体的要求，利益关系非常复杂。坚持以人为本，自然应当既要把人民群众的整体利益放在首位，充分实现广大人民群众的根本利益；又要反映和兼顾不同的群体利益，协调好各方面的利益关系；还要关心每个人的利益要求，关注人的价值、权利和自由，满足人们的发展愿望和多样性的需求。以人为本，体现的是整体、群体和个体利益的有机统一。既不是把个人权益置于社会的首位，也不是只重视整体而忽视个人的价值和权益。

坚持以人为本，还要坚持马克思主义的社会主义理想，以促进和实现人的全面发展为目标。既要着眼于人民现实的物质文化生活需要，同时又要着眼于人民素质的提高，把促进人的全面发展落实到经济社会发展的全过程，在经济社会不断发展的基础上，推进人的全面发展。实现人的全面发展，也是一个长期的、渐进的积累过程，应当把促进经济社会发展与促进人的全面发展统一起来，使其相互促进，共同提高。

作为党的领导人来说，不仅应当把以人为本放在重要地位，而且应当将其切实贯彻到自己的实际工作中。如习近平说的，人民是历史的创造者，群众是真正的英雄。人民群众是我们力量的源泉。每个人的工作时间是有限的，但全心全意为人民服务是无限的。我们一定要始终与人民心心相印、与人民同甘共苦、与人民团结奋斗，夙夜在公，勤勉工作，向人民交出一份合格的答卷。习近平说：我们要"始终植根人民、造福人民，始终保持党同人民群众的血肉联系，始终与人民心连心、同呼吸、共命运。要从人民伟大实践中汲取智慧和力量，办好顺民意、解民忧、惠民生的实事，纠正损害群众利益的行为。党的十八大提出，要在全党深入开展以为民务实清廉为主要内容的党的群众路线教育实践活动。中央将对这项活动进行部署，各级党委要切实抓好落实，着力解决人民群众反映强烈的突出问题，保证活动取得实效。"①

在以人为本的基本含义中，坚持发展为了劳动人民，发展依靠劳动人民，发展成果由劳动人民所共享，是三个最基本的要点。这三点，不仅体现了我们中华文明的传承，体现了时代发展的进步精神，还体现了共产主义的远大的目标。比如，发展依靠劳动人民，就需要劳动人民自身的发展，只有劳动人民发展了，提高了，才能肩负起发展中依靠力量的使命；又比如，发展成果由劳动人民所共享，走共同富裕的道路，这既是要为劳动人民自身能够得到发展创造必须的基本条件，也是实现稳定、持续、协调发展条件。正如如胡锦涛所说："坚持以人为本，就是要以实现人的全面发展为目标。"这里说的以人的全面发展为目标，就是以共产主义为目标。

以人为本之所以成为中国的文明传统，是因为中国人历来有勤劳的本色。中国的文明，中国的一切奇迹和辉煌，都是由广大劳动者勤劳的双手而托起的。发展依靠劳动人民，就意味着广大劳动者是中国特色社会主义建设的中坚力量。因为中国特色社会主义是全国各族人民实现自己利益、创造美好生活的共同事业，所以需要各族人民共同参与共同努力。改革开放伊始，在《中共中央关于全面深化改革若干重大问题的决定》中就强调，中国改革开放必须坚持以人为本，尊重人民主体地位，发挥群众首创精神，紧紧依靠人民推动改革开放事业的发展。

更重要的是，人民不仅是我们一切事业成功的根本力量，也是共产党工作的最高裁决者和最终评判者。党的执政水平、执政

---

① 《习近平谈治国理政》，外交出版社 2015 年版，第 16 页。

能力和执政成效，必须而且只能由人民来评判。无论遇到任何困难和挑战，只要有人民支持和参与，就没有克服不了的困难，就没有越不过的坎。只要广大人民群众的积极性、主动性、创造性得到充分的发挥，走在中国道路上的中国人，就会拥有取之不尽、用之不竭的力量源泉。

二　中国民主和世界更多选择

毋庸置疑，民主，是当今人类政治文明的核心。在当今世界，不讲民主的国家，肯定是没有前途的国家。然而，这里说的民主是真正的民主，即真正人民当权的民主。中国特色社会主义社会的民主，就是实行人民当权民主，这是造福人民的根本保证。历史和现实事实越来越证明，资本主义制度是一种金权制度，资本主义社会的民主，不是真正的劳动者当权，而是十足的金钱民主。中国人看到了这一点，所以无论世界风云如何变幻，中国人还是坚定地选择了人民民主。人民民主或人民当权，是中国政治制度的核心。20 世纪 80 年代和 90 年代，在中国经济建设刚起飞的时候，西方政界和一些有名望的学者，曾大唱中国崩溃论。他们有个基本的思想逻辑，就是只有有了好的民主制度，经济才能得到快速发展。而美国的民主制度被称为最好的民主，是最有利于经济发展的，所以中国要想快速发展，就必须采取美国的民主，否则必然崩溃。然而，在人民当权的中国特色社会主义民主制度下，中国非但没有崩溃，反而取得了令世界惊异的高速度，取得了无与伦比的奇迹。面对中国奇迹，那些政客和学者们两难了：要不承认他们原来的理论逻辑是错误的，要不承认中国的民主是好民主。事实上，各国的民主制度都是其具体国情的产物，决定其好坏的，是看其是否符合具体国情，符合具体国情的民主制度，必能促进经济和各项事业的发展，就是好的民主制度。因为具有社会主义属性的中国民主制度，适合中国国情，所以它给中国带来发展奇迹，理所当然。

人民民主和金钱民主

在当今的世界上，几乎所有的国家，都称自己是讲民主的，称自己所实行的民主是好的民主。就大国的情况看，由于历史、民族等各方面因素，各国的民主也各有特色。不过最有影响的是两种民主制度，即社会主义民主制度和资本主义民主制度。社会主义民主制度与资本主义民主制度有根本不同。根本不同之处在于：社会主义民主制度的实质是劳动者当权，而资本主义民主制度的实质是金钱所有者当权。诚然，人们不能否定资本主义民主的历史进步性。很长时期以来，在世界上最具诱惑力的是美国民主。不过，一方面，随着美国经济危机的不断发生，随着贫富两极分化日益严重，随着其资本不平等、收入不平等和社会不平等的日益加剧，随着选举金钱性的日益暴露；另一方面，随着中国特色社会主义民主制度不断发展，特别是不断被世界所了解；美国民主的本质逐渐被人们所看清，美国民主的诱惑开始衰落。毫不夸张地说，当今世界上几乎所有的国家，都在对美国的民主进行反思。

按照马克思主义理想，未来的社会是劳动统治的社会。走向劳动统治社会之前，首先必须实现劳动者统治或劳动者当权的社会。而且劳动者统治或劳动者当权，是走向劳动统治的必经之路。而中国特色社会主义民主制度的实质，就是实现劳动者当权，或劳动者统治，并逐步走向劳动统治的社会。在中国特色社会主义理论和实践中，民主制度建设，是个非常重要的内容。自由、平等、人权、民主，这是资产阶级反对封建专制制度时提出的口号，因而就给人一种错觉，似乎这些东西都是属于资产阶级的。其实马克思主义者才是最讲自由、平等、人权和民主的，而且他们所主张和追求的民主、自由和人权，对于广大劳动者来说，都是以劳动者当权为前提的，以劳动者的根本利益为准绳，因而才是最彻底的民主、自由、平等和人权。马克思主义者反对资本主义民主制度的原因，就是它还不是真正的民主、自由和平等的制度，在这种社会制度中，广大民众并没有真正享受到人权、自由、平等和民主的权利。民主是无产阶级政权的本质，在这种政权下进行社会主义革命和建设，就是要利用这种政权形式为实现自己的理想创造条件。

按照马克思所揭示的规律，无产阶级革命的第一步，就是夺取政权，使自己上升为统治阶级，争得民主。这就告诉我们，无产阶级的政权、无产阶级的统治本质和内涵，就是在劳动者当权下，对广大人民实行广泛的民主，对阶级敌人进行专政。列宁用大量篇幅论述了民主对社会主义的重要性，他认为，没有民主就不可能有社会主义，而且即使胜利了的社会主义，如果不实行充分的民主，就不能保持自己的胜利。可见，如果说在经济上不发展生产力就不可能有社会主义的话，那么在政治上如果没有民主就不可能有社会主义。社会主义民主建设的极端重要性可想而知。

马克思认为，"民主"这个词在德语里是"劳动人民当权的"的意思。而什么是"劳动人民的人民当权"呢？资本主义国家是否实现了劳动人民当权了呢？在马克思看来，连资本主义国家的劳动人民，在实际斗争中也已经充分意识到，自己既没有当权，也没有成熟到当权的程度。这就是说，当今资本主义国家所实行的民主的内涵，并不是"人民当权的"，而是"资产阶级当权的"。如恩格斯说的：资产阶级统治的彻底的形式，正是资产阶级民主共和国。

马克思还认为，从劳动人民当权这个意义上说，民主应当是社会主义国家政权的核心或本质。社会主义所建立的是真正民主的国家制度，是新的真正民主的、劳动人民当权的制度。但因这种政权形式是刚刚从资本主义旧社会脱胎出来的，还不可避免地带有旧社会的痕迹，所以还不能完全地实现劳动人民当权这一本质，劳动人民还没有成熟到完全实现这一本质的程度，还必须不断进行政治体制改革，不断进行民主建设，逐步把这一本质落到实处。就是说，社会主义民主建设的方向和目标，始终是围绕劳动人民当权这一本质的发展和走向劳动统治的实现。

在马克思和恩格斯看来，民主这个"概念"，是随着人类历史的发展而变化的。对于无产阶级来说，虽然也需要民主的形式，但这种形式和一切政治形式一样，只是一种手段，而不是目的。因为民主制是一种国家制度，而无产阶级的最终目的则是要使国家消亡。恩格斯说：单纯的民主制并不能治愈社会的痼疾。民主制的平等是空中楼阁，穷人反对富人的斗争不能在民主制或单是政治的基础上完成。因此这个阶段只是一个过渡，只是最后一种纯粹政治的手段，这一手段还需要加以试验，但从其中马上就会发展出一种新的因素，一种超出现行政治范围的原则。这个原则就是社会主义的原则。

中国特色社会主义民主建设，虽然没有成熟的经验可寻，而短暂存在的巴黎公社，却为实现这一原则提供了借鉴。马克思说：公社的伟大社会措施就是它本身的存在和工作，它所采取的各项具体措施，只能显示出走向属于人民、由人民掌权的政府的趋势。公社是社会把国家政权重新收回，把它从统治社会、压制社会的力量变成社会本身的生命力；这是人民群众把国家政权重新收回，他们组成自己的力量去代替压迫他们的有组织的力量；这是人民群众获得社会解放的政治形式。马克思和恩格斯在谈到巴黎公社经验时还特别提到普选制，他认为，普选是劳动人民成熟程度的标志，也是实现劳动人民当权的一种形式。政府一切公职人员都不仅要由劳动者通过普选产生出来，而且可以根据其表现随时罢免或撤换。可见，不断改进和完善社会主义的普选制度，则是社会主义民主建设的重要内容。

当然，中国特色社会主义的民主建设，对社会主义国家的改革或改造，不是在短时期能完成的，它是一个很长的历史时代。正如列宁分析说的：它将是充满尖锐的阶级斗争和各种各样的社会动荡的整整一个时代，是在各种不同的战线上，在所有经济和政治问题上，由各种各样业已成熟并要求彻底摧毁旧关系的经济改革和政治改革引起的一系列会战。在社会革命这一概念所包含的这些民主改革之中，民族关系的改革也不能不占据显著地位。革命的无产阶级如果不是现在就在这个问题上也捍卫彻底的纲领，将不能完成自己的使命。

在总结中国特色社会主义民主建设经验教训的基础上，中国感到，为了保障人民民主，必须加强法制。社会主义民主必须制度化、法制化，不因领导人的改变而改变，不因领导人的看法和注意力的改变而改变。民主政治制度化和法律化，是建设和发展社会主义民主政治的正确途径，只有推进社会主义民主的制度化和法律化，才能从制度上保证党和国家政治生活的民主化、经济管理的民主化、整个社会生活的民主化，才能使宪法和法律规定的人民各项民主权利依法兑现。在一定意义上说，加强民主就要加强法制。没有广泛的民主是不行的，没有健全的法制也是不行的。

中国在社会主义民主建设中，特别重视人民参与对国家的管理。中国人认为，劳动人民当权，就是让劳动人民有权管理国家。劳动人民管理的国家，不仅仅需要民主形式的代表机构，而且需要建立由群众自己管理国家的制度，让群众有效地参与各方面的民主生活，让群众在管理国家中起积极的作用，努力做到像列宁说的，社会主义革命和建设所需要的，不是从上面实施社会主义，而是发动广大人民群众去掌握管理国家的艺术，去掌握全部国家政权。使广大人民群众在管理国家、实现国家的改革和改造方面，能够发挥主动性和创造性。

　　当然，讲民主就不能不讲到人权。任何人都不会否认，充分享受民主和人权是人类美好的愿望和理想。一些不了解社会主义，或总是戴着有色眼镜看中国的人，总爱在人权问题上对中国说三道四。殊不知，尊重和保护人权，是社会主义民主政治的本质要求。要尊重和保护人权，首先就必须要充分尊重公民的自由和平等权利，特别是参与政治的权利和自由平等表达自己意愿的权利。中国人把马克思主义关于民主和人权的核心财产权思想，贯穿于民主建设的实践，正在通过改革，特别是通过在实现经济民主、实现公平分配、避免贫富两极分化、实现共同富裕等方面的改革，开创实现财产权平等的局面。

　　资本主义的民主与中国的人民民主不同，资本主义民主，特别是美国的民主，本质上是富人民主或金钱统治的民主。诚然，自由、平等、民主，这是资产阶级革命时的核心口号，也是体现美国民主制度的美国联邦宪法的核心内容。美国所确立的这种民主制度，即使在资本主义国家，也有许多特点。在民主选举、以法治国、三权分立权力结构等方面，都有着自己的开创性和独特性。与封建独裁统治相比，有它的历史的进步性。美国民主制度所具有许多方面的优势，是它产生诱惑力的原因。不过，由于美国的联邦宪法是由资产阶级所制定并代表资产阶级的利益的，是以维护不平等的私有制为基础的，所以集中体现在联邦宪法中的美国民主制度，实际上仍然是一种不平等的资本主义富人民主制度或金钱民主制度，其自身存在着本质弱点和虚伪性。这种弱点和虚伪性的日益显露，其诱惑力也随之逐步减弱或消失。

　　鉴于至今世界上还有些人，特别是年轻人，对美国民主还存有盲目崇拜，这里不妨对美国民主的虚伪性多说几句。说美国民主的虚伪性，主要就是指它不是劳动人民当权的人民民主，而是富人当权的金钱民主。我们都知道，在美国的宪法中，压根就没有把人民的权力写进去。后来在人民的激烈反对下，虽然被迫又制定了《权力法案》，但对于广大人民来说，权力主要是只停留在口头上或法律中，而不在广大人民的实际生活中。在实际生活中的民主，只对富人、对金钱所有者，才有意义。比如，人生而平等，这种来自《圣经》的信条，也是自移民时期就开始的美国人的最高精神境界。美国人不仅把它写进自由的《独立宣言》中，而且作为最高法律规定了下来。在《独立宣言》中是这样写的："我们认为下述真理是不言而喻：人人生而平等，造物主赋予他们若干不可剥夺的权利，其中包括生命权、自由权和追求幸福的权利。"这些当然都是堂而皇之的。然而，马克思主义认为，社会存在决定社会意识，经济基础决定上层建筑。从美国 200 多年的实践看，由法定财产占有的不平等所决定，这种平等权只是抽象的理念和精神境界，只存在于经文、宣言和法律条文中，只是"交换价值的交换的一种理想化的表现"，在现实中并不存在。

在最早的殖民管理中，美国就形成了穷富极其不平等，绝大多数人都是出卖劳动力的打工者或农奴。人们不仅所占有财富的多寡和方式很不平等，而且由这种不平等所决定的社会地位和权利，包括生命权、自由权和追求幸福的权利，都是很不平等的。是穷人、雇工、农奴的不满和暴动威胁到富人财产安全，富人精英们才想出了采取契约、法律进行管理或统治的所谓的民主体制。契约起草者和法律制定者，一开始就都是富人，他们制定契约和法律的目的，就是保护自己自由追逐财产的权利和维护自己财产的安全。也就是维护这种不平等，并使其世代相传。在美国，信仰、理念和现实，并不在同一轨道上，它们被财富占有的不平等，被富人们对财富和金钱的无度追逐所隔离。

每个人都有获取、占有和继承财产的权利，这看起来似乎是一种平等的权利，但由于它是建立在原来的财产占有极不平等的基础上的，所以这种平等放在不平等的基础上，其结果就仍然是一种不平等的权利。马克思曾经说过，就资本主义民主制度而言，美国的民主制度是最好的。然而，法权关系毕竟是由经济关系决定的，正是由于这种不平等经济关系的决定性作用，即使这种最好的民主制度，其法定民主权利，也是一种不平等的权利，这也是美国民主制度固有的、自身难以克服的致命缺陷。

美国的学者们承认，美国和其他资本主义国家一样，其资本主义和民主并不是一体的或互补的体系。相反，它们运行所遵循的是两种不同甚至相矛盾的规则。资本主义的规则是以各种财产权不平等为基础的经济特权为主导；而民主的规则是以个人权利为基础的平等权为主导。美国民主制度的要害或最根本性的缺陷，就在于它是建立在财产占有的极不平等的基础上的，这种不平等的存在，就决定了其政治上"平等权"的虚伪性。美国民主制度中的所有弊端，都是在这一基础上产生的。

人们都知道，美国的自由民主，一开始就是建立在财产占有极不平等基础上的，是由少数富人制定并为保护少数富人权力和利益服务的。财富占有的极不平等，以及把这种极不平等变成铁的法律，就使人人生而平等、一切权力属于人民这些冠冕堂皇的文字变成了空话。那些开口不离上帝和圣经，而只考虑如何掠夺财富、如何保护自己财富不受侵犯、如何使自己的财富通过继承代代相传的巨富们，实际上已经成为上帝和圣经的叛逆。如美国学者所承认的，美国是西方国家中两极分化最严重、最不平等的国家。越来越少的人手中掌握了越来越多的金钱和权力。而与此同时，越来越多的人变得越来越贫穷。这就会使美国的民主失去根基。这些学者所淋漓尽致地揭露的美国的金钱政治和在这种政治下的腐败，都以事实证明，美国的民主是富人的民主，美国的腐败是一种微妙形式的腐败。这种腐败不是通过老一套的行贿受贿，而是通过重视财富和经济力量的特殊文化的方式来运作的，从而形成了一个金钱政治与腐败相结合的根深蒂固的政治经济体系。这种体系假借企业自由经营和国家安全的名义，而实际上对富有者有利，并最终侵蚀了美国的民主。

不平等的财产权，是美国社会结构的阶级性和等级性的基础，是资产者赖以统治的基础。在美国社会中，财富实际上是最大的权力。不占有财富的广大劳动者享受的自由和民主，只能是在不触犯富人的权力和利益前提下的自由和民主，或者只是在富人设计好的契约上签字的自由和民主。美国民主制度的思想来源，是《圣经》中有关社会契约和人民主权的内容，这也是欧洲民主思想家们的思想理念。然而，在财富不平等存在，并以财富多寡决定统治者和被统治者、资本所有者和雇佣劳动者存在的情况下，所谓的自由、平等、民权，就失去了在契约内容中的平等权。契约中的那些条款，都是为统治者进行统治、为资本所有者赚钱而制定的，都是具有霸王性的条款。劳动者为了生存，对契约中的那些霸王条款，也不得不接受，不得不在契约上签字。美国的自由、平等、民权，对于广大劳动者来说，最后就只是体现在了这个"签字"上。只要你和统治者、资本所有者一同在契约上签了字，你就同统治者和资本所有者一样，享受了自由、平等和权利。美国的阶级关系和等级制度，正是靠这种契约来维持的。

恩格斯指出，资产阶级正是因为占有了财富、占有了生产资料，才能支配劳动者。"它甚至使他们产生一种错觉，似乎他们是按照自己的意志行动的，似乎他们是作为一个自主的人自由地、不受任何强制地和资产阶级签订合同的。好一个自由！无产者除了接受资产阶级向他们提出的条件或者饿死、冻死赤身裸体地到森林中的野兽那里去找一个藏身之处所，就再也没有选择的余地了。"① 恩格斯早在一百多年前就指出的由财产占有的不平等所决定的合同、契约签订者的这种表面平等而实际不平等的性质，直

---

① 《马克思恩格斯全集》第 2 卷，人民出版社 1957 年版，第 360 页。

到目前在美国也没有得到根本性的解决。

如马克思所指出的："在自由竞争的情况下，自由的并不是个人，而是资本。只要以资本为基础的生产还是发展生产力所必需的因而是最适当的形式，在纯粹资本条件范围内的个人运动，就表现为个人的自由。然而，人们又通过不断回顾被自由竞争所摧毁的那些限制来把这种自由教条地宣扬为自由。"① 这种自由对于每个占有财富和社会地位不同的人来说，都有着不同的含义。

更值得注意的是，"在现代，财产的统治权也通过世界市场的发展、现代金融制度和有限责任企业法人而得到增长。他的相当戏剧性的化身是跨国企业，它控制着千百万人的生活，不动声色地一心盯着利润，并且航行在愈来愈徒有虚名的主权的民族—国家海洋里。"② 对于这些财富占有者来说，自由、民主就是自由地获取财富，获取特权。

正是这种特权和对这种特权的无度的追求，使民主在美国和所有资本主义国家都变成了一种装饰品。比如，美国引以骄傲的，是其两党竞选。但无论是在历史上或在现实中，所谓竞选，无非是一种金钱活动，是有钱人的游戏。因为只有有钱人才有被选权，只有有钱人才有能力承担那巨大的竞选活动经费。而普通老百姓，只是在为那些竞选者摇旗呐喊。"各种民主制度常常只是各个先进的资本主义国家社会生活中的装饰品而已：自豪地展示给来访者，并为大家所赞美，但很少使用。在那些事情切实进行的地方——在诸如家庭、军队、工厂和办公室这类核心机构里——什么都有，就是没有民主。代议制政府、公民自由权和正当的程序顶多遏止了这些无责任的权力王国过分显眼的扩张，然而却遮掩和加强了特权和统治的各种基本形式。"③

---

① 《马克思恩格斯全集》第 46 卷（下），人民出版社 1980 年版，第 159 页。
② ［美］塞缪尔·鲍尔斯：《民主和资本主义》，商务印书馆 2003 年版，第 18 页。
③ 同上书，第 5 页。

　　总之，美国民主制度中一切问题的总根源，就在于这种财富占有的不平等。由于这种不平等的存在，就使一切自由、人权都变成了由金钱所决定的特权。如恩格斯所说的："资产阶级的力量全部取决于金钱，所以他们要取得政权就只有使金钱成为人在立法上的行为能力的唯一标准。他们一定得把历代的一切封建特权和政治垄断权合成一个金钱的大特权和大垄断权。资产阶级的政治统治之所以具有自由主义外貌，原因就在于此。资产阶级消灭了国内各个现存等级之间一切旧的差别，取消了一切依靠专横而取得的特权和豁免权。他们不得不把选举原则当作统治的基础，也就是说在原则上承认平等；他们不得不解除君主制度下书报检查对报刊的约束；他们为了摆脱在国内形成独立王国的特殊的法官阶层的束缚，不得不实行陪审制。就这一切而言，资产者真像是真正的民主主义者。但资产阶级实行这一切改良，只是为了用金钱特权代替以往的一切个人特权和世袭特权。"① 美国的事实证明，金钱特权有着无限积累的趋势。刚刚过去的从美国华尔街引爆的世界金融大危机，把美国资本不平等、财富不平等、收入不平等和社会不平等的状况以及把美国民主的虚伪性，都暴露无遗。

　　2015 年 8 月 3 日，美国《赫芬顿邮献报》网站以《卡特说得对，美国不再是民主国家了》为题发文，对当今美国民主进行了研究和评论。主持人汤姆·哈特曼采访美国前总统吉米·卡特，对 2010 年"公民联盟诉联邦选举委员会"案与"2014 年麦卡琴诉联邦选举委员会"案的裁决怎么看，卡特回答说："这违背了美国政治体系的精髓，而这种精髓才使美国成为伟大的国家。现在，美国只有寡头政治，无限制的政治贿赂成为提名总统候选人或当选总统的主要影响因素。洲长、参议员和国会成员的情况也是如此。所以，现在我们的政治体系已经遭到颠覆，它只是用来为主

---

① 《马克思恩格斯全集》第 2 卷，人民出版社 1957 年版，第 647—648 页。

要的献金者提供回报。这些献金者希望并期待在选举过后得到好处。前民主党和共和党的现任官员把这种不受限的金钱视为向他们提供的巨大收益。国会大佬们会有更多途径来捞好处。"

文章还披露，美国社会科学领域实际上对美国到底是民主国家，即领导人代表大多数人利益的国家，还是权贵政治或寡头政治国家，即政府行为反映最富有公民意志的国家进行过一项经验研究和调查。调查报告以《测试美国的政治理论》为题，于 2014 年 9 月发表在美国政治学协会出版的《政治学展望》杂志上。这份报告在结尾时说："我们的发现显示，统治美国的不是大多数人，至少在实际决定政策结果的因果意义方面不是这样。"该报告还说：经济精英的偏好对政策变化的独立影响远超普通公民的偏好对政策变化的独立影响。换句话说，研究人员发现：统治美国的是富人。

文章说，现在美国主要的"新闻"媒体，已经为权贵政治所拥有和控制。"新闻自由"实际上仅仅是权贵控制"新闻"的自由——根据他们希望的方式操纵公共问题。由权贵指派的媒体经理人挑选编辑，而这些编辑再雇用记者来制造权贵们可接受的宣传，从而作为"新闻"出现在公众视野中。从里根时期以来，权贵还变得几乎可以自由收买他们想要的政治候选人。于是，"恰当"的候选人，加上"恰当"的新闻——有关这些候选人的报道，带来了"恰当"的人，以便在新的美国"民主"中"代表"民众。对此，卡特评论说：我们的政治体系已经遭到颠覆，它只是用来为主要的献金者提供回报，这是对现状非常适当的评论。卡特 1977 年上台执政。1977 年正是美国转向权贵政治时代的开端。卡特说，美国民主实际上已经全然不是现在时，而是过去时，民主再也不是一种现实。

文章说，美国的富人专政，越来越严重。关于这一点，《纽约时报》也有调查研究。2015 年 8 月 2 日《纽约时报》头版大标题以题为《少数富人支配选举捐赠》发文说,《纽约时报》对联邦选举委员会报告和国内税收署民记录的分析显示,筹集选举资金的竞赛已经使争得大多数总统候选人对一小部分最富美国人产生了深刻的依赖。《纽约时报》的这项研究显示,最近大企业财力的释放令共和党获得了巨大的益处。所有证据都显示,尽管不同的权贵存在利益竞争,但他们都在同民众竞争。他们的目的是降低他们工人的工资,并降低消费者的安全与福利水平,来增加他们自己的利润。

文章认为,美国正在迅速退回"镀金时代"的经济不平等中去。或许,美国的状况会比早年无法无天的强盗大亨时代有过之而无不及。《纽约时报》的这项研究还显示,甚至在民主党内,大量捐助正落入亲企业、反民众的最保守分子的腰包。在新的美国,草根政治可能会萎缩,甚至死亡。文章认为,权贵们不会向他们自身和同伴的剥削利益开战。权贵阶层都是一路货,尽管他们的确相互竞争主导权,以决定他们中的哪些人来统治民众。而民众似乎接受了这种现代形式债务奴役,既是因为他们所见到的"新闻",也是因为他们未见到的新闻。

实践是最好的教材。社会主义民主和资本主义民主的实践,使人们在比较中思考,在比较中选择。对资本主义民主,人们在比较中似乎有这样的认识:进入 21 世纪之后,以西方为中心的世界日益没落。这是 300 多年来资本主义世界发展大趋势最根本、最本质性的逆转。因为这种逆转意味着先进文明的力量,意味着非西方国家在选择社会制度与价值体系时享有更大空间,也意味着更公正的国际秩序正在降临。这个新的秩序是一个更符合对等与互惠原则的国际经济模式,更尊重多元性的全球公共领域,更能统筹绝大多数国家可持续发展需求,更能体现"休戚与共"及"和而不同"理念的全球秩序,所以它对人类社会将产生深远影响。

　　当今，世界上人们似乎都在反思。反思资本主义制度，反思全球的治理。人们在反思中认识到，美国在过去30年间努力打造的新自由主义世界秩序，完全是为了美国最大利益，失去为绝大多数民众谋福祉的基本功能，因而成为扭曲市场和与民主的根本力量。如有学者说的，在美国的政治运作中，政客们擅长政治包装、形象塑造、抹黑对手、操纵选民、散布假信息、遥控媒体。政治人物最优先考虑的是金权，金权政治占据了整个政治舞台。劳动者的政治影响力直线滑落。富人们通过利益游说、金权政治和媒体操控，富裕阶层主导着游戏规则的制定。美国民主已丧失民主精髓，逐步沦为寡头政治。

　　人们在反思中似乎普遍认识到，美国向世界推广其虚伪、劣质的民主，给全球带来了灾难。美国利益在世界的政治优势，不仅将"变形民主"与"变形市场"推销至全球，还试图将这种赋予跨国资本无上权力的统治结构永久化。而且借反恐之名，用某种类型的法西斯主义取代民主。美国把这样的民主树为普世价值、唯一选项，让世界普遍效仿，这就必然导致许多新兴民主国家在民主建设方面陷入困境。

　　人们认识到，美国不仅积极向世界推广这种虚伪、劣质民主，而且已经成为虚伪、劣质民主的最大传染源。它提供错误示范，输出政治伎俩，为他国政治人物提供"专业服务"，且经常采取自我矛盾的双重标准，制造混乱；而且把"市场化"与"民主化"结成"连体婴"而成为所有新兴民主国家的根本性障碍。如有学者说的，事实证明，彻底的市场化、私有化与自由化，意味着劳工群体与中产阶级不可能透过民主体制改变自身的不对等地位。当今，对我们生活方式、经济安全、社会秩序、环境质量产生巨大影响力的决策者，往往不是民选政府，而是一些几乎完全不受民主机制监督的跨国权力行为体，如跨国企业集团、跨国媒体集团、信息科技王国、华尔街投资银行、避险基金、信用评级机构、大会计公司、国际货币基金组织、美联储等。

人们在反思中认识到，资本主义民主制度和经济制度融合在一起，越来越威胁到人类社会的文明和进步。如有学者说的，资本主义让主要经济体都必须将经济活动维持在过度消费与信用膨胀的亢奋状态，才能避免经济衰退与金融体系崩溃。全球化让国际金融体系变成了无法驾驭的超级赌场。国家、社医、家庭的经济命脉，都成为极少数跨国银行、投资机构、对冲基金赌桌上的筹码。从可持续发展看，资本主义是最浪费的制度，其生活方式鼓励贪婪、奖励自私、崇尚个人主义、刺激无止境的物质欲望和没必要的消费需求，诱导追求虚荣的价值观。在资本主义的资源配置逻辑下，全球的生产活动主要是为了满足富裕阶层的物质需求，有限资源不断被转换成垃圾，第三世界国家多数人群被挤压到边缘，生产资源被私人占有，广大群体无法尽其力、用其物，形成人力资源巨大浪费。美国在"经济自由化"旗帜下推动资本主义全球的扩张，对社会、民主、文化与环境都构成了生存威胁。

人民代表大会制和两院议会制

中国的民主制度，是具有自己独特特征的民主制度。人民代表大会制，就是中国民主制度的重要特征之一。中国在社会主义民主建设方面，同样以马克思主义基本原理与具体国情结合的思想为指导，坚持从本国的具体国情出发，不照搬外国模式。中国把马克思主义基本理论与中国的具体国情相结合，逐步建立了具有中国特色的社会主义民主制度。这种制度的核心，就是通过各种行之有效的民主机制和法律制度，保障劳动人民当家做主。诸如人民代表大会制度，中国共产党领导的多党合作和政治协商制度，民族区域自治和基层群众自治制度等，这些制度都体现了中国民主制度的特色，也体现了中国在社会主义民主建设方面的创新和智慧。这些制度把中国共产党的领导、劳动人民当家做主和依法治国有机结合起来，不仅保障了劳动人民当家做主，而且保障了对国家的效治理。

我们都知道，在这些制度中，人民代表大会制度是中国的根本政治制度，是中国人民民主专政的政权组织形式，是中国的政体。它不仅最直接反映中国民主的性质，体现中国各族人民在国家政治生活中的主人翁地位，而且是中国人民当家做主的基本组织形式。全国人民代表大会是中国人民行使国家权力的最高权力机关。全国人民代表大会在立法工作、监督工作、组织建设、制度建设等方面，都起到了重要作用。中国在实行这种制度中，已经取得了巨大成就，证明实行这种制度是正确的。如邓小平说的：我们实行的就是人民代表大会一院制，这最符合中国实际。如果政策正确，方向明确，这种体制益处很大，很有助于国家的兴旺发达，避免很多牵扯。

在人民代表大会制度中，从基层普选产生的人大代表，是国家权力机关的组成人员，是受人民委托，代表人民行使国家权力的主体。他们扎根于人民群众之中，最了解人民群众的呼声，最能体察民情、了解民意。充分发挥好人大代表的作用，是人大及其常委会依法履行好职责的基础。只有保证权力机关的全体组成人员充分行使权力，权力才不会变质，人大机关才不会变成官僚机构。要通过加强人大代表同人民群众的联系，形成开放、互动、畅通的关系，使人大代表能够深入了解民情、广泛反映民意、充分集中民智，使中国特色的代议制民主更具生机和活力。

中国很早就形成了这样的理念，在当今利益多元化的世界上，任何国家都不能只讲民主，不讲集中，只讲民主不讲统一。广大人民群众通过自己的代表把意见带到大会上，然后通过讨论，把最大多数人的正确意见集中起来，形成国家的统一认识、统一计划，变成全国人民的统一行动，这样才能事业有成。西方学者总把这种在民主基础上的集中，说成专制，这是天大的误解。

作为体现劳动人民当家做主的全国人民代表大会制度，包含和要求中国共产党的领导。从一定意义上说，中国的人民代表大会制度的本质，就是人民内部各个阶层的利益要求，通过协商和少数服从多数的原则进行表达和集合的过程。在全国人民代表大会的运行活动中，社会各个阶级、阶层、团体都有着自己的个别利益，要求表达和实现。如果没有一个能够协调各个方面、代表绝大多数人民利益的政治核心在中间起决定性的领导作用，人民代表大会制度就不可能顺利健康地发展，这个政治核心就是中国共产党。

现在，中国人普遍认识到，中国共产党的性质和宗旨，决定了它在当代中国政治活动中的领导地位。只有中国共产党能够代表广大人民群众的利益，而且能够凝聚全国各族人民群众的力量，保证国家政治生活健康有序地进行。因此，坚持中国共产党对人民代表大会的领导，是正确实行人民代表大会制度的重要保证。在中国，有资格、有能力领导中国人民进行民主政治建设的，只有中国共产党。邓小平在改革开放之初就提醒人们，发展社会主义民主和法制，改革党和国家的领导制度，不是要削弱党的领导，涣散党的纪律，而正是为了坚持和加强党的领导，坚持和加强党的纪律。在中国这样的大国，没有共产党的统一领导，是不可想象的，那就只会四分五裂，一事无成。这是全国各族人民在长期的奋斗实践中深刻认识到的真理。因此，发展社会主义民主必须在党的领导下进行，具有特别重要的意义。

中国的人民代表大会制度和中国共产党领导的多党合作和政治协商的民主制度，就为尊重和保障人权，保障公民自由平等的实现，开辟了广阔的空间。比如，在社会主义制度下，任何公民都平等享有宪法和法律规定的权利，同时平等的履行法定义务；国家机关在适用法律时，对于任何人的保护或者惩罚，都不因人而异，实行在法律面前人人平等；任何组织和个人都不得有超越宪法和法律的特权。公民的自由和平等权，只有通过民主权的实现才能得到体现。公民的民主权，包括选举权、对公职人员的罢免权、政治创制权、政治复议权和政治监督权。在社会主义制度下，参政权是公民政治权利的重要组成部分。中国现在正通过改革，不断完善社会主义民主制度，为公民积极有序地参与政治拓宽渠道，为维护和保障社会主义人权创造更多、更好的条件。

在民主制度建设方面，中国还面临着一项艰巨的任务，就是教育广大人民，认清什么是社会主义的民主，它同资产阶级的民主有什么本质的区别，从而坚定对社会主义民主制度的信念和决心，破除对资产阶级民主的迷痴，让他们懂得马克思和恩格斯早就说过的，资产阶级人权的实际应用，就是私有财产这一人权。就是说，资本主义社会最主要的人权，就是资产阶级的所有权。平等地剥削劳动力，是资本主义首要的人权，这与社会主义的人权，即劳动人民的所有权是有根本区别的。与此同时，适应社会发展和前进的需要，不断推进政治体制改革，发展社会主义民主政治，健全各项民主制度，丰富民主形式，拓展民主渠道，依法实现民主选举、民主决策、民主管理、民主监督等，始终是社会主义民主建设的重要内容。

中国在考虑建立自己的民主制度时，没有照搬美国的两院制和三权分立的模式，主要原因，不仅在于它本质上不是人民民主，而且在于它不适合中国国情。"三权分立"主要是指立法权、行政权和司法权分别由不同的国家机关掌握，相互独立、互相制衡。它是西方资本主义国家政治制度的建制原则，在一定程度上可以避免某一集团独揽权力，便于资产阶级统治集团内部实现"民主"，但并不代表全体人民的利益，实际上是不同利益集团之间的博弈和制衡，是实行资产阶级专政、维护资本主义统治的工具。中国作为社会主义国家，国体是人民民主专政，国家的一切权力属于人民，人民的权利具有至上性、不可分割性；中国坚持以公有制为主体、多种所有制经济共同发展的基本经济制度，广大人民的根本利益是一致的，不存在根本利益不同的利益集团。因此，在中国，既没有搞"三权分立"的政治基础，也没有搞"三权分立"的经济基础。

马克思在论述资本主义议会立法权与行政权的本质时，曾一针见血地说："在议会中，国民将自己的普遍意志提升为法律，即将统治阶级的法律提升为普遍的意志。在行政权面前，国民完全放弃了自己的意志，而服从于他人意志的指挥，服从于权威。和立法权相反，行政权所表现的是国民的他治，而不是自治。"①三权之间的制衡，所体现的是统治阶级内部不同利益的制衡。不同利益之间错综复杂的斗争，使这种制衡也成为连续不断的、自相矛盾的、错综复杂的过程。而且为了利益而进行的激烈斗争，常常会使议会民主失去作用。如马克思所说的："靠辩论生存的议会制度怎能禁止辩论呢？既然这里每种利益、每种社会措施都被变成了一般思想，并被当作一种思想来讨论，那么在这种条件下怎能把某种利益、某种措施当作一种高出思维的东西而强使人们把它当做信条来接受呢？"有时候，"要挽救它的钱包，必须把它头上的王冠摘下来，而把保护它的剑像达摩克利斯剑一样地悬在它自己的头上。""它一方面要根本破坏一切议会权力，包括自己的议会权力的存在条件，另一方面则使与它相敌对的行政权成为不可克制的权力。"②

事实早已证明，西方国家的两党制或多党制，是在资本主义社会产生和发展过程中各种政治力量相互角逐下逐渐形成的，它反映了其社会不同利益群体特别是垄断资本集团分割国家权力的需要。尽管这种竞选制度在美国发展中也有一些作用，比如每一次竞选活动，每一个竞选演说，都体现着候选人素质、能力和活

---

① 《马克思恩格斯选集》第 1 卷，人民出版社 1995 年版，第 674 页。
② 同上书，第 628 页。

力；竞选演说中所发表的每一个施政纲领、发展思想、发展战略和对选民的承诺，所揭露的过去执政中所存在的各种问题、矛盾、弊端和丑闻，都不仅使选民在思考中做出最优的选择，也使新的执政者在思考中对过去的错误、矛盾、偏差做出纠正的决心和选择。可以说，每次的竞选，在一定程度上都是一次动员全国民众检讨过去、纠正错误、开拓和创新未来的大民主运动，都是对新的执政者的鞭策。这可能是美国能在不断披露错误和纠正错误中求得不断发展前进，能使经济、政治、军事、文化等各个方面都能一直保持旺盛发展活力的重要原因。不过，这种作用日益被竞选的金钱性所腐蚀、所抵消。

马克思在《法兰西内战》中，就已经看到并分析了资本主义国家政治制度所发生的这种变化趋势。当他看到资产阶级竭力加强政府的权力，千方百计地限制议会权力时，曾尖锐指出："议会形式这只是行政权用以欺骗人的附属物而已。"① 可见，美国的民主制度和权力结构，正在沿着美国人最不愿看到的、总统独裁的趋势在发展着。两党间为权力激烈斗争，总统权力的扩大，不仅破坏了联邦政府与州政府之间即纵向的权力制衡，也破坏了联邦政府三权之间即横向的权力制衡，从而使美国政治制度中民主的成分不断减少，三权相互制衡的作用不断削弱，政治制度的优势在不断丧失。

两党制也好，两院制也好，它们的本质都是在为私人争夺权势，而不为广大人民谋利的事实，已日益被人们所认清。比如，正在如火如荼的美国新一届总体精选中，我们看到，美国的青年人，对世界青年人最具诱惑的美国的民主制度，却了无兴趣。2015 年 7 月，美国人口普查局公布了针对 2014 年美国国会中期选举期间公民投票情况的调查结果显示，18—29 岁公民投票注册率

---

① 《马克思恩格斯选集》第 3 卷，人民出版社 1995 年版，第 94 页。

为 47%，实际投票率为 19.9%，均为 1978 年以来最低值。

美国年轻人为什么对美国民主制度失去兴趣，美国拉特格斯大学助理教授肖娜·沙姆斯认为，美国青年对美国政治淡漠、不想投票的原因，是对美国民主制度的失望，他们不相信选票能给他们带来改变，不相信美国的政客能代表民意。沙姆斯认为，美国经济即使发展了，青年人也得不到好处。目前，有 70% 的大学毕业生还不清学费贷款，平均每日负债 3.5 美元。在穷富两极分化不断发展的环境下，他们感到将无法改变自己的艰难处境。

他们对美国民主制度的失望的另一个原因是，美国的政治制度是金钱制度、是有钱人的乐园。比如 2012 年，美国赢得众议员席位的平均成本为 160 万美元，这是一般青年人所望尘莫及的。更重要的是，只靠选票选出的政府，是只为少数富人服务，加之党派偏见加深，两党对立加剧，政府腐败日趋严重，社会两极分化不断发展，这都使年轻人对美国政治失去了信心。

更值得注意的是，在这次竞选活动中，涌现了一匹出人意料的黑马，那就是被誉为"民主社会主义者"的伯尼·桑德斯。桑德斯在美国青年人欢呼中，在美国总统初选中突然崛起，其获得的支持率，一度领先于希拉里。《21 世纪资本论》作者托马斯·皮凯蒂，于今年 2 月 16 日在英国《卫报》网站发表文章，对此事进行评论时认为，桑德斯的崛起，意味着美国进入了新的政治时代。

皮凯蒂认为，桑德斯的成功说明，美国人已经厌倦日益严重的不平等制度。皮凯蒂用事实说明，第二次世界大战后美国是循着扩大不平等的道路在发展着。比如，对高收入阶层实行高累进税制度，是约束收入不平等的重要措施。在 20 世纪 30 年代至 80 年代的半个世纪里，美国对年收入在 100 万美元的高收入人群，所得税税率为 82%。在罗斯福到肯尼迪执政期间，最高为 91%，在 1980 年里根执政期间，仍高达 70%。而到了克林顿执政期间，就下降为 40%。这当然就使富人阶层的收入不断积累。社会不平等的另一个原因，是高收入者的薪水高的离谱，而低收入者的薪水反而下降。20 世纪 30 年代，美国建立了最低工资制度，当时每小时的最低工资为 10 美元，这是至今最高的水平。2016 年，美国最低工资才只有 7 美元。

正如皮凯蒂所说，也许桑德斯不会赢得选举，但桑德斯所提出的通过提高累进税、提高最低工资、提供免费医疗和高等教育等，来拟制收入不平等和教育不平等的主张获得广泛支持这一事实说明，美国的富人民主、富人政治，美国的收入不平等、教育不平等、社会不平等，已经难以维持了，美国要开始进入新的政治时代了。

总之，如近来西方报刊所连篇累牍发文所分析的，在资本主义社会，有两个不能分：一个是富人财富的增加与穷人贫困的增加，不能分；另一个是政治和金钱，不能分。劳动人民的收入不断下降，富人阶层收入的不断提高，从而造成日益严重的收入分配的不平等和财富占有的贫富两极分化，这是美国金钱选举制度本质性的表现。现在世界包括美国人在内大多数人都看清了，随着金钱选举的恶性发展，美国的民主已经不仅不是世界最好的民主，甚至是世界最糟糕的民主。这种糟糕的民主，造成了财富占有极端不平等的糟糕的现实。

协商民主和选票民主

广大人民广泛参与的民主协商制度，是中国民主制度又一重要特征。这种协商制度，与西方那种单纯的选票民主制度不同。不言而喻，民主不只是选票，更是一种权利，而且是广大人民应当享受的权利。西方选票民主制度的失败，不仅在于它用选票糊弄权利，更在于只靠选票不能实现人民当权。在把马克思主义社会主义民主理论与中国具体国情的结合中，中国共产党领导人根据中国的具体国情，创新出了在中国共产党领导下的多党合作和政治协商制度，这也是中国的一项基本民主政治制度，是保证实现真正人民当权的制度。

在这种制度中，人民政协，是实行中国共产党领导的多党合作和政治协商制度的重要政治形式和组织形式。为让广大人民都能参政议政，在重大决策之前，让各党派、各不同利益主体、各阶层人士，先在内部进行充分讨论和协商，尽可能就共同性问题取得一致意见，这体现了人们当家做主的民主性质。人民政协在历次大会和各项活动中，广开言路，广开才路，放手让各方面人士充分发表意见，提出批评建议，为党和政府集思广益、正确决策，减少工作失误，发挥了积极作用。

在社会主义初级阶段，解决人民内部由利益公平问题而引起的矛盾，是个非常复杂而艰巨的任务。而解决这种矛盾的有效办法，只能是协商。人们都知道，利益矛盾在整个人类社会历史进程中都是客观存在的，但在不同的社会制度下，处理方式是不同的。在社会主义社会，对于利益差别和由此引发的利益矛盾，通常只能采取民主协商的形式，来协调和化解。人们逐渐认识到，这种协调和化解利益矛盾的方式，也许是迄今为止最科学和最进步的方式。只有这种方式，才能把各方面的利益要求平衡和协调到一个比较良好的状态，从而充分调动各个方面的积极性，充分发扬人民群众的社会主义主人翁精神和聪明才智，使整个社会充满生机与活力，推动社会主义社会生活健康有序地向纵深发展。

我们知道，崇尚协商，有事好商量，这是中华文明的传统。当然，协商民主要以宪法和相关政策为依据，以中国共产党领导的多党合作和政治协商制度为保障的。它集协商、监督、参与、合作于一体，实现了知情权、参与权、表达权和监督权的有机结合，因此有利于完善人民有序政治参与、密切党同人民群众的血肉联系、促进决策科学化民主化。协商民主的实践，充分显示出这种特有民主形式的独特优势。在社会主义制度下，在劳动者当权的民主制度中，大家有事好商量，众人的事情由众人商量着办，这就找到全社会意愿和要求的最大公约数，这也体现了人民民主的真谛。在人民内部各方面广泛商量的过程，就是发扬民主、集思广益的过程，就是统一思想、凝聚共识的过程，就是科学决策、民主决策的过程，就是实现人民当家做主的过程。

协商民主作为新生事物，自然有个不断发展完善的过程。中国现在正加快协商民主的制度建设，构建程序合理、环节完整的协商民主体系，拓宽国家政权机关、政协组织、党派团体、基层组织、社会组织的协商渠道，深入开展立法协商、行政协商、参政协商、社会协商。发挥统一战线在协商民主中的重要作用，完善中国共产党同各民主党派的政治协商，发挥人民政协作为协商民主重要的渠道作用。重点推进政治协商、民主监督、参政议政制度化、规范化、程序化。这些都会使它的优势更为突出地显露出来。

而当今资本主义民主，却不讲协商，只讲选票。比如两党竞选制度是美国民主制度的重要组成部分。美国总是标榜它的这种制度是世界上最完善、最民主的选举制度，强要别的国家接受，并把它作为判断是否为民主国家的标准。由选民直接选举议会和总统，这是美国标榜自己民主制度优越的一项重要内容，也是一些人盲目崇拜美国民主制度的原因。然而，如前所述，美国的这种选举制度一开始就是一种富人选举制度，或金钱选举制度。一开始它就是把占有一定的财产，作为选民的基本条件，这就决定了这种选举的金钱性，决定了它必然是一种金钱选举制度。这种制度，只是少数富人的选举制度，很多穷人根本没有选举的资格和机会。

恩格斯在论述美国的两党竞选和轮流执政时说过：在美国，"轮流执政的两大政党中的每一个政党，又是由这样一些人操纵的，这些人把政治变成一种生意，拿联邦国会和各州议会的议席来投机牟利，或是以替本党鼓动为生，在本党胜利后取得职位作为报酬。"① 其实，美国两党的形成本身，就是富人之间利益争夺的结果。

不争的事实是，在今天的美国，每位候选人背后，都有数个亿万富翁的支撑。无论是总统或议员，其能否获得候选人的资格和当选的机会，就看他能否筹到足够的经费，也就是能否找到足够多的支持他的富豪为他捐款。美国政客的重要本领是筹款，这已成为个美国选举政治中颠扑不破的行为准则。当前，美国选举中的金钱性，更是恶性膨胀，竞选费用已经飙升至前所未有的程度。金钱选举恶性发展，使民选日益流于形式，日益成为少数有钱人和政客们进行权钱交易的活动，广大民众热情和兴趣日益下降。值得注意的是，即使是那些有机会投票的民众，对选举结果也起不了多大作用，只是被用来为这种民主制度贴金而已。"投之以桃，报之以李"，捐款者既然出了钱，在被选举人身上投了资，当选者自然要竭尽全力为这些捐款者提供更多发财的机会，使其得到丰厚的回报。这种金钱选举制度，已经成为美国社会制度腐朽的重要根源。

世界上有很多人，不加思考的迷信直选，似乎只要实行直选，就是好民主。这也是他们盲目崇拜美国这种竞选制度，把它视为实现自由、民主和人权的重要手段和标志的原因。其实，直选只是一种选举的形式。只要看看美国的实践就会明白，美国的竞选并不像有些人想象的那么美好。美国的竞选制度虽然比其他资本主义国家都更为完善，在一定程度上体现了一点人民的民主和权利，这是美国发展中的一大优势。但其最大的弊病，是生来就具有金钱性。这里说的金钱性，就是指的金权政治。意思是有钱就

---

① 《马克思恩格斯选集》第 3 卷，人民出版社 1995 年版，第 12 页。

有权，这和选举形式失败两回事。而与这种金钱性恶性发展相并行的，正是其金权性，或者说虚伪性和欺骗性的日益暴露。有西方学者认为，美国选举的金钱性，已经使美国出现了"邪恶"统治，这似乎不是空穴来风。美国学者奥托·纽曼在其《信息时代的美国梦》一书中指出：新的富豪统治正在美国国内形成，因此他们也成为具有新兴全球精英特征的一部分。他们在电视上频频抛头露面，他们的一举一动被刊登在热门杂志上，而这些杂志往往归他们自己所有。这些杂志要证明，他们理应过这种样式的生活。再看看生活在下面的阶层，迅速扩大的临时劳动大军正在水深火热中挣扎。

美国的开国元勋们，最初一般都是反对党派斗争，因而反对建立党派，反对党派精神的。比如总统华盛顿，面对内阁中官员们在政策上不同意见的分歧和激烈斗争，就很担忧。他视党派性为"恶魔"，在他的著名的告别辞还告诫后人：要防止和反对党派精神，以维护民族和国家的统一。亚当斯也认为"党派"乃"最大的政治邪恶"。杰斐逊更是起咒说："如果上天堂先加入党派，我就不愿意上天堂"。然而，社会的发展总是不以人们的主观意志为转移的。残酷的利益之争还是使党派在激烈的利益斗争中在美国产生了。为了利益不得不把自己变成"政治恶魔"，为了利益宁愿不上天堂。以民主和共和两党为主体的党派斗争和党派精神，不仅还是在美国之后的现实政治斗争中产生和发展了起来，而且成为美国政治体制中重要的组成部分，成为美国政治体制的鲜明特色。

当然，美国两党在大的原则和总体利益上，有着高度一致性。美国两党的形成，虽然有其深厚的历史根源，在经济、政治利益上也存在许多矛盾，但在实行美国式的资本主义制度的问题上，不存在任何根本性的矛盾和斗争。恩格斯在评论英国两党制时就曾说过：在争夺统治权的政党中，是从来没有过原则斗争的；它们中间只有物质利益的冲突。恩格斯的这一论述也符合美国的情况。

比如美国两党有着具体利益的矛盾，但在坚持联邦宪法，坚持共和制，坚持资本主义制度等这些基本原则问题上，在只有依靠联邦宪法和联邦政府，才能维持自己的私有财富、不断扩大自己的私有财富这些方面都是一致的，因为这些都是实现它们利益和权力的根本保证。无论哪个党在台上执政，都不会背离这些基本原则和利益；无论哪个党在野，也都不会企图推翻这些原则。而且随着南部种植园经济和各种小农经济向大农业经济、大工业经济的转变，两党之间所存在的带有大规模的阶级性的矛盾，以及所体现的在政府政策上的矛盾，也不断消除，它们无论在利益上和大的政策上都逐步走向融合。它们之间的矛盾和斗争，则更多地表现在不同行业集团、不同政治集团、不同阶层之间的不同的具体利益。

正因为如此，从20世纪开始，两党在竞选中都不再是靠它们的原则和纲领的正确性和科学性而获胜，也不是靠它们的纲领和政策更符合广大人民的利益而获胜，而主要是靠自己的经济实力和政治手段而获胜。有足够的金钱、大量的组织活动以及巧妙的政治上的交易，则成为竞选中获胜的法宝。还值得一提的是，这些环境和条件，植根于美国民族的特性和历史传统中，不是一朝一夕能够形成的。财富和政治权力相融合，财富决定政治权力分配，政治权力又成为掠夺更多财富的工具，先有钱后有权势，再利用权势攫取更巨大的财富，这是美国选举制度也是美国政治制度的遗传基因。

毫不夸张地说，美国的历届总统，都是用金钱堆起来的。没有金钱做后盾，就别想做总统梦。要组建庞大的竞选班子，雇用大批工作人员，在媒体上做大量广告，印发大量宣传材料，到各地去做竞选旅行、演说，组织许多集会，等等，都需要大量的资金。如美国人所说的：金钱是政治的母奶，通往白宫的路是用金钱铺就的，总统和议员的权力都是用金钱换来的。

这些大量的金钱从哪里来，除了很少一部分是联邦政府的拨款外，绝大部分是大企业和各种利益集团的捐款。这些捐款当然都是要得到回报的，是有自己的利益上的动机的。所以，每次的竞选，从表面上看是候选人之间的竞争，而实际上幕后是各利益集团之间的较量，是有钱人的游戏，权钱之间的交易。这种幕后的、黑暗的、不择手段的，包括各种弄虚作假的权钱交易，就决定了这种民主选举的虚伪性。

在美国选举中，通过捐款这种形式，当选者和捐款者双方都得到利益：当选者因有大量捐款而获得权力，捐款者因捐款而获得特别的利益。两者通过选举活动，而各得其所，这就是美国选举政治的特色。而在这种活动中，各种游说利益集团有着特殊重要的作用。一方面，各种游说集团通过捐款，从国会或政府那里得到自己所要的利益；另一方面，国会议员和政府官员们，不仅通过这些捐款获得席位，而且可以通过这些游说集团获得新的金钱利益。可见，美国的游说政治，就是捐款政治，就是行贿受贿政治。

目前，美国选举中的金钱性，更是恶性膨胀。无论是总统或者议员，其能否有作为候选人和当选的机会，就看他能否筹到足够多的钱款，也就是能否找到足够多的支持他的富豪。"金钱对于美国政治的极端重要的作用，近年来随着当选政治高位的花费'行情'的飙升而达到了前所未有的程度。2000 年总统大选中，共和、民主两党的总开支突破了 30 亿美元。政客最重要的本领是筹款，这个美国选举政治中颠扑不破的行为准则，现在愈发是不容置疑的金玉良言。"① 据美国媒体报道，在 2004 年的总统竞选

---

① 　张西明：《新美利坚帝国》，中国社会科学出版社 2003 年版，第 381 页。

中，这一数字又突破了 40 亿美元，可能达到了 50 亿美元。

由于选举中的这种金钱性，选举日益成为少数有钱人为自己利益而进行的权钱交易活动，广大的民众对选举越来越没有热忱和兴趣，无论在联邦政府或州政府的大选中，投票的人数越来越少。20 世纪 60 年代美国大选的投票率都在 60% 以上，70 年代和 80 年代下降为 50% 以上，到 1996 年又下降到了 49%，到 2000 年美国的人口有 2.8 亿，而获胜的小布什所获得的选票，还不到 5000 万张。2004 年美国大选的投票率也只有 49%。

如《经济学家》在评论美国的选举制度时所说的：美国人虽然把民主制度作为自己的特产，但在涉及其选举制度时，对诸如为什么如此众多的美国人根本不能参加投票，为什么选举中充斥着如此浓厚的金钱政治味道和大量的人身攻击，为什么如此众多的选区会发生那么多奇怪的事情，也感到疑惑不解。从这种金钱化的漏洞百出的选举就可以看出，美国的民主制度已经是"老牛破车，有名无实了"。

美国选举制度的这种金钱化，使其失去了民主的性质和意义，这也是美国政治制度失去了优势的原因。其突出的表现是，如美国学者所说的，美国违背了初衷，不仅是由于"内线人物"的肆虐，社会腐败日益猖獗，而且出现了"邪恶"的选举、"邪恶"的统治，或统治中的"邪恶"，使选举日益成为权力与金钱、金钱与权力的交易。

比如，由于金钱竞选，当选者必然代表金钱者的利益，必然为有金钱者服务，使政府的发展和经济政策越来越有利于最富的人，而不利于最穷的人，从而使两极分化越来越严重。如奥托·纽曼所指出的："非常荒谬的是，当先进世界中的阶级力量大为削弱的时候，美国的邪恶却在明显抬头。有一点要说明，它不再是历史上那种资本主义与无产阶级的分歧，而是以一种非常新的形式出现。""新统治阶级的出现是个前所未有的现象，具有

'上流社会'的特点，由仅占人口 2% 的精英组成。其社会功能模式更像南美的财阀统治，而不像西方的统治阶级。这些形形色色的亿万富翁、公司总裁、资深政客、军事首脑、国家和地区的帝王缔造者以及媒体和企业的精英，比以往任何时候都更牢固地控制着国家的制高点。他们的权力巨大无比，势不可当地盘踞在大都市中，并与其他社会管理精英相勾结，拥有巨大的财富和全球最好的智囊和其他资源。对于他们来说，法律或道德的约束已不复存在。"①

近日，英国前首相托尼·布莱尔发表文章，也对西方民主发出了这样的疑问，"民主已死？"因为通过这篇文章，我们可以在对比中领悟西方民主的虚伪性和中国民主的诚信性，所以这里我们不妨看看布莱尔是怎么说的。

布莱尔以《民主已死？——真正的民主体制不仅仅是赋予民众投票权》为题著文称："如今，民主国家的日子不好过。许多国家的民主制度机能失调：美国国会、英国联合政府以及许多欧洲国家的政府都遭遇了困境，难以作出必要的决策以使经济恢复增长。屋漏偏逢连夜雨，除了民主制度的失灵，近期还出现了一系列意义深远的挑战。有鉴于此，欧洲极右翼政党的崛起，以及社会上对民主政治普遍存在的忧虑与失望情绪便不足为奇了。"

文中，布莱尔承认，西方民主制度遭到了挑战，民主的价值是正确的，但西方的民主制度往往无法兑现这些价值。在风云变幻的世界中，国家、社区、企业都必须不断调整自己去适应这些变化，民主制度显得迟缓、官僚而又脆弱。在这个意义上，民主国家对不起自己的公民。至于这种情况为何发生，又该如何应对？布莱尔虽然无法探索其根本，却道出了一些问题。

他在文中说："我们似乎忘了，只有实践中行得通的理论才是

① 奥托·纽曼：《信息世代的美国梦》，社会科学文献出版社 2002 年版，第 186 页。

好理论。民主制度的理论基础是重要的，通过选举产生政府的基本原则显然是正确的，它也仍然得到大众的认可，民主原则在践行中却往往遭到歪曲。今天我们应该讨论如何改善民主制度，如何使它现代化。传统上，辩论民主的议题无外乎政府的透明度、诚信度。"

他认为，导致人们对民主政府大失所望的真正原因是，人们认为生活中迫切需要的改变迟迟没有发生。这是一个很实际的挑战。人们往往有另一套说法，他们说政府不倾听民众的声音。但实情往往是，政府在倾听，但民众的声音是杂乱分化的。通过强势领导有效进行决策的能力，正是民主制度所缺乏的。他还认为，西方民主国家发生了一系列变化，降低了民主体制的功效。在美英两国，有越来越多的选区受其边界划分结果的影响，直接落入某个政党囊中，成为其固有选区。如果你成功获得了党内候选人提名，便将铁定赢得该选区的议席。这促使潜在的候选人们采取某些立场，讨好拥有提名权的党内活跃分子，而不是广大公众。就这样，政治家们逐渐远离了大众所持的中立立场，而这必将损害他们的决策能力。

布莱尔承认，在这资本主义的民主体制内，摆好政治姿态比实干解决问题更重要。随着传统观众群体的萎缩，新闻机构发现最大的商机在于煽动忠实观众，呼应他们的具体利益。因此，许多西方媒体的党派色彩变得越来越鲜明。在我们的体制中，产生了强大的利益集团，它们能阻拦我们进行实质的、必要的改革。现代治国面临一个离奇的悖论：要满足公众日益提升的需求，改革必不可少，但公众很容易被动员起来反对这些改革。所以，在变革面前，西方政治家们往往退避三舍，导致选民对民主政治的进程大失所望。

布莱尔的结论就是："我们必须把民主体制的问题搬上台面，开诚布公地讨论。民主体制光给民众投票权是不够的，还需要收获实实在在的成果。然而目前民主制度却没有做到这一点。我们不应坐视选民在独裁和民粹之间做选择。如果我们真的相信民主，就让我们着手拯救它。"

与此同时，英国伦敦政治经济学院亚洲研究中心客座研究员马丁·雅克，也撰文谈了中国政治制度的优越性。他在文中说："西方一些人曾怀疑中国的改革乃至政治制度能否持续，但这种态度正发生变化。中国的改革开放已经走过了 30 多年，并在这个过程中赢得外界越来越多的尊重。怀疑中国政治制度能否延续的声音越来越不笃定，而更多的人开始关注中国的未来发展潜力。"

马丁·雅克还说："1945 年以后，欧美国家开始越来越推崇西方式的民主，尤其是普选权和多党制，并认为这是政府合法性的唯一来源。这种看法其实肤浅而又缺乏历史根据。西式民主并不能确保政府在人民的眼中具有足够合法性，只要看看意大利就能明白：第二次世界大战过后，其政府不断更迭如过江之鲫。议会党派林立，小党派众多，长期需要多党联合，甚至无法形成一党单独执政的局面。很多意大利人对此颇觉无奈。"

马丁说："反观中国，走出了一条区别于西方式民主的道路，中国的领导层获得了高度的合法性认可。根据皮尤研究中心的报告，中国政府享有高度支持，支持率在世界各国中十分靠前。显然，西方的民主道路并不能帮助解释这个现象。如同美国学者白鲁恂在其《亚洲权力与政治》一书中所指出的，很多西方学者在谈论政治时，都会先入为主地认为政治体制要比政治文明重要，事实却恰恰相反。"

马丁说："中国就是一个最佳范例。首先，中国严格来讲应该被称为一个文明国家，而非西方所普遍定义的那种民族国家。长久以来，占据国家管理者案头的首要任务就是维护国家的统一，也就是中华文明的统一。中央政府因此获得高度权威，民众对此高度认同。国家的概念，在中国百姓心中更如'家'的延续，而非西方社会眼中的统治者谋取利益的工具。"

马丁说："中国更加看重国家产生的整体功效。西方社会关注政府究竟如何选出，而中国却更关注管理者能否真的胜任。高效的政府带领中国实现了波澜壮阔的改革，创造了现代经济史上的发展奇迹。实际上，无论是国家制度还是社会形态，由于历史和文化的原因，中国同西方的差异都非常大，尽管可以互相学习也应该互相学习，但这种差异不可能尽数消弭。"

马丁说："西方一些势力以前总是信誓旦旦地说，中国会朝西方国家的方向改革，但实际上，政府的治理危机更有可能发生在西方而不是中国。随着美国和欧洲的衰落，其政治制度的合法性和权威性也日渐下降。而中国，基于其自身实际走出发展和繁荣之路毫不令人意外。中国的快速发展带来日新月异的变化。只要稍微看看一个普通中国家庭 30 多年来变化有多大，就不难想象整个社会正在经历怎样的变迁。当前进行的全面深化改革，不断完善法制，都是中国面对日益增长的社会需求作出的重要抉择。"

在中国人的意识里，国和家总是紧密联系在一起，而不可分的，有国才有家，家是国的基础。关于这一点，马丁似乎也领悟到了。他说："在西方，民主是政权合法性的唯一来源，这已经几乎成为一条公理。但这是错误的。中国这个国家的合法性深藏在其历史中。在中国历史上，'家'和'国'是两个最重要的系统。至少在两千年的时间里，国家被视为中华文明的维护者和化身。这是其合法性的重要来源。……这个国家其他一些特征也同样有着深刻的根源。这些特征包括对能人治国的强调、强大的国家机器以及用家庭概念来理解国家与人民之间的关系。"我们似乎能够看出，在这里马丁领悟到了中国人常常讲的"家国情怀"，也就是"修身、齐家、治国、平天下"这种情怀。如一些学者所分析的，当官的要如《诗经》所说的"恺悌君子，民之父母"；而老百姓则要保持家庭和睦，必要时又要舍家报国。这种情怀，绵延几千年未曾断绝，是十分宝贵的。

三　中国价值观和世界的思考

中国作为文明型国家，其价值观，也有着自己的独特和传统。劳动者，无论中国的劳动者或全世界的劳动者，到底都向往什么？或许人们还没有认真研究和深想。比如，为己或为公，靠劳动致富或投机、剥削致富，这是两种根本不同的价值观。而作为劳动者，所选择的自然是前者。一般而言，追求自身的自由、解放和发展，能使自己自由、公平发展和自由追求幸福的地方，也许就是大多数劳动者向往的地方。不过，中国价值观不仅如此，中国人不仅追求自身的自由、解放和发展，同时追求他人的自由、解放和发展；追求自己的幸福，也追求别人的幸福，追求共同的自由、解放和发展。中国道路，就具体体现了中国人的这种价值观。比如，中国道路中的有关和平发展、公平正义、合作共赢、共同富裕、和谐社会与和谐世界等这些理念和实践，正体现着广大劳动者所向往的、中国的价值观。随着中国发展和强大，随着中国在世界上的影响不断扩大，中国价值观正在引起世界的热议和思考，并日益被越来越多的人所接受。

尊崇劳动和劳动者的向往

劳动是人的本性。一切财富，都靠劳动者的辛勤劳动创造。在对待劳动和劳动者的问题上，中国始终坚持三点：一是尊重劳动，热爱劳动，靠劳动生存，靠劳动致富，坚持不劳动者不得食；二是尊重劳动者，使劳动者在创造财富、赢得社会发展中，解放自己，发展自己，使自己成为真正自由的劳动者；三是劳动者通过把自己辛勤劳动所创造的财富，贡献给人类，贡献给社会，贡献给人类文明的发展进步。这就是中国人的世界观和价值观核心。

中国的这种价值观，不仅与中国的文明传统相通，而且是马克思主义的核心。我们都知道，马克思主义劳动者彻底解放和全面发展的理论，是伟大的理论；马克思主义者立志为劳动者彻底解放而奋斗的事业，是伟大的事业。马克思主义认为，劳动者的发展程度和解放程度，作为人类发展进步的基本标志，体现着人类社会发展的阶段性。资本主义制度确立时，马克思就说过，资本主义民主制度的确立，只是资产阶级的解放，而不是劳动者的彻底解放。劳动者彻底解放的历史使命，自然而然地落在了共产党人身上，落在了社会主义建设的身上。

中国道路，无疑是中国人民靠辛勤劳动奔向小康、奔向共同富裕、奔向美好未来的康庄大道。然而，中国人并不以此为满足，中国人还要为全世界人都奔向富裕、奔向美好未来做出自己的贡献。中国人对中国道路的信心，来自对社会主义的信仰和世界大同文明传统。对社会主义的信仰，也是对劳动者彻底解放，对人性回归的信仰。热爱劳动，尊崇劳动，热爱劳动者，尊崇劳动者，是中国道路精神文明建设的核心，是劳动者的辛勤劳动创造着一切，因而，社会要发展，人类文明要发展，主要得依靠广大劳动者。依靠劳动者，首先就必须解放劳动者和发展劳动者，使劳动者能与时俱进地进行自由创造性劳动。这就决定了，解放劳动者和发展劳动者，是中国道路最本质性的任务。

解放劳动者和发展劳动者，是个很长的历史过程。马克思这样写道："任何解放都是使人的世界和人的关系回归人自身。政治解放，一方面把人归结为市民社会的成员，归结为利己的、独立的个体，另一方面把人归结为公民，归结为法人，只有当现实的个人把抽象的公民复归自身，并且作为个人，在自己的经验生活、自己的个体劳动、自己的个体关系中间，成为类存在物的时候，只有当人认识到自身'固有的力量'是社会力量，并把这种力量组织起来因而不再把社会力量以政治力量的形式同自身分离的时候，人的解放才能完成。"

资本主义社会对劳动者的意义，只是摆脱了封建奴役，可以自由选择出卖自己劳动力的方式和雇主。被压迫和被剥削的地位依然没有改变。马克思所说的人的解放，或劳动者的彻底解放，不仅包括政治解放，更重要的是包括经济、思想、文化上的解放，其中经济解放尤为重要。经济是基础，只有经济上得到解放，其他解放才能有基础和条件。现在人们都看到了，资本主义国家劳动者正因为没有得到经济上的解放，所以政治解放也成为空中楼阁。资本主义的民主选举，蜕化成为金钱选举。资本主义的劳动者，也都仍然没有摆脱金钱的奴役。资本主义社会是金钱统治人，而人则向金钱顶礼膜拜。所以走在追求解放路上的每一个劳动者，要彻底摆脱"人不为己天诛地灭"的旧意识，坚决不做金钱的奴隶，这并不是一件容易的事情。

比如，劳动创造了人类，创造了人类历史，创造了人间的一切财富、一切奇迹。然而在资本主义社会，劳动者却处在被压迫、被剥削、被统治的地位，处在社会的最底层。劳动者辛苦劳动所换来的却是饥饿和贫困。在资本主义社会，劳动生产了智慧，但是给工人生产了愚钝和痴呆。马克思和恩格斯在论及劳动者的时候，总是饱含深厚的阶级感情。比如马克思曾这样写道：劳动为富人生产了奇迹般的东西，但是为工人生产了赤贫；劳动生产了宫殿，但是给工人生产了棚舍；劳动生产了美，但是使工人变成畸形；劳动用机器代替了手工劳动，但是使一部分工人回到野蛮的劳动，并使另一部分工人变成机器；劳动生产了智慧，但是给工人生产了愚钝和痴呆；劳动对它的产品的直接关系，是工人对他的生产的对象的关系。有产者对生产对象和生产本身的关系，不过是这前一种关系的结果，而且证实了这一点。对问题的这另一方面我们将在后面加以考查。因此，当我们问劳动关系的本质是什么的时候，我们问的是工人与生产的关系。

　　正因为如此，马克思和恩格斯都把那些被贬低为贱民的劳动者，视为最伟大、最高尚、最值得尊敬的人。恩格斯在《英国工人阶级状况》中就充满了对劳动者的赞扬、歌颂和同情，对剥削他们、压迫他们的资产阶级的罪恶，进行了无的地揭露和鞭挞。他生动描写了矿工不得不为了很低的工资去做最繁重最有害于健康的工作情况，他写道："只有大陆上的人们所不熟悉的那一部分英国人，只有工人、英国的贱民、穷人，才是真正值得尊敬的人，尽管他们粗野，尽管他们道德堕落。拯救英国要靠他们，他们身上还有可造之材；他们没有文化知识，但也没有偏见，他们还有力量从事伟大的民族事业，他们还有前途。贵族——目前还包括中间阶级——已经日暮途穷；它的全部思想，一直到最终结论，都已卖弄净尽，而且见诸实际，它的王国正迅速走向灭亡。"

　　正因为如此，马克思和恩格斯才写出了《共产党宣言》，才把解放劳动者作为自己毕生的事业。马克思和恩格斯虽然都出生在富人家庭，可当他们亲眼看到了劳动者被剥削、被压迫的悲惨状况、看到这种人类历史上最大的不公的时候，他们都激情满怀，决心站在劳动者的立场上，誓为劳动者的解放而奋斗。系统读一读马克思主义的经典著作就会明白，马克思和恩格斯在还是革命民主主义者的时候，就写了很多反映劳动者的悲惨状况的著作，并决心要为劳动者撑腰，为劳动的利益呼喊。他们之所以能从革命民主主义者转变为社会主义者，从根本上说，就在于其充满着劳动者的阶级感情和为了劳动者彻底解放的理想和奋斗目标；他们之所以能不畏贫苦、不畏疾病，呕心沥血地战斗一生，从根本上说，也在于此。在马克思主义经典著作的字里行间，无不浸透着劳动者彻底解放的浆汁。我们完全可以这样说，劳动者的彻底解放，是马克思主义的本质和灵魂，也是马克思主义的出发点和最终归宿。

　　中国虽然是社会主义国家，但劳动者的解放程度，距马克思说的劳动者的彻底解放，还相差很远。而中国道路的一项重要任务，正是坚持把马克思主义的这些理论与中国的具体国情相结合，努力采取适合中国国情的办法，解放劳动者、发展劳动者。正像邓小平同志说的，"社会主义的本质，是解放生产力，发展生产力，消灭剥削，消灭两极分化，最终达到共同富裕。就是要对大家讲这个道理。"而解放生产力、发展生产力的背后，就是解放劳动者和发展劳动者。这里我们要强调的是，解放劳动者，发展劳动者，既是解放生产力，发展生产力的前提，也是解放生产力，发展生产力的目的。没有劳动着的解放，没有劳动者的发展，解放生产力，发展生产力，都将是一句空话；离开了劳动者的彻底解放和全面发展，共产主义将是一句空话。这个道理同样需要对大家讲清楚。

习近平同志也特别强调："必须坚持崇尚劳动、造福劳动者。劳动是财富的源泉，也是幸福的源泉。人世间的美好梦想，只有通过诚实劳动才能实现；发展中的各种难题，只有通过诚实劳动才能破解；生命里的一切辉煌，只有通过诚实劳动才能铸就。劳动创造了中华民族，造就了中华民族的辉煌历史，也必将创造出中华民族的光明未来。'一勤天下无难事。'必须牢固树立劳动最光荣、劳动最崇高、劳动最伟大、劳动最美丽的观念，让全体人民进一步焕发劳动热情、释放创造潜能，通过劳动创造更加美好的生活。全社会都要贯彻尊重劳动、尊重知识、尊重人才、尊重创造的重大方针，维护和发展劳动者的利益，保障劳动者的权利：要坚持社会公平正义，排除劳动者参与发展、分享发展成果的障碍，努力让劳动者实现体面劳动、全面发展。全社会都要热爱劳动，以辛勤劳动为荣，以好逸恶劳为耻。"[1]

中国作为社会主义国家，中国劳动者发展和解放的程度，按

---

[1] 《习近平治国理政》，外文出版社 2014 年版，第 46 页。

理说应当大大超越资本主义国家。然而，就是因为中国过去太落后了，现在还处在社会主义的初级阶段，还是发展中国家，所以劳动者的发展程度和解放程度，还远没有达到人的解放或彻底解放那种程度。不过，中国坚持共产党的领导，坚持以公有制为主体的社会主义制度，坚持以人为本，共同富裕的理念和实践，正在朝着马克思所指明的那种境界努力奋斗着。而且中国在至今奋斗中一些创造性的做法，都是在马克思主义基本理论与中国国情相结合中对马克思主义的创造性发展。中国创造的这条道路，作为一种崭新的以劳动者为主体的路，不仅中国在实践中取得了惊人成就，不仅大大促进了中国劳动者发展程度和解放程度，而且为世界提供了非常有益的启示。

比如，中国提出，一切发展都必须坚持以人为本，即以劳动人民为本，必须把全心全意为劳动人民服务，为劳动人民造福作为宗旨。必须始终把实现好、维护好、发展好最广大人民的根本利益，作为一切工作的出发点和落脚点。必须尊重劳动人民的主体地位，发挥劳动人民的首创精神，保障劳动人民的各项权益，做到发展为了劳动人民、发展依靠劳动人民、发展成果由劳动人民共享。做到这三点，既体现了我们中华文明的传承，体现了时代发展的进步精神，也体现了马克思主义历史唯物主义和科学社会主义的精神。特别是劳动者通过自己的辛勤劳动所创造的发展成果由劳动者共享这一条，所体现的就是实现共产主义的一条最基本的原则和要求。

比如，中国提出，要依靠劳动者发展，就首先需要劳动者自身的发展，只有劳动者发展了，提高了，才能肩负起发展中依靠力量的使命。劳动者的自由发展，是共产主义的宏伟目标，坚持以人为本，就是要以实现人的全面发展为目标，从人民群众的根本利益出发谋发展、促发展，不断满足人民群众日益增长的物质文化需要，切实保障人民群众的经济、政治和文化权益，让发展成果惠及全体人民。当然，我们这里讲的劳动者，不仅是指单个的劳动者，而且指劳动者整体。但就每个劳动者的全面发展而言，它又都取决于其所处社会关系中所劳动者的全面发展，取决于整个社会的发展和进步。劳动者的彻底解放和全面发展，虽然不只是单劳动者人的解放和全面发展，而单个人的解放和发展应该成为一切人解放和发展的条件。中国提出的发展劳动者的理念和实践，就是向着这个宏伟目标在前进。如在第三章中所阐述过的，在社会主义革命、社会主义建设、社会主义改革和开放的整个过程中，我们都始终面临着解放劳动者、发展劳动者的根本任务，始终都应该把劳动者的解放和全面发展放在首要地位。特别是要处理好解放劳动者和发展劳动者的互为前提、相辅相成、相互促进的关系。

比如，中国提出，劳动者在发展自己和解放自己的斗争中或共同劳动中，始终应该以劳动为本，以共同利益为重，求得共同富裕。并在共同富裕中，求得共同发展和彻底解放。是共同富裕，不是少数人的富裕，也不是某个阶级的富裕。共同劳动，共同富裕，体现着共产主义精神，体现着中国特色社会主义的本质，体现着新型的劳动关系。人们都看到了，欧洲工业革命至今，西方发达国家贫富差距之大，社会公正之少，劳动者社会地位之低下，对外侵略和掠夺之血腥，都令人发指。而中国 13 亿人在至今的工业化过程中，不仅始终坚持以劳动者为本，坚持共同富裕，坚持靠劳动者艰苦奋斗发展，与西方发达国家形成了鲜明的对照。实践已经证明，共同富裕不仅是中国劳动人民求得自身发展和彻底解放的金光大道，而且也是世界劳动人民求得自己发展和彻底解放的金光大道。

比如，中国提出，要以发展实体劳动为本。面对虚拟资本、虚拟经济大发展，金融投机狂热，劳动和劳动者被边沿化的当今世界，中国大力倡导以劳动为本，共同富裕的思想理念。而这一理念，正是中国特色社会主义的基本内涵。我们越来越意识到，中国特色社会主义道路，本质上就应当是解放劳动者、发展劳动者的道路。中国特色社会主义理论体系中的重要组成部分科学发展观，其核心就是共同富裕的基础上，实现劳动者的解放和全面发展。这既是马克思主义核心理论的集中体现，也是中国特色社会主义核心理论的体现。中国共产党在十七大上提出的科学发展观的含义中，我们能够体会到，在实现共同富裕的基础上解放劳动者、发展劳动者，是实现科学发展的基础和最高境界。

总之，中国解放劳动者和发展劳动者所走的道路，特别是上述这些理念和实践，都为世界各国解放劳动者、发展劳动者的事业，提供了更多的选择和有益的借鉴。在中国特色社会主义中，劳动者都在劳动实践中，不断创造着科学、更新着技术，并用这些科学技术更新着自身、发展着自身，更新、改变着生产工具，从而发展着生产力、发展着自身、发展着历史。每个劳动者的全面发展，又都取决于其所处的社会关系中所有劳动者全面发展的程度，取决于整个社会的发展和进步。共产主义劳动者的联合体，是劳动者整体的解放和全面发展，而不只是单劳动者人的解放和全面发展，单个人的解放和发展应该成为一切人解放和发展的条件。因此，劳动者自身在解放自己的斗争中，始终应该树立共产主义的远大理想，在共同劳动中，始终以国家利益、共同利益为重，求得共同解放、共同富裕、共同发展。

实现劳动者彻底解放和全面发展，是个长期的、艰巨的历史任务，可能需要经过好几个历史时代。按照马克思的阐述，劳动者彻底解放和全面发展最高境界是："人的劳动异化的彻底消除，人对人的本质的真正占有，合乎人的本性的人的复归，即彻底地、自觉地保存了以往发展的全部财富，并以极大的积极性自觉地创造新的财富。因此，人不应当仅仅被理解为直接的、片面的享受。不应当仅仅被理解为占有、拥有。人应以一种全面的方式，也就是说，作为一个完整的、全面发展的人，占有自己的全面的本质。"① 只有这样，在劳动者彻底解放的基础上，人和自然之间、人和人之间的矛盾才能得到真正解决。到了那时，劳动者中所潜伏的巨大的生产力会如何迸发出来，多少人间的奇迹会被劳动者的劳动所创造出来，人类的物质文明和精神文明将会发展到何等地步，也许谁也料想不到。

　　总之，在中国的理论中，社会主义经济和社会发展，与劳动者的解放和全面发展，是相互联系，同时前进的。经济社会发展是劳动者全面发展的前提和条件，没有经济社会发展，劳动者的全面发展就失去了基础和保障；而劳动者的全面发展既是经济社会发展的根本目的，又是推动经济社会发展的根本动力，离开了劳动者的全面发展，经济社会发展就失去了目标和动力。经济社会发展和劳动者全面发展是相互联系、相互促进的，劳动者解放和发展程度越高，社会物质文化财富就会创造得越多，劳动者的生活就越能得到改善；而物质文化条件越充分，又越能促进劳动者的全面发展。科学发展观的最终目的是促进劳动者的全面发展，但实现劳动者的全面发展是一个长期的、渐进的过程。我们应当树立劳动者解放和全面发展的意识，把劳动者的解放和全面发展作为不懈追求，并以只争朝夕的紧迫感为此而奋斗。

尊崇公平正义和对人类理想的彰显

　　为公，为民，为同，为公平，为正义，这些都是中国价值观的重要内容，同样也是中国数千年的文明传统。中国道路的最高境界，就是实现在公有制基础上共同富裕的、实现了公平正义的和谐社会。不过，现在人们议论最多的，是社会公平正义的问题，这的确是中国价值观中的一个重要问题。公平正义是个历史很悠

---

① 《马克思恩格斯全集》，第 42 卷，人民出版社 1979 年版，第 123 页。

久的概念，通常人们都把这一概念简称为公正。其实，仔细研究起来就会感觉到，公正是个很通俗却很深奥的概念。现在人们都把公正视为社会文明进步程度的重要标志，视为人们追求利益关系合理性的价值理念和价值标准，包括平等、诚信、是非、合法合理、惩恶扬善、利益均衡、程序正当等。当然，在社会主义不同发展阶段，公平正义的实现程度是不一样的。在现阶段实现的公平正义，主要体现在各种复杂利益关系得到妥善协调，人民内部矛盾和其他社会矛盾得到正确处理，全体人民在各尽所能创造社会财富，能够得到公平合理的共享等。在中国道路中，促进社会公平正义、增进人民福祉，是一切工作的出发点和落脚点，在经济发展、民生保障、社会生活等各个方面，都努力保证人民的平等参与和平等发展权利。

公平正义不仅是人类社会孜孜以求的美好理想，而且是孜孜不倦奋斗的目标。人类自进入阶级社会以后，由于私有制的存在，人与人之间就产生了极大的不平等。从那时起，人们对未来理想社会的憧憬就始终贯穿着对公平正义的追求。从奴隶社会到封建社会，几千年来，人们提出了各种各样的良好愿望，进行了此起彼伏的反抗斗争，但由于历史和阶级的局限，都没有也不可能真正实现社会公平正义。如在本章第二节中分析过的，资产阶级反对封建主义神权、王权和其他种种特权，倡导自由、平等、人权，是人类文明的巨大进步。但资本主义制度建立在私有制基础之上，自由竞争和等价交换成为衡量公正的标准，结果造成没有资产的无产者并不能真正享有自由、平等的权利，从而无法避免形式公正和实质公正的分离，最终陷入形式公正而实质不公正的困境。

因为公平正义体现着社会主义的核心价值和本质要求，所以它是中国道路为之奋斗的重要内容。正如有学者所说，从历史上看，社会主义就是在反对不平等、不公正的社会制度的斗争中发展起来的。它之所以具有强大的感召力、凝聚力，就在于它要使社会变得更加公平正义，使全体人民都能享受更加平等的政治权利和经济权利。是马克思第一次指明了社会不公的根源，把公平正义的实现建立在科学的基础之上。马克思理论告诉我们，社会主义实践也告诉我们，实现社会公平正义的基本条件，是整个社会实行生产资料公有制，解放和发展生产力，解放和发展劳动者，消灭工农之间、城乡之间、体力劳动与脑力劳动之间的差距和旧的分工的桎梏。劳动和劳动者的状况，是衡量公平正义和实现公平正义的尺度与基石，广大劳动群众是推动社会公平的主体和真正力量。

维护社会公平正义，不仅是中国人始终不渝的追求和奋斗目标，也是世界广大人民的追求。实现公平正义，内涵非常丰富，诸如权利公平、机会公平、规则公平、社会公平等，都是社会公平正义的重要内容。其中，处于核心地位的是权利公平。实现权利公平，就要从法律上、制度上营造一个更加公平的社会环境，不断克服人为因素造成的不公正现象，切实维护、落实宪法和法律规定的公民的各项权利和自由，充分保障人民群众的知情权、参与权、表达权、监督权，让每一位社会成员平等地享有权利，平等地履行义务，平等地承担责任，平等地受到保护。

人们越来越有这样的认识，只有在实现权力公平的基础上，才能实现机会公平和规制公平。比如，实现机会公平，就要为每一个人提供广阔平台和施展空间，让他们共同享有人生出彩的机会，共同享有梦想成真的机会，共同享有同祖国和时代一起成长与进步的机会。对那些弱势群体、困难群体，还要给予更多关怀和扶持等，要做到这些，没有权利平等是不可能的。比如，实现规则公平，就要大力营造公开、公正、公平、透明的制度环境，切实维护法律和规则的权威和尊严，不允许任何个人和团体凌驾于法律和规则之上，做到法律和规则面前人人平等，要做到这些，没有权利平等也是不可能的。历史证明，哪里有特权，哪里就有不公。实现规则公平，必须坚决反对和克服特权思想、特权现象，做到制度面前没有特权、制度约束没有例外。

毋庸置疑，维护和实现社会公平正义，是一个不断发展的历史过程。人们都看到了，改革开放以来，我国在促进社会公平正义上，取得了有目共睹的成就，但由于政策和制度不健全、改革不到位、某些利益被固化、"潜规则"在一些领域比较盛行等原因，现阶段社会上仍然存在着大量有违公平正义的现象。这些有违社会公平正义的问题，不单涉及经济领域，也涉及政治、文化、社会、生态文明等各个领域，已经成为当前我国社会诸多矛盾的交接点，成为影响经济社会发展全局的重大问题。因此，必须把维护社会公平正义摆在更加突出的位置抓紧抓好，让各方面的社会关系更加协调，人们的心情更加舒畅，积极性、主动性充分发挥出来，同心同德、齐心协力推进中国特色社会主义事业。

人们也越来越认识到，社会公平正义的实现，虽然是由多种因素决定，但最主要的还是经济社会发展水平。在社会主义初级阶段，对社会公正的要求，必须从基本国情出发，同现阶段的生产力发展水平和社会发展水平相适应，而不能脱离具体的历史条件去追求绝对的、抽象的公平，搞超越社会发展阶段的急于求成。我们不能不承认，我们所能够实现的公平是现实的、适度的公平，它既要反映社会成员的要求，又必须是在现阶段条件下能够逐步达到的公平，既尽力而为，又量力而行。要把实现社会公平正义的长远目标、原则要求与当前实际结合起来，脚踏实地、稳步推进，使全体人民在共建中共享改革发展成果，向着建设一个更加公平正义社会的目标不断迈进。

总之，中国道路把社会主义政治制度优势和社会主义市场经济的机制优势有机结合起来，坚持科学发展观，坚持社会主义的核心价值观，坚持把民生作为中国经济政策的主轴，让人民幸福成为政府工作的主题，从而在世界现代化进程中就展现出了顺势有为、逆势前行的独特力量。而且这种力量经受住了政治逻辑的检验。不仅在理论上深刻地体现了社会主义特质，更在实践中充分彰显了人民利益至上的要求，体现了共建共享的执政追求，彰显了公平正义的核心价值，诠释了共产党人的宗旨和信念。

尊崇和谐和和谐社会的引力

包容，和谐，宽厚待人，和睦相处，相互帮助，相互扶植，也是中国人价值观的重要内容，也同样是中国文明传统。因为和谐体现的是广大劳动者的愿望，所以自古至今成为广大劳动者孜孜以求的理想。现在中国正致力于和谐社会和和谐世界的构建，这理所当然地引起世界的极大关注。中国和谐社会理念和实践的强大吸引力，越来越出人意料。

和谐社会，是社会主义的本质属性，所以它不仅是中国人孜孜以求的理想，也是人类孜孜以求的理想。从第一章中我们看到，在中国古文明中，有关社会和谐的思想非常为丰富。比如，孔子说过"和为贵"；墨子提出"兼相爱"；荀子提出"和则一，一则多力"；孟子提出，"天时不如地利，地利不如人和"；太平天国运动的领袖洪秀全提出，要建立"务使天下共享"的社会；康有为在《大同书》中提出，要建立一个"人人相亲，人人平等，天下为公"的理想社会。上述思想都在一定程度上反映了千百年来广大人民群众对美好社会、美好生活的向往。

如在第一章中阐述过的，西方思想史上，古希腊哲学家也很早就把"和谐"作为哲学的基本范畴；毕达哥拉斯学派有句名言：什么是最美的——和谐；柏拉图提出了"公正即和谐"的命题；亚里士多德认为，中等阶层对国家政权的稳定与社会和谐起着重要作用；黑格尔用矛盾、差异、对立、同一等范畴深化了对和谐的认识；等等。

早在空想社会主义时期，关于和谐社会的主张，就很发人深省。法国空想社会主义者傅立叶在《全世界和谐》一书中，就提出，未来的理想社会制度是"和谐制度"。书中批判了资本主义制度的不合理、不和谐，指出它必将被"和谐制度"所代替。英国空想社会主义者欧文在美国印第安纳州进行的共产主义试验，也以"新和谐"命名。德国空想社会主义者魏特林在《和谐与自由的保证》一书中，把社会主义社会称为"和谐与自由"的社会，并指出新社会的"和谐"是"全体和谐"。

在马克思、恩格斯创立科学社会主义理论中，其所勾画的未来社会的蓝图，就是和谐社会。比如他们设想，未来社会将在消灭私有制的基础上，消除阶级之间、城乡之间、脑力劳动和体力劳动之间的对立和差别，极大地调动全体劳动者的积极性，使社会物质财富极大丰富、人民精神境界极大提高，实现每个人自由而全面的发展，在人与人之间、人与自然之间形成和谐的关系。社会主义社会的建立，开辟了人类历史的新纪元。社会主义的本质，就是解放和发展生产力，消灭剥削，消除两极分化，最终达到共同富裕，逐步实现社会和谐社会，并走向更高层共产主义和谐社会。

中国建设和谐社会的理论和实践，正是来源于中国文明传统和马克思主义的理论。不过，现今，建设和谐社会似乎已经成为一种旗帜，很多国家都讲自己的社会是和谐社会。其实，建设和谐社会是有条件、有标准的。人们都知道，在资本主义社会，由于存在着私有制，存在着劳动力的买卖，存在着剥削和压迫，所以是不可能建成和谐社会的。虽然在劳动力买卖时也呈现出表面的和谐，但那是虚假的。

如马克思说的：劳动力的买和卖是在流通领域或商品交换领域的界限内进行的，这个领域确实是天赋人权的真正伊甸园。那里占统治地位的只是自由、平等、所有权和边沁。在马克思看来，在资本主义社会，自由的含义就是，因为商品例如劳动力的买者和卖者，只取决于自己的自由意志。他们是作为自由的、在法律上平等的人缔结契约的。契约是他们的意志借以得到共同的法律表现的最后结果。资本主义平等的含义就是，因为他们彼此只是作为商品所有者发生关系，用等价物交换等价物。在资本主义社会，因为人们都只顾自己。使他们连在一起并发生关系的唯一力量，是他们的利己心，是他们的特殊利益，是他们的私人利益。正因为人人只顾自己，谁也不管别人，所以大家都是在事物的前定和谐下，或者说，在全能的神的保佑下，完成着互惠互利、共同有益、全体有利的事业①。恩格斯认为，资产阶级经济学关于资本和劳动的利益一致、关于自由竞争必将带来普遍和谐和人民的普遍福利的学说完全是撒谎。

中国要建设的和谐社会，最基本的条件和标准，就是劳动者当权，以劳动者为本，一切都着眼于维护最广大劳动者的根本利益，着眼于保障和改善民生，促进社会公平正义，解决好劳动者最关心、最直接、最现实的利益问题。这既是坚持和发展中国道路的核心问题，也是最大限度增加和谐因素、增强社会活力，确保人民安居乐业、社会安定有序，努力建设社会主义和谐社会的核心问题。

建设和谐社会，是中国道路的重要任务。而中国在坚持以公有制为主体，坚持劳动者当权，坚持以人为本，消灭剥削，坚持以共同富裕为追求等，这就决定了，建设和谐社会和和谐世界理想，是真实的完全可以实现的。而且因为建设和谐社会，是国家富强、民族振兴、人民幸福的重要保证，所以其也是中国势在必行的。在保障和改善民生、创新社会治理基础上，促进社会和谐，是实现全面建成小康社会宏伟目标的必然要求。

当今，和谐社会已经成为世界性的向往和追求。而实现和谐

---

① 《马克思恩格斯全集》第44卷，人民出版社2001年版，第204—205页。

社会和和谐世界，是中国共产党不懈奋斗的目标。中国共产党领导人民进行新民主主义革命，建立人民当家做主的新中国，为实现社会和谐提供了根本前提。新中国成立后，中国共产党在如何认识社会和谐、怎样实现社会和谐的问题上进行了艰辛探索。改革开放以来，中国共产党深刻总结社会主义建设正反两方面的经验，不断深化对社会主义本质的认识，努力推进社会和谐建设，丰富和发展了具有中国特色的社会主义社会建设理论，提出了实现社会更加和谐的要求。

十六届六中全会，做出了社会和谐是中国特色社会主义的本质属性的重大判断，明确了构建社会主义和谐社会在中国特色社会主义事业总体布局和现代化建设总任务中的地位，对构建社会主义和谐社会作出全面部署。十八大强调要在改善民生和创新管理中加强社会建设，进一步突出了社会和谐在中国特色社会主义总体布局中的战略地位。十八届三中全会将加快发展社会主义和谐社会作为全面深化改革的目标要求之一，明确了社会体制改革的方向、重点任务和具体举措。

人们都已经认识到，当前，中国社会总体上是和谐的。但不可否认，也存在不少影响社会和谐的矛盾和问题。比如，城乡区域发展差距和居民收入分配差距过大的问题，教育、就业、社会保障问题，医疗、住房、生态环境问题，食品、药品安全问题，安全生产、社会治安、执法等关系群众切身利益的问题，部分群众生活困难问题，一些领域存在道德失范、诚信缺失现象问题等，这些问题解决不好，都会影响社会稳定和社会和谐。当前的经济体制深刻变革，社会结构深刻变动，利益格局深刻调整，无疑都会给我国发展进步带来巨大活力，但也必然带来这样那样的矛盾和问题。我们只有发挥全民的智慧，认真化解这些问题，才能为构建社会主义和谐社会创造条件。从理论和实践的结合中看，中国构建和谐社会，解决影响不和谐的问题，主要有如下几个基本点。

　　一是处理好利益矛盾。作为唯物主义者，承认人类社会总是在矛盾运动中发展进步的，任何社会都不可能没有矛盾。构建社会主义和谐社会面对的主要矛盾，是人民之间的利益矛盾。只有通过不断化解这一矛盾，最大限度地增加和谐因素，最大限度地减少不和谐因素，才能不断促进社会和谐稳定。正确处理人民内部矛盾，是促进社会和谐的基础性工作。现在人们都认识到了，人民内部之间利益矛盾虽然是非对抗性的，是可以协调解决的，但处理得好，就能激发社会活力，增强人民团结；处理得不好，就会影响社会和谐稳定，给党和国家事业带来不利影响。因此，应当把改革的力度、发展的速度和社会的可承受程度统一起来，坚持把人民群众的根本利益、把人民群众的合理合法的利益诉求放在第一位。

　　二是坚持民主法治和公平正义。经验说明，只有坚持民主法治、公平正义，才能在诚信友爱中，构建充满活力、安定有序、人与自然和谐相处的社会。民主法治，就是社会主义民主得到充分发扬，社会主义法制日益完善和健全，依法治国基本方略得到切实落实，各方积极因素能够在宪法和法律范围内得到维护并广泛调动；公平正义，就是社会各方利益关系得到妥善协调，人民内部矛盾和其他社会矛盾得到正确处理，社会公平正义得到切实维护和实现；诚信友爱，就是全社会互帮互助、诚实守信，全体人民平等友爱、融洽相处。只有如此，才能使一切有利于社会进步的创造愿望得到尊重，创造活动得到支持，创造才能得到发挥，创造成果得到肯定；使社会组织机制健全，社会管理完善，社会秩序良好，人民群众安居乐业，社会保持安定团结。

　　三是坚持把和谐社会建设，作为贯穿中国特色社会主义事业全过程的长期历史任务。和谐社会建设，同建设社会主义物质文明、政治文明、精神文明、生态文明是有机统一的。我们既要从

"大社会"着眼，把和谐社会建设落实到包括经济建设、政治建设、文化建设、社会建设、生态文明建设和党的建设等在内的党和国家全部工作之中；又要从"小社会"着手，保障和改善民生，促进社会公平正义，推进社会领域制度创新，推进基本公共服务均等化，加快形成科学有效的社会治理体制，提高社会治理水平，确保社会充满活力又和谐有序。

四是坚持把民生放在第一位。民生是人民幸福之基、社会和谐之本。因此，社会主义和谐社会建设，解决民生问题极为重要。民生连着民心、民心凝聚民力，做好保障和改善民生工作，事关群众福祉及社会和谐稳定，事关把党的根本宗旨落到实处。社会主义发展生产力的目的，就是让人民群众有更好的教育、更稳定的工作、更满意的收入、更可靠的社会保障、更高水平的医疗卫生服务、更舒适的居住条件、更优美的环境。人民对美好生活的向往，就是党和政府的奋斗目标；让老百姓过上好日子，是党和政府一切工作的出发点和落脚点。

五是坚持把和谐社会建设视为全体人民的共同事业。中国的和谐社会，是全体人民共同建设、共同享有的和谐劳动、和谐生活、和谐发展的和谐大家庭。在和谐社会建设中，中国坚持全面贯彻落实"尊重劳动、尊重知识、尊重人才、尊重创造"的方针，使一切有利于人民和社会的劳动都能得到尊重和保护，一切有利于经济发展和社会进步的活动都能得到支持和鼓励，一切有利于社会进步的创造才能都能得到充分发挥，最大限度地激发社会活力。要团结一切可以团结的力量，在正确处理和化解社会矛盾中汇集起社会和谐的强大合力，形成社会和谐人人有责、和谐社会人人共享的生动局面。

总之，构建和谐社会和和谐世界，除了建立以利益调节为核心的社会整合机制，建立规范的对话和协商机制，引导各个利益群体以理性、合法的形式表达利益诉求，妥善处理各种社会利益关系之外，还要努力使社会在和谐中，成为一个充满创造活力的社会。通过尊重劳动、尊重知识、尊重人才、尊重创造等措施，不断增强全社会的创造活力。通过调动各方面的积极性和创造性，提高社会发展的质量和效率。既要充分发挥工人、农民、知识分子推动经济社会发展根本力量的作用，又要鼓励和支持其他社会各方面人员为经济社会发展积极贡献力量；既要保护发达地区、优势产业和先富群体的发展活力，又要高度重视和支持欠发达地区、比较困难的行业和群众的发展愿望。

第 五 章

中国理论和世界难题破解

　　市场经济，不仅是资本主义文明的核心，也是人类文明发展中的重要引擎。这里说的中国理论，是指社会主义市场经济理论，它是中国道路的重要组成部分。我们都知道，资本主义社会产生后，在自由市场经济作用下，取得了科学技术和生产力的巨大发展，但也始终受到社会不公平和财富不平等问题的困扰。社会不公平和财富两极分化，成为资本主义难于解决的难题或痼疾，现在其不得不对自由市场经济进行深刻反思。年龄稍微大点的人都知道，自 1917 年社会主义在世界上产生之后，长期困扰着经济发展的一个重要思想和理论问题，是如何对待商品经济。人们都不会忘记不搞商品经济，一切都靠凭票供应那年代的苦闷。对于这个问题，世界第一个社会主义国家苏联，虽然进行了不懈的探讨，想要破解这个难题，但直到其最后解体，也未能得到突破。不难想象，也许这也是苏联解体的重要原因之一。而中国把马克思主义的有关理论与中国的具体国情相结合，在艰苦的摸索中，逐渐形成一个伟大理论，就是社会主义市场经济理论。这一理论核心，是把市场经济与社会主义制度结合起来，向市场经济要效益，向社会主义要公平，从而一举破解了上述两个难题。人们要问，中国理论靠什么破解了难题，那么回答就是：靠社会主义制度，靠中国人的道德诚信，靠政府的监管和调控。我们都不难意识到，这两个难题的破解的意义有多么重大，它不仅是中国人的智慧和在社会主义经济建设理论中的一大创举，也展现了人类社会发展前景壮丽景观，是对世界的重要贡献。

一　市场经济和现代文明

商品交换，是劳动者的创造。商品货币关系的开创、发展和市场经济确立，这是现代最大的文明，也同样是劳动者的功劳。市场经济作为经济运行中资源配置的一种有效方式或手段，至今无他者可代替。在工业社会，如何实现生产中巨大资源的合理、有效配置，如何实现广大居民的各种消费，如果没有商品交换和市场经济的作用，是很困难甚至是很难想象的。关于这一点，社会主义国家是有深刻教训的。市场经济作为资产阶级赚钱的工具，它给资产阶级带来的财富，给资本主义带来的辉煌，这世人都有目共睹。马克思写的如下一段话，也许很多人都能背下来："资产阶级在它的不到一百年的阶级统治中所创造的生产力，比过去一切世代创造的全部生产力还要多，还要大。自然力的征服，机器的采用，化学在工业和农业中的应用，轮船的行驶，铁路的通行，电报的使用，整个大陆的开垦，河川的通航，仿佛用法术从地下呼唤出来的大量人口，——过去哪一个世纪料想到在社会劳动里蕴藏有这样的生产力呢？"① 特别是资产阶级对世界市场的开拓，还打破了民族的闭关自守和地区隔绝状态，使世界终于成为一个整体，促进了科学技术和大工业全球性发展。毋庸置疑，在马克思之后的 160 多年里，市场经济为资产阶级创造的财富、创造的辉煌，是前 100 年无法相比的。

市场经济的威力和隐藏的奥秘

人们都会感到，商品经济是神秘的。其最大的神秘之处有二：

---

① 《马克思恩格斯选集》第 1 卷，人民出版社 1995 年版，第 277 页。

一是商品交换所体现的是表面平等而实际不平等的权利；二是商品交换关系里面隐藏的是人与人的关系。所以在研究商品经济的时候，我们不能不首先了解一个问题，即商品里面隐藏的这种奥秘。由于这种奥秘的存在，在资本主义社会就产生了所谓的商品拜物教。对于商品经济的这种奥秘，马克思是这样阐述的，商品形式的奥秘不过在于：商品形式在人们面前把人们本身劳动的社会性质反映成劳动产品本身的物的性质，反映成这些物的天然的社会属性，从而把生产者同总劳动的社会关系反映成存在于生产者之外的物与物之间的社会关系。由于这种转换，劳动产品成了商品，成了可感觉而又超感觉的物或社会的物。正如一物在视神经中留下的光的印象，不是表现为视神经本身的主观兴奋，而是表现为眼睛外面的物的客观形式。但是在视觉活动中，光确实从一物射到另一物，即从外界对象射入眼睛。这是物理的物之间的物理关系。相反，商品形式和它借以得到表现的劳动产品的价值关系，是同劳动产品的物理性质以及由此产生的物的关系完全无关的。这只是人们自己的一定的社会关系，但它在人们面前采取了物与物的关系的虚幻形式。因此，要找一个比喻，我们就得逃到宗教世界的幻境中去。在那里，人脑的产物表现为赋有生命的、彼此发生关系并同人发生关系的独立存在的东西。在商品世界里，人手的产物也是这样。我把这叫做拜物教。劳动产品一旦作为商品来生产，就带上拜物教性质，因此拜物教是同商品生产分不开的。

也就是说，商品世界的这种拜物教性质，像以上分析已经表明的，是来源于生产商品的劳动所特有的社会性质。使用物品能成为商品，只是因为它们是彼此独立进行的私人劳动的产品。这种私人劳动的总和形成社会总劳动。由于生产者只有通过交换他们的劳动产品才发生社会接触，因此，他们的私人劳动的特殊的社会性质也只有在这种交换中才能表现出来。换句话说，私人劳动在事实上证实为社会总劳动的一部分，只是由于交换使劳动产品之间从而使生产者之间发生了关系。因此，在生产者面前，他们的私人劳动的社会关系就表现为现在这个样子，就是说，不是表现为人们在自己劳动中的直接的社会关系，而是表现为物之间的关系。正是这种关系，掩盖了剩余价值的来源，掩盖了剥削的本质。

马克思也分析了，到了社会主义社会，人们用公共的生产资料进行劳动，并且自觉地把他们许多个人劳动力当做一个社会劳动力来使用，劳动的总产品是社会的产品。这些产品的一部分重新用作生产资料，而另一部分则作为生活资料由劳动者消费。因此，这一部分要在他们之间进行分配。这种分配的方式会随着社会生产机体本身的特殊方式和随着生产者的相应的历史发展程度而改变。仅仅为了同商品生产进行对比，我们假定，每个生产者在生活资料中得到的份额是由他的劳动时间决定的。这样，劳动时间就会起双重作用。劳动时间的社会的有计划的分配，调节着各种劳动职能同各种需要的适当的比例。另一方面，劳动时间又是计量生产者个人在共同劳动中所占份额的尺度，因而也是计量生产者个人在共同产品的个人消费部分中所占份额的尺度。在那里，人们同他们的劳动和劳动产品的社会关系，无论是在生产上还是在分配上，都是简单明了的。

资本主义是靠商品经济发展起来的。商品的奥秘自然体现着资本主义社会的奥秘。正是有这种奥秘的存在，在资本主义社会，很多关系本质都被掩盖了，或被颠倒了。人们所看见的，是物的关系，是对物的追求。因为这种物的关系要靠货币来运转，在信息、金融业不断发展下，金钱成为一切事物的普遍的、独立自在的价值，于是这种物的关系就变成纯粹金钱关系，对物的追求，也变成简单的对金钱的追求。在这种追求中，被追求的金钱变成了统治者。如马克思所说的，金钱统治了人，而人则向金钱顶礼膜拜。

而市场经济，则为追求金钱提供了绝好的平台和强大的手段。回顾资本主义历史，资产阶级利用自由市场经济这个平台和手段，从劳动者身上攫取金钱、财富都是无度的，永远没有满足的时候。资本主义实行自由市场经济，给社会带来的收入和财富的不公平、不平等现象，都令人吃惊。正是这种不平等日益严重的发展，使人们更加相信，马克思号召工人阶级起来推翻资本主义的正确性。

人们都知道，资本主义建立伊始，所面对的就是贫富差距和财富占有不平等的社会。加之在这种不平等基础上又推行自由市场经济，就使这种不平等日益加剧，直至目前已经发展到无法收拾的地步。由于人们的社会地位不同，其所占有财富的多寡和方式很不平等，而且由这种不平等所决定的社会地位和权利，包括生命权、自由权和追求幸福的权利，都是很不平等的。是穷人、雇工、农奴的不满和暴动威胁到富人财产安全，富人精英们才想出了采取契约、法律进行管理或统治的所谓民主体制。契约起草者和法律制定者，一开始就都是富人，他们制定契约和法律的目的，就是保护自己自由追逐财产的权利和维护自己财产的安全。也就是维护这种不平等，并使其世代相传。

资本主义社会收入和财富占有不平等的存在，决定了其政治上"平等权"的虚伪性。马克思曾经说过，法权关系毕竟是由经济关系决定的，正是由于这种不平等经济关系的决定性作用，即使这种最好的资本主义民主制度，其法定民主权利，也是一种不平等的权利。财富占有的极不平等，以及把这种极不平等变成铁的法律，就使人人生而平等、一切权力属于人民这些冠冕堂皇的文字变成了空话。那些开口不离上帝和圣经，而只考虑如何掠夺财富、如何保护自己财富不受侵犯、如何使自己的财富通过继承代代相传的巨富们，实际上已经成为上帝和圣经的叛逆。连西方学者也不得不承认，越来越少的人手中掌握了越来越多的财富和权力，这是当今资本主义社会的现实。而美国，是西方国家中两极分化最严重、最不平等的国家。在资本主义国家，与此同时出现的是，越来越多的人变得越来越贫穷。

在资本主义国家，财富实际上是最大的权力。不占有财富的广大劳动者享受的自由和民主，只能是在不触犯富人的权力和利益前提下的自由和民主，或者只是在富人设计好的契约上签字的自由和民主。人们还知道，基督教《圣经》中有关社会契约和人民主权的内容，是西方民主制度的思想来源，也是欧洲民主思想家们的思想理念。然而，在财富不平等存在，并以财富多寡决定统治者和被统治者、资本所有者和雇佣劳动者存在的情况下，所谓的自由、平等、民权，就失去了在契约内容中平等权。契约中的那些条款，都是为统治者进行统治，为资本所有者赚钱而制定的，都是具有霸王性的条款。劳动者为了生存，对契约中的那些霸王条款，也不得不接受，不得不在契约上签字。资本主义的自由、平等、民权，对于广大劳动者来说，最后就只是体现在了这个"签字"上。只要你和统治者、资本所有者一同在契约上签了字，你就同统治者和资本所有者一样，享受了自由、平等和权利。

正如恩格斯指出的，资产阶级正是因为占有了财富、占有了生产资料，才能支配劳动者。"它甚至使他们产生一种错觉，似乎他们是按照自己的意志行动的，似乎他们是作为一个自主的人自由地、不受任何强制地和资产阶级签订合同的。好一个自由！无产者除了接受资产阶级向他们提出的条件或者饿死、冻死赤身裸体地到森林中的野兽那里去找一个藏身之处所，就再也没有选择的余地了。"① 恩格斯早在一百多年前就指出的由财产占有的不平等所决定的合同、契约签订者的这种表面平等而实际不平等的性质，直到目前在美国也没有得到根本性的解决。

---

① 《马克思恩格斯全集》第 2 卷，人民出版社 1957 年版，第 360 页。

更值得注意的是，"在现代，财产的统治权也通过世界市场的发展、现代金融制度和有限责任企业法人而得到增长。它的相当戏剧性的化身是跨国企业，它控制着千百万人的生活，不动声色地一心盯着利润，并且航行在愈来愈徒有虚名的主权的民族—国家海洋里。"① 对于这些财富占有者来说，自由、民主就是自由地获取财富，获取特权。

正是由于这种特权和对这种特权的无度的追求，民主在资本主义国家都变成了一种装饰品。"各种民主制度常常只是各个先进的资本主义国家社会生活中的装饰品而已：自豪地展示给来访者，并为大家所赞美，但很少使用。在那些事情切实进行的地方——在诸如家庭、军队、工厂和办公室这类核心机构里——什么都有，就是没有民主。代议制政府、公民自由权和正当的程序顶多遏止了这些无责任的权力王国过分显眼的扩张，却遮掩和加强了特权和统治的各种基本形式。"②

历史的发展总是充满着奇妙。谁能想到呢？在市场经济的作用下，却出现了金钱政治和金钱的统治，而在金钱的统治下，市场经济又展示了新的巨大的威力，它不仅使资本主义科学技术、生产力都得到了巨大的发展，为资本主义创造出了令人惊叹的奇迹和辉煌，而且更重要的是，它还开辟了世界历史，为人类走向共产主义社会创造了基础和条件。

资产阶级运用市场经济这个强大手段，不仅在于创造了巨大的生产力，而且在创造物质文明、物质辉煌的同时，在哲学、文学、史学、艺术及社会政治思想等精神文化方面也取得了辉煌的成就。特别是其在开拓世界市场的过程中，消除了民族的闭关自守和地区隔绝状态，使世界终于成为一个整体。随着资本主义的发展，随着贸易自由的实现和世界市场的建立，随着工业生产以

---

① ［美］塞缪尔·鲍尔斯：《民主和资本主义》，商务印书馆 2003 年版，第 18 页。
② 同上书，第 5 页。

及与之相适应的生活条件的趋于一致，各国人民之间的民族分隔和对立日益消失，从而使劳动者在政治斗争中联合行动和经济中的联合劳动日益成为现实。联合的行动，至少是各文明国家的联合的行动，则是无产阶级获得解放的首要条件之一。

资本主义为未来社会创造的基础和条件，不仅包括高度发展的生产力，而且包括与这种生产力相适应的现代的生产关系。比如，共产主义是全人类的事业，所以资本主义开拓了世界市场，促进了劳动全球化，让人类在密切交往、相互依赖、相互合作中进行劳动，这无疑是走向未来的自由联合劳动，走向共产主义社会的重要基础和条件。还比如在所有制方面，如马克思就特别强调，我们始终不能忽视信用制和股份制在资本主义向社会主义转变中的这种基础作用。而世界市场和劳动全球化的发展，不仅把先进的科学技术和先进生产力带到了全世界，而且把这种信用制和股份制带到了全世界。

自由市场和穷富两极分化

在资本主义社会，自由市场经济，是资产阶级赚取财富的大平台。在这个平台上，资产阶级不仅得以自由地掠夺财富，而且使自己成为金钱和权力的化身。资本主义社会的逻辑是，有了金钱就有了特权，而有了特权，就会在更大规模上拥有金钱。资本主义社会的权钱交易、财富积累，所依靠的就是自由市场这个平台和杠杆。如恩格斯所论述的，资本主义民主制度中一切问题的总根源，就在于这种财富占有的不平等。这种不平等的存在，就使一切自由、人权都变成了由金钱所决定的特权。恩格斯指出："资产阶级的力量全部取决于金钱，所以他们要取得政权就只有使金钱成为人在立法上的行为能力的唯一标准。他们一定得把历代的一切封建特权和政治垄断权合成一个金钱的大特权和大垄断权。资产阶级的政治统治，之所以具有自由主义外貌，原因就在于此。

资产阶级消灭了国内各个现存等级之间一切旧的差别，取消了一切依靠专横而取得的特权和豁免权。他们不得不把选举原则当做统治的基础，也就是说在原则上承认平等；他们不得不解除君主制度下书报检查对报刊的约束；他们为了摆脱在国内形成独立王国的特殊的法官阶层的束缚，不得不实行陪审制。就这一切而言，资产者真像是真正的民主主义者。但资产阶级实行这一切改良，只是为了用金钱特权代替以往的一切个人特权和世袭特权。"①

从 20 世纪中期开始，促动贫富差距不断扩大的最重要杠杆，是金融市场自由化。这种自由化的金融市场，就为金融资本大肆进行金融投机掠夺财富提供了机会。在经济金融化，金融市场自由化的条件下，资本主义国家的金融资本不仅对国内掠夺，而且发达国家利用金融掠夺手段对国外进行掠夺。他们从全球各地掠夺财富的数量规模之巨大，是过去任何历史时期都无法比拟的，从而造成的世界收入的两极分化的程度之大，也是过去任何历史时期无法比拟的。全球财富源源不断地从各地流入那些金融大国，流入那些金融大国的金融资本的钱袋子里，从而导致了两个加速积累：一个是财富在控制世界金融的发达国家、在发达国家金融资本手里加速积累；另一个是债务在劳动手里，特别是发展中国家劳动者手里加速积累；这两个加速积累的必然结果，是广大劳动者贫困的加深，从而加剧了世界富国与穷国之间、富人与穷人之间的两极分化。

比如在最近的 10 年间，对冲基金、私募股权基金等不受政府监管的金融机构所掌握的资产，已经膨胀到占整个世界金融资产的四成。这些金融机构大量使用借来的即别人的钱，参与竞争，进行各种投机和财富掠夺。这种地下金融系统比正规金融系统更残酷。他们的哲学就是今天赚的是我的，明天损失的是你的，即

① 《马克思恩格斯全集》第 2 卷，人民出版社 1957 年版，第 647—648 页。

使在神前偷盗，只要在人间法律中不被视为偷盗，就什么都能干。他们用别人的钱进行肆意投机，其每项投资，所追求的都是个人收益，贪欲无限膨胀。这里我们不妨多用一些搜集来的具体数据，来说明这种财富占有不平等的状况。

据专家提供的统计资料，1820 年，世界最富有国家和最贫穷国家人均收入差别之比为 3∶1，而到 1913 年就扩大为 11∶1，1950 年扩大为 35∶1，1997 年扩大为 44∶1，2000 年则扩大为 75∶1。1996 年，世界排前三名最大富翁的资产总额，超过世界最贫困的 26 个国家 6 亿多人口资产总和。位于世界富裕阶层最上层的 358 位大富豪的资产总值，超过了世界上 23 亿贫困人口年均收入的总和，这 23 亿贫困人口占世界总人口的 45%。2016 年，就在达沃斯经济论坛开幕之前，世界慈善组织乐施会的报告显示，目前世界最富的 1% 的人，拥有的财富数量超过其余 99% 人口所拥有的财富数量。世界最富的 62 个人拥有的财富数量，相当于世界一半最穷的人财富。报告称，世界几乎所有发达国家和发展中国家，工人分配到的国民收入，都越来越少。世界亿万富翁所拥有的净财产总和，1999 年为 25.5 万亿美元，2000 年增至 27 万亿美元，几乎相当于当年世界的国内生产总值。

收入不平等、财富不平等、穷富两极分化最严重的国家，当然还是非美国莫属了。1973 年至 1996 年，美国 5% 的最富人口与 5% 的最贫困人口的家庭收入的差距扩大了 50% 以上。1991 年，美国 10% 最富裕的人口的资产，占美国总资产的 83.2%。1990 年美国企业高管的工资大体上是普通员工的 150 倍。在美国《福布斯》杂志刊载的世界亿万富翁排行榜上，2001 年世界亿万富翁有 497 名，其总财富达到了 1.73 万亿美元。其中前 10 名的总财富为 2680 亿美元。而这 10 名中除了 1 名为法国人以外，其余 9 名都是美国人。2003 年世界亿万富翁为 476 人，其总财富达到了 1.4 万亿美元，相当于英国的国民生产总值。2002 年，世界首富比尔·

盖茨的个人财富为 528 亿美元，2003 年为 407 亿美元，相当于像匈牙利、新西兰这样国家的国内生产总值。在这些大富翁中，无论在人数上或总资产上，美国都占 50% 以上。

据美国《波士顿环球报》披露的资料，现在进入《福布斯》杂志的美国富豪有 400 人。进入《福布斯》榜单最低标准为 17 亿美元。这相当于一个普通美国家庭财富的 2 万倍。排在榜首的比尔·盖茨为 760 亿美元，排在第二位的沃伦·巴菲特为 620 亿美元。这 400 人的财富总额为 2.34 万亿美元，相当美国 2014 年国内生产总值的 13%。这不到美国人口 0.0001% 人，却占有美国全部财富的 3%。其中前 20 人的资产总额为 7320 亿美元，超过 1.52 亿底层美国人财富的总和。

财富在富人手中加速积累和债务在劳动者手中加速积累的根源，是在经济发展和增长中，劳动者的收入总是相对下降。近二三十年来，美国劳动生产率提高和经济的增长，实际上都是靠金融投机推动，靠债务和进口支撑的虚假性的或虚拟经济的增长，其国内实体经济的劳动生产率，并无真正有大的增长。这里要特别提出的是，资本主义国家实行有利于富人的政策，也加剧了这种两极分化。比如，随着对高收入者减税，不仅使财富更多、更快地集中在少数人手中，而且少数金融精英阶层则利用工人的养老金进行投机而中饱私囊。

比如，1982 年，收入的中位数是 13950 美元，对于收入超过 8.5 万美元的最高税率降为 50%，而此前一年收入为 85600 美元一级的税率为 59%。1987 年，针对收入超过 9 万美元的最高税率降为 38.5%。在 1988 年，对于收入超过 71900 美元的最高税率降至 33%，对于收入超过 149250 美元的则降至 28%。1991 年，收入的中位数是 20469 美元，针对收入超过 3.2 万美元的最高税率降为 31%。在 1993 年，针对收入超过 25 万美元的最高税率升至 39.6%。在 2003 年，对于收入超过 311950 美元的最高税率减为

35%。2009 年，收入的中位数是 33168 美元，对于收入超过
372950 美元的最高税率减为 35%。在金融精英们大肆积累财富的
同时，是实际生产部门劳动者的失业，即使是那些还有工作的劳
动者，他们的工资和福利也降到了不能维持最低生活水平的地步。

　　正如美国学者克鲁格曼所说，美国收入的不平等和两极分化，
与美国政治两极化存在因果关系。为了推高需求制造虚假繁荣，
让低工资的劳动者们也可以轻松地获得以次级债为形式的贷款，
而不是向作为消费者的他们支付生活工资，从而以牺牲制造业部
门为代价，为金融部门创造了更多的虚幻的利润。这种不正常的
情况最终导致了债务泡沫，这一泡沫于 2007 年破裂并造成了全球
性的影响。在他看来，如果 2008 年的金融危机发生在 1971 年，
美国很可能有更有效的应对方法。因为在当时，两党能达成广泛
的共识和采取坚决的行动，并且能就所需的具体行动达成一致。
但"今天，收入的极端不平等，造成了党派分歧和知识阶层的困
惑影响美国的恶果"。在过去的一个世纪中，社会财富的两极分化
总是与政治上的极化相生相伴的，"权钱交易，用财富购买权力，
小部分人财富的不断增加就能成功收买一个政党，这也就毁了政
治合作的前景。"

　　据统计，从 1979 年到 2007 年，收入最高的 1% 的美国人的真
实收入（去通胀后）增长了 275%，最高层五分之一收入的人增
长了 85%；而最低层五分之一收入的人只增长了 18%。掌管 10
亿美元资产公司的人，比掌管 1 亿美元资产公司的人，其薪酬要
高很多倍。然而奇怪但是，面临劳动者工资水平不断下降的事实，
其整体消费却在不断攀升。在 1994 年到 2004 年 10 年之间，在劳
动者工资处于停止或增长率很低的情况下，消费增长超过了国民
收入的增长，个人消费支出在 GDP 中的比例从 67% 上升到了
70%。到底该如何解释这一奇怪的现象？答案只有一个，那就是：
在这段时间里，劳动者维持自己的最低生活的唯一办法，就是靠

借贷消费，不断地依靠借贷来达到收支相抵。

美国是一个负债消费的社会，负债消费是美国家庭财务的一大特色，背负债务既是一个还债的过程，同时也是积累家庭资产的过程。债务越积累越多，已经成为美国的一个无法克服的严重问题。整个美国似乎就坐在债务的火山口，一旦火山喷发，其灾难将不可想象。

据统计，2010年美国有74.9%的家庭背负债务。家庭背负的债务总额为13.9万亿美元，占家庭资产总额的16.4%。美国家庭债务的主体是房屋贷款，总额约高达10万亿美元。消费信贷债务约2.4万亿美元。美国负债家庭背负的债务中位值为70700美元，平均债务额为130700美元。按照家庭收入来看，高收入家庭背负债务的比例较高，低收入家庭背负的债务比例较低。这说明，低收入家庭不仅挣得少，想欠债都不容易，因为银行不会轻易把钱借给还不起债的家庭。2010年，美国最低收入家庭中有52.5%的家庭背负债务，家庭背负债务比例最低的，中下收入家庭背负债务的家庭比例为66.8%。在中等收入家庭，有81.8%的家庭背负债务，中上收入家庭的比例为86.9%，高收入家庭的比例为88.9%。

从债务的种类看，主要有住房债务、信用卡债务和消费信贷债务。当前，美国有47%的家庭背负着自用住宅贷款债务，有39.4%的家庭背负信用卡债务，有46.3%的家庭背负消费信贷债务，包括汽车贷款、高等教育贷款、家具、家用电器和其他耐用消费品等分期付款债务。当然，同样是负债消费，高收入和低收入家庭背负的债务在种类上有很大不同。2010年，美国收入最低家庭和中下收入家庭主要体现在生活上的债务，相反背负住房贷款债务的家庭比例并不高。最低收入家庭中有34.1%的家庭背负消费信贷债务，23.2%的家庭背负信用卡债务，而背负自用住宅债务的家庭比例仅为14.8%。中下收入家庭的情形与最低收入家庭差不太多，40.8%的家庭背负消费信贷债务，33.4%的家庭背负信用卡债务，而背负自用住宅债务的家庭比例为29.6%。中等收入家庭背负住宅贷款债务的比例大幅上升，有51.6%的家庭欠有住房贷款，背负消费信贷债务和信用卡债务的家庭比例也高于中下收入以下的家庭，49.9%的中等收入家庭背负消费信贷债务，45%的家庭背负信用卡债务。到了高收入家庭，74.5%的家庭背负住房贷款债务，58.8%的家庭背负消费信贷债务，51%的家庭背负信用卡债务。

当前，美国家庭背负的债务主要是住房债务。2010年，美国家庭债务平均为130700美元，自用住宅贷款负债家庭背负的贷款债务平均为154300美元，消费者信贷负债家庭的信贷债务平均为23500美元，信用卡负债家庭的信用卡债务平均为7100美元。如果从家庭负债的中位值观察，美国负债务家庭的负债额中位数是70700美元，其中自用住宅贷款债务中位数为109600美元，消费信贷债务中位数是12600美元，信用卡债务中位数是2600美元。

消费信贷债务是美国家庭的第二大债务，由于收入不同、年龄不同，美国家庭的高等教育贷款债务、汽车贷款债务和其他消费品贷款债务的比例组合也存在很大的差异。按照全美家庭的整体数据，高等教育贷款债务占消费信贷债务的45.1%，汽车贷款债务占39.3%，其他消费品贷款债务占15.6%。在中等收入以下家庭和高收入家庭，高等教育贷款债务在消费信贷债务中所占比例最高。中上收入家庭和最高收入家庭，汽车贷款债务在消费信贷债务中所占比例最高。最低收入家庭的其他消费品贷款债务是所有收入段家庭中比例最高的，美国穷人家庭拥有的现代化家庭用品并不少，原因何在？主要是靠借款来买。

由于家庭债务的不断增加，在过去10年，美国家庭债务占家庭资产的比例是直线上升的，2001年全美家庭债务占家庭资产的比例为12%，2007年上升到14.8%，2010年达16.4%。2010年，

除了最穷和最富的家庭，其他收入段家庭债务与资产比均超过
20%，中上收入家庭债务占资产比例最高，为27.7%。其次为中
等收入家庭，债务占资产比例为26.5%。高收入家庭债务占资产
比例为23%，中下收入家庭债务占资产比例为21.4%。上述四类
收入家庭构成了美国中产阶级家庭的主体，造成家庭债务与资产
比升高的原因主要为家庭资产缩水、收入下降以及负债额上升。

　　对于出生在美国的普通劳动者家庭的人来说，从上学开始到
退休为止，都得背负着债务过日子。美国人积攒家底，其实是一
个不断还债的过程，即用辛苦劳动偿还债务的过程。比如买房子
30年分期付款，等房贷还完了，自己也老了，这房子才真正属于
自己。从年轻时资不抵债，奋斗到资债相抵，要被迫付出多少劳
动，只有劳动者自己知道。收入最低家庭为了生活，很多家庭是
靠借债度日，因此债务与收入是所有收入段家庭中最高的，每月
需要偿还的债务占月收入的23.5%。其他收入段家庭需偿还债务
与收入都维持在20%以下，中等收入家庭和中上收入家庭每月需
偿还的债务占收入19%，而最高收入家庭每月需偿还的债务只占
家庭月收入的9.4%。如果偿债额与收入比超过40%，这就表明
欠债有些过头了，如不及时调整，家庭就有可能陷入债务危机。
美国有13.8%的家庭偿债额占收入比例超过40%，这部分家庭可
谓欠债过多家庭，家庭生活会因债务负担过重而产生财务问题。
不论是穷人还是富人，美国各收入段家庭都有一定数量的家庭存
在偿债额与收入比过高的现象，但收入越低的家庭，偿债额与收
入比过高的家庭比例也越高。

　　总之，近几十年来，贷款消费热，金融投机热，依靠虚假消
费所支撑的美国经济，其所带来的财富占有的两极分化，所带来
的劳动者的贫困，所带来的经济泡沫，后果是相当严重的。2008
年开始的金融危机，正体现了这种严重性。当然，造成那次危机
的根源，不光是金融泡沫、虚假消费，更重要的是金融资本的投

机和掠夺。正如美国学者们所说，美国经济的悲剧并不仅仅由于过度消费一项，而且因为少数人以牺牲大多数人为代价残酷地追逐财富。

美国和西欧国家一样，借债消费热不仅表现在个人和家庭，而且表现在国家。资产阶级统治者为了缓和国内劳资之间和居民与政府之间的矛盾，特别是那些政客们为了拉选票，历来都不顾社会生产力的实际增长状况，采取增加社会福利的办法，大选中的许诺一个比一个高，实际生产能力达不到，就只好搞赤字预算，寅吃卯粮，靠发国债维持。赤字越来越大，国家债务越积越多。

据统计，2008 财年美国财政赤字创下了 4550 亿美元的新纪录，较上一财年增长了 180%；2009 财年受金融危机严重影响，美国的财政赤字规模达到 1.42 万亿美元，较 2008 财年飙升了207%；2010 财年美国财政赤字 1.3 万亿美元。据美国财政部公布的数字，到 2011 年 5 月，美国债务已达法定的 14.29 万亿美元上限。2011 年，联邦政府的债务将升至 15.23 万亿美元，超过当年国内生产总值约 15.17 万亿美元，已经突破了 100% 经济大关。有专家依据 2008 年的数据计算，美国联邦政府债务累计已经高达65.5 万亿美元，相当于美国国内生产总值的 4 倍多，超过了整个世界的国内生产总值。目前美国的国债相当于每个美国人负债 4.5万美元，而在 2008 年支付的债务利息，就已经超过了 2500 亿美元。

另据统计，截至 2007 年 10 月，美国审计署计算的美国政府长期债务达到了 52.7 万亿美元。为便于理解，审计署把它分解成以下数字：美国居民每个人负债 17.5 万美元（2007 年美国的人均GDP 是 46280 美元），每个全职员工 41 万美元，每个家庭 45.5 万美元。为了应付目前的债务，美国政府每天都得对付 18.6 亿美元的新债。而按照英国《金融时报》2008 年 11 月 24 日罗布·阿诺特的文章称，目前，美国政府、社会保障、企业、个人及非营利组织的债务合计已经达到国内生产总值的 8 倍，按 2007 年美国 14 万亿美元的国内生产总值计算，债务总计已超过 100 万亿美元。

　　美国债务如此严重，之所以尚未发生债务危机，这是因为它在国际金融体系中有着特殊的地位。它依靠这种特殊地位，短期还可以把债务的风险转嫁给国内的人民和世界其他国家，特别是大的债主身上。并以此要挟这些国家不得不继续把钱借给它，继续买它的国债。比如，至今中国已经持有美国国债 1 万多亿美元，日本为 9 千多亿美元。当然，这两个国家都将面临美国债的直接贬值风险和日后如何重新定价的风险。

　　意大利学者皮凯蒂，在其《21 世纪资本论》中，用事实告诉人们，自 20 世纪 70 年代以来，收入不平等在发达国家，尤其是美国，是显著增加的。在皮凯蒂看来，从 21 世纪第一个 10 年的情况看，情况似乎更加严重。不过皮凯蒂似乎也看到了希望，那就是："可以肯定的是，贫穷和新兴国家的高速发展，特别是中国，很可能会被证明是一种在全球层面减少不平等的有效力量。"[1] 皮凯蒂还说："我们没有任何根本的理由来相信增长是自动平衡的。我们从很早就应该把收入不平等的问题重新置于经济分析的核心地位，并提出 19 世纪就已经出现的类似问题。长久以来，经济学家们都忽视了财富分配问题。如果不平等问题重新成为中心议题，那我们就必须开始收集足够广的历史数据，以便更好地理解过去和现在的趋势。只有通过耐心地积累事实和样本，再在不同的国家间进行比较，我们才有希望识别出发生作用的机制并对未来有一个更加清晰的预见。"[1]

自由市场的恶果和反思

　　从上述可见，在资本主义社会，资本不平等和收入不平等，

---

① ［法］托马斯·皮凯蒂著：《21 世纪资本论》，中信出版社 2014 年版，第 12 页。

社会的两极分化，的确都是骇人听闻的。而且更可怕的是，它现在还在发展着。这种不平等、这种两极分化的根源在何处？显然不能完全或简单归结为自由市场经济。市场经济只是手段，这种手段必须与资本主义制度、与资产阶级本性融合在一起，才会造成那种不平等和两极分化。人们都知道，资产阶级产生至今，信仰的是自由市场经济。从资产阶级经济学的鼻祖亚当·斯密开始，自由主义一直是资产阶级思想的支柱。然而，这种自由主义与资本主义制度融合所造成的财富占有的严重不平等，造成的严重的穷富两极分化，也许是这些理论家也预料不到的。

这些理论家思想的基本思想和主张是：由于交换双方存在比较优势或比较利益，所以一个国家只要把资本和劳动投在自己的优势的产业，用这种产业的产品去交换自己需要而又自己生产没有优势的产品，就能获得最大的利益。这样在商业完全自由的制度下，各国都必然把它的资本和劳动用在最有利于本国的用途上，使这种个体利益的追求就会很好地和整体的普遍幸福结合在一起。由于鼓励勤勉、奖励智巧并最有效地利用自然所赋予的各种特殊力量，它使劳动得到最有效和最经济的分配；同时，由于增加生产总额，它使人们都得到好处，并以利害关系和相互交往的共同纽带把文明世界各民族结合成一个统一的社会。

可见，自由市场经济理论，本质上说，就是自我调节的市场理论。用亚当·斯密的话说，就是靠"看不见的手"调节的市场理论。在斯密看来，分工一经完全确立，一个人自己劳动的生产物，便只能满足自己欲望的极小部分。他的大部分欲望，须用自己消费不了的剩余劳动生产物，交换自己所需要的别人劳动生产物的剩余部分来满足，于是，一切人都要依赖交换而生活。而市场，就是为满足人类需要而自发产生的。市场一旦运行起来，就会按照自身内部的逻辑而向前发展。或者说由那只"看不见的手"来自行调节，使它能均衡发展，使效率、利益、公平等，都自动达到应有的平衡。

资本主义的实践证明，由于资产阶级追求私人利益的贪得无厌性和市场投机性的存在，而资本主义制度又主要是为资产阶级服务的，所以自由市场经济理论家所有这些假设的前提条件，诸如充分自由竞争、充分的道德诚信、和谐的国际环境等，都是不存在的。相反，这种自由市场经济的发展，只给那些对市场的垄断者，给那些疯狂的市场投机者，带来了巨大的财富，而给广大劳动者带来的却是贫困，给整个社会带来的是没完没了的经济危机和不平等的不断加剧。2008 年的资本主义世界金融大危机，以及危机中暴露的资本主义的骇人听闻的问题，把资本主义制度下的自由市场经济的本质，都暴露无遗，引起了对这种市场经济的世界性的大反思。

人们都知道，在 20 世纪 30 年代，资本主义曾发生了严重的甚至威胁到资本主义生存的世界性大危机。这次大危机之后，美国政府为了抑制资本家之间，特别是垄断资本家之间的盲目性竞争，缓和由自由市场经济引起的社会不平等的矛盾，防止像这样大危机和大破坏的再次出现，曾大力推行凯恩斯主义，联邦政府对社会经济生活的干预空前加强，而且以美国为首的整个资本主义世界，还出现了国家直接干预经济的思潮，自由放任的信条受到批判。以美国罗斯福推行"新政"为首，都相继推行了一整套非军事性的干预政策和措施。包括财政信贷和货币政策、工业和农业政策、城市和社会政策等，从而在资本主义发展历史上出现了国家垄断资本的大发展。然而，这种国家垄断资本的发展，并没有使资本主义的根本矛盾得到解决。

而到第二次世界大战之后，特别是自 20 世纪 70 年代之后，随着资本主义世界性的大发展，资产阶级的信条和政策，又从凯恩斯主义逐渐转向了新自由主义。从本质上看，这种新自由主义，又重新回到了市场是万能的老路上，宣扬市场经济是一部能自动

调节、自动配置社会资源的机器，反对政府对市场的干预和宏观
调控，主张让市场放任自由发展，认为由市场机制本身作用，就
能形成一种"自然秩序"。因而充分的经济自由，是提高经济效率
的前提。新自由主义者，把市场规律的作用和个人自由主义奉为
至高无上的信条，认为个人自由是市场制度的保证和市场机制发
挥作用的基础，只有保证个人的自由选择权利，才能使经济效率
达到最高。

　　自由主义经济理论，无论是古典自由主义还是新自由主义，
都极力主张和推销彻底的私有化。在他们看来，只要实行生产资
料私人所有制，就可以避免国家对市场自由的限制，从而使个人
的潜能得以充分发挥，极大地提高经济效率。而新自由主义政策
的显著表现，就是反对国家干预。有一段时间，这种新自由主义
市场经济的思潮，还影响到我们国内，可见自由市场经济理论在
世界上的影响之大。然而 2008 年资本主义金融大危机的发生，对
这种主张似乎给了当头一棒。就连西方许多学者都认为，新自由
主义的泛滥，导致贫富差距持续拉大，社会不平等持续加剧，劳
资关系持续恶化，资本主义的基本矛盾尤其是生产的无限扩大同
人们的购买力相对下降之间的矛盾不断激化，则是这场危机的直
接祸根。这场大危机的事实，再次告诉人们，社会主义的中国，
绝不能采取这种自由市场经济理论和政策。

　　这次危机之后，世界立即掀起了对这种新自由主义的反思潮。
学界、政界很有影响的人物，纷纷发表对新自由主义的批判。这
里我们不妨举两个例子。一个是美国学者伊曼纽尔·沃勒斯坦，
另一个是澳大利亚前总理陆克文。

　　2008 年，沃勒斯坦在美国《评论》上发文认为①，在现代世
界体系历史中，新自由主义事实上并不是一种新理论，尽管它宣

---

　　①　见李慎明主编《世界在反思》，社会科学文献出版社 2010 年版，第 187 页。

称如此。它其实是非常陈旧的理论，即世界各国政府不要干预有效的大型企业在世界市场争夺优势的努力。第一个政策含义就是，政府即所有各国政府，都要允许这些公司带着它们的货物和它们的资本自由穿越各国边界。第二个政策含义是，政府即所有各国政府，都不能在它们本身充当这些生产性企业所有者方面发挥任何作用，而要把它们拥有的一切都私有化。第三个政策含义是，政府即所有各国政府，都要把向本国人口的所有各类社会福利转移支付最小化，如果不是完全取消的话。这种陈旧的理论以前总是周期性地成为时髦理论。

在沃勒斯坦看来，20 世纪 80 年代，这些理论被提了出来，以对抗同样陈旧的凯恩斯主义和社会主义理论，后者在世界大多数国家一度占了上风：经济应当是国有加私有企业混合的；政府应当保护本国公民不受外国垄断性公司的掠夺；政府应当通过向本国较贫穷的居民转移利益，特别是在教育、医疗和收入水平的终身保障等方面，努力推动生活机会平等化，这当然就需要向比较富裕的居民和公司企业征税。

沃勒斯坦认为，新自由主义全球化纲领利用了世界范围的利润停滞。沃勒斯坦说：1945 年后直到 20 世纪 70 年代初期是一个前所未有的长期全球扩张时期，在这之后，停滞开始了，促使凯恩斯主义和社会主义理论主导了政策。利润停滞给世界很多政府带来了国际收支问题，特别是在全球南方和所谓社会主义阵营国家。新自由主义反攻是美国和英国的右翼政府，即里根和撒切尔政府领导的，加上两个主要的政府间金融机构即国际货币基金组织和世界银行，它们联合打造并实施了后来所说的华盛顿共识。这个全球性联合政策的口号就是撒切尔夫人所说的没有其他选择。口号意在向所有政府传达这样的信息，即它们必须同意这些政策建议，否则它们将遭到增长缓慢和在可能面对任何困难的时候得不到国际援助的惩罚。

事实的确如沃勒斯坦所见，华盛顿共识的许诺是重启各国经济增长和摆脱全球利润停滞。沃勒斯坦认为，从政治上说，新自由主义全球化支持者们是非常成功的。一个又一个政府，无论是在全球南方、社会主义阵营还是在强大的西方国家，都实行了产业的私有化，都向贸易和金融流动开放了本国边界，也都削弱了福利国家。社会主义理论，甚至凯恩斯主义理论，在公共舆论中大多名誉扫地，并遭到政治精英唾弃。最戏剧性的后果是东中欧和苏联共产党政权垮台，再加上中国采用了市场经济政策。而这种巨大政治成功的唯一问题，是没有与之相称的经济成功。工业企业的利润停滞在世界范围内继续存在。各地股票市场的急剧走高不是建立在生产性利润上，而主要建立在投机性金融操纵上。世界范围和各国国内的收入分配都变得非常偏斜——世界人口中10%高收入人群，特别是1%的顶层，其收入大幅度增加，而世界人口中其他人群的实际收入则大多下降了。

在沃勒斯坦看来，对新自由主义市场理论的崇拜，从20世纪90年代中期开始幻灭。很多国家那些更注重社会福利导向的政府重新掌权；重新呼吁政府出台保护主义政策，特别是来自劳工运动和农业工人组织的呼吁；世界范围内异向全球化运动的发展，其口号是"另一个世界是可能的"。这种政治反应进展缓慢，但持续增强。与此同时，新自由主义的支持者们，不但顽固不化，而且通过政权加大了他们的压力，推动更加扭曲的收入分配政策。结果美国经济的坚不可摧失去信誉，国家不得不重新开始并购失利企业，推行凯恩斯主义政策措施。

陆克文在澳大利亚《月刊》上发文认为，新自由主义，即过去30多年以来自由市场意识形态所主导的经济政策，是全球金融危机祸首。陆克文认为，这一政策被称为"新自由主义、经济自由主义、经济原教旨主义、撒切尔主义或华盛顿共识"，其主要哲学包括：反对征税、反对监管、反对政府、反对投资公共产品，推崇不受管制的金融市场、劳动力市场和自由修复的市场。在陆克文看来，在 20 世纪 30 年代的大萧条中，不受约束的自由市场主义本已名誉扫地，但到 70 年代，由于英国首相撒切尔和美国总统里根的推崇而重新翻身，成为经济界的正统。事实证明，新自由主义及其所伴生的自由市场至上主义，不过是披着经济哲学外衣的个人贪欲。在 1987 年的股市崩盘、1994 年的墨西哥金融危机、1997 年的亚洲金融危机、2000 年的互联网泡沫破裂期间，美联储一直盲目相信市场的正确性，坚持通过大幅降息的方法增加市场流动性，这一方法屡试不爽，直到本次次贷危机爆发。事后，美联储前主席格林斯潘也不得不承认，自由市场主义是不正确的。

针对新自由主义弊端，陆克文主张走第三条道路，即介于国家社会主义和自由市场主义之间的道路。陆克文说：金融危机爆发后，各国政府为救市、刺激经济采取了大量措施。舆论普遍认为，国家应对经济承担根本性责任，包括挽救私有金融体系免予崩溃，对实体经济提供直接刺激，以及建立国内乃至全球监管机制等三方面：这和社民党人的政治观点不谋而合。当前社民党人面临的主要挑战，就是要将国家的重要性以及社会民主主义政治经济学说发展为一个面向未来的、全面的理论框架，这不仅适用于危机时，也适用于繁荣时期。

陆克文认为，社会民主党人不仅要从凯恩斯学派中汲取养分，也要结合国际形势的现状做出创新。陆克文主张，社会民主派应当同新自由派的极端主义断绝关系，建立社会民主主义国家，既维护合理管制的竞争性市场的生产能力，又确保政府作为规则制定者，资金提供者和公共产品供应者，缓解市场所导致的不平衡，维护社会公平。当然，社会民主主义不是社会主义，而是介于国家社会主义和自由市场主义之间的中间路线。

当然，历史事实总是给人们开玩笑。当资本主义大危机发生的时候，无论是学界还是政界，都一窝蜂地谴责自由主义，把危机的爆发归罪于自由主义政策，把凯恩斯主义作为救命稻草；而当摆脱危机，走向繁荣的时候，又一窝蜂地谴责政府干预，把繁荣归功于自由主义。所以在资本主义经济发展进程中，总是在凯恩斯主义和自由主义之间来回摇摆。其实，资本主义的根本问题主要在制度上，市场自由和政府监管，都只是手段。而且其各有各自的优势和弊端，都不能一概肯定或一概否定，而无论是实行自由主义或凯恩斯主义，都解决不了资本主义财富不平等的难题或痼疾。

自由市场的功与过和问题的根源

市场经济，有其自身的规律，需要人们来驾驭。由于市场交换本身，就是一种表面平等而实际不平等的权利，所以在资本主义制度下，自由市场经济加之人的自私贪婪的本性，自然就导致资本和收入不平等。虽然2008年资本主义金融大危机，的确打破了自由市场万能的神话，也动摇了华盛顿共识。但我们这里要提醒的是，在商品阶级社会，市场的力量是巨大的。自由市场不是万能的，但也不是无能的。人们都不能不承认，自由市场竞争，是资本主义发展活力所在，资本主义经济繁荣，的确都是由自由市场带来的。但这里要强调的是，被马克思称为资本主义瘟疫的资本主义经济危机，也是由自由市场带来的。所以既不能完全否定市场经济的作用和自己的规律，也不能否定政府对市场的必要监管。市场中那只"看不见的手"的确存在，正确的做法是"看不见的手"和"看得见的手"同时并用。

这里我们要强调的是，市场和政府监管，都是手段，都不是问题的本质。市场和政府监管的威力，都只能在特定制度环境下，才能发挥。也就是说，问题的本质是制度，是掌权者，是那只"看得见是手"属于谁。资本主义经济不平等也好，社会两极分化也好，资本主义经济危机也好，都不光是市场自由之过，最根本的，其实是社会制度之过。

在人类社会中，似乎不存在绝对的自由市场经济。市场的作用，总是与社会制度、与人的道德诚信、与政府调控相联系的。我们都知道，自亚当·斯密开始，就推崇那只"看不见的手"，可那究竟是一只什么样的手，这次危机的事实，也许给出了很好的答案。那些主张自由市场经济的人，有一个主观臆想的前提和善良的愿望：市场的参与者，都有一种内在的道德诚信。而实际上，在资本主义市场所体现的劳资关系中，市场参与者资本家暴露的本性，却恰恰不是其内在的道德诚信，而是其内在的投机、欺骗和唯利是图。看来，资本主义的信念、制度、规则的本质和弊端，在这次危机面前暴露无遗，这使人感到，似乎都不得不变革。

事实是简单和明确的：如果参与市场的人都有着内在的道德诚信，都只是为了经济的发展和繁荣，没有唯利是图的投机，那何来的借贷杠杆的滥用、金融衍生产品的失控和管理的失败，以及必然导致的欠债、次贷的泛滥和高得离谱的银行高管的薪酬呢？而这些恰恰是资本主义市场经济中，最为本质且已经把资本主义发展带到悬崖边的东西。站在悬崖边的那些曾经与强大的既得利益集团站在一起，反对政府监管，主张资本家自己管理自己的人，似乎受到了极大的讽刺和嘲笑，也不得不改弦更张了。他们看到了，在充满为私利而激烈竞争的市场中，唯利是图的投机、掠夺会发展、泛滥到何等危险的地步，单靠那只无形的"看不见的手"的"自我管理"，所带来的是何等严重后果。由此人们似乎也明白了，资产阶级的国家、政府本质上是为资产阶级服务的，但它毕竟和那些唯利是图的投机者，有着区别，不是一回事。

现在几乎世界所有国家和政府，似乎都已经意识到，在为私利竞争的市场中，那种认为靠自我管理、自我约束就能解决一切问题思想是天真、幼稚和危险的。因为竞争者真正关心的并不是市场的健康发展，而只是战胜竞争对手，获得更大、更多的个人财富。为了战胜竞争对手，他们不择手段，投机、欺骗、赌博等，无所不用其极。只要不被发现，他们会用尽所有手段。在他们的心目中，占支配地位的是无尽地贪欲，而不是自我约束。美国在危机中暴露的金融公司的各种丑闻，都证明了这一点。

人们似乎都越来越看清了，在金融资本统治世界的今天，单靠金融服务和分散的小型管理，无论如何都已经不能满足全球金融发展的需要了，建立适合全球金融完全融合的、全球金融管理体系，已经迫在眉睫。特别是对诸如商业银行业、投资银行业、保险业、对冲基金、主权财富基金、金融衍生产品、私人股本等，如何分别管理；如何限制金融杠杆的作用，如何评估风险，应提供多少不同的公开交易产品；如何界定证券交易委员会、货币审计办公室、储蓄管理局等，都需要有一个统一的严密的体制。

当然，实际上资本主义的问题，并不是用加强政府管理就能根本解决的。长期以来，资本主义政府总是在实行凯恩斯主义或自由市场主义之间来回摇摆，而其无论摆向哪方，都总是要出问题。原因何在？其原因在于无论实行什么主义，都没有把广大劳动者的利益，放在应有的位置。每次问题总是出在劳动者贫困、消费力下降上。如有学者说的，现在大家似乎都变成凯恩斯主义者了。即便是美国的右派也加入了的凯恩斯主义的阵营中，他们都充满了无限的热情；可谁知道到时候，大家又都变成自由主义者了呢？可是每次危机的发生，都会有出现理性和证据对意识形态和利益的胜利。

每次危机后，人们都会有这样的议论：没有政府和监管的市场不行，而政府和监管权力过大，没有市场的自由也不行，既要有监管，又要有自由，似乎只要找到这两者的最佳结合点，问题就解决了。其实，关键或核心问题，在于监管和自由的立足点和内容上。如果立足点总是站在资产者一方、掠夺者一方；所实行的监管政策也总是有利于资产者一方、掠夺者一方，这个最佳结合点是永远找不到的，危机问题也永远避免不了。市场无法自我纠正错误，监管也无法自我纠正错误，因为错误的根源在制度。

在救治危机中，人们有许多美好的假设和愿望：假如政府能把大量预算都用在刺激劳动生产上，刺激就业上，而不是用在支持金融垄断资本上；假如金融资本家们把大量的钱都用在投资于实体经济发展上，而不是用于金融投机和掠夺财富上；假如政府制订的税收和开支计划能加大对科技、基础设施和环保领域的投资，并在为穷人减税、提高失业津贴的同时，提高对富人的征税，从而降低赤字、缩小贫富差距，危机似乎就不会爆发。然而，假设只能是假设，美好的愿望也只能是美好的愿望。历史的教训是，危机过后，一切都会在新的周转中慢慢复归。人们现在已经看透，美国总统奥巴马政府救治危机措施的本质，就是收益归富人，损失归社会，买单归穷人。

美国学者布热津斯基在其新著《战略远见：美国与全球权力危机》中，也不得不承认美国模式已经丧失了动力。他认为，美国模式的根本原则和经济活力，以及国民和政府的意志力，都已经失去了昔日的影响力。美国影响力的核心和关键，历来都是理想主义与现实主义的结合，这是强大精神力的源泉。而近十年来，这两大灵感源泉都丧失了动力。比如在中国崛起的同时，美国的公共债务增加，在阿富汗战争和伊拉克战争中的落败，以及2008年的金融危机，这些都动摇了人们对美国维持世界霸权能力的信心。

布热津斯基还具体分析了当前美国所面临的六大威胁必须改革。一是国债的增加和不可持续性，他说目前美国的国债已经占到国内生产总值都60%，应该执行真正意义上的改革，实现开源节流；二是漏洞百出的金融体系，不能再继续下去；三是日益加剧的不平等现象和限于停滞的社会流动性，依据基尼系数，美国已经被列入世界上最不平等的大国之列，这威胁到国家的社会共识和民主稳定性；四是日渐衰败的国内基础设施，基础设施是经济增长和效率的关键，是国家活力的象征，历史上帝国的成功，国内基础设施功不可没，罗马帝国是这样，英大帝国也是这样；五是美国人对当今世界缺乏认识，对世界的现状知之很少，在大西洋和太平洋之间，美国仍然是个孤岛，这应归罪于美国的教育；六是日益瘫痪的、党派色彩浓厚的政治制度，当选人和政府承诺越来越难以兑现，在预算、医疗保健和金融问题上，达成共识已经越来越困难。

的确，布热津斯基所分析的这些都是事实，但这种分析还都属于表层，没有触及金融资本对劳动者掠夺这一根本矛盾。这一根本矛盾不解决，美国经济、政治的下滑，美国现行社会制度被新的社会制度所取代，那是必然的。尽管它还具有很多优势，诸如：其在世界国内生产总值中它还占有 26.3％，在科技和创新能力上还具有巨大潜力，在物质资源、精神资源、人口、信念等方面还有着很大的潜力和动员能力，在军事上还具有没有一个大国能与之匹敌的优势等，但只要其在解决劳资关系问题上没有大的作为，其衰败，其被新的社会制度所取代，那都是迟早的事。

我们看到，美国总统奥巴马为了摆脱此次严重危机，而进行的变革的重要措施之一，就是建立严格的金融监管体制，加强对金融的监管。其实，奥巴马一入主白宫，就立即提出对金融监管的方案设想。其基本思路是：提高对所有金融机构的资本和流动性要求，对影响最大的金融公司提出更加严格的要求，要求所有这类大公司都要接受美联储的统一管理；针对现有监管机制没有为消费者和投资者提供足够保护的情况，政府计划将提供一个更强有力的全面保护消费者和投资者的框架；针对过去联邦政府没有遏制并管理金融工具和金融产品创新的状况，政府计划建立一个机制，专门对这些可能威胁金融系统稳定和整个经济稳定的金融活动进行监管等。

　　然而，这些是与华尔街的那些贪婪的投机者和冒险家格格不入的。那些人由其本性所决定，他们最希望的就是抛弃一切监管，使自己能自由自在地进行投机和财富掠夺。因此其方案设想一出，就引起了激烈争论。那些新自由主义者反对任何金融监管，他们为自己辩护的理由，就是对那些不讲诚信和贪婪无度的金融家只需要打翻在地，政府不需监管。但事实一再证明，如果没有政府的严格监管，那些不讲诚信和贪婪无度的大银行家和金融投机者，是不会被发现和被打翻在地的。在没有监管的自由市场上，他们纵横捭阖，游刃有余。所以，奥巴马的改革效果，也是可想而知的。

　　不过，话又说回来，如果根本制度不解决，光靠市场监管，的确解决不了根本问题。诚然，新自由主义在全球的推行近半个世纪以来，的确加剧了世界和各国的不平等与贫富差距现象。而财富和收入分配的不平等，不单是缺乏监管自由市场造成的，而主要是由生产资料的私有制度造成的，解决这一问题的根本出路，是改变这种私有制度。依据当前的实际情况，诸如发展和壮大国有经济、集体经济和合作经济，重点从企业产权、微观层面和初次分配解决不平等和贫富对立问题；诸如加强税收和国民收入再分配的调控，不断降低低收入阶层的税收和提高高收入阶层的税收，不断提高城乡居民在社保、教育、住房等方面的公共福利和政府保障水平等。

　　人们已经认识到，世界范围内各地区、各国家和社会阶级间的不平等是资本主义发展所固有的。这种社会制度和社会秩序存在的问题，只靠私人垄断资本活动范围的扩大，只靠市场自由或加强政府监管，都不能化解资本主义给各国带来的灾难。只有选择新的思想和新的制度，对资本主义进行实实在在的变革才能解决。选择是困难的，实实在在的变革更是困难的。

二　难题破解的探索和中国理论的诞生

探索的实质意义是创新。读过马克思主义经典著作的人都清楚，开始的时候，马克思和恩格斯的确都认为，资本主义社会是人类商品生产的最后一个社会形态。他们在许多著作中强调，在社会主义社会，由于废除了私有制，商品生产将不复存在。由此所决定，社会主义经济不再是商品经济，而是以直接产品交换为特征的有计划的社会产品经济。可后来，他们意识到了由资本主义过渡到社会主义的复杂性和长期性，认为在社会主义低级阶段，由于它刚从资本主义社会脱胎出来，所以其在经济、道德和精神等各个方面，必然还带有它脱胎出来的资本主义社会的痕迹，还存在资产阶级法权。马克思给我们的指教就是：在将来的某个特定环境中，应当做些什么，应当马上做些什么，这当然完全取决于人们将不得不在其中活动的那个既定的历史环境。不过，因囿于对社会主义计划经济的成见，社会主义各国都在要不要利用市场经济的问题上，走过了很长一段弯路。可喜的是，中国的探索取得了突破，诞生了社会主义市场经济，使难题得到破解，在理论和实践上都为世界社会主义的发展，做出了重要贡献。

苏联的探索和无果而终的根源

在人类文明发展的现今时代，想抛开市场经济这一最重要的文明，似乎没有可能。当今，市场经济是对生产力有最强大作用的先进的生产关系，所以任何国家，包括新生的社会主义国家，要想撇开它来发展生产力，是非常困难的。俄国十月革命胜利后，碰到的第一个难题，就是如何与世界各国打交道，如何进行国内社会主义建设。在解决这些问题时，成堆的问题是那么急切、那么尖锐，而且集中在一个核心：还要不要保存和利用商品货币关系。诚然，恩格斯曾经说过：一旦社会占有了生产资料，商品生产将被消除，而产品对生产者的统治也将随之消除。社会生产的内部的无政府状态将被有计划的自觉的组织所代替。而且只有从这时起，人类才在一定意义上最终地脱离了动物界，从动物的生存条件进入真正的人的生存条件；人类才完全自觉地自己创造自己的历史，由人们使之起作用的社会原因才在主要的方面和日益增长的程度上达到他们所预期的结果。这是人类从必然王国进入自由王国的飞跃。

在承认家庭财产继承权和存在收入不平等的条件下，商品货币关系的存在，就必然会给一些人不通过自己的劳动而通过其他途径获得货币的机会，必然会是高利贷活跃起来。商品货币关系就会侵入那些为生产而直接结合起来的社会组织的内部经济活动中，它们逐一破坏这个社会组织的各种纽带，而把他们分解为一群群私有生产者。马克思也说过：商品生产一开始就潜在地包含着工资和资本的对立。商品交换是不平等不自由的制度，交换价值必然会变成货币和资本，生产交换价值的劳动，也比如会变成雇佣劳动。那种认为交换价值不会发展成资本，或者说，生产交换价值的劳动不会发展成为雇佣劳动，这是一种虔诚而愚蠢的愿望。

然而，马克思和恩格斯毕竟是理论大师，是学者的楷模。恩格斯也曾这样说过："我们没有终极目标，我们是不断发展论者，我们不打算把什么终极规律强加给人类。"这是一条伟大的真理。事物都是不断发展的，马克思主义的理论也是如此。把马克思、恩格斯、列宁说过的话，当做终极真理的，不是他们自己，而是后人强加给他们的。恩格斯在其《英国工人阶级状况》第二版序言中就坦诚说道："本书在哲学、经济和政治方面的总的理论观点，和我现在的观点绝不是完全一致的，我绝不想把我的著作和我本人描写得比当时高明些。"可见，任何时候，我们不能把前人已有的结论作为终点，作为束缚我们的枷锁。不能凡是前人说过的就神圣不可违，就作为终极真理。

开始，苏维埃曾尝试按照马克思原先的设想，取消商品货币关系。结果行不通，于是，列宁说话了。他说，恩格斯讲的社会主义是成熟的社会主义，也就是共产主义。而新生的苏维埃，还不是成熟的社会主义，所以还必须保留商品经济。马克思和恩格斯的理论被突破了，这表现出了列宁的睿智和伟大。在列宁的领导下，苏维埃实行了新经济政策。在实行新经济政策时期，列宁从当时俄国的具体国情出发，曾经把商品货币关系问题提到了极为重要的地位。新经济政策一开始，就是以发展商业和贸易，广泛利用商品货币关系为前提。列宁指出："新经济政策的真正实质在于：第一，无产阶级国家准许小生产者有贸易自由；第二，无产阶级对于大资本的生产资料，运用资本主义经济中叫做'国家资本主义'的一系列原则。"①

列宁强调，利用商品货币关系，虽然不会改变无产阶级的性质，却从根本上改变了社会主义建设的方法和形式。他指出："新经济政策并不是要改变工人国家的性质，然而却改变了社会主义建设的方法和形式，因为新经济政策容许建设中的社会主义同力图复活的资本主义，在通过市场来满足千百万要的基础上进行经济竞赛。"② 列宁从历史唯物主义观点出发，认为就当时的经济条件只有利用商品货币关系，利用市场的作用，才能在发展生产基础上最后战胜资本主义。指出：卡"看来这是很奇怪的，共产主义竟同商业有关?！这二者之间似乎完全没有关系，毫不相干，距离很远。但是，如果从经济上来考虑，就会知道，二者之间的距离，并不比共产主义同小农经济和宗法农业更远。"③ 因此，"应

---

①　《列宁全集》第 33 卷，第 368 页。

②　同上书，第 155 页。

③　同上书，第 90 页。

当把商品交换提到首要的地位，把它作为经济政策的主要杠杆。"①

列宁认为，在国家指导下活跃国内商业，是过渡时期经济建设的重要环节。他指出："在我们所谈的当前工作中，这样的环节就是在国家的正确调节（指导）下活跃国内商业。在历史事件的链条中，即在 1921 年俄国社会主义建设的各个过渡形式中，商业正是我们无产阶级政权、我们居于领导地位的共产党'必须全力抓住的环节'。如果我们现在紧紧'抓住'这个环节，那么不久的将来我们一定能掌握整个链条。否则我们就抓不住整个链条，建不成社会主义的社会经济关系的基础。"②

列宁的这些创造性的论述，为当时苏联利用商品货币关系指明了光辉的道路。但受客观条件的限制，也存在着两个方面的缺陷：一是列宁始终把商品货币关系视为资本主义的东西。过渡时期之所以允许它存在，是因为在大量农民小生产者存在的情况下，只能利用它作为发展经济和消灭小私有者的手段。而并没有从社会主义经济实质上去探索商品货币关系的问题，没有肯定它在整个社会主义时期存在的必然性。二是即使在当时的条件下，列宁也否定国营企业之间的商品货币关系。列宁指明，当时强调发展商业和利用商品货币关系，核心是解决工农之间的关系问题。正因为如此，虽然对这个问题的探讨和争论，在苏联所经历的时间最长，过程也最为曲折复杂。但由于受教条主义影响很深，虽然一步一步地承认了社会主义商品货币的存在，但在社会主义经济是否是商品经济的问题上，作为官方来说，直到其最后解体，也未能有实质性的突破。

20 世纪 20 年代末，苏联有不少经济学家认为，过渡时期已经结束，新经济政策已经完成了其历史使命，商品货币关系已经失去了其存在的基础，主张把尽快消灭商品货币关系作为头等的任

---

① 《列宁全集》第 33 卷，第 424 页。
② 同上书，第 90 页。

务。与此同时，政府也采取了一些取消商品货币关系种种尝试的措施。诸如：在农业业集体化后，用义务交售制取代对农产品的采购制；城乡之间开始了产品直接交换，而这种交换往往以非等价交换的原则为基础；在国内许多地方和地区取消市场和集市等。

由于这些措施的推行，很快引起了供应的紧张和混乱，使经济形势迅速恶化，因而不得不急刹车。1930 年联共（布）不得不作出决议，宣布禁止封闭市场，要求恢复集市，不得限制农民在集市上出售自己的产品。第二年，联共（布）又作出了发展苏维埃贸易的决议，号召全力发展商业，并把靠行政力量机械分配商品的办法改为发展商业的办法。与此相适应，经济理论界也不得不重新反省有关商品货币方面的理论观点。经过一些争论之后，大多数经济学家都认为，进入社会主义社会之后，不仅仍然不能马上就消灭商品货币关系，而且在相当长的时期内还应进一步发展商品货币关系。在联共（布）第十七次代表大会上，又进一步批判了取消商品货币关系的尝试，并作出结论："货币还要保留很久，直到完成共产主义第一阶段即社会主义发展阶段为止。"当时能作出这样的结论，对于科学社会主义理论来说，自然是一项重大的发展和贡献。

然而，由于在主导思想上认为社会主义经济是计划经济，商品货币关系是与社会主义生产关系本质不相容的外在因素，是资本主义社会遗留下来的异己物，因此，虽然一方面承认它的存在和作用，另一方面又对它的作用采取各种限制做法，对其内在规律也采取虚无主义的态度。这种局限性，直到 50 年代初期斯大林《苏联社会主义经济问题》一书出版，都表现得十分明显。在这部重要著作中，斯大林基于当时的历史条件，对这个问题所作的带有结论性的意见，主要包括如下几个方面的内容。

社会主义虽然存在商品货币关系，但就实质来说，它并不是商品经济。商品货币关系是资本主义的简单遗产，在两种基本生产成分即国营成分和集体农庄成分由一个包罗一切而又有权支配全国一切消费品的生产成分来代替的时候，商品流通及其货币经济，就会作为国民经济的不必要的因素趋于消灭。

社会主义商品货币关系存在的原因，是生产资料的两种公有制形式。正因为社会主义商品生产是建立在生产资料公有制基础上的，因此它同资本主义商品生产有着根本不同的性质和规律。苏联存在的商品生产是由联合起来的社会主义生产者所进行的特种商品生产，在这里价值规律对生产不再有调节作用。

社会主义商品生产的范围，仅限于个人消费品，无论如何不能把生产资料和劳动力列入商品的范畴。在对外贸易流通领域内，我国企业所生产的生产资料，无论在实质上或形式上都保持着商品的属性，可是在国内经济流通领域内，生产资料却失去了商品的属性，不再是商品，并且脱出了价值规律发生作用的范围，仅仅保持着商品的外壳（计划等）。而且正因为生产资料和劳动力不再具有商品的属性，保留商品货币关系才不会导致资本主义各种关系的复活。

如苏联经济学家们所承认的，就整个这一时期来说，包括斯大林在内，对商品货币关系作用的估计不足，对价值规律采取虚无主义的态度，是经济政策中，首先是价格政策、价格形成、经济核算和物质利益原则的实践中产生一系列错误的原因。这些错误影响了整个国民经济结构的合理性，影响了生产的质量和效率。特别是严重损害了农业的发展。从 20 世纪 50 年代末至 80 年代初，随着经济体制改革的开展，苏联理论界关于社会主义商品货币问题的讨论，有明显进展。

比如，摒弃了社会主义商品货币关系存在的原因是两种公有制形式的观点。除少数经济学家外，经济学界普遍认为，不仅应从生产资料所有制方面，而且应当从社会分工、生产力发展水平、企业在整个国民经济中的地位和特点、劳动的性质等多方面去寻找社会主义商品货币关系存在的原因。如列昂节夫、利西奇金等这些著名经济学家都认为，用两种公有制形式说明社会主义经济中存在商品货币根源是一种陈旧观点，妨碍着政治经济学的发展及对商品货币关系的充分利用，应当坚决抛弃这种观点。在这个问题上，虽然每个经济学家都各持己见，至今没有统一和比较科学的看法，但毕竟广开了言路。

比如，摒弃了生产资料在实质上不是商品的观点。如鲁缅采夫、孔尼克等许多经济学家们都从企业相对独立性和劳动者在利益上的差别出发，认为社会主义制度下的所有劳动产品，包括生产资料在内，并没有丧失商品的一般属性。生产资料也要通过交换进入消费领域，因此不仅在形式上，而且在实质上也是商品。与此相适应，认为价值规律不仅在流通领域，而且首先是在生产领域也发生着作用。

比如，摒弃了社会主义商品货币关系仅是一种形式或计算工具的观点。如鲁缅采夫等许多经济学家们都批判了这种观点，指出，从理论上说，没有形式的内容或没有内容的形式都是不存在的。在社会主义社会仍存在的商品、货币、价格、利润以及与商品生产、价格规律有关的其他经济范畴，并不只是外表形式，不只是简单的核算劳动和成本的工具，而且是社会主义生产关系所固有的具有实在内容的经济关系，这种经济关系同样反映了社会主义经济的实质。

由于这些理论都基本上被官方所接受，因而直接影响到了实践。在此期间，苏联采取了许多具体措施，大大活跃了商品经济。诸如，允许生产资料进入市场，把有些物资的直接计划调拨改为与在合同基础上的销售直接挂钩，建立生产资料批发商店，允许少量生产资料进入自由市场；扩大企业在生产和销售方面的自主权，允许其生产部分自销产品；改进价格幅度，力求使价格能反映价值，允许企业自行决定一次性订货价格；注意对消费者需要的研究和预测，通过让生产单位建立直接销售网点，以更加关心和更好满足市场需求等。这些都有利于促进商品经济的发展。

特别值得注意的是，在这一时期，有些经济学家根据客观经济实践，重新提出了社会主义经济的商品性问题。如利别尔曼、马拉菲耶夫等就认为，社会主义经济实质上是商品生产的一种形式。不过同资本主义社会相比，它已经有了崭新的内容。这就是：这种商品生产不是自发的、无政府的，而是有组织有计划的；不是以生产资料的私有制，而是以公有制为基础的；从事商品生产的已不是个体生产者，而是联合起来的具有相对独立性的生产者集体；商品生产的目的也不再是剩余价值，而是满足社会需要。列昂节夫也认为，社会主义是一种新型的商品生产社会。在社会主义商品生产中，价格、利润、工资等不是资本主义残余，而是社会主义生产关系的本质表现。

但这种观点一开始就处于被批判的地位。绝大多数经济学家始终认为，社会主义虽然存在商品货币关系，但它实质上是直接的社会主义计划生产，是计划经济，而不是一种商品经济。说它是商品经济，就歪曲了它的实质，混淆了社会主义同资本主义的根本区别。因此，社会主义经济，是否商品经济问题，仍然是苏联经济理论中的一大禁区。不过，也有些经济学家们在试图冲破这个禁区。如马拉菲耶夫等一些经济学家们就指出，否定社会主义经济的商品性，不仅在理论上是站不住脚的，而且在实践上是极其有害的。社会主义的生产是有计划发展的，这是无可争辩的。

更值得注意的是，此时期苏联一些经济学家已经提出了计划经济和市场经济不矛盾的观点。他们认为，在商品货币关系广泛存在的情况下，计划的决定还要有价值核算方面的依据，并受到市场的检验。因此，计划和市场（生产的直接社会性和商品性）不是两个截然对立的东西，它们彼此并不排斥。绝不能不注意到在社会主义制度下的商品是社会主义生产关系的承担者，抽象劳动是社会主义的社会劳动。计划性和商品性不是两个对立的东西（计划的对立面是自发性）。计划性是社会主义经济联系的共同类型，商品性则是这一联系的共同形式。

他们还认为，否定社会主义生产的商品性质，就会对价值规律的作用估计不足，甚至予以否定；批判社会主义生产的商品性，同经济改革的原则是不相符的。经济改革既然要求把产品销售额、利润和盈利率等价值指标作为基本的计划指标，就不能否定社会主义生产的商品性。他们还强调，承认社会主义生产的商品性，就必须批判地对待整个一系列陈旧了的原理和观念。比如认为社会主义制度下人们的生产关系不采取物与物之间关系的形式的理论观点，认为资本主义是商品生产最高形式的理论观点等。否定社会主义生产关系的物的特性，就会轻视作为政治经济学分析对象的商品货币联系的意义；资本主义是商品生产最高形式的原理，也与客观事实相背离。因为在进入社会主义之后，商品生产并不是在退化，而是在进一步发展着。

这些经济学家的上述观点，可以说把当时苏联社会主义经济性质的讨论推到了一个崭新的阶段。不过，之后由于受到批判"市场社会主义"的影响，这种讨论并没有深入发展，这些观点也未得到普遍的承认。在勃列日涅夫去世之后，苏联新领导人都立志要冲破旧的传统观念的束缚，在理论和实践上开创一个新的时期。无论是安德罗波夫或戈尔巴乔夫，都倡导抛弃老一套的思维和实践模式，以新的眼光看待某些理论观点和概念。在苏共二十七大之后，苏领导人一再强调，要克服长期以来对商品货币关系的偏见。在1987年苏共中央六中全会上，又特别指出，商品货币关系是社会主义经济的有机组成部分，要对商品货币关系问题进行认真的再思考。在新的气氛中，苏联理论界关于社会主义经济性质问题的讨论，也重新活跃了起来。但之后不久，在政治剧变中，苏联解体了，社会主义已不复存在。

苏联这座社会主义大厦，顷刻之间的倒塌，对世界的震撼之大，无法用语言表达。2002年俄罗斯学者罗伊·麦德维杰夫出版了《苏联的最后一年》一书，本书用大量惊心动魄的真实史料，对苏联大厦突然倒塌的过程，进行了细致再现，是人们对苏联大厦突然倒塌原因进行深入思考的绝好参考书，值得一读。书中对苏联解体的原因，归纳了七个方面，即：反俄罗斯的民族主义；俄罗斯的分离主义；冷战和西方的施压；社会主义阵营的瓦解；戈尔巴乔夫的作用；叶利钦与苏联解体；苏联基础和承重结构的脆弱性。的确，这些或许都是苏联大厦倒塌的原因。

不过，我觉得这些还都不是问题的根本。根本的问题，或者说苏联大厦倒塌的根本性原因，主要是三个根本性问题始终没能解决：一是始终没能把马克思主义从死的教条和神化中解放出来，没有把马克思主义理论与苏联的具体国情结合起来，产生适合苏联国情的马克思主义，因而在实践与马克思主义某些观点的矛盾中，对马克思主义信念发生了动摇；二是始终没能突破对待市场经济问题，没有形成或建立起适合苏联国情的社会主义市场经济理论和实践；三是始终没能认识到社会主义是以人为本、共同富裕的社会，始终没有把民生问题放在发展的第一位。稍加思索就明白，罗伊所列出的那些原因，都是由这三条所派生的。这三条是我们应当永远汲取、永远记住的教训。

东欧国家的突破和思考

原东欧各社会主义国家，也都是智慧的民族。它们自建国伊始，对社会主义经济性质问题也进行着不懈的探索和争论。20世纪50年代后期，在社会主义经济实质上是否商品经济的问题上，南斯拉夫首先取得了突破。我们都知道，当时南斯拉夫曾创出了工人自治的社会主义道路。随着社会自治制度的推行和企业独立商品生产者地位的确立，社会主义实质上是商品经济的理论也得到了确认。在南斯拉夫有关决议、法令以及国家领导人和经济学家们的著作中，对这些理论都作过明确系统的论述。这里我们不妨把其主要观点，扼要概括如下。

南斯拉夫当时是社会主义国家，但承认，南斯拉夫经济就其性质来讲是商品经济。每个生产单位，在生产过程中通过付出一定物力和劳动所得到的产品，都只有在市场上才能确定其社会需要的程度和价值。这就意味着，使用归社会所有的生产资料而进行劳动的生产单位，都是相互独立的商品生产者；一切劳动都还不能成为直接的社会劳动，一切物质财富的生产，都必须以商品形式进行。由此所决定，南斯拉夫的自治生产方式，必然是商品生产的一定历史形式或制度。南斯拉夫经济的这种性质，是客观存在的事实，是自然的、合乎规律的。南斯拉夫强调，社会主义生产关系的发展，就是一种朝着商品生产完全形式方向的运动。如果不承认它或忽视它，就不仅不可能科学地组织各项经济活动，促进国民经济的不断发展，反而会造成各种不合理现象，造成社会劳动和资金的巨大浪费。

南斯拉夫社会主义经济的商品性，正是植根于南斯拉夫企业工人自治生产关系。按照自治生产关系的要求，对于每个生产单位来说，只有自己真正成为独立的商品生产者，才能真正实现自治。也就是说，生产单位必须是独立的商品生产者，这不是根源于资本主义留下的遗产，而是根源于自治生产关系本身。因为这种生产关系要求让劳动者自己独立使用归社会所有的生产资料，支配自己劳动的全部成果，并通过商品交换的形式，在不断扩大再生产中，不断实现自己切身的利益。

商品经济具有其固有的、不取决于它所存在的社会关系性质的特征。南斯拉夫经济的商品性，首先取决于其物质生产力的发展水平，和与此相关的物质生产资源的缺乏及用于满足社会各种需要产品之不足。因此，经济的商品形式是以在经济上促进合理使用有限生产要素的方式相适应的。也就是说，商品生产并不随着社会主义的生产关系的产生而消失。直到共产主义实现之前，只要生产物质因素及其条件的社会化没有达到极高的程度，商品生产是不会被消灭的。不过从长远看，社会主义生产关系在为社会生产力迅速发展创造条件的过程，也同时是逐步消除商品生产存在条件的过程。这就意味着，在促进社会主义合理经营，促进社会主义生产力和整个国民经济迅速发展的过程中，商品生产是在自身的消灭过程中发挥作用的。

南斯拉夫经济的商品性，决定了市场对整个经济生活的调节作用。因为无论社会形态如何，只要是商品经济，体现这种经济性质的市场，就必然要执行对各种生产要素及经济活动进行调节的职能。而且作为整个经济职能体系中合理经营的促进因素，市场最终要表现为一种强制性的力量，任何生产者不尊重这种强制，就会受到惩罚。一方面，市场作为商品生产者之间关系的制度，永远是商品生产者和使用者一定自由和相对自主的表现，它要以生产者根据供求情况决定产品和劳务品种及数量的自由为基础；另一方面，有这种自由的生产者的最终成果，必须由市场来确定，其各种经济潜力的发挥，取决于市场发挥职能的效果。南斯拉夫在肯定社会主义经济的商品性的同时，还对社会主义市场经济不同于资本主义市场经济的具体特征，做了如下说明.

首先，南斯拉夫的市场经济是自治市场经济。联合劳动组织作为生产组织的基本形式，既表现了经济的商品性，也表现生产关系的自治性。因此可以说，就自治商品经济的性质和特征而言，联合劳动基层组织，具有资本主义商品经济企业的含义。它作为商品生产者的劳动集体，必须把自己的产品和劳务在市场上出售，才能获得应有的经济利益，受市场和价值规律的支配，与资本主义商品经济企业有所类似。而就其作为社会主义自治社会关系的基本社会形式来说，因为它以公有制为基础，消灭了剥削，又与资本主义商品经济企业有根本不同。它能自觉克服自身利益与社会利益的矛盾，在市场上自觉协调相互之间的关系。自治商品经济的全部职能就在于经济的商品性质与它的自觉调节相互结合，在于寻求总体利益和个体利益、短期利益和长远利益的有机结合，这些在其他商品经济生产中是办不到的。

其次，由于南斯拉夫商品经济是建立在社会所有制基础上的，所以在自治商品经济中，虽然也存在资金市场，联合劳动组织有权把自己闲置的资金转移给其他联合劳动组织使用，在根据转移的剩余劳动有权占有一部分收入的条件下，这种做法就是相应的扩大再生产资金市场性质的表现。但正由于这种转移是建立在生产资料归社会所有、平等互利和合理收入之基础上的，不存在对他人劳动的剥削，因而同在将资金转让给其他主体使用的基础上，长期占有劳动成果的资本市场制度，有着根本的不同。

再次，在南斯拉夫的自治商品经济中，劳动力不是商品。这一特点是由社会主义的性质及生产资料的社会所有制决定的。劳动力的商品性，是指通过劳动力市场的买卖而实现对劳动力剩余劳动的剥夺。而在社会所有制下，劳动力可以与生产资料直接结合，不存在任何中介人，从而也不存在劳动力的买卖关系和对劳动力剩余的剥夺。这种对劳动力商品性的否定，使用于劳动者个人消费部分的劳动成果的价值不表现为工资，即出卖劳动力的价格，而表现为个人收入。这是同资本主义商品经济的本质区别。

最后，南斯拉夫自治商品经济的核心是收入。收入是商品生产者的主要动机。它同资本主义商品经济中的利润既有类似之处，又有质的区别。它作为自治商品经济的特点，不只在于它的市场性质，即在市场上实现收入；而更重要的是在于它的社会主义自治性，即由劳动集体支配全部收入。商品生产的本质要求劳动集体进行有效的经营和劳动，努力扩大所实现收入与耗费之间的差额，努力在市场上销售自己比其他商品生产者享有优越地位的产品，以获得更多的收入，这就必然造成各联合劳动组织中劳动者收入和物质地位的差别。这种差别性的收入制度是同按劳分配制度不可分割的，它作为刺激和鼓励有效经营和劳动的重要手段，同资本主义社会中的利润差别也有本质的不同。

除此之外，南斯拉夫还认为，自治商品经济，是矛盾的统一体。一方面，由经济商品性所决定，各联合劳动组织作为独立商品生产者，相互间必然存在利益上的矛盾，这种矛盾又必然在市场上表现出来，靠市场机制进行强制性的协调；另一方面，由社会主义自治生产关系所决定，联合劳动组织相互之间利益上的矛盾又可通过各种自治协议和社会契约加以克服。在这种统一体中，有两点是特别值得注意的。一是由商品生产本身所固有的自发因素所决定，即使在充分发挥自治协议和社会契约作用条件下，只要联合劳动组织独立的决定生产条件、生产过程和产品销售，经济运动的自发性就不可能完全避免。二是由商品经济所固有的规律所决定，必然造成贫富的悬殊，即使政府采取各种制止两极分化的政策，这种差距仍会趋于扩大，与此相适应，用金钱来衡量人的价值的现象也会出现。

因此，在如何运用价值规律问题上，有不同意见的争论。一种意见是主张只让商品生产自由发展和价值规律自由发挥作用。认为作为商品生产者的劳动集体，其唯一的生产动机是不断增加收入，其一切经济活动都受增加收入之欲望所支配和推动。而在其收入必须在市场上才能得到实现的条件下，价值规律将会最合理地分配社会劳动总额，提高劳动生产率，实现按劳分配。所以只有让价值规律无阻碍地发挥作用，才能有效地组织各种经济活动。但是，由社会主义性质所决定，不能按照市场标准来配置劳动和自由地进行货币积累。

另一种意见主张商品、劳动和社会资金都按照商品生产的规律自由运动。这种意见强调，市场是整个社会生产的伟大的自动调节者。认为市场的基本职能是：选择职能，即选择必要的产品；配置职能，即有效地配置生产要素和有效地选择生产活动；分配职能，即通过市场在社会生产的所有参加者中间分配新创造的价值或收入。这种意见从自由选择职业和劳动岗位的民主权利出发，不仅主张由市场来配置劳动，而且主张把市场机制扩大到积累和其他货币资金方面，认为利息是合理利用社会资金的手段。

还有一种意见认为市场机制的效果是有限的，在社会主义社会为克服商品生产固有自发性的缺点，还必须重视计划的作用。市场调节和计划调节在整个社会主义经济体系中是相辅相成的、互相补充的关系。因此，在实行市场调节时，还必须加强社会计划的作用。在实践上，在 20 世纪 70 年代初期之前，更多的是按照前两种理论行事；而在此之后，即更多的是按照一种理论行事，不断加强了社会计划的调节作用。很可惜的是，在严酷的国际环境和国内民族矛盾的制约下，南斯拉夫没能取得成功。

在原苏联和东欧社会主义国家的探索中，还提出了这样一个问题，即社会主义市场经济，是否是市场经济发展的最高形态？一些经济学家做出了肯定的结论，其理由有三。

一是社会主义商品经济，是最充分的商品经济。社会主义商品经济是以公有制为基础的。由此所决定，作为独立商品生产者的各经济单位，不仅有着发展经济建设社会主义的同一伟大目标，不存在根本性的利害冲突；而且在各项经济活动中都真正处于一种平等的地位，在发展商品生产中，他们都只受客观经济规律的制约，而不受任何超经济、超市场力量的干扰。这样在资本主义社会中那种垄断资本寡头利用自己垄断地位和超经济的力量破坏市场、阻碍商品生产正常运转的现象，就不复存在，从而能使商品生产真正按其客观规律，得到最为充分的发展。值得注意的是，按其性质来说，社会主义本来应是最发达的商品经济，然而由于一些社会主义国家长期来受传统理论的束缚，在实践中对商品生产采取各种人为限制的政策和措施，从而造成至今商品经济还很不发达的现象。商品经济不发达是当前这些国家经济建设中存在的严重影响其经济质量和效率的共同弊病。

二是社会主义是最文明的商品经济。由生产资料公有制所决定，在社会主义社会中劳动力已不再是商品。这样在社会主义的商品经济中，就不存在任何压迫和剥削，不存在像在资本主义商品生产中那样摧残劳动者、尔虞我诈、相互倾轧等污浊的东西，这使商品生产成为最文明的商品生产，成为最能调动劳动者积极性的商品生产。这里最核心的问题是劳动力已不再是商品。但由于一些国家弄不清社会主义商品生产与资本主义商品生产的根本区别，一提商品经济或市场经济就自觉不自觉地同资本主义相联系，因而它就不敢承认社会主义商品性经济的文明性。

三是社会主义是最有效的商品经济。由生产资料公有制所决定，在社会主义商品经济中，可以充分发挥计划管理或计划调节的作用，从而消除了像在资本主义社会中那样的盲目竞争和生产的无政府状态，使整个社会经济能按照客观要求的比例关系平衡地向前发展，并取得最大的社会经济效益。总之，无论是从商品经济的实质还是从运转的客观环境来看，社会主义商品经济确实是历史上商品经济发展的最高形态，而且也是"最后形态"。这些学者还就社会主义国家如何处理好国家和市场的关系，如何为商品经济的发展创造良好的条件，提出了各自的见解。这些都为今天我们认识社会主义市场经济，提供了有益的参考。

在这里，我们不能不称赞勇敢的南斯拉夫人。当时被视为社会主义叛逆的南斯拉夫，在它那个血性方刚领袖铁托的领导下，却冲破了理论上的束缚，大胆搞起了社会主义市场经济，并走上了自己开创的工人自治社会主义道路。这给其他社会主义国家、给整个社会主义阵营，带来了极大的冲击。南斯拉夫人也因此而付出了巨大代价，他被扣上了社会主义叛徒的帽子，在口诛笔伐中，被开除出了社会主义阵营。而聪明的匈牙利人，借南斯拉夫的前车之鉴，提出了市场经济和计划经济相结合、实行两手调节的模式。他们说，社会主义经济的顺利发展，在于能否寻找出市场调节和计划调节的最佳结合点。而它的那个大理论家亚诺什·科尔内说，他不相信能找到这个最佳结合点，能达到这样的最佳平衡点。他说匈牙利已经转向了市场经济，但还没有达到那里。在实践上，匈牙利国家虽然制订了计划，但取消了计划指标的指令性，企业主要按照市场需求安排自己的生产和经营活动。看来，市场经济与计划经济相结合的提法，似乎是两种力量斗争和妥协的产物。匈牙利的目标和趋势，都是市场经济。

中国的探索和中国理论的诞生

毋庸置疑，中国对市场经济的探索是成功的。同样毋庸置疑的是，马克思主义基本原理与中国具体国情相结合，是中国取得出人意料突破的原因。正因为这种探索涉及对马克思主义基本理论的创新性发展，所以这种突破，的确是一项需要智慧和胆识的伟大的创举。中国共产党的十四大，明确把建立社会主义市场经济体制作为中国经济体制改革的目标，这无论在社会主义经济理论上或实践上，都实现了一次历史性的突破，是对马克思主义和社会主义的历史性贡献。

这里要强调的是，中国的探索不仅涉及马克思主义的理论，而且涉及对资本主义自由市场经济的反思。中国社会主义市场经济，正是在既反思自己，又反思资本主义的过程中形成的。中国的实践表明，社会主义市场经济，不同于资本主义的自由市场经济，它是具有社会主义性质的，或是为社会主义经济建设服务的市场经济。它不仅适应了中国现代商品经济发展的需要，适应了中国走向世界、参与国际经济竞争的需要，适应了中国转变经济发展方式、提高经济发展质量的需要，而且是具有旺盛生机和活力的经济体制，是中国经济体制改革的必然选择。

　　中国对这个问题的突破，当然是非常艰难和曲折的。对这种艰难和曲折的过程，或许人们都还记忆犹新。在实行改革开放之前，中国同样认为，市场经济是资本主义社会的特征。社会主义经济就是计划经济，计划经济是社会主义的基本特征。中国也坚定走过一段要消灭商品货币关系的路。人们都不会忘记割资本主义尾巴的年代，取消集市贸易，取消自留地，甚至不许私人养鸡、养鸭等。在那生产力落后，产品严重短缺的年代，一切都靠凭票供应。身强力壮的人们，都在憋屈着，有苦难言。

　　幸哉，1978 年党的十一届三中全会，恢复了实事求是的思想路线，向全党发出了解放思想，大胆创新的号召。从此开始，中国对社会主义商品经济问题的研究，也进入了新的时期。这时期虽然不算长，但也很曲折艰辛。改革开放初期，虽然承认了社会主义商品经济的存在，但认为社会主义经济是有计划的商品经济。之后虽然承认了市场的调节作用，但仍坚持以计划经济为主、以市场调节为辅。1979 年，陈云同志就明确提出，社会主义时期经济必须有计划经济和市场调节两个部分，第一部分是基本的主要的，第二部分是从属的次要的。党的十二大，也明确提出，正确贯彻以计划经济为主、以市场调节为辅的原则，是经济体制改革的一个根本性问题，并从理论上开始确认价值规律和市场对生产、流通的调节作用，在经济体制改革实践中也采取了一系列发挥市场调节作用的措施。当然，承认市场和价值规律的调节作用，这本身已经是很大的突破了。

　　邓小平在 1979 年就计划经济和市场经济问题作了这样的阐述："说市场经济只存在于资本主义社会，只有资本主义的市场经济，这肯定是不正确的。社会主义为什么不可以搞市场经济，这个不能说是资本主义。""我们是以计划经济为主，也结合市场经济，但这是社会主义的市场经济。虽然方法上基本上和资本主义社会相似，但也有不同，是全民所有制之间的关系，当然也有集体所有制之间的关系，也有同外国资本主义的关系，但是归根到底是社会主义的，是社会主义社会的。市场经济不能说只是资本主义的。市场经济，在封建社会时期就有了萌芽。社会主义也可以搞市场经济。"①

党的十二届三中全会，对这个问题的认识开始深化。这次会议明确提出，商品经济的充分发展，是社会经济发展不可逾越的阶段。第一次在党中央的决议上写明，我国的社会主义经济"是在公有制基础上的有计划的商品经济"，这就破除了长期以来把计划经济同商品经济对立起来的传统观念，无疑是理论认识上的重大发展。1987年党的十三大报告又进一步提出：社会主义有计划商品经济的体制，应该是计划与市场内在统一的体制，必须把计划工作建立在商品交换和价值规律的基础上。还提出，社会主义的市场体系，不仅包括消费品和生产资料等商品市场，而且应当包括资金、劳务、技术、信息和房地产等生产要素市场。

对这个问题的真正突破，是邓小平的南方讲话。1992年邓小平南巡谈话，是中国对社会主义市场经济问题认识的新飞跃。邓小平在讲话中说："不要以为，一说计划经济就是社会主义，一说市场经济就是资本主义，不是那么回事，两者都是手段，市场也可以为社会主义服务。"② 的邓小平还说："计划多一点还是市场多一点，不是社会主义与资本主义的本质区别。计划经济不等于社会主义，资本主义也有计划；市场经济不等于资本主义，社会主义也有市场。计划和市场都是经济手段。社会主义的本质，是解放生产力，发展生产力，消灭剥削，消灭两极分化，最终达到共同富裕。"③

---

① 《邓小平文选》第2卷，1993年版，第236页。
② 《邓小平文选》第3卷，1993年版，第367页。
③ 同上书，第373页。

　　依据邓小平南方谈话精神，之后的中国共产党历次代表大会，都对社会主义市场经济问题，进行了讨论和部署，对社会主义市场经济问题的认识不断深化。比如，党的十四大明确提出，中国经济体制改革的目标是建立社会主义市场经济体制。党的十四届三中全还通过了《中共中央关于建立社会主义市场经济体制若干问题的决定》，进一步勾画了社会主义市场经济体制的蓝图和基本框架。比如，党的十五大肯定了邓小平把社会主义同市场经济结合起来，是一个伟大创举，要求全党和全国人民坚持和完善社会主义市场经济体制。比如，党的十六大提出，21 世纪头 20 年经济建设和改革的一个主要任务，就是完善社会主义市场经济体制。党的十六届三中全会通过《中共中央关于完善社会主义市场经济体制若干问题的决定》，强调坚持社会主义市场经济的改革方向，注重制度建设和体制创新，为建成完善的社会主义市场经济体制而奋斗。比如，党的十七大进一步提出，中国特色社会主义道路的一个重要方面，就是建设社会主义市场经济，要深化对社会主义市场经济规律的认识，从制度上更好发挥市场在资源配置中的基础性作用。比如，党的十八大提出，要更大限度、更广泛地发挥市场在资源配置中的基础作用，更好地完善社会主义市场经济制度等，都说明了中国对市场经济的认识过程。

　　顾名思义，社会主义市场经济就是在社会主义制度下的市场经济，是社会经济过程中资源配置的方式，是在实行社会主义基本制度下的市场对整个社会资源配置发挥基础性作用的经济，而不是资本主义的自由市场经济。社会主义市场经济作为资源配置方式，不仅要坚持公有制为主体，多种所有制经济共同发展的基本经济制度，坚持社会主义按劳分配的基本原则，而且不排斥国家对经济活动的管理、计划或宏观调控。所谓市场对资源配置的基础性的作用，主要体现在：市场是整个社会经济运行、社会经济活动中的各种利益关系的基本调节者，国家的宏观管理与调控、计划，必须以市场为基础，计划只能依据市场而对市场运行进行导向。

现在大家普遍认识到，社会主义市场经济理论的创立，发展和丰富了马克思主义社会主义政治经济学理论，突破了人类思想发展史上的市场经济和计划经济姓资姓社的教条，扫除了发展社会主义经济的一个重要障碍，使我们能够理直气壮地发展社会主义市场经济，不仅为推动我国经济商品化、社会化、工业化的发展，促进社会主义现代化建设进程和社会主义经济大发展开辟了广阔的道路；而且为我国改革开放、融入世界、在全球化中积极谋求发展，开辟了广阔道路。

三　中国理论的魅力和世界难题破解之谜

中国社会主义市场经济的魅力在哪里？它之所以能解决财富不平等的秘密在哪里？在这一节，我们将从制度、诚信和政府调控三个方面告诉大家。因为中国的市场经济，是在坚持社会主义基本制度的前提下的社会主义市场经济，所以它虽然也是生产或社会经济过程中资源配置的方式，却不同于资本主义的自由市场经济，具有自己的独特性。而这种独特性，就制约着市场经济中不平等因素的发展，使整个经济的运行向着平等和共同富裕的方向发展。诚然，社会主义市场经济就意味着整个社会经济运行和经济活动的承载者是市场，国家的宏观管理与调控、计划作用的发挥必须以市场为基础，计划只能依据市场而对市场运行进行导向。正由于如此，社会主义市场经济，在作为实行社会主义基本制度的条件下，市场对整个社会资源配置发挥基础性的作用，但它和所有社会主义经济关系一样，都有社会主义属性，都是为社会主义目的服务的。也就是说，社会主义市场经济，是与社会主义各项基本制度相结合的市场经济，在这种结合中，就比较好地解决了政府和市场的关系，在制度约束、诚信约束、政府调控下，实现了效益和公平的双收，即实现了向市场要效益，向政府要公平的双收。从而破解了自由市场经济造成的不公平和不平等的难题。

制度约束和信仰的力量

在经济发展中，社会制度是决定力量。很显然，市场经济作为发展经济的手段，它的不同作用和作用的不同结果，在于利用它的不同的社会制度。这里要特别告诉读者的是，由表面平等而实际不平等这一本性所决定，只要实行市场经济，实行私有制，不平等和两极分化的发生，就是必然的、不可避免的。这里的关键，是利用制度的力量、政府的力量，加以约束和限制。如果不加以结束，不加以限制，即使商品生产者都有诚信，都按照市场经济所要求的规制进行交换，没有投机、欺诈的发生，可由于因商品生产的各种资源和条件的不同，产品生产者在市场竞争的地位不同，产品生产的投入、成本、销售条件的不同，实际的不平等，收入和财富两极分化，仍会必然发生。

要问社会主义市场经济同资本主义的自由市场经济有什么不同，也许人们可以列举出很多条。不过在我看来，最根本的区别主要有三条：第一条是本质不同，第二条是目的不同，第三条是运行机制的不同。这三条不同，都是由其社会主义属性所决定的。至于其他的不同，也都是由这三条引起的。当然，这三条之间还有内在的联系。从本质上说，中国社会主义市场经济，是发展社会主义经济的手段，因为有社会主义制度的约束，有公有制的基础，有社会主义国家宏观调控，所以它是比资本主义市场经济更为先进的经济形式。从目的上说，社会主义运用市场经济这种手段的目的，是解放生产力，发展生产力，消灭剥削，消除两极分化，实现共同富裕。而资本主义自由市场经济，则是资产者以聚敛私人财富为目的，从而只使少数人富，多少人穷，并造成社会不平等，造成两极分化。从运行机制上说，社会主义市场经济也不同于资本主义的自由市场经济。它是在受社会主义各种根本制度、各种调控手段、各种法律的约束下，在社会主义精神文明的影响下运行的，在诚信理念的支撑下，它是一种比资本主义自由市场经济更文明的市场经济。当然，这从理论上说起来容易，而实践起来困难是很多的。

市场经济作为经济运行中资源配置方式或手段，总是与社会的基本制度结合在一起的。资本主义市场经济是与资本主义基本制度结合在一起的，中国的社会主义市场经济，自然是与社会主义基本制度有机结合在一起的。社会制度不同，这种结合的性质和作用也就不同。资本主义市场经济，与资本主义私有制，与资本主义的自由竞争，与资本主义的价值观，是紧密结合在一起的，其发挥作用的结果，是财富日益聚集在少数人手中，酿成社会不平等的日益加剧；而中国的社会主义市场经济，与社会主义公有制，与社会主义经济计划，与社会主义国家各种调控机制，与社会主义的核心价值观，是紧密结合在一起的，其发挥作用的结果，是广大人民的共同富裕，生活水平的普遍提高，社会不平等现象逐步消除。

市场经济单纯作为资源配置的一种方式或手段，其本身当然不具有社会制度属性，但它只要与社会制度相结合，就必然带有社会制度的属性，并体现社会制度的特征。中国的社会主义市场经济，就是带有社会主义属性的市场经济。这种市场经济的独特性，就体现在它与社会主义的结合中。

比如，把市场经济与社会主义以公有制为主体、多种所有制形式并存结合起来，实现市场经济与社会主义基本制度的内在统一。在这种统一中，把市场经济的长处和社会主义制度的优越性有机结合起来。如许多学者所分析的，这样一来，一方面可以充分利用市场机制的优点，使经济活动遵循价值规律的要求，适应供求关系的变化；通过价格杠杆和竞争机制的功能，把资源配置到效益较好的环节中去，并给企业以压力和动力，实现优胜劣汰；运用市场对各种经济信号反应比较灵敏的优点，促进生产和需求的及时协调。另一方面可以发挥社会主义制度的优势，在生产资料社会占有的基础上，实现社会的有计划发展，克服市场经济的盲目性、自发性和滞后性等弱点和消极方面，实现社会成员的共同富裕。社会主义市场经济的发展实践充分证明，社会主义市场经济体制具有强大的生命力和内在活力，对推动我国经济社会发展具有不可替代的巨大作用。

比如，把市场经济与国家经济计划结合起来，在发挥市场作用的同时，也发挥经济计划的作用。中国社会主义没有否定或放弃计划对经济的调节作用，而是把计划和市场都作为调节经济的手段，既用"看不见的手"，也用"看得见的手"。明确它们对经济活动的调节各有优劣，在社会化大生产和存在着复杂经济关系的条件下，市场经济对促进经济发展具有更强的适应性、更显著的优势和较高的效率。社会主义市场经济，是在国家宏观调控下的市场经济，在宏观调控上，国家不仅发挥计划与市场两种手段的长处，而且利用国家计划，把人民的当前利益与长远利益、局部利益与整体利益结合起来，自觉地统筹重大比例关系，不断提高驾驭社会主义市场经济的能力，使社会主义市场经济的发展服从国家发展战略和总体规划、计划，服务于最广大人民群众的根本利益。

比如，把市场经济与实行以按劳分配为主体、多种分配方式并存结合起来，既充分发挥市场的作用，又运用各种调节手段，使按劳分配的原则更加完善。各种条件手段的运用，使市场经济能沿着既鼓励先进，促进效率，合理拉开收入差距，又防止两极分化，注重社会公平，逐步实现共同富裕方向发展。实践证明，在社会主义初级阶段，坚持以按劳分配为主体，有利于调动劳动者的积极性，消灭剥削，消除两极分化；多种分配方式并存，有利于调动各个经济主体的积极性和创造性，发挥各种生产要素的作用，把提高经济效率与促进公平结合起来。公平合理的收入分配制度是社会主义市场经济顺利发展的强大动力，也是社会主义制度优越性的重要体现。在完善以按劳分配为主体、多种分配方式并存的分配制度中，健全劳动、资本、技术、管理等生产要素按贡献参与分配的制度尤为重要。在初次分配和再分配制度中，要处理好效率和公平的关系，再分配更加注重公平。总之，要以共同富裕为目标，整顿和规范分配秩序，加大收入分配调节力度，重视解决部分社会成员收入差距过分扩大问题。

比如，把市场经济与社会主义广泛的社会保障制度和体系结合起来，充分发挥其在促进社会保障体系不断完善作用。我们知道，中国社会主义保障项目，包括由国家法律强制实行的社会保险项目，如养老保险、失业保险、医疗保险、工伤保险、生育保险和住房保障，这是社会保障体系的主体部分；也包括由国家财政支撑的保障项目，如社会救济、社会福利、优抚安置、社区服务等；还包括遵循自愿原则，以营利为目的的商业保险项目，如个人投保、企业投保和互助性保险，这是社会保险的最主要补充。一个社会的保障程度，取决于其经济发展水平。当前，由于中国人均收入还不高，只能实行低水平、广覆盖的社会保障政策。随着我国经济社会的快速发展，我国社会保障的水平一定会越来越高。

比如，把市场竞争与社会主义的经济秩序结合起来，从而形成社会主义的竞争有序的现代市场体系。人们都知道，竞争是市场经济的灵魂。社会主义市场经济不排斥竞争，但反对盲目竞争，特别是反对恶性竞争。包含竞争基因在内的市场体系，是发挥市场机制在资源配置中基础性作用的前提。特别是形成包括劳动力市场、资本市场、房地产市场和技术信息市场等在内的比较完备的要素市场体系，在促进商品和各种要素在全国范围自由流动和充分竞争，实现城乡市场紧密结合，实现国内市场和国际市场相互衔接，完善反映市场供求关系、资源稀缺程度、环境损害成本的生产要素和资源价格形成机制，规范发展行业协会和市场中介组织，健全社会信用体系，都有非常重要的作用。

比如，把市场经济与社会主义的宏观调控体系结合起来，从而形成社会主义市场经济宏观调控体系。这种体系使国民经济在宏观上保持基本平衡，促进经济结构的优化，并引导国民经济持续、快速、健康、协调发展，推动社会全面进步。社会主义的宏观调控手段，主要是经济手段，并配以法律和必要的行政手段。宏观调控的主要内容，是包括计划统筹、经济调节、市场监管、社会管理、公共服务和国有资产管理等在内的政府管理国民经济的体系。在这种体系中，诸如发挥国家发展规划、计划、产业政策在宏观调控中的导向作用，综合运用财政和货币政策提高宏观调控水平，完善行政执法、行业自律、舆论监督、群众参与相结合的市场监管体系，维护和健全市场秩序，建立正常的市场进入、市场竞争和市场交易秩序，保证公平交易和平等竞争，保护经营者和消费者的合法权益等，都是重要内容。

比如，把市场经济与社会主义的法制结合起来，使市场经济在社会主义法制下有序运行，实现资本主义市场经济无法实现的效果。社会主义市场经济是为社会主义服务的，所以社会主义市场经济除了具有市场经济的一般特征外，还具有社会主义制度所要求的其他特征。社会主义国家，要通过法律手段对市场经济进行调控，以使其在自由有度、竞争有度中，达到市场机制本身不能够实现的社会目标。其中，完善市场主体和中介组织法律制度，使各类市场主体真正具有完全的行为能力和责任能力；完善市场交易法律制度，保障合同自由和交易安全，维护公平竞争等，都是重要内容。

比如，把市场经济与社会主义精神文明结合起来，使社会主义市场经济成为更加文明的市场经济。比如诚信是社会主义精神文明中的重要内容，也是促进社会主义市场经济健康发展的重要前提。市场经济就是信用经济。普遍的守信行为是交易顺利进行、经济健康发展的前提。没有信用，或缺少信用，契约关系就不能维持，社会经济关系的网络和链条就会发生紊乱、失调乃至断裂。关于这一点，资本主义的自由市场经济，已经为我们提供了见证。人们似乎都认识到了，建设现代市场体系的基本条件，是必须建立以道德为支撑、以产权为基础、以法律为保障的社会信用制度。这一制度的建立，也是规范市场经济秩序的治本之策。尤其是在强化产权保护的基础上，以货币信用为重点，构建包括企业信用、商业信用、消费信用、银行信用、个人信用在内的现代市场经济信用体系，更是完善和发展社会主义市场经济的一项重要任务。

比如，把市场经济与社会主义创新理念结合起来，使社会主义市场经济成为更加开放、更加有效、给人们带来更多实惠的市场经济。对外开放是社会主义中国的基本国策。中国在对外开放中，提出了许多新的理念，诸如：和平发展的理念、合作共赢的理念、同舟共济理念等。市场经济在与这些理念的结合中，就促进了在经济全球化条件下国际经济合作和竞争的合理格局的形成，以及各种优势的发挥。从而达到全球资源的合理配置和取得最大的经济效益，显示出社会主义市场经济优越性和对世界的贡献。

总之，从配置资源的方式和运行规律看，社会主义市场经济与资本主义市场经济当然具有共性，因此，发达资本主义国家在发展市场经济过程中一切有益的做法和经验都值得社会主义国家借鉴和吸收。但社会主义市场经济与资本主义市场经济又是与两种不同社会制度相结合的，因而表现出不同的特征。从实践的结果看，与社会主义制度结合的社会主义市场经济，正因为有社会主义制度的作用，才能避免资本主义自由市场经济所造成的严重恶果，显示出其无与伦比的先进性和优越性。

诚信约束和道德的力量

在市场经济发展中，诚信起到了至关重要的作用。我们能够领悟到，在经济金融化的今天，社会主义市场经济的优势和资本主义自由市场经济的致命弱点，其实主要就是两个字——诚信。比如，前一节我们已经分析过，亚当·斯密是资产阶级政治经济学的鼻祖。自亚当·斯密开始，资产阶级就推崇那只"看不见的手"。可那究竟是一只什么样的手，频繁的资本主义经济危机，特别是2007年爆发的那场大危机的事实，也许给出了很好的答案。亚当·斯密经济理论的问题出在哪呢？就出在他设定的两个根本不存在的前提上。一是市场经济的参与者，都有一种内在的诚信。这种内在的诚信，可以使市场通过竞争，自然达到平衡或和谐；二是市场经济活动，不受国家政治的影响。实践告诉我们，在资本主义社会，这两个前提都是不存在的。

诚然，诚信或信用，是市场经济的灵魂。市场经济在一定程度上可以说是信用经济。而诚信，是中国文明传统中的一个重要理念，是中国人在相互交往中的崇尚。中国文明中早有关于人性的争论，就是人一生下来是性本善或性本恶的争论。其结论似乎是人刚生下来无所谓性善或性恶，人性是后天的，其决定的因素是教育。即所谓苟不教，性乃迁。就是说，参与市场经济活动的人，有性善者，也有性恶者；有讲诚信者，也有不讲诚信者。加之在阶级社会中政治因素的影响，就导致资产阶级自由市场经济理论必然造成今天的转变和收入不平等的恶果。摆在我们面前的事实是，在资本主义市场所体现的劳资关系中，市场参与者资本家暴露的本性，恰恰不是内在的诚信，而是内在的投机、欺骗、唯利是图和无限的贪欲。这种唯利是图的贪欲，必然造成市场上恶性竞争和残酷搏杀。这种恶性竞争和残酷搏杀，又必然造成两种后果：一是破坏市场的平衡和和谐，引发经济危机；二是使贫富差距越来越大，社会财富不平等现象越来越严重。

近来，法国著名经济学家、巴黎经济学院教授、法国社会科学院研究主任托马斯·皮凯蒂的新书《21世纪资本论》，似乎引起了世界轰动和热议。而这本书的内容，就是从收入和资本入手，论述在缺乏对资本监管下的资本主义自由市场经济所造成的资本所有权的不平等，劳动收入的不平等，以及整个社会财富的不平等。并用大量翔实的统计资料，从历史的角度，研究分析这种不平等产生和发展演变过程。毋庸置疑，资产者利用资本主义的自由市场经，不择手段地贪婪攫取私人财富，是造成上述资本主义的那些不平等的根源，而这些不平等也最本质地反映了资本主义自由市场经济的弊端。

事实是简单和明确的：如果参与市场的人都有着内在的诚信，都只是为了市场的发展和繁荣，没有唯利是图的投机，那何来借贷杠杆的滥用，金融衍生产品的失控和管理的失败以及必然导致的欠债、次贷的泛滥和高得离谱的银行高管的薪酬呢？而这些恰恰是资本主义市场经济中，最为本质且已经把资本主义发展带到悬崖边的东西。站在悬崖边的那些曾经与强大的既得利益集团站在一起，反对政府监管，主张资本家自己管理自己的人，似乎受到了极大的讽刺和嘲笑，也不得不改弦更张了。他们看到了，在充满为私利而激烈竞争的市场中，唯利是图的投机、掠夺会发展、泛滥到何等危险的地步，单靠那只无形的"看不见的手"者们的"自我管理"，所带来的是什么样的严重后果。

现在，几乎世界所有国家和政府，似乎都已经意识到，在为私利竞争的市场经济中，那种认为靠自我管理、自我约束就能解决一切问题思想是天真、幼稚和危险的。因为竞争者真正关心的并不是市场的健康发展，而只是战胜竞争对手，获得更大、更多的个人财富。为了战胜竞争对手，他们不择手段，投机、欺骗、赌博等，无所不用其极。只要不被发现，他们会用尽所有手段。在他们的心目中，占支配地位的是无尽地贪欲，而不是自我约束。美国在 2008 年金融大危机中暴露的金融公司的各种丑闻，都证明了这一点。

我们看到，在经济金融化、金融资本全球化、金融市场自由化的当今，资本资本主义信用制度，却使少数人越来越具有纯粹冒险家的性质。因为财产在这里是以股票、证券的形式存在的，所以它的运动和转移就纯粹变成了交易所赌博的结果。马克思早就说过，在这种赌博中，小鱼为鲨鱼所吞掉，羊为交易所的狼所吞掉。投机、赌博取代劳动，这是当今发达资本主义国家存在的致命弊病，是资产阶级阶级性的突出表现，也是人类进步面临的最大威胁，是万恶的渊薮。在阐述资产阶级金融掠夺方式时，马克思一针见血地指出：赌博已经取代劳动，表现为夺取资本财产的本来的方法，并且也取代了直接的暴力。可马克思这些揭示金融掠夺本质的很重要的话，似乎被人们忘记了。

了解资本主义发展史的人都知道，投机，是资本主义制度、资本主义价值观的产物，它渗透于资本主义发展的各个时期和各个领域。资本主义每次经济危机，似乎都与这种投机有紧密联系。这里我们不妨回忆一下早在 150 多年前，马克思在《欧洲的经济危机》一文中写的那段话：“欧洲的投机狂在目前时期的一个显著特点，是它的普遍性。过去也有过投机狂，粮食的、铁路的、采矿的、银行的、棉纺业的，总之，有过各种各样的投机狂。但是，在 1817 年、1825 年、1836 年、1846—1847 年严重的商业危机时期，投机狂虽然波及了工业和商业的一切部门，而占主导地位的，只是某一种投机狂，它赋予每一个时期特殊的色调和性质。当时投机之风遍及一切经济部门，但是每一个投机者只限于在自己的专门部门活动。相反的，目前的投机狂的代表者的指导原则，不是在一个固定的方面进行投机活动，而是普遍地进行投机活动，并且将把它集中起来的骗术推行到一切经济部门。此外，目前的投机狂在产生和发展方面，也还有一个不同的地方，这就是它不是开始于英国，而是开始于法国。目前这一类法国投机者和上述时期内进行活动的英国投机者的关系，就像 18 世纪法国的自然神论者和 17 世纪英国的自然神论者的关系一样。一个提供材料，另一个制定概括的形式，使自然神论得以在 18 世纪传遍整个文明世界。"①

在金融市场自由化的环境下，金融家们教给穷人的信条，就是大胆借钱。因为借钱不仅能满足消费，还能生钱。许多工薪者禁不住这种诱惑，大量比较贫困、本来买不起房子的家庭，通过贷款拥有了自己的房子。还有许多人，甚至穷人，也利用抵押贷款的方式，进行住房投机，梦想巨额财富从天而降。在这过程中，大投资者得到了高回报，费用和佣金撑胀了金融投机者和赌博者的腰包，金融经济学家和决策官员证明了自己，都认为自己的梦想实现了，资本主义的矛盾解决了。而实际上呢？所有的风险都压在了贷款买房者的身上。

马克思早就说过，资本主义金融危机总是与信用危机紧密联系的。"在再生产过程的全部联系都是以信用为基础的生产制度中，只要信用突然停止，只有现金支付才有效，危机显然就会发生，对支付手段的激烈追求必然会出现。所以乍看起来，好像整个危机只表现为信用危机和货币危机。而且，事实上问题只是在于汇票能否兑换为货币。但是这种汇票多数是代表现实买卖的，而这种现实买卖的扩大远远超过社会需要的限度这一事实，归根到底是整个危机的基础。不过，除此以外，这种汇票中也有惊人巨大的数额，代表那种现在已经败露和垮台的纯粹投机营业；其

---

① 《马克思恩格斯全集》第 12 卷，人民出版社 1962 年版，第 54 页。

次，代表利用别人的资本进行的已告失败的投机；最后，还代表已经跌价或根本卖不出去的商品资本，或者永远不会实现的资本回流。这种强行扩大再生产过程的全部人为体系，当然不会因为有一家像英格兰银行这样的银行，用它的纸券，给一切投机者以他们所缺少的资本，并把全部已经跌价的商品按原来的名义价值购买进来，就可以医治好。并且，在这里，一切都以颠倒的形式表现出来，因为在这个纸券的世界里，在任何地方显现出来的都不是现实价格和它的现实要素。而只是金银条块、硬币、银行券、汇票、有价证券。在全国金融中心，例如伦敦，这种颠倒表现得尤为明显。"①

我们从 2008 年资本主义金融大危机中，看到了马克思所描述的那种情景。美国总统奥巴马为了摆脱此次严重危机，而进行的变革的重要措施之一，就是建立严格的金融监管体制，加强对金融的监管。其实，奥巴马一入主白宫，就立即提出对金融监管的方案设想。其基本思路是：提高对所有金融机构的资本和流动性要求，对影响最大的金融公司提出更加严格的要求，要求所有这类大公司都要接受美联储的统一管理；针对现有监管机制没有为消费者和投资者提供足够保护的情况，政府计划将提供一个更强有力的全面保护消费者和投资者的框架；针对过去联邦政府没有遏制并管理金融工具和金融产品创新的状况，政府计划建立一个机制，专门对这些可能威胁金融系统稳定和整个经济稳定的金融活动进行监管等。

奥巴马的这些监管措施，是与华尔街的那些贪婪的投机者和冒险家格格不入的。那些人由其本性所决定，他们最希望的就是抛弃一切监管，使自己能自由自在地进行投机和财富掠夺。因此其方案设想一出，就引起了激烈争论。那些新自由主义者反对任

① 马克思：《资本论》第 3 卷，《马克思恩格斯全集》第 46 卷，人民出版社 2003 年版，第 555 页。

何金融监管，他们为自己辩护的理由，就是对于那些不讲诚信和贪婪无度的金融家只需要打翻在地，政府不需监管。但事实一再证明，如果没有政府的严格监管，那些不讲诚信和贪婪无度的大银行家和金融投机者，是不会被发现和被打翻在地的。在没有监管的自由市场上，他们纵横捭阖，游刃有余。所以，奥巴马的改革效果究竟如何，其前景实难预测。

不过，话又说回来，如果根本制度不解决，光靠市场监管解决不了根本问题。诚然，新自由主义在全球的推行近半个世纪以来，的确加剧了世界和各国的不平等与贫富差距现象。而财富和收入分配的不平等，不单是缺乏监管自由市场造成的，而主要是由生产资料的私有制度造成的，是由过度投机和缺乏诚信造成的。解决这一问题的根本出路，是改变这种私有制度和由这种制度造成的投机。依据当前的世界情况，如果能在如下方面采取果断措施，或许能够缓解收入不平等的恶性发展。诸如发展和壮大国有经济、集体经济和合作经济，重点从企业产权、微观层面和初次分配解决不平等和贫富对立问题；诸如加强税收和国民收入再分配的调控，不断降低低收入阶层的税收和提高高收入阶层的税收，不断提高城乡居民在社保、教育、住房等方面的公共福利和政府保障水平等。可这些在资本主义社会是很难做到的。

与资本主义不同，中国在发展社会主义市场经济中，正是因为考虑到资本主义自由市场经济的上述的各种弊病，所以始终把诚信放在重要地位。坚决反对市场投机、欺诈等违背社会主义原则的活动，为此，加强国家宏观调控和政府监管，使社会主义市场经济成为文明的现代市场经济。社会主义国家或政府对市场经济活动的调控和管理，对于拟制或避免恶性竞争，拟制或避免市场投机、欺诈，保证市场的健康发展，起到了非常重要的作用。诸如：政府要通过各种法律的、行政的手段，来规范各类市场主体的行为，反对和制裁各种不正当竞争行为，防止和抑制垄断，维护公平竞争的市场秩序；通过法律的、行政的手段，保护消费者和劳动者的合法权益，以使在市场竞争中容易受到伤害的劳动力和广大消费者；政府对于规模经济效益显著的自然垄断行业，在价格、市场进入等方面实施适度的行业管制等。政府通过承担这些方面的职能，维护和创造市场机制正常发挥作用所需要的基本条件。

与此同时，根据市场运行状况和稳定经济的需要，政府还可以运用各种宏观政策，对市场进行调节。诸如：通过财政政策和货币政策，对投资支出和消费支出的总量及结构进行调节；通过税收和财政支出等调节手段，对企业和个人的收入水平及结构进行调节；通过信贷规模和利率变动，对资金供应水平和结构，对社会总需求的规模和结构进行调节；通过制定国民经济长期发展规划和产业政策，对社会总供给的规模和结构进行调节，引导生产力的合理布局，促进产业结构的优化和国民经济整体素质的提高；通过运用各种手段进行宏观调控，实现币值和物价总水平的基本稳定，保持经济总量的大致平衡，促进充分就业，从而创造较为稳定的宏观经济环境，为市场机制提高效率提供宏观条件等。上述所有这些，都是社会主义市场经济的优越性所在，优势所在，效率所在。

最后，值得特别指出的是，中国市场经济参与者的诚信，也就是社会主义市场经济的诚信，不仅包含有没有投机、欺诈，一切都按规矩办事的市场诚信；还包含更重要的帮助弱者、贡献社会的道德诚信，或信念诚信。这种诚信是更高的诚信，是克服市场经济弊病，实现真正平等，即以道德和信念为基础的以强济弱、以富济贫的平等。这种平等虽然实际上也是以不平等为前提的，它却是人类文明本质体现，是人类文明发展的必然归宿。

政府调控和法治的力量

政府调控，体现的是政府与市场的关系问题。要做到既充分发挥市场经济的作用，提高经济效益；又避免社会不公平、不平等恶性发展；除了上述两方面之外，政府监管和调控，也是重要方面。实际上，政府监管和调控，是制度约束的具体化。政府调控和监管的主要手段是法治。为了革除资本主义自由市场经济的上述弊端，政府通过强有力的宏观调控和监管有关法律，使市场经济按照有利于促进收入和财富公平，有利于实现邓小平同志所说的共同富裕的方向发展。

中国领导人都强调，社会主义市场经济健康发展关键，是处理好市场与政府的关系。如习近平所说的："提出建立社会主义市场经济体制的改革目标，这是我们党在建设中国特色社会主义进程中的一个重大理论和实践创新，解决了世界上其他社会主义国家长期没有解决的一个重大问题。20多年来，我们围绕建立社会主义市场经济体制这个目标，推进经济体制以及其他各方面体制改革，使我国成功实现了从高度集中的计划经济体制到充满活力的社会主义市场经济体制、从封闭半封闭到全方位开放的伟大历史转折，实现了人民生活从温饱到小康的历史性跨越，实现了经济总量跃居世界第二的历史性飞跃，极大调动了亿万人民的积极性，极大促进了社会生产力发展，极大增强了党和国家生机活力。"①

中国领导人还强调，坚持社会主义市场经济改革方向，核心问题是在使市场在资源配置中起决定性作用的同时，发挥好政府监管和调控作用。比如，习近平说："发展社会主义市场经济，既要发挥市场作用，也要发挥政府作用，但市场作用和政府作用的职能是不同的。全会决定对更好地发挥政府作用提出了明确要求，强调科学的宏观调控，有效的政府治理，是发挥社会主义市场经济体制优势的内在要求。全会决定对健全宏观调控体系、全面正确履行政府职能、优化政府组织结构进行了部署，强调政府的职

---

① 《习近平治国理政》，外交出版社2014年版，第94页。

责和作用主要是保持宏观经济稳定，加强和优化公共服务，保障公平竞争，加强市场监管，维护市场秩序，推动可持续发展，促进共同富裕，弥补市场失灵。"①

中国政府加强对市场经济严格监管和调控的目的，主要是使市场经济向着社会公平、平等的方向发挥作用。也就是说，中国的社会主义市场经济，是有政府监管和宏观调控的市场经济，政府监管和宏观调控的主要目的和任务，是保持经济总量的基本平衡，促进经济结构的优化，引导国民经济向着社会公平、平等的方向持续、快速、健康发展，推动社会全面进步。由于实现共同富裕，而且是通过劳动者的辛勤劳动而实现的共同富裕，是社会主义的本质和总目标，自然也是社会主义市场经济的本质和总目标，更是政府调控和监管的本质和总目标。我们都不会忘记邓小平同志的名言："贫穷不是社会主义，社会主义要消灭贫穷。"②邓小平说："社会主义的本质，是解放生产力，发展生产力，消灭剥削，消除两极分化，最终达到共同富裕。"③ 社会主义这种本质，当然也体现在社会主义商品经济中。也就是说，解放生产力，发展生产力，消灭剥削，消灭两极分化，最终达到共同富裕，这也是中国社会主义商品经济的本质、目的和任务。

看看马克思主义的经典著作，我们就会领悟到，中国领导人对社会主义本质的这种概括，与马克思关于共产主义的概括是一脉相承的。马克思在《共产党宣言》中，就明确指出，共产主义社会，就是在生产力高度发展的基础上，社会物质财富和精神财富都极大丰富的广大劳动者共同富裕的劳动联合体。在这个联合体内，每个人的自由发展，都是一切人自由发展的条件。因为在马克思看来，消除收入和财富的不平等，实现共同富裕的基础，

① 《习近平治国理政》，外交出版社 2014 年版，第 77 页。
② 《邓小平文选》第 3 卷，人民出版社 1993 年版，第 116 页。
③ 同上书，第 373 页。

是实现资本的社会共有，所以我们不妨对此多说几句。

马克思强调，实现共同富裕的基础和条件，是实行资本共有制。他指出："资本是集体的产物，它只有通过社会许多成员的共同活动，而且归根到底只有通过社会全体成员的共同活动，才能运动起来。因此，资本不是一种个人力量，而是一种社会力量。因此，把资本变为公共的、属于社会全体成员的财产，这并不是把个人财产变为社会财产。这里所改变的只是财产的社会性质。它将失掉它的阶级性质。"① 马克思强调："我们决不打算消灭这种供直接生命再生产用的劳动产品的个人占有，这种占有并不会留下任何剩余的东西使人们有可能支配别人的劳动。我们要消灭的只是这种占有的可怜的性质，在这种占有下，工人仅仅为增殖资本而活着，只有在统治阶级的利益需要他活着的时候才能活着。"②

马克思说："在资产阶级社会里，活的劳动只是增殖已经积累起来的劳动的一种手段。在共产主义社会里，已经积累起来的劳动只是扩大、丰富和提高工人的生活的一种手段。因此，在资产阶级社会里是过去支配现在，在共产主义社会里是现在支配过去。"③ 马克思在《共产党宣言》中反复强调："共产主义并不剥夺任何人占有社会产品的权力，它只是剥夺利用这种占有去奴役他人劳动的权力。"

在生产力还没有高度发展，社会物质财富和精神财富还没有极大丰富，还存在着多种所有制形式，还必须实行市场经济的社会主义初级阶段，为防止两极分化，实现在收入和财富平等基础上的共同富裕，当然就需要政府在市场经济中的有力调节作用。特别是在收入分配中的调节作用。收入分配制度，是社会主义市

---

① 《马克思恩格斯选集》第 1 卷，人民出版社 1995 年版，第 287 页。
② 同上。
③ 同上。

场经济体制的重要方面。在这方面，中国把注重社会公平，深化收入分配制度改革，使全体人民共享改革发展成果，提高收入分配的公平化程度，逐步扭转收入分配差距扩大趋势，作为完善社会主义市场经济体制的收入分配制度的基本要求。无论在初次分配和再分配中，都要把防止贫富两极分化，实现收入和财富占有平等，作为基本目标。

比如，政府运用各种手段反对市场活动中的特权和垄断，保障公平竞争原则得以遵循，消除由市场机会的不平等所造成的收入分配的不平等；政府通过收入分配制度的改革，逐步提高居民收入在国民收入分配中的比重，提高劳动报酬在初次分配中的比重，着力提高低收入者收入，逐步提高扶贫标准和最低工资标准，建立企业职工工资正常增长机制和支付保障机制，创造条件让更多群众拥有财产性收入。并用各种调控手段，促进所拥有财产的平等。在对收入加强调控中，特别要保护合法收入，调节过高收入，取缔非法收入。

比如，政府运用各种政策手段，对于正常的市场关系范围内出现的收入分配不平等加以控制和调节。在税收方面，对于劳动收入和非劳动收入实行差别税赋，劳动收入低税，资本收入高税；为限制收入差距过大，对个人所得税实行累进税率；对财产存量也可以征收财产税、遗产税、继承税等；逐步完善个人收入应税申报制度，依法强化征管个人所得税，适时开征遗产税和赠与税。更重要的是，要通过分配政策和税收调节，避免由少数人收入过高形成两极分化。

比如，政府运用经济手段、法律手段和必要的行政手段管理国民经济，通过完善宏观调控体系和深化财税、金融等体制改革，建立和健全有利于促进科学发展和社会和谐、推动科技进步、节约能源资源、保护生态环境。通过完善社会主义市场经济体制的收入分配制度，使全体人民共享改革发展成果。通过提高收入分配的公平化程度，逐步扭转收入分配差距扩大趋势。通过收入分配制度的改革，要逐步提高居民收入在国民收入分配中的比重，提高劳动报酬在初次分配中的比重，着力提高低收入者的收入，逐步提高扶贫标准和最低工资标准，建立企业职工工资正常增长机制和支付保障机制，创造条件让更多群众拥有财产性收入等。

　　总之，中国社会主义市场经济坚持"两手抓"：既用市场合理配置资源这只"看不见的手"，也用政府宏观调控实现社会公平这只"看得见的手"，使其显示出相对于自由市场经济的巨大优越性。30多年来，正是在将社会主义市场经济体制同社会主义基本制度结合，不断处理好这两个相对的复杂关系的过程中，市场经济在社会主义中国走出了一条独具特色的道路。30多年探索孕育的独特经验和驾驭能力，让我们在面对世界罕见的繁重艰巨的改革发展任务、面对纷繁复杂的矛盾问题、面对可以预料和难以预料的风险挑战时，有了前所未有的从容、镇定和自信。

第 六 章

中国基本国策和世界的共享

这里说的中国基本国策，是指中国对外开放的基本国策。在中共十一届三中全会上，邓小平正式提出了对外开放政策。中共十二届二中全会上，又把这一政策确定为中国的基本国策。人们都知道，中国的对外开放，是决定中国命运的一项伟大的创举。这项创举的伟大意义，它的实行给中国带来的巨大变化，它对世界的影响、作用和贡献之巨大，对世界人们惠及之丰厚，人们都已经有了越来越深刻的了解和认识。改革开放 30 多年来，中国一直坚持与世界各国真诚合作，坚持共赢共荣理念，获得了令人惊异的伟大奇迹。关于中国发展对世界的贡献，也许共享着中国的发展成就的世界许多人，还没有来得及深思，没有来得及感受。改革开放以来，有多少外国人来到中国，又有多少中国人走出国门，他们或做生意，或进行投资，或进行劳动，都本着互利合作，共赢共享的精神，勤奋劳动、相互帮助、共同受益，共享着中国的发展和中国的成就。这些，他们也许都会慢慢地、越来越深地感受到。

一　中国基本国策和对世界的震撼

中国有 13 亿人口，有 960 万平方公里国土。中国的对外开放，作为 20 世纪世界上的一项伟大创举，打破了资本主义在全球化中一统天下的局面，其对世界的震撼之大，是可想而知的。中国的对外开放，中国对世界的融入，给全球化发展注入了新的正能量——社会主义能量。这种能量正在促进全球化性质的改变。中国基本国策给中国带来的巨大变化和成就，对世界发展的巨大影响和贡献，对世界影响和震撼，都是人们未能预想到的。应当说，中国的改革开放政策，也是马克思主义理论与中国具体国情结合的产物。在马克思看来，共产主义是全人类的事业，它只有在全球化的基础上才能实现。中国的改革开放，正是在自身积极融入世界中，促进国际合作，推动全球化发展的创举性政策。这一政策的实行，自然在促进中国大发展的同时，也促进了整个世界的大发展，其对人类发展进步的贡献不仅是巨大的，而且实实在在的。

沉痛教训和伟大创举

在 1978 年之前，封闭，是中国经济的主要特征。社会主义经济建设，应当主要立足于依靠自己力量的基础上，这是毫无疑问的。但在"文化大革命"期间，因受"四人帮"极左思潮的影响，片面理解了艰苦奋斗和自力更生方针，尤其片面理解了社会主义与资本主义的关系，片面理解了引进和利用资本主义的资本和先进技术，甚至认为引进西方技术是"洋奴哲学"，是"洋奴买办"，提出"宁要社会主义的草，不要资本主义的苗"的荒诞思想，盲目排外。在经济调整期间，从日本和西欧引进的项目，也因驱逐外国专家和技术人员，工程停顿或无法正常投产。

诚然，毛泽东不仅领导中国人民推翻了几千年落后的封建制度，走上了工业化的道路；而且在中国社会主义制度建立后，尽管遭到资本主义国家的四面包围和风雨不透的封锁，还是用其高超的智慧，利用一切可能和机会，开展与资本主义国家的贸易交往，通过无私援助，与亚非拉许多发展中国家建立了联系。并在这种交往和联系中，号召全国人民努力学习国外的一切先进的东西，尽快摆脱贫困，变成世界强国。他说，资本主义各国和苏联，都是采用先进技术才赶上世界先进国家的，我们也要这样做。我们国家落后，没有工业，也没有本钱，但我们有谦虚的态度，愿意向别人学习，世界上一切先进的东西，我们都要学。

在"文化大革命"期间，世界经济的发展有两大趋势更加明显：一是随着新的科学技术革命，科学技术在经济发展中的作用日益增强；二是随着各国生产力的发展，经济生活国际化的趋势也日益加强。任何国家，都只有在同外部的经济交往和联系中，才能求得迅速的发展。尤其是经济技术都比较落后的国家更应当如此。日本经济在这一时期正是在加强对外经济联系，大力引进西方先进科学技术的基础上，获得高速发展的。中国却与这种世界潮流背道而驰。在周恩来等一些中央领导同志的努力下，虽然也从西方国家引进了一些先进技术设备，1973 年至 1977 年约有39.6 亿美元。但从总体上看，所执行的是封闭型战略。

由于对社会主义的本质缺乏应有的认识，限制商品生产和商品交换，按照"自力更生""自给自足"的模式，力图把人民公社、工厂企业都搞成一个个大而全、小而全的封闭性的体系，用直接计划和分配的方式，组织整个国民经济的运行。这种带有封建性的自然经济，严重破坏了现代化经济之间的联系；破坏了现代化的分工与协作。各地方、各企业都自我封闭，自成体系，块块分割，严重阻碍了生产社会化和整个国民经济现代化的发展。

这种封闭型经济的教训，是多方面的、极其深刻的。其中最为核心的是，现代化大生产是建立在现代科学技术高度发展基础上的，社会主义不能封闭起来搞建设。而在这种封闭战略下的整个国家或各个封闭体，都既无发展现代科技的内部刺激和动力，也无发展现代科学技术的外部环境。对于整个国家来说，因为它无视世界现代科学技术的迅速发展的事实，无视其对经济发展的强大作用，自己生产的产品的质量、成本和整个的经济效益，都缺乏国际比较。加之用阶级性来看待资本主义国家的先进科学技术，从而就不愿同资本主义国家进行任何经济联系，切断了现代先进科学技术的来源。对于国内各个封闭体来说，由于画地为牢，万事不求人，所以对先进地区的先进技术，既无急需的动力，又无急需的压力。这样经济上的自给自足，就变成了意识上的自我满足。如此种种，都严重阻碍着中国经济的发展。

　　封闭战略整整害了中国30年，使中国失去了多次良机，陷入了在落后中自我沉醉的状态。这种长期与外部世界隔绝的状态，使中国不可能利用国际上的各种有利条件，不可能尽快利用世界上的先进技术，因而无论在科学技术、经济实力和现代化意识方面，都拉大了同国外的差距。其实，毛泽东1956年就说过："你有那么多人，你有那么一块大地方，资源那么丰富，又听说搞了社会主义，据说是有优越性的，结果你搞了五六十年还不能超过美国，你像个什么样子呢？那就要从地球上开除你的球籍！"① 毛泽东的这一番话，越来越值得每个中国人深思了。

　　在深刻的教训中，在"球籍临危"的时候，中国觉醒了。在中国共产党的十一届三中全会上，正式提出了对外开放的政策，找到了强国之路。中国彻底抛弃了自给自足的自然经济观点，决心对外开放，决心利用两种资源、开拓两个市场、学会两套本领。从此之后，中国领导人，都把社会主义事业视为全人类的事业，把融入世界视为社会主义建设的重要条件。都大力倡导社会主义国家实行对外开放政策，积极融入国际社会。在融入国际社会中，既使自己得到迅速发展，又促进世界历史的发展进程。把利用外国资本，引进先进科学技术，作为加速中国的科学技术和生产力的发展，增强中国的经济实力的重要政策，并通过国际竞争，以促进整个国民经济的质量和效益。在现代国际生存竞争的条件下，

---

　　① 《毛泽东选集》第5卷，第269页。

把对外开放作为长期战略和基本国策，这的确是振兴中华的唯一正确的光明大道。

如果说毛泽东领导中国人民彻底打碎了封建制度，建立了社会主义制度，从而为中国由民族历史进入世界历史奠定了基础的话，那么邓小平提出的改革开放理论和政策，则为中国由民族历史进入世界历史开启了一个崭新的阶段。十一届三中全会之后，人们在认识上，似乎又回到了苏维埃建立初期时列宁的思想。比如，列宁关于要获得胜利，就必须懂得资产阶级旧世界的全部悠久的历史，要建设共产主义，就必须掌握技术，掌握科学，并为更广大的群众运用它们，而这种技术和科学也只有从资产阶级那里才能获得的思想；比如，列宁关于我们应当善于根据资本主义世界的特点，利用资本家对原料的贪欲，使自己得到好处，通过资本家——不管这是多么奇怪——来巩固我们的经济地位的思想；比如，列宁关于社会主义共和国不同世界发生联系是不能生存下去的，在目前的情况下应当把自己的生存同资本主义的关系联系起来的思想，社会主义实现得如何，取决于我们苏维埃政权和苏维埃管理机构同资本主义最新的进步的东西结合的好坏的思想；比如，列宁关于乐于外国的好东西：苏维埃政权＋普鲁士的铁路管理制度＋美国的技术和托拉斯组织＋美国的教育＝总和＝社会主义思想；比如，列宁关于如果我们由于偏见而不能改善工农的生活状况，那我们就会给自己造成更大的困难，从而使苏维埃政权的信誉扫地。只要能改善工农的生活状况，我们不惜让外国资本家拿去 2000％ 的利润，——而改善工农生活状况这一点是无论如何应当实现的思想；比如，列宁关于归根到底，只有新的更高的社会生产方式，只有用社会主义大生产代替资本主义生产和小资产阶级生产，才是战胜资产阶级所必需的力量的最大源泉，才是这种胜利牢不可破的唯一保证的思想；等等。这些幽默风趣、似乎不合逻辑的话，这个看来很古怪的公式，却包含着伟大的真理。

中国人在回顾苏联以租让制的方式，利用资本主义的资金和技术很快使国内经济得到恢复和发展、使苏维埃政权得到巩固的事实；苏联积极大胆地利用资本主义国家的资本和技术援助，使自己很快实现了工业化的事实；苏联巧妙利用资本主义世界1929年至1933年大危机的天赐良机，大量引进了资本主义的资金、技术和设备，聘用了大量资本主义国家的技术专家，使自己很快变得强大了起来，为在第二次世界大战中战胜德国法西斯，提供了强大的物质和技术基础这些大量事实的时候；中国人对对外开放的国策坚定不移，充满着胜利的信心。正是这一基本国策，给中国经济带来了生机和繁荣。不过，中共十一届三中全会之后，中国对这项基本国策的极端必要性和重大意义的辩论、思考和认识，比当时的苏联要深刻得多、广泛得多。

比如，在辩论、思考中认识到，实行对外开放，积极融入世界，走进世界历史，这是社会主义发展和建设的需要，它符合马克思主义。在马克思的世界历史理论中，就全面阐述了共产主义也只有在世界历史意义上才能实现道理。马克思曾经说过，无产阶级和它的共产主义事业一样，都只有作为世界历史性的革命，才有可能实现。没有任何民族性，只有在世界历史意义上才能存在、才能实现自己的事业，这就是无产阶级能肩负这样历史使命的基本条件。无产阶级要创造自己的世界历史，离不开资产阶级所开创的世界历史的基础上。无产阶级只有充分利用这个基础，充分利用资产阶级所创造的巨大的科学技术和生产力，才能达到自己的目的。马克思认为，随着传统的、被迫性分工的消失，各民族生活条件日益趋于一致，各民族之间的隔绝和对立也随之消失。共产主义在世界历史中实现着自己，世界历史在共产主义中也实现着自己。不过，处在共产主义中的个人，已经不是民族历史的个人，而是世界历史的个人。大家都在那自由人的联合体中为增加生产力的总量而自由劳动、自由交往、和平生活。人与自然、人与社会、人与自身都达到了历史性的和解，真正实现了世界的和谐发展。

比如，在辩论、思考中认识到，中国不能关起门搞建设。现在的世界是开放的世界，任何国家要建设、要发展，都不能闭关自守。中国人已经醒悟到，中国在西方国家产业革命以后变得落后了，一个重要原因就是闭关自守。新中国成立以后，帝国主义国家封锁中国，而在某种程度上中国也还是闭关自守，这给中国带来了严重困难。三十几年的经验教训告诉中国人，工业落后、技术落后、生产力落后、资金不足的中国，关起门来搞建设是不行的，是发展不起来的。中国的发展离不开世界，不能把中国搞成一个封闭性的国家。在经济全球化日益发展，国际分工的不断深化，世界经济联系愈益紧密，世界开放性愈益增强的环境中，对外开放就成为中国社会主义建设的必然要求。

比如，在辩论、思考中认识到，开放世界的一个重要特点，是国际分工和国际竞争，成为利益分配的主要杠杆。过去社会主义国家经济发展动力不足的根本原因在于缺乏竞争，在于封闭式循环的经济体系基本上把社会主义国家国内经济活动与世界市场的激烈竞争割裂开来。当今，社会主义的中国，要生存、要发展，就要勇敢参与世界国际分工和国际竞争，尤其是高科技领域的国际竞争。竞争带来活力，竞争创造机遇，竞争增强实力。当然，现在的世界的经济、世界市场，很大程度上仍被国际垄断资本控制着，要在激烈的国际竞争中奋斗出来很不容易。但是，因为对外开放是社会主义国家解放生产力、发展生产力的重要途径，参与国际分工和竞争是合理配置资源，所以对外开放有利于社会主义发挥比较优势，获得比较利益，提高国民经济整体素质。不容易也要迎难而上，如邓小平所说过的，我们的根本问题就是要坚持社会主义的信念和原则，发展生产力，改善人民生活，为此就必须开放。否则，就不能很好地坚持社会主义。

比如，在辩论、思考中认识到，中国的发展，既要靠自己，也需要世界的帮助。经验证明，关起门来搞建设是不能成功的，中国的发展离不开世界，需要世界的先进技术。当然，像中国这样大的国家搞建设，不靠自己也不行，主要靠自己，这叫做自力更生。但是，在坚持自力更生的基础上，还需要对外开放，吸收外国的资金和技术来帮助我们发展。所以，中国的对外开放，主要是对西方发达国家的开放，因为中国需要的外资、先进技术等，主要从发达国家来。当然，这种帮助不是单方面的。中国取得了国际的特别是发达国家的资金和技术，中国对国际的经济也会做出较多的贡献。几年来中国对外贸易的发展，就是一个证明。所以我们说，帮助是相互的，贡献也是相互的。

比如，在辩论、思考中认识到，在改革开放中，必须坚持自主创新。中国搞对外开放政策，利用国际和平环境更多地吸收对中国有用的东西，这对加速我们的发展比较有利。但是中国是个基础非常落后的社会主义大国，搞建设不可能走"捷径"。中国要利用外国的资金和技术，也要大力发展对外贸易，但是必然要以自力更生为主。实践告诉中国人，从发达国家取得资金和先进技术不是容易的事情。因为有些发达国家，总是想用老殖民主义者的那一套，卡住中国的脖子，不愿意中国得到发展。这就迫使中国人一方面实行开放政策，另一方面必须坚持自力更生为主的方针。必须在自力更生的基础上争取外援，主要依靠自己的艰苦奋斗，自主创新。

比如，在辩论、思考中认识到，对外开放必从中国自己的具体条件出发，必须坚持国家主权和社会主义制度。因为每个国家的基础不同，历史不同，所处的环境不同，左邻右舍不同，还有其他许多不同。别人的经验可以参考，但是不能照搬。中国过去照搬别人的，吃了很大苦头。所以，中国只能搞中国的社会主义的对外开放。正如邓小平讲的，要搞四个现代化，要实行开放政策，就不能搞资产阶级自由化。自由化思潮一发展，我们的事业就会被冲乱。总之，一个目标，就是要有一个安定的政治环境。不安定，政治动乱，就不可能从事社会主义建设，一切都谈不上。邓小平特别强调，对外开放，必须坚持社会主义制度和社会主义道路，绝不学习和引进资本主义制度。

比如，在辩论、思考中认识到，实行对外开放政策要保持清醒的头脑，坚决抵制外来腐朽思想的侵蚀，狠抓精神文明建设。中国要坚定不移地实行对外实行开放政策，在平等互利的基础上积极扩大对外合作。但与此同时，要教育人们保持清醒的头脑，坚决抵制外来腐朽思想的侵蚀，决不允许资产阶级生活方式在我国泛滥。中国人民有自己的民族自尊心和自豪感，以热爱祖国，贡献全部力量建设社会主义祖国为最大光荣，以损害社会主义祖国利益、尊严和荣誉为最大耻辱。经济上实行对外开放的方针，是正确的，要长期坚持。对外文化交流也要长期发展。而对资本主义的腐蚀性影响，就不能不进行坚决的抵制和斗争。中国要向资本主义发达国家学习先进的科学、技术、经营管理方法以及其他一切对我们有益的知识和文化，闭关自守、故步自封是愚蠢的。但是，属于文化领域的东西，一定要用马克思主义对它们的思想内容和表现方法进行分析、鉴别和批判。

邓小平说："开放以后，一些腐朽的东西也跟着进来了，中国的一些地方也出现了丑恶的现象，如吸毒、嫖娼、经济犯罪等。要注意很好地抓，坚决取缔和打击，决不能任其发展。新中国成立以后，只花了三年时间，这些东西就一扫而光。吸鸦片烟、吃白面，世界上谁能消灭得了？国民党办不到，资本主义办不到。事实证明，共产党能够消灭丑恶的东西。在整个改革开放过程中都要反对腐败。对干部和共产党员来说，廉政建设要作为大事来抓。还是要靠法制，搞法制靠得住些。总之，只要我们的生产力发展，保持一定的经济增长速度，坚持两手抓，社会主义精神文明建设就可以搞上去。"① 物质文明和精神文明一起抓，这是我们应当切记的。

中国的融入和世界劳动关系的变化

社会主义在世界上的出现，打破了国际社会资本主义劳动关系一统天下的局面，渗入了社会主义劳动关系的新因素，从而引起了国际社会不同劳动关系的交叉、碰撞、混合或融合，引起了新的、混合劳动关系的产生。决定这种不同性质和特征的主要因素，是国家的性质及其体现这一性质的政策、法律、劳动要素结合的方式和具体管理。国际劳动关系，是最基础性的国际社会关系，它不仅直接体现着国际生产要素的结构和关系，诸如劳动力、资本、管理等要素在劳动中的地位、作用和结合的方式等；而且还集中体现着在生产要素中起决定作用的财产关系，可以说，国际劳动关系就是国际财产关系的另一种表现形式。

不过，世界上的事情，就是那么蹊跷。正当中国决定实行对外开放政策，刚要走入世界、融入世界，社会主义要在世界大展宏图的时候，苏联和东欧社会国家却发生了回归资本主义的剧变，使人感到不可思议。社会主义中国虽然顶着各种压力，但融入国际社会后，依然引起了国际劳动关系的变化。中国融入后的国际劳动关系，我们大致可以把它分成三种类型，即资本主义性质的国际劳动关系，社会主义性质的国际劳动关系，以及这两种劳动关系相混合的混合劳动关系。社会主义国家融入全球化之前，国际劳动基本上是由资本主义雇佣劳动关系所统治的。这种劳动关系的基本特征，是劳动和资本的对立。在这种关系下，生产资料归资本家所有，劳动者作为劳动力，只有出卖给资本家，才能与

---

① 《邓小平文选》第 3 卷，人民出版社 1993 年版，第 379 页。

生产资料相结合，开始劳动产生过程，并通过给资本家提供劳动，而取得报酬，维持生存。同样，资本家只有购买到劳动力，使这种劳动关系和劳动过程得以维持，才能不断获得到剩余价值。就是说，资本剥削劳动，是这种关系的本质；资本家攫取最大限度的利润，是这种劳动关系运行的根本目的和动力。

国际劳动关系不仅受到国际体系和国际秩序的影响，而且受到不同国家主权的制约。在国家还是国际社会主要行为体的情况下，国际劳动关系最终体现的是国家关系。国际劳动价值在不同国家的分配，是由各国在既定的国际劳动分工秩序下，其在国际劳动分工中的地位决定的。依据社会制度、发展水平和在这种秩序下所处地位的不同，目前世界上存在着四类国家，即资本主义发达国家、欠发达国家和发展中国家和社会主义国家。各类之中，又有相对先进和落后之分。国际劳动剩余价值，主要是被发达资本主义国家的国际垄断资本家所获得。其他国家则由于科学技术、生产力发展水平的不同，在国际劳动分工中所处的地位不同，这种剩余价值在各国分配中有着不同的量。

在纯粹资本主义国际劳动关系中，一般说来，获得比较多的，是那些掌握高技术特别是核心技术，资本实力雄厚，在国际劳动分工中属于知识、技术比较先进，资本实力雄厚的资本主义发达国家；次之是那些比较发达或欠发达的资本主义国家；再次之是属于资源密集性或劳动密集型的发展中国家或落后国家。也就是说，在不合理和不公正的国际劳动分工和秩序下，国际劳动价值分配的总的趋势是，发达国家吃肉，欠发达国家喝汤，贫穷和落后国家只能被宰割。当然，对于广大落后国家来说，这种被宰割也是为了自身发展所必须要付出的代价。

国际劳动关系作为一切国际关系的基础，不仅体现着资本对劳动的压迫和剥削，而且体现着发达国家对落后国家的掠夺和剥削，体现着世界经济、政治、军事、文化等一切领域中的矛盾和斗争。在这种劳动关系中，那些发达国家的大国际垄断资本家们，利用自己技术优势和运用资本主义国家的力量，通过各种掠夺性的不平等交换，通过对落后国家廉价的自然资源、劳动力资源等掠夺性的利用，从而获得到比在国内高得多的超额利润。当然，少数最发达的国际，不仅压迫、剥削着发展中国家和落后国家，而且剥削着欠发达国家，只是剥削的程度不同。

这种劳动关系使劳动和资本的对立和斗争，具有了国际性质和国际联合性，这是显而易见的。不过，在被压迫、被剥削的国际劳动者联合起来，对付资本家为掠夺、剥削整个世界的联合的对立和斗争中，劳动者的联合要比资本家的联合困难得多。不过，从发展趋势看，全世界劳动者联合起来，为实现英特纳雄耐尔进行最后斗争，这是不可逆转的。人们都不会忘记1886年5月1日那一天在美国发生的事件。那是工人阶级起来反抗、斗争的第一次国际联合。至今工人们都还在庆祝纪念这个节日，"五一国际劳动节"。

人们不会看不到，在当今的国际垄断资本主义时代，随着国际垄断资本全球性的发展，虽然国际劳动关系中劳资之间的对立和斗争也在发展，但从总的趋势看，仍然是有利于资本家，而不利于劳动者。比如那些巨型的国际垄断公司，其员工遍布全世界。一方面，这些分散在世界许多国家的劳动者相隔千山万水，加上不同主权国家的局限，他们不可能紧密团结一致地进行反对压迫和剥削的斗争，而且在国家力量的作用下，分散了他们反对资本家压迫和剥削的力量。另一方面，资本家为获得更高的利润，必然选择那些资源条件好而且廉价的国家和地区进行投资。除了廉价的自然资源外，更重要的是廉价的劳动力资源。这样投资进行劳动生产的必然结果是，在国际垄断资本通过使用廉价劳动力而获得高额垄断利润的同时，造成了子公司廉价劳动力与母公司高价劳动力的竞争和排挤，从而造成了工人阶级内部的矛盾，削弱了一致反对资本家的力量。正如马克思论述过的，资本家们在为利润而进行残酷竞争的同时，也加剧了无产者为工作即为生存的残酷竞争。这种竞争的加剧，显然有利于维护国际垄断资本的剥削和统治。

生活在现代的人都会看到，社会主义国家融入世界后，把社会主义劳动关系带给了世界，产生了社会主义的国际劳动关系。社会主义国际劳动关系，是不同于资本主义国际劳动关系的新型国际劳动关系。按照马克思主义的理论，社会主义国际劳动关系与资本主义国际劳动关系最根本的不同，是它不以赚取最大利润为目的，而是以造福劳动者为目的。它讲究的是合作共赢，共同发展，共同分享。

值得注意的是，在全球化深入发展，各国的发展都你中有我，我中有你，相互依赖的大时代里，出现了一种新型的国际劳动关系，即既包含社会主义因素也包含资本主义因素的混合劳动关系。这种国际劳动关系的产生和迅速发展，意味着人类文明的发展进步，也意味着人类在文明发展中相互依赖的加深，意味着人类开始进入命运共同体时代。

比如，社会主义国家为了尽快发展生产力，不得不通过各种渠道和方式，大量引进和利用资本主义国家的资本、先进技术和先进管理，让采用资本主义劳动关系的资本主义垄断企业，到社会主义国家安家落户；而且处于发展生产力的同样目的，随着发展生产力的需要，社会主义国家采用社会主义劳动关系的企业，也到资本主义国家安家落户；这样在现实的国际劳动关系中，就存在上述两种性质劳动关系的混合或交叉。到社会主义国家投资生产的资本主义企业，必然要按照社会主义国家的政策和法律，实行一些社会主义劳动关系的因素；而到资本主义国家投资的社会主义企业，同样也必须按照资本主义国家的政策和法律，实行一些资本主义劳动关系的因素。这两种跨国企业实行的都不是原本性质的劳动关系，而是两种原本性质劳动关系混合的一种新型的劳动关系。

在这种混合劳动关系中，虽然剥削关系还存在，但劳动者的身份、地位和受剥削的程度，都有所改变。而且这种改变程度的大小，取决于投资者的身份。比如由资本家投资的企业中，因为其根本目的不是共同发展，而是贪婪利润。由于大量利用社会主义国家廉价的资源和劳动力，其获得的利润都是很高的。社会主义国家和劳动者的获得，虽然很少，但为了能就业，为了能生存，为了能发展生产力，为了能实现理想，虽然只是赚到了很少的加工费，社会主义国家和这些国家的劳动者，也能够忍受，而且也不得不忍受。而由社会主义国家的投资企业中，无论在何种地方，虽然也讲经济效益，也讲利润，但其目的不是单纯的利润，还有共同发展、合作共赢。这种劳动关系中，渗透着利益共享和按劳分配原则的因素。

中国的融入和人类文明发展新阶段

中国是人类文明产生和发展的先驱。这在第一章中我们已经论述过了。直到西方资产阶级革命前，中国文明，无论是物质文明或精神文明，在世界上的领先地位，都是不可动摇的。然而，由于西方狭隘的历史观，中国文明的地位和贡献被掩盖了。这里我们不妨引用英国牛津大学历史学者彼得·弗兰科潘在其所著《丝绸之路：新的世界史》中的一段话，来说明这一点。弗兰科潘说："在孩提时代，我所拥有的最珍贵的物品之一就是一幅很大的世界地图。它钉在我床前的墙上。每晚入睡之前，我都会凝视它。十几岁时，我对学校教学中不顾一切后果地窄化的地理学重点感到不安。这些课程仅仅集中教授西欧和美国，几乎没有涉及世界其余地区。我经常仰望我的地图，看到世界默默地被忽略的广袤地区。我的14岁生日时，父母送给我人类学家埃里克·沃尔夫所著的一本书，从而真正点燃了火种。沃尔夫写道，在这部公认的和懒惰的文明史上，'古希腊产生了古罗马，古罗马产生信奉基督教的欧洲，信奉基督教的欧洲产生了文艺复兴，文艺复兴则产生了启蒙运动，启蒙运动产生了政治民主制和工业革命。与民主制杂交的工业进一步孕育了美国，从而体现了生命、自由和追求幸福的权利'。我马上认识到，这恰恰是我曾经学到的故事：西方获得政治、文化以及伦理道德上的胜利的口头禅。但这种说法是有缺陷的。"这种缺陷就是把对方文明给舍弃了。

　　诚然，在西方资产阶级走上政治舞台的时候，中国是落后了，并因落后而被西方列强所蹂躏。就在那被蹂躏的大灾难中，中国的智者敢于开眼看世界，并从学习西方入手，开始了复兴的征途。当今，中国在复兴的征途上已经取得了骄人的成就，已经又回到自己在人类文明发展中领先地位，并对世界产生着重要影响和作用。现在是需要西方人敢于开眼看中国、开眼看世界的时候了。

　　在全面对外开放，全面融入世界中，中国人把中国的文明，中国的精神，中国的伦理道德，中国的理念，中国的原则，中国的价值观，也都带到了全世界。毋庸置疑，这必将引起世界的新发展和新变革，必将带来人类文明发展的新阶段或新起点。"同一个世界，同一个梦想"，"给中国一个机会，中国将给世界将增添一份异彩"的歌声，代表了中国人的心声。如西方学者说的，中国的理念，中国的原则，诸如和平发展理念、合作共赢理念、命运共同体理念、和平共处五项原则等，都日益被国际社会所认识、所接受。这些精神财富都对世界文明发展进步，起着不可忽视的促进作用，是人类文明发展进步的巨大正能量。人们都日益感觉到，在中国的影响和作用下，人类文明发展已经进入了一个新的阶段。

　　世界文明是丰富多彩的。各种文明，都有自己的精彩之处。所以各种文明的相互交流和借鉴，是推动人类文明进步和世界和平发展的重要动力。而推动文明交流互鉴，需要秉持正确的态度和原则。比如坚持文明多样性原则，坚持文明平等原则，坚持文明包容原则等。人类文明是多样、多彩的，这毋庸置疑。各种文明都有自己的优点，只有相互交流，才能促进世界的发展和进步。各种文明之间，应当是平等的，这是相互交流和相互借鉴的前提。各种文明应当是相互包容的，相互包容才有相互交流和借鉴。人类创造的各神文明都是劳动和智慧的结晶。每一种文明都是独特的，一切文明成果都值得尊重，一切文明成果都应当珍惜。历史告诉我们，任何一种文明，都只有在相互交流和相互借鉴中，才能充满活力和生命力。

习近平同志这样说："雨果说，世界上最宽阔的是海洋，比海洋更宽阔的是天空，比天空更宽阔的是人的胸怀。对待不同文明，我们需要比天空更宽阔的胸怀。文明如水，润物无声。我们应该推动不同文明相互尊重、和谐共处，让文明交流互鉴成为增进各国人民友谊的桥梁、推动人类社会进步的动力、维护世界和平的纽带。我们应该从不同文明中寻求智慧、汲取营养，为人们提供精神支撑和心灵慰藉，携手解决人类共同面临的各种挑战。"[①] 在融入世界后，中国还提出了许多对各种文明互鉴富有建设性的创新思想、新理念和新主张。这些新思想、新理念、新主张必将促进人类文明互鉴的新发展。

比如，提出了命运共同体思想。中国认为，在新的人类文明发展中，发展增长联动或联动发展，已经成为必然。一个国家强劲发展或整个的世界强劲发展，都来源于各国共同发展。所以各国要树立命运共同体的意识，真正认清"一荣俱荣、一损俱损"的连带效应，在竞争中合作，在合作中共赢。在追求本国利益时兼顾别国利益，在寻求自身发展时兼顾别国的发展。让每个国家

① 《习近平治国理政》，外交出版社 2014 年版，第 262 页。

的发展都能同其他国家的增长形成联动效应，相互带来正面的外溢效应。

比如，提出了利益融合思想。中国认为，合作共赢是人类文明发展的基础。合作共赢，就必须破除零和游戏，树立共赢、共享的信念。各国要充分发挥比较优势，共同优化全球经济资源配置，完善全球产业布局，建设合作共赢和利益共享的全球价值链，培育普惠各方的全球大市场，以实现互利共赢的发展。比如共同维护和发展开放型世界经济的思想，以及完善全球经济治理，以实现公平、公正的思想等。

中国融入世界的基本原则，就是和平共处五项原则。中国对外开放的基本追求，就是和平发展，合作共赢，既造福中国人民，也造福世界人们。如习近平同志说的："中国人民爱好和平。我们将高举和平、发展、合作、共赢的旗帜，始终不渝走和平发展道路，始终不渝奉行互利共赢的开放战略，致力于同世界各国发展友好合作，履行应尽的国际责任和义务，继续同各国人民一道推进人类和平与发展的崇高事业。"①

如有国外学者所说：中国提出要在"相互尊重、相互信任"的基础上建立"利益—命运—责任"共同体的新型伙伴关系，而这种新的模式已经从亚洲延伸到非洲和欧洲，这是个相当宏伟的愿景。实现这样雄心勃勃的设想，所面临的挑战无疑是巨大的。所有国家之间相互尊重，相互信任听起来确实像是"一千零一夜"，然而，我们必须相信，中国是有大梦想的。这话说得很符合实际。

中国在把中国精神带到世界的同时，也把源远流长、厚重深邃的中国道德带到了世界。如习近平同志说的："精神的力量是无穷的，道德的力量也是无穷的。中华文明源远流长，孕育了中华

---

① 《习近平治国理政》，外交出版社 2014 年版，第 42 页。

民族宝贵精神品格，培育了中国人民的崇高价值追求。自强不息、厚德载物的思想，支撑着中中华民族生生不息、薪火相传，今天依然是我们推进改革开放和社会主义现代化建设的强大精神力量。"① 习近平特别强调，应当倡导爱国、敬业、诚信、友善等基本道德规范，培育知荣辱、讲正气、做奉献、促和谐的良好风尚。中国人要带给世界的正是这种良好风尚。

在国际关系中，尤其是在相互交融、相互依赖的当今国际关系中，道德不仅包含国家的道德，也包含企业道德和个人道德。中国道德的核心，我们似乎可以用一个字概括，那就是："义"。在国际交往中，一个国家，一个企业，一个人，都不能光讲"利"，而不讲"义"。中国人历来都重"义"，把"义"放在第一位。"义"的含义非常丰富，但最基本的含义是正义，道义，义务。一个国家做事，一个企业做事，一个人做事，都要坚持正义，合乎道义，不仅要使自己获益，也要让别人获益，并要为别人获益尽自己应尽的义务。中国文明传统一贯提倡舍生取义，那当然是最高的境界了。

历史已经证明，在资本主义的国际关系中，是只讲金钱不讲道德的。道德对于贪得无厌的资本家来说，是一文不值的。正是如此，造成了今天资本主义的穷途末路。近些年，有不少西方学者在为资本主义的继续生存出谋划策，有些学者的确提出了一些值得注意的理论。比如，曾经任哈姆莱大学法学院第三任院长及哈佛大学法学院副院长，并在美国外交关系协会及美国外交部担任过咨询工作，现任考克斯圆桌组织全球执行官的斯蒂芬·杨著的《道德资本主义》一书就认为，认认真真地做事，堂堂正正地做人。做到把他人的利益置于自我之上，或者说牺牲小我以至完成大我，就是道德资本主义的根本原则。斯蒂芬认为，道德资本

① 《习近平治国理政》，外交出版社 2014 年版，第 158 页。

主义，是资本主义的最高理想。他这样论述道德资本主义的含义："睿智的企业团队通过维持和上述不同形式资本的密切联系来实现利润，任何一家企业不可能闭关自守，自给自足，相反，它所倚重的资源很大程度上掌控在他人手中，想要兴旺发达，前提就是要取悦他人。这种将他人利益置于自我之上的行为，就是道德的。"①

因为资本主义的不道德，资本家们的贪得无厌，已经威胁到资本主义的生存，所以不少西方学者想从道德领域，为资本主义寻找生路。因此这里我们不妨针对斯蒂芬的道德资本主义多说几句。诚然，如斯蒂芬所说的："无可置疑的是，我们之所以从事商业活动，是出于满足自己的利益和需要的目的。然而，当我们关注身处的环境时，就会发现我们并非自给自足的封闭式个体，我们的事业通过与外界的互动而欣欣向荣，因为一个显而易见的结论就是，当别人希望并帮助我们成功的时候，我们成功才是最有保障的。"② 就是说，任何企业的成功，都包含别的企业的支持和帮助，作为回报，自己当然应当对别的企业的成功，给予义不容辞的支持和帮助，这是理所当然的。

斯蒂芬意识到，把他人利益置于个人利益之上，并不是一件容易的事。他说："时不时的，我们的需求和偏好会与他人的需求和偏好产生共振，当我们在满足自己的需求时，越多考虑他人的需求，我们的私利和公德就会有更多的重合；如果我们仅仅关注自己的需求，这个重合的部分就会越来越少，直至我们在道义上和他人完全背离。当这个重合部分极度萎缩的时候，我们往往开始用操纵、欺诈和威胁等手段将自己的需求强加于他人，这种时候我们的表现也往往是不道德、不合伦理的。"③

---

① 《道德资本主义》，上海三联书店 2010 年版，第 8 页。
② 同上书，第 11 页。
③ 同上。

　　不过，斯蒂芬还是相信道德资本主义能够实现。他认为，当公德向我们说话时，它的声音也许微弱得难以听见，然而，当公德得到了来自自身利益的支持时，那么，在这种力量的推动之下，我们就下决心为实现公德和私利的双赢而努力。对于大多数人来说，这两种动机的合力是促使我们行善的关键所在。斯蒂芬劝说资本主义企业家们，把眼光放得长远一点观察公德和私利的关系，如果仅仅从眼前利益出发做出决定，那么从长远来看，负面效应肯定会大大超过当初得到的那点利益。因而，在商业中，用不法手段有时能获得短暂的收益，但是，一旦其丑行曝光，不堪设想的后果将会造成长期的甚至是永久性的损失。如果目光短浅地盯着眼前的那点利益，我们是在降低目标，沦为"或暴力"的牺牲品，而忘却了"和天才"。

　　斯蒂芬看到了，如果仅仅是以至善的、宗教规范性的严格标准来衡量，那么就永远不可能有道德资本主义了。既然道德资本主义是属于这个有着悲伤和罪恶，在事实性范畴内存在的世界，那就不能要求我们在性灵上完美无缺，我们只能时刻要求自己超脱最平庸的欲念，有更高的要求。道德资本主义对我们的人性潜能是一种挑战，它激发我们在现实和死亡的世界里发现神圣，用德行引导我们的激情。道德资本主义试图将哲学的教导和宗教的智慧融入对利益的追求之中。

　　斯蒂芬也看到了，因为资本主义的不道德，穷富两极分化日益严重。所以道德资本主义就是想用道德的力量，用政府的力量，用发展社会资本的办法，让贫困消除。斯蒂芬认为，拥有更多更充足的社会资本的国家，将会体验到由私营投资所带来的更丰裕的财富创造。虽然，在维持社会资本活力的过程中，商业企业扮演着重要的角色，然而，政府担负着提供加大经济发展必要投入的主要责任。如果一个国家的政府没有法制的约束，如蟊贼般窃取人民的财富，那么道德资本主义是不可能在那里生根发芽的。

道德资本主义的一个前提就是政府要依据法规来实施有理有据的社会公平原则，通过私营投资的方式来根治贫困，其出发点就是一个有责任感的政府。

斯蒂芬认为，经济发展需要社会资本，社会资本的产生和保护，则需要政府的公共权威。例如，财产权——也就是对财富的社会权利——既是由政府创设，又是受政府保护的。虽然政府不是也不能够成为创造财富的引擎，这个角色是由私营资本承担的，但是，政府依然有义务把从市场活动中获取财产的工具，交给它的人民。

斯蒂芬认为，在以上诸项条件都具备了以后，私营经济创造新财富的机遇就显得越来越富有吸引力。在社会资本和终结贫困之间有一个良性循环的过程，其中一项有所进展的话，另一项就更容易实现。把一个发展中的国家改造成富裕的先进国家绝不是一件容易的事，这是一个漫长的需要大家同心同德付出非同寻常的代价的过程，除非充足的社会资本这一条件具备，否则，自发的实质性的经济腾飞就无法实现。经济发展不会从天上掉下来，不会在伊甸园里实现，财富的创造以及它的后续分配来自人类的努力，文化和社会是经济繁荣的必要基础。

可问题明摆了，如果资本主义真的能做到上述这些，如果资本主义社会每个人真的能够在考虑自己发展的同时，也考虑他人的发展，并把他人利益置于个人利益之上，为他人的发展创造条件，如果现今的资本主义真的能通过自身的力量使自己发展成为斯蒂芬所讲的道德资本主义的话，那也许就可以把道德资本主义改名为社会主义了。因为在马克思共产主义劳动联合体中通行的原则，就是劳动者共同发展，每个人的发展，都为他人的发展创造着条件。现今中国带给世界的，也是自己正在实践的那些理念，比如和平发展理念、合作共赢理念、共同富裕理念、和谐社会和和谐世界的理念，都蕴含着这种道德。可惜的是，在以私有制为基础的资本主义剥削制度统治下，斯蒂芬的道德资本主义似乎是很难实现的。

中国还把中国化了的马克思主义、中国特色的社会主义，带到世界，从而推动了世界对马克思主义和社会主义的研究和实践，推动了人类文明的发展。并让世界了解中国的信念、中国的社会、中国的道路、中国的今天和中国的明天。以在相互沟通、相互交流中，加深相互理解、相互信任，以共同为人类文明进步贡献各种的力量。

总之，在融入世界的过程中，中国以崭新的面貌、崭新的角色、崭新理念、崭新的原则，给世界带来了崭新的变化，意味着人类文明发展崭新阶段的到来。中国坚持独立自主、不干涉他国内政，坚持开放发展、和平发展、合作发展、共赢发展，既发展自己，也发展世界，既让自己发展，更让别人发展。中国的这些理念和实践，同帝国主义、殖民主义的做法，形成了鲜明对照。我们完全可以这样说，中国的融入，给世界带来的是和平、是发展、是利益、是福祉，而不是战争、不是掠夺、不是灾难。从这个意义上说，中国的融入也改变着世界历史。

上述中国新文明，在世界上惠及最多的，是广大发展中国家，特别是最落后的非洲发展中国家。中国和发展中国家的合作，忠实实践中国的理念和原则，与过去帝国主义掠夺发展中国家殖民主义完全不同，这也是广大发展中国家都能体会到的。比如，非洲广大发展中国家，是长期遭受西方殖民主义者掠夺最严重的地区，他们受帝国主义的祸害，至今记忆犹新。而在与中国的合作中，在共赢中却取得了惊人的发展，并在共享中得到了实惠。

然而我们看到，一些西方国家，或以小人之心，度君子之腹，或别有用心，为了挑拨中国和非洲的关系，破坏中国与非洲的合作，妖言惑众，说中国发展与非洲国家的合作，是为了非洲国家的资源，是搞新殖民主义等，这遭到了非洲国家的反驳。正如津巴布韦领导人穆加贝在刚刚结束的中非峰会上说的：那是西方的无稽之谈，中国从未把非洲或任何地方变为殖民地，相反，是西方对非洲进行了掠夺，而且至今他们仍在这么做。中国对非洲的帮助和合作，使非洲人民切身体会到，中国是非洲人民真正的朋友和伙伴，中国的帮助和合作，是不同于西方帝国主义的新型的合作，是在不干涉非洲国家内政，不输出中国模式，旨在让非洲国家发展、富强，人民幸福的平等双赢的合作。

　　非洲人已经认识到，中国曾经在西方列强和日本军国主义的铁蹄之下经历了"百年屈辱"，但是，它重新站了起来，过去的苦难留下的伤口也渐渐愈合。这种过去同样的遭遇，拉近了中国和非洲的距离，非洲把中国视为自己的榜样。更重要的是，中国一直认为非洲是个充满活力的大陆，中国进入非洲市场以来，一直坚持与非洲平等对话、合作共赢原则，给非洲带来实实在在的发展。中国加强同非洲的合作帮助非洲国家改善了基础设施，促进了当地就业，也帮助洲将资源优势转化为发展优势。事实的确如胡锦涛同志在中非合作论坛第五届部长级会议上发表主题演讲所说的，中国真心诚意支持非洲国家自主选择发展道路，真心诚意帮助非洲国家增强自我发展能力。

　　如习近平同志所说的，当前中国和非洲已成为命运共同体。中国和非洲之所以能成为命运共同体，不仅是因在共同的反帝反殖、争取民族解放的斗争中，中非人民并肩战斗，相互支持，结下了深情厚谊；而且是因为中国和非洲都有一个发展振兴的梦想。当前，13亿多中国人民正致力于实现中华民族伟大复兴的中国梦，10亿多非洲人民正致力于实现联合自强和发展振兴的"非洲梦"。中国梦和"非洲梦"，一脉相通，名而实同。归根到底，都是民族复兴的梦。中国梦需要对接"非洲梦"，助推各自的梦想之舟扬帆远航。

　　中国和非洲之所以能成为命运共同体，最根本的是因为中国的发展离不开非洲，非洲的发展同样需要中国。中国和非洲发展阶段不同，经济互补性强。非洲自然源丰富，市场潜力可观，缺乏的是资金和技术的扶持。中国经济规模庞大，投资开发能力渐强，需要的是资源和市场的支撑。中非正在携手创新合作模式，努力在产业升级、技术转让、金融服务等领域开拓新的合作增长点。中国在向非洲国家提供必要物质援助的同时，毫不保留地向其介绍发展经验，传授技术技能，培训各类人才，增强对方自主发展能力。

中国和非洲的合作，也是中国同广大发展中国家合作的缩影和典范。发展中国家是中国开展对外关系的基础，虽然今日的中国综合国力显著增强，但发展中国家的属性没有改变。中国将始终把自己视为发展中国家大家庭的一员，与这个大家庭的其他成员休戚与共。中国坚决捍卫发展中国家的合法权益，大力支持发展中国家的合理关切。目前，遍布全球的发展中国家，是中国重要的贸易对象国和投资流向地。中国还通过无偿援助、优惠贷款、减免债务等方式，日渐加大对欠发达国家的援助力度，着力优化对外援助结构，提高对外援助质量，推动早日实现联合国千年发展目标。中国的发展，将被愈发证明这是发展中国家追梦道路上的正能量。

如习近平同志说的："作为新兴经济体中的领跑者，中国将使自身发展更多惠及亚非拉等广大发展中国家，为之提供力所能及的支持和帮助，分享发展经验，最终实现共同发展。打造与亚洲国家经贸合作'升级版'、全面创新中非合作模式、整体提升中拉合作水平，一个个合作设想接二连三地呈现在世人面前，描绘了中国同其他发展中国家在共同的圆梦道路上比翼齐飞的美好图景。"经历坎坷的非洲国家，需要的正是像中国这样一个可以依靠的朋友和合作者。

中国的对外开放是对世界所有国家的开放，加之中国在对外开放中，始终坚持合作共赢理念，所以中国的开放是惠及整个世界的。当然，首先惠及的是邻国和亚洲，而后是非洲和拉丁美洲。其实，中国、非洲和拉丁美洲有着共同的目标，都面临如何使本国的数亿人口摆脱贫困的问题。中国希望实现市场和商品来源的多样化，拉丁美洲国家则想要给自己同美国和欧洲的伙伴关系松绑，许多南美国家想从与中国的关系中获益。当然，中国不仅把先进思想、先进理念、先进价值观带给世界，而且始终实践着这些新思想、新理念，始终高举公平正义的旗帜，讲公道话、办公道事，不仅给世界做出了榜样，而且开拓出了世界和平发展新路子。这就是习近平同志说的，"零和思维已经过时，我们必须走出一条合作共济、合作共赢的新路子"。

中国的努力，得到了应有赞扬。比如，非洲人就认为，中国不干预别国内政的政治原则确实受到非洲人的欢迎。中国直接投资于当地的基础设施和国有企业也确实为当地的居民创造了许多新的商业机遇，创造了就业机会。中国以及非洲各国政府认为这是一个双赢的合作关系。国际货币基金组织发布的一份报告认为非洲发展20%的成就来于中非合作。肯尼亚店统乌胡鲁·肯雅塔说："中国同肯尼亚的关系并不是建立在剥削矿产资源基础之上的，而是建立在投资、制造业和基础设施发展基础之上的。"

中非合作，刺激了非洲的发展，改变非洲格局。2006年，中国政府在中国日报网站上正式发表声明，阐述了中国未来对非洲政策的指导思想："新世纪的最初几年见证了国际形势持续复杂和深刻的变化，以及全球化的进一步发展……中国，作为全世界最大的发展中国家，坚持和平发展的道路……非洲大陆，拥有数量最多的发展中国家，将成为维护世界和平与发展的重要力量。新形势下，中国与非洲的传统友好关系面临新的机遇。"因为中国的一举一动都是摆在桌面上的，并没有藏着掖着。只要你感兴趣，就能够得到一个相当清晰的关于中国今天和明天的画面，包括全局性的画面及其与特定国家和地区的关系画面，所以赢得了信任。

二　中国奇迹和世界发展的引擎

中国作为社会主义国家，在对外开放中，最宝贵、最令人赞叹的地方，是始终坚持和平发展、合作共赢的方针。所以中国在取得发展、取得奇迹的同时，也就带来了世界的发展，带来了合作伙伴的发展。现在世界上，似乎都异口同声地称，中国的发展，已经成为带动世界发展的重要引擎，这的确是不争的事实。中国发展对世界发展的贡献率，一直都保持在30%—50%。不仅如此，无论是从对外贸易发展奇迹、引进和利用外资发展奇迹还是从对外投资发展奇迹看，它们都通过拉动就业、刺激增长等，惠及了世界，惠及了合作者。特别是带动了伙伴国劳动者收入的提高，为伙伴国广大人民的福祉的提高，做出了贡献。铁的事实证明，中国的复兴，中国复兴中取得的奇迹，是世界的福音。

中国奇迹和国际合作的成功

中国对外开放所取得的奇迹，的确令世人感叹。然而毋庸置疑的是，中国奇迹的取得离不开世界，离不开与国际的合作。我们知道，在改革开放之前，中国参与国际劳动分工的规模小得可怜。1953 年，中国的进出口贸易额为 23.7 亿美元，只相当于美国同期（265.8 亿美元）的 8.9%，相当于英国（161.7 亿美元）的 14.6%，相当于加拿大（85.3 亿美元）的 27.7%，与印度相当。1958 年，中国的进出口贸易额为 38.7 亿美元，虽然超过了印度，但仍只相当于美国同期（310.5 亿美元）的 12.4%，相当于英国（194.3 亿美元）的 19.9%，相当于加拿大（102.5 亿美元）的 37.7%。1965 年，中国对外进出口贸易额达到了 42.5 亿美元，只相当于美国（485.4 亿美元）的 8.7%，相当于英国（288.5 亿美元）的14.7%，相当于加拿大（160.9亿美元）的26.4%。还低于印度（45.8亿美元）。从对外贸易的年均增长率上，中国更是落后得可怜。1958年至1965年，中国对外贸易年平均增长率为1.3%，而美国为6.6%，英国为5.8%，加拿大为6.6%，法国为8.8%，澳大利亚为8.9%，日本为15.9%，意大利为15.7%，印度为5.9%。当时中国参加国际劳动分工的落后状况，显而易见。

1978年之后，中国在对外开放基本国策指导下，通过多种形式的国际合作，通过大胆引进外资和先进技术及设备，兴办经济特区等多种方式，开始积极参加国际劳动分工，开始融入国际社会，从而使经济和技术都迅速发展起来。这里要强调两点：一是改革开放至今中国所取得的一切成就，都同对外经济合作紧密联系，都同积极引进外资、引进先进技术、先进管理经验紧密联系；二是中国从对外开放，融入国际社会一开始，就坚持平等合作，共赢共荣的理念，既考虑自己的发展、自己的利益，也考虑对方的发展、对方的利益。这就使在中国快速发展的同时，也使合作伙伴和整个世界得到了快速发展。尤其难能可贵的是，即使在自己还很落后、经济实力很弱小、发展面临许多困难的时候，依然尽自己所能，对一些发展中国家给予援助，对国际社会尽了自己应当尽的义务和责任。

1979年至1982年，虽然是中国改革开放开始的年头，也是参与国际劳动分工、国际劳动开始发展的年头，但发展速度很快。随着改革开放度的不断扩大，自1982年开始，中国国内生产总值年均增长率，均在10%以上。中国的进出口贸易及其在世界地位也不断提高。中国的进出口额增长迅速，1988年，已超过1000亿美元。与此同时其在进出口总额和一些贸易大国进出口总额中所占的比重，也逐步提高。1987年同1979年相比，中国贸易总额在世界贸易中总额占的比重提高了86.3%，在美国贸易总额中所占的比重提高了47%。中国对外贸易总额在世界贸易总额中所占的比重，也由 1979 年的 0.88% 增加到 1987 年的 1.64% 。

　　1979 年至 1985 年，中国所签订的利用外资协议总额达到 382.6 亿多美元，其中对外借款 221.7 亿美元，外商直接投资 160.8 亿美元。实际利用外资总额为 217.8 亿美元，其中对外借款 157.2 亿美元，外商直接投资 60.6 亿美元。1986 年中国实际利用外资为 69.9 亿美元，向中国直接投资的外商已发展到了 30 多个国家和地区。"六五"计划期间，中国引进技术共 1397 项，金额为 49.5 亿美元。引进的主要形式是购买成套设备，其金额为 33.8 亿美元，占总金额的 68.2% 。其次是许可证贸易，为 5.89 亿美元，占总金额的 11.8% 。再次是合作生产，为 5.56 亿美元，占 11.2% 。技术服务和顾问咨询分别为 4.04 亿美元和 0.25 亿美元，分别占 8% 和 0.5% 。这些技术的来源，主要是日本、美国和联邦德国。

　　特别值得一提的是，中国在改革开放一开始，就把合作共赢，把力所能及援助其他发展中国家，作为自己的原则，这是非常可贵的。比如，1985 年，中国已向联合国 14 个组织或机构认捐，总额为 369 万美元和 65 万元人民币。与此同时，这些组织和机构也向中国提供了多项经济和技术援助，1979 年以来共有 3.16 亿美元，到 1985 年执行的已有 2.13 亿美元。比如，1985 年中国已向世界 54 个国家和地区提供了 210 多个项目的经济和技术援助。1978 年至 1985 年中国对外劳务合作已达 51 亿多美元。1986 年，中国对外承包工程和劳务合作的项目有 845 项，合同金额为 12.7 亿美元，完成营业额 9.5 亿美元，1988 年完成额为 13 亿美元。比如，1985 年中国在海外的直接投资累计达 2.9 亿美元。虽然到 1986 年中国举借外债总额已达到 227.4 亿美元，1988 年升至 330.3 亿美元，但同当时世界一些国家相比，这个数目并不算大。1986 年中国外债额只为巴西的 20% ，墨西哥的 22.3% ，印度的 55.3% ，波兰的 62% 。

中国的复兴之路，一开始就是艰难曲折的。中国的复兴者们，中国的广大劳动者们，正是在克服一个一个困难的奋斗中，从胜利走向新的胜利的。如果我们从 1982 年算起，在改革开放的头一个 10 年，即 1982 年至 1992 年，由于没有经验，是摸着石头过河，所以也发生了一些偏差，比如在投资、需求、引进外资、生活消费，都曾发生过过热现象。重复引进、重复投资不仅造成了浪费，而且引起了通货膨胀、经济结构失衡和经济秩序的混乱，所以不得不经过一个艰难的调整过程。在改革开放的第二个 10 年，即 1992 年至 2002 年，又遇到了苏联解体和东欧政治剧变风波和东亚国家金融危机的冲击和干扰。中国所取得的惊人的成就，正是在排除这些冲击和干扰中获得的。

实践证明，正是走了对外开放，发展国际劳动，融入国际劳动分工体系这条路，中国复兴的理想才变成为现实。从 1990 年至 2000 年，中国国内生产总值的年平均增长率，仍达到 10% 以上。2000 年，中国的国内生产总值已经达到 10798 亿美元，排在美国、日本、德国、英国、法国之后的世界第六位。1997 年，中国利用外资总额已经达到 644 亿美元，1999 年吸收国外直接投资已占国内生产总值的 30.9%。中国对外经济活动能力，已经上升到美国、日本、英国、德国之后的第五位。2000 年中国进口贸易额已经达到 2061 亿美元，出口贸易额达到 2493 亿美元，在世界排名第 7 位，而且贸易对象国遍布世界所有地区。也就是说，20 世纪 90 年代，是中国融入国际社会的年代，是中国劳动真正进入国际化和全球化时代。

在中国对外开放的第三个 10 年，即 2002 年至 2012 年，对于中国复兴来说，是最为关键的 10 年，也是最惊心动魄、最扬眉吐气的 10 年。在这 10 年中，中国虽然遭遇了许多历史罕见的大灾难，极为罕见和凶险的传染病、罕见的大地震、罕见的世界金融大危机，一个接着一个。然而，在勤劳智慧的中国领导人和广大劳动者万众一心、众志成城的奋力拼搏中，不仅都一个个被克服了；而且在战胜这些灾难的同时，还创造出了令人意想不到的辉煌。这除了无与伦比、高水平的奥运会的举办和精彩，难忘的上海世博会的举办之外，更突出表现在惊人的发展成就上。这10年是中国经济大踏步前进的10年。经济总量连上大台阶：2006年突破20万亿元大关，2008年实现30万亿元，2010年又冲过了40万亿元，从2003年到2011年，国内生产总值每年均实际增长10.7%，其中有6年实现了10%以上的增长速度。经济总量在世界上的排位，从2002年的第六位，上升到2010年的第二位。谁能想到呢，在这么短的时间内，中国竟成为仅次于美国的世界第二大经济体。2002年，我国人均国内生产总值刚刚突破1000美元，到2011年已经达到5414美元，中国已经跻身中等收入国家行列。

毋庸置疑，这些成就都来自毫不动摇地执行对外开放政策，来自积极发展国际劳动，积极参加国际劳动分工，积极融入国际劳动分工体系，提高在这一体系结构中地位。2011年中国的对外贸易总额在世界的排名，已经仅次于美国居第二位。中国已被称为世界工厂，中国的商品已经遍布世界各地，中国在全球劳动体系中，已经具有了举足轻重的作用。

加入世贸组织的10年，对于中国来说，的确是"黄金十年"。在这10年中，中国既履行承诺，又享受权利，成功融入世界经济主流，有力推进了现代化建设，开放型经济高歌猛进。货物贸易额增长4.8倍，增速是同期全球最快的，其中出口已跃居第一，对国民经济增长的年均贡献率达20%；累计吸收外商直接投资7595亿美元，连续稳居发展中国家首位。全球500强有490家来华落户，在华设立研发中心累计超过1400家，比2001年增加近1倍；对外直接投资年均增长40%以上，2010年逾688亿美元，占全球当年流量的5.2%，居世界第五位，超过日本、英国等传统对外投资大国。

现在中国不仅被称为世界工厂，而且追求更大梦想、追求实现伟大复兴事业已势不可当。关于这一点，世界所有国家都感受得到。曾几何时，在中国加入世贸组织的时候，有人曾预言，中国加入世贸组织后将走向崩溃。结果中国加入世贸组织后，非但没有崩溃，而且通过改革开放和体制创新，经济总量成倍增长，经济规模世界第二，还成为带动整个世界经济增长的主要火车头。正如有学者感慨的那样：中国过去的仁人志士都致力于改变中国的政治体制和意识形态，但现在通过以市场为导向的经济体制改革，中国已经彻底打破了小农经济和计划经济的格局，整个中国的经济和社会结构也因此而发生了翻天覆地的变化，人们的生活方式也发生了巨大变化。这才是中国真正的千年未有之大变局。中国已基本上完成了从一个封闭的中世纪式的农业社会转向一个开放的工业和商业社会的过程，并几乎和西方同步地转向信息社会。工业社会、商业社会、信息社会已经成了中国今天社会的主要特征。

积极参与国际合作，给中国带来的发展和变化是巨大的、令人预料不到的。按照汇率计算，中国在 2010 年，已经成为世界第二大经济体。而按照购买力平价计算，中国在 2014 年已经成为世界第一大经济体。世界诺贝尔奖得主施蒂格利茨在美国《名利场》杂志 2015 年 1 月号上撰文认为，中国世纪从 2015 年开始。他说："2014 年是美国能够号称自己全球第一大经济体的最后一年。中国经济以拔得头筹之势进入 2015 年，并很可能长时间执此牛耳，即使不能永久保持。中国回到了它在人类历史上大多数时间里所占据的地位。"中国之所以能取得如此巨大的成就，积极参与国际合作，功不可没。由于中国融入度的提高，也许从 2015 年开始，世界的变革将进入人们理想中的崭新的时代，人类的发展也将进入人们理想中崭新的阶段。

中国奇迹和对世界发展的带动

今天的中国，已经和世界融为一体。中国在国际劳动分工中的地位、作用，已不可或缺，中国离不开这个世界，世界也离不开中国。自中国实行改革开放政策后，中国大踏步融入了世界，融入了国际社会，不仅成为国际社会具有举足轻重影响的一员，而且成为世界发展的重要引擎，成为世界发展的推动者和贡献者。毋庸置疑，中国对世界的融入，首先是有所获，比如获得了自己发展所需要的大量的资金和技术，获得了先进的管理方法，获得了经济的大发展，取得了发展的奇迹等；但同时，也有所给。作为国际社会有重要影响的一员，中国思想、中国道路、中国理念、中国原则等，都对世界起到了带动性作用。特别是中国的快速发展，中国取得的奇迹，给世界带来的发展，带来的丰厚实惠，都令人赞叹。

这里要特别强调的是，中国的迅速发展，中国发展对世界的带动，不只是在物质文明方面，而且在精神文明方面。30多年来，中国的迅速发展，不仅是世界物质文明发展的引擎，也是精神文明发展的引擎，是双引擎。在这一节里，我们主要分析中国对世界物质文明发展的带动，中国在精神文明方面对世界的带动，在之后第七章里重点阐述。

中国30多年改革开放，不仅把中国经济送上了持续增长的快车道，把在现代化道路上艰苦跋涉的中国人推上了一个新的高峰；而且其对世界的巨大影响、丰厚贡献，都令人赞赏。英国《金融时报》首席评论员马丁·尔夫今年4月在该报网站撰文《中国将奋力保持势头》中这样说：中国取得的成就是非同寻常的。我们不得不承认，取得这样的成就所依靠的是能力。这种能力已经从济上改变了世界，而且正在从政治上改变世界。

改革开放之后，中国与世界已经是相互联系、相互依存、合作双赢的关系。中国的发展离不开世界，离不开世界总体和平和周边总体稳定这样的大环境，离不开对外来资金、管理、技术及其他优秀文明成果的支持。中国特色社会主义之所以能保持蓬勃的生机，中国之所以能取得令人惊叹的快速发展和奇迹，就是因为有这样的国际环境和国际支持。这里要强调的是，世界的发展也需要中国。中国和世界是紧密联系在一起的，发展是相互的，贡献也是相互的。对外开放的中国，通过引进来和走出去，沟通了中国与世界的政治、经济、文化联系。中国作为世界上最大的发展中国家，是联结发达国家与发展中国家的重要桥梁。所以，中国的发展，无论对发达国家的发展或发展中国家的发展，都有实际的带动作用和黏合作用。改革开放以来，中国一直是世界发展的重要引擎，这已被国际社会所公认，已是不争的事实。更重要的是，中国还对维护世界和平，对解决世界和平和发展问题，起到了不可或缺的、非常重要的作用。

中国的发展，当然首先是造福于中国，造福于中国人民。但不可否认，因为中国一直坚持平等合作、互利共赢的理念，所以中国的发展，也同时惠及世界，惠及世界人民。比如，中国有 13 亿人口，占世界人口的 21%。中国人的迅速发展和摆脱贫困，过上小康生活，就等于世界上有 21% 的人口脱贫并过上了小康生活。这对世界发展的贡献之大，对人类文明发展的贡献之大，都显而易见。还比如，中国是当今世界上经济发展最快、潜力最大的新兴市场，中国强劲的经济增长，无疑通过国际贸易、国际金融的作用，带动了全球经济的发展。任何国家的发展，对本国人民都是有利的，而由于中国在对外开放中，坚持合作共赢的理念和实践，中国的发展必然就意味着世界的发展，意味着中国对世界的贡献。中国吸引和利用外资的发展，对外贸易的发展，对外投资的迅速发展，不仅都会刺激和带动合作伙伴国发展，而且还会通过就业的扩大，廉价商品的供应等杠杆，造福于合作伙伴国，造福于世界人民。

中国发展对世界贡献之大，我们首先可以从中国发展对世界发展贡献率上看出来。据统计，从 2000 年开始，中国经济发展对世界经济增长的贡献率，一直都在 30%—50%，高于美国，是欧元区的 3 倍。2012 年，中国对亚洲经济增长的贡献率已经超过 50%。2009 年国际金融危机和欧洲主权债务危机发生后，中国与国际社会一道，同舟共济、共克时艰，为世界经济稳定、复苏做出重要贡献，当年中国对全球经济增长的贡献率甚至超过 50%。即使在全球经济都很困难的 2015 年，中国对全球经济增长的贡献率也达到了 30%。据世界经合组织 2010 年的一份报告指出，中国经济每增长 1%，中等收入国家经济增长将提高 0.34%，低收入国家经济增长将提高 0.2%。当然，很多贡献不是用数字所能表达的。

中国的发展需要有和平稳定的环境，世界的发展同样需要和平稳定的环境。中国是一个社会主义大国，而且在国际社会中一直遵循和平发展的理念，一直坚持和平共处五项原则。所以中国一直是维护和平的力量，中国的发展，就是世界和平力量的发展。况且，中国和平发展的理念，中国的和平共处五项原则，已经日益被世界多数国家所接受，成为维护世界和平的重要力量；中国通过协商谈判解决国际冲突的主张和做法，在维护世界和平中，已经发挥了越来越突出的作用；中国作为联合国安理会的成员，积极参与联合国和其他国际组织的多边外交活动，为维护世界和平，促进共同发展，推动建立公正、合理的国际新秩序，发挥着积极的作用。

这里特别要指出的是，中国的发展对广大发展中国家发展的带动，更为切实和有效。中国是一个发展中的社会主义国家，属于第三世界，中国一直把加强同第三世界的团结与合作作为自己的对外政策的一贯立场。不仅坚定地站在第三世界一边，积极支持他们争取和维护民族独立的正义斗争，支持他们发展民族经济，谋求改善南北关系和发展南南合作的努力，并且本着平等互利、讲求实效、形式多样、共同发展的精神，积极发展经济贸易往来和科学技术合作。中国经济的发展，综合国力的增强，不仅可以增加对发展中国家的直接物质援助，更重要的是，中国的国情同广大发展中国家有不少相似之处，中国同第三世界各国有着共同的历史遭遇，又面临着相似的现实任务，即发展民族经济，建设自己的国家。所以中国和发展中国家的合作有更为切合实际的优势和效果。中国发展民族经济、摆脱贫困的经验，对其他发展中国家有重要的借鉴作用。

当前，中国的对外开放已经进入了一个新的阶段。中国已经全面参与了经济全球化，参与了世界市场的公平竞争。中国国民经济持续快速发展，对外贸易大幅度增长，形成了全方位、多层次、宽领域的对外开放格局。有竞争能力的企业、资本、人才纷纷走出国门在全球安家落户，经济结构正在大规模调整，经济增长方式正由粗放型向集约型转变，"中国制造"正向"中国创造"飞跃提升。中国领导人都把中国的发展放在世界大局中加以筹划，既放眼世界大局，展望世界发展趋势，寻找自己发展的战略要地，又充分考虑世界其他国家的发展和利益，把自己的发展与同其他国家的合作共赢，紧密结合起来。可以预见，今后随着中国发展提升，中国对世界的贡献必然会越来越大。

中国发展对世界的贡献，是实实在在，看得见，摸得着的，因此得到世界特别是发展中国家的广泛赞誉。中国作为发展中大国，中国的奇迹不仅增强了中国解决国内发展问题的物质基础，也为广大发展中国家的发展和稳定，为整个世界经济稳定和发展，做出了重要贡献，受到国际社会广泛赞誉。这里我们不妨列举一些媒体报道的例子。

一些亚洲国家的领导人或学者，用"黏合剂"和"推动器"

来评价中国的贡献。称中国经济发展是亚洲经济发展的助推器，中国的繁荣将使整个亚洲和世界受益，中国的发展必将带动亚洲发展中国家一起走向繁荣。有的称中国通过进出口贸易，把东南亚和东北亚的工业和贸易黏合在一起，实际上已成为东亚经济的黏合剂，使区域内的贸易联系日益加强，促进了东亚工业生产体系的高度融合。东亚地区经济增长的生机活力，也对世界经济复苏形成刺激，直接带动了欧洲和美国经济的复苏。

泰国前副总理功·塔帕朗西说，中国是世界上最稳健的经济体，而且连续保持高速发展，中国经济是亚洲经济发展的助推器，将带动泰国等发展中国家一起走向繁荣。他还说，中国在经济发展过程中，把自己经济增长的成果与世界分享，中国的繁荣将使整个亚洲和世界受益。泰国著名研究机构泰华农民研究中心副主任披蒙婉认为，中国的经济增长为东亚地区经济总体增长奠定了基础，东盟国家通过与中国建立自由贸易区和更紧密的经济联系，从中国经济增长中分享到了实际利益。中国经济发展需要更多的工业品和消费品，泰国的原材料和工业品出口因中国经济发展而受益，而且，中国—东盟自贸区减免关税的措施有助于增强泰国和东盟国家企业的竞争力。

泰国东方大学中国研究中心院长符丽珠认为，中国自身的经济发展不仅对世界经济的发展做出了巨大贡献，而且还带动了东亚经济的整体发展，这是中国为世界做出的更重要的贡献。此外，中国经济发展还有助于实现东西方贸易的平衡发展。泰华农民银行副总裁丕披认为，中国经济的发展将支撑泰国和亚洲国家的出口保持增长。中国企业的海外投资促进了当地就业，使中国的技术和当地的人力和资源相结合，为双方创造了价值，为当地产品走向世界提供了便利。除投资外，中国与当地加快物流业和服务业的合作，为制造业和贸易发展提供便利，这对双方是互惠互利的。

新加坡国立大学李光耀公共政策学院副教授顾清扬认为，要衡量中国经济对世界经济做出的贡献，不能只从中国的国家角度来看，而应从地区内工业产品和区域贸易联系的角度来看。东北亚和东南亚通过中国与北美洲、欧洲建立起工业和贸易联系。中国通过进出口贸易，把东南亚和东北亚的工业和贸易黏合在一起，实际上已成为东亚经济的黏合剂，使区域内的贸易联系日益加强，促进了东亚工业生产体系的高度融合。东亚地区经济增长的生机活力，也对世界经济发展形成刺激。另一方面，中国的进出口都在增加，这也直接带动了欧洲和美国经济的发展。

一些非洲国家的领导人和学者，用中国是打开非洲发展的钥匙，来评价中国的贡献。称中国是非洲的伙伴，非洲可以从中国得到技术和融资。中国是打开非洲发展潜力的钥匙，任何非洲国家都不会忽略中国发展对自己发展的带动的。他们认为，因为中国经济的发展，因为和中国的合作，非洲近年来经历了不寻常的增长，非洲一些国家成为近些年世界上经济增长速度最快的国家，中国在其中发挥了很大的作用。中国经济的发展与合作，不仅对非洲国家是如此，对世界任何国家都是如此。只要同中国合作的国家，中国都会为其提供新机遇与新思路。中国发展对世界经济的繁荣与发展，对世界贡献之巨大，任何人都无法否认。连美国的智库也不得不承认，中国是世界经济发展的主要引擎和最大亮点。

赞比亚卢萨卡大学学生弗朗西斯·奇孔塔说，中国是一个全球经济大国，因为中国经济的发展，非洲近年来经历了不寻常的增长，非洲一些国家加入了近几年世界上经济增长速度最快的国家行列，中国在其中发挥了很大的作用。多哥前总理顾问基尼克波尔向记者表示，中国经济的发展提供了新机遇与新思路，对世界贡献巨大，非洲尤其可以从中国的和平崛起中受益，许多国家已经将目光投向了东方。中国经济上的成功不仅启发了非洲国家，而且有利于世界经济的繁荣与发展。

拉美国家学者，用中国是世界经济的"定心丸"来评价中国的贡献。墨西哥学院亚非研究中心教授、中国问题专家莉莉娅娜认为，中国经济表现出众，是全球经济增长的"定心丸"。在世界经济下行风险加剧的背景下，中国政府通过调整货币政策和加强宏观调控等一系列举措保持了经济的平稳增长，中国政府扩内需、保增长、调结构的许多经济政策值得借鉴，中国反对"以邻为壑"的贸易保护主义并致力于维护世界经济健康发展的良好意愿值得赞赏。

厄瓜多尔"战略智库中心"主席、基多大学政治系教授桑布拉诺高度赞赏中国作为世界第二大经济体的负责任大国形象，认为国际大型会议中缺少了中国的身影将难以想象，中国在全球经济治理中的作用也越来越突出，拉美国家对中国抱有极大的期待。赞比亚财政部副部长迈尔斯·桑帕认为，中国是非洲的伙伴，非洲可以从中国那里得到技术和融资。中国是打开非洲发展潜力的钥匙，任何国家都不会忽略中国的发展。

西方发达国家的学者，用中国是世界经济的引擎和最大亮点，来评价中国的贡献。英国学者凯西·霍尔库认为，中国所取得的巨大成就，使中国模式在世界上越来越有公信力。中国以自己方式，而不是华盛顿共识，使自己变得富有和强大，使西方在发展模式的辩论中越来越失分。中国的发展不仅使中国人发家致富，也使许多西方人发家致富。霍尔库说：中国的发展使许多西方人也在这一过程中发家致富，这些西方人包括银行家、工厂主、技术顾问，一句话，资本主义者。

美国智库布鲁金斯学会高级研究员科林·布莱德福德认为，中国经济对全球增长和稳定的贡献是"非常显著的"，中国在国际舞台上参与全球经济事务的磋商，为应对全球主要挑战发挥了重要作用。美国经济咨询公司环球透视近日发布的研究报告认为，由于外部经济动荡，中国经济下行风险再度上升，但中国有能力稳定自身经济，实现经济的软着陆。该机构亚太区首席经济学家拉吉夫·比斯瓦斯认为，中国依然是世界经济的主要引擎和最大亮点。

总之，中国发展作为世界发展的引擎，对世界发展的带动和贡献是巨大的。事实的确如习近平同志所说："经过 30 年的改革开放，中国经济社会发展取得巨大成就，人们生活水平显著提高。这既有利于中国，也有利于世界。中国人是讲爱国主义的，同时我们也有国际视野和国际胸怀的。随着国力不断增强，中国将在力所能及的范围内承担更多的国际责任和义务，为人类和平发展的崇高事业做出更大贡献。"①

中国奇迹和世界格局的改变

在人类历史上，有 13 亿人口的大国，在持续 25 年的长时期里，都取得了年增长率 8% 以上的迅猛的增长，这的确是绝无仅有的奇迹。这个奇迹不仅给世界以丰厚的贡献，而且改变了世界发展的格局。中国发展引起的世界格局的变化，最突出的表现，就是中国和发展中国家分量和地位的提高。过去，中国和亚非拉广大发展中国家，都是生产力发展水平低、综合国力弱的被别人看不起的国家。而在中国对外开放融入国际社会后，不仅中国获得了大发展，而且带动了这些发展中国家获得了大发展。当今的中国和发展中国家，已经开始走上世界的舞台，开始扬眉吐气了。

如前面叙述过的，按汇率计算，中国已是世界上仅次于美国的第二大经济体，按购买力平价计算，中国已经超过美国，成为世界第一大经济体。在中国高速发展的同时，亚非拉广大发展中国家无论在发展速度上、在世界占的比重上或在人民生活水平上，

---

① 2013 年 3 月 19 日，习近平接受金砖国家媒体联合采访的讲话。

都有显著的提高。如国外有学者说的，10 年之前，美国完全料想不到自己会有今天的处境：它在经济领域的绝对优势和世界领袖的权威地位都受到了挑战。作为世界唯一超级大国的美国发现，自己的牙齿不再锋利而不得不让出世界之巅的宝座，这无疑是很痛苦的。而作为异军突起的力量，中国正在改变世界格局。

同样如世人都看到的，中国改革开放的开始，的确主要旨在改变本国境内的状况。后来，随着它的迅速发展，才渐渐成长为世界格局的改变者。如国外学者所评论的，中国虽然有许多企业家成为百万富翁，乃至亿万富翁，但是他们很少受到国际社会的关注，也没有什么国际影响力。而阿里巴巴轰轰烈烈的上市行动，则为国际社会敲响了警钟。的确，到目前为止，中国人还没能实现中国创造从中国传播到世界这一关键性的突破。因此，马云当选《金融时报》年度人物时，许多西方观察家和评论家都大吃一惊。让他们认识到棋局正在发生变化，美国创新实业家们的绝对领先地位，正在受到挑战。

从经济规模看，改革开放初期的 1982 年，中国的国内生产总值，只有 2812 亿美元，在世界上占的比重很小。直到 1990 年，中国的国内生产总值虽然增加到 3878 亿美元，也只有美国 58033 亿美元的 6%，日本 30300 亿美元的 12%。而到到 1998 年，中国国内生产总值首次突破 1 万亿美元，达到了 10194 亿美元，相当美国 87470 亿美元的 11%。日本 38570 亿美元的 26%。而到 2010 年，中国国内生产总值已经达到 59847 亿美元，相当美国 146241 亿美元的 40%，已经超过日本的 54742 亿美元，跃居世界第二大经济体。2014 年，中国国内生产总值已经超过了 10 万亿美元，达到 103557 亿美元，相当美国 17.4 万亿美元的 59%，为日本的 2 倍。第一次世界大战后，美国一直是世界最大的债权国，而到 2014 年，中国的国际储备已经达到近 4 万亿美元稳居世界第一。根据凯迪思全球建筑资产财富指数，2014 年，中国的建筑资产规模，已经达到 47.6 万亿美元，超过美国的 36.8 万亿美元居世界第一。

从对外贸易看，从第一次世界大战后，美国一直是世界对外贸易的头把交易。第二次世界大战后，美国对外贸易在世界更是一枝独秀。1948 年美国对外贸易总额占全球贸易总额的 17.2%，其中出口占全球总出口的 21.6%。1978 年，中国出口贸易总额占全球出口贸易总额的比重仅为 0.76%。而到了 2010 年，这一比重已突破了 10% 大关，2013 年已经达到 11.7%，是全球单一经济体中所占比重最高的。同期的进出口总额突破 4 万多亿美元，雄居世界各国第一，贸易顺差达到 2590 亿美元。而美国在全球出口总额中的占比从 1948 年的 21.6%，下跌至 2013 年的 8.4%，日本占比则从 1986 年 9.8% 的最高峰，降至 2013 年的 3.8%。

完全可以这样说，进入 21 世纪以来，中国已经成为全球货物贸易增长最重要的引擎，成为整个国际贸易体系中的重要一极。无论是包括美国在内的发达经济体国家，还是广大发展中国家，都已经离不开同中国的贸易，都把同中国的贸易放在极为重要的位置。以 2013 年为例，据有关学者提供的资料，中国对美国的出口占美国总进口的比重已经达到 15.8%，中国对欧盟的出口占欧盟总进口的比重为 5.7%，中国对日本的出口占日本总进口比重为 18%，中国对韩国的出口占韩国总进口比重为 17.7%，中国从美国进口占美国总出口比重为 9.7%，从欧盟进口占欧盟总出口比重为 3.6%，中国从日本的进口占日本总出口比重为 22.7%，中国从韩国进口占韩国总出口比重为 32.7%。

从国际金融看，由于中国的发展和实力增强，美国在国际金融领域一统天下，或者说美元一统天下的局面，正在被打破。由于中国稳定发展和综合国力的增强，人民币越来越坚挺，人民币的吸引力越来越强，中国经济的影响力也越来越大，在国际金融机构和跨国公司中，以人民币为媒介的交易数量也越来越大。为了摆脱美国控制的旧的国际金融秩序的束缚，在中国的带动下，正在建立属于自己国际金融机构。比如金砖国家领导人就认为，打破就国际金融秩序的束缚，实现国际金融秩序民主化，应当建立一个能提高发展中国家发言权和代表性，符合各国利益、支持新兴市场和发展中经济体发展的、公正的国际货币体系。

2013 年，金砖国家为了摆脱现有全球性金融机构的束缚，共同建立了 1000 亿美元的货币稳定基金，以为相关国家提供除国际货币基金组织之外的融资选择。中国承诺出资 410 亿美元，巴西、俄罗斯和印度各出资 180 亿美元，南非出资 50 亿美元。据估计，金砖国家货币稳定基金，也就是应急储备协议，可以筹集大约 2400 亿美元的外汇储备。这是金砖国家为了降低对美元作为全球储备货币的依赖性，而由比索、卢布、卢比、人民币和兰德共同承担国际交易货币的模式有可能成为一个替代方案。金砖国家领导人愿意在五国之间使用本国货币进行国际贸易，这种想法在其他新兴市场国家也受到了广泛欢迎。这就在实践中摆脱了必须以美元为结算货币的制约，从而使本国经济免受西方金融混乱的影响。

2014 年，中国与 20 个国家共同签署了一份备忘录，并由此启动了国际开发银行的运作。这家银行将把工作重心放在该地区欠发达国家的基础设施建设项目上。之后，该银行正式命名为亚洲基础设施投资银行，简称"亚投行"。该银行的建立，是中国以及其他一些新兴经济体金融基础设施建设加强的必然结果。申请加入"亚投行"的已经有包括俄罗斯、英国、德国、印度在内的世界 54 个国家。可见，金砖国家的这种通力协作，不仅提高了作为发展中国家区域力量中心的地位，不仅帮助友邻国家摆脱不发达状态，而且为世界其他地区和国际也提供了发展的新机遇。

随着经济的迅速发展和综合国力的不断增强，在国际组织中，中国主动承担与自身水平相称的国际责任。在世贸组织、国际货币基金组织、世界银行等三大国际机构中，中国扮演的角色越来越重要。在多哈回合谈判中，中国提交的建设性提案，有 100 多项，其所发挥的建设性作用，令人称赞。中国还积极参与国际宏观政策协调、参与二十国集团等全球经济治理机制建设，力促国际金融体系改革，以实际行动反对贸易保护主义。

令人振奋的是，中国作为科学技术都比较落后的国家，经过这些年的发展，特别是经过这些年抓创新国家建设，国家的科学技术水平大为提高。中国的科学技术专利申请数量、中国科学技术研发中心数量，都位居世界前茅。中国正向创新国家迅速转型，有国外报刊称，"中国已崛起为世界创新领袖"。诸如中国的高铁技术、核电技术、太阳能技术、信息技术、航天技术等，都在世界上有了自己的地位。中国的创新发展，正改变着世界的科学技术格局。

更令人振奋的是，中国在同亚非拉发展中国家的合作，也在促进这些国家发展的同时，提高了这些国家在世界中的地位，在改变了这些国家的同时，也改变了世界。中国作为世界最大的发展中国家，坚持和平发展的道路。而亚非拉，作为拥有数量最多的发展中国家的地区，它们在经济、教育、科学、文化和社会等方面，同中国全面合作，一起走和平发展的道路，已经成为维护世界和平与发展的重要力量。中国同亚非拉国家的合作，始终坚持共同发展、互利共赢的方针，所以始终得到非洲广大人民的欢迎。

中国不仅积极开展同非洲国家的合作共赢，而且积极开展同拉丁美洲和欧洲国家的合作共赢，这些为推进平等互利、共同发展的合作共赢，不仅促进了中国的发展，也促进了这些地区的发展，改变了这些地区的面貌和其在世界中的地位。如奈斯比特分析的，在中国—非洲—拉丁美洲三角中的其他各方将会从中国的新政策中获益，同时他们也确实有这样的要求。另外，非洲希望摆脱过去的形象，从中国发展农、工、商各行业的技巧中获益。中国—非洲—拉丁美洲三角并不会以机构或者组织的形式正式存在，但是，这个三角内的各国之间在经济、政治和文化领域开展的各种活动将会急速增长，一股新的三边贸易流将会越来越强劲。而随着这些地区经济的开放，越来越多的人都想要从中分一杯羹。

2006 年经合组织研究报告就指出，拉丁美洲国家是中国全球化整合中的最大贸易赢家。中国经济的崛起也推动了拉丁美洲国家的觉醒。拉丁美洲还需要进行多项改革，尤其是在基础设施领域。2010 年 6 月，时任中国国务院总理温家宝在访问南美诸国的时候，承诺要进行 50 亿美元的直接投资并提供 100 亿美元的贷款来支持拉丁美洲国家的基础设施建设。当然，正如西方学者说的，中国和拉丁美洲国家合作共赢的这种发展，拉丁美洲以前最好的朋友美国对此并不乐见。

人们都看得出来，中国和美国是 21 世纪最具国际影响力的国家。这两个国家将如何发挥自己的作用，如何影响世界，现在似乎已经看出端倪。中国作为社会主义国家，提出了许多新理念，并决心实践这些理念。中国的一带一路构想、中国主办的亚投行、中国领导人提出的建立新型大国关系的倡议等促进世界发展、惠及世界人民的举措，都受到世界绝大多数国家和人民的欢迎和支持。而美国虽然口头上说无意遏制中国，但在这些问题上干扰性的霸权主义表现，人们通过多种各国领导人峰会，可一目了然。美国在霸权主义心态作用下，总想掣肘中国的发展，总在中国南海领土主权问题上做文章，如中国外交部部长王毅在会晤美国国务卿克里时表示的，尽管中国致力于和平解决中国东海和南海的争端，但是，没有人能动摇中国维护国家主权和领土完整的决心。正如国外学者所说的，中国的发展已经改变了地球的每一个区域，这已经是不争的事实。

更重要的是，国外的学者和实业家们，通过中国的具体实践，逐渐看到或领悟到，怀着中国理念和中国原则的中国的企业家，同欧美的企业家是不一样的。如奈斯比特说的："在中国，明星经济人物不断涌现，对此，我们将逐渐习以为常。中国年轻的企业家们同欧美这些企业家是不一样的吗？是，也不是。说他们是一样的，那是因为尽管文化背景千差万别，但我们在中国、美国、欧洲、非洲或者拉美遇到的那些年轻人都有一个共同的目标：事业有成并找到理想的人生伴侣。说他们不同，是因为中国人做生意的方式与西方人不同。我们在酒店内设的酒吧里常常会遇到一些人在谈生意，所以我们可以观察到中国商人和西方商人不同的身体语言。西方商务人士总是摆出居高临下的架势，喜欢指导中国人该干什么、该怎么干，而中国人通常比较含蓄、安静和友好。我们无意教导诸位如何在中国做生意，不过，可以给诸位一句忠告：建立信任并表示尊重。中国人都很热情，但同时很关注自己的目标。如果你有能让双方获益的东西，那么很好。如果没有，免谈。废话少说，这就是 21 世纪的生意经。"

据奈斯比特提供的资料，马云个人净资产则高达 218 亿美元。十年前，资产超过 100 亿美元的中国人只有一位，而今天已经有 176 位了。更惊人的是中国上上下下的创业热潮完全没有消退的迹象，有 8 位白手起家的 80 后创业者进入榜单。当《金融时报》问及马云如何应对与政府打交道这个难题的时候，马云回答道，在中国，甚至可能是世界任何一个地方，都还从来没有过任何机构能够大过阿里巴巴。它拥有超过 6 亿注册用户，每天有约 1 亿消费者。他说："一开始我以为政府会担心的。但我们专注于商业活动，并创造了诸多就业机会。所以，现在政府对我们并没有那么忌惮。"

世人都已经看到了，中国奇迹的获得，不只是靠中国人的智慧，更重要的是靠中国人的精神，靠每个中国人都有梦想。如奈斯比特分析的："许多中国青年的梦想并不是成为下一个扎克伯

格，而是成为新的陈欧、顾志诚和蒋磊这样的人物。许多资深的
中国杰出企业家和体育健将，如今已经登上了国际舞台。随着阿
里巴巴、百度、腾讯和小米这样的中国企业开办得越来越成功。
索雷尔说：'大家都说未来大势属于移动通信和数据行业，但是我
要说，未来大势属于中国商业模式。我们西方人总认为自己垄断
了这种智慧，但其实我们并没有。'"①

应当特别指出的是，中国国家的梦想和个人的梦想、国家愿
景和个人理想是高度契合和一致的。国家梦想实现的过程，就是
个人梦想实现的过程，个人梦想的实现为国家梦想实现奠定了基
础，而国家梦想的实现为个人梦想实现提供了条件。特别是提供
教育、科技培训等涉及劳动者解放，劳动者创新发展方面的环境
和条件。当今中国提出的在进一步开放中实现中华民族伟大复兴，
正是在中国不断进步，年轻人对成功的渴望越来越强烈的背景下
提出的。中国的开放和复兴过程，既是自上而下精心筹划的过程，
也是一个广泛调动民众积极性自下而上展开的过程，又是通过合
作共赢带动世界发展的过程。

三　中国快速发展和对世界的惠及

中国发展对世界的惠及，现在几乎是有口皆碑。人们都不难
领悟到，中国对外开放的实践，证明了这样几个道理：一是当社
会生产力水平发展到一定的高度时，经济问题就会成为国际问题，
国与国之间必然要发生一定的经济联系，任何国家都必须把本国
的经济问题放到整个国际经济关系中去考察；二是国际经济关系
的产生和发展，是一种历史的现象，是社会生产力发展到一定历
史阶段的必然产物，民族历史必然发展为世界历史，这是人类社

---

① ［美］约翰·奈斯比特：《大变局》，吉林出版集团 2015 年版，第 198—199 页。

会经济发展的必然规律；三是经济问题成为国际问题的基本含义，就是各国经济的发展超出国家的界限，融入国际体系，不仅相互联系，相互依赖，而且相互借鉴；四是后进国家要想赶上先进国家，必须利用先进国家的先进东西，包括思想上的和物质上的，比如资金、先进技术和设备等。不过这里要重点阐述的是，在中国对外合作、互相联系和借鉴中，所实行的原则，是双赢互惠、利益共享的。无论是利用外资、对外贸易或对外投资，都既使自己得利，也使合作伙伴得利；既惠及自己，也惠及合作伙伴，惠及整个世界和整个人类文明。

中国利用外资和对世界的惠及

人们都会记得，对外开放之后，外资潮水般流向中国的情形。外商在中国的投资发展之快、规模之大，在世界史上或许也是绝无仅有的。引进和利用外资，是一种双赢的国际合作。比如，对于中国来说，为什么要付出高昂代价利用外资呢？是为了生存，为了发展，为了复兴，这对于落后的既缺少资金，又缺少技术的中国来说，是求之不得的头等大事。中国虽然付出了高昂代价，却换来了发展奇迹，证明这样做是对的。历史上所有落后国家赶超先进国家，也都是这么做的。而对于外商来说，他们为什么要来中国投资，直言不讳，是为了超额利润。由于中国资源便宜，特别是劳动力资源便宜，又有政府许多优惠政策，在中国投资的利润一般都是很高的。30多年来，在中国投资的外商们，赚走了多少利润，获得了多少财富，这可能只有他们自己最清楚。所以应当说，中国奇迹是用对世界的高昂付出换来的。不过尽管外商获得了高额利润，中国也应该感谢他们，应当把这些利润看作他们客观上帮助中国发展应得到的报酬。

人类历史的发展，已经证明了这样一种道理或这样一条规律：那就是任何后进的国家，要想赶上并超过先进的国家，都必须开展同先进国家的经济联系，首先是把先进国家那些先进的东西，主要是先进科学技术吸收过来，为己所用，否则是不可能办到的。世界上所有先进的东西，都是劳动人民在长期生产斗争实践中创造出来的，是人类智慧的结晶。所以，落后的国家只有尽快地了解和掌握先进的东西，并在广泛应用的基础上加以创造和发展，才能达到后来者居上。这也是一条客观规律，美国、德国和日本从落后变为先进，所遵循的就是这条规律。他们取得的成功，也充分证明了这条规律的正确性。

人所共知，世界上最早的发达资本主义国家是英国。美国直到 1775 年独立战争以前，还是英属殖民地。在殖民地时期，它的工业虽有所发展，但受到英国殖民者的很大限制。比较发达的造船和木材加工工业，也大多是英国直接投资兴办的。美国建立自己独立的工业，是在 18 世纪末期以后。19 世纪中期以后，美国正是因为从英国引进了大量的先进技术，经济才开始迅速发展，1870—1913 年，美国工业增长了 8.1 倍，超过英国（1.3 倍）5 倍多。19 世纪 80 年代，它已经先后超过了德国、法国和英国，成为世界上头号的资本主义强国。到第一次世界大战前的 1913 年，美国工业生产量已占世界工业生产总量的 38%，相当于英、德、法、日四国工业生产量的总和。

美国取得如此成就，达到后来居上的具体原因，当然很多，诸如有优厚的自然资源条件，有广大的国内市场，以及比较重视农业的发展，等等；但最为重要的是广泛而有效地利用了外国的先进科学技术成就、资金和先进劳动力资源。当时的先进科学技术成就、资金主要是来自英国。这一时期美国吸收外国先进科学技术和资金的规模是相当可观的。1880 年，美国引进和利用外资和先进技术高达 20 亿美元，1890 年为 35 亿美元，1914 年达 67 亿美元。只在 1820—1859 年，移入美国的技术工人就达 100 多万，他们在美国的发展中，起了出人意料的作用。如美国的一些学者都承认，美国主要是靠从英国引进大量先进的技术和设备而迅速发展起来，成为后来居上者的。

德国经济发展的道路虽然不同，但就大量引进和利用先进国家的资金和技术这一点来说，是相同的，只是引进的方式不同而已。德国的工业也是在 19 世纪后期普法战争之后迅速发展起来的。1870—1913 年，德国工业增长了 4.6 倍，比英国快 2 倍多，比法国快 1 倍多。1914 年，德国的纲铁产量已超过美、法两国的总和。这一时期德国工业之所以能够迅速发展，一个重要的原因，是在普法战争后，它不仅从法国夺得了大量的资源和技术人才，而且得到了 50 亿法郎的赔款。这些赔款一方面使它有了发展工业的资金，另一方面使它通过外贸的形式，从国外购进了大量先进的技术和设备。正如斯大林所说的，德国是通过战争索地赔款的办法，从外国取得了资金和技术而迅速发展起来的。

日本是个国土小、人口多、缺乏自然资源的国家，它之所以能在很短的时间里赶上世界上最发达的资本主义国家，靠的是科学技术立国。这种科学技术立国，包含两层意思：一层意思是，从先进国家主要是美国和德国大量引进现代化的先进技术和设备，进一步研究和改造，使其超过原来的水平。直到目前，日本虽然也向外输出技术，但仍然是世界上主要的技术进口国。比如在 20 世纪七八十年代，美国技术出口收入和技术进口费用支出的比例，大体上是 10∶1，而日本则为 1∶6，技术输入远远大于技术输出。仅 1950—1970 年，日本就引进了先进技术 26000 多项，与此相适应，工业生产增长 315.7 倍，年平均增长率为 14.1%，比世界上任何国家都快得多；1971—1978 年日本又引进先进技术 16000 项，也大大超过了世界上任何国家。这些先进技术大量引进和运用，不仅大大提高了其劳动生产率，增强了产品在世界市场上的竞争能力，而且节约了大量的资金和时间。第二层意思是，从发展中国家大量进口能源和原料，运用引进的先进技术设备进行加工，制成成品向外出口。这样既解决了资金和技术问题，也解决了能源和资源缺乏的问题。从这两层意思看，日本的所谓技术立国，实质上是对外贸易立国，这是日本的基本国策。可见，日本是世界上主要依靠开展对外经济关系，依靠尽快掌握世界上最先进的科学技术，后来居上的最典型的国家。连美国的经济学者和企业家们都不得不承认，目前无论是在管理艺术方面，还是在一些重要工业如汽车制造业等方面，美国都已落后于日本。并且不得不从日本引进先进的技术和管理艺术，以消除同日本的差距。

上述三个国家的实例，充分说明了两个方面的道理：一是说明，开展同发达国家的经济关系，通过引进的办法使自己尽快掌握和广泛应用最先进的科学技术，这是后进国家赶超先进国家的必由之路，后进国家付出高昂代价是值得的；二是说明，落后国家引进和利用先进国家的资金、先进技术和设备，这不仅对后进国家有利，对先进国家同样有利，是个各得其所的双赢的过程。先进国家利用这些资金和先进技术设备的投资，得到了丰厚的回报，从而促进了自身的发展和国民生活的提高。

中国是个科学技术和生产力都非常落后的国家。在这样的国家，社会主义制度建立后，如何使自己能迅速发展，能成为后来居上的现代化强国？实行对外开放，大量引进并有效利用先进国家的资金和先进科学技术，自然也是必由之路，这是不言自明的。如列宁说的："要获得胜利，就必须懂得资产阶级旧世界的全部悠久的历史；要建设共产主义，就必须掌握技术。掌握科学，并为更广大的群众运用它们，而这种技术和科学也只有从资产阶级那里才能获得。这个基本问题应当提得十分明显，应当作为经济建设的基本任务。"[1]

我们应当特别注意的是，引进外资和先进技术设备，不仅是

---

① 《列宁选集》第 4 卷，第 170 页。

中国对外开放和加快市场经济建设的重要组成部分，也是中国顺应经济全球化趋势、主动参与国际分工的重要举措。30多年来，随着改革开放的不断深化，中国的投资环境和市场运行环境日益改善，吸引了越来越多的外商来华投资，使中国成为世界上吸收外商直接投资最多的国家之一，当然也是外商获得利润最多的国家之一，更是中国对世界发展贡献最大、惠及最多的国家之一。

这里要特别强调的是，任何落后国家利用先进国家的资金和技术，都是要付出代价的。落后的程度越大，付出的代价也越大。中国作为落后程度大的国家，付出的代价自然也最大。急切的需要、缺乏经验、缺乏国际商品交换的基本知识等，所以无论在利益外资、对外贸易、对外投资等所有国际合作共赢中，中国总是吃亏的角色。很多都不是吃小亏，而是吃大亏。吃亏，当然就是更多的付出，就是合作伙伴更多获得，就是中国对合作伙伴更多的惠及。

据统计，2005年，就有来自世界190多个国家和地区的投资者，在华累计设立外商投资企业53万多家，投资遍及第一、第二、第三产业的几乎所有行业，实际投入外资金额达6000亿美元。全球最大的500家跨国公司中，有450家已在华投资，其中有30多家设立了地区总部，外商投资设立的研发机构600多个。

2009年，外商在中国的直接投资项目，有23435个，2010年增加为27406个，2013年稍有下降，为22773个。中国使用外资额，2009年为918亿美元，2010年为1088亿美元，2013年为1187亿美元。国外企业在中国的登记数，2009年为434248家，2010年为445244家，2013年为445962家。外企投资额2009年为2500亿美元，2010年为2705亿美元，2013年为3517亿美元，累计吸收外商直接投资7595亿美元。全球500强有490多家来华落户，在华设立研发中心累计超过1400家。到2010年，中国改革开放以来累计吸引外资已经达到10600亿美元，在华投资的外国企业已经达到 13000 多家。截至 2012 年，中国累计批准外商投资企业 76 万家，外商直接投资约 1.3 万亿美元。

2013 年，排名前列的亚洲经济体对中国的外商直接投资同比增长 7.1%，达到了 1025 亿美元。中国吸引外国投资的金额紧随美国之后，排名第二，而且差距正在缩小。2012 年，中国金融及非金融行业吸引的外国投资已经上升到 1270 亿美元，仅仅比美国少 320 亿美元。从 1980 年到 2013 年 10 月底，中国实际利用美国投资的总额为 727.8 亿美元，排名第四。2013 年 1 月到 10 月，美国对中国出口额为 1.313 亿美元，相当于美国对外出口额的 1/10。中美相互投资额也大幅增长。2013 年，中国对美国直接投资的增长速度超过了美国对中国投资的增速，在 2013 年的头 11 个月就上升了 28.3%，达到 800 多亿美元。

任何外资和先进技术，都不是白给的，都是要赚取利润的。况且，中国引进外资和先进技术，是按照中国互利共赢的理念，给予外商很多优惠政策，这就在促进了中国经济发展的同时，使外商在中国的投资获得了更丰厚的利润回报。这也是中国能成为很多外商投资企业生产和销售的热土，能吸引越来越多的跨国公司把中国作为其全球投资战略的重点的原因。改革开放以来，中国一直是世界跨国公司获取利润的重要来源。据调查，由于中国有充足的廉价劳动力，中国政府的各种优惠政策，加之有比较好的基础设施，所以在华外商投资企业不仅都实现了盈利，而且约有 2/5 的跨国公司在华投资的利润率，高于其全球投资的平均利润率，仅 1990 年至 2004 年，外商投资者除留在国内作为在投资的部分之外，只汇出的利润就有 2500 多亿美元。

据有研究者提供的数据，外资在中国汽车业的投资，其所获得的利润，约占整个行业利润的 70%。从 2001 年到 2010 年这 10 年间，在华外商投资企业累计汇出利润 2617 亿美元，年均增长 30%。在全国外贸总额中，外企占比 55%。2007 年以来联合国贸发会议每年进行的"最受欢迎的投资目的地"调查中，中国连年被跨国公司列为首选。国际金融危机爆发后，跨国公司仍对中国信心不减，继续增资扩厂，有的正是凭借在华投资的丰厚回报而渡过了难关。

外国资本之所以热心来华投资，就是因为在中国投资可以获得到更高的超额利润。从资源、劳动力、教育水平等各方面综合考虑，中国的确是外国投资者很理想的赚钱的好地方。实际上，在华投资的外国企业，尤其是那些大企业，也确确实实是家家都赚了个袋满兜溢，无不喜笑颜开。比如仅2012年，外国在华投资者的收益就达2000多亿美元。他们不仅自己获得了巨大财富，还为其母国的发展做出了实实在在的贡献。

上海是外企投资最集中的地方。据《2012上海外商投资环境白皮书》提供的数字看，在外资促进中国税收、就业等的同时，外商在中国的投资的确实现了很高的回报。2011年度外商在上海投资运营企业上缴税金为3353.48亿元，共吸纳就业人员322.75万人，约占全市总就业人数的28%。产值和进出口成为全市的支柱，2011年全年外商投资企业工业总产值20749.63亿元，约占全市的61.3%。与此同时，2011年上海外企投资实现利润额为3211亿人民币，约1900亿美元。

正因为能获得丰厚的利润，外商在中国的投资势头不减。据商务部公布的最新数据，2014年中国共吸引外商直接投资1196亿美元。2015年4月，中国实际使用外商企业直接投资增长10%。2016年前4个月外商直接投资增长11.1%，达到444.9亿美元。其中来自欧盟国家投资增长了22.2%，达到了25.2亿美元，来自美国投资增长了28.4%，达到8.8亿美元。

总之，由于中国特殊的优厚条件和优惠政策，在中国的投资者都得到了高额回报，是显而易见的。这里要强调的是，由于中国科学技术落后，中国在引进外资和先进技术的合作双赢中，是吃亏的，中国付出的代价是过高的。中国的实践说明，在复兴中，科学技术是最重要的因素。一个国家要复兴，要赶上和超过先进国家，不仅要有先进的理念，要有巨大的市场，要有廉价的商品，更重要的是要有先进的科学技术。中国引进先进科学技术的目的，是在发展生产基础上实现对这些技术的创新和赶超。只有在科学技术上实现了赶超，只有站在科学技术的制高点，才能真正谈得上复兴，才能对世界做出更大贡献。

中国是个科学技术基础落后的国家，与发达国家的差距巨大。虽然经过 30 多年的追赶，情况有了很大的改变，但远没有实现赶超。在许多重要科学技术领域，还受制于人。如果在信息和网络技术、生产和管理技术、航天和航空技术、航海和生物技术、智能和遥控技术等方面，中国都能站在制高点，那中国的复兴之快、中国对世界贡献之大，将会使人想象不到。正是为了这个目标，中国领导人特别重视创新社会建设。要每个中国人都牢固树立创新意识，努力增强创新能力，以创新求突破，以创新求主动，以创新求自强。

中国对外国贸易和对世界的惠及

中国是个人口最多的国家，自然也是世界上最大的市场。正因为如此，无论什么事情，只要和中国合作好了，都会获得双赢，都会在世界上产生的规模效应。只要进入中国这个大市场，就会获得利益，这已成为世界商人的共同感受。现在世界上所有的厂商，无论是汽车厂商、电器厂商、化妆品厂商，都在研究中国人的爱好，都想造出中国人喜欢的产品。当然，中国也在生产外国人喜欢的产品，以便发展国际贸易。

在中国奇迹中，国际贸易的迅速发展是一个重要方面。改革开放之初的 1978 年，中国对外贸易总额只有 206 多亿美元，2009 年达到 22075 亿美元，2010 年达到 29740 亿美元，2013 年已经达到 41589 亿美元，增长了近 200 倍，跃居世界第一。如此巨大的市场对外开放，或者说进入如此巨大的中国市场，这无论是从扩大生产、节约社会劳动、资源合理有效利用、增加就业的意义上，还是从增加社会财富、提高国民生活水平意义上，参与同中国贸易的所有国家，都获得到了极大的好处，意味着这些国家获得好处的急速增长。无论从同中国贸易中获得高额利润，或从同中国贸易中获得大量廉价消费品，都意味着对中国发展成果的共享，意味着同中国做生意中的共赢，意味着这种共赢和共享的急速增长。

比如，中国对外贸易的发展，不仅增加了中国的财富和国民的福利，而且提高了贸易伙伴国的财富和国民福利。随着加速融入世界分工体系，中国依靠劳动力成本优势、较强的产业配套和加工制造能力、不断提高的劳动生产率，逐渐发展成为世界工业品的主要生产国和出口国，为世界各国和地区提供了大量物美价廉的商品，满足了国际市场特别是贸易伙伴国多种多样的需求。人们都能想象得到，中国在全球制造业环节的规模经济优势和加工成本优势，部分消化了上游生产要素的价格上涨，起到了抑制全球通货膨胀、提高贸易伙伴消费者实际购买力的作用。这就既促进了贸易伙伴国的发展，也促进了这些国家人们生活水平的提高。

比如，中国的对外开放和对外贸易的发展，为世界贸易伙伴提供了广阔市场。2001 年以来，中国货物进口总额年均增长约 20%。中国进口迅速发展，不仅已成为世界经济增长的重要推动力，而且为贸易伙伴扩大出口创造了巨大市场空间。对于贸易伙伴来说，随着出口的增加，生产的发展，随之而来的自然是就业的增加，是劳动者收入的提高。人们都体会到了，就业是世界发展中的头等大问题。能对扩大就业做出贡献，是涉及人民生活提高的最大、最光荣的贡献。2013 年，美国约翰·克里在关于美国外交政策讲话中，就这样说：美国每出口 10 亿美元的商品和服务，就能够创造 5000 个就业机会。有学者由此推算，2012 年美国对中国的出口额共计 1484.5 亿美元的商品，这就为美国创造了超过 74 万个就业岗位。据统计，入世以来，中国年均进口增速约 20%，2001 年至 2010 年货物进口总额扩大了约 5 倍，占全球比重从 3.8% 增至 9.1%。十年来，中国每年平均进口 7500 亿美元的商品，为相关国家和地区创造了 1400 多万个就业岗位。

比如，随着对外开放的发展，中国不仅为发达国家提供了巨大的市场，更为发展中国家提供了巨大的市场，中国已经是对最不发达国家开放市场程度最大的发展中国家之一。中国还向世界承诺，将继续扩大对已建交最不发达国家的优惠范围，使实施零关税商品达到全部税则税目的 97%。零关税措施促进了最不发达国家对中国的出口。自 2008 年以来，中国一直是最不发达国家第一大出口市场。2010 年，中国向最不发达国家的货物进口总额比上年增长 58%，约占这些国家出口总额的 1/4。

比如，中国以平等互利、合作共赢的理念和实践，全面参与并推动了全球经济贸易治理机制的改革。中国政府积极倡导以平等互利、合作共赢为多边贸易体制改革的目标，努力推动建立公平、公正的国际经济贸易新秩序。作为迅速成长的发展中大国，中国积极参与了二十国集团领导人峰会、金砖国家领导人会晤、多哈回合谈判等国际对话和合作机制，努力承担与自身发展水平及国力相适应的国际责任。中国不断加强与新兴国家在经济、金融、贸易和投资等领域的合作，促进国际经济秩序朝着公正、合理、共赢的方向发展。中国的这些举动，对实现国际社会公平，消除南北之间收入的不平等，都有积极作用。也就是说，中国的这些举动，最终惠及的是发展中国家特别是发展中国家的人民。

比如，中国积极在南南合作框架下帮助其他发展中国家提升贸易水平，增强自主发展能力，促进共同繁荣。2007—2010 年，中国从最不发达国家的进口额由 238 亿美元升至 432 亿美元，且自 2008 年以来一直是最不发达国家的第一大出口市场。近十年累

计对外提供各类援款 1700 多亿元人民币，免除 50 个重灾穷国近
300 亿元人民币的到期债务，承诺对已建交的最不发达国家 97%
税目的输华产品实行零关税。联合国工业发展组织总干事尤姆凯
拉说："中国入世，受益方绝不是光中国赢了，世界也赢了！"

　　比如，在中国的出口商品中，很大一部分不仅是人民生活中
最需要的，而且是最廉价的。比如服装、家用电器、农产品和食
品等。物美价廉的中国商品，也使国外消费者普遍受益。据统计，
由于进口中国商品，美国消费者过去 10 年共节省开支 6000 多亿
美元，欧盟每个家庭每年可节省开支 300 欧元。在"最困难的"
的 2009 年，全球贸易下降 12.9%，而中国进口增长 2.8%，是主
要经济体中唯一进口呈正增长的国家，成为世界第二大进口国。

　　此外，中国还严格履行有关出口管制的国际义务。中国一贯
主张全面禁止和彻底销毁一切大规模杀伤性武器，坚决反对此类
武器及其运载工具的扩散。中国有关法律明确规定对裂变、聚变
物质或者衍生此类物质的货物、技术进出口，以及与武器、弹药
或者其他军用物资有关的进出口采取必要的限制措施。中国认真
遵守有关出口管制的国际公约，履行防扩散承诺，为国际和平与
地区稳定作出了积极努力。近年来，中国政府广泛采纳国际通行
规范和做法，形成了一整套涵盖核、生物、化学和导弹等敏感物
项和技术的完备的出口管制体系，为更好地实现防扩散目标提供
了法律依据和制度保障。

　　在对外开放中，中国始终坚持以邻为伴，睦邻友好，深化互
利合作，努力使自身发展更好惠及周边国家。创造亚洲和周边国
家的美好未来，造福亚洲和周边国家人民，这是中国人的决心和
志向。21 世纪以来，中国同周边国家贸易额由 1000 多亿美元增至
1.3 万亿美元，已成为众多周边国家的最大贸易伙伴、最大出口市
场、重要的投资来源地。更重要的是，中国和周边国家的贸易还
有很大的潜力。比如中国和印度的贸易，2012 年两国之间的贸易

额达到 660 亿美元，专家估计，2015 年可能增至 1000 亿美元，到 2018 年，可能增至 3000 亿美元。除了贸易，中国同亚洲和周边国家的其他方面的合作，也在深入发展。中国同亚洲和周边国家的利益融合，将达到前所未有的广度和深度。

当前和今后一个时期，中国经济将继续保持健康发展势头，国内需求特别是消费需求将持续扩大，对外投资也将大幅增加。中国越发展，越能给亚洲和周边国家带来发展机遇和实惠。习近平同志 2013 年说："今后 5 年，中国进口商品额将超过 10 万亿美元，对外投资规模将超过 5000 亿美元，出境旅游有可能超过 4 亿人次。"这对贸易伙伴国的就业、经济和社会发展将会有多么大的作用，对这些国家的人民会有多么大的惠及，可想而知。

在开放中，中国全面参与国际分工与合作，现在已成为全球产业链不可或缺的一环。"中国制造"畅行天下，出口商品逐年优化。诸如，机电产品出口从世界第六升至第一，高新技术产品出口占到三成以上，自主知识产权产品成为出口的新增长点，促进了结构调整和产业升级。很多企业牵手大跨国公司，在"与巨头同行"时，自己得到了提高和壮大。通过跟世界一流跨国企业的合作，中国企业不仅开阔了国际视野，而且使核心竞争力，上了一个大台阶。

这里特别要说一句的是，中国在对外贸易的成就中，中国对拉丁美洲国家贸易的迅速发展，是可喜可贺的。比如，墨西哥同其邻国美国的关系还是非常紧密的，过去它一周对美国的出口量比一年对中国的出口量还要多。正如有学者分析的，墨西哥是个低成本制造基地，它既可以成为中国对美出口的竞争对手，又可以成为中国需求的美国商品的出口平台。墨西哥还希望打破过去的对华贸易模式，不再仅仅出口包括铜、铁矿石、黄豆等在内的原材料，还进口便宜的工业产品和基本技术。因为中国承诺增加对拉丁美洲地区的投资，两国新签署了一些贸易协定，使中墨贸易得以迅速发展。中国在拉丁美洲最大的经济伙伴是巴西。2012年的中巴贸易额达到了 750 亿美元。据有学者提供的资料，2012年，中国与拉美之间的贸易额增长率为 8%，达到了 2555 亿美元，高于美国对该地区的贸易额增幅 6% 的速度。

2010 年，中国取代美国成为非洲最大的贸易伙伴。2012 年，中非贸易额接近 2000 亿美元，目前有 2000 多家中资企业在非洲投资兴业。非洲和中国在过去大约 12 年的双边贸易额差不多增长了 20 倍，从 100 亿美元增加到了 2013 年的 2100 亿美元。2013年，有 140 万中国人到访非洲，这无疑增加了非洲的外汇收入；有超过 2000 家中国公司的上百万中国人，从工程师到工人工作在非洲大陆的每个角落，这也无疑促进了非洲的发展和财富的增加。

总之，中国是个发展中的大国，有 13 亿人口，不仅有巨大的市场，而且有廉价的资源，特别是有廉价的劳动力资源。这就决定了，中国的产品因成本低廉，而价格便宜。这就意味着，中国对外贸易的发展，对于贸易伙伴来说，都是不仅是财富的增加、经济的发展；而且是就业的增加，和人民生活水平的提高。上面列举的事实说明，中国对外贸易的迅速发展，已经对世界做出了巨大贡献；而且完全可以预料，随着中国对外贸易的更大发展，中国必将对世界做出更大的贡献。

中国对外投资和对世界的惠及

中国引进和利用外资，是一种合作双赢；而作为社会主义国家，对外投资就更是一种合作双赢。从 21 世纪开始，为了共同发展，中国也在海外进行投资。截至目前，中国在海外投资额已经累计达到了数千亿美元。这里特别应当指出的是，中国在海外的投资，与资本主义国家不同，它不完全是为了利润，而更多地是为了帮助东道国的发展。毫无疑问，这数千亿美元的投资，对东道国就业的扩大、经济的加速发展、人民生活的提高，能起到多么大的作用。

　　我们都知道，在中国的对外开放中，很长一段时间，中国主要是引进外资和技术。而随着经济的迅速发展，随着经济实力和综合国力的提高，中国对外开放至今，已经从大规模"引进来"到大踏步"走出去"的更广阔更全面的融入世界。30多年来，中国全面履行加入世界贸易组织承诺，坚定不移地参与区域和国际经济合作，寻求自身发展与承担力所能及的国际责任相结合，推动全球贸易和投资自由化便利化进程。人们都知道，至今，中国正与五大洲的28个国家和地区建设15个自贸区。其中，已经签署了10个自贸协定。中国参与世界和区域贸易进程的实践证明，只有把对外开放同国内改革发展相结合，积极参与和推动全球贸易和投资自由化便利化进程，才能实现将自身经济发展融入世界经济发展的互利共赢。

　　在"走出去"的过程中，中国也切实履行社会责任。中国投资不仅直接满足东道国发展所需要的资金和技术，加速东道国经济的发展，这种发展对这些国家的人民，当然是有利的。更重要的是，它还直接增加了这些国家的就业。据统计，截至2010年，中国对外投资企业聘用当地员工近80万人，每年在当地纳税超过100亿美元。国际金融危机蔓延时，中国政府不仅及时实施强有力的内需刺激政策，保持经济持续健康发展，对世界经济复苏起到极大的提振作用；而且组织30多个大型采购团奔赴海外，进口和对外投资加快增长。这被外电赞为"最闪亮的稳定器"。

　　据学者提供的资料，从2005年到2013年年中，中国在全球范围内的海外投资总额是6880亿美元。中国实际投资和达成投资意向的重点十分明确，大部分都是投向南环经济带国家，即亚洲—非洲—拉丁美洲经济带的。其中对南美洲国家的投资为770亿美元，对东亚国家的投资为1572亿美元，对西亚国家的投资为849亿美元，对非洲下撒哈拉地区国家的投资为1197亿美元，对

阿拉伯世界国家的投资为 602 亿美元。这对南环经济带的共约
4990 亿美元的投资，不仅在经济领域发挥作用，而且在提高这些
国家自信、摆脱对西方国家依赖方面，也发挥着重要作用。从全
球范围看，2013 年，中国连续第二年在对外投资规模上排名第三，
中国对外投资规模达到了历史最高的 1080 亿美元。预计到 2017
年中国对外投资总额将达到 2000 亿美元。

中国目前在南环经济带投资约 4990 亿美元，不仅在经济领域
发挥作用，而且还在帮助新兴经济体国家建立摆脱对西方的依赖
方面，也发挥着巨大的作用。据学者提供的数据，目前，约有 1.8
万家中国企业在境外投资，足迹遍布世界各地。并购，是中国企
业海外投资的重要方面，2011 年，中国大陆企业的海外并购交易
数量达到创纪录的 207 宗，同比增长 10% 。交易总额达 429 亿美
元，同比增长 12% 。在"走出去"的进程中，中国企业不仅拓展
了自身的发展空间，如西方学者所言，中国企业时代正在到来。

2006 年经济合作与发展组织一项研究的结论就是：而那时，
中国已经向拉丁美洲国家提供了 370 亿美元的贷款，且中国对拉
丁美洲国家的投资也已经激增到了 100 亿美元，同 2009 年相比，
增幅达到 50% 。从 2005 年到 2013 年，中国对拉美投资总额已经
接近 1000 亿美元。对拉美投资从 2001 年的 6.21 亿美元增加到了
2010 年的 440 亿美元。从 2005 年到 2011 年，对拉美贷款总额业
已达到 750 亿美元。或许，改变拉丁美洲的最重要因素，就是中
国的参与。最近联合国经济委员会发布的一份研究拉丁美洲和加
勒比海地区的报告中说，2016 年，中国有可能超过欧盟成为该地
区第二大经济伙伴。还有人预测中国有可能最终终结美国在该地
区的贸易优势。

2012 年中国对这些国家共投资了 550 亿美元。为进一步促进
物流服务和资本流动，智利、哥伦比亚、墨西哥和秘鲁的经济贸
易部同中国签署了一项协议，创建了中国太平洋联盟多部门联盟。

未来的投资将是多元化的，投资方向包括氕造业、农业、商业以及中小型企业。中国也是拉美国家的最大债权国，其中仅委内瑞拉就向中国贷款500亿美元。我们完全可以这样说，中国的这一理念传递到哪里，哪里就会充满发展的激情和活力，就会享受到合作共赢的累累硕果。

中国对拉美大陆能源和基础设施的投资迅速上升。目前，拉美在建中国基础设施建设项目投资总额已经达到5000亿美元。在刚刚过去的5年中，拉美公司对外国投资总额超过2000亿美元，其中许多项目是同中国合作的。中国对拉美出口额从2000年的39亿美元激增到了2011年的860亿美元（泛美开发银行）。不过，中国与拉丁美洲的贸易还有很大的成长空间，而且中方也有充分理由为其在国际上树立新的形象而努力。

中国在东南亚的投资一直在以两位数的速度增长。据英国《卫报》2012年3月的报道，2011年和2012年，中国六大对外投资目的地包括印度尼西亚、越南、菲律宾、马来西亚、泰国和新加坡。2013年10月，李克强总理访问泰国期间，向泰国大力推荐了中国的高速列车，希望说服泰国国会批准与中国合作建设高速列车铁路系统项目，这有助于确保中国在东南亚拿到更多基础设施建设项目。

从2001年到2011年的十年间，中国对美国的投资增速232%，对欧盟投资上涨近90%，而对澳大利亚投资增长了109%。中国对外投资增长速度之快，由此可见。中国对美国的投资，主要是收购。据学者提供的资料，2012年，中国买家通过49笔交易，斥资115.7亿美元收购美国公司或美国公司的股份。中国双汇国际公司以71亿美元的价格，成功并购了美国猪肉巨头史密斯菲尔德食品公司，这是截至2013年9月，中国公司收购美国公司当中最大的一家。当然，中国对美投资的首选目标，似乎是美国的金融行业。这方面的投资及投资协议高达570亿美元，加上对加拿大的投资，总额高达 1069 亿美元。有美国学者说，中国的投资重点开始从发展中国家转移到发达国家，2014 年上半年的主要目标就是美国。他认为，几年之内，中国将从一个外国直接投资净盈余国家变成一个资本输出净盈余的国家。几年前，中国对外投资的主体还是国有企业，而现在私营企业已经成为中国对美国投资的主体了。

据国外研究者提供的数据，中国在欧洲的投资及投资意向，是惊人的。这包括：英国 236 亿美元，法国 106 亿美元，意大利 69 亿美元，德国 59 亿美元，希腊 55 亿美元，葡萄牙 54 亿美元，西班牙 24 亿美元。包括瑞士在内，中国在欧洲直接投资以及达成投资意向已经增长到了 820 亿美元。据商务部公布的最新数据，2014 年，中国对外直接投资增长了 14.1%，达到了 1029 亿美元。2015 年前 4 个月，中国对外非金融类直接投资增长了 36.1%，达到了 349 亿美元。其中对欧盟的投资增长了 48.7%，对美国的投资增长了 33.5%，对澳大利亚的投资增长了 65%。

这里值得特别提及的是，中国对发展中国家的投资，主要是在对这些国家发展和民生具有重要意义的基础设施和科技服务部门。比如中国在非洲、拉丁美洲的直接投资，就主要是在道路、电力供应和科技服务部门，这为非洲、拉丁美洲发展提供了条件。特别是整合投资于非洲社会的中小投资者，都努力做到让中国和这些国家人民都受益的目的。中国的有些投资，完全是为帮助落后国家发展，是尽一个大国的义务和责任。中国对任何国家的投资，都坚持共商、共建、共管、共赢、共享原则，都要依据东道国的诉求，合理、科学地利用资源，包含生态环境，争取最大效率，并把此作为中国企业的社会责任。因此，中国投资日益得到东道国的欢迎和支持。随着中国综合国力特别是科技实力的增强，中国对外投资的前景，肯定是无限光明的。中国在对外投资方面对世界的贡献，肯定也会越来越大。

第 七 章

中国创新理念和引领人类文明新发展

新时代的政治经济学，特别是新时代的国际政治经济学，其核心和本质应当是什么？这一节也许能给读者提供一些思路。历史已经证明，在国际社会中，中国是个名副其实负责任的大国。中国提出的造福世界，不是嘴上说说而已，而是要切实实践，在思想、理论、政策上，都有所保证的。中国融入世界后，主要通过广大劳动者的辛勤劳动，以自己的理念、实践中创造的奇迹，来影响世界，造福于世界，贡献于世界。中国在理论创新中提出的新理念非常丰富，诸如和平与发展理念，平等合作与互利共赢理念，以人为本和共同富裕理念，和谐社会与和谐世界理念等，这些理念既是中国的主张、中国的原则，也是中国的不懈追求。中国的这些理念和追求，不仅要致力于让占人类五分之一人口的中国彻底摆脱贫困，走上富裕道路；同时也致力于让世界走上和平发展，共同繁荣与和谐世界的道路，从而为世界做出更大贡献。中国的这些理念，是全新的理念，它在世界的传播，必将引起世界旧理念的变革，使许多长期得不到解决的难题，得到破解，从而使世界变得更加繁荣和美好。

我们似乎可以这样说，中国创新理念在世界的传播和得到认可，或者说，从过去的旧理念向新理念的过渡，所体现的是人类文明的发展和进步。比如，从战争掠夺理念到和平发展理念的过渡，从零和博弈理念到互利共赢理念的过渡，从以钱为本理念到以人为本理念的过渡，从追逐个人财富理念到共同富裕理念的过渡，从追逐世界霸权理念到和谐世界理念的过渡，这都体现了人类文明发展的飞跃，标志着人类文明发展开始进入到一个崭新阶段。而中国，就是这一新阶段人类文明发展的领跑者。谁都不会否认，新中国建立后，随着这些理念的逐步形成和实践，中国一直是人类文明发展的引擎。中国文明的发展，都刺激和带动着世界向新的更高文明发展。在实践中人们都不难悟到，中国提出的这些新理念，不仅是对旧理念的革命，也是对旧政治经济学的革命，从而为建立中国版的国际政治经济学的研究，提供了崭新的思路。

一　和平发展理念和战争掠夺理念的摈弃

和平发展理念，是新中国建立伊始就提出来的。和平，是社会主义的国际原则，这是马克思很早就说过的话。战争与和平问题，是国际政治和国际关系中，最为复杂、具有巨大、全局性影响的问题。中国和平发展理念的核心内涵，就是靠自己的辛勤劳动，创造财富，创造奇迹，获得发展，达到复兴。这与帝国主义那种靠战争、靠掠夺攫取财富的理念是完全不同的。人们都知道，帝国主义一开始，在世界上推行的就是战争掠夺理念，这一理念的推行，给人类文明的发展造成了巨大灾难，造成给国际社会造成许多矛盾和冲突，这都严重影响着国际间的合作和人类文明的发展。而中国提出的和平与发展理念，不仅是为了解决世界长期不得解决的和平与发展这两大难题，也是中国社会主义性质的体现，符合世界人民愿望，体现着人类文明发展的正确方向。

和平发展和人类自我毁灭的避免

回望历史，在阶级社会中，人类发展总摆脱不了与人们意愿相悖的战争和掠夺，在资本主义社会更是如此。战争，对资本主义来说，是对外扩张和掠夺财富的重要手段，"大炮一响，黄金万两"；而对广大人民来说，却是不尽的灾难。中国就是帝国主义战争掠夺的切身受害者。所以，新中国建立伊始，就提出了和平的对外关系原则。在 20 世纪 70 年代后期，又提出了和平与发展的理念。正如习近平同志说的：中国作为社会主义国家，中国的复兴，必须坚持和平发展。"实现中国梦，必须坚持和平发展。我们将始终不渝走和平发展道路，始终不渝奉行互利共赢的开放战略，不仅致力于中国自身发展，也强调对世界的责任和贡献；不仅造福中国人民，而且造福世界人民。实现中国梦给世界带来的是和平，不是动荡；是机遇，不是威胁。"①

　　战争和掠夺，是帝国主义者在国际上一直践行的理念。当然，我们这里说的战争，是帝国主义掠夺性的战争，是对帝国主义侵略者和掠夺者来说的，当然不包括革命战争。无休止地、贪婪地攫取个人财富，是资产阶级的本质。而对个人财富的贪婪和掠夺，正是战争和掠夺的根源。历史已经证明，帝国主义战争掠夺理念和实践，是造成人类巨大灾难的罪恶理念和实践。诚然，自人类产生那天起，就始终摆脱不了战争和掠夺这个恶魔。而在资本主义产生后，由于科学技术的迅速发展，战争手段和武器的迅速发展，战争所造成的灾难越来越令人发指。

　　在各种先进武器、特别是核武器恶性膨胀的今天，在人类已经面临因战争而自我毁灭的严重威胁的时候，人们再也不能无动于衷了。人类文明的发展再不能允许帝国主义战争、特别是大规模战争继续危害下去了，帝国主义战争掠夺理念，再也不能持续下去了。可以断定，当今的人们，都不会希望用自己制造的包括核武器在内的先进武器，来进行相互残杀、相互毁灭。所以，是选择战争掠夺，还是选择和平发展，历史已经做出了结论。世界

---

① 《习近平治国理政》，外文出版社 2014 年版，第 57 页。

各国、特别是各大国，应当如何抉择，也已经是不言自明的了。

　　然而，世界上的许多事情，都是不由人愿的。因为是选择和平发展或是寻找战争掠夺，体现着两种世界观和人生观，所以进行这种选择意味着世界观和人生观的革命，并不容易。战争和掠夺理念，根源于资产阶级为己、为私的人生观和价值观。一切都是为了自己，人不为己天诛地灭，这是资产阶级的人生观和价值观核心。马克思阐述过，在这种人生观支配下，资本主义社会人与人之间的一切关系都变成了赤裸裸的利害关系，变成冷酷无情的"现金交易"，把人的价值和尊严，都变成了交换价值。这样，它在抹去了过去一切等级制度同时，也抹去了一切向来受人尊敬和令人敬畏的职业的灵光，把医生、律师、教士、诗人和学者变成了他出钱招雇的雇佣劳动者，使整个社会结构简单化为资本家和雇佣劳动者的对立，把温情脉脉的家庭关系，也变成了纯粹的金钱关系。无上崇拜个人财富，只顾个人发财，一味贪婪和聚敛个人财富的这种思想意识，正是这种战争掠夺理念的思想根源，而对资产阶级来说，这种意识和理念是根深蒂固的。

　　只顾个人赚钱发财和个人权利，而不顾别人的死活，这作为资本主义价值观的核心，美国发动的每次侵略战争，特别是其发动的伊拉克战争，阿富汗战争，以及其在叙利亚制造的混战，都证明了这一点。资本主义价值观的本质内涵，是只相信个人的价值，重视个人自由，强调个人的自我支配、自我控制和自我发展，并以个人的存在和欲望为出发点和归宿点。随着科学技术的发展和进步，个人主义在资本主义社会已经发展成为包括价值体系、人性理论和政治哲学等多种内涵的复杂系统。在资本主义国家，一切价值均以个人为中心，个人本身就是目的，社会只是达到个人目的的手段。在资本主义社会，个人的权势、地位、智慧、荣誉，都同财富联系在了一起。谁能赚钱，谁能获得巨大的财富，谁就是精英、就是智者、就会受到社会的尊崇，谁就有了权势、地位和荣誉。至于采取什么样的手段，是战争、是投机、是欺骗或是偷盗，那是无关紧要的。

有掠夺，就必然有战争；而战争正是为了掠夺。资本主义在向外扩张中，其贪婪掠夺财富的行为，必然要与被掠夺者发生冲突和战争。我们都知道，私有制产生之后，掠夺财富就成为战争根本性的或一般性的目的。比如古代部落与部落的战争，就不仅是为了在陆上和海上抢劫财富的战争，而且还把这种抢劫财富的战争，变成了正常营生和功能。邻人的财富刺激了各民族的贪欲。在那野蛮时代，掠夺在他们看来比劳动获得更容易甚至更光荣。不过那时，虽然财富被当做最高的价值而受到赞美和崇敬，古代氏族制度被滥用来替暴力掠夺财富的行为辩护，但因为缺少一件东西，即一个社会政权组织，所以这种战争仅限于掠夺财富，部落与部落的战争，总是以战败部落的被消灭而告终。

随着国家出现后，战争就不仅只有掠夺财富的目的，而且有了奴役和统治的目的。国家作为社会的政权机关，它不仅保障单个人新获得的财富不受侵犯，使以前被轻视的私有财产神圣化，并宣布这种神圣化是整个人类社会的最高目的。而且还给相继发展起来的获得财产从而不断加速财富积累的新的形式，盖上社会普遍承认的印章。战争不再是一方彻底消灭另一方，而是把另一方变为为自己劳动的奴隶。因为奴隶的劳动同样可以使自己获得生活资料和财富。也就是说，在国家产生之后的战争，不仅要掠夺财富，而且还要掠夺维护这种财富的权力。资本主义从殖民掠夺的原始积累开始，为了掠夺财富和权力，各国都不惜花巨大的财力和物力，建立强大的军队，进行花费巨大的残酷的战争，资本主义的发展史，就是一部血淋淋的战争掠夺的历史。

18 世纪和 19 世纪英国的殖民战争和殖民掠夺，19 世纪之后美国对世界的战争和掠夺，都给世界带来了何等巨大的灾难，这在历史书中都可以看到。英国在世界曾有过最多的殖民地，号称日不落帝国。英国从殖民地掠夺的财富有多少，那是天文数字，神仙也难以计算得清。而每一个殖民地的开启，都是依靠战争，中国就曾是这种战争的受害者，中国人深受过这种战争的苦难。特别是美国，似乎生来就是个好战的国家。美国的强大和世界霸权的确立，所依靠的就是强大的军事力量和战争。战争对世界上任何国家的经济发展都是一种沉重的代价和制约，但是，这条规律似乎唯独对美国不适用。美国是在战争中崛起和称霸的。美国科学技术和经济实力的发展，都是靠战争带动的。战争历来都是美国进行对外扩张和掠夺财富的重要手段。

依靠军事力量对外进行扩张，掠夺世界财富，谋求世界霸权，这是资本主义制度永恒的主题。用美国人的话说，是资本主义制度的"天定特权"或"天定命运"。如果翻一翻英国、美国等发达资本主义国家发展的历史，就可发现，它们的崛起，都是同侵略战争，同杀戮和对外掠夺相联系的。所以它们对战争也总是情有独钟。比如美国，似乎每一次战争，都会使那些大资本家、大军火商们攫取到巨大的财富。对他们来说，的确是大炮一响，黄金万两。从1866年发动侵略朝鲜战争开始，到2003年发动伊拉克战争为止，美国几乎年年都处在战争之中。而正是这些战争不仅使其从世界掠夺了大量财富，而且不断刺激和促进了美国科学技术、经济、军事和综合国力的发展，使其由殖民地发展成为史无前例的全球性的大帝国。

搞军火经济或战争经济，大发战争横财，这是美国发展重要之道。罗斯福就曾把他的第三次竞选戏称为"授权美国为'民主国家的军火库'的委任活动"。他宣布要采取积极政策，向欧洲国家运送更多的军火。艾森豪威尔在总统告别词中曾不无担心地警告说，"要警惕'军事——工业的联姻'对美国生活带来的巨大潜在影响"。然而这种联姻不仅依旧，而且恶性发展。战争——军事科学技术——军事工业——战争消费——军民两用技术——军民混合工业——军事技术转为民用科学技术——民用工业——居民消费——整个国民经济——综合国力，这就是美国发展、成长的特殊历史、特殊逻辑和公式。军事和工业联姻，就使战争成为美国发展为全球性大帝国的重要引擎。

由于特殊历史和地缘政治条件，美国建国伊始，就尝到了战争掠夺的甜头。比如无论是对西部印第安人进行掠夺和制度移植，或是对墨西哥的掠夺和制度移植，都是用残酷的战争方式进行的。利用战争掠夺来这些新土地，都与美国原来的土地相连，被纳入了美国的版图。当然毋庸置疑，由于美国的特殊条件，在美国的对外战争中，也有一些是正义战争，比如两次世界大战。然而，即使参加这样的战争，美国也有自己掠夺财富的小九九。这种战争不仅使美国大发了战争财，而且还赢得了荣耀和光环。

美国作为列强瓜分世界的后来者，在利用战争重新瓜分世界的斗争中，提出了许多新的理论和新的招数，为其疯狂进行对外扩张制造舆论，披上合法的外衣。如美国历史学者所说："为实现它成为一个世界强国的梦想，经过半个世纪的准备以后，一个美利坚帝国的新样式，临时披上盔甲登上了国际舞台。"在第一次和第二次世界大战中，美国利用战争进行制度输出的伎俩，又得到了淋漓尽致的表现。

人们都知道，战争对人类造成的灾难之巨大、之残忍，莫过于两次世界大战。然而，在美国统治者的理论或意识里，它却成为刺激美国发展的引擎，成为美国幸福的源泉。在 1914 年 7 月，美国总统威尔逊就说过："没有人比我更关心把美国商人的企业带到地球上每一个地区。当我想使自己成为一个政治家之前很久，我就关心这件事。"① 这次战争的结果，使美国的双重梦想如愿以偿。战争爆发后，随着欧洲各国购买美国货的急剧增加，美国经

---

① 见余志森主编：《美国通史》第 4 卷，人民出版社 2002 年版，第 388、386 页。

济衰退仅仅几个月就转向繁荣。1913 年美国的出口总额为 25 亿美元，1916 年就猛增为 55 亿美元。战争不仅获得了巨大财富，使美国经济得到巨大的发展，而且战后按照美国提出的国际秩序的安排，使美国开始取代英国走上世界霸主的地位。

正如美国社会学家奥托·纽曼在其所著《信息时代的美国梦》一书中的所指出的："第一次世界大战后，美国已经开始具备领导世界的能力，但却并没有实施这种力量，而是从欧洲事务中抽身，尽管这也是为了维护前大英帝国作为世界荣耀之源的面子。战争迫使许多欧洲国家拍卖在美国的资产用以资助欧洲的冲突。在整个冲突过程中，他们逐渐成为美国的债务国，而不得不接纳美国进入他们一直保护的前殖民地市场。对美国而言，战争则意味着无失业的国家经济。人们的平均收入增加了 50%。那时在美国人的视野里，唯一有些不安定的是 1917 年发生的'红色恐怖'但那是在遥远的农村"。①

在资本主义国际关系理论中，还有一个理念，那就是国强必霸。资本主义世界的国际关系史，就是随着国家综合实力而导致的霸权更替史。美国企图利用这次战争之机，迅速扩大军事力量，以为美国冲出美洲，夺取欧洲领导权，进而称霸世界做好准备。战前，美国的军队只有 30 多万，战后迅速增至为 450 多万，为战前的 15 倍。特别是在战争中不仅形成了许多大型军工综合企业，而且形成了以这些企业为核心、以军事科学技术和军事工业为驱动力的国民经济体系。

同对待第一次世界大战一样，美国把第二次世界大战也当做其掠夺财富的又一次好机会。从当时美国统治者的言论和行动中，美国参战的意图不只是要大发战争财，也不只是要利用战争的有利时机，扩张自己的政治势力和军事势力，以爬上资本主义世界

---

① ［美］奥托·纽曼著《信息时代的美国梦》，社会科学文献出版社 2002 年版，第 23 页。

霸主的地位，而同样有着更深的制度扩张的目的。第二次世界大战的结果，使美国人赢得了更大的光彩。"对欧洲进行物质和军事援助的必要性，加上保护美国海外经济利益和共给的需要，使美国扮演起自由世界警察的角色。把联合国总部设在纽约使美国空前的光彩和荣耀。"① 这场战争不仅使美国成为最大的获利者，而且成为资本主义世界霸主的目标也如愿以偿。

战后，在美国主导下所形成的"雅尔塔体系"和《联合国宪章》签署，更使美国能借助《联合国》的力量，达到它战争和掠夺的目的。操纵联合国，把联合国作为其实现战争、掠夺的工具，这是美国最得意的。美国正是利用其在联合国的支配地位，不仅与苏联展开了激烈的冷战，而且发动朝鲜战争和越南战争，企图用武力改变这两个国家的政权性质，使它们成为自己财富源地。冷战后，由于美国无论在经济或军事都成为世界唯一的超级大国，战争作为其掠夺财富的手段，更是肆无忌惮。其接连发动了海湾战争、波黑战争、科索沃战争，南联盟战争，以及"9.11"之后阿富汗战争和伊拉克战争，等等。现在事实已经证明，美国不顾一切地发动伊拉克战争，并不是伊拉克有什么大规模杀伤性武器，而真正意图是石油财富。控制了伊拉克，就可以控制住中东的石油。

中国是帝国主义战争的受害者。所以中国人对和平情有独钟。中国人知道，帝国主义者践行这种战争和掠夺理念，在给他们带来无法计算的巨额财富的同时，给世界的发展，特别是给落后国家的发展带来了何等巨大灾难，给世界人民的生命财产造成何等严重破坏，都令人惊骇。中国人只要想起受帝国主义战争之害的那段历史，就不禁会毛骨悚然。英国对中国发动的鸦片战争、日本对中国发动的甲午战争、八国联军发动的对中国的战争，给中

---

① ［美］奥托·纽曼著：《信息时代的美国梦》，社会科学文献出版社 2002 年版，第 27 页。

国的发展造成了何等的破坏，给中国人民的生命财产造成何等的破坏，中国人都永远不会忘记；20世纪发生的日本和德国法西斯发动的两次世界大战，给世界的发展造成了何等的破坏，给世界人民生命财产造成何等的破坏，世界人民同样都永远不会忘记。日本法西斯在亚洲，特别是在中国的任意大屠杀，夺走了中国和亚洲多少人的生命，中国人和亚洲人永远不会忘记；希特勒法西斯在欧洲、非洲、特别是在当时的苏联的任意大屠杀，夺走了世界多少人的生命，世界人民也不会忘记。海湾战争、波黑战争、科索沃战争，南联盟战争、阿富汗战争和伊拉克战争、利比亚战争、叙利亚战争等，给这些地区和国家造成了多么大的灾难，这些地区、国家的人民，永远不会忘记。

这里要特别强调的、也是本节要告诉读者的核心问题是，在核技术、激光技术、航空、航天和航海技术、信息和智能技术、无人操作和隐形技术等，都高度发展并运用于各种武器制造的今天，在现存的、能够把人类毁灭数十次、上百次的核武器和各种巨大杀伤力武器存在的情况下，在霸权主义者还不肯放弃自己的理念和实践的情况下，人类的自我毁灭，似乎已经不是天方夜谭，而是剑悬头顶了。当然，人们还有选择的机会。中国的和平发展，就是一种选择。如果世界各国都能选择这一理念和实践，不仅人类的自我毁灭能够避免，而且还可以迎来更加美好的新时代。

中国是战争和掠夺理念的受害者，世界人民也是这一理念的受害者，中国人憎恨这一理念，世界广大人民也憎恨这一理念。更为严重的是，当今由于霸权主义的存在，战争依然威胁着世界的安宁。特别是由于核武器的存在和发展，加上各种高科技手段，诸如先进的信息、网络和导航系统，各种先进的威力巨大、杀伤力巨大的智能武器等，如果世界大战真的打起来，必将是人类的自我毁灭。现在很多人都相信，这的确不是危言耸听。如何才能拯救人类，唯一的办法就是反对霸权主义，反对战争，摈弃战争和掠夺理念，走和平发展的道路。

如邓小平所强调的：霸权主义是当今世界大战的主要根源，所以反对霸权主义对制止世界战争，维护世界和平有特别重要意义。中国的和平发展理念，其核心内容，就是反对霸权主义，反对战争和掠夺，提倡平等合作，互利共赢。诚然，当前国际局势总体走向缓和，多极化趋势进一步发展。世界多极化和经济全球化的趋势深入发展，总体上有利于国际局势的缓和、有利于世界的和平与发展。世界要和平，国家要稳定，经济要发展，社会要进步，成为当今世界的主旋律。但这并不意味着战争的危险已经不存在，特别是在霸权主义仍然存在的条件下。和平与发展是相辅相成的。世界和平是促进各国共同发展的前提条件，各国的共同发展则是保持世界和平的重要基础。如果发达国家能够本着平等、公正和互利互惠的原则，切实支持和帮助广大发展中国家发展经济文化，使之尽快摆脱贫困落后状态，世界的和平与发展问题就有了解决的重要基础。

人们完全有理由相信，和平发展是当今时代新的文明，只要世界各国都坚持和平发展的理念和实践，世界和平是能够得到维护，发展繁荣的愿望是能够得到实现，人类的自我毁灭是能够避免的。纵观数千年的历史长河，崇尚和平、追求发展，始终是人类社会发展的主题和目标，是各国人民的利益所在。世界要和平，国家要发展，社会要进步，经济要繁荣，生活要提高，已成为各国人民的普遍要求。当然，维护世界和平、促进共同发展，不仅是中国人的不懈追求，而且也是世界各国共同面临的长期任务。我们只要在平等互利的基础上，积极促进和改善南北关系，努力推进南北对话和合作，以期维护和拓展发展中国家的正当权益，在互利互惠、取长补短中实现共赢，那么在共同促进世界的和平、稳定、繁荣，共同为人类进步的方面，就一定能做出越来越大的贡献。

　　人们完全有理由相信，如果世界各国都能坚持和平发展的理念和实践，都把和平与发展作为头等伟大的事业，遵循联合国的宪章的宗旨和原则，恪守国际法和公认的国际关系准则，在国际关系中弘扬民主、和睦、协作、共赢精神，政治上相互尊重、平等协商，共同推进国际关系民主化；都能在经济上相互合作、优势互补，共同推动经济全球化朝着均衡、普惠、共赢方向发展；都能在文化上相互借鉴、求同存异，尊重世界多样性，共同促进人类文明繁荣进步；都能在安全上相互信任、加强合作，坚持用和平方式而不是战争手段解决国际争端，共同维护世界和平稳定；都能在环保上相互帮助、协力推进，共同呵护人类赖以生存的地球家园；那么世界的和平就有了保障，世界的发展就有了保障，世界的战争掠夺就能够避免。

　　人们完全有理由相信，只要世界各国都能坚持和平发展理念和实践，彻底抛弃冷战思维，建立以互信、互利、平等、合作为核心的新安全观；只要坚持一切国际争端和地区冲突，都通过和平方式解决，并按照公正、合理、全面、均衡原则，实现有效裁军和军备控制；只要各国能互相尊重主权和领土完整、互不侵犯、互不干涉内政、平等互利、和平共处五项原则以及其他公认的国际关系准则；只要坚持建立在平等基础上的对话、协商和谈判解决争端、维护和平的这一正确途径；世界和平与国际安全是能够得到保障的。

和平发展和军备竞赛的抑制

　　当今世界，疯狂的军备竞赛，究竟花费了多少辛勤劳动和巨额财富，世界上可能还没有任何人能说清楚。在这一节里，道理很简单，就是只有和平发展，才能抑制疯狂军备竞赛。只有全世界人民都接受和平发展的理念，都坚决反对霸权主义，反对战争和掠夺，世界和平发展的局面才能实现，疯狂的军备竞赛，才能被抑制，才能使世界的一切资源都用于创造财富上，使劳动人民创造的财富真正用于提高人民的生活水平。所以，本节想用较多文字论述军备竞赛的疯狂和给世界造成的巨大危害。

由于帝国主义战争和掠夺理念的推行，帝国主义者，始终穷兵黩武，把最先进的技术，最宝贵的资源，都用到了武器的生产上和军队的训练上。而为了对付帝国主义的战争和掠夺，落后国家也不得不制造必备的武器，不得不有相应的军队，这就造成了无休止的军备竞赛。目前这种军备竞赛，已经达到了令人吃惊的地步。应当说，军备竞赛是与人类本性相悖的最愚蠢的行为，但就是因为战争掠夺理念和实践的存在，人们似乎都不得已而为之。不过，同样是养活军队，同样是生产武器，其性质和作用当然是不同的。地球，是人类共同生存的地方。共同生活在地球上的人们，为什么不能靠辛勤劳动，相互帮助，过和平幸福的生活，而偏偏要互相残杀呢？罪魁祸首是掠夺者、战争发动者。当今的罪魁祸首就是霸权主义者。

人所共知，霸权主义的一个突出特点，就是穷兵黩武。制造武器，发动侵略战争，固然可以使资产者大发横财，但那是以制造巨大灾难为代价的。而对于抵抗掠夺、抵抗侵略者来说，他们养活军队、生产武器正是为了保护劳动者，保护劳动的正常进行和发展。他们养活军队和生产武器，是必须的，是不得已而必为之。从本质上说，他们的这种生产劳动，不是为制造灾难的劳动的话，而是为了和平，为了制止战争、制止灾难的发生和扩大的劳动。没完没了军备竞赛，应当归罪于掠夺者和战争发动者的头上。

军备竞赛的基础是综合国力，直接表现是国家军事预算。第二次世界大战后，世界各国、特别是大国，在军备竞赛中所投入的人力、物力和财力之巨大，花费劳动之巨大，都是惊人的。据官方统计，2011年世界军费已经高达15465亿美元。也就是说，世界各国每年要用如此巨大的费用，如此巨大的劳动成果，去研究战争、开发新型杀人武器、武装和培训军队，而不是去提高人们的物质文化生活。作为战争根源的霸权主义者美国，2005财政年度的国防预算总额为4220亿美元，占美国2005年政府全部财政预算的20%，占美国国民生产总值的3.4%，为世界上所有其他国家国防预算的总和；2011年，其军费已经达到6871亿美元，占其国民总产值的4.7%。

这大量的军事预算，主要是用于养活军队和武器装备的生产。几乎所有的国家，都有一个由政府管理的军工部门，负责武器装备的设计和生产。尤其是美国，其武器装备生产的规模之大、技术水平之高、生产能力之强，都令人惊讶！随着新的科学技术的发展，在美国专门从事武器装备生产的不仅有大量传统的老企业，而且还有适应新的战争需要建立的崭新的工业部门专门从事新军品的生产。而且美国的很多工业部门都是军民两用的生产部门，没有战争的时候，生产民品，一旦发生战争，其生产能力能迅速转产军品生产。也就是说，美国的工业，美国的经济都带有浓厚的军事化的色彩。美国建立现代化的军事工业，目的是为了称霸世界、掠夺世界。由于现在几乎每一种现代武器系统的研制成功，都体现着一种技术的突破，所以这些工业部门对军品之所以感兴趣，除了追求较大的销售量和利润外，还在于能推动技术的创新和新技术的发展。

现代武器装备的生产，如大型核潜艇、核动力航空母舰、多功能隐形战斗机、远距离巡航导弹等，不仅需要最尖端的科学技术和科学技术人才，而且其耗资之巨大，耗费劳动之巨大，都令人难以想象。而且花费如此大的科学技术、人才、财力和物力耗费，生产的却不是人们生活的所必需的物质资料，而是给人类造成灾难的武器，这是人类发展中的悲哀。造成这种悲哀的是财富掠夺，是为掠夺财富而发动战争的掠夺者，是妄图掠夺世界、统治世界的霸权主义者。

据专家估算，美国为控制中东地区，特别是控制和掠夺中东石油，实现其独霸世界的战略目标，在发动的阿富汗战争和伊拉克战争中，所投入的部队和武器装备，所投下的各种炸弹等，总价值约在2万亿美元到3万亿美元。更令人惊骇的是，美国利用这些部队和武器装备对伊拉克进行狂轰滥炸、肆意掠杀，给伊拉克造成的生命财产的破坏和损失，生态的破坏和损失，都难于用数字计算。用大量劳动者的巨量劳动，制造出大量杀人武器，又利用这些武器去残杀大量的劳动者，破坏大量的劳动成果，这也是异化劳动的必然结果。当前，因美国发动或制造伊拉克战争、阿富汗战争、叙利亚战争，所引发的恐怖泛滥和猖狂，所酿成的种种难民潮，所造成的那不堪目睹的残酷，都正在深深刺痛着世界每个人的心灵。

在军备竞赛中，尤为可怕的是核军备竞赛和太空军备竞赛。第二次世界大战后，世界一些国家，特别是主要大国，在核武器和核武器运载工具方面，在多弹头分导等高技术、太空武器领域的研制方面，都投入大量人力和物力，投入了大量的劳动，生产出了大量的核武器。尽管经过谈判和削减，现在保留的数量，也仍然能把整个地球毁灭数次。据美国国务院公布的最新数据显示，截至2012年9月1日，美国实际部署陆基洲际弹道导弹弹头、潜射弹道导弹弹头及重型轰炸机核弹头，仍然有1722枚核弹头。俄罗斯实际部署的核弹头，也仍然拥有1499枚。用于这种武器的研制、生产和使用的劳动，与用于常规武器一样，也是制造灾难的劳动，是制造更大灾难甚至人类毁灭的劳动。

核武器的生产和使用，给人类所造成的灾难是令人发指的。第二次世界大战中核武器在日本的使用所造成的巨大灾难，至今人们都还记忆犹新。战后虽然没再使用过核武器，但其在研制和生产中造成的放射性污染和废料污染的灾难，时时刻刻都在危害着人们。如媒体报道过的，坐落在美国纽约州东纳汪达镇一所小学旁边的秘密制造铀荒废工厂，就是美国制造原子弹时期所留下来一处满布辐射线的遗址。据知情者透露，在过去 50 年内，美国为生产 7 万件核武器而在全国 16 个大型工厂及几十个小型工厂雇用了 60 多万名男女工人。工人们在最近几次听证会上作证称，他们长时间暴露在核辐射和有毒化学物质的环境中。美国政府于今年 1 月首次承认有这一现象存在，受害的工人比常人更容易患癌症。

南斯拉夫联盟国防部长助理佩特科维奇将军披露，在北约发动的科索沃战争中，除科索沃地区外，北约还向南斯拉夫塞尔维亚共和国西南部的乌日策等 8 个地区 100 多处目标发射有贫铀弹，北约的 A—10 攻击机投下约 3000—5000 枚贫铀弹袭击这些目标，总计铀 238 重量约为 1—1.5 吨。统计资料表明，受污染地区每一公斤样品土壤中的核放射性活度为 20—23.5 万贝克，而所允许的核放射性活度应仅为 200 贝克，因此该地区已灾难性地受到核放射性物污染。

观察分析当今的国际形势就能悟到，在接下来的几十年中，如果和平发展理念不能被世界各个国家、特别是像美国这样的霸权主义大国所接受，军备竞赛会更激烈。原因是在霸权主义存在的条件下，发生掠夺战争的根源还存在。比如在军备竞赛日益加剧、现代化武器日新月异的情况下，当一个国家的领土和资源受到侵犯时，当一个民族的生存和信仰受到威胁时，当一个国家的文化和政权受到威胁时，都可能发生更残酷、更可怕的战争。所以，只有摈弃战争掠夺理念，把这种理念转变为平等、合作和和平发展的理念，才能拟制疯狂的军备竞赛，防止战争的爆发。

更值得注意的是，霸权主义国家不仅利用战争进行暴力掠夺，还利用军火贸易进行贸易掠夺。为达到其军火掠夺的目的，它们不惜利用各种欺骗手段，无中生有、散布谎言、挑拨离间等，制造紧张局势，挑动其他国家间的不和、矛盾、甚至冲突，以推动军备竞赛的不断升级，从而为其军火贸易开辟市场。在世界军火贸易市场上，欧美国家一直占据主导地位。据国际权威研究机构的研究报告显示，即使在世界金融危机期间，世界军火贸易、特别是美国、英国、法国、俄罗斯等传统军事大国的军火出口也依然红火。全球前100家大军火商在2010年的武器装备和军事服务销售总额达到4111亿美元。其中，美国44家军火商的销售额占60%以上，而西欧的30家军火商则占29%。从2002年到2010年，这100家大军火商军售总额实际增长60%。

在世界排名前十位的军火商中，有7家为美国军火商。其中，美国洛克希德—马丁公司位列第一位，2010年的销售额达357.3亿美元。销售额位列第二至第十位的军火商分别为英国航空航天系统公司、美国波音公司、美国诺思罗普—格鲁曼公司、美国通用动力公司、美国雷神公司、欧洲航空防务和航天公司、意大利机械工业投资公司和美国联合技术公司，2010年这十大军火商的销售额约2300亿美元。与军火贸易的同时，包括系统支持、培训、后勤、维修的军事服务等交易，也持续增长，100家大军火商中有20家主要是军事服务提供商。这些军火商的销售额从2002年的223亿美元上升到2010年的550亿美元，实际增长147%。此外，由于外包和军事技术的革新，在可预见的未来，这种服务将在公司发展战略上发挥关键作用。有专家分析，近几年的世界军火贸易，还呈现出以下几个特点：

第一，种类繁多，交易方式多样。从小型火器到重型火器，从陆地、海上兵器到空中兵器，从普通兵器到高技术兵器，从硬杀伤装备到软杀伤装备，应有尽有。还有少数国家和地区，为了获得令人生畏的核武器和生化武器，千方百计地从秘密军火商手中购买各种原料和武器部件，前不久俄罗斯军方已公开承认，俄罗斯丢失的核弹头已达十几个之多。据观察家分析，这些核弹头很有可能已经进入了秘密交易的物流之中，同时不排除有的核弹头已被个别国家或组织所获得。

第二，性能先进，杀伤力巨大。过去有很长一个历史时期，主要的武器输出国恪守只卖本国过时、淘汰武器的原则，因而世界军火市场都是些二三流的武器装备，甚至到了六七十年代，早遭淘汰的二战中的一些重火器，仍然能找到买家。现在不同了。发达国家军队列装的主战兵器，包括最先进的战机、战船、坦克、防空导弹等等，除被列入主要武器输出国禁购名单的国家外，都可以在公开的军火交易中买到。有的武器输出国为了赚取更多的硬通货以尽快重整自己的军备，甚至将自己军队尚未正式装备的一些主战武器卖给了心急火燎的买主。有军事专家指出，高技术武器装备已成为目前军火交易的主体，只要能赚钱，只要有买主，市场需要什么，就研制生产什么，已成为原则。

第三，武器生产周期短，军火买卖竞争激烈。随着武器输出国的增加，也随着由于科学技术的进步使得武器研制、生产周期的缩短，导致了世界军火交易的竞争十分激烈。为了争得先机之利，武器输出国无不使出浑身解数来争取买主。比如交易形式日趋灵活，常用的有：易货贸易，联合生产，改进旧装备，设立培训中心，转让武器生产技术，补偿贸易，提供政府信贷担保等等。有的贸易还使用赊账或先试用后付款的形式。竞争的核心是打价格战。为了抢占国际军火市场的份额，俄罗斯还大力推销物美价廉的先进军火。

第四，发达国家发财，发展中国家掏腰包。由于霸权主义国家利用其政治、经济、科学技术和军事方面的优势，在世界到处挑唆和制造混乱，致使发展中国家内部矛盾增多和加剧。为了进行内斗，不得不竞相购买先进武器，成为世界武器的主要购买者。2000 年，发展中国家总共购买了 254 亿美元的军火，占全球年交易额的 68.8%。其中的九成军火是购自美国、俄罗斯和法国。这些发展中国家，分布在亚洲、非洲和拉丁美洲。世界最大的军火购入市场在亚洲。据统计，世界上最大的 10 个武器进口国（地区）主要集中在亚洲。10 年间，亚洲地区共进口了 1500 亿美元的军火，占同期全球军火贸易总额的 65%。中东又是亚洲也是全球最大的军火购入市场。10 年中，该地区共购进总额达 700 多亿美元的军火，占同期世界军火贸易总额的 30% 左右，占同期亚洲军火购入总额的近 47%。

这里之所以列举上述这些，意在说明，美国是当今制造灾难劳动的策源地。除了它自己大搞国民经济军事化，靠买军火大发横财之外，它还在世界到处制造事端，干涉别国内政，叫嚣和发动战争，威胁别的国家的生存和发展，这就迫使别的国家也不得不保持一定的武器装备，从而涌动着世界性的军备竞赛。靠军火发财，就是靠制造灾难发财，靠人的血肉和生命发财。这里也想以此唤醒人们起来反对美国的霸权主义和战争政策，走和平发展、科学发展的正确道路。

和平发展和人类文明发展的时代主题

和为贵，既是中国文明传统，也是中国人的重要价值观。和平发展理念，是中国领导人经过对国际局势的长期观察和研究，逐步形成的一个非常重要、涉及全球的新理念。和平发展的理念，既是崭新的世界观，也是崭新的时代观，是现时代人类文明发展的主题。在这一理念下，中国摈弃了传统大国崛起的模式，坚决反对战争和掠夺，选择了和平发展的新道路，从而开创了人类和平发展的新纪元。中国的复兴与西方大国的崛起都截然不同。其根本不同之处主要表现为两点：一是中国决不通过掠夺他国或损害他国利益而使自己强大，而是始终不渝地走和平发展道路，靠全国人民的辛勤劳动，创造财富，使自己变得富强，实现中国梦；二是富强后，也要帮助别的国家富强，中国永远不谋求霸权的。

世人已经越来越体会到，历来爱好和平的中华民族，在遭受过被帝国主义侵略战争蹂躏和被残酷掠夺的灾难之后，更深知和平的珍贵，一直把维护世界和平当做自己的神圣责任，并为此不遗余力地做贡献。

在自古至今的人类文明发展中，和平发展都是所有人所渴望的。因为要发展，就需要有和平的国际环境，这是再简单明了不过的道理。所以，和平发展不仅是中国愿望，也是世界的愿望。中国的社会主义性质、中国的国际地位和切身利益，都决定了中国对外政策的宗旨是维护世界和平，促进共同发展。维护和平，促进共同发展，这体现着人类新的文明。新中国成立以后，中国领导人一贯把创造一个较长时期的和平发展环境，作为中国对外政策的基本目标。

比如，1955年，毛泽东就提出了"和平为上"的外交主张。他指出：就是西方国家，只要它们愿意，我们也愿意同它们合作。我们愿意用和平的方法来解决存在的问题。打仗总是不好的，特别是对西方国家没有好结果的。毛泽东以事实告诫西方国家不要迷信自己的力量，还是用谈判解决问题为好。他指出：过去西方国家吓了我们几百年，现在到底是它们吓倒了我们，还是我们吓倒了它们呢？因此，结论是第三次世界大战最好不打，如果打，结果不是对我们不利，不是对亚非国家不利，而是对西方国家不利。如果说这是吓人，那也可以，但是我们这样说是有根据的，我们是有两次世界大战的历史作为根据的。正是考虑了这一点，我们说，用谈判来解决问题。……因此，结论还是一个：和平为上。

在之后的中国每代领导人，都把争取有利于发展的和平国际环境，放在对外政策的重要地位，并为此竭尽全力。中国坚决摈弃那种国强必霸的旧观念，坚定不移地奉行独立自主的和平外交政策，坚持在和平共处五项原则基础上发展同世界各国的友好合作关系。并向世界庄重承诺，中国不干涉别国内政，永远不称霸，永远不搞扩张。中国向来是言行一致的，是这样说，也坚持这样做的。事实充分证明，中国不仅是促进世界和平稳定的坚定力量，而且是促进共同发展的坚定力量。中国梦就是和平复兴梦，它将给世界各国带来更为确定的和平发展的条件和机会。中国梦也是全球共同发展的世界梦。因为中国的发展离不开世界，世界的发展与繁荣也离不开中国。共同发展和共同繁荣，是中国首先倡导的主张，是中国身体力行的理念。

毋庸置疑，正确认识人类文明发展的时代性，正确把握当今人类文明发展的性质和特征，是一个国家制定国内外政策的重要依据，所以对任何国家来说，都是事关全局的重大问题。20世纪70年代之后，特别是冷战结束之后，邓小平以宽广的眼界和敏锐的洞察力，认真审视世界总体国际形势，对当今时代的性质和特征，作出了新的科学论断。在邓小平看来，世界要和平，国家要发展，社会要进步，经济要繁荣，人民的生活要改善，已成为当今各国人民的普遍要求，因此果断提出了和平与发展是我们时代主题的理念。这一理念内涵非常丰富、非常深刻，值得深入研究和品味。

和平与发展是我们当今时代主题，当然就意味着对战争掠夺时代的摈弃。这并不是说和平发展时代就没有了战争，而只是说和平与发展已经成为人类发展进步的主流。世界所有国家，无论是发达国家或发展中国家，所面临的主要任务，都应当是维护和平，促进发展。自邓小平开始，中国领导人都坚持这样的认识：现在世界上问题很多，但有两个比较突出。一是和平问题，一是发展问题。关于和平问题，由于现在有核武器，一旦发生战争，核武器就会给人类带来巨大的损失。要争取和平就必须反对霸权主义，反对强权政治。关于发展问题，主要是南北问题，集中体现在资源和生产力发展不平衡，以及资本和财富占有的不平等。

不仅如此，和平与发展问题，还是个全球性的、关系国际关系全局性的问题。国际上的问题虽然很多，但其他问题都不像这两个问题关系全局，带有全局性、战略性的意义。历届中国领导人都主张，应当把和平与发展问题提到全人类的高度来认识，要从这个高度去观察问题和解决问题。只有这样，才会明了和平与发展问题，既是发展中国家的责任，也是发达国家的责任。和平发展作为新的理念，新的文明，我们还可以从多方面理解它的深意和规律。

比如，不言而喻，和平与发展的关系是辩证的、相辅相成的。和平是发展的先决条件，没有和平就不会有发展。只有通过和平方式实现的发展才是持久、牢靠的发展，才真正是既有利于本国人民也有利于世界各国人民的发展。而经济发展了，回过头来又能促进世界和平。所以中国要坚定不移地走和平发展道路，既通过争取和平的国际环境来发展自己，又通过自己的发展来促进世界和平。中国在对外开放中，广泛开展国际合作，不断优化投资环境、开放市场，同世界各国实现互利共赢的实践证明，中国的发展不会妨碍任何人，也不会威胁任何人，只会有利于世界的和平、稳定、繁荣。

比如，和平与发展中的发展，是开放性的发展，是人类共同的发展。在相互依赖或相互依存的当今全球化时代，任何国家都不能独善其身，都不能只谋求自己的发展，不顾别人的发展。都只能在发展自己的同时，也促进别人发展，使别人得到发展；或者说，在促进共同发展中发展自己。而实现这种发展的关键，是实现合作共赢的原则。自实行改革开放以来，中国就坚定不移地同世界各国开展互利合作，既利用世界经济、科技发展的成果发展自己，又以自身的发展回馈世界。中国的参与，还推动了经济全球化朝着均衡、普惠、共赢的方向迈进，努力使国际经济、贸易、金融体制为各国特别是发展中国家发展创造有利的条件。

　　比如，和平与发展中的引擎，是互利共赢。通过互利合作实现共赢，通过共赢发展合作，使整个世界在互利合作和共赢中实现自己的梦，使所有国家在互利合作和共赢中实现自己的梦，使世界所有的人在互利合作和共赢中实现自己的梦。互利合作和共赢，是新的当代的文明，它作为和平与发展的引擎，其力量有多么强大，在中国改革开放的实践中，人们已经有深刻体会。所以，中国坚定不移地高举和平、发展、合作的旗帜，坚持走和平发展道路和实施互利共赢的战略。中国将始终不渝地把自身的发展与人类共同进步联系在一起，既充分利用世界和平发展带来的机遇发展自己，又以自身的发展更好地维护世界和平、促进共同发展。决心同世界各国人民一道，努力构建持久和平、共同繁荣的和谐世界，共同创造人类和平与发展的美好未来。

　　比如，和平与发展理念中的一项重要原则，是共享发展成果。共享经济发展成果，是实现世界经济持续发展的必然要求。国际社会应该通过经济技术合作，充分利用各国的资源，充分发挥各国比较优势，实现优势互补，促进了全球资源的优化配置，努力拓展发展空间，促进共同发展，促进发展成果的共享。在这方面，中国将坚持对外开放的基本国策，建立更加开放的市场体系，在更大范围、更广领域、更高层次上参与国际经济技术合作和竞争，同世界各国广泛开展平等合作，积极推进利益共享、互利共赢。中国还将继续按照通行的国际经贸规则，扩大市场准入，依法保护合作者权益。我们支持国际社会帮助发展中国家增强自主发展能力、改善民生，缩小南北差距。

　　比如，和平与发展在实践中获得成功，还有一个重要条件，那就是诚信，就是相互信任。增强相互信任，是实现合作共赢的坚实基础。中国一直强调，世界各国都应该在相互信任的基础上，积极推动贸易和投资自由化、便利化，进一步减少技术出口限制，消除贸易壁垒，努力创造公平、公正、合理、开放的贸易环境。

各国企业应在坚守诚信基础上，更加主动地开拓对方市场，扩大相互投资。在这方面，中国始终要求企业把诚信放在第一位，鼓励国内有实力的企业怀揣诚信，走出国门，在市场准则和法律框架下，遵循互惠、互利、互补的原则，在更大范围、更广领域、更高层次上参与国际经济技术合作和竞争。如习近平同志所说的："中国人民爱好和平。我们将高举和平、发展、合作、共赢的旗帜，始终不渝走和平发展道路，始终不渝奉行互利共赢的开放战略，致力于同世界各国发展友好合作，履行应尽的国际责任和义务，继续同各国人民一道推进人类和平与发展的崇高事业。"①

实践已经证明，中国的和平发展理念的被广泛接受，必将使世界局势更加稳定，使世界和平与发展都更有保障。这里要特别指出的是，中国的和平发展，不仅必将继续给国际社会带来更多的机遇，更大的合作空间，形成更多的利益共同体，从而为世界经济的繁荣，为各国的共同发展提供好的条件；更重要的是中国的和平发展也为国际社会提供一个全新的发展模式，即不是通过传统的军事扩张、战争掠夺、争夺霸权的方式，而是通过和平劳动、平等合作、互利共赢的方式，主要依靠自己的力量，实现发展和富强。由于这种模式体现着新的文明，它必将对世界产生巨大的影响。

和平发展和人类历史的改写

毋庸置疑，中国坚持和平发展理念，自然要打破了"国强必霸"的大国崛起传统模式，在世界舞台上展现出光彩和魅力。中国作为世界上最大的发展中国家，作为联合国安理会常任理事国中唯一的发展中国家，执着追求和平发展的理念，一再向世界承诺，永不谋求霸权，永不称霸。由于在重大国际问题上，始终同

---

① 习近平在《第十二届全国人民代表大会第一次会议上的讲话》。

发展中国家站在一起，把中国人民的利益同世界各国人民的利益结合起来，伸张正义，主持公道，坚定维护发展中国家切身利益，坚定维护人类社会共同利益，在整个国际社会树立起负责任大国形象。中国领导人把和平、发展、共同和携手，作为在世界舞台上倡导的理念，反映了时代潮流和国际和平发展的大趋势，因此得到了国际社会的积极反响。

中国坚持走和平发展、和平复兴或和平崛起的道路，这不是一项普通的创举，而是改写人类历史的伟大创举。回顾历史，至今世界上特别是西方大国，还没有一个国家的崛起，是走和平发展道路的。比如葡萄牙、西班牙、荷兰、英国、法国、德国、俄国、美国、日本的崛起，走的都是战争掠夺的道路。战争、征服、奴役、残杀、抢劫、破坏等，都是他们崛起过程的实质内容。残忍、野蛮、嗜杀，是他们表现出来的本性。

正如西方学者所说的，中国要想在世界上找出一个大国和平崛起的范式加以参考，那是徒劳的。既没有先例，更没有现成的指南，加之那些走战争掠夺道路崛起的国家，过去不仅都对中国进行过惨绝人寰的蹂躏，而且现在仍对中国的和平崛起进行各种干扰，中国走和平复兴道路的挑战，的确非常严峻。世界上不少人，也对中国走这条路，存在担心和疑虑。然而，中国人对走这条路的决心和信心是坚定和强大的。因为中国人相信，在现今的时代，和平发展是人心所向，人心所归，只要有中国人的勤劳和智慧，有中国人创新的理念，中国一定能实现和平崛起，一定能改写人类历史。稍加思索就会明白，对人类历史的这种改写，其意义的确非凡，这里我们不妨列举一些。

比如，和平发展意味着广大劳动人民人生观和价值观的回归。和平发展理念，根源于社会主义性质和劳动阶级的人生观和价值观。与剥削阶级的人生观相反，劳动阶级的人生观，不是为己，而是为公；不是为攫取个人财富，而是为大家谋求财富。不光为自己幸福，更为所有的人都幸福。人不为己天诛地灭对于劳动者、对于劳动阶级，对于共产党人，则是格格不入的。人们常说，共产党人是用特殊材料制造的，这特殊材料，当然不是指肉体，而是精神。共产党人的共产主义的理想、信念，就是这种特殊的材料。只有用这种材料打造的共产党人，才坚不可摧。人生观问题，说到底是价值观问题。

比如，和平发展意味着劳动者地位的回归。和平劳动、和平发展这都是劳动阶级的本性。因为劳动者阶级是靠在和平环境中，用自己勤劳的双手创造财富的，辛勤劳动是其获得财富的唯一手段。在和平环境中通过辛勤劳动创造财富，这历来是中国劳动人民的优秀品德。作为劳动者，他们不需要掠夺，更不需要战争，而需要的是和平，是在和平环境下的劳动。中国劳动人民历来都向往太平盛世，因为只有太平了，劳动繁荣了，才能出现盛世的感念；只有在和平的环境中，劳动才能得以进行，人们才能安家乐业，过上安稳的幸福生活。人们似乎有理由相信，和平发展理念作为中国劳动人民的心愿和呼声，作为世界劳动人民的心愿和呼声，作为人类文明发展的大趋势，这似乎既意味着战争掠夺理念的被摈弃，也意味着人类文明发展的新拐点。

比如，和平发展意味着人本性的回归。实践证明，和平发展深深植根于劳动者阶级的本性和人生观中。在大千世界，人们也许对人自身的认识，是最为肤浅的。自己为什么要生，自己的本性和人生的价值究竟是什么，这对许多人来说，也许都是很难回答而又必须回答的问题。而对人自身的认识、特别是对人的本质的认识最深刻、最全面的，唯有马克思。只要读读马克思的著作，看看马克思所作所为，就会领悟到，人是马克思主义理论的基础和根本，马克思主义所有理论的出发点和最终归宿，都是人，都是为了人的原本本质的彻底解放、全面发展的最终的完全实现。

人的本质是什么？我们自然可以坚定回答，是和平劳动。掠夺、战争，不是人的本质。人的生命活动，人区别于动物的本质特征，就是和平劳动。人和人类社会，人和人类社会的历史，都是劳动创造的。但自人和人类社会被创造之后，劳动就具有了特定的社会形式和性质，劳动的本质就随着社会的本质发展变化，而发展变化着。在阶级社会，劳动者却处于被压迫、被剥削的地位，高尚的劳动竟变为令人厌恶的事情；在资本主义下，劳动者又因商品化的鄙俗而受到劳动关系中主客体颠倒、自己创造的财富自己却不能享受的苦难；而只有到共产主义社会，劳动才能原本归真，成为劳动者的第一生活需要，成为一种快乐，才能真正创造自己的历史。

比如，和平发展意味着走向共产主义的条件。在私有制被消灭之后，在劳动和劳动者原本归真之后，只有在和平环境中，劳动者才能以自己的本性自觉地保存了以往发展的全部财富，并以更大的力量创造新的财富。当然，在政治经济学理论中，人都是现实的、从事生产活动或社会活动的人，他们都受着自己既定社会生产力发展水平以及与此交往关系的制约，个人的解放程度，个人的财富和社会地位，都同社会的发展程度相联系；但这并不否认人的独立个性和个性的发展。马克思认为，个性作为一个人与其他人区别开的独有的特征，是人的本质在个体身上的表现。因为个人的需要和活动是多种多样的，所以基于这种需要和活动的个性也是丰富多彩的。只不过是，在一定社会生产条件下的个人，既是单个的个人，也是处于社会联系中的个人。个人个性的发展，与其所处的社会关系是分不开的。而无论是社会的发展或个人的发展，靠的都是劳动，是和平下的劳动。可见劳动者要实现自己的本质，同样需要有和平的社会环境。因为人的本质作为人的真正的社会关系，只有在发展中才能积极实现自己本质。

比如，和平劳动体现着劳动者的最大幸福。当然，在资产阶级看来，无偿占有别人的劳动，多多赚钱，才是幸福。在他们看来，世界上没有一样东西不是为了金钱而存在的，他们活着就是为了赚钱，赚钱是他们人生的唯一价值。除了快快发财，他们不知道还有别的幸福；除了金钱的损失，他们不知道还有别的痛苦。而这种对钱财的无限地贪婪和掠夺，正是资本主义社会万恶的渊薮，是战争、掠夺的根源。而劳动阶级的人生观、道德观不是唯财富，也不是唯金钱，而是联合劳动，并在联合劳动中相互服务。在这种道德和价值观里，人们之间的相互关系不是剥削和掠夺，而是相互依存、相互帮助，人人为我、我为人人。每个人的生存和劳动，都是在为社会的发展、为他人更好的生存创造条件。人生的目的不只是为了自己，也同时为了社会、为了人类。只为自己而活、而死，轻如鸿毛；而为了社会、为了人类而活、而死，则重于泰山。由这种人生观和道德观所决定，它必然要反对掠夺，反对战争，这也是其维持发展的必然的手段。

　　比如，和平发展意味着无产阶级道德的胜利。道德和人类社会一样，总是在发展进步的。但至今我们还没有超出阶级道德，是和平发展或战争掠夺，这体现着善恶两种道德。恩格斯在《反杜林论》这部著作中，十分精辟地论述了道德发展和趋势。他说：如果说，在真理和谬误的问题上我们没有什么前进，那么在善和恶的问题上就更没有前进了。这一对立完全是在道德领域中，也就是在属于人类历史的领域中运动，在这里所播种的最后的、终极的真理恰恰是最稀少的。善恶观念从一个民族到另一个民族、从一个时代到另一个时代变更得这样厉害，以致它们常常是互相直接矛盾的。当然，在金钱熔铸特权，金钱成为整个社会第一杠杆的资本主义社会，要从资产阶级道德发展到无产阶级道德，从资产阶级的人生观和价值观发展到无产阶级的人生观和价值观，自然是一个很漫长、很艰难的过程。从战争、掠夺理念转变为和平劳动、和平发展的理念，同样是一个很漫长、很艰难的过程。犹如"贪爱钱财是万恶之根根源"，这是耶稣对其信徒的教诲。但要让信仰《圣经》的基督教徒放弃自己的财产，并不那么容易。

中国提出和平发展理念，不仅因为战争、掠夺给人类造成的巨大灾难；还因为只有和平发展人类才能奔向新的文明。剥削阶级在采取战争手段为自己掠夺巨额财富的同时，留给人类的是巨大灾难。在人类发展的每个时代，剥削阶级把很多科学技术上发明创造，都首先是用在了武器制造和发动战争上。制造武器的劳动，不仅在社会总劳动中占有很大的比重，而且大部分还都是利用社会最宝贵人力资源、技术资源、物质资源的高技术劳动。最为可怕的是，在现代科学技术高度发展的今天，大量毁灭性先进武器，诸如核武器、激光武器、各种隐形武器等的制造和实验，为制造和实验这些武器对大自然所进行的破坏性的开发和污染，都使人类面临着走上可怕的、自我毁灭的道路。

中国认为，世界上的所有问题，用战争掠夺都是解决不了的，都必须靠和平发展来解决。所以和平发展理念的提出和传播，不仅会影响到各国的发展和人民的生活，而且会影响到整个人类社会的发展和进步。这一理念的革命性和伟大意义，只有通过对它的深入研究，通过对它的具体实践，人们才能真正领悟。对资产阶级利用战争手段掠夺财富，给劳动者造成的巨大灾难，中国人有刺心刮肺的体会，这在第二章中，已有论述。

回顾人类的发展史，人们虽然都厌恶战争，但绵延不断的战争，始终与物质文明和精神文明的发展相伴随。残酷战争给人类文明造成的巨大破坏，给广大劳动者造成的巨大灾难，的确是罄竹难书。历史上战争、特别是两次世界大战，给人类造成的巨大灾难和破坏，都写在了历史书里，这里无需多说。美国发动的阿富汗战争和伊拉克战争，给这两个国家造成了多么大的灾难，媒体上的天天报道，人们也许都充耳不闻了，这里也无需多说。然而，有些帝国主义国家，却仍然抱着战争和掠夺理念不放，仍然在大搞军备竞赛，没完没了的把大量劳动，大量资源，大量的财力、人力和物力，大量先进科学技术，都投在了生产杀人武器和养活大量军队上，投在了制造灾难的劳动上，这实在是人类文明发展中的悲哀。

总之，由于中国坚持和平发展的理念和实践，体现了广大人民的心愿，所以深受世界的普遍欢迎。全世界的人们已经对战争深恶痛绝到了极点，人们都渴望和平，渴望和平发展。当然，由于霸权主义存在，战争和掠夺不会马上在世界上消失。但我们可以这样说，和平发展理念的提出和实践，似乎标志着人类文明发展由战争和掠夺，走向和平发展的拐点。中国走和平崛起的道路，不仅是人心所向，而且是大势所趋，一定能取得成功。中国一定能改写人类历史。

二 互利共赢理念和零和博弈理念的摈弃

互利共赢，不仅是改革开放后逐步形成的理念，而且是中国对外开放、进行国际合作的战略。这里多说一句的是，国际政治经济学，不仅要研究国际生产力，而主要是研究国际生产关系的科学。在劳动全球化时代，国际生产关系最本质东西应当是什么？历史实践告诉我们，是互利共赢。也就是说，互利共赢，应当是国际经济学的核心和本质。而互利共赢，正是中国提出和坚持的理念。新中国建立至今，有两个基本事实，是毋庸置疑的。一个事实是经过60多年的艰苦奋斗，现今，中国已经初步改变了落后面貌；第二个事实是在中国对外开放中，正是摈弃了零和博弈的旧理念，始终坚持互利合作和共赢共荣的新理念，才取得了令人惊异的成就的。平等合作和互利共赢理念的提出和实践，同样意味着国际关系理论的重大革命，并将带来各国对外关系实践的重大变革。在资本主义国际关系理论中，至今践行的理念是"零和游戏"，与这一理念相适应的，是把自己的得建立在别人失的基础上，是贪得无厌的唯利是图，是你死我活的相互对抗。这是一种强权下的理念，体现的是一种不公平、不合理的国际关系。中国作为社会主义国家，其在实践平等合作和互利共赢理念所取得的成就和奇迹，证明了这一理念的正确性和文明性。正是在这一理念指引下，中国的发展才刺激和带动了世界的发展，成为世界发展强大的引擎，为世界的发展和繁荣，为世界财富的增加，为世界人民的幸福，做出了巨大的贡献。

平等合作和财富的溢加

经济学家们都承认，分工是由渴求生活变化、特别是消费变化的人性决定的，它是劳动效率提高的重要原因。劳动分工产生之后，无论在国内或国际上，劳动者在创造财富时，单个劳动总不如合作劳动或协作劳动。在这里，我们是把合作劳动和协作劳动，当作同义语用的。无论合作劳动或协作劳动，都是一种联合劳动。同个人劳动相比，联合劳动是社会劳动。人们也许还没有充分意识到，合作劳动比单个劳动会产生人们料想不到的溢加效应，这是社会劳动效应。我们都知道，分工的另一面就是合作，分工的目的就是为了合作。没有分工就没有合作，但如果只有分工而没有合作，或没有科学的、很好的合作，其结果显然是不可想象的。国际劳动分工所产生一切巨大作用，都蕴涵在分工与合作的辩证统一中。在大工业时代，分工合作一般都是指双方依据分工的协议和任务，互相配合共同完成某项大型劳动项目。很多教科书或理论专著在研究、阐述国际劳动分工时，似乎忽视了劳动合作，这似乎有些偏颇。实际上，国际劳动协作或合作同国际劳动分工相比，因为它涉及国家主权，所以似乎是更为重要、更为复杂、更为难于驾驭的体系。

在合作劳动或协作劳动下所产生的劳动生产力，已经不是个人生产力，而是社会生产力，同个人生产力相比，它在不增加投入的情况下，却增加了劳动效率，增加更多财富。实践证明，合作劳动不仅是一种伟大的劳动力量，而且是一种伟大的社会力量。合作劳动不仅能使参与合作劳动者，都能够充分发挥各自的才能和天赋，而且能使不同才能、技能、天赋的劳动者进行最佳结合，从而产生出一加一大于二的效果。这种效果的获得，是社会生产力的功劳。

回望历史，人类至今所取得的一切人间伟大奇迹，无不是通过协作劳动而创造出来的。随着这种劳动组织形式、组织管理和规模的千变万化，协作劳动的力量似乎是取之不尽的。然而，在人们的意识里，也许至今对协作劳动的伟大意义，对它为什么能在不增加投入的情况下，能提高生产力，提高生产效率，增加财富量等，尚缺乏足够的认识。对社会生产力的伟大意义，特别是对在国际合作劳动中，国别社会生产力转变为国际社会生产力的伟大意义，尚缺乏足够的认识。

有学者，把协作劳动作为一种社会生产力，在不增加投入的情况下，其本身就会增加生产力，就会使生产力提高，使创造的财富增加的这种现象，视为是互利的空间，并在此基础上构成了人类社会的共同利益。同时，互利空间形成的共同利益并不与个人利益相对立，它只是对个体单元脱离群体适应性的自我扩张有所约束，但对不同的个体利益提供了共同扩张的空间，将个体的生存适应性包容在一个更高级的合作模式中。这种认识，似乎不无道理。

我们通常说的社会生产力，就是由协作劳动产生的、本质上是协作生产力。同样，我们常讲的国际生产力，一般都是在国际协作劳动基础上产生的、本质上是一种国际协作生产力。劳动者摆脱民族国家的局限，充分利用国际劳动生产资源，充分发挥各自的优势，以取得劳动生产要素的最佳配合，从而使生产力得到发展和提高，并共同享受这种协作生产力，这是人类发展进步的表现。然而，在国际劳动分工和国际协作还在资本主义主导的情况下，这种进步在许多方面受到局限。资本主义制度下实践的零和博弈原则，就是这种发展进步的桎梏。

协作劳动所产生的这种溢加的财富，是社会生产力的功劳，或劳动方式变革的功劳。马克思说："和同样数量的单干的个人工作日的总和比较起来，结合工作日可以生产更多的使用价值，因而可以减少生产一定效用所必要的劳动时间。不论在一定的情况下结合工作日怎样达到生产力的这种提高：是由于提高劳动的机械力，是由于扩大这种力量在空间上的作用范围，是由于与生产规模相比相对地在空间上缩小生产场所，是由于在紧急时期短时间内动用大量劳动，是由于激发个人的竞争心和集中他们的精力，是由于使许多人的同种作业具有连续性和多面性，是由于同时进行不同的操作，是由于共同使用生产资料而达到节约，是由于使个人劳动具有社会平均劳动的性质，在所有这些情形下，结合工作日的特殊生产力都是劳动的社会生产力或社会劳动的生产力。这种生产力是由协作本身产生的。劳动者在有计划地同别人共同工作中，摆脱了他的个人局限，并发挥出他的种属能力。"①

在劳动全球化的当今，建立在双赢或多赢基础上的国际协作，已经成为世界所有国家的愿望。但需要解决的是怎样才能做到合理的分工和科学的协作，特别是协作中的科学管理。任何协作劳动，无论是国内的或国际的，都好像一支乐队，不仅需要合理分工合作，而且需要科学管理和指挥。而在资本主义的协作劳动中，这种管理和指挥职能便成为资本的职能。"一切规模较大的直接社会劳动或共同劳动，都或多或少地需要指挥，以协调个人的活动，并执行生产总体的运动——不同于这一总体的独立器官的运动——所产生的各种一般职能。一个单独的提琴手是自己指挥自

① 《马克思恩格斯全集》第 44 卷，第 2 版，人民出版社 2001 年版，第 382 页。

己，一个乐队就需要一个乐队指挥。一旦从属于资本的劳动成为协作劳动，这种管理、监督和调节的职能就成为资本的职能。这种管理的职能作为资本的特殊职能取得了特殊的性质。"①

就资本主义协作劳动而言，由于由协作劳动而产生的社会生产力，都被资产阶级所独享。因为它既增加了资本家的利润，又无须给劳动者支付任何报酬，所以它既是提高劳动生产力的有效措施，也是剥削劳动者的更有利手段，因而它始终是资本主义劳动生产占统治地位的形式。如马克思阐述过的，在同一个劳动过程中同时雇用较大量的雇佣工人，构成资本主义生产的起点。这个起点是和资本本身的存在结合在一起的。因此，一方面，资本主义生产方式表现为劳动过程转化为社会过程的历史必然性，另一方面，劳动过程的这种社会形式表现为资本通过提高劳动过程的生产力来更有利地剥削劳动过程的一种方法。马克思曾从如下三个方面，具体阐述了这种剥削方法的秘密。

首先，掩盖了社会生产力的性质。马克思认为，工人劳动者在把自己的劳动力出卖给资本家这种交换关系的性质，"决不因为资本家购买的不是 1 个劳动力而是 100 个劳动力，或者说，他不是和 1 个工人而是和 100 个互不相干的工人签订合同，而有所变化。资本家无须让这 100 个工人协作就能使用他们。因此，他支付的是 100 个独立的劳动力的价值，而不是 100 个结合劳动力的价值。工人作为独立的人是单个的人，他们和同一资本发生关系，但是彼此不发生关系。他们的协作是在劳动过程中才开始的，但是在劳动过程中他们已经不再属于自己了。他们一进入劳动过程，便并入资本。作为协作的人，作为一个工作机体的肢体，他们本身只不过是资本的一种特殊存在方式。因此，工人作为社会工人所发挥的生产力，是资本的生产力。只要把工人置于一定的条件

---

① 《马克思恩格斯全集》第 44 卷，第 2 版，人民出版社 2001 年版，第 384 页。

下，劳动的社会生产力就无须支付报酬而发挥出来，而资本正是把工人置于这样的条件之下的。因为劳动的社会生产力不费资本分文，另一方面，又因为工人在他的劳动本身属于资本以前不能发挥这种生产力，所以劳动的社会生产力好像是资本天然具有的生产力，是资本内在的生产力。"①

其次，掩盖了劳动分工和劳动协作的科学本质。马克思认为，在这种协作劳动方式中，资本家对工人们的残酷掠夺和压制，始终阻碍着劳动分工的合理性和劳动协作的科学性。"首先，资本主义生产过程的动机和决定目的，是资本尽可能多地自行增殖，也就是尽可能多地生产剩余价值，因而也就是资本家尽可能多地剥削劳动力。随着同时雇用的工人人数的增加，他们的反抗也加剧了，因此资本为压制这种反抗所施加的压力也必然增加。资本家的管理不仅是一种由社会劳动过程的性质产生并属于社会劳动过程的特殊职能，它同时也是剥削社会劳动过程的职能，因而也是由剥削者和他所剥削的原料之间不可避免的对抗决定的。同样，随着作为别人的财产而同雇佣工人相对立的生产资料的规模的增大，对这些生产资料的合理使用进行监督的必要性也增加了。其次，雇佣工人的协作只是资本同时使用他们的结果。他们的职能上的联系和他们作为生产总体所形成的统一，存在于他们之外，存在于把他们集合和联结在一起的资本中。因此，他们的劳动的联系，在观念上作为资本家的计划，在实践中作为资本家的权威，作为他人意志——他们的活动必须服从这个意志的目的——的权力，而和他们相对立。"②

再次，掩盖了协作劳动管理的性质。马克思认为，由资本主义性质所决定，资本主义对协作劳动的管理，就其形式来说是专制的。这与资产阶级民主、平等的政治口号，形成了鲜明的对照。

①　《马克思恩格斯全集》第 44 卷，人民出版社 2001 年版，第 386—387 页。
②　同上书，第 384—385 页。

因为当今的劳动全球化，当今的国际劳动分工和劳动协作，都还是以资本为主导的，而不是以劳动者为主导的，所以对国际协作劳动管理的主导形式，也仍然是资本主义的，是专制的。资本主义为什么要实行这种管理，这种管理的意义在哪里？马克思做了这样的阐述："如果说资本主义的管理就其内容来说是二重的，——因为它所管理的生产过程本身具有二重性：一方面是制造产品的社会劳动过程，另一方面是资本的价值增殖过程，——那么，资本主义的管理就其形式来说是专制的。随着大规模协作的发展，这种专制也发展了自己特有的形式。正如起初当资本家的资本一达到开始真正的资本主义生产所需要的最低限额时，他便摆脱体力劳动一样，现在他把直接和经常监督单个工人和工人小组的职能交给了特种的雇佣工人。正如军队需要军官和军士一样，在同一资本指挥下共同工作的大量工人也需要工业上的军官（经理）和军士（监工），在劳动过程中以资本的名义进行指挥。监督工作固定为他们的专职。政治经济学家在拿独立的农民或独立的手工业者的生产方式同以奴隶制为基础的种植园经济作比较时，把这种监督工作算作非生产费用。相反地，他在考察资本主义生产方式时，却把从共同的劳动过程的性质产生的管理职能，同从这一过程的资本主义性质因而从对抗性质产生的管理职能混为一谈。资本家所以是资本家，并不是因为他是工业的领导人，相反，他所以成为工业的司令官，因为他是资本家。工业上的最高权力成了资本的属性，正像在封建时代，战争中和法庭裁判中的最高权力是地产的属性一样。"①

从实践发展中我们能够体会到，在当今的国际协作劳动中，由于社会主义国家的融入，这种协作劳动的性质，包括其管理的性质，都有发展和变化。特别是在由社会主义国家参与的国际协

① 《马克思恩格斯全集》第 44 卷，人民出版社 2001 年版，第 385—386 页。

作劳动管理中，考虑的不仅只是资本价值的增值，而且还考虑双方的利益，考虑共赢、共享，特别是考虑劳动者的切身利益，使劳动者参与管理。也就是说，就整体而言，其溢加财富的独占、独享，在逐步消失，其管理的专制程度在弱化。当然，要彻底改变这种协作劳动的性质和管理形式，尚需等待社会主义在全世界的胜利。

也许无人怀疑，在当今的国际上，实现平等合作的前提，是反对霸权主义。在以往的资本主义主导的国际合作，由于实行的是零和博弈原则，所以可以说都是不平等的合作。这种不平等表现在许多方面，但最主要的是两个方面：一是合作协议带有霸王性，带有一些弱势国家不得不接受的附加条件；二是合作的规制都是由强势国家制定的。这种合作协议的形成，其原因除了强势国家在科学技术和经济实力方面的优势外，主要是强势国家的霸权主义和强权政治的压力。在霸权主义和强权政治的钳制下，弱势国家为了生存，不得不接受形形色色的霸王条款，接受花样翻新的附加条件，接受不合理、不公平的国际规则。不过在社会主义力量不断壮大，影响不断增强的状况下，这种状况正在得到改变。目前中国提出和平发展、平等合作、互利共赢，已经成为当今世界的大趋势。

互利共赢和中国的魅力

中国的魅力，来自于中国对正确理念、正确原则的坚持。读过西方经济学的人都知道，在资本主义的市场经济中，或者在资本主义的政治经济学理念中，个人自身利益最大化或追求个人财富最大化，始终是经济活动和发展的引力。在资产阶级经济学家看来，人们在追求个人财富时，自然也会有利于社会。比如亚当·斯密在《国富论》中就这样说过："每一个人都不断地努力为他自己所能支配的资本找到最有利的用途。固然，他所考虑的不是社会的利益，而是其自身的利益，但他对自身利益的研究自然会或者毋宁说必然会引导他选定最有利于社会的用途。"① 资本主义的发展历史证明，追求个人利益能够自动促进社会利益的实现这个结论是不成立的，每个人都只追求个人利益，都贪婪个人财富，其结果给社会造成了何等的灾难，社会现实已经使人们都心明眼亮了，这里似乎用不着再多说什么了。

商品经济的基础或原则，国际分工合作的基础或原则，应当是自利或者互利？资本主义和社会主义的理念不同，回答不同，实践也不同。资本主义的理念和实践是自利，是零和博弈原则；社会主义中国的理念和实践是平等合作，互利共赢。资本主义的自利理念和零和博弈原则，能够推行的基础或条件，是霸权主义和强权政治，是霸权协议或霸权条款所决定的分工合作中的不平等。资本主义的或霸权主义这一理念，与其战争掠夺理念是相通的。社会主义中国所实行的是平等合作，反对任何霸权协议和霸权条款。社会主义中国不仅主张一切国际分工和合作，都应当是平等的，而且通过这种平等合作获得的更高的效率和更多的财富，应当由参与分工合作者共赢、共享，而不能由一家所独占、独享。

在人与人、国家与国家的关系中，中国从来讲究的就是相互帮助、相互协作，共同得利。从来就把平等合作、互利共赢，作为应当遵循的原则。互利共赢的原则，不单是个计量的问题，而且是与人性、人生观、价值观相联系的伦理道德的问题。在平等合作的前提下，互利共赢的基本含义，就是合作协议所规定的各方的诉求和利益，各自都得到满足，简单说，就是各得其所。对于合作的各方来说，其诉求和利益，当然有现实的、眼前的、看得见的；也有长期的、未来的、暂时看不见的。至于像中国在国际合作中所做的那样，为了帮助合作伙伴更快的发展，还在自己

① 亚当·斯密：《国民财富的性质和原因的研究》，商务印书馆 2010 年版，第 27 页。

应得的利益中，拿出部分赠予合作伙伴，更是属于更高层次的道德和文明问题了。

既然互利共赢原则，体现了商品交换和市场经济更为公平、更为文明的原则，按理说早就应当成为市场经济和国际合作中的主流，但就是因为有帝国主义的存在，霸权主义的存在，至今零和游戏原则仍在大行其道。诚然，在当今的国际关系中，特别是国际合作中，不能不讲个人利益，不能不讲本国利益，而恰恰相反，只有遵循互利共赢原则，才能使所有个人、使所有国家的利益，都得到满足。现在越来越多的经济学家已经意识到，资本主义所崇尚的自利原则，所实践的零和游戏原则，给世界带来的不平等，所带来的灾难，实在太多了。这就决定了其被平等合作、互利共赢取代的日子，已经是势在必然了。

不言而喻，在相互依赖的平等分工和合作共赢的体系内，任何一方的利益，都包容在对方的利益之中，并以对方利益的实现为前提，破坏了对方的利益，就等于破坏了自身利益。对合作伙伴的欺诈，就等于对自己的欺诈。实现互利共赢原则，实现既对自己有利，也对所有合作伙伴都有利，这就需要树立诚信、包容、共赢、共享的观念。参加合作的任何一方，在伸张自身利益的同时，都必须考虑和尊重对方的利益，考虑把共同的蛋糕做大，并在共同利益发生的矛盾面前，相互谦让、相互妥协。互利共赢原则要求参与者在拟定合作项目时，就不仅要知道自己的利益是什么，还要知道对方的利益在哪里，只有这样，才能取得各方都满意的结果。

无论从人类文明的发展看，或从人类生存的角度看，互利共赢原则都具有普遍的意义。人和人类社会产生后，人作为社会的人，注定是要在相互沟通、相互联系、相互交换、相互合作中，才能生存和发展的。而人与人之间的合作、不同的利益体之间的合作，不同的民族国家之间的合作，都只有坚持互利共赢原则，才能长久持续的发展。在全球经济一体化不断深入发展，人类社会日益成为一个相互依赖的利益共同体的环境中，尤其是如此。那种以邻为壑、损人利己、零和博弈、违背人性的理念的本质，已经日益被人们所认清。在世界经济一体化中，一损俱损，一荣俱荣的事实，人们都深有感受。当然，在当今的全球化中，不仅有合作，也有竞争。互利共赢原则，在竞争中的运用，就是改变零和博弈原则。竞争和博弈的最终目的，并不是要把对手逼上绝路，而是要和对方一起走上共同发展的康庄大道。中国以合作共赢理念参与国际贸易和国际竞争后，所取得的奇迹，前所未有，中国对世界的贡献也前所未有，中国理念、中国原则的魅力，越来越得到彰显。

比如，在过去的三十年里，中国经济年均增长率接近10%，是世界经济年均增长率的3倍多。在此期间，中国经济规模扩大了18倍。中国不仅以不到世界7%的耕地，解决了占世界20%人口的吃饭问题，而且已经帮助6亿人脱贫，占世界脱贫总人数的80%。无论从发展速度和发展水平看，或从创造的社会财富看，中国三十年发展和走过的路，相当于西方两百年走过的历程。这有力证明了，平等合作，互利共赢理念的伟大正确。中国在平等合作、互利共赢理念指导下，积极参与与世界各国的合作，不仅致力于中国自身的发展，也强调对世界的责任和贡献。仅从中国的发展对世界发展贡献率高达20%以上，最高达到50%，中国与世界各国的年贸易额已经高达4万多亿美元以上这两个数字上，人们就可以看出中国发展对世界发展贡献之大，看出中国发展不仅要造福于中国人民，也要造福于世界人民的事实。造福世界，这不仅是中国作为社会主义国家应有的担当，而且体现了中国人的道德传统。

比如，中国始终把平等合作、互利共赢视为自己的原则。在中国看来，现在的世界，是劳动全球化的世界，是相互依赖的世界。在这样的世界里，平等合作，互利共赢，是最高的境界。而且，同世界各国劳动者进行合作和联合，并在合作和联合劳动中实现共赢共荣，成果共享，这是社会主义的一项基本原则。过去几十年来中国是这么讲的，也是这么做的，今后必然会继续这么做。更重要的是，在劳动全球化中，各国相互联系日益紧密、相互依存日益加深，和平发展、互利合作、共赢共荣、不仅已经成为中国人民的愿望和要求，而且成为世界所有国家人民的愿望和要求。在这种发展中，劳动是相互的，责任是相互的、利益是相互的，贡献也是相互的。任何国家在考虑自己利用的同时，也必须考虑到别的国家利益，在劳动联合、利益交织的情况下，劳动尊严共享，劳动成果共享，似乎已经成为世界各国不二的选择。

比如，中国始终把坚持与世界共同发展，坚持与世界共同分享发展成果，作为自己在国际社会的立命之本。在中国看来，日益融入世界经济的中国，在与各国的交流合作中，应当始终追求良性互动、互利共赢。无论是对外贸易、引进技术、吸引投资，或共同抵御亚洲金融风暴和国际金融危机，中国都着眼于取长补短、合作共赢，把世界的机遇转变为中国的机遇，把中国的机遇转变为世界的机遇。倡导不同文明开展对话、彼此包容，推动不同社会制度和发展模式相互借鉴、共同发展，未来的道路上，中国梦必将进一步焕发出中华文明的独特魅力。

比如，中国在国际竞争中，始终坚持互利共赢的原则，坚持走良性发展的道路。在中国看来，竞争是商品生产的基本特性。商品生产和市场经济为什么能有如此巨大的作用，它的魔力在什么地方？历史实践对这个问题的回答是，竞争。马克思和列宁的理论都告诉我们，竞争是市场经济的灵魂。没有市场当然就不存在竞争，而没有竞争也不会有真正市场经济的存在。竞争既是残酷的、血淋淋的，又是人的动力所在，人类社会发展动力所在。竞争是一种复杂的社会关系，人们正是在这种关系中生存着、发展着生产力。然而，竞争可以使人获得财富，使人幸福、快乐和自豪；也可以使人失去财富，使人痛苦、灾难和悲哀。在竞争的时代，人们的喜怒哀乐，社会的发展进步，似乎都融入了这种竞争之中。中国提出和坚持互利共赢原则，就是要使这种竞争走上人们都能获得财富、获得幸福、获得快乐的良性发展的道路。

马克思早就告诉我们，当今的资本主义竞争，不是自由竞争，而是垄断竞争。它已经不再是小企业同大企业、技术落后的企业同技术先进的企业进行竞争，而是垄断者在扼杀那些不屈服于垄断、不屈服于垄断的压迫和摆布的企业了。在零和博弈理念和原则下，这种垄断性的竞争，规模更加巨大、程度更加激烈和残酷。竞争的手段也更加污浊和卑劣。除了通过降低成本降低价格以击败对手之外，还利用各种"联盟"或"合同"的形式霸占原料、产品和劳动力市场；利用价格"同盟"控制价格，以保证垄断利润；甚至利用制造假信息、假广告、流言蜚语等一些非法手段，制造混乱，从而置对手于死地。

实践证明，在中国融入全球化之后，国际竞争中的这种零和博弈的理念，已经开始变化。国际合作的发展，已经开始向着促进全球资源的优化配置，推动了世界经济增长，增进了各国人民的福祉的方向发展。尽管出现了一些不平衡，但互利共赢逐步成为国际贸易发展的主流。从发展趋势看，中国坚持对外开放的基本国策，是不会改变的。中国将会建立更加开放的市场体系，在更大范围、更广领域、更高层次上参与国际经济技术合作和竞争，同世界各国广泛开展平等合作，积极推进利益共享、互利共赢，在自己取得发展的同时，也使互利共赢理念得到更多国家、更多人的理解和赞同。中国的魅力，中国这一理念的魅力，将会在国际社会日益得到彰显。

总之，现在已经有越来越多的人意识到，要彻底摈弃零和博弈理念和原则，关键不仅在于要革新观念，还在于应当改变旧的不合理的国际经济秩序。在这方面，中国已经做出了很大努力，并正在做出努力。比如，中国支持完善国际贸易和金融体制，支持通过磋商协作妥善处理经贸摩擦。中国积极推动建立健全开放、公平、非歧视的多边贸易体制，进一步完善国际金融体制，为世界经济增长营造健康有序的贸易环境和稳定高效的金融环境。中国主张在国际贸易和国际金融中，建立新的经济和政治关系，以解决贸易壁垒、贸易摩擦、特别是贸易保护主义问题。因为这些问题都不利于公开、公正、合理、透明、开放、非歧视的国际多边贸易体制的建立和健康发展，也为世界经济增长带来了新的不确定因素。

互利共赢和世界的愿望

正确的思想、正确的理念威力无穷。只要掌握了它，只要有理，就能走遍天下。互利共赢的理念虽然是中国提出的，但由于它是正确的，体现了广大人民的心愿，所以现在已经成为全世界的共同呼声。前已述及，零和博弈原则作为资本主义推行的原则，其基础和条件，是垄断优势，是霸权主义和强权政治；而互利共赢原则作为社会主义推行的原则，其基础和条件是独立自主和平等；所以，零和博弈理念的被摈弃，互利共赢原则的被接受，也意味着霸权主义和强权政治被摈弃。

这里引人思考的问题是，互利共赢理念，为什么能成为世界的共同呼声。稍加思考就会明白，互利共赢成为世界呼声的原因，不只在于理论上，而更在于零和博弈和互利共赢这两种理念在实践中所造成的两种截然不同的结果上，或者在于零和博弈给世界所造成的恶果上。零和博弈的历史，已经使落后国家亲身感受到，发达国家不仅在财富、资本、生产力水平、科学技术都占有绝对优势，在国际秩序中占有支配地位的环境中，零和博弈对落后国家只能意味着被掠夺，意味着被掠夺造成的灾难和贫困。

我们回忆下资本主义发展史就会明白，正是在帝国主义、霸权主义、强权政治控制下，其零和博弈理念的实践，不仅造成了世界的对立，而且造成世界的两极分化，富国越来越富，穷国越来越穷。在这种游戏规则下，国际垄断资本在同落后国家或发展中国家的经济关系中，都只考虑本国的利益，不仅不考虑他国利益，而且还利用自己在先进科学技术方面的优势，由强权政治所造成的不平等条件，对发展中国家进行掠夺。这种不平等合作的结果，使发展中国家劳动者的血汗凝成的财富，源源不断流向国际垄断资本手里。巨大财富在垄断资本手中不断集中和积聚，从而造成了今天这种南北两极分化，造成不到10%的少数人，竟占有世界80%的财富这种恶果。

发达国家之所以热心于零和博弈，是因为他们在各方面都具有绝对优势。人们知道，当今全球性经济联系、竞争或合作，都是在一定"国际制度"、"国际秩序"和"国际游戏规则"制约下进行的。而在资本主义主导下，所有这些规制和原则，都基本上是在霸权主义和强权政治下形成和制定的，其本身有很多是不合理、不公平的，是制约合作的平等性和互利性的。

比如，由于综合实力雄厚的霸权国家国际垄断资本，在资本、技术和管理等方面，都有很雄厚的优势和实力。而且这种实力，往往是一个国家经济实力的象征，这些国际垄断资本的利益在很大程度上体现着其母的国家的利益。所以无论在全球意义上或地区意义上，国际制度和"游戏规则"大多都是有利于这些国际垄断资本的发展的。

比如，全球性大的国际组织，包括国际货币基金组织、世界银行、世界贸易组织等，在很大程度上受着世界少数发达国家所控制，它们在制定全球性制度和规则时，往往以这些发达的富国的制度、规则、发展模式和运作机制依据，从而使全球性制度和规则，成为发达国家的制度和规则在全球性的扩展或延伸，所以它对这些国际垄断资本的有利性，就是不言自明了。

比如，具有强大国际竞争力大国际垄断资本，为了自身的发展和保持自己的优势，迫切需要有上述这些全球性的制度和规则，以保持全球经济的稳定和发展。即使有少数制度和规则对国际垄断资本不利，在具体执行时，它也可以通过国外子公司的具体操作和活动，化不利为有利的。

这里特别要指出的是，零和博弈的恶果，不仅表现在经济上，而且表现在思想文化和制度上。其对落后国家在思想文化上和制度上造成的摧残，也是触目惊心的。在零和博弈中，发达国家所考虑的已经不单是经济财富，而是包括政治制度、思想文化、宗教信仰等在内的综合利益。为了这些综合利益，它们在与落后国家或发展中国家签订合作协议时，总会附加一些额外的条款。它们利用合作这个平台，在进行着经济掠夺的同时，还时进行着社会制度、思想文化、价值观念、生活方式的渗透和扩张。比如强迫合作国家实行其自由市场经济制度，强迫合作伙伴向他开放市场，以便让它的商品、资本、技术自由地进入。他们甚至利用合作这平台，利用非政府组织，培育其能够控制的势力，并利用军事入侵或颜色革命的方式，把整个合作伙伴，变成自己利益的发源地。

虽然经济是基础，然而，经济基础和上层建筑从来就是相互制约、相互依存的。所以，在零和博弈的经济合作中，除了不平等的霸权条款的霸权主义之外，还有合作背后的制度和文化渗透的文化霸权主义。人类社会发展的历史，就是经济、社会制度和文化相互依存、相互作用、相互制约、相互体现的历史。所以垄断资本在进行全球性扩张时，总是与制度、文化和价值观的全球性扩张结合在一起的。现在越来越多的事实证明，经济、制度和文化在互相作用和相互发展中，已经出现了一体化的趋势。经济中文化的含量越来越高，越来越文化化；文化产业高度发展，也越来越经济化。比如美国正是利用这种大趋势，妄图通过各种国际合作，用美国的思想、观念、意识改造世界。就经济活动本身而言，美国垄断资本的一切经济活动，不仅包括资本、技术、设备、各种资源、劳动力等物质要素，而且包括经济政策、发展战略、管理理念、审美素养、情感意志、民族信仰、交往方式、消费习惯、价值观念、法律和道德规范等文化要素。

国际垄断资本通过不平等国际合作，在全球性的扩张中，不仅要把自己的资本和先进技术等物质要素带到全球，也同时把自己的这些文化要素带到全球。而落后国家对那些物质要素，当然都是急切需要的、十分欢迎的。然而，就是在这种欢迎中，不知不觉就受到那些文化要素的渗透和熏陶，甚至接受了那些文化要素。资本家们都知道，成功的公司将具备依靠变革发展的文化。那些文化迟钝，文化素质低，缺乏文化背景知识，不能适应当地文化环境的扩张者，不可能是成功者。正如有学者说的，文化是国际垄断资本经济活动背后的"无形之手"，是支撑其在国际上生存和发展的"脊梁"。

这就意味着，中国提出的互利共赢原则，不仅适用于经济领域，而且适用于思想文化等各种领域。由于经济全球化的发展，使几乎所有的国家都认识到，身处全球化的浪潮中，光有市场经济，既不能保证一个国家经济和社会的快速发展，也不能保证全球经济和社会的发展。因此，与全方位开放市场相适应，必然带来全方位的观念、法律、政策、制度、生活方式以及风俗和消费习惯等文化方面的开放。世界各国都必须把文化作为社会发展进步的内在的、深层的、长远的推动力，在实现经济和社会现代化的同时，也在实现文化的现代化。不言而喻，在这种开放和现代化中，必须有维护不同文化独立自主和平等的原则，有维护互利共赢的完善的法律和道德规范，有公平、合理的共同的游戏规则，有建立在以公共利益与共同发展为价值取向的国际文化与之相适应才行。

　　这里要特别提醒的是，少数资本主义大国在进行资本和文化扩张时，其跨国企业的力量和政府力量是紧密结合的。一方面，跨国资本的渗透，影响和改变着被渗透地区人们的主体消费意识形态，他们的目标是逐步打破人们原有的主体性，使人们都无意识地接受资本主义制度的观念和影响；另一方面，跨国资本的发展也使其本国政府与公民的关系发生了变化：政府主要为跨国资本服务，跨国资本家则为利用政府而支持政府，他们相互勾结，共谋资本增值和再生产，推行全球资本主义。也就是说，它们不仅进行着资本的扩张和经济掠夺，还进行着文化扩张和侵略。

　　显而易见，要实现平等合作、互利共赢的理念与原则，就必须坚决反对霸权主义，改变国际秩序中不合理、不公平的东西。应当说，像美国这样的霸权主义国家，正是利用仰仗自己霸权制定的、有利于自己的国际经济政治秩序，才使广大发展中国家的巨额财富，源源不断地流入自己的腰包，使自己的生产力水平、科学技术水平、综合经济实力，都达到无人可比的地步。美国的帝国大厦，美国的所有成就，都体现着全世界劳动人民的勤劳和智慧，都是用美国和全世界劳动人民的血汗铸成的。美国统治者利用世界劳动人民的血汗搞霸权主义，这当然是对历史发展的倒行逆施，所以必然地要遭到全世界人民的坚决反对。当然，我们反对霸权主义，不是要反对这些由劳动人民创造的文明成就，而且相反，在新的平等合作、互利共赢中，还要充分继承、发展这些新成就，并在此基础上，通过更大规模的创新发展，以便把人类文明发展推进到一个更新阶段。

　　中国提出的平等合作、互利共赢的理念与原则，正体现着人类发展的新文明，体现着世界广大劳动人民的共同愿望和心声，所以得到了全世界人民的欢迎和支持。中国作为社会主义国家，决心将这一理念始终不渝的坚持下去，为人类文明发展不断做出贡献。如习近平曾多次向世界宣告，中国将高举和平、发展、合作、共赢的旗帜，高举反对霸权主义的旗帜，始终不渝走和平发展道路，始终不渝奉行互利共赢的开放战略，致力于同世界各国发展友好合作，履行应尽的国际责任和义务，继续同各国人民一道推进人类和平与发展的崇高事业。

三 共同富裕理念和为私理念的摈弃

共同富裕理念，是邓小平在改革开放初期就提出来的。仔细想来，共同富裕，不仅体现着社会主义的本质，而且是贯穿中国文明中的精粹。共同富裕理念中所包含精核，是公，或者是为公，即为天下所有的人。这是对资产阶级为己、为私、为家族理念的摈弃。中华文明历来倡导公天下，倡导克己奉公。公，当然是指所有的人，为公，当然是指为所有的人、为所有的人谋福祉。克己奉公，实现共同富裕，这在中华文明中，已经源远流长。从本书第一章中我们已经看到，早在春秋文明中，中国人就有着强烈的以人为本的思想，就提出"民惟邦本，本固邦宁"、"天地之间，莫贵于人"理念，强调要为民谋福祉，要利民、裕民、养民、惠民、富民。以人为本和共同富裕理念，无疑意味着社会不平等的消除。前面我们已经述及，现在我们信仰的马克思主义，也是以人为本的理论，其最高境界，就是在物质极大丰富基础上，实现人的共同富裕，并在此基础上，实现人的彻底解放和全面发展。可以说，建立在共同富裕基础上的、所有人的自由劳动和全面发展，是人类文明的最高境界。

共同富裕和中国信仰

是选择共同富裕，还是穷富两极分化，这无疑涉及价值观和信仰。共同富裕，当然是指没有压迫、没有剥削、所有人都能平等劳动、共同享受劳动成果的共同富裕。广大劳动人民用辛勤的劳动，创造了人类，创造了人类历史，创造了人类一切物质文明和精神文明，本来就是人类社会之本，是真正值得尊敬的人。然而，至今世界上还有大量的劳动者还生活在贫困之中。特别是在资本主义社会，劳动者的辛勤劳动创造出了巨大的财富和人间奇迹，但换来的却是贫困，自己的劳动成果，自己却不能享受；财富中自己应得到的那一份，自己却得不到。中国作为社会主义国家，提出以人为本、共同富裕的理念，就是要改变这种不公平、不合理的状况，恢复劳动者应有的权力和地位，为实现马克思所理想的劳动统治的社会，创造条件。

共同富裕，不单是个财富分配或财富平等的理念，而且是一种信仰，一种更高的人生观和价值观。它包含的既为自己致富，也为别人致富，在为自己致富的同时，也为别人致富创造条件，并克己奉公的这种精神，体现着社会主义的本质。中国还处于社会主义的初级阶段，中国生产力发展水平还不是很高，中国还有很多贫困人口。所以，中国共同富裕的近期目标，是使所有的人都初步摆脱贫困，实现小康生活水平。共同富裕的长远目标，是物质极大丰富，使人们都彻底摆脱旧的分工，都能自由的劳动，自由的享受生活。当然，共同富裕既不同于平均主义概念，也不同于按劳分配概念，里面包含有道德的因素。不仅身强力壮的人富裕，智力高的人富裕，智力低下、体弱多病的人也要富裕。显然，这里讲的既不是传统意义上的平等，也不是按劳分配，而是道德，是信仰，是在道德和信仰下的更高层次的平等。

共同富裕理念，是源远流长的中国文明传统，它浸透在中国人的基因里。我们知道，儒家"忠恕"思想的基本精神，就是要以己量人，推己及人，以待己的态度待人。就是要恰当理解和对待自己与他人的利益。主张在社会交往中，把他人的利益摆在自己利益之上。凡自己想得到的利益，应当让他人先获得。如《论语》中说的："己欲立而立人，己欲达而达人"；"己所不欲，勿施于人"。孔子劝统治者实行富民政策，勿与民争利，并主张均平的治国政策。孔子在《论语》说："有国有家者，不患寡而患不均，不患贫而患不安，盖均无贫，和无寡，安无倾"。可以看出，儒家的这些思想与当今共同富裕理念相通着。当然，今天讲的共同富裕，绝不是平均主义。

中国人正在为之奋斗的中国梦，其所追求的就是国家富强、民族振兴、共同富裕、人民幸福。它要传递给世界的核心价值理念，就是以人为本和共同富裕。这种价值理念充分体现了中华民族的平等思想，既是中华民族几千年追求大同社会的时代反映，也是中国共产党人为实现全体人民共同富裕而奋斗的充分体现，反映了中华儿女对美好幸福生活的不懈追求。在当今全球化的时代，中国的发展和世界的发展是融为一体的，世界上的智者，都会悟到，中国梦是中国人在新时期的集体诉求和精神信仰，就像中国人的脸谱一样，具有鲜明的民族特色。但是，中国梦就像中国人一样，热情开放，具有人类情怀，正在惠及世界。中国以自己的实践表明，以人为本、共同富裕理念，体现着人的本质和人类文明的本质，所以它不仅对中国，而且对世界任何国家，都有重要意义。

中国是社会主义国家，中国信仰的是马克思主义，而马克思主义与中国人的这种文明传统是相通的。比如，学过马克思主义的人都知道，马克思的理论本质或最高境界，正是以人为本和共同富裕，并在共同富裕基础上，实现人的彻底解放和全面发展。在马克思的理论中，人，人的自由劳动，人的共同富裕，人的彻底解放，人的全面发展，占有核心地位。马克思说过，他的理论的一切，都是为了人的生存和发展，因为人本身的发展是衡量经济发展、社会进步的最终尺度。这里的人，当然是指劳动人民。马克思的一生，他的思想、理论，都是为铲除人间贫困、痛苦和忧患。马克思始终勇敢、坚决的站在贫民一边，为贫民说话，为劳动者主持公道。在马克思看来，解决劳动者贫困和苦难的彻底的办法，建立公有制。他用消灭私有制来概括他的共产主义理想，他犀利地揭露了只为追求私人利益的人的狭隘和丑恶。

马克思还说过，利益是讲求实际的。而在资产阶级看来，世界上没有比消灭自己的敌人更实际的事情了！私人利益总是怯懦的，因为那种随时都可能遭到掠夺和损害的身外之物，就是私人利益的心和灵魂。有谁会面临失去心和灵魂的危险而不战栗呢？如果自私自利的立法者的最高本质是某种非人的、异己的物质，那么这种立法怎么可能是人道的呢？"当他害怕的时候，他是可怕的。"这句格言可以作为一切自私自利的和胆怯的立法的写照。马克思认为，私人利益的空虚的灵魂，从来没有被国家观念所照亮和熏染，私人利益非常狡猾，它会把自己的最狭隘和最空虚的形态宣布为国家活动的范围和准则。

在马克思看来，资本和劳动是相互产生并相互制约的。但由此得出结论说，资本家和工人的利益是完全一致的，那就未必了。生产资本增长的越快，工业越繁荣，资产阶级越发财，资本家需要的工人就越多，工人出卖自己的价格就越高。因此，使工人生活改善的一个必要条件，就是生产资本尽快地增长。这些也许是事实，但如马克思所揭露的，问题的实质在于：如果资本增长了，工资也是可能增长的，秘密在于增长更快的将是资本的利润。因此，工人的物质状况虽然有所改善，但这种改善是以他的社会地位的下降为代价的：工人和资本家之间的鸿沟更加扩大了。当有些人说资本的最迅速的增长是对雇佣劳动最有利的条件的时候，这只不过是说：工人阶级越是迅速增加和扩大，那个与它敌对的力量，即增加和扩大对它起支配作用的他人的财富，它就越是能在更加有利的条件下继续为加强资本的权力而工作，并且越是有机会为为自己铸造金锁链让资本家用来牵着自己走。

而以人为本、共同富裕理念，作为人类走向新的文明信念，就是要解决资本和劳动关系，坚持把劳动者放在最高的地位，一切都要以实现劳动者的全面发展和彻底解放为目标。从广大劳动者的根本利益出发，谋发展、促发展，使发展成果不断满足劳动者日益增长的物质文化需要，切实保障劳动者的经济、政治和文化权益，让发展的成果惠及全体劳动人民，使全体劳动人民都富裕，这正是社会主义的本质。当然，劳动者的全面发展，劳动者共同富裕，其基础或前提，是生产力的发展和财富的增加。生产力的发展和人的发展、共同富裕，是个相辅相成、相互促进的过程。实际上，我们平时说的发展生产力，就包括作为生产力核心的人的发展在内。

共同富裕和社会主义本质

共同富裕的理念，不仅体现着发展的本质，而且体现着人的本质和人类社会的本质。人们为什么劳动，人类发展意味着什么，简单地说，就是不断提高人们的物质和文化生活水平。如邓小平说的：在社会主义国家，一个真正的马克思主义政党在执政以后，一定要致力于发展生产力，并在这个基础上逐步提高人民的生活水平。这就是建设物质文明。过去很长一段时间，我们忽视了发展生产力，所以现在我们要特别注意建设物质文明。与此同时，还要建设社会主义的精神文明，最根本的是要使广大人民有共产主义的理想，有道德，有文化，守纪律。国际主义、爱国主义都属于精神文明的范畴。

中国领导人都始终坚持，社会主义革命的目的是解放生产力，发展生产力。认为共产主义社会是建立在生产力高度发展基础上的，离开了生产力的发展、国家的富强、人民生活的改善，革命就是空的。邓小平说过：贫穷不是社会主义，更不是共产主义。我们要发达的、生产力发展的、使国家富强的社会主义。我们相信社会主义比资本主义的制度优越。它的优越性应该表现在比资本主义有更好的条件发展社会生产力。在邓小平看来，搞社会主义，一定要使生产力发达，贫穷不是社会主义。我们坚持社会主义，要建设对资本主义具有优越性的社会主义，首先必须摆脱贫穷。邓小平认为，现在虽说我们也在搞社会主义，但事实上不够格。只有到了21世纪中叶，达到了中等发达国家的水平，才能说真的搞了社会主义，才能理直气壮地说社会主义优于资本主义。现在我们正在向这个路上走。

人们不难悟到，中国人提出共同富裕的理念，不仅体现着社会主义的本质，也体现着全世界劳动人民的共同愿望。无论生活在什么样国家的劳动人民，都不仅希望社会生产力能够得到解放和发展，都希望自己的生活能够不断得到改善和提高；而且都希望能消灭剥削，消除两极分化，最终达到共同富裕。世界上没有人不喜欢富裕，不喜欢拥有自己的财富。世界上也没有人喜欢贫穷，喜欢自己辛勤劳动创造的财富被别人占有，喜欢财富占有的不平等和两极分化。中国人所倡导的要在发展经济的基础上，逐步增加城乡居民收入，要把调节个人收入分配、防止两极分化，实现共同富裕，作为全局性的大事来抓；中国区分不同情况，采取有针对性的措施，保护合法收入，取缔非法收入，调节过高收入，保障和逐步提高低收入的做法，无疑具有世界意义。

为了实现以人为本、共同富裕，中国还提出了科学发展观。人的全面发展与社会的全面发展是一致的。所以中国倡导的科学发展观，就是要致力于在经济发展的基础上，推动社会全面进步和人的全面发展。中国领导人认为，在这种发展中，坚持以人为本，就是要坚持发展为了人民、发展依靠人民、发展成果由人民共享，关注人的价值、权益和自由，关注人的生活质量、发展潜能和幸福指数，最终是为了实现人的全面发展。保障人民的生存权和发展权仍是中国的首要任务。中国领导人都特别强调，国家工作人员，都必须坚持全心全意为人民服务，一切奋斗和工作，都是为了造福人民。要始终把实现好、维护好、发展好最广大人民的根本利益，作为党和国家一切工作的出发点和落脚点，尊重人民主体地位，发挥人民首创精神，保障人民各项权益，实现社会公平正义，走共同富裕道路。

这就是说，发展要以人为本的基本含义，就是以广大劳动者的利益为本，就是坚持发展为了劳动人民，发展依靠劳动人民，发展成果由劳动人民所共享。这三点，既体现了我们中华文明的传承，体现了时代发展的进步精神；也体现了中国共产党立党为公，执政为民的要求，体现马克思主义历史唯物主义和科学社会主义的精神。这三点集中体现了劳动者是科学发展观的动力，也是科学发展观的最终目的。特别是劳动者通过自己的辛勤劳动所创造的发展成果由劳动者共享这一条，所体现的就是实现共产主义的一条最基本的原则和要求：消灭剥削和劳动异化，使劳动者用自己劳动所创造的财富永远由自己享受，归自己共同占有，并且永远不会成为剥削他人、奴役他人、占有他人劳动的权力。

在这个基本含义中，还包含着劳动者自身的发展和共产主义的远大目标。比如，发展依靠劳动人民，就需要劳动人民自身的发展，只有劳动人民发展了，提高了，才能肩负起发展中依靠力量的使命。又比如，发展成果由劳动人民所共享，走共同富裕的道路，这既是要为劳动人民自身能够得到发展创造必须的基本条件，也是实现稳定、持续、协调发展条件。如胡锦涛所说：坚持以人为本，就是要以实现人的全面发展为目标，从人民群众的根本利益出发谋发展、促发展，不断满足人民群众日益增长的物质文化需要，切实保障人民群众的经济、政治和文化权益，让发展成果惠及全体人民。

以人为本、共同富裕理念的先进性，毋庸置疑。但在具体实践方面，中国也还存在许多不能令人满意的问题。中国作为以公有制为主体的社会主义国家，这本身就意味着，财富、特别是资本财富的大部分，都是劳动者的公共的财富。但劳动者如何支配这些财富、如何享受这些财富，都还有许多问题需要解决。中国领导人的确也都在努力解决这些问题。比如在国家和个人的关系问题上，坚持以人为本，坚持为劳动者谋福利，坚持以提高劳动者的物质文化生活水平为目的，坚持实现共同富裕。还比如，中国以高压态势进行反腐斗争，限制国家工作人员以权谋私，限制国有企业高管的工资水平，不断提高劳动者的工资水平，不断提高社会保险、养老保险、医疗保险等等，同样也是为了实现共同富裕。

不过从中国的现状看，在改革开放实践中，对邓小平思想的理解似乎有些偏颇，只重视了让少数人先富起来，却忽视了共同富裕，以致造成贫富悬殊的恶果。虽然中国在过去30多年中一直保持着高经济增长率，在经济高速增长的背景下，大批的贫困人群摆脱了贫困状态，这部分地抵消由收入和财产差距扩大所带来的一些负面影响，这也是中国社会在收入和财富差距快速扩大的同时可以保持社会相对稳定的一个重要原因所在。但低收入人群的收入增长速度一直慢于高收入人群，贫富差距扩大所造成的矛盾和社会问题，终究必须得解决。

可喜的是，我们看到新一届政府显然加大了解决这一问题的力度。比如提出，实现共同富裕，最主要应从具体做起，从广大人民的具体生活做起。如习近平同志说的："我们要随时随刻倾听人民的呼声，回应人民的期待，保证人民的平等参与、平等发展的权利，维护社会公平正义，在学有所教、劳有所得、病有所医、老有所养、住有所居上持续取得进展，不断实现好、维护好、发展好最广大人民根本利益，使发展成果更多更公平惠及全体人民，在经济社会不断发展的基础上，朝着共同富裕的方向稳步前进。"①

共同富裕和社会不平等的消除

当今世界最突出问题是什么？也许人们会异口同声地回答：社会不公平和不平等。尤以资本不平等和收入不平等为最甚。人所共知，这种不平等是资本主义发展的结果，体现着资本主义的本质和痼疾。这个问题究竟如何才能得到解决，仁者见仁，智者见智，而在中国领导人看来，要从根本上解决这个问题，只有坚持发展以人为本，以广大人民的根本利益为本，实现共同富裕。

现在，法国学者皮凯蒂著的《21世纪资本论》一书，正在世界上热销。这本书在世界上的热销，正体现当今世界不平等问题的严重，体现着世界对这个问题的关心。在这本书中，皮凯蒂根据全球20多个主要发达国家的大约300年数据证明，资本收益率大于经济增长率，资本持有者的收入增长速度，高于普通民众的收入增长速度，资本利润的增长速度，快于工人工资的增长速度，从而使社会总体的贫富差距就会持续扩大。而且这种扩大还有着积累的趋势。从前一节论述中我们知道，这些已是马克思在160多年前就得出的结论。

按皮凯蒂提供的数据，全球主要资本主义国家的资本收益率，一直稳定地保持在4%—5%，而经济增长率却不到2%。他认为，如果资本年回报率持续大于经济增长率并成为常态，那么资本在社会中的支配地位就会愈发明显，而劳动报酬的份额则会稳定地下降。资本利润和其他财产性收入的增长，快于工资收入的增长。必然的结果就是收入分配的不均等程度持续上升，皮凯蒂在分析最富的0.5%、1%和5%人群的收入来源时发现，在资本主义国家，真正通过诚实劳动而进入高收入行列的人群似乎不存在。致

---

① 习近平第十二届全国人民代表大会第一次会议上的讲话。

富的来源，主要是来自于资本的利润或投资所得，没有极高的财产存量就不可能获得极高的收入水平。而极高的财富水平是来自于上一代的遗产。在皮凯蒂看来，在资本主义制度下，经济的制高点不仅由财富决定，还由承袭的财富决定，因而出身的重要性要远远高于后天的努力和才能。而且，可被承袭的资本收入超出了工资收入，财富支配着工作。从这个角度来说，资本主义社会的阶层已经被固化，一般阶层已经很难获得向上流动的机会，而社会流动及代际流动的降低，无疑会带来社会活力的下降及社会阶层矛盾的激化。

皮凯蒂认为，在发达国家，收入最高的10%的人，拥有全社会财富的60%，其中收入最高的1%的人，占有全社会财富的35%。在皮凯蒂看来，要解决这种贫富差距，应该对资本征收累进税。即主要通过改变征税规则、提高金融数据的透明度、防范金融危机、巩固民主社会等办法，来拟制收入不平等的恶化。为了进一步刻画不平等的演化过程，皮凯蒂将收入不平等分解为劳动收入不平等和资本不平等，并从分组数据来看财富和收入的微观构成。总体而论，劳动收入不平等的程度要逊于资本收入不平等的程度。贫富差距的主要来源，不是来自劳动收入的不平等，而是来自资本收入的不平等。

按照皮凯蒂的分析，在资本主义社会的最底层，是一群净财富为负数的穷人。再往上走，是大多数工薪阶层，严格地讲，他们也没有财富。按照国民收入核算，家电、家具、汽车都不算财富，但这些其实是大部分工薪阶层仅有的"财产"。皮凯蒂讲道："财富是如此地集中，以至于社会中大多数人根本就没有见识过财富。"再往上走，到收入最高的10%，在发达国家，他们拥有全社会财富的60%。他们大多拥有自己的房产，而且也开始注意投资股票、债券。但在这10%中，收入最高的1%占有全社会财富的35%。收入最高10%的每一个社会成员拥有的财富是整个社会平均水平的 25 倍。收入水平越高，房产在个人财富中所占的比例就越低。他们的财富主要是股票和股权等金融资产，来自股票的收入又主要来自于股票的分红，而非股票增值后即炒股票的收入。

如皮凯蒂说的，只要资本的规模达到了一定的程度，它就会不断地自我繁殖。金钱不眠，你只需要侧耳倾听，就能听到箱子里金币不停掉落的声音。只要你允许市场经济，就不能阻止资本获得提出的回报。只要你允许资本自由地得到回报，就不能避免收入不平等。因此，问题的关键是，在不受限制的资本主义和人人平等的民主制度之间，如果不得不做出取舍，那该如何选择？如果你想要捍卫自由放任的资本主义，那么 19 世纪可能会是前车之鉴。

至于如何解决这种不平等，皮凯蒂建议在全球范围内征收资本累进税，得到的收入不应交给低效政府，而应通过再分配分给那些资本较少的人。他提出：必须对异常集聚的财富水平征收较高的财富税，从而保持资本所得与劳动回报的相对平衡。显而易见的政策启示就是从遗产税、不动产转让税、赠与税等角度对社会的财富进行强力调节，如对资本回报征收不等的累进税率，或对超过 50 万美元以上的收入征收 80% 的惩罚性资本保有税。皮凯蒂认为，不平等将成为 21 世纪经济学面临的重大课题之一，并暗示如果这个问题得不到解决，21 世纪可能会重蹈 19 世纪的覆辙。19 世纪的确是一个全球化的黄金时代，史称第一次经济全球化。但当时也是贫富分化越来越严重、无产阶级贫困化的时代。就在经济全球化狂飙突进的时候，突然出现了各种社会矛盾，各国从拥护自由贸易纷纷改为贸易保护主义，继而开始军备竞赛，最终走向了第一次世界大战的深渊，贫富分化对社会稳定带来的影响值得我们深思。

显然，在皮凯蒂看来，资本主义似乎应当由不受限制的资本主义制度，转变为人人平等的民主制度。皮凯蒂的良苦用心，似乎是想通过对大资本实行累进税，并分配给资本少的人的办法，在资本主义社会消灭收入穷富两极分化，从而实现这种转变。不言而喻，在私有制为基础的资本主义社会，想用这种办法使资本主义变为人人平等的民主制度，似乎是很不现实的。从资本主义国家这种不平等的本质分析，收入不平等或消费不平等，以致其他方方面面的社会不平等，其根源在于财富、特别是资本财富的不平等。而在资本主义宪法中明文规定，这种私人财富是不能侵犯的。在资本财富不平等条件下，也就是在机会、条件不平等条件下，收入平等是根本无法做到的。其实，资本主义社会的实践已经证明，资本财富不平等是决定性的，只要存在资本财富不平等，不仅人人机会平等或消费平等，不可能存在，社会的一切平等都不可能存在。机会平等和消费平等，都要以在资本财富上的共同富裕为前提。如果资本主义能够从因贪婪个人财富而造成极不平等，自己转变为人人平等的民主制度，那我们也许就可以把这种人人平等的民主制度，称为社会主义了。

评论家们都认为，皮凯蒂披露的事实是对的。他的"富者越富的动态学"填补了经济学的一个重要空白。传统理论中，经济学家喜欢用最低工资被侵蚀、全球化导致的低工资工人竞争恶化、技术进步导致的劳动力市场两极分化等，是无法解释1%和99%的收入差距为何如此之大的。所以，马克思最早尝试着从制度层面找寻收入不平等的内部基因，以求在社会主义能够避免。

从中国的情况看，收入和财富的不平等也相当严重。好在中国正在积极想办法解决这一问题。中国的共同富裕理念，正是在马克思主义、社会主义公有制基础上形成的，它的宗旨，就是从根本制度上消除产生资本财富不平等、收入财富不平等、消费财富不平等根源，达到实现共同富裕。中国领导人都反复强调，解放生产力，发展生产力，消灭剥削，消灭两极分化，实现共同富裕，这是社会主义本质。当然，实现共同富裕理念里面，就包含有消除这些不平等根源的办法和具体措施。这在前面第五章中已有所论及，这里不再赘述。

让一些人先富和模糊概念的严重后果

毋庸讳言，中国在实现共同富裕、消除社会不平等方面，是走了弯路或有所失误的。比如，在改革开放一开始，邓小平就这样说："社会主义的本质，是解放生产力，发展生产力，消灭剥削，消除两极分化，最终达到共同富裕。就是要对大家讲这个道理。"① "我们执行对外开放政策，学习外国的技术，利用外资，是为了发展生产力，搞好社会主义建设，而不能离开社会主义道路。我们要发展社会生产力，发展社会主义公有制，是为了增加全民所得。我们允许一些地区、一些人先富起来，是为了最终达到共同富裕，所以要防止两极分化。这就叫社会主义。"②

这里要提醒的是，"让一些人先富起来"这一概念，是一个很不科学的模糊概念。比如，何谓一些人，他们如何先富起来，怎样才算富裕起来了，他们富裕起来后，又如何带动其他人富，如何实现共同富裕等，都没有科学具体、严格的界定。我们回忆一下资本主义的发展史，有哪个资本主义国家，走得不是少数人先富起来的道路。少数人靠剥削多数人富了起来，他们的富起来，是以多数人穷下去为代价的，这就是血淋淋的资本主义的发展史。所以，这种没有科学、严格界定的模糊概念，其付诸实践，就必然带来严重的后果。

比如，在实践邓小平这些思想时，较长一段时期，似乎只记住了让一些人先富起来，而却忘记了怎样让一些人先富起来，忘记了一些人先富起来的目的，没有把共同富裕放在发展的重要地位。更奇怪的是，把邓小平讲的"让一些人先富起来"的概念，

---

① 《邓小平文选》第3卷，人民出版社1993年版，第373页。
② 同上书，第195页。

又偷换为"让少数人先富起来",致使一些人中的少数人为了自己致富,而不择手段,不惜剥削、甚至大肆掠夺别人。他们在致富中已经变质,已经变得像资产阶级一样的贪婪,一样成为金钱的奴隶,除了金钱,他们空虚得什么都没有。

由于对一些人致富无论在手段或量上都缺乏制约,在他们致富后如何带动大家共同富裕方面,又缺乏正确的引导、途径和严格、正确的政策,所以在少数人无度富起来的时候,广大劳动者却没有相应富起来,出现了比较严重的收入不平等,一定程度上出现了两极分化,使得"共同富裕"再度成为全社会的期望。而且问题的严重性,已经威胁到共产党和社会主义的生存。其实,邓小平把这个问题提到了很高、很尖锐的程度,告诉我们,如果出现了两极分化,那我们的改革开放就失败了。

我们不能不承认,在实现共同富裕的战略中,中国前一时期是不成功的。回顾中国对外开放的历史,在过去30多年,随着国内生产总值年均增长率达到9%以上的高速增长,中国的收入不平等,中国的穷富差别,也已经到了亮红灯的地步。据北京大学中国社会科学调查中心发布的《中国民生发展报告2015》提供的数据,现在中国最富顶端1%的家庭,拥有全国约30%的财富,而底层25%家庭仅拥有全国1%的财富。2012年,中国居民收入基尼系数为0.49,而20世纪80年代,则为0.3。中国国家统计局公布的数据,2014年,中国居民收入基尼系数为0.469。2015年《胡润中国百富榜》数据显示,中国资产达到10亿美元以上的人数已经达到596人,比美国535人还多。万达集团董事长王健林个人财富已达到260亿美元,超过了香港的李嘉诚,在世界富人榜中名列第21位。

当然,除了概念模糊之外,造成中国收入不平等的原因,还有很多方面,这必须从中国自己的制度和国情中去寻找,从中国领导者共产党内部去寻找。一些领导人为什么把共同富裕理念,把抑制收入不平等和社会不平等的那些社会主义制度，都忘了呢？实际上不是忘了，而是从根本背叛了。在资产阶级金钱关系的汪洋大海中，他们的灵魂被腐蚀，社会主义信念被腐蚀，他们的人生观、价值观，都已经与资产阶级同流合污了。真的如马克思说的，在他们的生命中，除了贪婪金钱、享乐之外，已经不存在任何别的东西。

值得庆幸的是，党的高层领导已意识到问题的严重性，已经在下大力气抓党的建设，抓党的信念建设，反对腐败。腐败和官商勾结谋求个人财富，是造成收入不平等的重要原因，是最不能令人容忍的无耻行为。官员手中的权力，本来是为了更好地为公众服务，但却被用来谋取私利，用来贪婪私人财富。官员腐败的时候，不是一个人贪污，而往往是整个家族在掠夺财富。这极大地破坏了社会主义市场公平竞争的原则，甚至让公众对执政党的信誉产生了动摇。新一届政府上台之后，雷厉风行的反腐败政策，正是直指收入不公的命门。这里要强调的是，信念是根本，只有信念坚定，而且所有的党员都信念坚定，反对腐败才能取得彻底的胜利。

正如人们都已看到的，一些不法官员、国企领导人贪污腐败之得逞，根源在于政府调控政策的不完善，或不适度，带来了巨大的寻租机会。比如，在没有严格监管或阻断权钱交易的情况下，权力过多集中在政府手里，自然会造成权钱交易的恶性发展，造成收入不平等的发展；比如，随着经济的大发展，有很多行业成了垄断行业，这种垄断地位，自然会造成对市场合理竞争原则的破坏，造成机会不平等和收入不平等的条件；比如，有些特殊行业，比如房地产行业，由于政府对价格监管不力，致使房地产价格不断飙升、失控，加之地方政府与房地产商沆瀣一气，土地市场被人为地割裂，货币增发导致大量资金流入楼市，政府的调控政策顾此失彼，缺乏全局考虑，最后酿成了投机严重等，使房地产市场成了拉大贫富差距的畸形的房地产市场。

特别值得一提的是，过去30多年，大量的劳动力从农村流入城市。如此大规模的移民，按道理一定会导致城乡收入差距大幅度缩小，但实际却相反。到现在为止，城乡差距仍然悬殊很大。正如有学者说的，迟迟未能改革的农村土地制度、类似计划体制的粮食安全政策、户口制度等，所带来的城乡福利差异，是导致中国人至今仍然生活在城市和农村两个反差鲜明的社会的重要原因。如果仔细观察，我们会发现，中国人反感的不是作为结果的收入不平等，更令人痛恨的是作为起点的机会不平等。为什么人们在上学的时候，就感到了同学与同学之间的不平等，这是很值得深思的问题。

过去，当我们遇到各种社会问题的时候，总认为最好的解决办法就是靠经济增长。经济增长能减少贫困，经济增长能提供就业，经济增长能改善人们的生活质量，经济增长能赢得人心，这些当然都是对的。可实践证明，经济增长却无法消除社会不平等。几乎所有的人都能看到，未来，中国的潜在增长率将不断放缓。中低增长会成为新的常态。更重要的是，中国人的老龄化时代已经到来，这不仅会进一步降低经济增长速度，而且如果没有相应的政策和措施，还会加剧社会的贫富分化。比如，如果让富裕家庭的孩子轻轻松松，就可以继承到数倍、甚至几十倍于普通家庭孩子能够得到的财产这种状况继续下去，那就很难实现整个社会的机会平等和收入平等。当然，中国的贫富分化或许并未达到像资本主义社会那样极端的程度，中国的收入不平等产生的机制也不同于皮凯蒂的判断。皮凯蒂只是在讲发生在欧美等发达国家的事情。但这里要强调的是，中国的问题同样严重，决不可掉以轻心。

从更深层次看，社会不平等与特权总是紧密联系的。在马克思主义者看来，平等的命题，是说不应该存在任何特权。平等仅仅存在于同不平等的对立中，它不是永恒真理。如果把平等当成最高原则和最终真理，那是荒唐的。如果把政治、经济、道德等各种因素综合起来分析，就会发现，有些看来是平等的因素，却会发现不平等因素；而看来是不平等的因素，也会发现平等的因素。比如，劳动产品按照价值尺度在权利平等的商品所有者之间自由交换，是现代资产阶级全部政治的、法律的和哲学的意识形态建立于其上的现实基础。可商品交换却是一种表面平等而实质上的不平等权力。当然，我们说的资本主义的不平等，更重要的是指由这种不平等发展所造成的巨额财富集中在少数人手中而导致的种种特权。

当然，如果从未来更美好的共产主义看，平等的含义又有不同。比如，从道理上说，依据劳动量占有财富，是平等的权力。但从大爱的视觉看，从所有人的幸福看，依据劳动量占有财富的权利，应当是一种不平等的权利。社会主义的按劳分配的原则，就既是一种平等权利，又是一种不平等的权利。如马克思说的，"在这里平等的权利按照原则仍然是资产阶级的权利，虽然原则和实践在这里已不再互相矛盾，而在商品交换中，等价物的交换只是平均说来才存在，不是存在于每个个别场合。虽然有这种进步，但这个平等的权利总还是被限制在一种资产阶级的框框里。生产者的权利是和他们提供的劳动成比例的；平等就在于以同一尺度——劳动——来计量。但是，一个人在体力或智力上胜过另一个人，因此在同一时期内提供较多的劳动，或者能够劳动较长的时间；而劳动，要当作尺度来用，就必须按照它的时间或强度来确定，不然它就不成其为尺度了。这种平等的权利，对不同等的劳动来说就是不平等的权利。它不承认任何阶级差别，因为每个人都像其他人一样只是劳动者，但是它默认，劳动者的不同等的个人天赋，从而不同等的工作能力是天然特权。所以就它的内容来讲，它像一切权利一样是一种不平等的权利。权利，就它的本性来讲，只在于使用同一的尺度；但是不同等的个人（而如果他们不是不同等的，他们就不成其为不同的个人）要用同一的尺度去计量，就只有从同一个角度去看待他们，从一个特定的方面去对待他们，例如在现在所讲的这个场合，把他们只当做劳动者；再不把他们看作别的什么，把其他一切都撇开了。其次，一个劳动者已经结婚，另一个则没有；一个劳动者的子女较多，另一个的子女较少，如此等等。因此，在提供的劳动相同、从而由社会消费基金中分得的份额相同的条件下，某一个人事实上所得到的比另一个人多些，也就比另一个人富些，如此等等。要避免所有这些弊病，权利就不应当是平等的，而应当是不平等的。"①

也就是说，工人阶级提出的权利平等原则，只是社会主义的原则，而不是未来共产主义的原则。共产主义平等不是权利，而是一种需要。衡量这种需要的，不只是劳动一个尺度，而还有道德尺度，生存需要尺度，人类共同生存尺度等。不过，如马克思所说过的，"这些弊病，在经历长久阵痛刚刚从资本主义社会产生出来的共产主义社会第一阶段，是不可避免的。权利永远不能超出社会的经济结构以及由经济结构所制约的社会的文化发展。"②社会主义只能为实现这种平等创造条件。如前面说过的，只有到了在生产力高度发展之后，在迫使人们奴隶般地服从分工的情形已经消失，从而脑力劳动和体力劳动的对立也随之消失；在劳动已经不仅仅是谋生的手段，而且本身成了生活的第一需要之后；在随着个人的全面发展生产力也增长起来，而且集体财富的一切源泉都充分涌流之后；一句话，在消灭了财富占有的私有制之后，才能实现这种不平等的平等。

共同富裕理念，作为中国特色社会主义原则，它的意义在于避免经济和社会发展的扭曲。无论在历史和现实的资本主义发展

---

① 《马克思恩格斯全集》第 25 卷，人民出版社 2001 年版，第 19 页。
② 同上。

中，我们都能看到，由于其价值观和体现这种价值的法律所决定，其经济发展处于扭曲状态：人们追求的不是把整个蛋糕做得更大，而只是希望属于自己的那部分更大；不是投身于实际的劳动而获得收益，而只是热衷于在投机中获得收益；致使那些高层人群的收入都是通过寻租、通过金融投机取得等。正因为那些金融精英巧取豪夺，威胁着资本主义生存，所以，整个资本主义世界是一片变革声。而如果不对价值观、社会制度、法律进行根本性的变革，从而使经济和社会发展走上以人为本和共同富裕的轨道，从根本上限制追求高收益的寻租行为，使收益向低收入人群倾斜，使社会变得更为平等和公平，问题就不会得到根本性的解决。

对社会主义的中国来说，用马克思主义人生观、世界观、道德观教育广大党员，用共产主义的伟大理想和信念，教育全党，武装全党，既是实现共同富裕的根本任务，也是我们党的思想建设的根本任务。尤其在拜金主义、金钱至上、贪图享乐、封建迷信等资产阶级腐朽思想泛滥的今天，这一任务完成的好坏，切切实实关乎到我们党和我们社会主义国家的生死存亡。历史已经并正在证明，有什么样的人生观，就有什么样的人生。马克思主义的人生观是最正义、最高尚的人生观；马克思主义的世界观是最科学、最正确的世界观；马克思主义的方法论是最科学、辩证的方法论。马克思主义人生观、世界观和理论体系之间，有着内在的逻辑联系，有什么样的人生观，就有什么样的世界观，就有什么样的思想和理想，就有什么样的人生和事业。所以，实现上述任务的首要条件，是认真学习、领会和掌握马克思主义的人生观、世界观理论。在这个问题上，尤其是党的各级干部，更应带头垂范。

实现共同富裕，既寄希望于共产党人，也寄希望于广大人民正确人生观的确立。人们常说，共产党人是用特殊材料制造的，这特殊材料，当然不是指肉体，而是精神。马克思主义人生观和共产主义的理想、信念，就是这种特殊的材料。只有用这种材料打造的共产党人，才坚不可摧，才能领导人民走向共同富裕。人生观问题，说到底是价值观问题。这个问题虽然是老生常谈，可基于它在当前的极端重要性，这里不得不谈。对任何人来说，它都是个须终生考虑不能忘记的问题。在阶级存在的社会中，当然不存在抽象的人，而只有社会的人，阶级的人。处在不同阶级的人，自然有着不同的人生观，而唯有共产主义人生观，才是最高尚的人生观。对于任何人来说，只有树立了这样的人生观，才会成为高尚的人，才会作出高尚的事业。实现共同富裕，就是现阶段人类最高尚的事业，为这一事业不懈奋斗的人，就是最高尚的人。

四　和谐世界理念和霸权秩序的摈弃

和谐世界的理念和主张，是 2005 年，胡锦涛同志在联合国成立 60 周年首脑会议上发表的重要讲话中提出来的，它体现着人类文明发展的新高度。这一理念的内涵，主要包括政治上相互尊重、平等协商，共同推进国际关系民主化；经济上相互合作、优势互补，共同推动经济全球化朝着均衡、普惠、共赢方向发展；文化上相互借鉴、求同存异，尊重世界多样性，共同促进人类文明繁荣进步；安全上相互信任、加强合作，坚持用和平方式而不是战争手段解决国际争端，共同维护世界和平稳定；环保上相互帮助、协力推进，共同维护人类赖以生存的地球家园。和谐世界理念，大大拓展了既有国际关系理论的视野，在国际社会反响热烈。很多国际人士认为，这一理念基于人类根本的道德准则，有助于推动和增加发展中国家话语权，对当今时代国际关系的发展演变具有重大现实指导意义。

和谐世界和中国文明传统

中国提出的和谐世界理念，不仅体现着源远流长的中国文明传统，也体现着人类的共同愿望。中华文明历来注重社会和谐，强调团结互助。中国人早就提出了"和为贵""和谐为上"的思想。早就追求天人和谐、人际和谐、身心和谐，向往人人相亲，人人平等，天下为公的理想社会。关于和谐的本质和伟大意义，儒家在《中庸》中所讲的："中也者，天下之大本也；和也者，天下之达道也。致中和，天地位焉，万物育焉"。这句经典的话，极其深刻地揭示了人类社会发展的客观规律，不仅适合人类文明发展的过去和现在，而且适合人类文明发展的未来。

在当前阶段，中国提出构建和谐社会，就是要建设一个民主法治、公平正义、诚信友爱、充满活力、安定有序，人与人、人与自然和谐相处的和谐社会，实现物质和精神、民主和法治、公平和效率、活力和秩序的有机统一。毋庸置疑，构建这样的和谐社会和和谐世界，当然是世界所有国家追求发展，追求物质文明和精神文明进步，追求广大人民幸福生活的共同诉求。

人们都知道，一个人的发展取决于和他直接或间接进行交往的其他一切人的发展；彼此发生关系的个人，世世代代是相互联系的，后代的肉体的存在是由他们的前代决定的，后代继承着前代积累起来的生产力和交往形式，这就决定了他们这一代的相互关系。就是说，单个人的历史，不仅决不能脱离他以前的或同时代人的历史，而是由这种历史决定的。其中最重要的因素，是社会分工。由于社会分工的作用，人们在进行劳动和社会活动时，必然会结成不同性质的共同体。

也就是说，只有在共同体中，个人才能获得全面发展其才能的手段，只有在共同体中才能有个人自由。中国提出的和谐社会和和谐世界理念所追求的，就是在当今的国际分工所形成的各种联合体内，人们都遵照每个人的自由发展是一切人的自由发展的条件的原则，在为自己劳动的同时，也是为社会的发展、为世界的发展而劳动，为别人劳动创造条件。这样，人们都能在充分自由享受自己劳动创造的财富中，实现着个性的充分自由发展，享受着社会的真正和谐。

在中国提出的和谐世界理念里，并不是要否定矛盾和斗争。矛盾运动是社会发展的基本动力，这是马克思主义的一个基本道理。这里说的和谐，是相对的。构建和谐世界的过程，就是在妥善处理各种矛盾中不断前进的过程，就是不断消除不和谐因素、不断增加和谐因素的过程。和谐世界的实现，是个历史的、相对的概念，是一个由低级到高级的历史过程。我们看到，就整个国际社会而言，当今的国际分工，在某种程度上还是强迫性的或被迫性的分工，这种分工不仅造成了国际间国家的特殊利益与国际社会的普遍利益的分裂。随着这种分工的消除，这种分裂也会随之逐步消除。这种消除过程的每一步发展，都意味着和谐世界的发展前进。

中国提出的和谐世界的理念，不仅和中国文明传统一脉相承，而且和马克思主义一脉相承。在马克思看来，最完美的和谐，作为完成了的自然主义，等于人本主义；而作为完成了的人本主义，等于自然主义，它是人和自然界之间、人和人之间的矛盾的真正解决，是存在和本质、对象化和自我确立、自由和必然、个体和类之间的抗争真正解决，是历史之谜的解答。马克思描述的这种局面，即一切矛盾和抗争都得到真正解决的这种局面，正是真正家庭和谐、社会和谐、世界和谐的局面，正是马克思所追求的理想社会。到那时，随着国家的消失，各民族生活条件日益趋于一致，各民族之间的隔绝和对立也随之消失。处在共产主义中的个人，已经不是民族历史的个人，而是世界历史的个人。共产主义成为人类统一的信仰和社会形态，大家都在那自由人的联合体中为增加生产力的总量而自由劳动、自由交往，和平生活。人与自然、人与社会、人与自身都达到了历史性的和解，真正实现了世界的和谐发展。

构建和谐世界，不仅是中国的执着追求，也是历史赋予世界各国人民的历史使命。面对当今纷繁复杂的世界，世界各国都应该更加重视和谐，强调和谐，促进和谐。建设一个持久和平、共同繁荣的和谐世界，不仅是世界各国人民的共同愿望，是人类社会发展的必然要求，也是历史赋予世界各国、各国人民的历史使命。为此，各国都应该遵循联合国宪章的宗旨和原则，恪守国际法和公认的国际关系准则，在国际关系中弘扬民主、和睦、协作、共赢精神。政治上相互尊重、平等协商，共同推进国际关系民主化；经济上相互合作、优势互补，共同推动经济全球化朝着均衡、普惠、共赢方向发展；文化上相互借鉴、求同存异，尊重世界多样性，共同促进人类文明繁荣进步；安全上相互信任、加强合作，坚持用和平方式而不是战争手段解决国际争端，共同维护世界和平稳定；环保上相互帮助、协力推进，共同呵护人类赖以生存的地球家园。

促进国际社会公平、公正和平等，是构建和谐世界的灵魂。没有公平，没有公正、没有平等，当然就不会有和谐。当前，国际政治经济秩序的不公平、不公正，收入的不平等，穷富差距越来越大，是建设和谐世界的巨大障碍。构建和谐社会和和谐世界，就是倡导要把实现公平、公正和平等，作为国际政治经济秩序的导向。无论在国际经济、政治事务中，都要把公平、公正和平等放在第一位，坚持以最广大人民的根本利益为出发点和落脚点，充分考虑和兼顾不同国家、不同地区、不同行业、不同阶层、不同群体的利益，坚决反对各种侵害别的国家、侵害广大群众利益的行为。

毋庸置疑，和谐世界理念的提出，不仅是中国对自己文明传统的继承和发展，而且也大大拓展了既有国际关系理论的视野。因为构建和谐世界，不仅需要各国在政治上相互尊重、平等协商，共同推进国际关系民主化；而且需要各国在经济上相互合作、优势互补，共同推动经济全球化朝着均衡、普惠、共赢方向发展；还需要各国在文化上相互借鉴、求同存异，尊重世界多样性，共同促进人类文明繁荣进步；而且需要在安全上相互信任、加强合作，坚持用和平方式而不是战争手段解决国际争端，共同维护世界和平稳定；在环保上相互帮助、协力推进，共同呵护人类赖以生存的地球家园。所以，和谐世界理念已经提出，在国际社会就反响强烈。人们有理由相信，基于历史反思，构建和谐世界一定会成为世界各国的共同追求和行动。

和谐世界和国际关系民主化

毋庸置疑，构建和谐世界，不是一个或几个国家的事，而是世界各国共同的事。当今全球化深入发展，使各国都生活在一个地球村里，相互高度依赖，成为命运共同体，这客观上就要求社会和谐和世界和谐，要求所有国家都加入到和谐世界的构建中。在全球化日益深入发展中，人类发展面临的一切挑战和问题，都涉及每个国家、每个人切身利益，需要世界各国、各国人民共同应对。争取发展繁荣的共同目标，把世界各国人民联结在了一起。在人类漫长的发展史上，各国人民的命运从未像今天这样紧密相连、休戚与共。应对共同的挑战，推进人类和平与发展的崇高事业，构建和谐世界，事关各国人民的根本利益，需要世界各国政府和人民在平等、民主基础上共同商量，共同献计献策，携手合作，共同努力，共同构建。

不能否认，当今的世界，是大动荡、大调整、大变革的世界。各种利益错综复杂，各种矛盾盘根错节，各种不和谐的因素，还影响着人们的生产和生活。正是在这样的环境中，中国提出了和谐世界的理念，倡导世界各国人民应当携手努力，克服各种不利因素，推动世界向建立持久和平、共同繁荣的和谐世界的长远目标前进。当然，这一理念的提出，也从根本上回应了国际社会对中国今后社会走向的疑问，回答了中国希望建立一个什么样的世界，以及怎么样去构筑这样的世界的问题，使世界能更加了解中国。

就当今而言，构建和谐世界的核心任务，是实现国际关系民主化。可以说，国际关系民主化，是维护世界和平、构建和谐世界的基础和重要保证。诚然，和谐世界的理念，是站在全球秩序角度提出的，它不仅解决了中国发展道路问题，也是建立全球国际政治伦理与国际关系的指导原则。世界所有国家都相互尊重，和谐共处，坚持用民主的方式解决一切问题，这是促进人类持久和平、共同繁荣的关键和前提。不言而喻，和谐世界，也是包容的世界。和谐世界理念，在经济方面的含义是和谐发展，在政治方面含义是国际关系民主化，而在文化方面的含义，则是包容，即以包容、和睦的心态，致力于实现不同文明的和谐进步。在不同社会制度存在的条件下，促进国际关系民主化建设，建立和谐世界，有如下两点重要前提：

一个是各国必须致力于实现和谐共处。当前，推进国际关系民主化建设，应该遵循联合国宪章宗旨和原则，恪守国际法和公认的国际关系准则，在国际关系中弘扬相互尊重、和睦相处、协作共赢和共享精神。而且面对当今纷繁复杂的世界，我们应该更加重视和强调和谐共处。在互相尊重主权和领土完整、互不侵犯、互不干涉内政，尊重和维护各国自主选择社会制度和发展道路的基础上，推进国际关系民主化、法制化，逐步改革和完善现行国际体系和秩序，使之朝着更加公正合理的方向发展。应该坚持多边主义，促进国际关系民主化，保障各国参与国际事务的平等权利；应该鼓励和支持以和平方式，通过对话、协商和谈判解决争端和冲突，反对任意使用武力或以武力相威胁；应该在平等的基础上，加强合作，共同应对全球性挑战。各国根据本国国情，选择适合自身条件的社会制度和发展模式，充分利用经济全球化带来的有利条件和机遇，促进不同发展模式在竞争比较中取长补短、在求同存异中共同发展，在共同发展中求得和谐。

另一个是要有包容精神。在文明多样化的状态下，实现国际关系民主化，建立和谐世界，各国和各种文明体，都必须有包容精神。文明多样性是人类社会的基本特征，也是人类文明进步的重要动力。在人类历史上，各种文明都以自己的方式，为人类文明进步作出了积极贡献。有差异，各种文明才能相互借鉴、共同提高。强求一律，只会导致人类文明失去动力、僵化和衰落。各种文明有历史长短之分，无高低优劣之别。历史文化、社会制度和发展模式的差异，不应成为各国交流的障碍，更不应成为相互对抗的理由。而应当在相互借鉴、取长补短、求同存异中求得共同发展，在共同发展中努力消除相互间的疑虑和隔阂，使人类更加和睦，让世界更加丰富多彩；应该以平等开放的精神，维护文明的多样性，促进国际关系民主化，协力构建各种文明兼容并蓄的和谐世界。

当然，首先实现不同文明体内部和相互之间的和谐，对实现世界和谐，有着特别重要的意义。也就是说，建立和谐世界，必须致力于实现不同文明的和谐进步。各国应该维护世界多样性和发展模式多样化，坚持平等对话和交流，倡导开放和兼容并蓄的文明观，使不同文明在竞争比较中取长补短，在求同存异中共同发展；应该承认各国文化传统、社会制度、价值观念和发展道路的差异，不能以此为借口对别国内政说三道四，更不能把世界上存在的一些问题和矛盾，归因于哪一种文明、哪一个民族或哪一种宗教；应该努力使世界上所有文明、所有民族携手合作，共同推进人类和平与发展的崇高事业。

　　经济的发展，关系到广大人民的生活和社会稳定，所以世界经济的和谐发展，是建立和谐世界的基础的基础。共建和谐世界，最重要的是必须致力于实现全球经济和谐发展。在这方面国际社会面临着诸多艰巨任务。比如，各国应该重视并采取有效措施推动经济全球化朝着均衡、普惠、共赢的方向发展，努力缓解发展不平衡问题，消除贫困；比如，各国应该积极推进区域和全球经济合作，共同解决全球经济发展中出现的问题，维护经济安全；比如各国应该以相互开放取代彼此封闭，努力建立开放、公平、规范的多边贸易体制，实现优势互补、互利共赢，使所有国家都从中受益等。

　　在构建和谐世界中，大国当然负有更多的责任。现在，各国经济的相互联系、相互依存日益紧密，各国特别是主要经济体的经济状况对世界经济发展会产生深刻影响，世界经济状况也会对各国经济发展产生重要作用。世界各国特别是主要经济体，不仅应采取负责任的经济政策，进行必要的经济结构调整，维护主要储备货币汇率的相对稳定，防止贸易保护主义；而且相互间应加强宏观经济政策的对话，特别是要加强在一些涉及世界经济发展全局和各国共同利益的重大问题上的协调，以共同促进世界经济平衡有序发展。

　　当然，中国提出的和谐世界，不仅包括人与人的和谐，也包括人与自然的和谐。中国在总结西方工业化的经验教训时，得出了一条最深刻的教训，就是400多年来，人们虽然创造了前所未有的物质财富和经济繁荣，但由于忽视了人和自然的和谐，对自然资源的过度开发，却带来了资源枯竭、环境恶化、生态退化等恶果。这使中国认识到，人类社会不能不发展，但又不能不顾人和自然的和谐，采取饮鸩止渴式的发展。毕竟我们只有一个地球，所以提出了人与自然和谐相处的思想，这也许为人类社会实现可持续发展走出了一条文明新路，让早已不堪重负的地球，实现

"休养生息"成为可能。

和谐世界和协商共建原则

和谐世界，涵盖有许多内容，实现和谐世界，也包括有许多方面。中国主张建立的和谐世界，应该是一个民主平等的世界，和睦互信的世界，公正互利的世界，包容开放的世界。建设这样的和谐世界，自然不是一个国家的责任，而是世界各国共同的责任。只有世界各个国在相互尊重、平等协商的基础上，坚持齐心协力、共同建设，和谐世界才有希望建成。为此，中国提出了协商共建原则。尽管和谐世界的建成是个很长的历史过程，但只要坚持这个原则，就一定能通过艰苦努力，最后得到实现。实现和谐世界，之所以要坚持协商共建，这是由世界文明的多样性所决定的。

首先，坚持各种文明之间的相互尊重、平等相待，互信合作、和睦相处，这是和谐世界建设的根本，是和谐世界的保障。所以中国主张，不同文明的国家，应当不分大小、贫富和强弱，都应是国际社会的平等一员；各国应平等相待，尊重彼此的选择，各国的事务由各国人民自己定夺；国际事务要通过平等协商解决，而不是由大国决定，尤其是发展中国家的利益应得到维护；在事关世界和地区和平的重大问题上，应该按照联合国宪章的宗旨和原则以及公认的国际关系基本准则，坚持通过协商谈判和平解决争端等；要做到这些，自然要求坚持协商共建原则。

其次，协商共建和谐世界的一项重要内容，是在平等协商中促进不同文明的互鉴。当今世界是由不同的国家和民族组成的，每个国家和民族都有自己的社会制度、价值观念、历史传统、宗教信仰和文化背景，相互之间存在很大差异。每个国家和民族在历史发展过程中所形成的文明都有自己的特色和长处，没有绝对的高低优劣之分，都是人类文明的重要组成部分。古往今来，每个民族都会在某些方面优越于其他民族。如马克思说的，如果批判的预言正确无误，那么任何一个民族都永远不会优越于其他民族。这是马克思主义关于文明互鉴的一个基本观点。

再次，多种文明的共生共存，是世界多样化的生动体现，也是世界充满活力的根本原因。只有尊重和维护世界的多样性，使各个国家和民族不同文明才能和谐相处，相互学习，相互借鉴，相得益彰，人类文明才能得到健康发展。人类社会的进步要通过不同的文明共同促进，各个国家的社会理想可以通过不同的发展道路来实现。各种文明和各种道路和谐共存，在竞争比较中取长补短，在求同存异中共同进步，这是人类社会发展和进步的规律和体现。在中国看来，各国人民在自身的发展进程中都创造了丰富多彩的文明。各种文明相互交流和借鉴，是人类进步的动力。所以，各种文明和社会制度应该而且可以长期共存，在竞争比较中取长补短，在求同存异中共同发展。总之一句话，世界是丰富多彩的，不可能也不应该只有一种文明、一种模式。

总之，人类社会发展的过程，是各种文明相互借鉴、共同发展的过程。一个和平相处、共同发展的世界，只能是一个各种文明相互交汇、相互借鉴，所有国家平等相待、彼此尊重，充满活力而又绚丽多彩的世界。在人类历史上，不同文明之间的交流与融合，就是始终存在的现象。随着近代以来世界体系的形成，各种文明的交流和融合更是不断扩大。每一种文明都不同程度地吸纳着其他文明的有益成果，使自身不断得到丰富和更新。比如，西方文明不断从东方文明中吸收营养，东方文明也不断从西方文明中吸收新的内容。特别是随着经济全球化的迅速发展，不同文明的交互影响会越来越大。

由于协商共建和谐世界的基础，是各国在经济上的平等合作。所以协商共建原则，也首先体现在经济合作上。诸如通过协商共建原则，使这种平等合作能够真正达到优势互补、共赢共享，并共同推动经济全球化朝着均衡、普惠、共赢方向发展。因为经济是基础、是前提，所以，只有各国普遍发展、共同繁荣，和谐世界才有坚实的基础和前提。贫穷不会和谐，两极分化也不会和谐，这是确信无疑的。事实上，只有采取有效措施推动经济全球化朝着均衡、普惠、共赢的方向发展，努力缓解经济发展不平衡问题，逐渐减少和消除贫困，和谐世界才能真正实现。不容忽视的是，在目前的经济全球化进程中，发达国家是主要受益者，而发展中国家获益甚少，有的甚至有被边缘化的危险。因此，国际社会应共同努力，趋利避害，缩小南北差距，防止"贫者愈贫，富者愈富"现象继续发展，实现共赢共存，这样才能促进和谐世界的实现。

实践协商共建原则的一项重要任务，是坚决反对信仰霸权主义。要在平等协商中，实现不同文明之间的求同存异、和谐相处，就必须要倡导和遵循这样一条准则：承认每一个国家和民族都拥有选择和保留自己的信仰、社会模式和生活方式的权利。不同文化传统、生活方式、政治制度和宗教信仰的国家和民族，都应该相互尊重，互相理解，在坚持自己文明的前提下，进行平等对话和交流，相互学习对方的长处。任何一种文明不仅需要吸收他种文明以丰富自己，而且需要在与他种文明的比照中更深入地认识自己，以求有新发展。这对于保持人类文明的多样性，增进各国和各民族之间的相互信任、友好相处是非常必要的。每一个国家和民族，都应克服对他人的歧视和偏见，尤其放弃同化别人的企图。不同的国家和民族，有着不同的价值观念体系，任何一国都不应将自己的价值观念体系强加到别人头上。

实践协商共建原则的另一项重要任务，是反对战争维护和平。协商共建原则的本质，就是提倡用对话、谈判等和平方式，而不是战争手段，解决各文明之间的一切争端，共同维护世界和平。当今世界60多亿人口，200多个国家和地区，有多种民族、语言和宗教。只有充分尊重不同文明的多样性与差异性，相互之间应提倡兼容而不歧视，交流而不排斥，对话而不对抗，共处而不冲突，在彼此尊重的基础上，发挥各种文明的积极作用，促进人类社会的不断发展和世界各国、各民族人民的共同进步，世界才能丰富多彩、充满活力。

实践协商共建原则还有一项重要任务，是要树立新的安全观。当今世界，虽然总体和平，但局部冲突和战争仍此起彼伏。战争和冲突不符合世界大多数国家和人民的根本利益，是对建设和谐世界的严重威胁。只有通过公平、有效的机制，以协商、谈判和平解决国际争端和地区冲突，维护世界的和平与安全才有保障。也只有加强合作，才能成功应对人类面对的共同挑战。要树立以互信、互利、平等、协作为核心的新安全观，努力营造长期稳定的国际和平环境。各国在安全上的相互依存不断加深，共同点在增多，任何国家都难以单独实现其安全目标。只有加强国际合作，才能有效应对全球安全挑战，实现普遍和持久的安全。各国应以互信求安全，以互利求合作，从根本上减少不安全因素，维护全球战略平衡和稳定。

中国提出协商共建原则，一方面向世界表明，中国将坚定不移地走和平发展道路，决不妨碍其他任何国家。中国现在不称霸，将来也永远不会称霸。中国的发展是机遇不是威胁，是和平而非冲突。另一方面也表明，随着中国的发展，中国将承担更多的国际责任，为促进世界的和平与发展作出我们应有的更多的贡献。中国愿与世界上各个民族和各种文明在彼此尊重、平等对待、求同存异的基础上实现共同进步与提高，也愿同世界各国人民一道，共同推进世界和平与发展的事业。如习近平同志所说："中国人自古就主张和而不同。我们希望，国与国之间、不同文明之间能够平等交流、相互借鉴、共同进步，各国人民都能够共享世界经济科技发展的成果，各国人民的意愿都能够得到尊重，各国能够齐心协力推动建设持久和平、共同繁荣的和谐世界。"①

如习近平同志所分析的，我们所处的是一个风云变幻的时代，面对的是一个日新月异的世界。这个世界，和平、发展、合作、共赢成为时代潮流。这个世界，一大批新兴市场国家和发展中国家走上发展的快车道，十几亿、几十亿人口正在加速走向现代化，多个发展中心在世界各地区逐渐形成，国际力量对比继续朝着有利于世界和平与发展的方向发展。这个世界，各国相互联系、相互依存的程度空前加深，人类生活在同一个地球村里，生活在历史和现实交汇的同一个时空里，越来越成为你中有我、我中有你的命运共同体。

在这样的世界里，旧的殖民体系土崩瓦解，冷战时期的集团对抗不复存在，任何国家或国家集团都再也无法单独主宰世界事务。世界上的一切问题的解决，都必须采取民主和共同协商的办法，旧的霸权主义的原则和秩序，都已经过时，都必须由协商共治的新的原则、新的秩序来代替。

中国认为，面对国际形势的深刻变化和世界各国同舟共济、合作共赢的客观要求，这种新的原则和秩序，也就是协商共建的原则和秩序，应当体现如下一些精神：一是各国和各国人民应该共同享受尊严。应当坚持国家不分大小、强弱、贫富一律平等，尊重各国人民自主选择发展道路的权利，反对干涉别国内政，维护国际公平正义。鞋子合不合脚，自己穿了才知道，一个国家的发展道路合不合适，只有这个国家的人民才最有发言权。二是各国和各国人民，都应当有权参与全球的治理。全球的事情，应当由全球各国协商解决，无论国家大小，都应当有话语权。三是各国和各国人民应该共同享受发展成果。每个国家在谋求自身发展的同时，要积极促进其他各国共同发展。世界长期发展不可能建

---

① 2013年3月19日，习近平接受金砖国家媒体联合采访的讲话。

立在一批国家越来越富裕而另一批国家却长期贫穷落后的基础之上。只有各国共同发展了，世界才能更好发展。四是各国和各国人民应该共同享受安全保障。各国要同心协力，妥善应对各种问题和挑战。越是面临全球性挑战，越要合作应对，共同变压力为动力、化危机为生机。面对错综复杂的国际安全威胁，单打独斗不行，迷信武力更不行，合作安全、集体安全、共同安全才是解决问题的正确选择。

习近平一再强调了这样的思想：随着世界多极化、经济全球化深入发展和文化多样化、社会信息化持续推进，今天的人类比以往任何时候都更有条件朝和平与发展的目标迈进，而合作共赢就是实现这一目标的现实途径。世界的命运必须由各国人民共同掌握。各国主权范围内的事情只能由本国政府和人民去管，世界上的事情只能由各国政府和人民共同商量来办。这是处理国际事务的民主原则，国际社会应该共同遵守。

当然，当今世界，人类依然面临诸多难题和挑战，诸如国际金融危机深层次影响继续显现，形形色色的保护主义明显升温，地区热点此起彼伏，霸权主义、强权政治和新干涉主义有所上升，军备竞争、恐怖主义、网络安全等传统安全威胁和非传统安全威胁相互交织等，这些都给实践协商共建原则造成困难，都使维护世界和平、促进共同发展，建设和谐世界的任务，更加艰巨。

和谐世界和大爱无疆

在人与人的相互关系中，和谐，向来是和爱，相辅相成的。不言而喻，和谐世界所体现和需要的，不是一般的爱，而是无疆的大爱。和谐世界和无疆的大爱，就是相辅相成的。我们都知道，自由、平等、博爱，这是资产阶级革命时提出的口号。其实，博爱一词最早出现在中国的《孝经·三才章》。不过，如孙中山先生说的，"博爱云者，为公爱而非私爱"。在儒家思想中，爱和仁是紧密相联的，仁者爱人。在人与人的关系中，主张平等、兼爱，主张大爱无疆，这是中国的文明传统。兼爱、民本、尚同、尊公、和贵，这是流传在中国文明中最牢固、对当今最有价值的理念。和谐世界的实现，同这些理念的实现，不仅是相辅相成的，而且其中兼爱是对所有理念的实现都有作用的最根本，大爱无疆，可以说是和谐世界的最高境界，是最高层次的文明。

中国人都知道，在中国的战国时代，面对列国兼并、社会秩序急剧动荡的现实，墨子和当时其他思想家一样，在寻求导致社会动乱的根源，探索解决社会问题的办法时，就提出了兼爱思想。这种思想虽然是从抽象的爱出发，带有很大的空想性，但其中包含的价值，却不能否认。墨子认为，社会动乱、不和谐的根本原因，在于人与人之间不相爱。他说："圣人以治天下为事者也，不可不察乱之所自起，……起不相爱。臣子之不孝君父，所谓乱也。子自爱，不爱父，故亏父而自利；弟自爱，不爱兄，故亏兄而自利；臣自爱，不爱君，故亏君而自利，……父自爱也，不爱子，故亏子而自利；兄自爱也，不爱弟，故亏弟而自利；君自爱也，不爱臣，故亏臣而自利。是何也？皆起不相爱。"[1]

显然，这里有一个重要的问题，就是人们为什么不相爱的问题，墨子没有解决。其实问题很清楚，爱与利、爱与公，从来就是紧密相连的。在之后的一些思想家，似乎意识到了这种不相爱的根源，提出了"爱与公"、"公天下"的思想。在今天中国提出的和谐世界理念中，正是把这种"爱与公"、"公天下"，把平等、公平、正义、克己奉公，作为建设和谐世界的重要原则。

这里我们要强调的是，墨子不仅把一切社会政治问题，而且把国家间的政治问题的根源，也都归结于人与人之间不相爱，从而导致的人们自私自利，亏人利己。比如，诸侯只爱自己的国家

---

① 见《墨子·兼爱上》。

而不爱别人的国家，所以，就攻打别人的国家，而为自己的国家牟利。由于墨子把社会动乱根源归结为人与人之间不相爱，"兼相爱"便成为解决一切社会问题的根本途径。"天下之人皆不相爱，强必执弱，众必劫寡，富必侮贫，贵必傲贱，诈必欺愚。凡天下祸篡怨恨，其所以起者，以不相爱生也。是以仁者非之。既以非之，何以易之？子墨子言曰：以兼相爱、交相利之法易之。"①

墨子认为，兼相爱、交相利，不仅是解决社会纷争最有效的途径，也是解决国家间纷争的最有效途径。比如他说："视人之国若视其国，视人之家若视其家，视人之身若视其身。是故诸侯相爱则不野战，家主相爱则不相篡，人与人相爱则不相贼，君臣相爱则惠忠，父子相爱则慈孝，兄弟相爱则和调，天下之人皆相爱，则强不执弱，众不劫贫，富不侮贫，贵不傲贱，诈不欺愚。"② 这样，通过兼爱便可以实现和谐的社会秩序了。

从"视人之国若视其国，视人之家若视其家，视人之身若视其身"这句话里，我们可以看出，墨子的兼爱，不是一般说的爱，而是说的大爱，是我们今天追求的无疆的大爱。中国提出的所有创新理念，所涵盖的最本质的东西，也正体现在这句话里。如果每个国家都能做到这一点，战争、掠夺、欺诈、剥削、压迫、不平等，就统统不存在了，体现着共产主义最高理想的和谐世界也就实现了。

反对战争，维护和平，这是实现和谐世界的保证。墨子兼爱中反对战争的内容，对实现和谐世界也很有价值。战国时期，列国之间的战争连绵不绝，极大地影响了民众的正常生活。墨子从兼爱思想出发，坚决反对战争，提倡"非攻"，这表明他对人民大众的生活状况的关注。墨子认为，一切战争都是违反道义的行为，罪莫大焉。这里墨子似乎没有认识和区分战争的性质，但从他提

---

① 见《墨子·兼爱中》。
② 见《墨子·兼爱下》。

出"非攻"看，他似乎还是区别了"攻"和"非攻"的。"攻"自然是侵略，"非攻"自然是被侵略。这里似乎可以认为他主要反对的是侵略战争。从他说的反对战争的理由中，似乎也可以看出这一点。

史学家们把墨子反对战争的理由，主要归结为三点：第一，认为战争是人类社会最严重的损人利己的行为，损人利己便是不义。墨子将战争与日常生活中的盗贼相类比：假如有一个人进入别人园圃，窃人桃李，这种行为被他人知道必定会遭到非议，被当政者知道必定会受到惩罚。何以如此？是因为盗贼"亏人而自利"。至于盗窃别人的家畜，其不义程度更甚，而战争则是最大的亏人自利。据此，墨子认为，一切进入别人家园的战争都是不义的。第二，认为杀人是不义的行为，战争杀人，因此，战争便是人类社会最严重的不义行为。墨子推论说：杀一人，谓之不义，必有一死罪矣。若以此说往，杀十人，十重不义，必有十死罪矣；杀百人，百重不义，必有百死罪矣。每个人都知道这种行为是违反道义的，可是对战争这种最严重的杀人行为，人们却根本看不到它的不义，今至大为不义，攻国则弗知非，从而誉之，谓之义，情不知其不义也。第三，认为战争影响民众生活，妨碍社会生产发展。墨子说，无论在什么时候发生战争，民众的生产和生活都受影响。冬行恐寒，夏行恐暑，春则废民耕稼树艺，秋则废民获敛。百姓饥寒冻饿而死者不可胜数。和现代战争一样，春秋战国时期的战争，大多带有掠夺的性质，一些国家的统治者往往把战争作为获得财富的重要手段。对此，墨子指出：凡是以掠夺贿富为目的而发生战争的国家，最终一定是得不偿失，计其所得，反不如所丧之多。这些具有辩证的思维，对实现和谐世界无疑有参考价值。

毋庸置疑，爱，当然有本能的爱，有两性之间的爱，但我们说的作为和谐世界中的无疆大爱，是有条件、有原则的。最基本的条件，就是对公的信念和信仰，是对相互性和包容性信念和信仰，是对平等和尊严的信念和信仰。人们常说的，爱是无私的奉献，这当然指的是相互的、平等的无私奉献，而不是单方面的无私奉献。在不同文明之间，要实现这种爱，必须有相互间的包容精神，必须平等地相互包容、尊重对方的选择和对方的尊严。也就是说，这种相互奉献，体现在平等合作、发展共赢和平等共享发展成果之中。诚然，自由、平等、博爱的口号，是资产阶级提出来的，但在实际的国际关系中，资产阶级并没有真正实践这一口号。马克思说过，自由、平等、博爱，只有在消灭了私有制，消灭了剥削和压迫的社会主义才能实现。

在中国的文明中，无疆大爱总是与公，或与克己奉公联系在一起的。比如元朝的许衡就提出：古今立国规模虽各不同，然其大要在得天下心。得天下心无他，爱与公而已矣。爱则民心顺，公则民心服，即顺且服。于为治也何有？必吾之爱、吾之公达于天下而后已，至是则纪纲法度施天下虽大可不劳而理也。在许衡看来，要达到"爱与公"必须有仁心、行仁政。他说："仁者，性之至而爱之理也，爱者，情之发而仁之用也；公者，人之所以为仁之道也。克己则公，公则仁，仁则爱。"可见，无论是"爱"的办法，还是"公"的办法，最后都归结为"仁"，归结为君主的仁爱之心、仁爱之政。这种仁爱之心，仁爱之政的思想理念，对人类文明发展的意义，显而易见。

还比如，清朝思想家王夫之，也在民本思想基础上，提出了"公天下"、"均天下"是思想。王夫之认为，以天下论者，必循天下之公，天下非夷狄盗逆之所可尸，而抑非一姓之私也。一姓之兴亡，私也；而生民之生死，公也。在王夫之看来，天下国家是广大民众的天下国家，而不是君主个人的一人之私，不能把天下国家与君主个人等同看待。王夫之认为，民为国之本，并以此出发，提出"均天下"的思想。在王夫之看来，聚者有余，有余者，不均也。聚以之于彼，则此不足；不足者，不均也，故平天下者，均天下而已！他认为，土地是广大民众生存的条件，凡是有劳动力的人都可以治理土地，使其为民造福。可见，无论是"公天下"或"均天下"，都体现着两个概念：公与平等。而公与平等，正是当今国际社会文明建设的重要任务。

　　不可否认，在国际关系中，人人都渴求爱，社会也渴求爱。如果人人都能坚持"公天下"，坚持公爱、平等的爱、无疆的爱，都能做到视人之国若视其国，视人之家若视其家，视人之身若视其身，那么因爱而给人们带来的幸福一定非常持久。当你把爱奉献给他人和社会时，他人也会把爱奉献给你和社会。从而使人们和社会获得更多的爱和幸福。人们都会相信，如果世界上所有的人都这样的大爱无疆，肯定会使世界更和谐，人民更幸福，而且是持久的和谐和幸福。

第八章

中国原则和对世界和平的维护

国际社会中的各行为体，都有自己的行事原则。这里讲的中国原则，就是指中国对外关系中的和平共处五项原则，这是中国在国际社会的行事原则。人们都知道，中国是个爱好和平的国家。坚持和平发展，和平复兴，坚决维护世界和平，是新中国建国伊始就选择的道路。和平共处五项原则，是中国建国初期就提出的对外关系的基本原则。这也是中国对外关系的基本政策。在之后对这一原则的实践中，中国还创造性地提出了维护世界和平、维护世界和平发展的许多新理念，并为国际社会所赞誉和所接受。更重要的是，和平共处五项原则，已经进入到了有关国际法中。和平共处五项原则，既是中国自己决心要实践、要做到的，也反映了世界绝大多数国家特别是广大人民的愿望，不仅是中国对世界的庄严承诺，也是中国对维护世界和平的重要贡献。

一 五项原则和时代创举

互相尊重主权和领土完整、互不侵犯、互不干涉内政、平等互利、和平共处这五项原则，被称为和平共处五项原则。它是 20世纪 50 年代由中国首先提出，并和印度、缅甸共同倡导的国际关系基本准则。这一基本原则的提出，是时代的要求，是战后国际关系的发展要求，它符合《联合国宪章》的宗旨和原则，也符合世界各国及人民的共同利益。它在实践中，显示出巨大的生命力，对现代国际法和国际治理理论，做出了创造性的贡献。和平共处五项原则先后在中国与160多个国的建交文件中得到确认，成为国际公认的处理国家间关系的普遍准则，为中国树立独立、和平的国际形象，赢得国际社会的承认和尊重发挥了重要作用。随着国际形势的变化，和平共处五项原则被赋予了新的时代精神，其在国际法和国际治理中的作用和贡献，将日益突出和巨大。

和平复兴和历史使命

旧中国是个生产力非常落后的国家。新中国建立后，摆在全国人民面前的头等任务，就是迅速发展生产力。人们都知道，正是在西方高速发展的时候，中国却沦为了半殖民地的地位。在遭受着帝国主义列强们的残酷掠夺，特别是遭受日本帝国主义屠杀和掠夺的情况下，本来就已经落后的物质文明，又遭到了严重的破坏。这样，在仅仅100多年的时间，中国在科学技术、经济发展水平等各方面，都被西方强国远远地抛在了后面。在遭受帝国主义欺凌的年代，中国人就梦想着复兴，并为此进行了不屈不挠的斗争。新中国建立后，其肩负的历史使命，就是和平复兴中华，并在建国伊始，就为此而展开了艰巨的斗争。

新中国建立前，中国落后的状况，的确令人惊异。看看下面情况，就知道中国的复兴是多么不容易。这里我们不妨列举一些数字，多说几句。直到1949年前，中国科学技术和生产力发展水平，仍然是停留在西方强国工业革命前的水平。比如，中国有80%以上的人口在农村，虽然土地单产不算低，但由于人多地少，所以大部分地区都极为贫困。尽管中国有960万平方公里的国土，有着丰富的自然资源，国土面积相当于整个欧洲，人口居世界第一位，但其综合经济实力还赶不上东方的小国日本，也赶不上西方的小国意大利。

更难以启齿的是，即使这点弱小的经济实力，也主要被帝国主义列强所控制，而不是中国民族经济的力量。直到中国革命胜利之前，帝国主义列强一直控制着中国的经济命脉。以1936年为例，帝国主义在中国的企业财产约有43亿美元。帝国主义工业资本占整个中国工业资本的41%，而且多是在主要工业部门。这些资本垄断了中国生铁生产的80%，原煤产量的56%，发电量的76%，棉布产量的64%，卷烟产量的57%；在运输方面，帝国主义资本控制了中国航运吨位的69.5%，铁路里程的90%。中国的金融事业也基本上被帝国主义资本所垄断。

在帝国主义的控制下，中国不仅经济结构畸形，工业落后，没有独立的机器制造业，所发展的主要是帝国主义在中国进行掠夺的农矿和原料工业；而且地区发展也极为不平衡。大部分工业还主要集中在帝国主义重点掠夺的东北地区和沿海城市，广大内地极为落后和贫穷的状况，更令人惊讶。

诚然，1949年中华人民共和国的建立，标志着中国历史发展的伟大转折，标志着中华民族跨入了一个崭新的时代。它不仅结束了中国几千年的封建统治，而且结束了帝国主义列强在中国的各种掠夺和践踏，结束了使中华民族遭受各种耻辱的半封建半殖民地的历史。中华人民共和国的建立，不仅改变了中国的历史，也改变了世界力量的对比和世界历史的进程。特别是抗美援朝战争的胜利，使中国的雄威大振，中国的声音又重新在五洲四海响起。在世界民族之林中，中国这棵枯树，又有了新的生机，并开始苗壮生长了。中国的复兴真正脚踏实地地开始了！

自中华人民共和国建立的第一天起，就把建设强大的现代化的中国作为最高任务和肩负的历史使命，并踏上了振兴中华的艰苦征途。然而，旧中国千疮百孔，谁都不能幻想在此基础上的振兴能易如反掌。这种振兴的艰难曲折，只有之后的振兴者们才能真正领会。如果现在有人抱怨在这种征途中的各种失误和挫折，抱怨发生的这样或那样的问题，那就请认真研究一下中国振兴的基础，使自己的理想化的愿望回到看得见摸得着的现实中来。

新中国成立后，百业待兴。而摆在中国人民面前的一个急迫和艰巨的任务，就是尽快恢复被严重破坏的国民经济。旧中国是个十分落后的农业国，工业产值在工农业产值中只占17%。新中国成立前夕，我国生铁的最高年产量只有180万吨，相当于法国1918年的水平，美国1913年（3146方吨）的5.7%；钢最高年产量只有92.3万吨，只相当于美国1913年（3180万吨）的2.9%，1950年（8785万吨）的1%；煤炭最高年产量只有6188万吨，相当于美国1913年（56996万吨）的10%，英国1913年（32192万吨）的19%。钢铁、煤炭、石油、发电量等重要工业产品的产量，落后于世界发达国家100年至150年。就是这样落后的水平，在连年的战争中又遭到了严重的破坏。1949年，中国的生铁产量下降到25万吨，相当于美国1913年的0.79%；钢产量下降到15.8万吨，只相当于美国1913年的0.4%，1950年的0.17%；煤炭产量下降到3200万吨，相当于美国1913年的5.6%。

由于底子太薄，新中国建立后，尽管发展很快，但严重落后的局面无法在短时间内改变。比如，1952年，中国国民收入只有239亿美元，只相当美国国民收入的7.5%，英国国民收入的58%，法国国民收入的63.9%。如果按人口平均水平看，差距更加惊人。1952年中国人均国民收入（42美元），只相当美国人均国民收入（1789美元）的2.3%，法国（883美元）的4.7%，英国（813美元）的5.1%，日本（189美元）的27%，比印度还少。一些重要工业产品的产量，中国也同样无法与发达国家相比，1952年中国煤炭产量低于日本和印度，只相当于美国的7.3%，英国的14.6%；发电量只相当于美国的1.6%，英国的9.7%，法国的17.9%，日本的14.1%；钢的产量只相当于美国的1.59%，英国的8.1%，西德的8.5%，日本的19.3%。按人均水平计算，中国同世界大国更是相差天地。1952年，中国的人均钢产量只为美国的 0.5%，英国的 0.7%，日本的 2.9%；人均发电量只为美国的 0.4%，英国的 8.4%，日本的 20%。

面对如此落后的状况，对中国领导人来说，迅速发展生产力的任务，是多么急切、多么严峻，人们都可想而知。而要发展生产力，就需要和平的国际环境。所以，新中国建立之初，中国领导人就认为，维护世界和平，对中国的极其重要性和对世界发展中国家的极其重要性，首先表现在中国的发展和世界的发展，都需要和平的国际环境。毛泽东在接见英国工党代表团时就说道："中国是个正在开始改变面貌的落后国家，经济上、文化上都比西方国家落后。但是现在正在开始改变面貌，已经取得了改变的可能性。中国是农业国，要变为工业国需要几十年，需要各方面帮助，首先需要和平环境。"[①]

新中国成立初期，中国面临的世界形势错综复杂。虽然帝国主义，特别是美国帝国主义，依靠其强大的军事力量和经济力量，企图称霸世界；但同时也存在着社会主义力量、民族独立运动力量、人民革命斗争力量和和平运动力量，这些力量共同决定着世界的命运。基于对这些力量的分析，毛泽东对建立我国的和平国际环境充满信心。毛泽东认为，我们要争取和平的国际环境，时间要尽可能的长，这是有希望的，有可能的。当然，如何利用国际关系中的有利条件、应对面临的困难和问题，特别是如何处理同西方资本主义国家首先是同美国的关系，如何处理同苏联和其他社会主义国家的关系，如何处理同亚洲、非洲、拉丁美洲等民族独立国家或正在争取民族独立的国家的关系，这些都是当时中国必须加以回答的、无法回避的重要问题。而应对所有这些问题的关键，就是维护世界和平。

就是说，新中国建国伊始，就把和平复兴，作为自己的纲领。

---

① 《毛泽东文集》第 6 卷，人民出版社 1999 年版，第 340 页。

中国在 1949 年制定的《共同纲领》中规定：中华人民共和国外交政策的原则为保障本国独立、自由和领土主权完整，维护国际的持久和平和各国人民的友好合作，反对帝国主义的侵略政策和战争政策。中华人民共和国联合世界上一切爱好和平、自由的国家和人民，首先是联合苏联、各人民民主国家和被压迫民族，站在国际和平民主阵营方面，共同反对帝国主义侵略，以保障世界的持久和平。

正是在这种思想指导下，中华人民共和国要在平等互利的基础上，与各国的政府和人民恢复并发展通商贸易关系。1954 年，毛泽东在第一届全国人民代表大会上指出：我们的总任务是：团结全国人民，争取一切国际朋友的支援，为了建设一个伟大的社会主义国家而奋斗，为了保卫国际和平和发展人类进步事业而奋斗。这次大会通过的《中华人民共和国宪法》规定：在国际事务中，我们坚定不移的方针是为世界和平和人类进步的崇高目标而努力。之后，毛泽东、周恩来等还反复讲过，为了建设新中国，我们要求有一个和平的国际环境。

五项原则和伟大创举

历史实践证明，在新中国建立之初，就提出和平共处五项原则，这的确是伟大的创举。其实，早在新中国成立之前，毛泽东就论述过，国与国之间应当和平共处的原则。他多次指出，中国同外国的关系，必须建立在平等、互利、互相尊重主权和领土完整的基础上。他说："中国人民军事委员会和人民政府愿意考虑同各外国建立外交关系，这种关系必须建立在平等、互利、互相尊重主权和领土完整的基础上。"[1] 他强调，对任何外国政府，中国都愿意同它在平等、互利和互相尊重领土主权的原则基础之上，

---

[1] 《毛泽东外交文选》，中央文献出版社 1994 年版，第 85 页。

谈判建立外交关系的问题。

我们都知道，毛泽东在新中国成立前夕先后提出了另起炉灶、打扫干净屋子再请客、一边倒这三项方针。中国人民政治协商会议第一次会议通过的《共同纲领》规定：凡与国民党反动派断绝关系，并对中华人民共和国采取友好态度的外国政府，中华人民共和国中央人民政府可以平等、互利及相互尊重领土主权的基础上，与之谈判，建立外交关系。在 1952 年第一次使节会议上，周恩来总理全面阐述了中国的对外方针政策，强调了新中国外交工作的和平政策。可以说，正是毛泽东、周恩来的这些和平相处的外交思想，为和平共处五项原则奠定了基础。1956 年 6 月下旬，周恩来访问印度、缅甸。在中印、中缅两个联合声明中，中印、中缅共同倡导了和平共处五项原则。对于新中国为什么要实行和平共处的政策的问题，毛泽东作过很充分的说明。

首先，毛泽东认为，和平共处原则，是由世界多样性决定的。毛泽东讲道：中国古代的圣人之一孟子曾经说过，夫物之不齐，物之情也。这就是说，事物的多样性是世界的实况。马克思主义也是承认事物的多样性的，这是同形而上学不同的地方。和平共处的政策，就是从事物的多样性是世界的实况出发制定出来的。毛泽东主张，应该把思想体系上的分歧和政治上的合作分别开来。思想体系上的分歧不应该妨碍一国与另一国在政治上的合作。意识形态的墙和社会制度的墙，只要在互不干涉内政的原则下，是可以拆掉的。

其次，和平共处原则，是建立在尊重别国主权和选择基础上的。毛泽东讲道，尽管共产党人认为，社会主义代替资本主义是世界历史的总趋势；但他们同时认为，"革命不能输出"。各国在一个时期内实行何种社会制度，是各国自己的事情。所以，毛泽东对外国领导人讲过：我们也不在你们国家讲共产主义，我们只讲和平共处，讲友好，讲做生意。我们不挑起人家来反对他的政府。

再次，新中国实行和平共处的政策，也是由新中国的国家性质和实际需要决定的。毛泽东认为，社会主义制度的本质，决定社会主义国家不能对外侵略、扩张，只能实行和平的外交政策。毛泽东反复讲过：中国党是个马列主义的政党，中国人民是爱好和平的。我们认为，侵略就是犯罪，我们不侵犯别人一寸土、一根草。我们自己曾是被欺侮的，知道受欺侮的滋味不好受。他还讲过：中国国家大，事情多，连管自己都管不过来，怎么还会想到去侵略别人呢？我们人口虽多，但是可以依靠自己满足人民的吃、穿。所以，对新中国存在这样那样的疑虑和担心，是不必要的。

在毛泽东看来，中国的外交政策不仅应当以和平共处五项原则为基础，同时作为国际共产主义运动参与者，还不能只限于和平共处，还有社会主义国家之间相互支持、相互帮助的问题；有社会主义国家对世界进步、革命支持的问题；有对殖民地半殖民地独立运动的支持问题；有对整个国际工人运动支持的问题。总之，还有一个无产阶级国际主义的问题。在新中国建立初期，在帝国主义四面包围下，要争取和平的国际环境，是非常不容易的。回忆五项原则产生的过程，我们就会体会到中国领导人的卓越智慧。

1953 年 12 月 31 日，是值得我们记住的日子。因为正是在这个日子里，周总理在接见参加中印谈判的印度代表团时，第一次提出了和平共处五项原则。周总理说：新中国成立后就确立了处理中印两国关系的原则，那就是互相尊重领土主权、互不侵犯、互不干涉内政、平等互惠和和平共处的原则。周总理还说：两个大国之间，特别是像中印这样两个接壤的大国之间，一定会有某些问题。只要根据这些原则，任何业已成熟的悬而未决的问题，都可以拿出来谈解决。

在中国领导人的努力下，1954 年 4 月中印双方签署了《中印关于中国西藏地方和印度之间的通商和交通协定》和有关换文。协定在序言中把和平共处五项原则确定为指导两国关系的准则，第一次赋予了这些原则以国际法的含义。同年 6 月，周恩来总理访问了印度和缅甸，分别同印度、缅甸两国总理发表联合声明，不仅确认将五项原则用于指导两国关系，而且共同倡议将五项原则作为国际关系普遍适用的准则，于是和平共处五项原则诞生了。如习近平同志说的：和平共处五项原则的诞生，是国际关系史上的重大创举。

还是在中国领导人的努力下，1954 年 10 月，中苏两国在发表的《中苏联合宣言》中，也共同提出把同亚洲和太平洋区域的各个国家以及其他国家的关系建立在严格遵守互相尊重主权和领土完整、互不侵犯、互不干涉内政、平等互利、和平共处的各项原则的基础之上。人们已经越来越认识到，和平共处五项原则的提出，是新中国成立初期外交政策的一次升华。

和平共处五项原则的提出，是新中国成立初期中国处理与周边国家关系经验的总结。印度、缅甸都是中国的近邻，历史上同中国有着密切悠久的联系，近代都遭受过西方殖民主义的压迫和奴役，在许多方面有着共同的利益和愿望。中印之间、中缅之间有边界划定的问题，三个新兴独立国家在处理彼此之间争议的过程中，共同倡议了和平共处五项原则，展现出一种新型的国家间关系。从这个角度而言，和平共处五项原则不仅是中国与邻国建立睦邻友好关系的基础，而且为新兴民族独立国家处理彼此之间的关系树立了典范。

在和平共处五项原则中，贯穿着一个非常重要的理念，就是求同存异理念。我们都知道，在 1955 年万隆会议上，周恩来总理不仅提出了"求同存异"的理念和主张，而且强调社会制度不同的国家，是可以在求同存异下，实现和平共处的。和平共处五项原则完全可以成为各国建立友好合作和亲善睦邻关系的基础。1956年东欧发生波匈事件，暴露出社会主义国家间也有忽视平等原则、干预内政的现象，中国政府在其后发表的声明中指出：社会主义国家的相互关系就更应该建立在五项原则的基础上。这些应当说，都是和平共处五项原则思想的发展。

1955年万隆会议，是在殖民主义瓦解，但帝国主义主宰国际秩序和大部分国际事务的环境下举行的。这次会议作为刚刚站起来的亚非发展中国家自己的会议，讨论自己如何发展的会议，具有特别重大的意义。当时发展中国家的发展条件是非常困难的，但这些国家聚集一堂讨论自己的问题，体现了这些新兴国家蓬勃向上的精神和自信。当时印尼总统苏加诺曾这样说：我们能做很多，我们能给国际事务诸如理想的声音。还说：我们能够向世界证明，我们是拥护和平而不是战争的，不管我们的力量有多大，永远都将用在支持和平上。当时参加会的美国非洲裔记者理查德·赖特在1956年出版的一本关于万隆会议的书中曾这样写道：在万隆，遭鄙视的、受侮辱的、一无所有的——简而言之，受压迫的人种聚集在一起。这是全球规模的阶级、种族和宗教意识的汇集。

万隆会议的成功，显示了求同存异理念的正确与威力。万隆会议，是中国在国际舞台上第一次亮相，许多国家对中国还不了解、不理解，所以攻击之声很是猖狂。加之其他国家之间也了解很少，所以开始会议气氛不是很和谐。据新加坡建国元勋李炯才回忆，当时智慧的周恩来总理很坦诚地向大家表明：我是来这里找朋友的，不是找敌人，美国要跟我做朋友我都愿意。正是这一句话，不仅改变了会场的气氛，而且使周总理成为最受欢迎的人，成为会议的中心。之后在会议争论不休，难于进行下去的时候，正是周总理提出的"求同存异"理念，使与会者茅塞顿开，欣然接受，从而保证了会议的成功。

万隆会议成功举行，意味着发展中国家走上独立和和平发展的开始。万隆会议的成果，也就是后来命名为万隆精神的，头一条，就是提出和平共处。其次是号召亚非人民摆脱帝国主义和殖民主义的压迫，成为独立的国家；号召全世界弱小国家、民族团结起来，建立新的国际秩序。会议最后发表的宣言中，提出了处理国际关系的"十项原则"。而万隆精神，就蕴含在这"十项原则"中。而人们一看就明白，这"十项原则"的源头，就是中国提出的和平共处五项原则。正如有学者说的，在中国总理周恩来和印度总理尼赫鲁的积极倡导和支持下，原来的五项原则在会议上则变成了十项原则，变得更具体、更细化了。

我们都知道，2015 年 4 月 22 日，有来自 33 个亚非国家的元首和 77 个国家的代表，聚集在雅加达，隆重纪念万隆会议 60 周年。60 年来，广大亚非国家，遵循"十项原则"，坚决走和平发展道路，其群体崛起的势头，已势不可挡。在此关键时刻，各国领导人欢聚在一起，重温万隆精神，思考今后合作发展大局，无疑有特殊意义。在 60 年前的万隆会议上，中国提出了和平共处五项原则，在 60 年后的纪念万隆会议 60 周年的会议上，中国又提出了"人类命运共同体"的理念，提出了一代一路建设的宏伟蓝图，这必将在和平共处五项原则下，给亚非各国带来发展的新的机遇和共享。

毋庸置疑，和平共处五项原则，是战后逐步确立起来的新型国际关系的产物。战后，随着西方殖民体系的瓦解，民族解放运动风起云涌，长期统治国际关系领域的旧理念和旧原则被打破，用和平共处五项原则解决国际争端等原则，就构成了新型国际关系的基础。因为和平共处五项原则，集中反映了面临着强权政治和霸权主义的威胁的新兴的独立国家的共同愿望，而且符合联合国宪章的宗旨和原则，所以就自然成为反对殖民主义、霸权主义的有力武器。

五项原则的内涵和核心

和平共处五项原则，虽然字数不多，只有 31 个字，但却言简意赅，内涵博大精深。其每项原则后面，都包含有很深的国际关系理念。而且这些理念都开放的，是随着国际关系的不断发展而发展的。我们只有认真学习这些原则，深刻领会其包含理念的意义，才能真正坚持这些原则，正确实践这些原则。

"互相尊重主权和领土完整"，这是和平共处五项原则的第一个原则，也是最根本的国际关系原则。谁都明白，国家主权是国家最根本的属性，它具体表现为国家独立自主地处理自己的内政与外交权力，不受干涉地管理自己国家事务的权力。国家的主权和领土完整是相辅相成、不可分割的。领土是国家赖以生存的物质条件，尊重一国主权首先意味着尊重该国的领土完整。领土的完整，主要是指领土的地理范围不受侵犯，包括侵入、占领、割裂或肢解。如果违犯了这些，都是对国家主权的侵犯。另外，领土完整还表现为国家对其领土内的一切人和事物的管辖权不受侵犯。我们知道，国际关系中的权利和义务是统一的，一个国家在维护主权和领土完整的同时，也负有尊重他国主权的义务。中国近代屈辱的百年历史，使维护国家主权和领土完整的诉求，受到强烈的认同，将国家的主权和领土完整两个概念合并为一项原则提出，这既是新中国外交的一个创举，也体现了新兴民族独立国家的必然选择。

国家政权，是为维护国家根本制度的。相互尊重主权，自然就意味着相互尊重各自的根本制度，尊重各自对社会制度的自主选择。当今世界，是多样化世界，也是各种矛盾盘根错节的世界。多种宗教、多种信仰、多种意识形态、多种价值观念、多种政治制度和社会制度、多种道德观念、多种生活方式和生活习惯等等，都共存在一个地球上。任何一个政权，都体现着这多样化中的一种，相互尊重主权，自然意味着它对其他多种的尊重。面对各种复杂的矛盾，这种相互尊重，自然就需要有心胸开阔的包容精神。

世界的多样性，也就是差异性，它是由各国发展环境、历史进程不同造成的。各国在长期历史发展过程中，创造了各种各样、多姿多彩的文明。无论是社会制度、价值观念和发展程度，还是历史传统、宗教信仰和文化背景，都存在着差异。中国领导人都认为，每个国家和民族都有自己的特点和长处，大家只有彼此尊重，求同存异，和睦相处，互相促进，才能创造百花争艳、万紫千红的世界。没有多样化，就不成其为世界。不同国家和民族之间巨大的差异性，决定了每个国家在国家发展战略上有着各自的选择，各国人民拥有自主选择社会制度和发展道路的权利，不可能强求一致。尊重多样性是实现国际关系民主化的基本前提，差异的存在不应该成为各国之间发展正常关系的障碍。只有尊重多样性，各个国家和民族才能取长补短、相得益彰。

"互不侵犯"，是和平共处五项原则的第二个原则，也是国家主权原则和领土完整原则的重要保证。互不侵犯，既是指任何国家都不得以任何借口、以任何方式，入侵他国，特别是侵犯他国家的主权、领土完整和政治独立；也是指各国相互之间应当相互尊重，友好相处，而不能相互威胁、特别是武力威胁。侵犯的基本含义，就是非法干涉别人，损害别人的正当权力和利益。严重的侵犯，比如侵犯别国的疆土、主权、掠夺并奴役别国的人民，就变成了侵略。侵犯的形式有多种，诸如武装入侵、政治干涉、经济渗透、文化渗透、颜色革命等。

显而易见，互不侵犯，包含有深刻的国际关系民主化的思想。了解帝国主义历史的人都知道，侵犯别国领土、主权，掠夺、奴役别国人民，是帝国主义本质属性。帝国主义、霸权主义，在国际关系中，是只讲强权，不讲民主的。在解放前的100多年里，中国曾深受被帝国主义侵略、掠夺和奴役之苦难。中国人都永远不会忘记这种苦难。而互不侵犯，就意味着，世界上所有的国家，无论大小、贫富、强弱，都是国际社会平等的一员，都有参与和处理国际事务的权利。国际事务由世界各国共同参与，在平等基础上协商解决，反对少数大国操纵和垄断。尤其是要确保广大发展中国家平等参与国际事务的权利，充分发挥它们在国际舞台上的积极作用。任何国家都没有凌驾于他国和国际社会之上的特权，都不能对他国侵犯。这是实现世界多极化的前提，也是国际关系民主化必不可少的内容。

"互不干涉内政"，是和平共处五项原则中的第三项原则，也是反对帝国主义和霸权主义强权政治的一条重要原则。不干涉内政原则，很早就是国际公认的国际关系准则。正如有学者说的，早在法国大革命时期，即1793年制定的宪法中就规定：法国人民不干涉其他国家政府事务，也不允许其他民族干预法国的事务。虽然这一理念后来为欧洲各国资产阶级接受，并成为欧美列强之间适用的国际法准则，但这只是适用于帝国主义国家相互之间，而广大亚非拉国家和民族，却被排斥在外。第二次世界大战后，虽然不干涉内政原则经过《联合国宪章》等国际法文件的确认有了进一步发展，主张任何国家或国家集团均无权以任何理由直接或间接干涉任何其他国家的内政或外交事务，不得以任何理由强迫他国接受别国的意志、社会政治制度和意识形态。但这主要是体现在发达资本主义国家之间，发达国家对落后、贫穷国家内政的干涉，从来没有停止过。中国作为发展中国家，把互不干涉内政原则，作为和平共处五项原则中的一项原则，其重要意义就在于向世界宣示，现代国际关系中，国家不分大小、强弱、贫富，都应该适应互不干涉内政原则，尤其发达国家不能以任何形式，对发展中国家，特别是落后的发展中国家的内政进行干涉。

互不干涉内政原则中，关于反对霸权主义和强权政治的深刻含义，人们只有看看实践，似乎就不难领悟。霸权主义者，向来就是打着"民主"、"人权"旗号干涉别国内政，这是造成世界不得安宁的重要原因。包括中国在内的世界上绝大多数国家，尽管社会制度、意识形态不同，但在抵制、反对霸权主义和强权政治，反对干涉他国内政这一问题上，却有着共同利益和要求。在互不干涉内政原则中，当然也包含有建立国际政治新秩序的诉求。要建立世界各国人民普遍愿望和共同利益的政治秩序，反对霸权主义和强权政治，则是首要任务，也是落实互不干涉内政的根本途径。

"平等互利"，是和平共处五项原则中的第四项原则，也是带有基础性的原则。这一原则虽然只有四个字，却包含有两个关键词：一个是平等，一个是互利。这两个关键词，在国际关系中，起着非常重要的基础性作用。在其他四项原则中，都隐含这两个关键词的作用。互相尊重主权、互不侵犯、互不干涉内政、和平共处，其前提就是主权平等，在主权平等前提下，并通过平等合作，使双方都得到自己所想要的利益。所以也可以说，平等互利原则，是在传统主权平等原则基础上的引申。

所谓主权平等，就是国家不论大小、强弱、贫富，不论人口多寡、政治制度和经济制度差异，都是国际社会平等的成员，都享有平等的权利并承担相应的义务。因而都应该互相尊重，平等相处，不得以大欺小、以强凌弱。当然，我们讲的主权平等，不仅仅是法律意义上的，而且应该是事实上的。可在资本主义主导下的国际关系中，事实上的平等是做不到的，或者说是不存在的。因为事实上的平等，要以经济上的平等为基础，而资本主义制度恰恰是经济上不平等的制度。如恩格斯说的，资本主义制度的平等，是在富人和穷人不平等的前提下的平等，即限制在目前主要的不平等的范围内的平等，概括地说，就是简直把不平等叫做平等。在资本主义国际关系中，实际存在的是霸权主义和强权政治。在强权政治依然存在的情况下，如果没有经济上的平等，没有在这种平等下的互利合作为基础，国际关系中的平等，就得不到真正的实现。中国将平等与互利紧密联系在一起的新意在于：更加强调国家间的真正平等，强调平等的经济意义。

从平等互利原则中，我们似乎能够悟出来和平发展的含义。人们已经越来越深刻认识到，和平与发展是关系到人类命运和前途的两大根本问题。和平与发展两者互为条件，相互制约。和平是发展的前提或条件，而发展则是和平的保证。只有维护世界和平，才能为各国和世界经济的发展创造一个良好的国际环境，才能保证各国集中人力、物力、财力用于社会经济发展，促进各国的繁荣和进步，实现全人类的共同发展。只有发展了，特别是发展中国家发展了，才能构成维护世界和平的强大基础。当然，这里说的发展，不仅是经济问题，而且还包括与此相应的政治的发展、社会文化的发展等。只有各国都走上和平发展的路，才能制约世界战争的爆发，只有实现广大发展中国家的经济发展，才能增强维护世界和平与稳定的力量。因此，应当把发展问题提高到全人类的高度来认识，把平等互利提高到全人类的高度来认识，要从这个高度去观察问题和解决问题。

"和平共处"，是和平共处五项原则中的最后一项原则，也是总括性的原则。社会主义国家建立后，面对着帝国主义的四面包围和封锁，社会主义国家应当何以应对，何以能集中精力发展生产力，那就是四个字：和平共处。不仅与资本主义社会和平共处，与世界所有国家都要和平共处。和平共处的含义，是指世界各国无论社会制度、意识形态和价值观念、经济发展水平如何，都应该和平地相处、友好地往来、善意地合作，并用和平方法妥善解决彼此间的争端和问题。作为一种外交思想和政策，和平共处最初是由列宁提出来的，其目的是为处于帝国主义包围中的新生政权争取生存空间。

和平共处原则，与《联合国宪章》序言中倡导各国"力行容恕，彼此以善邻之道，和睦相处"的精神是一致的。新中国成立之初，面对困难重重的国际环境，创造性地继承并发展了列宁的和平共处思想，从各国利益和全人类共同利益出发，突破了和平共处只是作为国家对外政策的局限，使之成为适用于一切国家的全方位的国际关系准则。把和平共处五项原则合起来看，一目了然，中国提出的和平共处，不是无原则的和平共处，而是有原则和平共处，这些原则就是相互尊重主权和领土完整，互不侵犯，互不干涉内政，平等互利。和平共处五项原则作为对国际法基本原则的高度概括，与《联合国宪章》的宗旨和原则是一致的，体现了现代国际关系的基本特征和要求，是中国等发展中国家对战后国际关系发展的重大贡献。

二　五项原则和人类文明

人们都讲人类文明，可究竟什么是人类文明，人类最高的文明是什么，也许还没有深思过。在国际关系中，如果说战争、杀戮，是最大的野蛮、最大的恶魔的话，那么和平、和平共处，则是最高、最大的文明。自古至今的历史，自古至今战争对人类物质、文化的大肆糟蹋和破坏，使人懂得，人类所取得的一切文明成果和文明进步，无论是精神文明成果或物质文明成果，都是在和平环境中取得的，而战争则是文明的最大破坏者。所以维护和平，实践和平共处五项原则，就是维护人类文明、促进人类物质文明和精神文明发展的最大的任务。

五项原则和发展中国家的渴求

当今世界，广大发展中国家的最大愿望，无疑是和平与发展。作为帝国主义最大的受害者，文明遭到最大破坏和糟蹋的，是广大发展中国家。在当今世界文明发展中，最突出的问题，也是广大发展中国家的发展。人们都一目了然的是，不仅中国需要发展、需要和平，世界所有发展中国家也都如此。第二次世界大战后，大批亚、非、拉殖民地国家摆脱了帝国主义殖民统治，获得了政治独立，这是当代具有重大意义的大事。当初，人们都把这些国家称为"不发达国家"，或"欠发达国家"。20世纪60年代后，由于国际经和政治力量对比的变化，以及这些国家在世界经济发展中的作用不断提高，才被称为"发展中国家"。直到20世纪50年代，亚、非、拉取得独立国家的大多数，在政治上还受制于美国和西方国家，经济上还十分落后和困难。对这些国家来说，政治独立的取得，还只是它们在争取建设独立富强国家道路上迈出的第一步。

这些国家获得政治独立的意义，无疑非常重大。随着这种独立，其经济自主权也日益扩大，帝国主义为所欲为的时代已成过去。在之后的发展中，这些国家逐步在摆脱帝国主义的经济控制，逐步取消了帝国主义的经济特权。比如，收回海关和货币发行权、自然资源租让权和开采权；比如，对外资控制的厂矿企业和重要经济部门实行国有化，开始按照本国的愿望、意志和利益，选择经济发展的方向和道路，制定和推行为本国经济发展服务的计划、方针、政策等。所有这些，都标志着发展中国家开始行使经济主权，从而已不再是任凭帝国主义摆布的"附庸"。意味着帝国主义控制一切、垄断一切、为所欲为的时代一去不复返了。

我们知道，发展中国家在世界人口和土地面积中，都占有很大比重。而且其大多都是经济贫困、落后的国家。因此，这些国家积极发展民族经济，改变贫困和落后的面貌，对促进整个世界经济的繁荣，改变整个世界面貌，有重要作用。比如，发展中国家有着巨大的市场和丰富的资源，发展中国家经济的发展，就为世界经济的发展拓展了广阔的市场和出路。然而，发展中国家的发展却遇到了已有国际秩序、国际原则的制约。这就决定了，发展中国家的发展，不仅急需有和平的国际环境，而且急切需要有新的、符合发展中国家利益的秩序和原则。

众多发展中国家虽然分布地区辽阔，各国地理位置、自然条件、历史传统、经济发展水平等都有很大差别，但却有一些基本的和共同的经济特征。比如，工业不发达，农业落后，生产结构片面单一，主要是大量生产某几种、甚至一两种农矿原料产品；社会经济结构复杂，既有本国传统的前资本主义生产关系，也有外来的资本主义关系，大体上是农村以封建生产关系为主，城市和工矿区以资本主义生产关系为主；比如，经济发展不平衡，主要表现为部门经济结构中农业、采矿业和制造业的比例失调，地区经济发展中沿海和内地、城市和乡村经济水平差别很大；比如，收入分配不均，大多数人民生活贫困。

世界银行按人均国民生产总值的情况，把发展中国家分为三类：低收入国家，即人均国民生产总值410美元以下的国家；中等收入国家，即人均国民生产总值在410美元以上的国家；此外，把西亚产油国列入高收入石油出口国。还有些学者根据制造业产值在商品生产附加价值中所占的不同比重，把发展中国家分为工业化国家、半工业化国家、正在工业化国家和非工业化国家。但无论怎么划分，从整体上看，发展中国家都属于生产力落后，急需迅速发展生产力，急需和平国际环境的国家。

从当今国际分工的状况看，发展中国家也仍处于不利的地位。发展中国家虽然政治已经独立，但其在经济发展水平上同发达国家比较，差距很大。同时，其在殖民地时期形成的畸形经济结构尚未完全得到改造。因此，在当时的国际分工中，发展中国家实际上仍然处在发达国家原料供应地、商品销售市场和最有利的投资场所的地位。同过去所不同的是，发达国家更加注重用经济手段，即通过经济援助、国际贸易、技术转让、贷款、跨国公司投资等方式，剥削和控制发展中国家。而发展中国家为了民族经济的迅速发展，实现工业化和现代化，在维护国家主权的前提下，也需要利用发达国家的资金、技术和管理经验，付出必要的代价。因此，世界经济和国际关系中，客观上形成了发展中国家和发达国家之间相互依赖、相互影响的局面。适应这种相互关系，就需要有新的秩序、新的原则，既能反映发达国家的利益，又能反映发展中国家利益的秩序和原则。和平共处五项原则，就是这样的原则。

总之，众多发展中国家，绝大部分和中国一样，由于落后贫困所决定，其政治独立，并不意味着在同发达国家的经济关系中已不存在任何剥削和不平等了，事实上，在发达国家仍然占优势的许多经济领域，发展中国家仍受着很深重的剥削和不平等的待遇。虽然政治独立为这些国家发展民族经济创造了重要条件，但它又需要以经济独立为基础。没有经济独立，发展中国家的独立就不是真正的独立。因此，发展中国家面临的任务，是要迅速发展民族经济，这就需要和平的国际环境。可以这样说，能否有和平的国际环境，并利用这种环境获得发展，则是关系到这些国家前途命运的大问题。

更值得注意的是，发达资本主义国家仍然通过各种形式的跨国公司和跨国经营，采用价格垄断、技术贸易、资本输出、经济援助、国际货币制度和一切旧的国际经济秩序，对亚、非、拉发展中国家推行新殖民主义，想用经济兼并，代替政治兼并，用旧的国际分工秩序，使发展中国家在经济上的依附地位，仰仗其资本、技术和市场的优势，源源不断从广大发展中国家榨取高额利润。当时的学者们就看到了，因为在已有的国际分工中，国际贸易和国际金融等重要方面，少数发达国家都仍然起着垄断和支配的地位。他们控制着国际资本市场、技术市场、产品市场，控制着国际货币组织。他们拥有的这种强大的优势，就使发展中国家难以有效行使它们的资源主权、贸易主权和金融主权。发展中国家要有效行使这些主权，当然就需要有适合行使这些主权的新的原则。

不仅从发展中国家与发达资本主义国家关系意义上说，需要有新的秩序和原则，而且从发展中国家之间的关系上说，也需要有新的秩序和原则。人们都知道，由于长期在殖民主义统治下所造成的生产力落后和贫穷，发展中国家要想依靠各自脆弱的力量，很难以抵御帝国主义，尤其是超级大国的干预、控制和剥削，更难以完成发展民族经济和实现经济独立的历史任务。这就迫使发展中国家不得不采取联合行动，聚集各方力量，以确保在严峻的国际环境中求得生存稳发展。发展中国家之间，需要团结，需要合作。而这团结和合作，不是人们主观意志的产物，而是有着深刻的、历史和现实根源的。而适用于这种团结和合作的新秩序和新原则，自然也不是人们主观意志的产物，而是有着深刻的、历史和现实根源的。

比如，政治和经济上的共同利益，为这种团结和合作提供了基础和条件。这种基础和前提条件主要是，各自都是作为一个独立的主权国家，从本民族的利益出发，发展自己的民族经济。虽然各国的政治经济状况极为复杂，对共同斗争目标的认识，也不尽一致，因而在发展合作中必然存在一些矛盾和障碍，但在维护民族独立和国家主权，摆脱国际垄断资本控制与剥削，改变自己在国际经济中的不平等地位，建立公平合理的国际经济新秩序等方面的共同政治和经济利益，构成了这种团结和经济合作的牢固的基础。

比如，发展中国家在新的秩序和新的原则下加强团结和合作，既是世界经济发展的大趋势，也是它们自身发展合乎逻辑的必然。发展中国家之间没有根本的利害冲突，而且其中有些国家在工业化道路上，已经走了很长一段路，已经掌握了相当的技术，这就为开展经济技术合作提供了条件，而且由于适用性强，可以取得良好的效果。这种合作的含义，一方面是通过相互之间的经济合作，促进民族经济的发展；另一方面是增强发展中国家的经济实力和共同协调立场，以提高它们在南北对话中的谈判地位。当然，着眼点都是要改革现存的不合理、不平等的国际经济关系，逐步摆脱经济上对发达国家的依附。

比如，发展中国家的合作，作为穷国之间的互助，具有很强的生命力。发展中国家都是主权国家，都有着自己的民族利益。由于发展中国家之间的合作，是建立在考虑各自不同的利益和要求，是建立在平等互利基础上的，它实际上是穷国之间的互助行为，所以就具有很强的生命力。发展中国家无论在资源、资金、技术、劳动力或生产力的实际发展水平方面，都存在着较大的差距和不平衡，因此，需要有新的秩序和原则，使相互之间的合作，可以取长补短，达到资源的合理配置，并在相互支援和帮助下，利用集体的力量，促进民族经济的发展和技术进步。

由上述可见，只有遵循和平共处五项原则，发展中国家的和平、合作、发展，才能得到维护。和平共处五项原则，作为一种新的国际秩序、新的原则，也是广大发展中国家切身要求。同时，发展中国家在和平共处五项原则基础上要团结起来，把各个分散的、孤立的、弱小的经济力量联合成为一股强大的国际经济实力，实现民族经济独立自主发展的现实，似乎也为这种新秩序、新原则的丰富和发展，提供了新的更为广阔的前景。

五项原则和新型国际关系

显而易见，和平共处五项原则所倡导的，是一种新型的国际关系。2014年，习近平在纪念和平共处五项原则发表60周年纪念大会上所发表的演说中，不仅高屋建瓴阐述了维护世界和平的伟大意义，而且特别阐述了和平共处五项原则的本质和伟大意义。习近平同志说，这五项原则的诞生，是国际关系史上的重大创举，为推动建立公正合理的新型国际关系做出了历史性贡献。和平共处五项原则之所以在亚洲诞生，是因为它传承了亚洲人民崇尚和平的思想传统。体现了中华民族历来崇尚"和为贵"、"和而不同"、"协和万邦"、"兼爱非攻"等理念。和平共处五项原则不仅生动反映了联合国宪章宗旨和原则，也体现了各国权利、义务、责任相统一的国际法治精神，并赋予这些宗旨和原则以可见、可行、可依循的内涵。

和平共处五项原则的提出，作为对国际关系的一种创新和发展，对人类文明维护和发展的意义，是不言自明的。这种意义，首先表现在建立新型大国关系上。人们都知道，和平共处五项原则中的某些内容早已存在，但中国把它们作为一个彼此既相区别又有联系的整体提出来，这在国际关系中还是第一次，无疑是一种创造性的发展。比如，五项原则中的第一项"互相尊重主权和领土完整"是根本，作为国家主权原则的核心体现，是调整国家间关系、实现和平共处的前提。比如，五项原则中"互不侵犯"、"互不干涉内政"两项，既是第一项原则的扩展和延伸，又是实现第一项原则的保证，从不同侧面强调了捍卫国家主权的具体内容。互不侵犯，与国家主权对外的独立权和自卫权直接联系，目的在于保护国家的独立与领土完整。互不干涉内政，源自国家主权一律平等、"平等者之间无管辖权"的国际惯例，主张各国都能独立自主地处理国家事务，本质目的仍是维护国家主权。比如，五项原则中第四项原则"平等互利"，是主权平等原则的发展，国家之间只有在平等的基础上才有可能实现互利，只有实现互利，才会有真正的平等。比如，五项原则中第五项原则"和平共处"，既是对前四项原则的根本目的，又是前四项原则的必然结果，揭示了中国等发展中国家所倡导的新型的国家关系的特征。

实践告诉我们，和平共处五项原则的强大生命力，不仅在于它非常明确、清楚、简洁地为国际社会提供了一套完整的国际关系行为规范，具有比单一的国际关系原则更加全面的内容；而且在于它抓住了当今国际关系中最核心、最有决定性的问题。和平共处五项原则的核心，是主权独立、主权平等、平等互利，是在主权独立、主权平等、平等互利前提下的相互依存与和平共处。可见，五项原则，不仅突出了国际关系的平等性原则，而且体现了当今国际关系中国家间相互依存、共同发展的本质要求。和平共处五项原则的创新性和突出贡献，就在于它在坚持国家权利与义务相统一的前提下，不是简单地重复已有原则，而是赋予已有原则以新的内容，特别是赋予原则和法理以外内容，这不仅防止了对原则的片面理解和运用，而且使国家间关系的发展，真正建立在主权平等的基础上。正如邓小平所说的，总结国际关系的实践，最具有强大生命力的就是和平共处五项原则。

正因为如此，和平共处五项原则，已日益深刻地成为国际原则。当今世界，主权国家仍然是国际关系的基本主体，和平共处五项原则被社会制度、文化传统、经济发展水平不同的国家所接受，说明它对于处理国际关系具有很强的适用性。尤其是对发展中国家来说，和平共处五项原则所体现的主权平等理念，是处于弱势地位的发展中国家反对霸权主义的思想武器。和平共处五项原则提出50多年来，一直得到发展中国家的积极拥护和认同，就清楚说明了这一点。

实践还告诉我们，作为一个统一的整体和平共处五项原则，其对于当代国际法的发展，也有重大作用。甚至如有学者说的，它构成了当代国际法基本原则的支柱。它在这方面的贡献在于：和平共处五项原则，把五项重要国际法原则放在一起，形成一个系统的整体，这就奠定了国际法的基础；和平共处五项原则中的互相尊重主权和领土完整、互不侵犯、互不干涉内政、平等互利中，都突出了相互的概念，这既表明主权不是绝对的，而是属于相对性质的原则，而且也表明平等应成为国际关系中的核心；和平共处五项原则，把平等和互利联系在一起，有法律平等和经济平等相结合的效果，因而平等是实质的，而不单纯是形式的。正如有学者说的，和平共处五项原则既是规范性的原则，也是指导性的原则，既是国家间交往必须遵循的行为准则，也是维护世界和平、保障各国独立与安全的纲领。

早在 1956 年，周恩来指出：历史将要证明，一切违反五项原则，企图把一方的意志强加给另一方的做法，在现代的国际关系中最后都会是行不通的。只有实行五项原则，才能符合我们时代的要求。50 多年来，国际社会处于发展变化之中，和平共处五项原则顺应历史进步潮流，并未因为各种新问题、新矛盾的涌现而过时，反而在国际关系实践中不断得到丰富和发展，其适用性和影响力与时俱进，始终具有强大的生命力。

有目共睹，和平共处五项原则在实践中取得的成效是突出的。和平共处五项原则，作为中国政府处理同一切国家的相互关系的准则，从提出到现在，已经过去了半个多世纪。在这半个多世纪里，和平共处五项原则，一直是中国与世界各国友好往来，建立和发展互利互惠的合作关系的重要基础。在此基础上，中国积极发展同一切国家的友好关系，使发展有了一个很好的国际环境。比如，在坚持求同存异中，进一步发展同发达国家的关系，超越社会制度和意识形态的差异，努力扩大共同利益的汇合点。比如，在国与国之间坚持通过协商和平解决彼此的纠纷和争端，不应诉诸武力或以武力相威胁，不能以任何借口干涉他国内政。比如，对彼此之间的分歧，坚持在平等与相互尊重的基础上坚持进行对话，不搞对抗，妥善加以解决。比如，坚持与邻为善、以邻为伴的方针，加强与周边国家的友好合作，积极发展睦邻友好关系，营造一个和平、稳定的周边环境。特别是中国同绝大多数邻国解决了历史遗留问题，与周边国家的互利合作蓬勃发展。

更重要的是，自和平共处五项原则提出以来，尽管国际形势起伏跌宕，但和平共处五项原则作为处理国与国之间关系、特别是大国关系的基本准则，一直发挥着重大作用，并逐渐为世界上绝大多数国家所接受，得到越来越广泛的响应。在许多国家的双边条约和协定中，在许多国际文件和宣言中，都经常以不同形式的措辞表达了这一思想，它已经成为举世公认的处理国与国之间关系的基本准则。之所以能如此，主要是因为它适应了国际关系发展的要求，适应了人类文明发展的要求。

比如，和平共处五项原则，不仅符合当今世界国家关系的发展要求，而且促进了这种关系向着更美好的方向发展。和平共处五项原则把主权独立和领土完整这一国家生存和发展的基础确定为国际关系的核心，还可以为新的国际秩序奠定坚实的基础。它把互不侵犯、和平共处确定为国际关系的目标，是符合人类社会发展的客观规律和进步要求的。它所明确的平等互利、互不干涉内政的平等原则，反映了当今世界国与国之间自由平等交往、和睦相处的普遍愿望。总的来说，和平共处五项原则体现了主权国家无论大小强弱均平等协商解决国家关系和国际事务的理性原则，这正是当今世界国家关系发展所提出的要求。

比如，和平共处五项原则，不仅表达了绝大多数国家的愿望，而且综合体现了世界各国人民的根本利益。随着经济和社会的发展与进步，越来越多的国家增强了主权意识、自主意识，提高了捍卫国家利益的能力和参与国际事务的能力。以大欺小、以强凌弱、以富压贫的霸权主义行径，受到越来越多的国家的抵制和反对。和平共处五项原则适应了世界形势的这种新变化，反映了日益崛起的广大发展中国家以及主持正义的发达国家维护世界长久和平与稳定发展的共同愿望。

比如，和平共处五项原则，不仅适应了当今世界国家形态多样化的状态，而且其简明、扼要、通俗的表达形式，很容易为大多数国家所接受。在当今世界上，各个国家的社会制度、思想文化、历史传统、价值观念不尽相同，经济和社会的发展水平也有很大的差异。在今后相当长的历史时期内，资本主义国家和社会主义国家、发达国家和发展中国家并存共处的现象不会改变。国际关系准则的确立必须同世界多样化的现实相适应，必须尊重各国人民的自主权利和历史选择。只有在和平共处五项原则基础上建立起来的国际关系，才能经得起国际风云变幻的考验，才会有长久的生命力。

五项原则和人类文明新发展

放眼世界，维护和平，实现和平发展，似乎已成为当今全世界人民的呼声，成为人类文明发展的新潮流。和平共处五项原则，之所以能成为重要的国际原则，是因为它适应了这种时代的潮流和变革的要求。我们这里所说的时代，当然是指人类文明历史发展中的大时代。马克思曾把自己生活的时代，称作资产阶级时代，并阐明资产阶级时代的主题，是无产阶级反对资产阶级残酷剥削和压迫的斗争，决定这一主题的是资产阶级社会的固有矛盾。列宁把自己生活的时代，称作帝国主义与无产阶级革命的时代，并阐明了这一时代的主题是战争与革命，决定这一主题的是资本主义各种矛盾的激化和所必然导致的无产阶级革命。而邓小平则把20世纪80年代之后的时代，称作和平与发展的时代，并指出了这一时代的主题是和平与发展，决定这一主题的是社会主义力量的强大和广大发展中国家力量的强大。

列宁时代，是帝国主义列强瓜分世界和重新瓜分世界斗争的激烈年代，是战争频发的时代。战争引起革命，因而也是无产阶级革命频发的时代。俄国无产阶级革命，就是帝国主义进行的第一次世界大战所引起的，是战争引起革命的典范。之后，帝国主义重新瓜分世界，又引起了中国和更多国家的社会主义革命。帝国主义重新瓜分世界所引起的第二次世界大战，更促使世界性的民主革命的高潮，产生了一批社会主义国家，形成了社会主义阵营。这些都证明的列宁关于时代主题论断的正确，也彰显了帝国主义和无产阶级革命时代的基本特征。

第二次世界大战后，帝国主义列强联合起来，到处镇压亚、非、拉民族民主独立运动，镇压无产阶级革命，还发动了大规模的侵略朝鲜、越南的战争。不仅靠武力霸占我国的台湾，直接威胁我国领土完整。还叫嚣要反攻大陆，气焰十分嚣张。正是在这种背景和环境下，毛泽东仍然强调了战争危险，把战争与革命作为时代的主要特点。

而进入20世纪70年代之后，一方面，由于社会主义国家的强大，特别是由于社会主义国家核武器的迅速发展，世界整个局势在核威慑下，谁也不敢轻易发动大规模的战争；另一方面，帝国主义国家对社会主义国家改变了策略，把主要用武力征服，改为主要用和平演变；这样就出现两极冷战格局下的和平局面。在这种局面下，世界各国所面临的主要任务，是发展科学技术，发展生产力，尽快和不断提高国民的生活水平。正是在这种背景和环境下，1985年邓小平提出了世界面临的两大问题：和平问题和发展问题。之后，我们党根据邓小平的这一论断，提出了和平与发展是当代主题的论断。这一论断所体现的，无疑是当代人类文明发展的主题。

和平与发展是当今时代主题，并不是排除战争的可能性，而只是说由于世界维护和平力量的增长，在较长时期防止大规模世界性战争是可能的。在邓小平、江泽民、胡锦涛的战争与和平理论中，他们都强调了必须要对这种战争的爆发有所准备。而且从邓小平至今，和平与发展两大问题仍然是一个也没有解决。建立合理的国际经济政治秩序，真正实现和平与发展，仍然是发展中国家要努力争取的。不过，从发展趋势看，如党的十七大报告所指出的：当今世界正处在大变动大调整之中，和平与发展仍然是时代的主题，求和平、谋发展、促合作已经成为人类文明新发展的不可阻挡的时代潮流。

人们都不难悟到，和平与发展所体现的是新的人类文明。回忆历史，人类所有的文明，无论是物质文明或精神文明，都是和平发展的结果。而战争，只会使人类文明遭到肆意的破坏。历史上是如此，当今也是如此。无论何种历史时代，广大劳动者都憎恨战争，都渴望和平发展，渴望在没有战争的平等、安全、和谐、自由状态下，进行劳动和生活。中国提出的和平发展，不单是空洞的概念，而是有着丰富的内涵，有着许多体现人类新文明的理念。比如和平共处五项原则，比如共同发展、合作共赢、共建共享、和谐社会、和谐世界、人类命运共同体等等，都体现了人类文明的新发展。也就是说，和平共处五项原则所体现的就是和平发展，就是新的人类文明。

不言而喻，和平共处，是和平发展前提。而和平共处五项原则，则是和平发展得以进行的保证。在和平共处五项原则指引下，和平发展已经成为时代的潮流。世界上一大批新兴市场国家和发展中国家走上发展的快车道，十几亿、几十亿人口正在加速走向现代化，多个发展中心在世界各地区逐渐形成，国际力量对比继续朝着有利于世界和平与发展的方向发展。尽管还存在着霸权主义、强权政治的干扰，但人们有理由相信，这种发展必将使世界变得更加美好、更加文明。

这里要特别指出的是，从和平共处五项原则具体内容和相互联系看，几乎每项原则中都有一个"互"字。这个"互"字，不仅体现着相互平等的意义，而且意味着它是一个开放性、包容性原则。而作为一个开放包容的国际法原则，作为集中体现了主权、正义、民主、法治的价值观，不仅精辟体现了新型国际关系的本质特征，而且昭示它是一个相互联系、相辅相成、不可分割的统一体。它不仅适用于各种社会制度、发展水平、体量规模国家之间的关系，而且历经国际风云变幻的考验，已经成为国际关系基本准则和国际法基本原则。不仅被不结盟运动、联合国等世界一系列国际组织所采纳，而且得到国际社会广泛赞同和遵守，为维护世界的和平和稳定，促进人类文明发展进步，做出了巨大贡献。

人们从实践中越来越认识到，当今世界人类文明发展的最大阻碍，是霸权主义和强权政治。而和平共处的五项原则，针对的就是霸权主义、强权政治。和平共处五项原则倡导的原则，同霸权主义、强权政治的以大压小、以强凌弱、以富欺贫，任意侵犯别国主权、干涉别国内政的方针，同它们动辄诉诸武力或以武力相威胁的行径，是根本对立的。所以，倡导和平共处的五项原则，本身就是对帝国主义、霸权主义的一种批判和抵制。毛泽东说过，我们也要争取同那些国家和平共处，但是决不可以对他们怀抱一些不切实际的幻想。不能设想，不经过工作乃至必要的斗争，它们就会自动地实行这些原则。

当然，实行和平共处的五项原则，也并不意味着为了同西方发达国家发展关系，就应当放弃中国自己的国际主义义务。在讲到应当争取与西方国家和平共处的同时，毛泽东明确地指出：亚洲、非洲和拉丁美洲各国的民族独立解放运动，以及世界上一切国家的和平运动和正义斗争，我们都必须给以积极的支持。1972年发表的中美联合公报中，中国方面就严肃地声明：反对任何霸权主义和强权政治，重申坚决支持一切被压迫人民和被压迫民族争取自由、解放的斗争；各国人民有权按照自己的意愿，选择本国的社会制度，有权维护本国独立、主权和领土完整，反对外来侵略、干涉、控制和颠覆等的原则立场。如有学者说的，这样的外交文件，在世界外交史上即使不是绝无仅有的，至少也是极为罕见的。

更值得注意的是，中国在具体实践这些原则中所提出的一些新理念，诸如世界民主化理念、和谐世界理念、命运共同体理念、新安全观理念等，也都既是对这些原则的丰富和发展，也是人类文明发展中的新成果。对这些理念的实践，也都意味着对霸权主义和强权政治的制约，也都促进着人类文明的发展。由于这些理念都体现着世界广大人民的愿望，所以现在已经被世界越来越多的人所接受。

在中国人看来，中国作为一个社会主义国家，它的对外工作的目标，当然不能只是为了维护自身的独立、主权、安全和发展的利益，还必须承担自己应尽的国际主义义务。一方面，要反对帝国主义的侵略政策和战争政策，保卫世界和平；另一方面，要与世界人民团结合作，支援各国人民的革命斗争和进步运动，促进人类进步和发展的事业。为反对帝国主义的侵略，维护世界和平，中国虽然承担了很大的牺牲，但那是值得的，因为这些牺牲归根到底，对于中国维护自身的独立、主权、安全和发展的利益是有利的。

中国领导人经常强调，在全球化日益深入发展，各国都日益深入融入国际社会的形势下，当今世界各国相互联系、相互依存的程度空前加强，人类已经生活在同一个地球村里，生活在历史和现实交汇的同一个时空里，越来越成为你中有我、我中有你的命运共同体。面对国际形势的深刻变化和世界各国同舟共济的客观要求，各国都应当努力共同推动建立以合作共赢为核心的新型国际关系，各国人民都应团结在一起，维护世界和平、促进共同发展，迎接更加美好的未来，迎接共同发展、共同享受发展成果的新文明和新时代。

三　五项原则的实践和对世界和平的维护

中国向来是讲诚信的。中国不仅是和平共处五项原则的创始者、积极倡导者，而且是坚定忠实的实践者。60 多年来，中国在发展同世界各国的关系中，在开展与世界各国的平等合作中，都一直忠实执行这五项原则，并在具体实践中丰富和发展了这些原则，提出了一些崭新的、维护世界和平的理念。正因中国的发展，是在和平共处五项原则和这些新理念指导下的发展，所以中国的发展就意味着维护世界和平力量的发展。中国的发展为维护世界和平做出了巨大的贡献。

五项原则的实践和中国人的承诺

和平共处五项原则作为一个开放包容的国际法原则，作为集中体现主权、正义、民主、法治的价值观，已经载入了中国宪法，成为中国外交政策的基石。这清楚表明中国坚持实践这一原则的坚定性。当今世界大多数国家都认识到，和平共处五项原则，精辟体现了新型国际关系的本质特征，是一个相互联系、相辅相成、不可分割的统一体，适用于各种社会制度、发展水平、体量规模国家之间的关系。并历经国际风云变幻的考验，已经成为国际关系基本准则和国际法基本原则。和平共处五项原则，已被不结盟运动、联合国等世界一系列国际组织所采纳，得到国际社会广泛赞同和遵守，为维护世界的和平和稳定，促进整个世界的和平发展，做出了巨大贡献。

新中国建立后，中国历届领导人，都带领中国人民坚决走独立自主、反对战争、维护世界和平的道路，都立志在和平共处五项原则指导下，通过和平发展的道路，实现中华民族的伟大复兴。60多年的实践表明，中国始终坚定执行和平共处五项原则，忠实执行和平战略，坚定走和平发展、和平复兴的道路，在获得自身巨大发展的同时，也为维护世界和平、为世界的共同发展，做出了巨大贡献。在坚持和平发展、和平复兴、坚决维护世界和平方面，中国人有着共同的理念、共同的思想和共同的决心。

翻翻世界历史就会明白，在当今的世界上，一个大国利用和平发展道路崛起，似乎还不曾有过先例。尤其是 19 世纪的资本主义列强，有哪一个不是在战争的血与火中崛起的呢！英国的崛起，美国的崛起，经过了多少次战争，在历史书上都有具体清楚的记载。20 世纪那些后起的国家为了重新瓜分世界，争夺世界霸权，竟发动了两次世界大战，给世界酿成了多大的灾难，人们似乎都还记忆犹新。不仅在实践是没有和平崛起的先例，而且那些固守战争崛起的人，也不相信会有这样的先例。国强必战、国强必霸的意识，对他们来说是根深蒂固的。

　　正因为如此，面对中国走和平发展、和平复兴之道路的坚定性，面对中国在这条道路上取得的骄人的奇迹，那些抱着旧理念不放的人，总是摇头晃脑，评头论足，贼喊捉贼；或总在用小人之心度君子之腹，总在散布中国威胁论；或总是在中国大门口转来转去，百般挑衅，想找出或制造出中国会用武力的证据，真的是司马昭之心，路人皆知。

　　然而，君子坦荡荡，小人长戚戚，中国人坚持实践和平共处五项原则的决心，是坚定的。其实，自古至今，在对外关系上，中国无论怎么强大，所讲究的都是和平相处、友善包容、诚信合作、共赢共荣，从不侵略、掠夺、侮辱别的国家，这是中国的文明传统，中国的信仰，是中国精神和中华文明中可歌、可颂的特性，是中国精神和中华文明中的瑰宝。坚持这种信仰和这条道路，不仅有利于自己的发展，也有利于其他国家，在创造自己和平幸福生活的同时，也促进了世界的和平和自由。中国人在古丝绸之路中的表现，郑和带船队在七次下西洋中的表现，新中国建立至今中国在复兴大业中的表现，都证明了这一点。事实俱在，容不得丝毫疑惑。

　　这里还应当特别提出的是，在实践和平共处五项原则中，中国的发展作为世界发展的引擎，不仅促进了世界生产力的发展，维护了世界和平；而且由于中国的发展是在一些新理念下的发展，所以这种发展以及激发的世界的发展，又返回来成为维护世界和平的更大的力量。从而促进了国际关系向更美好、更文明的方向发展。

比如，和平共处五项原则的实践，促进了国际关系民主化建设。历史已反复证明，国际社会必须发扬民主才能有活力。国际社会面临的所有问题，都必须在推进国际关系民主化，通过凝聚各国人民的力量来解决，而这也是和平共处五项原则的宗旨。全球性的问题，需要各国共同协商解决；全球性挑战，需要各国合作应对。任何一个国家和一种力量，都不可能也没有能力来独自完成这个任务。各国的事情要由各国人民做主，国际上的事情也必须要由各国协商解决。按照和平共处五项原则的精神，世界各种文明和社会制度都在和平共处中，相互交流，取长补短，在求同存异中共同发展，国际社会中那种和平发展、合作共赢的民主繁荣的局面，就必然出现。

比如，和平共处五项原则的实践，促进了和谐世界的共建。我们都会感觉到，在人类漫长的发展史上，各国人民的命运从未像今天这样紧密相连、休戚与共。共同的目标把世界各国联结在一起，共同的挑战需要各国团结在一起。实践各国的共同愿望，就是携手合作，共同为建设一个持久和平、共同繁荣的和谐世界，创造人类更加美好的明天而努力。共建和谐世界，当然必须致力于实现各国和谐共处。这就需要遵循联合国宪章宗旨和原则，恪守包括和平共处五项原则在内的国际法和公认的国际关系准则，在国际关系中弘扬民主、和睦、协作、共赢精神。诸如政治上相互尊重、平等协商，共同推进国际关系民主化；经济上相互合作、优势互补，共同推动经济全球化朝着均衡、普惠、共赢方向发展；文化上相互借鉴、求同存异，尊重世界多样性，共同促进人类文明繁荣进步；安全上相互信任、加强合作，坚持用和平方式而不是战争手段解决国际争端，共同维护世界和平稳定；

环保上相互帮助、协力推进，共同呵护人类赖以生存的地球家园等。

比如，和平共处五项原则的实践，促进了人类命运共同体意识的树立。人们都越来越感觉到，人类只有一个地球，各国共处一个世界。生活在地球村的所有的人，都应该牢固树立命运共同体意识，在处理国际关系和世界各种事务中，坚持同舟共济。而和平共处五项原则，正是倡导的命运共同体的意识和同舟共济的精神。世界各国特别是各国人民，只有同心维护世界和平，才能为促进共同发展提供安全保障。维护和平，是人民的永恒期望。和平犹如空气和阳光，受益而不觉，失之则难存。没有和平，发展就无从谈起。因为生活在地球村的人们，生产力发展水平、工业化水平、综合国力、社会形态、社会意识、价值观念等的不同，所以各国在频繁交往，合作共赢的实践中，磕磕碰碰在所难免，关键是要按照和平共处五项原则的精神，坚持通过对话协商与和平谈判，妥善解决矛盾和分歧，从而维护关系发展大局，使共同生活的地球村成为共谋发展的大舞台。在这个大舞台上，一个增长强劲的世界经济，来源于各国共同增长。增长联动，是世界经济强劲增长的特征和要求。日益融入国际社会的各国，在和平发展中都有"一荣俱荣、一损俱损"的连带效应。在竞争中合作，在合作中共赢的世界各国，都应当在追求本国利益时兼顾别国利益，在追求自身发展时兼顾别国发展，并让发展成果更好惠及各国人民，为促进世界经济增长多做贡献。

可见，正是坚定实践和平共处五项原则，坚定走和平发展的道路，中国才取得了惊人的奇迹。面对中国的不断发展和不断强大，西方有些人总是戴着有色眼镜看中国，认为中国发展起来了必然是一种"威胁"。如习近平同志说的，"甚至把中国描绘成一个可怕的'墨菲斯托'，似乎哪一天中国就要摄取世界的灵魂。尽管这种论调像天方夜谭一样，但遗憾的是，一些人对此却乐此不疲。这只能再次证明了一条真理：偏见往往最难消除"①。

习近平向世界郑重宣示：中国坚定不移地走和平发展道路，既通过维护世界和平发展自己，又通过自身发展维护世界和平。走和平发展道路，是中国对国际社会关注中国发展走向的回应，更是中国人民对实现自身发展目标的自信和自觉。这种自信和自觉，来源于中华文明的深厚渊源，来源于对实现中国发展目标条件的认知，来源于对世界发展大势的把握。

习近平还对这三个来源进行了深刻的阐述。他说："中华民族是爱好和平的民族。一个民族最深沉的精神追求，一定要在其薪火相传的民族精神中来进行基因测序。有着5000多年历史的中华文明，始终崇尚和平，和平、和睦、和谐的追求深深植根于中华民族的精神世界之中，深深溶化在中国人民的血脉之中。中国自古就提出了'国虽大，好战必亡'的箴言。'以和为贵'、'和而不同'、'化干戈为玉帛'、'国泰民安''睦邻友邦'、'天下太平'、'天下大同'等理念世代相传。中国历史上曾经长期是世界上最强大的国家之一，但没有留下殖民和侵略他国的记录。我们坚持走和平发展道路，是对几千年来中华民族热爱和平的文化传统的继承和发扬"②。

习近平还说，中国人深知，在长时期内，中国仍然是世界上最大的发展中国家，提高13多亿人的生活水平和质量需要我们付出艰苦的努力。中国要聚精会神搞建设，需要两个基本条件，一个是和谐稳定的国内环境，一个是和平安宁的国际环境。他说："历史是最好的老师，它忠实记录下每一个国家走过的足迹：也给每一个国家未来的发展提供启示。从1840年鸦片战争到1949年新中国成立的100多年间，中国社会战火频频、兵燹不断，内部战乱和外敌入侵循环发生，给中国人民带来了不堪回首的苦难。

---

① 《习近平治国理政》，第264页。
② 同上书，第265页。

仅日本军国主义发动的侵华战争，就造成了中国军民伤亡 3500 多万人的人间惨剧。这段悲惨的历史，给中国人留下了刻骨铭心的记忆。中国人历来讲求'己所不欲，勿施于人'。中国需要和平，就像人需要空气一样，就像万物生长需要阳光一样。只有坚持走和平发展道路，只有同世界各国一道维护世界和平，中国才能实现自己的目标，才能为世界做出更大贡献"①。

60 年的历史已经证明，坚持实践和平共处五项原则，维护和平，促进发展，不仅事关中国生存，也事关世界各国人民的福祉，所以它已成为世界各国人民的共同愿望，成为势不可挡的历史潮流。在这种潮流中发生和发展的世界变革，也昭示当今时代，是一个伟大的变革的时代。中国把维护世界和平，促进共同发展，作为中国一贯的外交政策的宗旨，不仅对世界的发展和稳定，起着重要作用；而且对世界向新文明的变革，也起着重要作用。在当今时代，中国的前途命运同世界的前途命运，日益紧密地联系在一起。中国人民同世界各国人民一道，共同推进世界和平与发展的崇高事业，共同分享发展机遇，共同应对各种挑战，这既是中国根本利益所在，也是各国人民的共同心愿。各国人民携手努力，推动建设持久和平、共同繁荣的和谐世界，必将使世界变得越来越美好。

遗憾的是，虽然和平与发展的事业、和平共处五项原则的实践，关系到世界和平的维护，关系到世界各国人民的共同利益，但却遭到霸权主义者的干扰。中国在坚持这样原则下的发展，本来是有利于世界稳定，中国的强盛本来是实践和平力量的增长，但却被他们说成是威胁。也就是说，中国的发展虽然是世界和平力量的发展，但却因为中国坚持反对霸权主义，对霸权主义者造成冲击，所以必然的遭到了霸权主义者各种歪曲和干扰。不过，

① 《习近平治国理政》，第 266 页。

这些歪曲和干扰，也难以动摇中国坚持和平共处五项原则，维护世界和平的决心。如邓小平同志说的，因为中国奉行独立自主的正确外交路线和对外政策，高举反对霸权主义、维护世界和平的旗帜，坚定地站在和平力量一边，谁搞霸权就反对谁，谁搞战争就反对谁，所以，中国的发展是和平力量的发展，是制约战争力量的发展。随着中国综合国力的增强，中国在维护世界和平中的作用，将越来越大。

五项原则的实践和反对霸权主义

很显然，由于霸权主义是当今战争的根源，霸权主义的理念和原则很多是与和平共处五项原则对立的。因此，和平共处五项原则的实践，始终与反对霸权主义相联系。深受帝国主义、霸权主义之苦的中国人，对帝国主义、霸权主义是战争的根源，是对和平的威胁，有亲身体会，所以从新中国建国伊始，中国就把反对帝国主义、反对霸权主义，放在了维护世界和平的重要地位。而且酷爱和平，深知和平之宝贵的中国人，坚持独立自主的和平对外政策，坚持和平共处五项原则，坚持和平发展的道路，这都是持久不变的。

说霸权主义依然是当今世界战争的根源，是对和平的最大威胁，这已经不是一个理论问题，而是世人都眼见的事实。所以，坚持走和平道路，坚持和平共处五项原则持久不变，就意味着反对霸权主义也是持久不变的。这里要特别强调的是，在中国坚决反对霸权主义和强权政治的含义里，也包括自己。不让别人搞霸权主义，首先是自己不能搞霸权主义，这才真正表明了中国反对霸权主义的彻底性。中国人是光明磊落的。永远不称霸，不搞霸权主义，这是中国历届领导人对世界所做出的庄严承诺。

比如，毛泽东就向世界庄严承诺，中国永远不称霸，永远不搞霸权主义。毛泽东反复阐述了反对霸权主义问题。毛泽东认为，霸权主义是世界性问题。在毛泽东看来，美国帝国主义势力为称霸世界，经常挥舞指挥棒，让其他国家服从它，从而成为世界动荡之源。比如美国的帝国主义势力为了称霸世界，往往肆意干涉别国内政。它采取经济上封锁、政治上孤立、军事上遏制的政策，企图扼杀其他国家。它还不惜使用武力，对弱国、小国进行侵略。全世界大多数人民都受到美帝国主义的压迫和欺侮。毛泽东的结论就是，要维护至今和平，维护各国人民的根本利益，维护各国的独立、主权和领土完整，在国与国之间实行和平共处、平等往来，非反对霸权主义不可。邓小平曾这样评价毛泽东，说毛泽东思想在世界上是同反霸权主义的斗争分不开的。

在毛泽东看来，受霸权主义欺负国家，反对霸权主义最有效和最彻底的办法，除了要敢于对霸权主义进行坚决抵制和斗争之外，就是自强。只要受欺负的国家都发展了，强大了，在国际上有了平等的地位，世界和平才能得到真正的维护。因为几个大国垄断世界事务，对世界的和平与发展是十分不利的。只有世界所有国家取得平等地位，大家都有权过问世界事务，才能真正达成协议，才能真正维护世界和平。

毛泽东认为，中国不仅坚定实行和平共处五项原则，而且为了反对霸权主义，维护世界和平，应当把这五项原则推广到所有国家的关系中去。他强调，五项原则是一个大发展，我们要根据五项原则去工作。我们应当采取步骤使五项原则具体实现，不要使五项原则成为抽象的原则，讲讲就算了。现在世界上有两种态度，一种是讲讲就算了，另一种是要具体实现。美国也说要和平共处，但他们是讲讲就算了的，真正要和平共处，他们就不干了。而我们不是那样。现在和将来，中国都没有任何理由不将这些原则坚持到底。毛泽东同志特别强调，在国际关系中，大国、小国应当平等相待，任何大国都不应有特权，应当坚决反对大国特权，这应当是一个基本原则。国际间的事，要由大家商量解决，不能由少数大国决定。

　　毛泽东主张，解决国际间的一切问题，都不能采取霸权主义的原则，而应采取和平共处五项原则，当遵循平等、互利、互相尊重主权和领土完整的原则，都要以和平为上，都应当用和平谈判、和平协商的办法。毛泽东不仅是这么说的，也是这么做的。在毛泽东和周恩来时代，互相尊重主权和领土完整、互不侵犯、互不干涉内政、平等互利和和平共处这五项原则，一直是中国对外政策的基石。

　　毛泽东特别强调，中华民族在用和平方式努力创造自己的文明和幸福的同时，也促进了世界的和平和自由。他指出：我们的民族将从此列入爱好和平自由的世界各民族的大家庭，以勇敢而勤劳的姿态工作着，创造自己的文明和幸福，同时也促进世界的和平和自由。我们的民族将再也不是一个被人侮辱的民族了，我们已经站起来了。我们的革命已经获得全世界广大人民的同情和欢呼，我们的朋友遍布于全世界。的确，从新中国成立至今，中国在和平复兴中，一贯遵循这一理念，一贯坚持通过对话和协商方式解决国际间的矛盾和冲突，在维护本国和平安全的同时，积极促进世界的和平和自由。

　　新中国建立至今，中国在维护世界和平事业上的最大贡献，是和平共处五项原则理念的提出和忠实地实践。从和平共处五项原则的内容看，它不仅简洁阐明了世界各国，无论社会制度、意识形态、价值观、经济发展水平如何，都应当按照互相尊重主权和领土完整、互不侵犯、互不干涉内政、平等互利的原则和平共处、友好往来、真诚合作，这是对国际法基本原则的高度概括，体现了《联合国宪章》的宗旨和原则，体现了现代国际关系的基本特征和要求，符合世界各国及人民的根本利益，所以得到世界各国的普遍确认。周恩来总理所说的"历史将要证明，一切违反五项原则，企图把一方的意志强加给另一方的做法，在现代国际关系中最后都会是行不通的。只有实现五项原则，才能符合我们时代的要求"的话，现在已经被历史所证明。

毛泽东向世界做出了这样的承诺：中国人民是热爱和平的，中国作为社会主义国家，将坚决、彻底、干净、全部地消灭大国主义，将永远不称霸，永远不做大国沙文主义，一百年、一万年都不会侵略别人，不会侵犯别人一寸土，一根草。永远尊重别国主权和领土完整，绝不干涉别国内政，绝不把自己的意见强加于人。毛泽东要全世界都来监督中国。

邓小平也同样向世界承诺，中国坚决反对霸权主义，中国永远不搞霸权主义，永远不称霸。邓小平结合中国改革开放后世界形势的新特点，更加强调霸权主义是现代战争的根源，强调反对霸权主义对维护世界和平的重要性。邓小平说："从政治角度说，我可以明确、肯定地讲一个观点，中国现在是维护世界和平和稳定的力量，不是破坏力量。中国发展得越强大，世界和平越靠得住。过去，在国际上有人认为中国是'好战'的。对这个问题，不仅我，还有中国其他领导人，包括已故的毛泽东主席、周恩来总理都多次声明，中国最希望和平。中国在毛泽东主席和周恩来总理领导的时候，就强调反对超级大国的霸权主义，并认为霸权主义是战争的根源。"① 邓小平指出："第二次世界大战以后，实际上没有什么和平，大战没有打，但小战不断。小战在哪里打？在第三世界。根源还不是超级大国霸权主义在那里挑拨，在那里插手！长期以来，超级大国就是利用第三世界的冲突来达到他们的目的，所以，尽管第三世界本身也有这样那样的问题，直接受害的还是第三世界的国家和人民。"②

邓小平认为，大国强权政治、霸权主义的本质，就是要控制别的国家，是想垄断世界。当今，世界人民正面临着反对霸权主

---

① 《邓小平文选》第 3 卷，人民出版社 1993 年版，第 104 页。
② 《邓小平文选》第 2 卷，人民出版社 1993 年版，第 415 页。

义的严重任务。邓小平指出："霸权主义和帝国主义总是欺侮包括非洲国家在内的发展中国家，经常干预这些国家为摆脱控制、发展经济、争取政治独立与自主所作的努力。他们对中国也是这样。有的大国的议会今天通过这样一个决议，明天通过那样一个决议，干涉我们的内政。但是中国是一个十亿人口的大国，中国人民已经站起来了，这些干涉对我们来说，没有什么了不起，我们可以置之不理，也可以提出抗议。我们还有一个台湾问题没有解决，仍然面临着完成国家统一的任务。所以说，连中国这样一个发展中的大国，都还有维护主权、独立和领土完整的任务，可见第三世界发展中国家维护独立、主权的任务还面临着严峻的局面。因此，第三世界要联合起来，共同努力奋斗。"①

在邓小平看来，只要霸权主义还存在，战争的危险就还存在，世界人民必然面临着反对霸权主义、维护世界和平的严重任务。特别是对中国来说，只要霸权主义存在，反对霸权主义和维护世界和平的斗争，就始终作为一项严重的任务，摆到中国国家和全国人民面前。邓小平同志认为，中国的对外政策是一贯的，有三句话，第一句话是反对霸权主义，第二句话是维护世界和平，第三句话加强同第三世界的团结和合作。邓小平强调，霸权主义是当今世界战争的根源，所以中国奉行反对霸权主义、维护世界和平的外交政策，谁搞和平，中国就拥护；谁搞战争和霸权，中国就反对。

邓小平认为，中国提出的和平共处五项原则，应当成为新的国际政治秩序和经济秩序的准则，中国将永远坚持这五项原则，讲公道话，办公道事，促进以和平方式解决一切国际争端，以维护世界和平。中国对外政策的目标是争取世界和平。在争取和平的前提下，一心一意搞现代化建设，发展自己的国家，建设具有

①　《邓小平文选》第 3 卷，人民出版社 1993 年版，第 289 页。

中国特色的社会主义。"我们坚持独立自主的和平外交政策，不参加任何集团。同谁都来往，同谁都交朋友，谁搞霸权主义我们就反对谁，谁侵略别人我们就反对谁。我们讲公道话，办公道事。这样，我们国家的政治分量就更加重了。这个政策很见效，我们要坚持到底。"① 邓小平特别强调，能不能顶住霸权主义、强权政治的压力，一切决定于把自己的事情搞好。

邓小平也向世界承诺：中国是维护世界和平的力量，中国作为社会主义国家，将永远反对霸权主义，永远不做超级大国，永远不称霸。即使将来变得强大了，也不会实行霸权主义。如果到那时中国翘尾巴了，在世界上称王称霸，指手画脚，那就不是社会主义国家了。邓小平强调，反对霸权主义，维护世界和平，永不称霸，这是毛泽东、周恩来制定的对外政策，我们要用来教育子孙后代。

江泽民也做出了同样的承诺。江泽民同志认为，中国人民酷爱和平，深知和平之宝贵。而霸权主义和强权政治，已成为世界和平发展的主要障碍。要维护世界和平，就必须反对霸权主义和强权政治。正常的国家关系只能建立在和平共处五项原则的基础上。中国人民将恪守不干涉别国内政的原则，中国人民也决不能允许别人侵犯自己进行历史选择的神圣权利。我们主张在和平共处五项原则的基础上建立国际政治、经济新秩序，世界各国互不干涉内政，每个国家的独立和主权都应受到尊重，每个国家的人民都应享有选择自己认为合适的社会制度、发展道路和思想道德的自由。

江泽民向世界承诺：中国将坚定不移地奉行独立自主的和平外交政策，反对霸权主义和强权政治，支持国际正义事业，同世界各国发展友好合作关系。中国永远不称霸，永远不搞扩张，永

---

① 《邓小平文选》第 3 卷，人民出版社 1993 年版，第 162 页。

远反对任何形式的霸权主义、强权政治和扩张行为。中国永远致力于维护世界和平事业，永远做世界人民可以信赖的朋友。中国将坚定坚持独立自主、完全平等、互相尊重、互不干涉内部事务的原则。中国要同世界各国和各国人民一道，为在和平共处五项原则的基础上建立国际政治经济新秩序，做出积极的贡献。

比如，胡锦涛也做出了同样的承诺。胡锦涛同志认为，中国的发展是和平的发展、开放的发展、合作的发展、和谐的发展。中国对内致力于构建和谐社会，对外愿同世界各国一道推动建设持久和平、共同繁荣的和谐世界。中国通过争取和平的国际环境来发展自己，又通过自身的发展来促进世界和平。中国的发展不会对任何人构成威胁，只会给世界众多国家带来更多的发展机遇和更加广阔的市场。中国的发展对维护世界和平，促进世界发展，不是威胁，而是贡献。

胡锦涛同志向世界承诺：中国将坚持独立自主的和平外交政策，继续实行全方位的对外开放政策，在和平共处五项原则的基础上，同世界各国各地区广泛开展经济技术合作和科学文化交流，既利用世界和平与发展的有利时机发展自己，又以自己的发展促进世界的和平与发展，努力争取互利共赢的结果。中国永远坚持反对霸权主义，永远是维护世界和平的重要力量。中国过去不称霸，今后也永远不会称霸。中国人民将同世界各国人民一道，共同推进人类和平与发展的崇高事业，努力为人类做出更大贡献。

比如，习近平也做出了同样的承诺。习近平同志认为，中国走和平发展道路，不是权宜之计，更不是外交辞令，而是从历史、现实、未来的客观判断中得出的结论，是思想自信和实践自觉的有机统一。和平发展道路对中国有利、对世界有利，我们想不出有任何理由不坚持这条被实践证明是走得通的道路。习近平强调，中国不认同"国强必霸"的陈旧逻辑。当今世界，殖民主义，霸权主义的老路不仅走不通，而且一定会碰得头破血流。只有和平发展的道路可以走得通。所以，中国将坚定不移走和平发展的道路。

习近平认为，国强必霸，这是资产阶级的思维逻辑。而中国人民崇尚的"己所不欲，勿施于人"。如习近平所阐述过的，中国不认同"国强必霸论"，中国人的血脉中没有称王称霸、穷兵黩武的基因。中国将坚定不移沿着和平发展道路走下去，这对中国有利，对亚洲有利，对世界也有利，任何力量都不能动摇中国和平发展的信念。中国坚定维护自身的主权、安全、发展利益，也支持其他国家特别是广大发展中国家维护自身的主权、安全、发展利益。中国坚持不干涉别国内政原则，不会把自己的意志强加于人，即使再强大也永远不称霸。中国真诚希望其他国家都走和平发展道路，大家携手把这条路走稳走好。

习近平特别强调，尽管中国是一直维护世界和平的重要力量，尽管中国坚持和平发展、和平复兴，为维护世界和平，维护世界和平发展做出了巨大贡献，然而，一些别有用心的人，别有用心的国家，却视事实于不顾，大肆炒作中国威胁，在中国周边兴风作浪，以图把中国复兴大业搞乱，把世界和平搞乱，把世界人民和平幸福生活搞乱，其用心何其毒也！在中国维护世界和平和和平复兴大业面临各种恶浪袭扰的情况下，习近平再次向世界宣告，中国将坚定不移地和平发展道路，在和平共处五项原则基础上发展同世界各国的友好合作。中国通过争取和平的国际环境发展自己，同时以自身发展维护和促进世界和平与共同发展，这是中国特色社会主义的本质要求。

习近平同志向世界承诺：中国多次公开宣示，中国反对各种形式的霸权主义和强权政治，不干涉别国内政，永远不称霸，永远不搞扩张。中国在政策上是这样规定的，制度上是这样设计的，在实践中是一直这样做的。当然，中国将坚定不移维护自己的主权、安全、发展利益，任何国家都不要指望我们会吞下损害中国主权，安全、发展利益的苦果。

　　当然，坚决反对霸权主义，维护世界和平的，还有广大发展中国家。正如邓小平同志所指出的：由于历史的和现实的原因所决定，发展中国家是真正维护和平、反对霸权主义的主力。这不是以人们的意志为转移的，是由发展中国家所处的地位和切身利害关系决定的。值得注意的是，广大发展中国家不仅有着这种渴望和平、维护和平、反对霸权主义、反对战争的本质属性，而且经过这些年来的发展，其综合国力和在全球化经济中的地位都有了较大的提高，积蓄了一定的反对战争和反对霸权主义的力量。特别是在经济全球化发展进程中，由于发达国家和发展中国家相互依赖或依存性不断加深，在经济发展和经济利益上，发达国家也离不开广大的发展中国家。所以，只要发展中国家能够团结起来，齐心反对霸权主义和强权政治，反对战争，维护世界和平，整个世界和平与发展的大趋势是可以长期维持下去的。

　　显而易见，在霸权主义还有一定优势的条件下，反对霸权主义，维护世界和平，不仅需要决心和意志，而且需要实力的发展。现在似乎无人怀疑，中国作为发展中的大国，作为维护世界和平的重要力量，中国的发展和壮大，对世界的和平与发展，对维护世界和平，所起的作用也不断增加。也就是说，维护世界和平，不仅需要坚决实践和平共处五项原则，更需要经济快速发展、综合国力的日益强大。最宝贵的是，无论中国如何强大，中国都不会走霸权主义的道路。

　　总之，中国坚定实践和平共处五项原则，坚持独立自主的和平外交政策，坚定不移地走和平发展道路，是永远不会改变的。这里有两个基本点：一个基本点是，中国将始终不渝地走和平发展的道路，并把自身的发展与人类共同进步联系在一起，既通过维护世界和平来发展自己，又通过自身的发展来促进世界和平。中国坚持实施互利共赢的对外开放战略，真诚愿意同各国广泛开展合作，真诚愿意兼收并蓄、博采各种文明之长，以合作谋和平、以合作促发展，推动建设一个持久和平、共同繁荣的世界。既充分利用世界和平发展带来的机遇发展自己，又以自身的发展更好地维护世界和平、促进共同发展。另一个基本点是，中国将坚持在和平共处五项原则的基础上同所有国家发展关系，同国际社会一道致力于人类和平与发展的崇高事业。中国在实践和平共处五项原则中，顺应历史潮流，不仅积极促进世界多极化，积极促进经济全球化朝着有利于实现共同繁荣的方向发展，推动建立公正合理的国际政治经济新秩序；而且提倡国际关系民主化和发展模式多样化，国家不分大小、强弱、贫富一律平等，支持世界各种文明、不同社会制度和发展道路在竞争比较中取长补短、在求同存异中共同发展；树立互信、互利、平等、协作的新安全观，通过对话和合作解决争端，反对诉诸武力或以武力相威胁，反对各种形式的霸权主义和强权政治。

五项原则的实践和新安全观

所谓新的安全观，是针对旧的诸如霸权安全观，或冷战安全观而言的。旧的安全观是只讲本国或本集团安全，不顾别国的安全。中国的新安全观，是适应和平发展提出来的，它的基本内涵，就是和平共处五项原则，或者说是在和平共处五项原则下的相互安全、共同安全、综合安全或全面安全。这种安全不仅要以和平共处五项原则为原则，而且要以平等互利、合作共赢为基础。其宗旨是为和平发展提供一个全面安全环境。

2005 年中国政府发布的《中国的和平发展道路》白皮书，把和平发展道路概括为："争取和平的国际环境发展自己，又以自身的发展促进世界和平；依靠自身力量和改革创新实现发展，同时坚持实行对外开放顺应经济全球化发展趋势，努力实现与各国的互利共赢和共同发展；坚持和平、发展、合作，与各国共同致力于建设持久和平与共同繁荣的和谐世界。"从中可以清晰看出，综合安全观贯穿于和平发展战略的方方面面，是和平发展战略的题中应有之义。在某种意义上，新安全观就是和平发展观。

新安全观内涵虽然丰富，但其核心部分都与和平共处五项原则相关。比如，在居于国家安全最高位置的政治安全中，核心问题，当然是国家政权稳固和国家主权不受侵犯，是相互尊重主权和领土完整，互不干涉内政。在军事安全中，占据核心地位的，当然是互不侵犯。在经济安全中，占据核心地位的当然是平等互利。人们已经越来越认识到，经济是社会的物质基础，没有经济安全就不可能有真正的国家安全。所以维护以平等互利为原则的和平发展，越来越具有特别重要的意义。至于国家安全的其他方面，诸如文化安全、信息安全、生态安全等，也都只有在维护和平共处下，才能实现。

也许人们还没有真正认识到和平共处五项原则中"互"字的深刻含义，尤其是它在新安全观中地位。在新安全观中，相互安全或共同安全占有特别重要地位。相互安全，从根本上说，任何国家的安全，都是在双边或多边基础上相互确保安全的体现。也就是说，一个国家为追求自身安全利益时，必须考虑双边或多边国家的共同安全。中国政府认为，相互安全是共同安全和合作安全实现的基础和必要前提的。因为在全球化中发展的国家关系，已经成为相互依存的命运共同体，国家间彼此安全利益的获得，与维持平等互利、合作共赢紧密联系在一起。相互安全的实现，离不开和平的国际安全环境，它有赖于国际社会的共同协作，任何国家都不能把自己的所谓安全，建立在损害他国安全利益的基础上。

军事安全、国防安全，对任何国家来说，都是至关重要的。中国领导人对国家的军事安全和政治安全，对国家主权、领土安全都给予特别的重视。坚决维护中国的主权、领土完整和民族尊严，在涉及国家主权、安全和根本利益，涉及发展中国家权益，涉及世界和平与地区稳定，涉及建立公正合理的国际政治经济新秩序的问题上，中国始终旗帜鲜明，坚持原则，进行不解斗争。而随着全球化的深入发展和各国相互依赖的加深，经济安全的作用和地位，不断提高，中国领导人对经济安全也日益重视。经济优先已经成为世界潮流，这是时代进步和历史发展的必然。当前对每个国家来说，悠悠万事，惟经济发展为大。发展不但关乎各国国计民生、国家长治久安，也关系到世界的和平与安全。各国经济相互依赖已经发展到了必须将保护主权国家的经济安全列为最迫切的问题的阶段。

在经济安全中，科技安全又占有重要地位。人们都日益感觉到，全球化的发展，使科技安全的重要性日益突出，也使科技安全成为了国家安全总体态势的一个决定性要素之一。从国际安全角度讲，科技安全主要不是强调狭义的科学技术系统安全性的理解，而是侧重广义上的内涵，即在一定的社会环境条件下，特别是国际大环境中，以国家价值准则为依据的对科技系统与相关系统相互作用所决定的国家安全态势的一种动态的理解。

当今，各国综合国力的较量已成为国际竞争的重点，而构成综合国力的两大中心要素除了经济外，另一个就是科技。科技不仅已成为经济发展和现代军事需求的重要手段，而且也经常被国内外各种反动势力或极端势力利用，给国家安全和国际安全造成了极其严重的负面影响。可见，科技安全在国家安全的维护中，已处于举足轻重的地位。科技的不断进步与创新是经济和军事实力增强的关键。中国领导人主张，一国的科技创新成果，都应当以和平利用为目的，不仅以促进本国的和平发展和国家安全为宗旨，而且应当以促进全人类的安全为宗旨。

在新的安全观中，信息网络安全是一个全新的领域。中共十六大首次将信息安全与政治安全、经济安全、文化安全一起作为今后我国安全维护的四大重点。信息安全是指维持国家政治、经济、科技、军事、文化、社会生活等系统不受内外环境威胁、干扰、破坏而正常运行的状态。因为信息网络安全以及成为国家整体安全的重要基础，成为综合安全观的一个重要组成部分，成为各国政府普遍关注的国家安全问题。所以可想而知，和平共处五项原则，同样适用于信息网络安全。

近几年，随着网络信息技术的快速发展，信息安全问题在世界各国都变得突出起来。以美国为首的发达国家，借其在信息和网络技术方面的优势，利用"信息威慑"和"信息霸权"，对发展中国家实施限制性的信息控制与输出，意在达到比冷战时期核威慑更有效的目的。斯诺登爆料的美国对世界各国的监听丑闻，使人们看到了信息网络安全对一个国家的国家安全和社会稳定，会产生多么大的影响。如美国学者约瑟夫·奈说的：信息技术很可能会变成威胁国家安全的重要软权力资源，在信息时代条件下，谁能拥有信息权力的优势，谁就会对未来的世界格局占有支配地位。按照和平共处五项原则，互相尊重各自虚拟的信息边界，互不侵犯，在相互交流和平等合作中，达到共同发展和共享，以实现信息网络的共同安全。

所谓生态安全，是指人类和国家依赖的生存和发展环境处于一种免受污染和破坏的良好状态，具有跨国性、紧迫性和代际性。生态安全问题是人类在可持续发展问题不断深化理解的基础上形成的。从一定程度上讲，人类发展的历史就是向大自然无节制索取而缺乏采取有效治理的历史，由此导致了在开发利用自然界取得成果的同时也给自然界带来了严重的破坏。人与自然对立的结果必然是遭到自然的无情惩罚，如全球普遍出现的大气污染、气候异常、土地荒漠化、水资源匮乏等问题给人类生存和发展带来了严重挑战。这种失衡的生态环境可能会导致经济、政治和社会的全面动荡，威胁人的安全和国家安全。因此，实现人与自然的可持续发展是经济、政治、文化等全面协调发展的坚实基础。人与自然和谐共生对国家和整个人类安全的未来具有重要的意义。

这里我们要特别提及的是，共同安全不仅是新安全观的重要组成部分，而且是新安全观所追求的最终或最高目标。我们知道，中国提出的新安全观，与联合国的安全理念是一致的。1985年联合国发表《安全概念》的研究报告，对共同安全的概念做了如下理解：在相互依存的时代，国家之间存在着相互依赖的、共有的安全关系，任何国家自身利益的获得不应以损害他国利益为前提。因此，共同安全倡导裁军、削减核弹头以增加国家间的互信，建立更稳定的国际秩序，使人类的生活质量在增加国家以及国际的资源再分配中得到根本的改善。这同中国提出的新安全观要达到的目标是一致的。

中国把追求共同安全作为最终或最高目标，意义非常重大。中国的希望是：世界各国都既追求自己国家的安全，也顾及别的国家的安全，顾及各国的共同安全，从而实现个人、国家和国际社会共享的安全局面。中国新安全观认为，随着全球化进程的不断扩展和日益加深，任何国家的安全利益，都与维持与这个国家所在的地区乃至整个世界的安全，有着相互影响、相互依赖和相互作用的关系。各国的安全有其独立性的一面，也有受他国安全和世界安全影响和制约的一面。所以中国提出的共同安全与旧的"零和"安全理念是根本不同的。实践已经证明，"零和"安全的诉求，既危及他国安全和国际社会的安全，也危及国家自身的安全，根本不可能给国家自身、给地区、给整个世界带来真正、持久的安全。

当然，共同安全的实现，既是可能的，也是有条件的。最基本的条件就是，各国在高度相互依赖中，共同利益已经越来越多，已经成为命运共同体。国家的安全，国家的发展，都已经成为对国家利益和共同利益追求的结合。国家间实力的差距是客观存在的，但各方只要相互依赖，只要有共同的利益追求，就会最终摆脱国家安全合作的困境，进而实现安全合作的理想追求。而且我们看到，当今的相互依赖，已经不是单纯一国对另一国的相互依赖，也不是某个经济或者安全领域的相互依赖，而是一种复合相互依赖。在复合相互依赖的条件下，诉诸武力来解决矛盾与冲突，都是愚蠢的。而且因为成本太大，甚至是自取灭亡，所以任何国家都不敢轻易运用武力。

总之，如习近平同志说的："'明者因时而变，知者随世而制。'形势在发展，时代在进步。要跟上时代前进步伐，就不能身体已进入21世纪，而脑袋还停留在冷战思维、零和博弈的旧时代。我们认为，应该积极倡导共同、综合、合作、可持续的亚洲安全观，创新安全理念，搭建地区安全和合作新架构，努力走出一条共建、共享、共赢的亚洲安全之路。"① 习近平同志还用如下七个"应该"，概括了新安全观的内涵和意义。

一是安全应该是共同的。应该是要尊重和保障每一个国家安全。由于世界多样性特点突出，各国大小、贫富、强弱很不相同，历史文化传统和社会制度千差万别，安全利益和诉求也多种多样。但大家共同生活在地球这个大家园里，利益交融、安危与共，日益成为一荣俱荣一损俱损的命运共同体。

二是安全应该是普遍的。不能一个国家安全而其他国家不安全，一部分国家安全而另一部分国家不安全，更不能牺牲别国安全谋求自身所谓绝对安全。否则，就会像哈萨克斯坦谚语说的那样："吹灭别人的灯，会烧掉自己的胡子。"

三是安全应该是平等的。各国都有平等参与地区安全事务的权利，也都有维护地区安全的责任。任何国家都不应该谋求垄断地区安全事务，侵害其他国家正当权益。

---

① 《习近平治国理政》，第354页。

四是安全应该是包容的。应该把世界多样性和各国的差异性转化为促进安全合作的活力和动力，恪守尊重主权、独立和领土完整、互不干涉内政等国际关系基本准则，尊重各国自主选择的社会制度和发展道路，尊重并照顾各方合理安全关系。强化针对第三方的军事同盟不利于维护地区共同安全。

五是安全应该是综合的，应该是要统筹维护传统领域和非传统领域安全。世界安全问题极为复杂，既有热点敏感问题，又有民族宗教矛盾，恐怖主义、跨国犯罪、环境安全、网络安全、能源资源安全、重大自然灾害等带来的挑战明显上升，传统安全威胁和非传统安全威胁相互交织，安全问题的内涵和外延都在进一步拓展。我们应该通盘考虑世界安全问题的历史经纬和现实状况，多管齐下、综合施策，协调推进地区安全治理。既要着力解决当前突出的地区安全问题，又要统筹谋划如何应对各类潜在的安全威胁，避免头痛医头、脚痛医脚。对恐怖主义、分裂主义、极端主义这"三股势力"，必须采取零容忍态度，加强国际和地区合作，加大打击力度，使本地区人民都能够在安宁祥和的土地上幸福生活。

六是安全应该是合作的。应该通过对话合作，促进各国和本地区安全。安全的力量在于沟通、互信和团结。要通过坦诚深入的对话沟通，增进战略互信，减少相互猜疑，求同化异、和睦相处。要着眼各国共同安全利益，从低敏感领域入手，积极培育合作应对安全挑战的意识，不断扩大合作领域、创新合作方式，以合作谋和平、以合作促安全。要坚持以和平方式解决争端，反对动辄使用武力或以武力相威胁，反对为一己之私挑起事端、激化矛盾，反对以邻为壑、损人利己。世界各国都应为安全和合作发挥积极和建设性作用，努力实现一赢、多赢、共赢。

七是安全应该是可持续的。安全应该是发展和安全并重，以实现人们幸福的持久安全。习近平同志引用"求木之长者，必固其根本；欲流之远者，必浚其泉源。"这句话，说明发展和安全的辩证关系，说明发展是安全的基础，安全是发展的条件。贫瘠的土地上长不成和平的大树，连天的烽火中结不出发展的硕果。对世界大多数国家来说，发展就是最大安全，也是解决地区安全问题的"总钥匙"。要建造经得起风雨考验的安全大厦，就应该聚焦发展主题，积极改善民生，缩小贫富差距，不断夯实安全的根基。要推动共同发展和安全合作良性互动、齐头并进的大好局面，以可持续发展促进可持续安全。

　　我们从习近平同志阐明的这些思想中，自然不难领悟到，面对一个多样化世界，建立在和平共处五项原则基础上的新安全观，不仅符合世界多数国家的意愿，符合世界和平发展的客观规律，而且有利于体现各国和各国人民的共同意愿与利益，有利于推动建立公正合理的国际政治经济新秩序，有利于促进世界政治经济文化的协调平衡发展。世界各种力量，都只有按照和平共处五项原则，按照这种新的安全观，在平等互利的基础上，加强协调和对话，不搞对抗，共同维护世界的和平、稳定与发展，特别是对维护世界和平负有重要责任的大国，应该尊重小国，强国应该扶持弱国，富国应该帮助穷国，这样才能实现美好的明天。只有世界各国共同努力，共同应对各种挑战，并在合作共赢中，共同分享发展机遇，积极采取应对措施，不断消除影响和平与发展的消极因素和不稳定因素，才能切实地推进世界和平与共同发展这个崇高事业，世界的持久和平和共同繁荣才能得以实现。

五项原则的实践和新国际秩序的构建

　　人们也许都意识到了，西方对中国崛起的担忧，最突出的表现，就是关于对待西方主导的国际秩序的态度问题。西方辩论的焦点是：中国是更加融入世界成为世界的中国，还是另起炉灶，使世界成为中国的世界。这句话说白了，就是你发展强大了，是遵守我的霸权秩序呢，还是不遵守它，要用自己的秩序代替它。西方一些人正在热炒中国要挑战西方建构的国际秩序，中国要搞中国说了算，中国要搞"朝贡体系"，中国要统治世界等，都充分表现出了他们的小人之心。而事实是，中国人说话是算话的，中国早就向世界宣示，中国反对不合理、不公正的霸权秩序，在建立国际新秩序方面，中国要起建设性作用，中国主张世界各国以和平共处五项原则为基础，共商建立公正、合理的国际新秩序。中国决不搞霸权主义，更不想、也不会统治世界。

一般认为，国际秩序是指主权国家在国际社会的行为规范。它主要通过相关国际条约、国际法、国际惯例等形成，通过相关国家政府和国际组织维护的。现今的国际秩序，无论是国际政治秩序或国际经济秩序，都基本上是二战后在雅尔塔体系、布雷顿森林体系和国际贸易组织基础上形成的。这种国际秩序虽然在维护二战后世界政治和经济的发展，起着一定作用，但存在有致命弱点和缺陷，有严重不公平和不合理的地方。而且随着世界发展的不平衡，随着国际关系的变化，特别是发展中国家的迅速发展及其高级地位的提高，这种不平等和不公平显得日益突出，已经严重影响到世界的创新发展。

旧的国际秩序的主要问题是，它一开始就是由西方大国主导的，主要维护的是西方大国的利益。更严重的是，美国力图主导国际秩序，肆无忌惮地推行霸权主义和强权政治，打着维护国际秩序，维护"民主"、"人权"的旗号，推行新干涉主义，肆意对别的国家进行入侵、颠覆和掠夺，严重影响世界的安定和发展。这既致使世界经济发展严重失衡，南北贫富差距巨大；也致使建立国际新秩序的呼声越来越高。旧的不公平、不合理的国际秩序，必须改变，这是世界大多数国家的呼声。中国说的要对国际秩序起建设性作用，其含义就是不是要完全否定现有的国际秩序，而是要改革它、完善它，使它更符合世界所有国家、所有国家人们的利益和愿望。为此，中国领导人都致力于对国际旧秩序的改革和完善，并通过这种改革和完善，形成真正平等、公平、合理的国际新秩序。而且都认为，这种新秩序的建立，应当以和平共处五项原则为原则。

比如，早在 1974 年邓小平在联合国大会发言中，就提出并阐述了建立新国际秩序的问题。邓小平同志说："世界总的局势在变，各国都在考虑相应的新政策，建立新的国际秩序。霸权主义、集团政治或条约组织是行不通了，那么应当用什么原则来指导新的国际关系呢？最近，我同一些外国领导人和朋友都谈到这个问题。世界上现在有两件事情要同时做，一个是建立国际政治新秩序，一个是建立国际经济新秩序。"[①] 中国领导人都主张，要建立的新国际秩序的原则，应当是和平共处五项原则。

邓小平还曾这样说："最近一个时期，我多次向国际上的朋友们说，应该建立国际经济秩序，解决南北问题，还应该建立国际政治秩序，使它同国际经济秩序相适应。我特别推荐 50 年代由我们亚洲人提出的和平共处五项原则，作为今后国际政治秩序的准则。"[②] 他还说："至于国际政治新秩序，我认为，中印两国共同倡导的和平共处五项原则是最经得住考验的。这些原则的创造者是周恩来总理和尼赫鲁总理。这五项原则非常明确，干净利落，清清楚楚。我们应当用和平共处五项原则作为指导国际关系的准则。我们向国际社会推荐这些原则来指导国际关系。"[③]

邓小平同志还特别强调，国际关系新秩序的最主要的原则，应该是不干涉别国的内政，不干涉别国的社会制度。他说："中国永远不会接受别人干涉内政。我们的社会制度是根据自己的情况决定的，人民拥护，怎么能够接受外国干涉加以改变呢？国际关

---

① 《邓小平文选》第 3 卷，人民出版社 1993 年版，第 282 页。

② 同上书，第 328 页。

③ 同上书，第 282—283 页。

系新秩序的最主要的原则，应该是不干涉别国的内政，不干涉别国的社会制度。要求全世界所有国家都照搬美、英、法的模式是办不到的。世界上那么多伊斯兰国家就根本不可能实行美国的所谓民主制度，穆斯林人口占了世界人口的五分之一。中华人民共和国不会向美国学习资本主义制度，中国人口也占了世界人口的五分之一。还有非洲，非统一组织的强烈的普遍的呼声就是要求别国不要干涉他们的内政。这是世界局势的一个大背景。"① 这当然也是国际新秩序必须坚持和平共处五项原则，坚持不干涉别国内政，不干涉别国社会制度的大背景。

比如，江泽民同志认为，正常的国家关系，只能建立在和平共处五项原则的基础上。江泽民说："对外要处理好国与国的关系，既要看到国家关系与意识形态有关联，又要看到其中的区别。处理国家关系要坚持和平共处五项原则，要讲辩证法。"② "正常的国家关系只能建立在和平共处五项原则的基础上。中国人民恪守不干涉别国内政的原则，中国人民也决不能允许别国侵犯自己进行历史选择的神圣权利。我们主张在和平共处五项原则的基础上建立国际政治、经济新秩序，世界各国互不干涉内政，每个国家的独立和主权都应受到尊重，每个国家的人民都应享有选择自己认为合适的社会制度、发展道路和思想道德的自由。社会制度、意识形态或其他方面的不同，不应当成为国与国之间发展友好关系和进行经济文化往来的障碍。"③

江泽民认为，建立什么样的国际新秩序，是当前国际社会普遍天下的重大问题。根据历史经验和现实状况，中国主张在和平共处五项原则基础上建立国际政治经济新秩序。这种新秩序的基本点应当包括：各国在政治上相互尊重，共同协商，而不应把自

① 《邓小平文选》第 3 卷，第 359 页。
② 《江泽民文选》第 1 卷，人民出版社 2006 年版，第 148 页。
③ 《十三大以来重要文献选编》（中），人民出版社 1991 年版，第 632 页。

己的意志强加于人。只有尊重各国人民的自主选择，求同存异，互不干涉内政，大家才能和睦相处，我们这个世界才会有真正的和平与安宁。在经济上应相互促进，共同发展，而不应造成贫富悬殊。只有在平等互利基础上加强和扩大经济、科技、文化的交流与合作，促进共同发展与繁荣，反对经济贸易交往中的不平等现象和各种歧视性政策与做法，才能实现共同繁荣。在文化上应相互借鉴，共同繁荣，而不应排斥其他民族的文化；在安全上应相互信任，共同维护，树立互信、互利、平等和协作的新安全观，通过对话和合作解决争端，而不应诉诸武力或以武力相威胁。反对各种形式的霸权主义和强权政治。

比如，胡锦涛同志认为，应当把反对霸权主义，坚持和平共处五项原则，作为处理国际关系和建立国际政治经济新秩序的准则。各国人民应当一道，积极促进世界多极化和国际关系民主化，反对霸权主义，致力于建立公正合理的国际政治经济秩序。他说："我们这个星球是世界各国人民的共同家园，人类发展面临的挑战和问题需要世界各国人民共同应对。各国政府和人民应该共同承担起维护世界和平、促进共同发展的历史使命，积极推动建立公正合理的国际政治经济新秩序。我们要尊重各国的独立和主权，尊重各国人民自主选择社会制度和发展道路的权利，树立互信、互利、平等、协作的新安全观，坚持通过和平方式解决国际争端，促进世界各国和睦相处。"①

胡锦涛认为，加强多边合作，推动建立国际经济新秩序。建立适应经济全球化发展要求、公正合理的国际经济新秩序，符合世界各国的共同利益。建立公正合理的国际经济新秩序，形成良好的国际经济贸易体制和规则，是促进世界经济平衡有序发展的重要保障。我们要积极支持完善国际金融体系，增加发展中国家

---

① 胡锦涛：《在纪念中国人民抗日战争暨世界反法西斯战争胜利六十周年大会上的讲话》（2005 年 9 月 3 日）。

在国际金融机构中的发言权，提高国际社会预防和应对危机、维护金融稳定和促进发展的能力，为世界经济增长营造公平、稳定、高效的金融环境。胡锦涛还认为，树立互信、互利、平等、协作的新的安全观，维护各国的独立、主权和民族尊严，尊重世界多样性，已成为各国人民越来越强烈的要求和呼声。各国应以互信、互利、平等、协作的新安全观意识，营造国际政治经济新秩序，营造有利于各国共同发展的国际环境。

比如，习近平认为，中国是完善国际秩序，完善全球治理的重要力量。在习近平看来，各国经济，相通则共进，相闭则各退。我们必须顺应历史潮流，反对各种形式的保护主义，共同维护和发展开放型的世界经济，统筹利用国际国内两个市场，两种资源。共同维护自由、开发、非歧视性的多边贸易体制，不搞排他性贸易标准、规则、体系，避免造成全球市场分割和贸易体系的分化。要探讨完善全球投资规则，引导全球发展资本合理流动，更加有效配置发展资源。

从中国领导人的这些思想中，我们当然不难悟到这样的道理：新国际秩序之所以要以和平共处五项原则作为原则，是因为现今国际秩序中存在的主要问题，只有运用和平共处五项原则才能解决。

比如，霸权主义、强权政治的存在，是当今国际秩序中存在的最突出问题，也是当今世界解决和平与发展问题的主要障碍。因此，建立国际新秩序的着眼点，首先就在于反对超级大国的霸权主义和强权政治，把尊重国家主权和领土完整，互不侵犯，互不干涉内政放在第一位。也就是说，国际关系新秩序的最主要的原则，应该是不干涉别国的内政，不干涉别国的社会制度。美国推行霸权主义的事实证明，只要干涉别国内政，干涉别国社会制度，那就必然会造成国际动乱，特别是发展中国家动乱。保持政治稳定、社会稳定，以保证和平发展的环境，这对任何国家来说，都是最主要的。如邓小平同志说的：什么人权、民权问题，都管不住这个问题。唯一的出路，就是不同社会制度的国家在五项原则基础上和平共处、相互合作，而不是干涉别国内政、挑起别国内乱。中国提出这样的问题是为了引起大家警惕，是为了提醒各国决定对华政策时要谨慎。只要各国都能按照现存的国际法和公认的国际关系准则行事，坚持相互尊重主权、领土完整，遵循平等协商的原则来维护和发展相互关系、处理彼此之间的矛盾、争端和冲突，国际政治秩序就能趋于稳定。

比如，因为由西方大国主导，在关系重要利益和重大决策问题上，都由这些大国说了算，都有利于这些大国，而众多发展中国家话语权很小，而且往往成为利益的牺牲者，这是当今国际秩序中又一突出问题，也是造成当今南北贫富巨大差距的根源。因此，建立国际新秩序的另一个着眼点，自然应当放在平等互利上，放在有利于广大发展中国家的发展利益上。这样才能缩小南北经济差距，使南方国家摆脱贫穷和落后状态，因为世界的发展决不能长期建立在广大发展中国家贫穷落后的基础之上。也就是说，国际新秩序，应当按照平等互利的原则，通过各种机制，使各国加强团结和合作，坚持公平、公正的原则，逐步在重大国际问题的决定和重大国际争端的解决中，形成对霸权主义、强权政治的制约机制。使各国都能在坚持独立自主的原则的同时，又相互尊重、相互支持，坚决反对任意干涉别国内政的霸权主义行为。在涉及影响世界人民前途命运的重大问题上，逐步做到由各国进行充分讨论和协商，共同做出决定，而不应由少数国家乃至某一些国家说了算。

比如，因为由西方大国说了算的国际秩序，推行零和博弈原则，只顾大国自己的利益，不尊重小国、弱国的意见和利益，使这些国家在国际竞争中逐步边缘化，这也是当今国际秩序中的突出问题。因此，国际新秩序应当把国家不分大小一律平等的原则，放在重要地位。为此，世界各国应共同推进国际关系民主化，在国际关系各领域，都要弘扬民主、和谐、协作和共赢的精神。在各类国际组织中，应加大发展中国家、特别是弱小国家的代表性和发言权，建立平等、公平、公正、包容的运行机制。在处理国际事务尤其是重大国际事务中，应坚持互相尊重、平等协商的原则，不能唯我独尊、以大压小、以强凌弱。解决国际争端，应增强相互信任，坚持用和平谈判方式而不是战争手段予以解决。

第 九 章

中国新倡议和世界共享的新平台

　　这里说的中国新倡议，是指习近平在 2013 年提出的共建丝绸之路经济带和 2014 年提出的共建 21 世纪海上丝绸之路的倡议，简称"一带一路"倡议。这一倡议是一项伟大的世纪工程和世界工程，是世界共谋和平发展、共享发展成果的新平台。"一带一路"新倡议的最大的特点，就是共商、共建、共治和共享。据专家初步估算，"一带一路"沿线涵盖 77 个国家，总人口约 44 亿，经济总量约 21 万亿美元，分别约占全球的 63% 和 29%。其涉及的范围之广，影响之大，由此可见。"一带一路"作为中国首倡、高层推动的国家倡议，不仅对中国现代化建设和世界地位具有深远的战略意义，而且对世界的和平与发展，对世界文明的发展和进步，都具有巨大的战略意义。特别是"一带一路"构想的提出，契合沿线国家的共同需求，为沿线国家优势互补、开放发展开启了新的机遇之窗，是国际合作的新平台，世界发展的新引擎，世界共享的新平台。"一带一路"倡议也是一项战略性决策，体现的是和平、交流、理解、包容、合作、共商、共建、共治、共赢、共享的共同发展、共同追求幸福的精神。

一　新倡议和新引擎

　　睿智的中国人，又为世界的和平发展，为世界人民的福祉，打造了一个更大的平台——"一带一路"。这个平台是开放的，世界任何国家，只要愿意，都可以在这个平台上，崭露头角，为自身的发展，为世界的发展，寻找机会。为本国人民的福祉和世界人民谋福祉，做出贡献。由于"一带一路"是开放的，要有许多国家参与，所有在"一带一路"建设中，中国所遵循的基本原则，就是共商、共建、共治、共赢、共享。谁要是不相信中国人的足智多谋，不相信中国人的宽阔胸襟，不相信中国人合作共赢的诚信，那就请看"一带一路"战略的提出和思考，看看这篇维护和推动世界和平与发展，为世界人民谋福祉的大文章。

新倡议和新蓝图

　　2013 年 9 月，习近平同志在对哈萨克斯坦访问时，正式提出了共建丝绸之路经济带的倡议。习近平同志在纳扎尔巴耶夫大学讲演中，一开始就这样说道："2100 多年前，中国汉代的张骞肩负和平友好使命，两次出使中亚，开启了中国同中亚各国友好交往的大门，开辟出一条横贯东西、连接欧亚的丝绸之路。我的家乡陕西，就位于古丝绸之路的起点。站在这里，回首历史，我仿佛听到了山涧回荡的声声驼铃，看到了大漠飘飞的袅袅孤烟。这一切，让我感到十分亲切。哈萨克斯坦这片土地，是古丝绸之路经过的地方，曾经为沟通东西方文明，促进不同民族、不同文化相互交流和合作作出过重要贡献。东西方使节、商队、游客、学者、工匠川流不息，沿途各国互通有无、互学互鉴，共同推动了人类文明进步。"①

　　当前，中国同亚欧国家关系发展，都面临着难得机遇。丝绸之路经济带的提出，就是要同亚欧国家一道，抓住这种难得的机遇，不断增进互信、巩固友好、加强合作，促进共同发展繁荣，为各国人民谋福祉。习近平同志的讲演之所以从古丝绸之路开始，

---

　　① 《习近平谈治国理政》，第 287 页。

除了要从中得到启示之外，更重要的是要借鉴古丝绸之路的经验，把丝绸之路经济带国家的合作共赢，推到一个新的高度。如习近平说的："千百年来，在这条古老的丝绸之路上，各国人民共瞄出千古传诵的友好篇章。两千多年的交往历史证明，只要团结互信、平等互利、包容互鉴、合作共赢，不同种族、信仰、不同文化背景的国家完全可以共享和平，共同发展是古丝绸之路留给我们的宝贵启示。20 多年来，随着中国同欧亚国家关系快速发展，古老的丝绸之路日益焕发出新的生机活力，以新的形式把中国同欧亚国家的互利合作不断推向新的历史高度。"①

2013 年 10 月，习近平主席在印尼国会发表演讲中，又提出了共同建设 21 世纪海上丝绸之路的倡议。习近平同志说：中国愿同东盟国家加强海上合作，使用好中国政府设立的中国—东盟海上合作基金，发展好海洋合作伙伴关系，共同建设 21 世纪海上丝绸之路。2014 年 5 月，习近平在亚信峰会上做主旨发言时指出：中国将同各国一道，加快推进丝绸之路经济带和 21 世纪海上丝绸之路建设，尽早启动亚洲基础设施投资银行，更加深入参与区域合作进程，推动亚洲发展和安全相互促进、相得益彰。

"一带一路"倡议，作为在新形势下对中国发展和世界发展新机遇的新探索，不仅为中国发展和世界发展打造了一个新平台，而且为中国和沿路各国共同绘制今后发展蓝图，实现发展蓝图，打造了一个平台。

对中国来说，"一带一路"倡议，无疑是新形势下对外开放的更大、更实在的发展。比如，受地理区位、资源禀赋、发展基础等因素影响，中国对外开放总体呈现东西发展不平衡格局。而"一带一路"倡议，将采取一体两翼方式，在提升向东开放水平的同时加快向西开放步伐，助推内陆沿边地区由对外开放的边缘迈

---

① 《习近平谈治国理政》，第 288 页。

向前沿。在遵循和平合作、开放包容、互学互鉴、互利共赢的丝路精神，中国与沿线各国在交通基础设施、贸易与投资、能源合作、区域一体化、人民币国际化等领域，都必然会有大的发展。可见，"一带一路"倡议体现着中国摆脱美国遏制，寻求更大范围资源和市场合作的重大战略，是中国首次提出的以中国为主导的洲际开发合作的新框架，对中国摆脱被动挨打的地缘政治局面，维护国家安全和世界安全，都有重要意义。

对世界来说，我们都知道，中国利用古丝绸之路不仅把自己的丝绸、茶叶、瓷器等等高质量的商品输往沿途各国，而且带去了文明和友好，赢得了各国人民的赞誉和喜爱。如今，随着中国经济奇迹的取得，中国的综合国力增强，有能力在更多方面与沿路国家开展互利合作，支持和帮助沿路国发展。特别是作为制造业大国，中国不仅可以输出丰富多彩、价廉物美的商品，而且能够向世界提供更多的技术和设备。作为全球主要外汇储备国，中国还能够携手各国共同应对金融风险。中国还有实力投资海外，有能力与急需资金的国家共同把握发展机遇。也就是说，在"一带一路"这个平台上，不仅中国可以绘制自己的发展蓝图，获得更大的发展，对世界做出更多、更大的贡献；而且沿路各国都可以绘制自己新的发展览图，得到更大的发展，和中国一起对世界做出更多、更大的贡献。

作为多元文明碰撞、交流和造福人民的遗产，丝路精神并非中国独享，它一直是全人类的共同财富。由于"一带一路"战略不仅倡导的是和平、开放、包容、互信、互利的丝绸之路精神，而且不断注入时代内涵。所以可以预料，它必将给沿路各国，给整个世界带来巨大的发展机遇，带来难以想象的人间奇迹。正因为如此，才得到沿路各国的积极响应。人们已经看到，沿路各国都正在探讨把自己发展规划与"一带一路"倡议相对接，正在共同探讨"一带一路"建设的具体设想，正在合力构想和打造沿线国家平等互利、合作共赢的利益共同体和命运共同体，正在绘制出一幅从波罗的海到太平洋、从中亚到印度洋和波斯湾的经济合作大走廊蓝图。这一蓝图东西贯穿欧亚大陆，亚洲、欧洲、拉丁美洲和非洲连接起来；南北与中巴经济走廊、中印孟缅经济走廊相连接，气势磅礴、宏伟；彩色丰富、艳丽。它将给世界带来的发展有多大，果实有多大，都难以想象。

诚然，"一带一路"倡议作为在新形势下对发展机遇的一种新的探索，其伟大之处，其力量无限之处，就在于，这不只是中国的探索，而且是沿路各国共同的探索。沿路各国共同协商，共同探索，集思广益，共建共享，这是"一带一路"倡议的力量所在，可行性所在，能够实现的原因所在。尽管死抱冷战思维、零和博弈的霸权主义国家，千方百计干扰和搅局，只要沿路各国坚持包容互信，"一带一路"倡议就一定会实现。

新倡议和新引擎

如今的世界，经济增长的确是不冷不热，困难很多，挑战很多。欧美国家仍在苦苦面对全球衰退的影响，中国和新经济体的增长放缓，下行压力增大。最重要的是，人们不知道从什么地方能找到可带来全球性发展的新的引擎和项目。正在这个节骨眼上，智慧的中国人创造性提出了"一带一路"倡议，找出了中国经济发展和世界经济发展的突破口，这真是雪中送炭。而且不仅如此，这个倡议作为沿路各国共建的全世界最大的经济发展和建设工程，就为世界的发展找到了新的引擎，并意味着全世界经济地图的革命性转变。现在，"一带一路"倡议已经被大多数国家所接受。这些国家都正在按照"一带一路"的设想，绘制自己新的发展蓝图。不难想象，围绕"一带一路"新的发展热潮，很快将会兴起。

"一带一路"覆盖有世界77个经济体，的确是一个雄心勃勃的项目。按照中国公布的《推动共建丝绸之路经济带和21世纪丝绸之路的愿景与行动》规划，丝绸之路经济带有三条国际大通道，即"重点畅通中国经中亚、俄罗斯至欧洲（波罗的海）；中国经中亚、西亚至波斯湾、地中海；中国至东南亚、南亚、印度洋"。丝绸之路经济带旨在使古老的丝绸之路得以复兴，并成为从上海延伸到柏林的现代化的运输、贸易和平等合作的经济走廊。丝绸之路经济带将跨越中国、蒙古国、俄罗斯、白俄罗斯、波兰和德国，延伸 1.2 万多公里，创造一个长度约为地球周长三分之一的经济带。根据设想，沿线将建设高速铁路、公路、输配电网络及光纤网络。沿途的城市和港口将成为经济发展的目标。

21 世纪海上丝绸之路，主要包含两条路线，即重点方向是从中国沿海港口过南海到印度洋，延伸至欧洲；从中国沿海港口过南海到南太平洋。21 世纪丝绸之路不仅把中国与波斯湾及地中海连接起来，而且像古老的丝绸之路一样，它将连接亚洲、欧洲和非洲三大洲。沿路一系列的基础设施项目和贸易，将产生全世界最大的经济走廊。更有意义的是，这项倡议的巨大威力还在于，它和世界很多国家正专注于发展的有史以来最大的经济发展项目契合，所以其推进必然对整个世界经济产生引人注目的连锁反应，招来整个世界发展的新高潮。

应该说，"一带一路"规划是中国对外开放的又一次深化和飞跃。毋庸置疑，"一带一路"规划的实施，不仅会给沿路各国带来巨大发展，给沿路各国人民带来惊人的福祉，而且必将改变世界全球化的质量和意义。很多学者都预想到了，"一带一路"肩负着消除贫困，特别是消除贫富两极分化的使命。人们都知道，传统的全球化由欧洲开辟，国际秩序长期由欧美发达国家主导的，因此被称为"西方中心论"。西方主导的全球化，因国际秩序的不公平和不合理，从而导致了严重的全球贫富差距。而"一带一路"规划联通的，虽然既包含有大量发展中国家，也包含有发达国家，但更多的是发展中国家。就是说获得更大发展，获得更多利益的是广大发展中国家。这一目标显然有利于改变旧的国际秩序，有利于消除贫富差距，有利于推动建立持久和平、普遍安全、共同繁荣的和谐世界。

不言而喻，"一带一路"倡议提出，体现出了中国的胆识和气魄。它作为世界许多国家共建的世纪性工程、世界性工程，是至今世界上最巨大的工程。有人预计这一工程可能将持续数十年，耗资数以千亿美元计，其对世界经济和贸易的意义几乎是难以想象的。而实际上，它作为和平发展的平台，为人类谋福祉的平台，可能只有进行时，没有结束时。可以断定，随着这一工程的进行，随着各项基础设施的建设，对矿石、钢材、水泥、电力、高铁等大宗商品的需求，会有多么的巨大。给沿路各国将带来多么大的发展，给整个不景气的世界经济，将会带来多么大的刺激，都是可想而知的。

特别要指出的是，"一带一路"倡议的进展和实现，不仅将改变着世界经济地图，将改变着南北关系，而且将改变着人们旧的思想意识。同古丝绸之路一样，它首先是促进贸易，但其影响却远远超出了贸易。其在工业、农业生产方面的合作和联合经营，在科学技术、思想等方面交流，在科学技术和文化方面的传播，其规模和意义，要比古丝绸之路宏伟的多，远大的多。而所有这些方面合作将会给沿路各国创造多少个就业机会，将会给沿路各国创作出多少财富，将会创造出多少世界奇迹，都是人们难以想象的。

不言自明，"一带一路"如此巨大的工程，涉及如此多的国家，而且是意识形态、社会制度和利益诉求、都不尽相同的国家，其在共建、共赢和共享中，自然既面临许多机遇，又面临许多严峻挑战。特别是在地缘政治方面，肯定会遇到一些令人难以预料的障碍。比如在追求眼前利益与长远利益问题上，在利益分割的问题上，在国家安全利益的考虑上，在投入大小的问题上，等等，都会产生一定的分歧或摩擦，都自然需要在互相信任、平等协商的基础上，很好的进行协调。

中国对"一带一路"这一巨大工程之所以信心十足，主要有两条原因：一是因为中国和平发展的理念、合作共赢的理念，已经被世界多数国家所接受，或者说已经深入人心，人们都信任中国，相信参与共建"一带一路"会得到成功；二是因为中国已经具备了启动这一伟大工程的实力。如韩国学者所说，2011年9月，时任美国国务卿的希拉里也曾提出过"新丝绸之路"倡议，也说要为中亚国家的发展做贡献。其实，其真正的用意是要在这一地区搞颜色革命。"希拉里的丝绸之路"现在已经不见踪影。究其原因，一是因为其不是真心要帮助中亚国家，而是有着自己不可告人的目的；二是因为自己缺乏经济实力，没有资金来启动和运转新丝绸之路。而中国的"一带一路"倡议却截然不同，中国不仅诚心诚意要与沿路国合作共赢，而且具有实现"一带一路"的实力。比如，中方提议设立进行开发融资的亚洲基础设施投资银行，并出资500亿美元。中国还设立了400亿美元规模的"丝路基金"。而这些对受困于财政赤字的美国来说，简直是想都不敢想的事情。

这就是说，一方面，帮助沿路国家成长、实现共同发展，共同繁荣，这是中国理念或中国模式的本质属性。这种理念和模式正在被全世界所接受。另一方面，中国现今的经济实力，的确令人刮目相看。中国的高铁技术、太阳能技术、核能技术、信息技术等，都已在世界先进行列。中国已经发展成为占有全世界约60%高铁的"铁路强国"，现在中国正让高铁走出国门，惠及世界。中国高铁走向世界，正是"一带一路"项目快速进展的象征。

新倡议和新原则

"一带一路"是开放的，是要由许多国家参与的国际合作的大平台。人所共知，"一带一路"沿路国的情况，是非常复杂的。无论是经济制度、政治制度、宗教信仰、意识形态等，都是多样性的。所以，虽然"一带一路"倡议的实施，会给沿路各国带来的发展，但矛盾肯定会是很多的。这就决定了"一带一路"上的任何合作，都必须坚持共商、共建、共治、共赢、共享这"五共"原则。只有坚持这"五共"原则，才能做到齐心协力，优势互补，取得最大的效益。人心齐，泰山移，"一带一路"的成败，决定于人心，而这"五共"原则，无疑是凝聚人心的法宝。

作为"一带一路"倡议的起步，是互联互通。所以实施"五共"原则，首先体现在互联互通建设中。要发展，资金先；要想富，先修路；这是中国在和平发展中的切身体验。而如何解决资金和路的问题，答案就在这"五共"中。在"一带一路"战略的实施中，占先的正是资金和道路。在"一带一路"的建设中，首先要解决的是道路瓶颈，是互联互通问题。所以道路建设占有非常重要的地位。这里要特别提醒的是，道路建设和资金问题的解决，都是共商、共建和共享的，它所带来的发展，带来的好处，都是普遍的。习近平曾这样说，"一带一路"与互联互通相融相近、相辅相成。如果将"一带一路"比喻为亚洲腾飞的两只翅膀，那么互联互通就是两只翅膀的血脉经络。

习近平在《联通引领发展伙伴聚焦合作》讲话中，指出五点：一是"一带一路"要以亚洲国家为重点方向，率先实现亚洲互联互通。"一带一路"源于亚洲、依托亚洲、首先造福亚洲。中国愿通过互联互通为亚洲邻国提供更多公共产品，欢迎大家搭乘中国发展的列车。二是以经济走廊为依托，建立亚洲互联互通的基本框架。"一带一路"兼顾各国需求，统筹陆海两大方向，涵盖面宽，包容性强，辐射作用大。三是以交通基础设施为突破，实现亚洲互联互通的早期收获，优先部署中国同邻国的铁路、公路项目。四是以建设融资平台为抓手，打破亚洲互联互通的瓶颈。中国将出资 400 亿美元成立丝路基金。丝路基金是开放的，欢迎亚洲域内外的投资者积极参与。五是以人文交流为纽带，夯实亚洲互联互通的社会根基。未来 5 年，中国将为周边国家提供 2 万个互联互通领域培训名额。

"一带一路"倡议的意义，当然不只在亚洲，而是在整个世界。所以不仅要致力于亚欧非大陆的铁路建设，亚非欧大陆的互联互通；而且还致力于及附近海洋的互联互通，建立和加强海洋沿线各国的互联互通。一句话，就是要构建全方位、多层次、复合型的互联互通网络，实现沿线各国多元、自主、平衡、可持续的发展。可见，"一带一路"的互联互通项目建设的意义，远大于其自身的作用。它的顺利进展，将推动沿线各国发展战略的对接与融合，发掘区域内市场的潜力，促进投资和消费，创造需求和就业，增进沿线各国人民的人文交流与文明互鉴，让各国人民相逢相知、互信互敬，共享和谐、安宁、富裕的生活。

比如，"一带一路"倡议实施后，中国正在通过铁路等基础设施与沿路国家实现联通。诸如，从义乌到马德里的铁路，已经修通。这条铁路全长约 8000 英里，约合 1.29 万公里，它沿着古老的丝绸之路，穿过了中亚地区，是"一带一路"建设的宏伟基础设施项目的一部分。人们都知道，在距上海只有几小时车程的义乌，是闻名世界小商品批发市场，来自亚洲、欧洲和非洲的买主，纷纷到这里挑选各种各样的、诸如花哨的塑料花、发夹、手链、荧光棒和手电筒，用卡车运到附近的港口，再装上集装箱货船，运货时间长，运费贵。"一带一路"倡议却改变了这种运货方式，即用铁路货车，直接把货从义乌运到欧洲的马德里，这对各国商人来说，都是既省时，又省钱的事，都享受到了好处。

比如，大规模的基础设施建设，必然带来大规模的共享。除了抵达西班牙马德里等多条洲际铁路的开通外，中国还开通了从西南部城市重庆和德国杜伊斯堡之间的货运列车，中国中部的郑州和德国汉堡之间货运班列。中国还与俄罗斯就研究建设中俄高铁达成共识。连接中国南方与新加坡之间的高速铁路构想也已在研究中。此外还计划建设从由中国企业掌握管理权的巴基斯坦西南部瓜德尔港直通新疆的铁路。当然火车虽快，但它永远替代不了轮船。因为大型货轮不仅可以装载更多集装箱，而且航运的价格也更便宜。所以大型港口建设，也是"一带一路"基础设施建设的重要组成部分。这些计划的实现，都是共建、共赢和共享原则的实现。

比如，大规模的基础设施建设，自然需要巨额资金。为解决这个问题，在"一带一路"实施中，在坚持"五共"原则的基础上，除了首先设立了"丝路基金"，中国还向"丝路基金"先期投入了400亿美元的资金，以升级现有的基础设施外，更具有重要意义的是，由新经济体主导的亚投行的建立，也为"一带一路"各国的基础设施建设，提供了很好的融资渠道。亚投行作为多边开发银行，是第一家由新兴经济体主导的多边开发银行，与其他多边开发银行相比，它更专注于基础设施建设投资，促进亚洲区域内的互联互通是其首要目标。

因为亚投行的建立，是新兴经济体在"五共"原则下，参与全球金融治理的重要里程碑，也这是中国首次尝试发挥大国角色，承担推动国际金融秩序的变革，使其在更大程度上反映新兴经济体诉求的大国责任的考验。从目前的状况看，正因为坚持"五共"原则，中国"一带一路"战略安排，亚投行的建立，都得到世界越来越多人的认可，"一带一路"战略和亚投行，看来都前途无量，都将会在促进沿路国家经济大发展的基础上，为沿路各国提供更丰硕的共享。

总之，在"五共"原则下"一带一路"倡议的实施和亚投行的建立，不仅带动中国在全球的影响力提升，意味着中国将更多融入全球经济和国际金融市场，意味着中国的经济发展将步入一个新阶段。更重要的是，如有学者说的，它意味着在实现资源整合的同时，也将在一定程度上推动国际金融治理理念的民主化、多元化，特别是通过建设创新的开发金融机构，推动新兴经济体的支付、评级、审计体系建设。比如，可在亚投行中采用本币注资和基于本币的贷款项目；比如，可在项目评级需求中，要求同时出具国际知名评级机构的评级报告以及亚洲地区评级机构的评级报告，以推动亚洲地区的评级事业发展等；这些举措将通过增强货币实力、评级与审计话语权等，推动新兴经济体的国际软实力建设。

二　新倡议和世界文明互鉴新发展

无论是古丝绸之路，或现今的"一带一路"，不同文明的交流和借鉴，都是其重要内容。习近平同志在谈论丝路精神时，就特别强调了不同文明交流和借鉴的重要意义。习近平同志在联合国教科文组织总部的演讲中，就从人类文明的多样性、平等性和包容性这三个方面，论证了不同文明交流和借鉴基础、必然性和条件。习近平认为，文明的多样性，既是文明交流和借鉴的基础，也是文明交流和借鉴的价值所在；文明的平等性，是文明交流和借鉴的前提条件；文明的包容性，是文明交流和借鉴的动力。任何文明，都只有在交流和互鉴中，才能充满活力。

新倡议和新思路

如果说古丝绸之路，是沿路各国古文明展现的平台的话，那么"一带一路"新倡议，则是各国当今文明展现的平台。了解"一带一路"战略的人都知道，"一带一路"倡议中涵盖的诸多理念原则，诸如亚洲命运共同体理念，亲诚惠容理念，为百姓谋福祉理念，互联互通理念等；诸如共商、共建、共治、共赢、共享原则，平等合作和互信、包容原则等；这些都不仅具有国际政治经济学的意义，而且具有哲学意义，都体现着新的人类文明。"一带一路"作为中国人对新的人类文明的追求，其无论在构思、设计，或实施的方式上，都渗透着这些新的文明，都是推进人类文明发展进步的新的思路、新的蓝图。

在今年的博鳌论坛上，一些学者就认为，过去的亚洲，多被战争、社会制度、各种政治分歧，以及领土纠纷所分裂。而今中国提出的亚洲命运共同体理念，就从哲学高度唤醒、激励起亚洲人的共鸣：亚洲应该忘却历史恩怨，迈向一个新的未来，即追求和平发展的未来，合作共赢的未来，富裕和谐的未来，美满幸福的未来。亚洲命运共同体理念，不仅意味着亚洲的和平发展，亚洲国家的合作共赢，而且意味着亚洲人民的福祉、和谐和富裕。

然而，"一带一路"的这些新的文明，将对沿路各国人民带来哪些实际福祉，特别是中国积极倡议"一带一路"的真正用意是什么，具体要怎么做等等，沿路各国人民，也许还知之甚少，需要进行深入广泛的宣传，以排除各种疑虑。诚然，中国倡议"一带一路"的根本目的，是要弘扬丝路精神，促进各种文明的互鉴，促进各国经济的共同发展；就是要进一步扩大对外开放，要以更完善、更具活力的开放经济体系，全方位、多层次发展国际合作，扩大同各国各地区的利益汇合、互利共赢，为世界经济的发展，为世界人民的福祉，做出更多贡献。中国相信，中国的这些良苦用意和它将给沿路各国带来的实惠，沿路各国人民在实际的合作进程中，是会逐步了解和认识。

当前最需要宣传的，就是丝路文明或丝路精神。丝路文明和丝路精神，也就是中国文明和中国精神。如习近平同志所阐明的，弘扬丝路精神，首先就是要促进各种文明互鉴。每一种文明，都是世界文明的组成部分，人类文明没有高低优劣之分，因为平等交流而变得丰富多彩，正所谓"五色交辉，相得益彰；八音合奏，终和且平"。在"一带一路"的共建中，中国坚持以开放包容心态看待对方，用对话交流代替冲突对抗，创造了不同社会制度、不同信仰、不同文化传统的国家和谐相处的典范。中国将继续毫不动摇支持每个国家维护民族文化传统，反对一切针对特定民族和宗教的歧视和偏见。中国将同世界各国一道努力，倡导文明宽容，防止极端势力和思想在不同文明之间制造隔阂，制造断层线。

弘扬丝路精神，就是要弘扬尊重各国依据本国的具体情况，进行制度和道路选择的精神。"履不必同，期于适足；治不必同，期予利民。"一个国家发展道路合不合适，只有这个国家的人民才最有发言权。不能要求所有花朵都变成紫罗兰这一种花，也不能要求有着不同文化传统、历史遭遇、现实国情的国家都采用同一种发展模式。否则，这个世界就太单调了。中国愿同所有国家分享治国理政经验，从各自古老文明和发展实践中汲取智慧。

弘扬丝路精神，就是要弘扬合作共赢精神。在"一带一路"的共建中，中国追求的是共同发展。可以说，"一带一路"是互利共赢之路，它将带动各国经济更加紧密结合起来，推动各国基础设施建设和体制机制创新，创造新的经济和就业增长点，增强各国经济内生动力和抗风险能力。中国既要让自己过得好，也要让别人过得好。中国要大力加强与沿路各国的务实合作，做互利共赢的好伙伴。当今，中国和许多发展中国家都处在关键发展阶段，面对前所未有的机遇和挑战。中国希望每个国家都能提出了符合本国国情的发展目标，确保经济长期稳定发展，实现国家繁荣富强和民族振兴。在全面加强务实合作中，中国将支持沿路各国将经济互补优势，转化为务实合作优势、持续增长优势，打造互利共赢的利益共同体。

弘扬丝路精神，就是要弘扬对话和平的精神。中国坚定世界热点地区的和平进程，中国将以建设性姿态参与地区事务，主持公道、伸张正义，同世界各国一道，共同推动通过对话找到各方关切的最大公约数，为妥善解决地区热点问题提供更多公共产品。中国提倡加强政治沟通和政策沟通，提倡彼此之间坦诚相待，不惧怕分歧、不回避问题，就各自外交政策和发展战略进行充分交流，增进政治互信，促进战略对接，为沿路国家的合作提供政策助力。此外，弘扬思路精神，还要做到如下五个坚持：

一是要坚持共商、共建、共治、共赢、共享原则。"一带一路"是世界和平发展的、涉及众多国家的世界性工程，需要沿路国家的共同参与和世界所有国家的大力支持，才能得以实现。共商，就是集思广益，好事大家商量着办，使"一带一路"建设兼顾双方利益和关切，体现双方智慧和创意。共建，就是各施所长，各尽所能，把双方优势和潜能充分发挥出来，聚沙成塔，积水成渊，持之以恒加以推进。共享，就是让建设成果更多更公平惠及沿路各国人民，打造沿路国家的利益共同体和命运共同体。

二是要坚持脚踏实地，讲究实效原则。既要登高望远、更要脚踏实地。登高望远，就是要做好顶层设计，规划好方向和目标，依据沿路各国的具体优势，构建切实可行的合作共建格局。诸如，有的是以能源合作为主轴，深化油气领域全产业链合作，维护能源运输通道安全，构建互惠互利、安全可靠、长期友好的能源战略合作关系；有的是以基础设施建设、贸易和投资便利化为两翼，加强在重大发展项目、标志性民生项目上的合作，为促进双边贸易和投资建立相关制度性安排；有的则是以核能、航天卫星、新能源三大高新领域为突破口，通过设立技术转移中心，努力提升务实合作层次。脚踏实地，就是要争取早期收获。只要是有共识、有基础的项目，都应该加快协商和推进，争取成熟一项实现一项。"一带一路"建设越早取得实实在在的成果，就越能调动各方面积极性，发挥引领和示范效应。

三是要坚持独立自主和世代友好原则。沿路各国都要在相互尊重主权的前提下，做真诚互信的好朋友，做和谐和睦的好邻居。

中国向各国承诺，中国坚持走和平发展道路，坚定奉行独立自主的和平外交政策。中国尊重各国人民自主选择的发展道路和奉行的内外政策，决不干涉别国内政。中国不谋求地区事务主导权，不经营势力范围。中国愿同沿路所有国家加强沟通和协调，共同为建设和平、和谐、发展、共赢的"一带一路"作出不懈努力。

四是要坚持以为各国人民谋福祉的原则。各国都应该以更宽的胸襟、更广的视野，拓展区域合作，共创新的辉煌。当前，世界经济融合加速发展，区域合作方兴未艾。欧亚地区已经建立起多个区域合作组织。比如欧亚经济共同体和上海合作组织等，通过加强上海合作组织同欧亚经济共同体合作，可以获得更大发展空间。而"一带一路"的实施，可以使欧亚各国经济联系更加紧密、相互合作更加深入、发展空间更加广阔。中国主张，各国的发展，都应该以为广大人民谋福祉为基本目标。中国提出的要用创新合作的发展模式，提出的共同建设"一带一路"战略，这都是造福于沿途各国人民的大事业。

五是坚持求同存异原则。各国都有恪守联合国宪章的宗旨和原则，遵守中国提出的和平共处五项原则，坚持开放合作，坚持和谐包容。倡导文明宽容，尊重各国发展道路和模式的选择，加强不同文明之间的对话，求同存异、兼容并蓄、和平共处、共生共荣。"一带一路"实施中的一切重大问题，都应当共同商量着办，都应该遵循市场规律和国际通行规则，在坚持互利共赢原则基础上，兼顾各方利益和关切，寻求利益契合点和合作最大公约数，体现各方智慧和创意，各施所长，各尽所能，把各方优势和潜力充分发挥出来。

人们已经越来越认识到，共建"一带一路"虽然是中国的倡议，同时也是中国与沿线国家的共同愿望，体现了沿路各国的共同要求。站在"一带一路"的起点上，中国愿与沿线国家一道，以共建"一带一路"为契机，平等协商，相互借鉴，兼顾各方利益，反映各方诉求，携手推动更大范围、更高水平、更深层次的大开放、大交流、大融合。共同推进人类文明的大发展。

共建"一带一路"，作为一种新的合作发展方式，一种多元开放的合作进程，一种新的文明，当然是一项伟大的创新事业。其途径只能是以目标协调、政策沟通为主，不刻意追求一致性。中国领导人承诺：中国愿与沿线国家一道，不断充实完善"一带一路"的合作内容和方式，共同制定时间表、路线图，积极对接沿线国家发展和区域合作规划；中国愿与沿线国家一道，在既有多边和区域次区域合作机制框架下，通过合作研究、论坛展会、人员培训、交流访问等多种形式，促进沿线国家对共建"一带一路"内涵、目标、任务等方面的进一步理解和认同；中国愿与沿线国家一道，稳步推进示范项目建设，共同确定一批能够照顾多边利益的项目，对各方认可、条件成熟的项目抓紧启动实施，争取早日开花结果。

总之，"一带一路"是一条互尊、互信之路，一条合作共赢之路，一条文明互鉴之路。只要沿线各国和衷共济、相向而行，就一定能够谱写好"一带一路"建设的新篇章，让沿线各国人民在共商、共建中，在互信、互鉴中，在合作共赢中，共享"一带一路"建设的丰硕文明成果。

新倡议和全球治理

谁都能感觉到，在当今不同文明共处地球村中，探索全球治理问题，是当今人类文明发展中的最重要、最困难，也是非解决不可的问题。显而易见，"一带一路"的一个突出特征，是沿路各国文化的多样性和由此带来的合作机制的多元化。基于这种多元化特征，基于"一带一路"坚持的基本原则是尊重国家主权，所以在"一带一路"战略实施中，不仅要坚持共商、共建、共赢、共享，而且还要坚持共治。共治，是一种新的文明，是中国的创新和中国社会的本质属性，它体现着全球治理的民主化，是对霸权治理的革命。

"一带一路"沿线国家这种多元化特征，首先源于沿路各国的特殊性。人们都知道，"一带一路"沿路各国政治、经济、历史、文化的差异性，是全世界最为突出的。因此，正如有不少学者所说的，在"一带一路"的合作中，短期内不可能形成统一的机制化安排，只能按照亲诚惠容的理念，采取多元化开放性的合作机制和多种灵活形式。多元化当然不仅涵盖合作内容的多元化，也包括合作机制的多元化。因此，未来的"一带一路"，并不寻求成为一个统一的自由贸易区，当然也不寻求以统一的规则与机制约束所有参与者的行为。

"一带一路"沿路国家的多样性或差异性，表现在许多方面：首先，经济发展水平的多样性和差异非常明显。人们都知道，"一带一路"沿路涵盖的国家，既有社会主义国家，也有资本主义国家，既有发达国家，又有发展中国家，还有最不发达国家。其经济发展水平的差异巨大，令人吃惊。这种差异性不仅会影响合作的动机，合作的方式，而且会影响合作的质量。其次，政治体制的多元化非常突出。"一带一路"沿路国政治体制多元化，也是世界最为突出的。尽管这种政治体制的多元化不再呈现出两大阵营相互对抗态势，但它仍然是影响合作发展的重要因素。再次，是宗教与文化差异非常巨大。"一带一路"沿路国，汇聚了世界三大宗教：基督教、伊斯兰教与佛教。毋庸置疑，宗教与文化的差异对国家关系与经济合作都有很大的影响。也就是说，在这种多样性和差异性的状况下，"一带一路"只能采取亲诚惠容的理念和原则，搭建一个合作的平台，在这个平台上，只要是能促进和平发展，能获得实效，能使国家和人民得到实惠的合作项目，都可以开展。

这种差异性，就带来了"一带一路"治理中的极其复杂性和很多难题。解决这些难题，当然不能用旧的、帝国主义或霸权主义那一套，不能用旧的零和博弈的思维或冷战思维。在"一带一路"治理中，则要求要用新理念、新道路、新逻辑、新思维来解决所有问题。毫无疑问，中国所提出的"一带一路"战略，是其在崛起进程中的战略与世界各国发展战略对接一个可供选择的综合性战略方案。这个方案实施过程的最突出特点，就是中国与沿路国的相互合作性和融合性，通过合作与融合实现发展战略的对接。这种对接或相互连接的性质，就决定了它的治理是一个互动、双向或多向发生的过程。可见，"一带一路"的治理，实际上是全球治理的缩影，它的成功，将为全球治理摸索出一条正确的道路。

显然，由中国与世界的深度对接或对接的这种性质决定，"一带一路"的合作方案和治理方案，都应当是中国与沿路国的共同合作的方案，而不是中国自己单独推进的方案，也不是中国强制推行而其他国家被迫接受的霸权方案，更不是中国将自己的战略意志强加给世界的方案。"一带一路"倡议中，中国提出的许多新思想、新理念、新思路、新逻辑、新原则，都是中国在研究、汲取西方国家崛起过程中的一系列教训而阐发的，都旨在避免走西方帝国主义、殖民主义、霸权主义的老路。在"一带一路"倡议中，中国就是要向世界证明，中国的复兴，中国推行的"一带一路"倡议，与西方国家过去走向世界的战略思维是有本质不同的。这种不同，突出表现要改写历史，决不走霸权主义道路上。中国作为社会主义国家，其融入国际社会，其融合式崛起的逻辑，恰恰是平等合作，永不称霸。这当然是西方一些人无论如何也无法理解的。

中国在崛起过程中，特别是在"一带一路"倡议中，其所一直坚持的就是和平共处五项原则，坚持和平发展、平等合作和互利共赢原则，坚持包容互鉴思想和亲诚惠容理念，坚持搭便车思想和惠及让利精神，都体现着人类发展的新的文明，东方文明。

用东方智慧，东方文明，妥善化解"一带一路"治理中的各种矛盾和分歧，各国都本着相互尊重主权和领土完整，本着互信、包容和求同存异的精神，构建治理的新机制和新秩序，一定会为全球的治理创出一条新的更公平、更合理、更有效、更文明的新路子。

越来越多的人认识到，中国选择和平发展，选择合作共赢，选择与世界深度互动的新型链接范式本身，就是对人类历史的某种超越。它昭示了这样的道理：一个崛起的大国，一定不能走对外扩张和称霸老路，这不仅是历史规律的体现，更是中国对人类未来所担负的高度责任和神圣使命。中国人深知，当今的国际社会复杂多变，世界上还存在很多不确定甚至危险的因素，还存在着霸权主义、强权政治和不合理的国际秩序，因此，中国必须在为广大人民谋福祉这一基本目标下，用最直接、最简洁、最明了和最淳朴的理念、方式和行动告诉世界，只有通过持久的、深度的、全面的和真诚的国际合作，只有世界所有国家都走上和平发展的道路，这个世界才会变得安宁、和谐、幸福和繁荣。

"一带一路"体现的文明中，除了那些体现人类文明发展方向的理念之外，更重要的是人心聚集。从"五共"构思中我们就可以看出来，在"一带一路"治理中，既重视机制建设，更重视民心的沟通。比如，如学者们说的，"一带一路"在以打造命运共同体为目标的合作安排中，多元平等合作，与以自贸区为代表的现有区域合作机制不同，这种以开放多元的特征推进区域合作进程，也可能成为最终推动全球贸易投资自由化的一个新途径。而多元合作治理成功之关键，是民心通，是广大人民的认同、积极拥护和支持。

人们能够悟到，"一带一路"中提出的"五通"，作为多元合作的、可以实现的目标，就体现了国心、民心沟通的特别重要性。"五通"即贸易畅通、道路联通、货币流通、政策沟通、民心相通。如果说传统的自贸区协定可以通过促进贸易投资自由化实现贸易畅通的话，那么道路联通、货币流通、政策沟通显然已经超越了传统自贸区的合作范围。至于民心相通则更不是单独依靠现行的区域贸易协定所能达到的目标。当然，如有学者所说的，在"一带一路"中，无论是坚持与邻为善、以邻为伴，坚持睦邻、安邻、富邻，还是亲诚惠容，都不是纯粹的经济合作所能涵盖的。如何把这种新理念落到实处，同样需要我们超越传统的自贸区合作机制，探索新的、多种形式的合作机制。实际上，在"一带一路"战略的初步实施中，已经创造出了不少独具特色、很有价值的机制。

比如，以互联互通为基础的合作机制。"一带一路"涵盖的国家，有些地缘上的相近，自然为互联互通提供了前提条件；而有些虽然地缘政治不同，但基础设施发展滞后，制约了经济发展与合作，它们迫切需要互联互通建设，以克服经济发展的瓶颈；有些国家是发达国家，有先进的技术和设备，有高质量的产品需要出口；这样互联互通就使沿路各国依托特定的载体，如跨国界河流、跨国出海口、跨国园区、跨国运输线等，在某一领域展开深度合作，使相互间的互补性得以实现。当然，互联互通建设也是推动区域经济合作的前提条件之一。

比如，以产业园区为载体的合作机制。建产业园区，是"一带一路"建设中的重要项目。如有学者说的，如果把"一带一路"看成是一个综合性的合作生产、贸易、运输走廊或通道的话，产业园区则是这种走廊或通道发展的外溢结果。离开产业园区，"一带一路"就可能会蜕变为简单的运输通道。若产业园区与运输通道结合，"一带一路"就会真正变为拉动沿途国家发展的经济走廊。

比如，以海洋为基础的多重合作机制。这是海上丝绸之路所特有的，其中包括维护海洋运输的安全机制、以港口为载体的物流机制、海洋资源的共同开发机制、海洋的环境保护机制、海洋争端解决机制等。当然，鉴于海上丝绸之路沿途国家围绕领土领海存在诸多争议，以海洋为基础的合作机制必然要超越纯粹的经济合作，扩展到安全与外交领域，并超越信仰和意识形态障碍。

比如，区域金融合作机制。不论是贸易投资自由化，还是互联互通、产业园区、海洋运输与开发，最终都离不开融资基础。我们都知道，在亚洲，原有的金融合作机制主要是亚洲开发银行与亚洲金融危机之后发展起来的清迈倡议机制。近年来，伴随亚洲经济内在一体化或市场驱动型一体化水平的提高，货币互换协议、本币结算协议、区域内货币的离岸市场、中国—东盟海上合作基金、亚洲投资开发银行、亚投行等多种形式的区域金融合作机制取得了迅速的发展。

比如，经济发展政策合作机制。如有学者所讲的，过去 20 年间，无论是从深度还是从广度看，亚洲区域一体化的进程都是令人瞩目的，由此带来的一个重要结果是区域内国家经济周期的同步性迅速提高，尤其是与中国经济周期的同步性提高。在国际金融危机期间，中国的大规模经济刺激政策和相对较高的增速成为支撑亚洲经济免于经济衰退的主要动力。如果再考虑到亚洲新兴经济体发展阶段与发展模式的相似性，未来区域内国家加强政策协调的空间是非常广阔的。

值得特别注意的是，"一带一路"合作机制与现行区域合作机制不仅不相排斥，而且并行不悖。如前文所言，多元化合作机制，是"一带一路"战略的一个突出特征。它在利用不同区域已有合作机制的同时，它还需要设计构建适应自身发展的带有共性的合作机制，如互联互通合作、海洋合作、金融合作、政策沟通合作、社会与人文合作等。正是在这种意义上，"一带一路"的合作机制与已有的合作机制，完全可以做到并行不悖、互为补充。目前，在亚洲地区存在不同自贸区的雏形，而"一带一路"作为开放性的多元合作机制，其涵盖的国家可能是这不同自贸区的成员，这就有助于解决区域主义与多边主义之间的内在冲突，并充分利用成员国的特殊身份和地缘优势，发展互联互通，推动资源共同开发，使更多的、发展水平不同的国家通过合作实现多赢。

在全球治理的探索中，亚投行的创建，就是一个典型事例。可以说，中国主导的亚投行的建立，是全球治理新秩序或新模式探索中的一个创举。然而这却引起了一些人的忧虑。固守国际金融旧秩序的美国，更是故意把这些忧虑放大，以浑水摸鱼。对此，中国政府反复重申：亚投行与现有多国开发银行是互补而非竞争关系。现有的世界银行、亚洲开发银行等多国开发银行，其重点目标都是发放扶贫贷款，而亚投行的业务领域，则是基础设施建设投资。创建亚投行的出发点不是一己之私，而是满足亚洲国家在新形势下寻找新的经济增长点的需要和共同心愿，是为了回应亚洲人民对改善基础设施、改善生存发展空间的强烈愿望。

世界各国包括美国和日本在内，口头上都说欢迎中国全面参与建构 21 世纪国际秩序，而全球经济治理，则是构建国际新秩序的最重要的领域。然而，美国和日本对亚投行的排斥态度，却暴露了其心术不正的用意。一个众所周知的事实是，当前的国际金融治理体系，主要是由以美国为首的西方发达国家主导的，新兴经济体长期处于边缘地位，这与新兴经济体的经济地位极不相称。美国为维护其主导地位，一直拖延国际货币基金组织投票权份额改革，拒绝给予中国等新兴经济体更多份额。在此背景下，亚投行的诞生，对促进全球金融治理民主化的意义，当然是不言而喻的。

世界上越来越多的人已经看到，随着经济实力和参与全球治理能力的不断增强，中国希望推动国际金融体制进行必要改革，为建立更加公正合理的国际金融秩序做贡献。事实上，创建亚投行、设立丝路基金、金砖国家开发银行等这些重大举，实际上不仅是中国，同时是新兴经济体国家参与全球金融治理的重要步骤。当然，如学者们所说的，中国和新兴经济体国家参与国际秩序变革，不是要用一种话语替代、征服、消除其他话语，而是一个共同进化的过程，即相互学习和借鉴、互为生成条件、互为变化条件、形成新的生命合体的过程。比如，亚投行吸引主要欧洲国家加入，这仅仅是成功的第一步，而接下来能否成功运营才是关键。要想成功运作一个复杂多边金融组织，这需要中国人的聪明智慧，需要中国在汲取已有经验基础上，以创新的姿态，尽快掌握这一大国必备技能。世人们都相信，在中国创新的一系列新理念指引下，加上中国在金融管理方面的成功经验，亚投行成为世界平等合作、互利共赢治理的典范和标志，已经指日可待。

总之，在世界发展面临严峻形势，各国都在探讨新的发展思路的大环境下，共建"一带一路"当然是顺应了世界多极化、经济全球化、文化多样化、社会信息化的潮流。"一带一路"秉持开放性的合作精神，致力于维护全球自由贸易体系和开放型世界经济体系，无疑是世界各国和各国人民的愿望。共建"一带一路"战略把自己的宗旨定为促进经济要素有序自由流动、资源高效配置和市场深度融合，推动沿线各国实现经济政策协调，开展更大范围、更高水平、更深层次的区域合作，共同打造开放、包容、均衡、普惠的经济合作架构，无疑也是世界民心所向。共建"一带一路"不仅符合国际社会的根本利益，而且彰显了人们的共同理想和美好追求，是国际合作以及全球治理新模式的积极探索，将为世界和平发展增添新的正能量。

新倡议和命运共同体

"一带一路"新倡议的魅力，在于它是平等合作、共赢共享的路。这一倡议提出后，正因为沿路国认识到"一带一路"是共同商量，共同建设，共同治理、促进共同发展、实现共同繁荣的合作共赢之路、文明之路，所以才都表现出了热心。"一带一路"建设中提出的共同体思想，正是这文明之路的体现。某种意义上，共同体思想，体现着马克思的联合劳动的思想。这一思想，是习近平同志在世界形势千变万化中提出来的，它的现实意义和深远意义，无疑是巨大的。2013年，习近平在莫斯科国际关系学院演讲中，曾对当今的国际形势，做出了如下四点高度概括。从这四点概括中我们可以发现，而今提出建设命运共同体思想，切合时宜，是当今人类文明发展的需要，也是世界形势发展的需要。

习近平的四点概括为：一是这个世界，和平、发展、合作、共赢成为时代的潮流，旧的殖民体系土崩瓦解，冷战时期的集团对抗不复存在，任何国家和国家集团都再也无法单独主宰世界事务；二是这个世界，以大批新兴市场国家和发展中国家走上发展的快车道，十几亿、几十亿人口正在加速走向现代化，多个发展中心在世界各地区逐渐形成，国际力量对比继续朝着有利于世界和平与发展的方向发展；三是这个世界，各国互相联系、相互依存的程度空前加深，人类生活在同一个地球村里，生活在历史和现实交汇的同一个时空里，越来越成为你中有我、我中有你的命运共同体；四是这个世界，人类依然面临诸多难题和挑战，国际金融危机深层次影响继续显现，形形色色的保护主义明显升温，地区热点此起彼伏，霸权主义、强权政治和新干涉主义有所上升、军备竞争、恐怖主义、网络安全等传统安全威胁和非传统安全威胁相互交织，维护世界和平、促进共同发展依然任重道远。

2014年，习近平同志在联合国教科文组织总部演讲时指出："当今世界，人类生活在不同文化、种族、肤色、宗教和不同社会制度所组成的世界里，各国人民形成了你中有我、我中有你的命运共同体"显然，这段话包含有两层含义，一是当今世界各国的差异性，二是世界各国的相互依存性。所谓命运共同体，就是说在利益高度相连、高度相互依存的状况下，存在着诸多差异的世界各国、各民族已经成为生死与共、命运攸关的集合体。所以各国要树立世界眼光，更好的把国内发展与对外开放统一起来，把自身发展与世界发展联系起来，把本国人民利益同各国人民共同利益结合起来。而这样一种"世界眼光"的必然体现，就是"命运共同体"思想。

当然，命运共同体中，不光讲利益，更要讲责任。所以命运共同体，同时也是利益共同体和责任共同体。世界各国之所以能成为命运共同体，关键在于各国之间具有共同利益、整体利益。而在具有共同利益或整体利益的世界各国之间，存在着荣损与共、利益相连的连带效应。习近平同志说：一个强劲增长的世界经济，来源于各国共同增长。各国要树立命运共同体意识，真正认清一荣俱荣、一损俱损的连带效应，在竞争中合作，在合作中共赢。在追求本国利益时兼顾别国利益，在寻求自身发展时兼顾别国发展。他还形象地说道：国家无论大小、强弱、贫富，都应该做和平的维护者和促进者，不能这边搭台、那边拆台，而应该相互补台、好戏连台。

共同利益，共同责任，是命运共同体的基础。正由于世界各国之间具有共同利益，各国才需要共同发展和合作共赢；正因为有共同责任，才能够共同发展和合作共赢。共同发展、合作共赢的理念和主张，是命运共同体思想的重要内容，它们充分展示了命运共同体思想中统一观的核心。所谓共同发展、合作共赢的主张，用习近平同志的话说，就是要和平不要战争、要合作不要对抗、在追求本国利益的同时要兼顾别国利益关切的一种主张；就是既要让自己过得好，也要让别人过得好的一种共荣、共进的理念。因为命运共同体思想包括差异观和统一观，而从这两种观念中又能引申出一系列具体的内容，所以命运共同体思想有着十分丰富的内容。

在这命运共同体思想里，我们似乎隐隐约约嗅到了共产主义那种自由人联合体的味道。有学者提出，命运共同体所体现的是共生主义。我认为共生主义这个提法好，它比较贴切地体现了习近平命运共同体的本质。从习近平同志对命运共同体的论述中，我们似乎能够悟到，命运共同体思想所体现的，的确是相互依存的共生主义。这种共生主义，似乎是我们认识当今世界新的世界观和方法论，是对人与自然、人与人之间相互依存、互利共荣、协同发展的生存状态和发展方式的一种新的和合乎逻辑、合乎科学的解释。

中国选择这种共生主义发展模式的核心，就是倡导在社会制度、发展道路和文化形态等多样性的前提下，追求世界各国的和谐共生、共同发展、合作共赢、互利互惠。它主张在发展中采取一种"万物并育而不相害，道并行而不相悖"的共生、共荣、共利、共进的命运共同体。不言而喻，命运共同体思想是一种不同于零和博弈的崭新的国际观。这种国际观是在对当今国际社会本质和规律性科学认识基础上，对国际关系和全球治理的创新。命运共同体思想，不仅是对客观现实的充分反映，而且是对当今国际社会存在和运行规律、本质及其走向的深刻揭示。是人们认识当今国际关系本质，认识全球治理本质，进行国际政治经济秩序变革的根本指导思想。

应当注意的是，命运共同体思想着眼的是人类的整体利益，其包含的新理念和新准则，也都体现着人类的整体利益。诸如在理解信任、平等合作、开放包容、互学互鉴、互利共赢这些理念中，都是要提倡从对人类整体利益做出贡献的视角，从自己的发展要为世界整体发展创造条件的视觉，看待各国发展和世界发展的；都是要从整体上全方位推进务实合作，打造政治互信、经济融合、文化包容的利益共同体、命运共同体和责任共同体。因而，推行命运共同体思想，不仅有助于克服和解决当今日趋严重的全球性问题，有助于推动世界各国的共同繁荣和进步，更重要的是，倡导并积极建构命运共同体，能够为世界创造和平稳定的发展环境，从而为中国的科学发展和中国的崛起提供极其有利的外部条件。

命运共同体思想，体现着时代的精神和时代的要求。越来越多的人认识到，面对越来越多的全球性发展问题和安全问题，任何国家都不可能独善其身，任何国家要想自己发展，必须让别人发展；要想自己安全，必须让别人安全；要想自己活得好，必须让别人活得好。在这样的背景下，人们对共同利益也有了新的认识。既然人类已经处在"地球村"中，那么各国公民同时也就是地球公民，全球的利益同时也就是自己的利益，一个国家采取有利于全球利益的举措，也就同时服务了自身利益。中国政府自改革开放以来调整了自己与国际体系的关系，越来越重视人类的共同利益，使自己成为国际社会的"利益攸关者"。正如十八大报告所强调的那样，中国将坚持把中国人民利益同各国人民共同利益结合起来，以更加积极的姿态参与国际事务，发挥负责任大国作用，共同应对全球性挑战。

命运共同体思想，还体现着新的全球价值观。这种价值观与贪婪追求私人利益的价值观不同，它把共同发展、共同利益放在首要位置。过去那种为贪婪私利进行掠夺和争夺世界霸权引发了数不清的战争与冲突，给世界造成的灾难，罄竹难书。而现今，随着经济全球化深入发展，资本、技术、信息、人员跨国流动，国家之间处于一种相互依存的状态，一国经济目标能否实现与别国的经济波动有重大关联。各国在相互依存中形成了一种利益纽带，即要实现自身利益就必须尊重别国利益的纽带。依靠这种纽带，各国可以通过国际体系和机制来维持、规范相互依存的关系，从而维护共同利益。

当今，人类社会是一个相互依存的共同体，已经逐步成为共识。特别是 2008 年世界金融危机的发生，使相互依存和共生现象，具有了更加深刻的内涵。一国发生的危机通过全球化机制的传导，可以迅速波及全球，危及国际社会整体。面对这些危机，各国和国际社会，只能以同舟共济来应对。如有学者说的，在人类共同居住的"地球村"里，各国利益的高度交融，使所有国家都成为共同利益链条上的一环。任何一环出现问题，都可能导致全球利益链中断。比如，一个国家的粮食安全出现问题，则饥民将大规模涌向别国，而且交通工具的进步为难民潮的流动提供了可能，而人道理念的进步又使拒难民于国门之外面临很大道义压力。比如，互联网已经把各国空前紧密地连在一起，在世界任何一点发动网络攻击，看似无声无息，但给对象国经济社会带来的损失却有可能不亚于一场战争。还比如，气候变化带来的冰川融化、降水失调、海平面上升等问题，不仅给小岛国带来灭顶之灾，也将给世界数十个沿海发达城市造成极大危害。资源能源短缺涉及到人类文明能否延续，环境污染导致怪病多发并跨境流行。

　　如有学者所说的，提出命运共同体思想和推动命运共同体建设，源自中华文明传统。当今中国人民致力于实现中华民族伟大复兴的中国梦，所追求的不仅是中国人民的福祉，也是各国人民共同的福祉，关于命运共同体的传统理念得到进一步发扬光大。推动建设人类命运共同体，也是中国领导人基于对世界大势的准确把握而贡献出的中国方案。中国不仅要坚持走和平发展、合作共赢的道路，更要敞开胸怀欢迎各国搭乘中国快车、共享发展机遇，以实际行动为构建人类命运共同体注入中国智慧，贡献中国力量，同世界各国合作共赢。

　　与命运共同体思想相关的，还有搭便车思想和让利思想。在"一带一路"战略中，中国除了坚持"亲、诚、惠、容"的新理念，坚持中国的发展要更好惠及周边国家，让周边国家分享中国的发展成果之外，还特别强调"搭便车"思想。中国愿意为沿路国家提供共同发展的机遇和空间，欢迎大家搭乘中国发展的列车，正所谓"独行快，众行远"。中国开展对发展中国家的合作，将坚持正确义利观，不搞我赢你输、我多你少，在一些具体项目上将照顾对方利益。这种理念不仅仅强调平等互利原则，更包含着让利原则。中国这样做的目的就是要与沿路国家共同打造利益共同体和命运共同体，从而形成大区域的互利共赢的合作格局。只有在利益兼顾、利益分享和命运共同体的理念下，才能实现"一带一路"的畅通。而泛欧亚的互联互通和贸易投资便利化就是实现其利益共同体和命运共同体的最基本的途径和方式。

三　新倡议的实施和巧妙安排

"一带一路"倡议已进入实施阶段。面对"一带一路"沿线国家在经济发展水平、政治环境、意识形态、价值观念、社会制度等方面的巨大差别，加上一些国家别有用心的干扰，"一带一路"在实施过程中的困难之大，是可想而知的。好在有中国新理念的力量，有沿线各国对中国诚信的认可，加之中国的巧妙安排，"一带一路"已经有了一个巧妙的开头。沿线各国的热情，亚投行筹建的成功，预示着"一带一路"的光辉前景。

互联互通和巧妙的开局

资源合理配置和有效利用，是国际合作的优势所在。"一带一路"沿路各国，资源禀赋各异，经济互补性较强，彼此合作潜力和空间很大。前文已经提到，交通和通信等基础设施落后，是障碍这种合作的瓶颈。所以"一带一路"提出的政策沟通、设施联通、贸易畅通、资金融通、民心相通等内容，就为解除这种瓶颈，为开展互利共赢合作，打开了闸门。所以，以互联互通作为"一带一路"的起步，是个很巧妙的开局。

前面已经提到，我们要建设的互联互通，应该是基础设施、制度规章、人员交流三位一体，应该是政策沟通、设施联通、贸易畅通、资金融通、民心相通五大领域齐头并进。习近平曾提出了深化"一带一路"合作的五点建议，提出了互联互通的重点方向，勾勒了基本框架，明确了突破点，还强调要以人文交流为纽带，夯实亚洲互联互通的社会根基。我们都知道，互联互通，自古以来就是人类社会的共同追求。亚太地区的互联互通，关乎亚太大家庭的未来。如习近平说的，面对结构调整和改革创新的世界潮流，亚洲国家必须积极作为，在亚洲资源、亚洲制造、亚洲储蓄、亚洲工厂基础上，致力发展亚洲价值、亚洲创造、亚洲投资、亚洲市场，联手培育新的经济增长点和竞争优势。也就是说，互联互通作为"一带一路"的基础，可以通过打造经济走廊、开发园区、自贸区等合作项目，既让"一带一路"活起来、动起来，强起来；又让沿路各国得到看得到的实惠。

按照中国的设想，互联互通作为"一带一路"的血脉、经络或基础，其作用难以想象。人们还可以领悟到，互联互通不仅是铺路架桥，不仅是基础设施、制度规章、人员交流三位一体的通；更应该是政策沟通、设施联通、贸易畅通、资金融通、民心相通，五大领域齐头并进的通，是全方位立体化、网络化的大联通。这种互联互通，不仅可以拉近沿线国家在地理空间、物理空间和制度空间上的距离，深化和扩大各国之间的投资贸易合作；还可以加强彼此之间经济的深度融合，推动区域经济一体化的发展。

在"一带一路"倡议中，要坚持的一条重要原则，是尊重主权原则，尊重在主权下的各国发展战略和具体政策。因此，加强政府间合作，加强政策沟通，就成为"一带一路"建设的重要保障。比如，只有积极构建多层次政府间宏观政策沟通交流机制，并在深化利益融合基础上，促进政策的契合点，促进政治互信，促进发展战略的对接，才能达成合作共赢新共识。比如，沿线各国可以就经济发展战略和对策进行充分交流对接，共同制定推进区域合作的规划和措施，协商解决合作中的问题，共同为务实合作及大型项目实施提供政策支持。

不过，在互联互通当中，基础设施互联互通是基础，也是制约目前各国深化互联互通的薄弱环节。推进"一带一路"建设，应该把基础设施互联互通，加强各国之间基础设施的规划、技术标准体系的对接，逐步形成连接亚洲各区域，以及亚非欧之间的基础设施网络。而基础设施互联互通中，沿线国家现正共同努力，把交通基础设施互联互通作为突破口。抓住关键通道、关键节点和重点工程，优先打通缺失路段，畅通瓶颈路段，提升道路的通达水平。逐步形成连接亚洲各区域，以及亚非欧之间交通运输网络，切实解决不连不通、连而不通、通而不畅等问题。

在基础设施建设中，放在优先地位的是交通基础设施。在尊重相关国家主权和安全关切的基础上，沿线国家宜加强交通基础设施建设规划、技术标准体系的对接，共同推进国际骨干通道建设，逐步形成连接亚洲各个区域以及亚欧非之间的交通基础设施网络。在抓住交通基础设施的关键通道、关键节点和重点工程，优先打通缺失路段，畅通瓶颈路段，配套完善道路安全防护设施和交通管理设施设备，提升道路通达水平。推进建立统一的全程运输协调机制，促进国际通关、换装、多式联运有机衔接，逐步形成兼容规范的运输规则，实现国际运输便利化。推动口岸基础设施建设，畅通陆水联运通道，推进港口合作建设，增加海上航线和班次，加强海上物流信息化合作。拓展建立民航全面合作的平台和机制，加快提升航空基础设施水平。

除了交通基础设施外，能源基础设施互联互通，是实现"一带一路"的另一个重点。各相关国家要谋求输油、输气管道的运输通道的安全，推进跨境电力输电通道的建设，开展区域电网的升级改造合作。当然，在信息化时代，还应当高度重视信息网络的互联互通，共同推进跨境光缆等通信干线网络的建设，推进国际通信互联互通的水平，加快推进沿路国跨境光缆等建设，规划建设洲际海底光缆项目，完善空中信息通道，扩大信息交流与合作，打造信息丝绸之路。

投资与贸易畅通，即投资与贸易合作，始终是"一带一路"建设的重点内容。寻找投资与贸易便利化的途径，消除投资和贸易壁垒，构建"一带一路"沿路各国良好的营商环境，积极同沿路国家和地区共同商建自由贸易区，激发释放更多合作潜力，做大做好合作蛋糕，则是沿路国家面临的共同任务。加快投资便利化进程，消除投资壁垒，加强双边投资保护协定、避免双重征税协定磋商，保护投资者的合法权益，并把投资和贸易有机结合起来，以投资带动贸易发展，这也是沿路各国所追求的。在这方面，沿路各国就有很多合作的机会和潜力。

比如，在加强信息互换、监管互认、执法互助的海关合作，以及检验检疫、认证认可、标准计量、统计信息等方面的双边和多边合作；在改善边境口岸通关设施条件，加快边境口岸单一窗口建设，降低通关成本，提升通关能力方面的合作；在加强供应链安全与便利化，推进跨境监管程序协调，推动检验检疫证书国际互联网核查方面的合作；在降低非关税壁垒，共同提高技术性贸易措施透明度，提高贸易自由化便利化水平方面的合作；在拓宽贸易领域，优化贸易结构，挖掘贸易新增长点，促进贸易平衡方面的合作；在创新贸易方式，发展跨境电子商务等新的商业方面的合作；在建立健全服务贸易促进体系，巩固和扩大传统贸易，大力发展现代服务贸易方面的合作等。

比如，在拓展相互投资领域，在开展农林牧渔业、农机及农产品生产加工领域投资合作；在积极推进海水养殖、远洋渔业、水产品加工、海水淡化、海洋生物制药、海洋工程技术、环保产业和海上旅游等领域投资合作；在加大煤炭、油气、金属矿产等传统能源资源勘探开发领域投资合作；在积极推动水电、核电、风电、太阳能等清洁、可再生能源领域投资合作；在推进能源资源就地就近加工转化，加强能源资源深加工技术、装备与工程服务领域投资合作；在推动新兴产业，加强在新一代信息技术、生物、新能源、新材料等新兴产业领域投资合作；在加强生态环境、生物多样性和应对气候变化领域投资合作等。

通过这些合作，不仅可以推动建立创业投资合作机制，优化产业链分工布局，推动上下游产业链和关联产业协同发展，鼓励建立研发、生产和营销体系，提升区域产业配套能力和综合竞争力；而且还可以扩大服务业相互开放，推动区域服务业加快发展。在这些合作中，还可以探索投资合作新模式，探索合作建设境外经贸合作区、跨境经济合作区等各类产业园区，促进产业集群发展的新路子。

毋庸置疑，资金融通是"一带一路"建设的重要支撑和保障。所以，深化金融合作，扩大沿线国家融资渠道，扩大双边本币互换、结算的范围和规模，在"一带一路"建设中起着非常重要的作用。使用好丝路基金，共同推进亚洲基础设施投资银行、金砖国家开发银行筹建等，这都是资金融通合作的重要方面。当然，在资金融通方面，"一带一路"沿线国有很多合作的机遇和项目，比如在加强金融监管合作，推动签署双边监管合作谅解备忘录，逐步在区域内建立高效监管协调机制方面；在完善风险应对和危机处置制度安排，构建区域性金融风险预警系统，形成应对跨境风险和危机处置的交流合作机制方面；在加强征信管理部门、征信机构和评级机构之间的跨境交流方面；在充分发挥丝路基金以及各国主权基金作用，引导商业性股权投资基金和社会资金共同参与"一带一路"重点项目建设方面等，都有无量的合作的前景。

在互联互通中占有重要地位，还有民心通。有人把民心通称为"一带一路"建设的社会根基，这不无道理。传承和弘扬丝绸之路友好合作精神，广泛开展文化交流、学术往来、人才交流合作、媒体合作、青年和妇女交往、志愿者服务等，为深化双多边合作奠定坚实的民意基础。在这方面，"一带一路"沿路国家交流、合作领域非常宽广，有待于各国及时抓住机遇，使合作取得效果。诸如扩大相互间留学生规模，开展合作办学；通过互办文化年、艺术节、电影节、电视周和图书展等活动，加强文化艺术交流；通过共建联合实验室或研究中心，开展重大科技攻关等，促进科技人员交流，提升科技创新能力等。

俗话说，万事开头难。上述这些方面合作的开启和良好进展表明，"一带一路"的实施，已经有了一个好的开头。只要沿路各国同心协力，一定会迎来"一带一路"建设的光明未来。

取长补短和巧妙战略对接

当今世界，各国都在追求和平发展，都有自己的发展战略。而且在实施发展战略中都会有一个共同的感觉，就是利用国内资源容易，利用国外资源则困难很多。而"一带一路"倡议，作为共商、共建、共享、共治的国际工程，就把各国的发展战略巧妙的对接起来，从而使各国的国内资源和国际资源都充分得到利用，并在充分的互补中，使其取得最大的效果。所以"一带一路"激发的发展，不仅是沿路各国共同发展，不仅是国际性和世界性的大发展，而且是效率最高的、可持续的大发展。

发展战略对接，这是"一带一路"沿线国家合作的基础。这种对接不仅是中国发展战略和沿线各国发展战略的对接，而且也着沿线各国相互之间发展战略的对接。"一带一路"沿线国有大有小，但无论大小，都有自己的发展战略，都是平等的合作伙伴，都希望能在战略对接中，以依据自己发展的需要，寻找和选择在"一带一路"中的合作项目。可见，战略对接不仅是各国开展合作的基础，而且为各国合作提供了条件和动力。最重要的是，对于那些弱小国家来说，中国还可以在资金、技术等方面给予帮助，帮助其发展战略的实现。

人们越来越感觉到，利用"一带一路"进行发展战略对接中，中国和俄罗斯的战略对接和合作，具有特别的意义。俄罗斯发展的新思路，是发展战略东移，是更深融入亚洲、面向亚洲市场。俄国最著名的政治学者卡拉加诺夫教授在一份报告中写道，可以确定，俄罗斯政治和知识精英对于俄罗斯外交的亚洲方向和发展远东西伯利亚的态度开始发生改变。从俄罗斯政治和文化传统讲，转向东方过去一般被认为是非自然的，被视为俄罗斯政权集权体制的结果。而现在普遍已经认识到，利用亚洲的高速增长来促进东部地区和俄罗斯整体的发展是一个客观需要。俄罗斯人已经认识到，远东地区不是过去与西方国家对抗时的大后方，也不是对抗中国的前线，也不是原料殖民地，而是发展的动力源泉。战略重心的东移是俄罗斯大部分精英的共识。

在这种情况下，中俄双边关系，即战略对接时期的双边关系，似乎已经超脱了一般的大国间关系。俄中两国加强互利经贸关系、增加相互投资具有至关重要的意义，这不仅是促进两国社会经济发展的重要因素，同时也是对整个全球市场保持稳定做出的贡献。更为重要的是通过相互间的合作，能够实现两国战略规划的对接，从而形成一种借力，避免在两国各自发展的关键时期遭到孤立的处境。可以预见，在未来的一段时间内，中俄两国发展的战略大方向将会有一个对接的时期，当然，如有学者说的，一枚硬币有两个面，也不能排除中俄两国发展战略发生矛盾和对撞，战略对接绝非水到渠成之事，需要智慧和努力。

2015年，中俄在莫斯科发表《中华人民共和国与俄罗斯联邦关于丝绸之路经济带建设和欧亚经济联盟建设对接合作的联合声明》。根据联合声明，俄方支持丝绸之路经济带建设，愿与中方密切合作，推动落实该倡议。中方支持俄方积极推进欧亚经济联盟框架内一体化进程，并将启动与欧亚经济联盟经贸合作方面的协议谈判。双方将通过双边和多边机制，特别是上海合作组织平台开展合作。同时，在优先领域采取分步推动地区合作，主要涉及投资贸易合作、产能与园区合作、硬件和软件联通、企业合作与金融合作。此外，中俄将推动在双方专家学者参与下就开辟共同经济空间开展协作进行讨论。

谢尔盖·卢贾宁教授，作为有影响的学术机构的负责人和权威的中国问题专家，对这个声明的意义，做了很高的评价。他说：联合声明具有历史性意义，它是俄中建立欧亚共同经济空间的开始，是中俄战略对接合作规模非常宏大的共同计划，将持续很长时间。中俄双方经过重要会谈，在莫斯科实际上肯定了伟大的"一带一路"和欧亚经济联盟的进步意义，承认这两个项目相互强化，有利于共同发展。很清楚，这两个项目客观上彼此作用，均以建立共同的统一经济空间为方向。这就意味着，这个联合声明的精神，对"一带一路"沿线国家来说，具有普遍意义。

在卢贾宁看来，在这一联合声明中，新的一点是，提到将上合组织作为丝绸之路经济带和欧亚经济联盟对接的平台和基础。声明把"一带一路"、欧亚经济联盟和上海合作组织这三者视为三位一体，这一种创新。俄中领导人首次从政治层面、地区层面和科学层面把三个伟大计划结合在一起，因此我们可以说，从这个三位一体中产生出俄中新的欧亚地缘政治学。也就是说，我们从这一联合声明中我们可以看到，"一带一路"为沿线国家搭建的战略对接平台，不仅有各国发展战略的对接，也包含有与现有国际合作组织发展战略的对接。

首先，基础设施建设战略可以对接。比如修建新道路、改造老旧公路，特别是铁路或使其现代化。其次，金融发展战略可以对接。比如在投资银行方面的合作，中方先走了一步，正在筹建有实力的亚洲基础设施投资银行（亚投行），俄罗斯也参与其中，还有为欧亚经济联盟利益和项目服务的俄罗斯—哈萨克斯坦银行。

遗憾的是，上合组织目前没有银行。因此，三个项目的"三位一体"有助于中国资本以及俄罗斯和其他国家的投资加入俄哈欧亚银行、加入将来的上合组织银行、巩固亚投行。我们知道，在"一带一路"框架内已经有 500 亿美元的基础设施项目开发基金，因此基础设施领域是有潜在前景的。再次，在生产、特别是原料生产战略的对接。比如俄中合建工厂生产工业原材料，开发冶金、碳氢化合物工业和石油天然气工业。我指的不仅仅是铺设石油管道，还要联合勘探和加工碳氢化合物。卢贾宁主张，应当允许中国的投资广泛进入俄罗斯能源领域，因为能源部门会为俄中提供机会。农业领域对接也是可以实现的。在西方对俄制裁、俄发展进口替代的情况下，俄中在联合生产蔬菜、肉奶产品等农工产品领域的合作将为俄中关系发展提供极大推动力。

当然，这种战略对接中会有矛盾。在国与国之间的任何合作项目，都会有矛盾，更何况如此大规模的计划，不可能不遇到困难。大计划不仅仅意味着取得巨大成功，还会伴随着巨大困难。正如卢贾宁说的，欧亚联盟与"一带一路"的对接就有困难。困难在于，这两个计划目前具备不同的组织特性。欧亚经济联盟更为机构化，在法律—行政上已经建立起来，非常清楚包括哪些成员。而丝绸之路经济带不是一个组织，这是涉及不同领域的大量的项目，哪些国家将加入进来最终虽然也会清楚，但这一进程还在发展之中，还未最终机构化。当然，这谈不上是好是坏，客观上如此，因为如此大规模的项目自然需要时间。"一带一路"和欧亚经济联盟的规模也无法相提并论。在这一点上也存在困难。欧亚经济联盟从参与国规模和数量都远远小于丝绸之路经济带。这是客观存在的，但不是重大障碍。习近平的智慧之处在于，他宣布国家无论大小，在这些项目中一律平等，都有同等的发展机会，这一点非常重要。无论是弱小的塔吉克斯坦，还是强大的俄罗斯，都有同等的机会，因为丝绸之路经济带提供对接、投资和基础设施建设的可能性。

卢贾宁还特别提到，对接还有行政官僚主义性质的困难，这些困难也需要消除。比如，拿铁路来说，存在不同的轨距，这种技术困难是众所周知的，换轨延长货物运输所需的时间。另外也有技术层面的困难，与一些俄罗斯官员尚未最终消除对中国资本深度进入俄罗斯能源业的恐惧有关，一些官员认为这是威胁。我认为这不是威胁，而是巨大的发展机会，需要加以利用。俄罗斯和中国不是殖民国家，不想彼此奴役，而是伙伴，每个国家都有自己的优势，需要合作。但是，过去苏联时代的心理对一些官员产生负面影响，他们认为中国深度进入欧亚经济联盟项目会制造某种威胁。我认为，这种威胁不存在，过去没有，将来也不会有，这只能是发展的机会，只能对两国经济有利。丝绸之路经济带和欧亚经济联盟对接既符合中国利益，也符合俄罗斯利益，符合加入欧亚经济联盟的国家利益。我们都知道习近平主席今年5月份成功访问白俄罗斯，签署了许多重要的投资贷款协议，对白俄罗斯来说这是巨大帮助。

不过，只要沿路各国都能把诚信放在第一位，都能坚持合作共赢的理念，战略对接中的一切矛盾都是可以解决的。比如，"一带一路"和欧亚经济联盟，都是为了提高人民的福祉和生活水平，所以对接虽然有矛盾，却是可以实现的。卢贾宁看来，在丝绸之路经济带和欧亚经济联盟对接的实施、发展和强化过程中，在欧亚地区可能产生地区一体化区域，中国资本、商品和服务可以自由流动。在欧亚经济联盟国家，中国商品、服务和资本，在优惠基础上有权进入这些区域。那时我们会看到，从符拉迪沃斯托克到加里宁格勒这一广阔的大陆将成为俄中在商品、服务和资本领域实际合作的领域，而不是像现在这样停留在口头上。这不会是像欧盟和东盟那样的完全意义上的一体化，这将是普京和习近平构想出的新的欧亚一体化。

　　显然，一旦"一带一路"、欧亚经济联盟、上海合作组织三者对接取得成功，会使俄罗斯、中国和中亚国家会变得更为一致、更为平衡、更为合作，那将使经济和地缘政治力量平衡和谐。当然，无论是丝绸之路经济带，无论是上合组织，还是欧亚经济联盟，都不针对第三国比如美国，这些项目是开放的。更何况，无论是中国或俄罗斯都声明，战略对接的所有项目，都对其他参与者开放，这里没有隔离墙，没有不可逾越、不可克服的障碍。这种开放性，正是"一带一路"和欧亚经济联盟对接倡议的力量之所在。

　　俄国政府负责宏观经济的第一副总理伊戈尔·舒瓦洛夫，对"一带一路"实施中中俄战略对接，发表了很乐观的看法。舒瓦洛夫认为，丝绸之路经济带建设同欧亚经济联盟发展战略的对接，对中国、俄罗斯和所有有关国家，都有极为重要的意义，对接有助于加强双方在高科技、交通和基础设施等领域的合作，特别是推动欧亚地区一体化发展。这两大发展战略的对接，将给亚洲、欧亚地区乃至欧洲带来发展机遇。对接很可能有几种形式，比如开展联合投资项目，可能的话建设新经济空间、建设自由贸易区。也就是说，这是非常复杂和多样化的经济联系。我们相信，这不仅仅是为了加入欧亚经济联盟的五国以及中国，从中受益的还会有越南、印尼、蒙古国和其他位于经济利益带中的国家。其中一个项目是建设从北京到莫斯科的高速铁路，还有其他项目，也包括人文领域项目。

　　舒瓦洛夫还对亚投行的建立和意义，给了很高的评价，他认为，第一，亚投行将推动丝绸之路经济带发展，这是最为重要的目标。第二，更具全球性的目标是，该银行将有利于建设更为公正的世界投资秩序。最主要的是，亚投行将根据最佳样板、最佳原则建立。舒瓦洛夫认为，因为"一带一路"中各国结成的是合作伙伴关系，而且这种关系是开放的，不排他、不针对谁，我们不会对任何人关闭大门。我们希望人们在 50 年内生活发生重大变化，就像新加坡一样，我们希望人们在一代人期间能够看到生活显著改善。现在已经具备一切条件，欧亚地区据此可以成为世界经济发展中心，随后会产生新的规则，丝毫不会逊于经合组织标准，我们将制定议程，以使我们的体系持续向前发展。我们不想一直当西方的尾巴或者盯着西方的优秀标准。我们想与制定这些标准的人站在一排。

今年，是中国与欧盟建交 40 周年。40 年来，中欧关系从"合作伙伴"发展为"全面合作伙伴"，再提升为"全面战略伙伴"。"全面战略伙伴"以"和平、增长、改革、文明"为主要内涵，彰显了中欧关系的全面性、战略性和稳定性。今天的中欧关系，已经从集中发展经贸关系拓展到密切加强政治、科技、文化、教育、环保等多领域的全方位、宽领域、多层次的互利合作格局。作为世界上最大的发展中国家和最大的发达经济体联盟，中国和欧盟无疑是推动世界多极化发展的主要力量，中欧关系的发展早已超越双边范畴，而具有了重要的全球性意义。

人们都看得出来，"一带一路"倡议，为中欧关系发展注入新动力，为中欧战略对接与合作，开拓了广阔的新空间。中国已经在帮助欧洲应对债务危机，尽其所能，为欧洲摆脱债务危机，作出自己力所能及贡献。而随着"一带一路"建设的推进，将把中欧在平等基础上的共同发展推高到新水平。中国希望欧洲充分利用"一带一路"建设的难得机遇，成为这一倡议的参与者、推动者、建设者和合作者，在共商、共建、共享、共治中共同促进双边关系的全面深化。

"一带一路"倡议与欧盟发展战略实现对接，更是充满着无限前景。比如，欧盟在 2014 年底出台了一项规模为 3150 亿欧元的容克投资计划，以小额的公共资金吸引高额投资，这就为中国向欧盟地区的投资融资创造了机会。学者们都认为，这项投资计划与"一带一路"倡议具有很强的互补性，两者可以实现对接，从而为中欧密切合作创造新机遇。今年6月李克强访欧中有两个重要议题，一个是中国的"一带一路"倡议和欧盟"容克投资计划"对接的问题，有专家指出，这种战略对接，可以把中欧双方的利益、长板和短板有效地连接在一起。另一个是产能合作问题。产能合作，是"一带一路"合作的重要方面。专家们都认为，中欧产能合作将是一种优势互补的合作，除了欧盟改善自身基础设施需要引发的产能合作外，中欧产能合作的更大特点还在于双方可以结合彼此优势，共同开辟第三方市场。此外，中国也将与法国和比利时签署一系列双边合作协议。预计此访将总共签署70多项协议，总额数百亿美元。

正如许多学者分析的，中欧在经贸领域互补性强，中国在资金和市场等领域具有竞争优势，欧盟国家在技术等方面具有传统优势。通过此次领导人会晤，双方将进一步推动中欧经贸关系发展。可见，中欧都致力于推动多边合作，而"一带一路"，恰好就是一个多边合作战略，所以其在与欧洲发展战略的对接中，比如将催生新的多边发展机制，同时也会增加该地区现有区域国际组织的开放性。

其实，《中欧合作2020战略规划》，就是这种战略对接的规划。这一规划在近百个领域提出了一系列具有雄心的合作目标，从航天航空到反盗版、从城市化到能源，几乎包含了所有领域。如果能落实好规划的每一项合作，中欧关系将呈现出人们料想不到的新天地。更重要的是，"一带一路"把中欧两大文明连接起来，通过人文交流和教育合作，深层次的学术交流合作等，使两大文明在发展战略对接中，实现互相借鉴、互相促进，这对人类文明的发展价值是无法估量的。

除此之外，"一带一路"倡议同巴基斯坦，同孟加拉国的战略对接，也在顺利进行。比如，"一带一路"与巴基斯坦港口建设战略的对接，同哈萨克斯坦的战略对接，同孟加拉国十年发展战略对接等，也都正在健康进展。

2014 年，国务院总理李克强在会见巴基斯坦总理谢里夫时指出，中巴经济走廊是中国同周边互联互通的旗舰项目。瓜达尔港作为重大基础设施项目，成为两国签署的 20 多项合作协议中的重中之重。中巴经济走廊是一条包括公路、铁路、油气管道、通信光缆等在内的贸易走廊，是"一带一路"倡议的一条连接线。而瓜达尔港，就是这条连接线上的关键节点。预计巴基斯坦第三大港口在 2015 年 4 月运营，从西亚进口的原油通过石油运输线，将缩短 85％的路程。瓜达尔港正全力建设自贸区，众多国内国际公司已在当地建立商展中心，将利用瓜达尔港作为其主要进出口港。未来货物可直接从瓜达尔港经乌塔尔、库兹达、苏库尔直达巴基斯坦北部地方，比传统的卡拉奇运输线路节省 400 公里。

哈萨克斯坦是中国在中亚的重要战略协作伙伴，是上海合作组织的关键成员，也是形成中的"丝绸之路经济带"的重要环节。纳扎尔巴耶夫也是亚信会议的倡议者和创始人，他在中亚国家享有很高声望。中国政府对于亚信的重视也是希望中亚国家能看到中国希望与中亚国家发展密切关系的真诚意愿。新丝绸之路经济带计划是中国新一届领导确立的周边外交部的重中之重，亚信会议的参与国大都直接或者间接与一路一带计划相关，通过亚信会议来向中亚国家展示中国的决心也无可厚非。

孟加拉国国际问题研究所研究员拉赫曼认为，中国是孟加拉国值得信任的友好伙伴，"一带一路"倡议更是与孟加拉国计划在未来十年发展成为中等收入国家的目标完美对接。特别是孟中印缅经济走廊，将为孟加拉国不断增长的工业产值提供更大的市场。而中国、孟加拉国等相关地区国家围绕海上丝绸之路的合作，包括能源开发、海洋探测、技术与能力建设、海洋安全等多个方面，将为孟加拉国提供重大发展机遇。

中东地区，地处欧亚非交界、沟通印度洋和大西洋枢纽地带，是"一带一路"西端的交汇处，对"一带一路"建设非常重要。中东国家与中国都保持有良好关系，特别是中东地区有影响的大国，比如沙特、伊朗和埃及等，与中国的经济合作都发展迅速。因为他们与中国的互补性强，中国"一带一路"倡议与他们发展战略多有契合，所以他们都愿意积极参加在"一带一路"框架下的合作，愿意把他们的发展战略与"一带一路"对接。

2016 年 1 月，习近平对沙特、埃及、伊朗进行了访问，对这种战略对接进行了共商和具体部署。比如同沙特建设工业园区和基础设施计划的对接，同伊朗能源发展计划和基础设施建设计划的对接，同埃及新苏伊士运河经济带建设计划和基础设施建设计划的对接等，这些都不仅必将推动"一带一路"建设，而且必将推动在"一带一路"框架下中国与这些国家合作共赢，得到更强有力的发展。

包容合作和巧妙应对干扰

"一带一路"倡议，可以说是世界不同文明国家进行平等合作、互利共赢上的最大、最宏伟的国际工程，其实施过程中，困难之多、之大，都是人们可想而知的。更为严重的，是西方国家、特别是美国的故意干扰。如很多人都看到的，西方国家处于自身利益考虑，在中国推进"一带一路"战略的过程中，他们总是如影随形。尽管中国一再声明，中国"一带一路"倡议是要和沿线国家共商、共建、共享，共治的发展大计，决不会搞霸权主义，更不会搞势力范围。但是死抱霸权思维不放的美国，却总是心知肚明而故意挑唆，总在处心积虑地进行干扰。加之美日欧在"一带一路"沿线国家的投资历史悠久，所以我们应当理性看待它们与这些国家的关系，以高超的智慧和巧妙的博弈，排除这些干扰，并在博弈和竞争中，促进自身战略完善，以灵活多样的合作，求得多方共赢。以合作共赢的事实，以中国信守承诺的事实，逐步建立自己的威信和影响，并推动美日正视现实，接受更加务实的发展理念，为世界发展提供更大动力。

诚然，长期以来，作为全球霸权主义者的美国，不仅是中国处理大国关系的主要对象，也是影响中国塑造和平国际环境最重要的外部因素之一。由于美国在"一带一路"倡议所涉及的东南亚、南亚、中亚及俄罗斯、中东等地，均长期拥有重要的战略存在及外交运筹，因此中国在规划和实施"一带一路"倡议过程中，不可避免地会始终受到美国的干扰和影响。

无人不知，美国推进的"亚太再平衡"战略，目标针对的就是中国，可以说是遏制中国的战略。比如，在安全上推动与地区盟友及伙伴的军事联盟；在政治上靠近和拉拢中国周边国家；在经济上打造具排他性质的"跨太平洋伙伴关系协议"等；谁都能看出来，这些都是全方位遏制和打压中国的战略手段。美国正是为了实施这一战略，就把中国提出的"一带一路"倡议，把中国对"一带一路"沿线国家的影响扩大，视为是对美国的挑战。有些激进学者，更是无中生有的歪曲、污蔑中国的善良用心。比如，说中国提出的"一带一路"倡议，是意在寻求与美国分享、争夺势力划分的战略；比如，说中国提出"一带一路"倡议和"新型大国关系"理念实质，是要与美国瓜分太平洋水域，是要将东盟海洋空间划归自己的太平洋水域势力范围等；比如，说中国将在东亚地区之外打造以自身为中心的经济圈，从而对美国对中国进行的遏制和围堵，形成有效的反制等等；以为美国干扰"一带一路"建设制造舆论。

人们都知道，在奥巴马第一任期时，美国就曾在霸权思维和零和思维支配下，提出目的旨在控制中亚和南亚的"新丝绸之路"倡议，不过，美国在谋求在这一地区霸权的宏大战略，因资金问题而力不从心。所以当中国提出"一带一路"倡议时，美国就以小人之心度君子之腹，一直在用美国自己的旧理念，误读中国"一带一路"倡议。在美国看来，中国提出的"一带一路"倡议，就是要构建"去美国化"的国际秩序。比如，美国把中俄全面战略协作伙伴关系确立和加强，把中国主导召开亚信峰会，提振亚太经合组织，均视为是要打造"新的反美轴心"，旨在对抗和反击美国在亚太和欧亚地区的控制力，打造"去美国化"的国际秩序。美国还一直用零和博弈的思维，歪曲"一带一路"倡议的实施，别有用心地只说中国在海洋上摆脱美国包围和遏制的用意，只说在能源供应、商品出口等方面，对中国的利益和好处，而闭口不说中国合作双赢的诚信，不说"一带一路"对沿路国的利益和好处。

美国对中国"一带一路"战略的歪曲，还导致了南海问题的紧张。明眼人一看便知，美国在南海问题上的所作所为，就是在遏制中国的"一带一路"倡议。有学者说，美国在南海问题上故意制造事端，故意对中国进行挑衅，是给中国"一带一路"战略挖的大坑，这话似乎不无道理。对于东南亚一些国家而言，其总是天真地想在经济发展上依托中国，而在国家安全上却依赖美国，总想在发展与安全的两轨上搞平衡。所以，尽管中国决心很大，投入很大，也无法完全扭转这种局面。虽然从长远来看，随着中国东南亚地区经济一体化的提升，走向互联互通的"一带一路"必然能够从经济基础上改变目前东南亚的上层建筑，但这个过程是漫长的，甚至需要两代或三代人的努力。在目前这个阶段，"一带一路"还应该以高超的智慧，以利益带动，同美国建立新型大国关系，以减少美国的干扰。

静心而论，作为一个发展中国家，中国的战略形势，其实是非常严峻，战略空间也的确受到严重挤压。特别是美国和日本有意干扰，会给"一带一路"倡议的实施，增加很多困难。挑战和困难的事实，也告诉了中国这样一个道理，那就是一个国家再大，也不宜单方面地塑造或是挑战世界秩序，那样做会带来得不偿失的后果。所以，中国要排除对"一带一路"倡议的干扰，要克服"一带一路"倡议实施中的困难，关键是要确实坚持和落实自己的理念，坚持和落实共商、共建、共治、共享的原则，坚持自己的诚信，用实际行动，用自己的实际贡献，赢得人心，让"一带一路"沿线各国切身感受到，中国的确是言必信，信必果的，中国和自己真的是一家人，这样才可能取得"一带一路"战略的成功。

话又说回来，中国提出"一带一路"倡议，恰恰就是要消除外界对中国崛起存在的疑虑，减少对中国发展的干扰。只有通过互联互通，通过实际的平等合作，大家走得近了，并都实实在在得到共赢、共享了，才能把中国看得清。否则雾里看花，反而容易产生误解。由"一带一路"的性质所决定，其实施过程中，会碰到各种困难、各种干扰、各种障碍，这都是正常的。在当今极其错综复杂的国际环境下，这么巨大、复杂的国际共商、共建、共治、共享的工程，如果没有困难，没有障碍，没有干扰，那反而就奇怪了。所以只要按照"一带一路"的设想扎扎实实做起来，一定能创出一条新的发展路子来。

要减少美国对"一带一路"的干扰，关键是推进中美间的经济合作和新型大国关系建设，寻求在"一带一路"倡议中，中美合作的机遇。美国是对"一带一路"倡议有重要影响的国家，所以协调好同美国的关系，对"一带一路"倡议的实施有重要意义。因为"一带一路"是非排他性的合作性倡议，所以美国参与合作的可能性是存在的，而且这种合作有助于中美新型大国关系的建立。中国已经明确，"一带一路"是合作倡议，中国没有特别的地缘战略意图，无意谋求地区事务主导权，不经营势力范围，不会干涉别国内政。"一带一路"自提出以来，一直是作为经济合作倡议而非战略构想存在。中国应通过多种渠道，加强对美政界、学界、商界等公共外交，强调"一带一路"倡议的合作性、开放性、非排他性和互利共赢性，以淡化零和博弈及对抗的抗美色彩，并在具体地区和领域，探索和加强中美务实合作的基础。事实上，中美在"一带一路"沿线地区，的确存在巨大的合作潜力。

比如，以东盟为核心的东南亚国家，在"一带一路"倡议中，具有特殊意义。它不仅是目前亚洲区域经济合作的"轮轴"与领导者，而且拥有本地区一体化程度最高的自贸区。东盟致力于2015年年底完成从自贸区向经济共同体升级的谈判，未来将进一步发展为弹性、包容、竞争、和谐的东盟。与其他地区相比，中国和东盟之间已有的合作水平是最高的。而且这种合作正借助"一带一路"，超越传统的自贸区协定的范围，扩展到互联互通、海上合作、金融合作、安全、人员与文化交流等领域。毋庸置疑，美国在这一地区也有重要利益，两国完全可以找到利益的契合点，实现合作双赢。比如以能源资源合作领域为例，中美在"大湄公河次区域合作"中，在能源资源互联互通、能源政策相互沟通方面，就已经开展一些合作并取得一定成果。

比如，在南亚地区，孟中印缅经济走廊与中巴经济走廊项目，是"一带一路"中的重要项目。尽管中国与巴基斯坦签有自贸区协议，并在一些南亚国家承建了一批港口等基础设施项目，但总体上中国与南亚国家之间的合作处于较低水平。总体来看，这一区域基础设施发展水平相对滞后，尚处于经济走廊发展的第一阶段。中国已经开始介入孟加拉国吉大港的建设，中国昆明到缅甸皎漂港的油气管道建设，也进入实质性阶段。未来的主要任务，是通过区域层面的软件建设拓宽经济走廊，从而推动贸易便利化，协调区域发展政策，形成真正意义上的经济走廊。应当注意的是，为了打造孟中印缅经济走廊与中巴经济走廊的合作平台，中国在发挥自身优势的同时，也不能忽视美国、印度在这地区的利益，不能忽视寻找同美国和印度的合作机会。

比如，在中亚和西亚，中美在地区安全事务、安全维护等领域，都拥有共同利益；比如在中东，中美在确保能源供应稳定、运输安全、价格合理及基础设施建设方面合作潜力很大。比如在阿富汗问题、中东热点议题等许多问题上，中美在维护地区和平稳定等方面也存在广泛利益，而这些因素将对"一带一路"建设前景产生重要影响，应努力保持中美的良性互动及沟通。在与海湾阿拉伯国家合作中，中美也有共同利益。在可预见的将来，中国对该地区石油的依赖格局不会发生根本性变化；同样，西亚国家经济发展对石油的依赖也不会改变，因而，如何在稳定能源供求的基础上拓宽合作的领域至关重要。中国与该地区国家未来的合作，也应超越自贸区本身的范围，扩展到基础设施建设、安全防务、维护石油运输通道安全、打击恐怖主义等领域。而在所有这些领域，中美合作都有很大的空间和机遇，都应当积极去寻找，去抓住。

在"一带一路"建设中，中国的确不仅是为了自己的生存和发展，也的确在为参与者买单。俄罗斯《导报》今年 7 月刊登诺贝尔经济学奖得主迈克尔·斯彭斯的文章，题目是：《中国为了自己的未来为他人埋单》。文章认为，"一带一路"是中国让邻国确信能从中国发展中得到好处的战略。文中这样说：中国决策者在最近 35 年中的大部分时间里专注于国内经济，进行旨在令市场富有成效的改革。尽管决策者清楚中国对世界经济的影响力正在提高，但他们过去并没有出台让邻国确信自己可以从中国的经济转型中获利的战略。如今中国有这种战略了，或者说至少正在迅速打造这种战略。而且这一战略并不局限于亚洲，还放眼东欧和非洲东海岸。中国新战略的核心要素是不久前成立的亚洲基础设施投资银行，某种程度上还包括去年成立的金砖国家新开发银行。对新战略发挥重要作用的还有"一带一路"的两个项目。

总之，在迈克尔·斯彭斯看来，中国的新战略的目标，不仅是中国的发展，而且是要充当全球增长和发展的催化剂。他认为，经济学家有时将全球经济描绘成大型集市。但实际情况并非如此。这是一个复杂的网络，在其中建立交流要仰仗贸易额、服务、劳动力、资本和信息的扩大。中国的目标就是建立这种交流，并且它有足够的工具充当全球增长和发展的催化剂。他还说，许多人认为，中国领导人无疑正在力争让国际社会承认中国的全球地位。但他们也希望中国国际地位的提升，能惠及邻国和合作伙伴。可见，世界大多数人对中国的新倡议认识，基本上都是正面的。这就是"一带一路"走向成功的保证。

后　记

　　《中国贡献—中国复兴的国际境界》一书，主要阐述中国文明，阐述中国文明对世界的贡献。当然，中国文明和其他任何一种文明一样，既有自己的优势，也有自己的不足。在人类文明互鉴发展中，中国既是贡献者，也是借鉴者、受益者。而这本书，重点是讲贡献方面。中国作为受益者，对其他文明的借鉴和学习，也是很值得研究的。

　　对《中国贡献》一书自己觉得满意的是，书中所阐述的中国思想、中国道路、中国理念、中国原则，都不仅有着先进性，而且体现着人类文明发展的新趋势，起着照耀人类文明新发展航标的作用。中国正在进行的减金融杠杆、反腐败、搞扶贫、奔共同富裕的实践，更是照耀着世界。当然，在穷富分化的当今世界，1%的富人占据90%财富的现象，绝非一日之寒，解决起来也非一日之功。中国在上述实践中所遇到的重重困难，似乎都告诉人们，这个问题的解决，涉及人生观和世界观的彻底改造，绝非易事。不过，严重的两极分化，真的不能再继续下去了，好在中国领导人下决心要解决这个问题。放眼世界，人们似乎会有这样的感觉：尽管中国在实践还存在这样和那样的问题，中国的实践和理念还有一定差距，但中国的希望在坚持，世界的希望在中国。

　　中国文明对人类文明的贡献，长期被西方工业文明淹没了，现在是需要发掘、需要研究的时候了。这本书仍然是要抛砖引玉，激发众人研究中国贡献的热情。通过这项研究，不仅可以激发对祖国伟大、可爱的认识，而且可以激发爱国热情，增强中国人完成复兴大业的信心和决心，增强中国人的骨气和底气。

　　在这本书的撰写和出版过程中，得到了中国社会科学院世界经济与政治研究所、中国社会科学院老干部局的大力支持，得到了研究国际问题的资深研究员谷源洋、罗肇鸿、沈骥如、高恒、林水源、李玉平等的热情帮助和支持，在此我一并表示诚挚感谢！还要感谢中国社会科学出版社领导和喻苗同志为此书的修改、出版所付出的辛苦。